ÉTUDES PRATIQUES

SUR

LE CODE PÉNAL

IV

Paris.—Imprimerie de Cosse et J. Dumaine, rue Christine, 2.

ÉTUDES PRATIQUES

SUR

LE CODE PÉNAL

PAR

Antoine BLANCHE,

AVOCAT GÉNÉRAL A LA COUR DE CASSATION

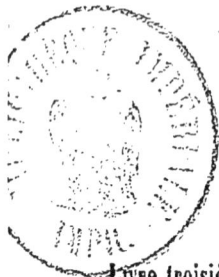

QUATRIÈME ÉTUDE.

Livre troisième, titre premier, chapitre troisième : Troubles apportés à l'ordre public par les ministres des cultes dans l'exercice de leur ministère ; résistance, désobéissance et autres manquements envers l'autorité publique ; associations de malfaiteurs, vagabondage et mendicité ; délits commis par la voie d'écrits, images ou gravures distribués sans nom d'auteur, imprimeur ou graveur ; associations ou réunions illicites. — Titre deuxième, chapitre premier : Meurtres et autres crimes capitaux ; menaces d'attentats contre les personnes. Blessures et coups volontaires. (Art. 199 à 318.)

PARIS

IMPRIMERIE ET LIBRAIRIE GÉNÉRALE DE JURISPRUDENCE
COSSE, MARCHAL ET C°, IMPRIMEURS-ÉDITEURS
LIBRAIRES DE LA COUR DE CASSATION
Place Dauphine, 27

1868

ÉTUDES PRATIQUES

LE CODE PÉNAL

—

QUATRIÈME ÉTUDE

LIVRE TROISIÈME

—

CHAPITRE III.

CRIMES ET DÉLITS CONTRE LA PAIX PUBLIQUE.

—

SECTION III.

Des troubles apportés à l'ordre public par les ministres des cultes dans l'exercice de leur ministère.

1. Les dispositions renfermées dans cette section ne sont pas applicables aux ministres des cultes non reconnus.
2. Les ministres du culte peuvent-ils être poursuivis sans autorisation préalable ? — Distinction. — Jurisprudence. — Variations.

1. Les dispositions, que nous allons étudier, ne sont applicables qu'aux ministres des cultes reconnus en

IV. 1

France. Cette opinion a, je le sais, ses contradicteurs. Mais il me paraît qu'elle trouve sa justification dans la discussion, dont les articles, qui m'occupent, ont été l'objet au Conseil d'État (Locré, t. 30, p. 170 et suiv.). C'est, ce semble, la pensée, qui en a dominé les débats. C'est, à n'en pas douter, la pensée de Portalis, soit lorsqu'il examine s'il est des circonstances « où il devient nécessaire d'obliger *les ministres des cultes organisés* à donner connaissance à l'autorité des écrits, qu'ils se proposent de publier » (*ib.*, p. 173), soit lorsqu'il cherche à établir que, si la loi peut se montrer jalouse dans les pays où les cultes ne sont que tolérés, « il n'en est pas de même *des cultes organisés par les lois, de ceux dont les ministres sont nommés par l'Empereur et assujettis à un serment particulier* » (*ib.*, p. 174) ; c'est encore la pensée de Berlier, lorsqu'il reconnaît qu'on peut se dispenser de soumettre à l'autorisation préalable du ministre des cultes les instructions pastorales, puisqu'il est affirmé par ce ministre « *que les pasteurs des religions admises en France* se conduisent de manière à n'inspirer aucune inquiétude sérieuse » (*ib.*, p. 179). Enfin, c'est la pensée de Cambacérès, lorsqu'il fait observer au Conseil que « l'Empereur a manifesté l'in- « tention que les délits particuliers aux ecclésiastiques « formassent une classe à part » (*ib.*, p. 180).

Quant aux ministres des cultes, qui existeraient en France, sans y être reconnus, ils seraient, selon moi, placés sous l'empire du droit commun. Si ce droit est plus rigoureux que les articles, relatifs aux ministres des cultes reconnus, ils en subiront les rigueurs ; s'il est moins sévère, ils profiteront de son indulgence.

2. Quoique la procédure criminelle soit étrangère à mes études, je crois néanmoins à propos de rechercher si les ministres des cultes peuvent être poursuivis devant les tribunaux de répression, sans autorisation préalable.

Il est aujourd'hui unanimement reconnu que les ministres des cultes ne sont pas des agents du Gouvernement et que, par suite, ils ne sont pas protégés par l'art. 75 de la Constitution du 22 frimaire an VIII. La Cour de cassation juge « que les agents du Gouverne-« ment, dont parle l'art. 75 de la Constitution de « l'an VIII, sont ceux qui, dépositaires d'une partie de « son autorité, agissent directement en son nom, et font « partie de la puissance publique; que les ministres des « cultes ne sont pas dépositaires de l'autorité publique, « qu'ils n'agissent pas au nom du prince, et ne sont « pas ses agents directs; que, si les ministres du culte « sont salariés par le Gouvernement, et obligés à prêter « serment, aux termes des art. 6 et 7 du Concordat « de 1802, ils sont, sous ce rapport, dans une situation « semblable à celle de plusieurs classes de citoyens, « qui n'ont jamais été comptés au nombre des fonc-« tionnaires publics; qu'ainsi l'art. 75 de la Constitu-« tion de l'an VIII ne leur est point applicable. » 23 juin 1831, nº 143. — *Conf.*, 9 septembre 1831, nº 212; 3 novembre 1831, nº 278; 23 novembre 1831, nº 304.

Mais, de ce que les ministres des cultes ne sont pas des agents du Gouvernement, et de ce qu'ils ne sont pas protégés par la Constitution de l'an VIII, s'ensuit-il qu'ils puissent être poursuivis devant les tribunaux de répression, sans autorisation préalable ?

Les textes en discussion sont les art. 6, 7 et 8 de la loi du 18 germinal an X, organique du Concordat du 23 fructidor an IX (10 septembre 1801).

Art. 6. Il y aura recours au Conseil d'État, dans

tous les cas d'abus de la part des supérieurs et autres personnes ecclésiastiques. Les cas d'abus sont : l'usurpation ou l'excès de pouvoir, la contravention aux lois et règlements de la République, l'infraction des règles consacrées par les canons reçus en France, l'attentat aux libertés, franchises et coutumes de l'Église gallicane, et toute entreprise ou tout procédé qui, dans l'exercice du culte, peut compromettre l'honneur des citoyens, troubler arbitrairement leur conscience, dégénérer contre eux en oppression, ou en injure, ou en scandale public.

Art. 7. Il y aura pareillement recours au Conseil d'État, s'il est porté atteinte à l'exercice public du culte, et à la liberté que les lois et les règlements garantissent à ses ministres.

Art. 8. Le recours compétera à toute personne intéressée. A défaut de plainte particulière, il sera exercé d'office par les préfets. Le fonctionnaire public, l'ecclésiastique ou la personne, qui voudra exercer ce recours, adressera un mémoire détaillé et signé, au Conseiller d'État chargé de toutes les affaires concernant les cultes, lequel sera tenu de prendre, dans le plus court délai, tous les renseignements convenables, et sur son rapport, l'affaire sera suivie et définitivement terminée dans la forme administrative, ou renvoyée, selon l'exigence des cas, aux autorités compétentes.

Il n'est douteux pour personne que ces articles ne concernent pas les actes commis par les ministres des cultes hors de l'exercice de leurs fonctions. Ces actes restent soumis au droit commun et, par conséquent, s'ils présentent le caractère criminel, ils peuvent être poursuivis sans autorisation préalable.

Mais ces dispositions ont été diversement interprétées dans l'application, qu'on doit en faire aux actes exécutés par les ministres des cultes dans l'exercice de leurs fonctions.

Les uns considèrent que la loi du 18 germinal an x n'est relative qu'aux excès du pouvoir spirituel et aux abus de la juridiction religieuse. Ils estiment que, dès que cet abus revêt le caractère d'un crime, d'un délit ou d'une contravention, il assujettit son auteur aux règles communes de la procédure criminelle, c'est-à-dire que, dans ce cas, les tribunaux peuvent être saisis sans recours préalable au Conseil d'État.

Les autres pensent qu'il faut distinguer entre les poursuites du ministère public et celles de la partie lésée. Suivant eux, le ministère public peut saisir, sans recours préalable, les tribunaux de répression ; ils n'imposent qu'à la partie civile l'obligation de donner satisfaction à la loi de germinal.

D'autres, enfin, sont d'avis que la partie publique a les mêmes devoirs à remplir que la partie civile, et que les tribunaux ne peuvent être saisis, par l'une comme par l'autre, qu'avec l'autorisation préalable du Conseil d'État.

Je partage cette dernière opinion. Il n'y a qu'elle qui, selon moi, concorde avec les dispositions de la loi de germinal.

D'une part, l'art. 6 de cette loi ne restreint pas les cas d'abus, comme l'indique la première des trois opinions que je viens d'exposer, aux excès du pouvoir spirituel, et aux abus de la juridiction religieuse. Au contraire, il déclare cas d'abus non-seulement l'usurpation ou l'excès de pouvoir, l'infraction des règles consacrées par les canons reçus en France, l'attentat aux libertés, franchises et coutumes de l'Église gallicane, mais encore la contravention aux lois et règlements de l'État, et toute entreprise, ou tout procédé, qui, dans l'exercice du culte, peut compromettre l'honneur des citoyens, troubler arbitrairement leur conscience, dégénérer contre eux en oppression, ou en injure, ou en scandale public.

D'autre part, l'art. 8 de la même loi ne se borne pas à ouvrir le recours à la partie lésée, comme semble le supposer l'autre opinion que je repousse; il l'ouvre à toute personne intéressée; il indique comment, à défaut de plainte particulière, le représentant de l'État pourra agir; il règle la marche que devra suivre le fonctionnaire public, ou la personne qui voudra exercer le recours.

La première de ces deux dispositions contredit l'opinion de ceux qui, ne voyant des cas d'abus que dans les excès du pouvoir spirituel, et les abus de la juridiction religieuse, estiment que, dès que l'abus prend le caractère d'un crime, d'un délit ou d'une contravention, il devient immédiatement justiciable des tribunaux de répression; la seconde, l'opinion de ceux qui, distinguant entre la partie publique et la partie civile, n'assujettissent que cette dernière à l'obligation de recourir préalablement au Conseil d'État.

Ces deux dispositions, au contraire, me paraissent confirmer pleinement l'opinion que j'adopte.

L'une déclare d'abord, dans les termes les plus généraux, qu'il y aura recours au Conseil d'État, *dans tous les cas d'abus*. Puis, énumérant ces cas, elle classe parmi eux, en termes qui ne comportent pas de distinction, *les contraventions aux lois et règlements de l'État*, et *les entreprises et procédés*, qui, dans l'exercice du culte, *peuvent compromettre l'honneur des citoyens, dégénérer contre eux en oppression ou en injure ou en scandale public;* elle soumet donc au recours préalable, qu'elle ordonne, non-seulement les excès du pouvoir spirituel et les abus de la juridiction religieuse, mais encore les abus qui constituent des infractions aux lois et règlements, et les procédés qui peuvent compromettre l'honneur des citoyens et dégénérer contre eux en injure ou en scandale public, c'est-à-dire, les crimes, les délits et les contraventions.

L'autre, qui a pour objet d'indiquer par qui le recours sera exercé, ne distingue pas entre la partie publique et la partie civile ; elle les confond et leur trace la marche, qu'elles auront à suivre l'une et l'autre ; elle les oblige donc toutes deux à recourir préalablement au Conseil d'État. Si on me reprochait de donner à cette dernière disposition une interprétation, qu'elle ne comporte pas, je répondrais qu'elle n'aurait pas pu, sans se mettre en contradiction avec l'art. 6, qui la précède, dispenser le ministère public du devoir, qu'elle imposait à la partie civile, puisque cet article déclare qu'il y aura recours dans tous les cas d'abus, et que, parmi ces cas, il comprend non-seulement les délits, qui peuvent être considérés comme privés, mais en outre, toutes les infractions aux lois, et, par conséquent, même celles dont la répression est le plus directement confiée au ministère public.

Cette opinion est, d'ailleurs, celle que le Conseil d'État a paru admettre lorsqu'il discutait la section que j'étudie.

Dans la séance du 29 août 1809 (Locré, t. 30, p. 179), « Vincent Margniola fait observer que l'instruction « d'une semblable affaire, portée devant les tribunaux, « pourrait jeter de la fermentation dans les esprits, qu'il « serait donc préférable de laisser agir la haute police « de l'État.

« De Ségur répond que l'article détermine la peine et « non la forme dans laquelle elle sera appliquée : il

« laisse donc la liberté de nommer une commission,
« qui examine si l'affaire doit être ou non renvoyée
« devant les tribunaux.

« Cambacérès dit que le Code est destiné à régler
« l'action des tribunaux et non celle de la haute police ;
« qu'au surplus, ce qu'il prescrit ne paralyse pas le
« droit que le Gouvernement a de prendre des mesures
« contre ceux qui troublent la tranquillité publique.

« Vincent Margniola dit qu'il voudrait que la loi
« autorisât à faire juger le prévenu par une commission
« du Conseil d'Etat.

« Cambacérès dit que l'affaire vient nécessairement
« au Conseil d'Etat, puisque c'est ce Conseil, qui auto-
« rise la mise en jugement. Mais il faut s'arrêter là, et
« maintenir l'action des autorités locales, surtout celle
« de la justice. Il est très-important de saisir les tribu-
« naux de la connaissance des délits que les ecclésiasti-
« ques commettent par abus de leur ministère. On ne
« doit pas oublier que les Parlements ont empêché la
« France de devenir un pays d'obédience. Ils décré-
« taient, saisissaient le temporel, et réprimaient sévè-
« rement les écarts. La police n'aurait pas la même
« force. Elle ne peut qu'arrêter les prévenus, et, après
« un certain temps, il faut les relâcher.

« Molé voudrait qu'afin de ne pas faire pour les évê-
« ques une exception, qui les déconsidérerait, on fît
« porter, en général, la disposition sur tous les fonc-
« tionnaires, qui, en parlant au peuple, se rendent
« coupables de quelqu'un des délits, prévus par
« l'article.

« Berlier dit qu'il n'y a pas de doute que les fonc-
« tionnaires civils, qui appelleraient par des actes pu-
« blics, le mépris sur les mesures, dont l'exécution
« leur est confiée, ne fussent très-coupables ; aussi y

« a-t-on pourvu, bien qu'à leur égard un tel délit soit
« peu supposable. Mais il s'agit ici d'une autre classe
« de personnes, qui, n'étant dépositaires d'aucune par-
« tie de l'autorité temporelle, ne peuvent être classées
« parmi les fonctionnaires publics proprement dits, et
« méritent bien une mention particulière. »

J'ai reproduit toute cette discussion, pour ne pas iso-
ler la déclaration de Cambacérès de ce qui la précède
et de ce qui la suit. C'est le seul moyen de donner à
cette déclaration la signification qui lui appartient. A
mon sens, elle a une très-grande valeur. Il en résulte,
selon moi, que, dans la pensée de l'Archichancelier, il
y a recours au Conseil d'Etat pour tous les cas d'abus,
non-seulement pour ceux qui ne concernent que le
pouvoir spirituel ou qui ne touchent qu'à l'intérêt privé,
mais encore pour ceux qui prennent le caractère de
crimes, et, par suite, ne peuvent être poursuivis que
par le ministère public. En effet, quel était le fait en
discussion lorsque Cambacérès indiquait *que l'affaire
venait nécessairement au Conseil d'État?* Il ne s'agissait
ni du domaine spirituel de l'Église, ni d'un délit privé ;
il s'agissait d'une infraction punie du bannissement, du
crime défini par l'article 204 du Code pénal. Ce n'est
donc peut-être pas sans raison, que les partisans de la
doctrine, que je soutiens, présentent, comme leur étant
favorable, l'opinion de l'Archichancelier.

Cependant un auteur éminent, l'un des plus sérieux
adversaires de la doctrine que je défends, donne une
autre interprétation à la réponse de Cambacérès. Suivant lui, lorsque l'Archichancelier déclarait que le
Conseil d'État autoriserait la mise en jugement, il est
évident « qu'il se référait à l'art. 75 de la loi du 22
« frimaire an VIII. » Cette impression est loin d'être la
mienne. Je ne vois pas pourquoi Cambacérès, si profon-

dément initié à la législation des temps qu'il venait de traverser, aurait songé à une loi qui n'était pas applicable, et aurait oublié celle qui régissait spécialement la matière dont il s'occupait. Il y a plus : si l'on reprend, en quelque sorte, une à une, les paroles de l'Archichancelier, on demeure, ce me semble, convaincu qu'en répondant à Vincent Margniola que l'affaire viendrait nécessairement au Conseil, il n'avait en vue que la loi du 18 germinal an x, celle qui réglait les cas d'abus, celle qui les déférait tous au Conseil, dans son art. 6. En effet, pourquoi, suivant lui, le Conseil interviendra-t-il? Est-ce parce que les ministres des cultes sont des agents du Gouvernement? Non! L'Archichancelier de l'Empire ne commet point cette grosse erreur. Mais pourquoi donc l'affaire ira-t-elle au Conseil? Cambacérès l'indique, c'est qu'il s'agit de délits « que les ecclésiastiques commettent par abus de leur ministère. » L'Archichancelier continue la même pensée lorsque, pour maintenir la compétence des tribunaux ordinaires, après l'intervention du Conseil d'Etat, il ajoute que : « On ne doit pas oublier que les Parlements « ont empêché la France de devenir un pays d'obé- « dience. »

Ainsi, d'un bout à l'autre de sa réponse, Cambacérès se préoccupe des faits ecclésiastiques, des cas d'abus. Ce n'est pas un agent du Gouvernement qu'il songe à préserver de poursuites téméraires. Ce sont des actes, ce sont les cas d'abus qu'il réserve à l'examen préalable du Conseil ; c'est à raison de ces faits qu'il rassure Vincent Margniola sur la compétence donnée à l'autorité judiciaire. Je persiste à croire que je donne à la déclaration de Cambacérès, l'interprétation qui lui appartient, et que je peux m'autoriser de cette déclaration pour soutenir que, dans la pensée de l'Archichancelier, tous les cas d'abus, même ceux qui seraient l'objet des poursuites du ministère public, doivent être soumis préalablement au Conseil d'Etat.

Cette opinion, qui s'appuie sur les termes si généraux et si absolus des art. 6 et 8 de la loi du 18 germinal, et sur les travaux préparatoires de la section du Code pénal dont je m'occupe, me paraît avoir aussi pour elle la raison d'Etat. Assurément, je ne pense pas que les infractions, commises par les ministres du culte, doivent rester impunies, parce que, outre le caractère criminel qu'elles revêtent, elles constituent des cas d'abus, mais je crois qu'il est convenable, même dans l'intérêt de l'Etat, qui ne se sépare pas de l'intérêt religieux, que le Souverain reconnaisse, dans tous les cas, en son Conseil, s'il est opportun que les poursuites aient lieu et que les ministres du culte soient traduits devant les tribunaux ordinaires, pour les faits accomplis dans l'exercice de leur ministère. Je trouve, dans le recours préalable au Conseil, la conciliation et la garantie de ces deux grands intérêts.

La Cour de cassation n'a jamais admis la première des opinions que je viens d'exposer ; mais elle a suivi tantôt la seconde, tantôt la troisième.

La première fois que cette Cour examina la question, ce fut dans des circonstances qu'il est à propos d'indiquer. Le tribunal correctionnel de Saverne avait jugé « que, suivant les dispositions de la loi du 18 germinal an x, les abus, de la part des ecclésiastiques, dans l'exercice du culte, tels qu'ils sont énumérés en l'art. 6 de ladite loi, donnent lieu au recours au Conseil d'Etat ; que, dans l'espèce, la plainte du sieur Guillemain ayant pour objet la réparation d'un délit de diffamation prétendument commis, en chaire, par le prévenu, curé à Schweinheim, il n'appartient pas à un

tribunal correctionnel d'en connaître, à moins de renvoi de la part du Conseil d'Etat, auquel le plaignant est
dans le cas de s'adresser d'après le mode tracé par l'art.
8 de la même loi; que c'est à tort que le défenseur du
plaignant a taxé la loi organique des cultes, ci-dessus
rappelée, d'immorale, puisque cette loi, au contraire,
est une loi de réconciliation et de paix; que d'une part,
elle environne les ministres des autels du respect qui
leur est dû et leur garantit l'indépendance et la liberté
dans leurs fonctions, et que, de l'autre, elle assure à la
société la répression des abus que, dans ces mêmes
fonctions, ils pourraient commettre. » Le ministre de
la justice désira que la Cour de cassation fût appelée à
s'expliquer sur la doctrine admise par les juges de Saverne. « Ce jugement, disait-il dans la lettre qu'il adressa
à cet égard, au Procureur général près cette Cour, m'a
paru mériter d'autant plus d'attention, qu'on n'est pas
généralement d'accord sur le sens précis des dispositions qui lui servent de base. Ainsi, ces dispositions ne
faisant aucune mention de procédure, ni de mise en
jugement, on a pu croire qu'elles ne s'opposent pas aux
poursuites judiciaires que peuvent encourir des ecclésiastiques, pour des délits qu'ils commettraient dans
l'exercice de leurs fonctions, et qu'elles ouvrent seulement une autre voie, soit au Gouvernement, soit aux
parties lésées qui ne jugent pas à propos de se pourvoir
dans les tribunaux. Mais, d'un autre côté, en réfléchissant aux graves inconvénients qui pourraient résulter de
la faculté que les parties auraient de poursuivre, dans
tous les cas, directement, devant les tribunaux, la réparation des faits qu'elles prétendraient avoir été commis
à leur préjudice par des ecclésiastiques, et quelle que fût
la nature de ces faits, on peut douter que l'intention
du législateur ait été d'accorder un droit aussi illimité,

et on est amené à penser que si la poursuite directe peut avoir lieu à raison de tous les faits qui ne constituent pas, à proprement parler, un acte des fonctions ecclésiastiques, il en est différemment à l'égard de ceux qui se confondent nécessairement avec l'exercice du sacerdoce, et dont les ecclésiastiques ne peuvent se rendre coupables qu'en abusant du caractère dont ils sont revêtus. C'est ainsi, par exemple, que si un prêtre, au moment où il remplit son ministère, se rendait coupable de violence, on pourrait le traduire directement devant les tribunaux, parce que le fait, lors même qu'on pourrait le considérer comme se rattachant plus ou moins directement aux fonctions du prévenu, ne serait point un acte de ces mêmes fonctions : mais si, au contraire, il s'agissait d'actes vraiment ecclésiastiques, c'est-à-dire qu'un prêtre peut seul commettre, notamment d'une indiscrétion commise au préjudice de personnes entendues au tribunal de la pénitence, d'insertion dans un mandement, une lettre pastorale ou un sermon, de doctrines contraires à l'ordre public ou de diffamation, comme l'ecclésiastique, auquel on imputerait ces faits, n'aurait pu les commettre qu'à l'aide et par abus de son ministère, il serait indispensable de suivre la marche tracée par l'art. 8 de la loi précitée, et d'en référer au Conseil d'Etat, pour que l'affaire fût terminée dans la forme administrative ou renvoyée, suivant l'exigence des cas, devant les autorités compétentes. Si telle est l'interprétation que doit recevoir la loi du 8 avril 1802, le tribunal de Saverne, par son jugement du 24 avril dernier, en aurait fait une juste application, puisqu'il s'agissait, dans l'espèce qui lui était soumise, de diffamation commise par un ecclésiastique en chaire, c'est-à-dire dans un prône ou un sermon. Mais, comme l'autre opinion que j'ai

rappelée au commencement de ma lettre a été consacrée par plusieurs décisions judiciaires, je crois devoir,
quels que soient mes doutes sur la question dont il s'a-
git, vous transmettre le jugement du tribunal de Saverne, et vous charger d'en requérir l'annulation, dans
l'intérêt de la loi, afin de mettre la Cour de cassation,
soit qu'elle admette, soit qu'elle rejette votre réquisitoire, à portée de rendre promptement un arrêt doctrinal qui fixe la jurisprudence sur ce point important de
la législation. » La Cour de cassation, « considérant
qu'il résulte des art. 6, 7 et 8 de la loi du 18 germinal
an x, qu'en garantissant aux ministres de la religion le
libre exercice de leurs fonctions, la loi a en même temps
déterminé les cas d'abus et le moyen d'en obtenir la
répression ; que ce moyen est le recours au Conseil
d'État, qui, suivant les circonstances, doit terminer
l'affaire administrativement, ou la renvoyer à l'autorité
compétente ; qu'il suit de ces dispositions que le particulier, qui se prétend lésé par un fait que la loi a
qualifié d'abus, ne peut poursuivre devant les tribunaux l'ecclésiastique inculpé, sans recours préalable au
Conseil d'État et son autorisation ; que, dans l'espèce
du réquisitoire présenté par le Procureur général, le fait,
pour lequel Hatten a été traduit devant le tribunal correctionnel de Saverne, est d'avoir, dans un discours
tenu en chaire, diffamé le sieur Guillemain ; que ce fait
rentre évidemment dans l'application de l'art. 6 de la
loi précitée, du 18 germinal an x, qui désigne comme
cas d'abus, toute entreprise ou tout procédé qui, dans
l'exercice du culte, peut compromettre l'honneur des
citoyens, troubler arbitrairement leur conscience, dégénérer contre eux en oppression, ou en injure, ou en
scandale public, puisqu'un discours, tenu en chaire par
un curé en fonctions, fait essentiellement partie de

l'exercice du culte ; qu'avant de traduire le sieur Hatten devant le tribunal correctionnel de Saverne, le sieur Guillemain ne s'était pas pourvu par la voie de recours au Conseil d'État ; que, dans ces circonstances, ledit tribunal s'est conformé à la loi en se déclarant incompétent », décida qu'il n'y avait pas lieu à annuler le jugement dénoncé par le réquisitoire de son Procureur général : 25 août 1827, n° 226. — *Conf.*, 28 mars 1828, n° 96 ; 18 février 1836, n° 49 ; 26 juillet 1838, n° 250.

Dans le courant de l'année 1831, Jean-Nicolas Roger, prêtre desservant, fut poursuivi, pour attaque contre l'ordre de successibilité au Trône et les droits, que le Roi tenait du vœu de la nation française. Un sursis aux poursuites avait été ordonné par la chambre d'accusation de la Cour de Paris, sur le motif que Jean-Nicolas Roger, étant, comme prêtre desservant, salarié par le Gouvernement, et obligé, aux termes du Concordat, à prêter serment, devait être considéré comme fonctionnaire public, et, par conséquent, qu'il ne pouvait être poursuivi qu'avec l'autorisation du Conseil d'Etat, conformément à l'art. 75 de la Constitution de l'an VIII. Sur le pourvoi du ministère public, l'arrêt de sursis fut annulé. La Cour de cassation, après avoir établi que les ministres du Culte ne sont pas des agents du Gouvernement, ajouta « que les art. 6, 7 et 8 de la loi du 18 germinal an X, sur les appels comme d'abus, ne comprennent pas le cas actuel, qui serait une attaque contre l'ordre de successibilité au Trône, et les droits que le Roi tient du vœu de la nation française, exprimés par les actes constitutionnels de 1830, et qui est poursuivie par le ministère public, qui n'a nul besoin d'autorisation spéciale ; que, dès lors, en prononçant le sursis à statuer, jusqu'à ce qu'on ait obtenu du Conseil d'Etat l'autorisation de poursuivre, la chambre d'accusation de la Cour royale de Paris a fait une fausse application des art. 6 et 7 du Concordat de 1802, de l'art. 75 de l'acte du 22 frimaire an VIII, et violé les règles de sa compétence. » 23 juin 1831, n° 143. — *Conf.*, 9 septembre 1831, n° 212 ; 3 novembre 1831, n° 278 ; 23 décembre 1831, n° 328.

Ces arrêts jugent, en termes exprès, que le ministère public « n'a pas besoin d'autorisation préalable » pour poursuivre les infractions punissables, commises par les ministres du culte dans l'exercice de leurs fonctions.

Cette jurisprudence, qui, selon moi, ne se concilie pas avec les dispositions, si absolues, de la loi de germinal, la Cour de cassation l'a certainement abandonnée dans les deux arrêts que je vais citer.

A l'enterrement de la dame Vée, mère du curé de la paroisse d'Entrains, des difficultés s'élevèrent entre le maire de la commune et les abbés Vée et Guille ; ce dernier, desservant d'une commune voisine, présidait à la cérémonie funèbre, l'autre ne figurait que parmi les assistants. Sur la plainte du maire, le ministère public cita les deux ecclésiastiques devant le tribunal correctionnel, sous la prévention d'outrages envers un fonctionnaire public dans l'exercice de ses fonctions, délit puni par l'art. 222 du Code pénal. Les prévenus opposèrent une exception d'incompétence, prise de ce que les faits, qui leur étaient reprochés, constituaient un cas d'abus, prévu par les art. 6 et 8 de la loi du 18 germinal, et à raison duquel ils ne pouvaient être poursuivis qu'après autorisation du Conseil d'Etat. Ce déclinatoire fut rejeté par le tribunal de Clamecy et, en appel, par la Cour de Bourges ; « considérant que la loi du 18 germinal an X, au titre *du régime de l'E-*

*glise catholique dans ses rapports avec les droits et la
police de l'État*, a eu pour objet, d'une part, la répression des abus qui peuvent être commis par les
ministres de la religion, dans les divers degrés de la
hiérarchie ecclésiastique, soit dans des actes de juridiction extérieure, soit dans l'exercice même du culte,
et, d'autre part, d'assurer aux ministres de l'Eglise
catholique la protection à laquelle ils ont droit; que
l'art. 6 de cette loi définit les cas d'abus dans l'exercice
du culte, que le législateur s'est proposé d'arrêter ou
de réprimer, mais dont il a déféré l'examen préalable
au Conseil d'État; que l'on ne peut, sans forcer l'interprétation des expressions générales « entreprises et
procédés qui peuvent dégénérer en oppression, injure
ou scandale public, » soutenir que tous les genres de
crimes ou de délits, dont les ministres du culte se rendraient coupables, dans ou à l'occasion de l'exercice de
leurs fonctions, sont compris sous cette indication
générale; qu'on ne peut admettre que pour toutes les
infractions à la loi commune, pour des violences personnelles ou des outrages directs, alors qu'il ne semblait
occupé qu'à placer des barrières contre les entreprises
de la juridiction ecclésiastique, il avait eu l'intention de
soustraire les ministres du culte aux poursuites auxquelles pourraient donner lieu tous leurs actes pendant
l'exercice de leurs fonctions, et de rendre le Gouvernement juge nécessaire des plaintes des citoyens, qui
croiraient avoir été directement blessés dans leur honneur; considérant que les expressions citées (procédés
qui peuvent dégénérer en oppression, etc.), excluent
l'idée de violences ou injures directes, que les lois pénales
ont prévues ou définies; que, quand il serait vrai que
la loi de l'an x aurait été rédigée, ainsi qu'on l'a plaidé,
sous l'influence de cette opinion que les ministres du

culte catholique, rétribués par l'Etat, ayant prêté le serment d'obéir à ses lois, seraient considérés comme fonctionnaires publics, et jouiraient, à ce titre, de la garantie, qui est accordée à ceux-ci par l'art. 75 de la Constitution de l'an VIII, de ne pouvoir être mis en jugement pour faits relatifs à leurs fonctions, sans une autorisation du Conseil d'Etat, peu importerait, aujourd'hui, quelle eût été à cet égard la pensée du législateur ; qu'il résulterait même de l'observation, si elle était fondée, que ce ne serait pas dans la loi de germinal an x, qu'il faudrait chercher la garantie ou la prérogative dont s'agit ; considérant au surplus que la jurisprudence est fixée sur la portée de l'art. 75 de la Constitution de l'an VIII, et que les ministres des cultes ne peuvent être rangés dans la classe des agents du Gouvernement ; qu'ainsi sous aucun rapport, le pourvoi au Conseil d'Etat n'était nécessaire. » Sir. 1840, 1, 283. Les abbés Guille et Vée se pourvurent contre cette décision. Ils soutinrent que les considérations d'ordre public et d'intérêt général, qui ont déterminé le législateur de l'an x à classer à part les abus ecclésiastiques et à investir, en cette matière, le Conseil d'Etat d'un droit d'appréciation préalable, répugnaient à l'admission des distinctions tirées soit de ce que l'abus se lierait à un fait qualifié délit, soit de ce qu'il serait poursuivi par le ministère public ; ils prétendirent que ces distinctions ne tendaient à rien moins qu'à effacer, dans la plupart des cas, la garantie dérivant du recours préalable au Conseil. « En constituant, ont-ils dit, le Conseil d'Etat arbitre de la poursuite judiciaire, le législateur de l'an x a entendu donner aux membres du clergé une *garantie analogue* à celle dont l'art. 75 de la Constitution de l'an VIII avait couvert les agents du Gouvernement. Cette garantie des agents du Gouvernement s'efface-t-elle devant les poursuites du ministère public? Non : l'art. 3 du décret du 9 août 1806 s'explique à cet égard en termes formels. Pourquoi en serait-il autrement de la garantie donnée aux ministres du culte? Est-ce que par hasard le législateur aurait vu moins de dignité dans le sacerdoce que dans les fonctions du plus mince agent de l'autorité, d'un garde champêtre, par exemple? Et, après tout, que serait-ce pour le clergé qu'une garantie qui cesserait d'exister sous le bon plaisir d'un membre du parquet, qui, par ses croyances religieuses, peut être l'ennemi le plus implacable du prêtre catholique, notamment s'il se trouve être israélite, huguenot ou ultra-gallican ? » Après en avoir délibéré en chambre du conseil, ainsi que le constate l'arrêtiste, la Cour de cassation admit les graves considérations qui lui avaient été présentées par les demandeurs. Elle rejeta le pourvoi de l'abbé Vée parce qu'il « était constant, en fait, que cet ecclésiastique n'assistait pas, comme prêtre officiant, à la cérémonie des funérailles de sa mère, et qu'ainsi l'acte, qui lui était imputé, ne pouvait pas rentrer dans un cas d'abus inhérent à l'exercice du culte. » Mais en ce qui touchait l'abbé Guille, « attendu que les faits, qui lui étaient imputés, constituaient, d'après les termes de la prévention, des outrages de la part d'un ministre du culte catholique, officiant à un enterrement, envers un fonctionnaire public dans l'exercice de ses fonctions ; attendu que ce fait rentre dans le cas d'abus, spécifié par l'art. 6 de la loi du 18 germinal an x, relatif à tout procédé qui, dans l'exercice du culte, peut dégénérer en injure ou scandale public ; attendu, dès lors, que ce fait ne pouvait être déféré à la juridiction correctionnelle, sans qu'il y eût recours au Conseil d'Etat et renvoi de ce Conseil à l'autorité compétente, » la Cour cassa l'arrêt soumis à sa censure. 12 mars 1840, n° 79. Sir. 1840, 1, 283.

Le prêtre Sarda avait été traduit devant le tribunal correctionnel de Perpignan, sous la prévention d'avoir procédé à la cérémonie religieuse de plusieurs mariages, sans qu'il lui eût été justifié d'un acte de mariage civil préalable et d'avoir fait inhumer des corps, sans l'autorisation préalable de l'officier de l'état civil, délits prévus et punis par les art. 199 et 358 du Code pénal. Le prévenu soutint que les faits, qui lui étaient imputés, constituaient des cas d'abus qui devaient être soumis à l'appréciation préalable du Conseil d'Etat. Ce système fut accueilli successivement par le tribunal de Perpignan et celui de Carcassonne. Le ministère public se pourvut en cassation, mais son pourvoi fut rejeté. « attendu que les faits, qui ont motivé la poursuite, étaient relatifs à l'exercice du ministère ecclésiastique du prévenu; que, dès lors, la contravention aux dispositions des art. 199 et 358 du Code pénal, rentrait dans les cas prévus par les art. 6, 7 et 8, combinés de la loi du 18 germinal an x; d'où il suit qu'en le jugeant ainsi le jugement attaqué, régulier en la forme; s'est conformé à ces articles et n'a d'ailleurs violé aucune loi. » 29 décembre 1842, n° 342; Sir. 1843, 1, 73.

Mais, je dois le reconnaître, la Cour de cassation est revenue, dans le dernier arrêt qu'elle a rendu sur la question, à la doctrine de ses arrêts de l'année 1831. Elle a décidé, après en avoir délibéré en chambre du conseil, que le recours préalable, ordonné par la loi de germinal, n'est prescrit qu'aux particuliers et que le ministère public en est affranchi.

L'abbé Lhémeaux, vicaire à Availles, avait été condamné à deux ans d'emprisonnement et 100 fr. d'a-

mende, pour avoir prononcé en chaire, un discours
renfermant les délits d'offenses publiques envers l'Empereur, de critique et censure des actes du Gouvernement et d'excitation à la haine et au mépris soit du Gouvernement, soit des citoyens les uns contre les autres.
Il interjeta appel de cette condamnation, et soutint que
la juridiction correctionnelle n'aurait pu être compétemment saisie des faits qui lui étaient reprochés qu'autant
qu'ils auraient été soumis préalablement à l'examen du
Conseil d'Etat. Par un arrêt du 4 juillet 1861, la Cour
de Poitiers rejeta cette exception « attendu que les art. 1
et 22 du Code instr. crim., attribuent au ministère
public la recherche et la poursuite de tous les délits
dont la connaissance appartient aux tribunaux de police
correctionnelle et aux Cours d'assises ; que son action,
sauvegarde de la société, est exercée avec une entière
liberté et sans acception de personnes ; qu'elle ne trouve
de limites que dans les dispositions précises de nos lois,
quand elles la subordonnent à des prescriptions exceptionnelles commandées par l'intérêt général ; que telles
sont celles qui ne permettent pas de poursuivre un
agent du Gouvernement sans l'autorisation du Conseil
d'Etat; attendu que ce droit d'asile intellectuel doit
être formellement édicté par le législateur ; qu'il n'a
pas été créé dans l'intérêt de l'agent, mais dans l'intérêt
de l'Etat ; que, si un fonctionnaire l'invoque au moment
où il en use, il revendique une partie de la puissance
publique, à raison des fonctions qu'il remplit ou qu'il
a remplies ; attendu que cette garantie est écrite en
termes formels pour les agents du Gouvernement dans
l'art. 75 de la Constitution du 22 frimaire an VIII;
attendu que les ecclésiastiques ne sont pas agents du
Gouvernement; qu'ils ne sont pas institués par le
Prince; qu'ils n'agissent pas en son nom; qu'ils ne

détiennent aucune partie de sa puissance; qu'ils ne
peuvent donc se placer sous l'égide de l'article précité
de la Constitution de l'an VIII; attendu que les art. 6,
7 et 8 de la loi du 18 germinal an X, où l'on prétend
trouver en leur faveur l'équivalent de l'art. 75 de la
Constitution du 22 frimaire an VIII, sont relatifs au recours du Conseil d'Etat, dans tous les cas d'abus de la
part des ecclésiastiques; que leur but a été de les
atteindre à raison des faits commis dans l'exercice de
leurs fonctions et dangereux pour le Gouvernement,
que le droit commun ne prévoit pas et ne punit pas;
que ces faits sont les simples abus, qui ne prennent
pas le caractère plus grave d'un crime ou d'un délit;
que, s'il eût voulu subordonner l'action du ministère
public à l'examen préalable du Conseil d'Etat, même
quand il s'agit d'un crime ou d'un délit, le législateur
l'eût dit en termes formels; qu'il n'a pu laisser à l'arbitraire de l'interprétation le droit de créer une garantie
constitutionnelle; qu'il n'a pas assimilé à l'abus le *crime*
ou le *délit;* que ces mots mêmes ne se trouvent pas dans
le texte; attendu qu'il y aurait péril à créer contre le
Gouvernement, en faveur des ecclésiastiques, des immunités en dehors de la loi, et qui prendraient leur
source dans des causes autres qu'une autorité exercée
au nom du Prince; attendu qu'un tel droit, établi en
leur faveur, paralyserait la prompte action de la justice,
si urgente, lorsque le trouble et le scandale peuvent
naître facilement des actes et des paroles des ecclésiastiques, dont aucune mesure préventive ne saurait empêcher les délits, presque toujours flagrants; qu'une telle
conséquence ne découle ni du texte ni de l'esprit du
Concordat et des articles organiques qui, en rétablissant
les cultes, en ont entouré l'exercice de sages précautions pour empêcher leurs ministres d'en abuser contre

l'Etat et les particuliers. » Sirey, 1861, 1, 801. Le pourvoi, formé par l'abbé Lhémeaux contre cet arrêt, fut rejeté, « attendu que la loi organique du 18 germinal an x a eu pour objet, dans ses art. 6, 7 et 8, de créer une juridiction chargée de connaître des cas d'abus imputés aux supérieurs et autres personnes ecclésiastiques ; qu'il appartient, sans doute, à l'autorité publique de déférer au Conseil d'Etat des faits qui constituent tout à la fois des abus et des délits caractérisés par les lois pénales ; que, dans ce cas, il entre dans le pouvoir du Conseil d'Etat de se borner à déclarer qu'il y a abus ; qu'il entre aussi, dans son pouvoir, de renvoyer, selon l'exigence des cas, devant les autorités compétentes ; attendu que cet ensemble de dispositions constitue tout le système répressif ou disciplinaire des art. 6, 7 et 8 du décret organique ; qu'il satisfait à toutes les nécessités d'une bonne police, puisqu'il permet à l'autorité publique de déférer, dans tous les cas possibles, la connaissance des abus ou des délits ecclésiastiques à la juridiction du Conseil d'Etat ; qu'il permet, de plus, au Conseil d'Etat de renvoyer, selon les cas, devant l'autorité répressive ; mais attendu qu'aucune disposition des articles susénoncés ne porte que les ecclésiastiques ne pourront jamais être traduits, pour des crimes ou délits relatifs à leurs fonctions, devant les tribunaux ordinaires de répression, sans avoir été préalablement déférés au Conseil d'Etat ; qu'on objecterait vainement qu'il suffit que l'abus soit contenu dans le délit pour que le fait doive être soumis à la juridiction chargée de déclarer les abus ; qu'il est contraire à tous les principes que, lorsqu'un fait constitue tout à la fois un manquement disciplinaire et un délit, le tribunal disciplinaire doive connaître du fait préalablement, et préférablement au tribunal chargé de réprimer le délit ;

qu'il faudrait une disposition spéciale et formelle qui,
par dérogation au droit commun, imposât ce recours
préalable, même au cas de délit ou de crime; que
cette disposition n'existe pas; attendu que rien ne peut
la suppléer; que, dans le silence de la loi, la règle générale, écrite dans les art. 1 et 22 du Code d'instruction
criminelle, sur l'indépendance et la liberté entière de
l'action publique, conserve son empire; qu'il est même
à remarquer que, dans le cas où la juridiction du Conseil d'Etat constituerait un préalable nécessaire dans les
poursuites du ministère public, ce préalable créerait, en
faveur des ecclésiastiques, une immunité plus considérable que celle de l'art. 75 de la Constitution de
l'an VIII, puisqu'au cas, où le Conseil d'Etat se serait
borné à déclarer l'abus, l'ecclésiastique ne pourrait plus
être déféré aux tribunaux ordinaires, même en cas de
crime; que de telles conséquences n'étaient pas dans la
pensée du législateur de l'an X; qu'ainsi aucune disposition analogue à celle de l'art. 75 de la Constitution de
l'an VIII n'a été écrite dans la loi organique; attendu, il
est vrai, qu'énumérant dans l'art. 6 tous les abus, le
législateur y a expressément rangé toute entreprise ou
procédé qui, dans l'exercice du culte, peut compromettre
l'honneur des citoyens, troubler arbitrairement leur
conscience, dégénérer contre eux en oppression, ou en
injure, ou en scandale public; qu'une telle disposition,
protectrice de l'honneur et de la considération de la vie
privée, a pour effet d'atteindre même le délit de diffamation, lorsque, se confondant avec l'acte de la fonction
ecclésiastique, la diffamation vient à se produire en
chaire et demeure inséparable de l'abus proprement
dit; que, dans les cas de cette nature, il appartient à la
sagesse du législateur de mettre une barrière au-devant
de l'action privée, et de la soumettre préalablement à

la poursuite devant les tribunaux répressifs, à l'examen et à l'appréciation du Conseil d'Etat ; attendu que cette restriction est la seule qui ressorte des art. 6 et 8 de la loi ; qu'elle ne concerne que la plainte des particuliers ; que le ministère public en demeure affranchi ; que, pour tous les délits de droit commun, pour ceux qui, comme dans l'espèce, s'attaquent soit à la personne du Souverain, soit à la paix publique, et qui sont prévus par le Code pénal ou par les art. 4 et 7 de la loi du 11 août 1848, l'action publique reste pleine et entière ; que la circonstance que ces délits auraient été commis par l'ecclésiastique dans l'exercice même du culte, et par un abus évident de son ministère et de ses fonctions, n'enlève rien à l'indépendance de cette action ; attendu que la Cour de Poitiers, en le jugeant ainsi et en se déclarant compétente pour connaître de la poursuite, n'a ni faussement appliqué les art. 1 et 22 du Code d'instruction criminelle, ni violé les art. 6, 7 et 8 de la loi de germinal an x: » 10 août 1861, n° 178. Sir. 1861, 1, 801.

Je ne me dissimule pas assurément la gravité des considérations admises par cet arrêt. Néanmoins, je persiste à croire que la loi du 18 germinal an x ne fait aucune distinction entre la poursuite de la partie civile et celle du ministère public, et qu'elle entend que, dans un cas comme dans l'autre, il y ait recours préalable au Conseil d'Etat.

Les règles, que je viens d'exposer, s'appliquent non-seulement au culte catholique, mais aussi aux religions réformées (L. 18 germinal an x, articles organiques des cultes protestants, tit. Ier, art. 6), et au culte israélite (Ord., 25 mai 1844).

§ 1er. — *Des contraventions propres à compromettre l'état civil des personnes.*

ARTICLE 199.

Tout ministre d'un culte, qui procédera aux cérémonies religieuses d'un mariage, sans qu'il lui ait été justifié d'un acte de mariage préalablement reçu par les officiers de l'état civil, sera, pour la première fois, puni d'une amende de seize francs à cent francs.

ARTICLE 200 [1].

En cas de nouvelles contraventions de l'espèce exprimée dans l'article précédent, le ministre du culte, qui les aura commises, sera puni, savoir :— pour la première récidive, d'un emprisonnement de deux à cinq ans ; — et pour la seconde, de la détention.

3. C'est le même fait qui est prévu par les art. 199 et 200.
4. Ces articles ne sont pas applicables au cas où, le mariage civil ayant eu lieu préalablement, le ministre du culte n'a à se reprocher que de n'en avoir pas exigé la justification.
5. Ils ne sont pas applicables aux baptêmes et aux inhumations.
6. Qualifications.

3. C'est le même fait qui est puni par les art. 199

---

[1] *Ancien article* 200. En cas de nouvelles contraventions de l'espèce exprimée en l'article précédent, le ministre du culte qui les aura commises sera puni, savoir : pour la première récidive, d'un emprisonnement de deux à cinq ans ; et pour la seconde, de la déportation.

et 200. Lorsqu'il a lieu pour la première fois, il n'est puni que d'une amende de 16 fr. à 200 fr. Mais lorsqu'il devient, en quelque sorte, une habitude et qu'il dégénère en système, il encourt des peines beaucoup plus graves. La seconde fois, il subit un emprisonnement de deux à cinq ans, et la troisième, la peine afflictive et infamante de la détention.

4. Ces articles continueront-ils à être applicables, au cas où, l'acte de mariage ayant été préalablement dressé par l'officier de l'état civil, le ministre du culte n'aura à se reprocher que de n'en avoir pas exigé la justification? Je ne saurais le croire. Cette question doit recevoir la solution que Berlier lui-même en a donnée dans la séance du Conseil d'État du 29 août 1809 (Locré, t. 30, p. 188). Répondant à Defermon, qui proposait d'infliger la peine de l'amende au ministre du culte, qui négligerait de se faire présenter l'acte de mariage des parties, qui seraient d'ailleurs mariées et celle de l'emprisonnement au ministre du culte, qui procéderait à l'union des parties qui ne le seraient pas, Berlier a dit : « qu'il ne comprend pas la distinction proposée par Defermon, et moins encore son utilité ; car si le mariage a été préalablement reçu par l'officier de l'état civil, il n'y aura ni parties lésées, ni lieu à rechercher le ministre du culte, qui, en tout cas, dirait qu'on lui a présenté l'acte, ou qu'il le connaissait pour y avoir assisté lui-même. L'article ne reçoit donc son application qu'à la bénédiction nuptiale, conférée à des personnes non préalablement liées par le contrat civil, et que la cérémonie religieuse aurait induites en erreur sur leur état, si elles eussent regardé le ministre du culte comme capable de le leur conférer. »

5. La commission de législation civile et criminelle du Corps législatif avait fait observer que l'art. 198 du

projet, devenu l'art. 199 du Code « ne s'appliquait
qu'aux cérémonies religieuses auxquelles il serait procédé pour un mariage, sans justification préalable de
l'acte civil ; elle faisait remarquer que la même précaution serait nécessaire pour les naissances et décès, à
raison desquels la loi exige des déclarations devant
l'autorité civile. En conséquence, elle proposait d'ajouter, après le mot mariage, ceux-ci : « une naissance, un
décès, sans qu'il lui ait été justifié, en ces cas, des actes
et déclarations, qui doivent avoir lieu devant les officiers de l'état civil. » Le Conseil d'État n'a pas cru devoir tenir compte de cette observation. La section a
répondu, dans la séance du 9 janvier 1810, « que les
inhumations sont faites et constatées par les officiers de
l'état civil. La part, que les ecclésiastiques y prennent,
sous le rapport du culte, ne diminue ni les droits, ni
les devoirs de ces officiers. Il est donc impossible
d'étendre l'article à ces cas. A l'égard des baptêmes,
on peut répondre qu'il y en a d'urgents et qui pressent
plus que l'inscription civile, pour laquelle la loi donne
trois jours. La disposition doit donc être restreinte aux
mariages. En conséquence, le conseil maintient l'article. » (Locré, t. 30, p. 218.)

Il résulte de cette résolution du Conseil d'État que
c'est à dessein que les art. 199 à 200 excluent de leurs
dispositions les baptêmes et les inhumations.

6. L'infraction, définie par ces articles, est, comme
nous l'avons déjà vu, punie de peines plus ou moins
sévères, suivant qu'elle est commise pour la première,
pour la seconde ou pour la troisième fois. Il s'ensuit
qu'elle peut, dans certains cas, être accompagnée d'une
circonstance aggravante, qui se détache de la question
principale.

Cette observation, qui est sans conséquence, lorsque

le fait reste de la compétence des tribunaux correctionnels, prend une véritable importance quand l'infraction devient justiciable du jury. Il faut alors prendre
soin de diviser, dans la qualification, le fait principal
de la circonstance aggravante. Sans quoi, la question
serait complexe, et, par suite, irrégulière.

Le Jury pourrait, ce me semble, être interrogé dans
les termes suivants :

« L'accusé... est-il coupable d'avoir (la date) étant
ministre d'un culte, reconnu en France, procédé aux
cérémonies religieuses d'un mariage non reçu préalablement par l'officier de l'état civil ?

Est-ce pour la troisième fois qu'il a commis cette
infraction ?

§ 2. — *Des critiques, censures ou provocations dirigées
contre l'autorité publique dans un discours pastoral pro
noncé publiquement.*

7. Les dispositions de ce paragraphe sont encore en vigueur.
8. Hors les cas prévus par le Code pénal, la loi commune
     est applicable au ministre du culte.

7. Les dispositions de ce paragraphe, comme celles
du paragraphe suivant, sont encore en vigueur. Elles
n'ont été modifiées par aucune des lois qui, depuis 1810,
ont eu pour objet de régler la presse et les autres
moyens de publication. La loi du 17 mai 1819 a prononcé, dans son art. 26, l'abrogation de plusieurs articles du Code pénal. Mais les articles, qu'elle abroge,
ne sont pas ceux qui m'occupent ; ce sont les art. 102,
217, 367, 368, 369, 370, 371, 372, 374, 375 et 377.
Cet état de la législation est encore le même aujour-
d'hui ; il n'a été changé ni par la loi du 25 mars 1822,

ni par la loi du 27 juillet 1849, ni par le décret du 17 février 1852. M. le garde des sceaux Delangle, dans la circulaire, qu'il adressait aux procureurs généraux le 8 avril 1861, reconnaissait et déclarait hautement que ces dispositions « n'ont rien perdu de leur autorité. » C'est incontestable, et, par suite, le cas échéant, elles devront être appliquées.

8. Il est clair que si, hors les cas prévus par le Code pénal, les ministres des cultes commettent quelque infraction punissable, par la voie de la presse ou par tout autre moyen de publication, la loi commune les régira, comme elle régit les autres citoyens.

ARTICLE 201.

Les ministres des cultes qui prononceront, dans l'exercice de leur ministère, et en assemblée publique, un discours contenant la critique ou censure du Gouvernement, d'une loi, d'une ordonnance royale ou de tout autre acte de l'autorité publique, seront punis d'un emprisonnement de trois mois à deux ans.

ARTICLE 202.

Si le discours contient une provocation directe à la désobéissance aux lois ou autres actes de l'autorité publique, ou s'il tend à soulever ou armer une partie des citoyens contre les autres, le ministre des cultes, qui l'aura prononcé, sera puni d'un emprisonnement de deux à cinq ans, si la provocation n'a été suivie d'aucun effet; et du bannissement, si elle a donné lieu à la désobéissance, autre toutefois que celle qui aurait dégénéré en sédition ou révolte.

ARTICLE 203.

Lorsque la provocation aura été suivie d'une sédition ou révolte, dont la nature donnera lieu contre l'un ou plusieurs des coupables à une peine plus forte que celle du bannissement, cette peine, quelle qu'elle soit, sera appliquée au ministre coupable de la provocation.

9. Ces articles concernent des infractions commises par paroles.
10. Nature de ces infractions.
11. Qualification.

9. Les infractions, prévues et réprimées par les art. 201, 202, 203, ont la parole pour instrument. Elles ont lieu dans les discours, c'est-à-dire, dans les sermons, les prônes ou les instructions que les ministres des cultes prononcent dans l'exercice de leur ministère et en assemblée publique.

10. Si le discours ne contient que la critique ou la censure du Gouvernement, d'une loi, d'un décret ou de tout autre acte de l'autorité publique, le fait n'est puni que d'un emprisonnement de trois mois à deux ans.

Au contraire, s'il contient une provocation directe à la désobéissance aux lois ou autres actes de l'autorité publique, ou s'il tend à soulever ou armer une partie des citoyens contre les autres, le fait est puni d'un emprisonnement de deux à cinq ans dans le cas où la provocation n'a été suivie d'aucun effet, et même du bannissement, dans le cas où la provocation a donné lieu à une désobéissance, autre toutefois que celle qui dégénérerait en sédition ou révolte; car si la provocation a été suivie d'une sédition ou révolte, dont la nature donne lieu contre l'un ou plusieurs des coupables à une peine supérieure au bannissement, c'est cette peine, quelle qu'elle soit, qui est appliquée au ministre du culte coupable de provocation.

11. Comme on le voit, l'infraction, que nous étudions, est justiciable dans les deux premiers cas du tribunal correctionnel, et, dans les deux derniers, de la Cour d'assises.

Les tribunaux correctionnels trouveront facilement la qualification du fait dans les termes mêmes de la loi.

Le Jury devra être interrogé séparément sur le fait principal et sur la circonstance aggravante. La première question ne variera jamais; la seconde se modifiera suivant la nature des faits aggravants.

Elles pourront être ainsi rédigées :

L'accusé..... ministre d'un culte reconnu en France, est-il coupable d'avoir (la date), dans l'exercice de son ministère et dans une assemblée publique, prononcé un discours, contenant une provocation directe à la désobéissance aux lois *ou* autres actes de l'autorité publique *ou* tendant à soulever ou armer une partie des citoyens contre les autres?

Ladite provocation a-t-elle été suivie d'une désobéissance aux lois *ou* autres actes de l'autorité publique?

Ladite provocation a-t-elle été suivie d'une sédition ou révolte donnant lieu contre un ou plusieurs des coupables à l'application de *telle peine*, plus forte que celle du bannissement?

§ 3. — *Des critiques, censures ou provocations, dirigées contre l'autorité publique dans un écrit pastoral.*

12. Les dispositions de ce paragraphe sont encore en vigueur.

12. Les dispositions de ce paragraphe sont encore en vigueur, comme je l'ai fait remarquer sous le paragraphe précédent; elles n'ont été modifiées par aucune des lois postérieures au Code pénal.

ARTICLE 204.

Tout écrit contenant des instructions pastorales, en quelque forme que ce soit, et dans lequel un ministre du culte se sera ingéré de critiquer ou censurer, soit le Gouvernement, soit tout acte de l'autorité publique, emportera la peine du bannissement contre le ministre qui l'aura publié.

ARTICLE 205 [1].

Si l'écrit mentionné en l'article précédent contient une provocation directe à la désobéissance aux lois ou autres actes de l'autorité publique, ou s'il tend à soulever ou armer une partie des citoyens contre les autres, le ministre qui l'aura publié sera puni de la détention.

ARTICLE 206.

Lorsque la provocation contenue dans l'écrit pastoral aura été suivie d'une sédition ou révolte, dont la nature donnera lieu contre l'un ou plusieurs des coupables à une peine plus forte que celle de la dé-

---

[1] *Ancien article* 205. Si l'écrit mentionné en l'article précédent contient une provocation directe à la désobéissance aux lois ou autres actes de l'autorité publique, ou s'il tend à soulever ou armer une partie des citoyens contre les autres, le ministre qui l'aura publié sera puni de la déportation.

portation, cette peine, quelle qu'elle soit, sera appliquée au ministre, coupable de la provocation.

13. Les infractions, définies dans les art. 204, 205 et 206, ne sont plus, comme celles qui précèdent, commises par la parole et imputables à tous les ministres du culte. Elles ont lieu par écrit et ne concernent que les évêques, puisqu'il n'y a que ces prélats qui puissent publier régulièrement des lettres pastorales. Elles emportent la peine du bannissement, si l'écrit fait la critique ou la censure soit du Gouvernement, soit de tout acte de l'autorité publique; la peine de la détention, si l'écrit contient une provocation directe à la désobéissance aux lois ou autres actes de l'autorité publique ou s'il tend à soulever ou armer une partie des citoyens contre les autres. Enfin, si la provocation a été suivie d'une sédition ou révolte, dont la nature donne lieu contre l'un ou plusieurs des coupables à une peine plus forte que celle de la détention, cette peine, quelle qu'elle soit, sera appliquée au ministre du culte coupable de la provocation.

Si l'écrit n'est pas une lettre pastorale; œuvre d'un évêque ou de tout autre ministre du culte, il reste soumis aux règles du droit commun, ne peut être poursuivi que si ce droit en permet la poursuite et n'encourt que les peines ordonnées par ce droit.

Ces vérités incontestables ont été résumées avec autorité par M. Suin devant le Conseil d'État dans sa séance du 27 mars 1861, à l'occasion de l'appel comme d'abus formé par le ministre de l'instruction publique et des cultes contre l'évêque de Poitiers, à raison du mandement publié par ce prélat le 22 février 1861. « Les articles précédents, concernant les délits commis par la parole, a dit l'honorable Conseiller d'État, s'appliquaient à tous les ministres du culte; mais l'art. 204, comme le remarquent tous les commentateurs, ne peut avoir été rédigé, malgré ses termes généraux, que « contre les évêques, puisque ces prélats seuls ont le droit de publier des instructions pastorales, et c'est là, sans doute, l'une des sources de l'élévation des peines édictées par cet article, parce que ces membres du haut clergé, *plus éclairés* et plus puissants, se rendent plus coupables quand ils publient, dans l'exercice de leur ministère, des écrits hostiles au Gouvernement. » Vous remarquerez, en effet, que les faits prévus par les art. 204 et suiv. sont classés parmi les crimes. Quelques-uns ont pu penser que ces rigueurs avaient pour cause les circonstances de 1809 et 1810, et l'intimidation qu'on voulait alors exercer. Mais nous faisons observer que le Code pénal a été revisé et modifié en 1832, et ces articles furent maintenus dans toutes leurs dispositions.

« La limite des mandements et lettres pastorales est donc parfaitement tracée : le Gouvernement et l'administration temporelle échappent à la critique, à la censure des évêques, et la déclaration de 1682 ne peut plus, après un pareil corollaire, se plier à l'interprétation que l'évêque de Poitiers s'obstine à lui donner. Si de la doctrine, si de la loi, nous passons à la jurisprudence, nous retrouverons ces limites tout aussi bien définies. Cette jurisprudence, c'est celle de nos devanciers dans le Conseil d'État : je me contenterai de vous en citer deux exemples mémorables. En 1824, sous la Restauration, régime sous lequel on a accordé au clergé une autorité, une influence qu'il n'avait pas auparavant, sous lequel les empiétements n'étaient pas toujours réprimés, l'archevêque de Toulouse, M. de Clermont-Tonnerre, s'étant permis, dans une lettre pastorale, des critiques et des censures, notamment contre le mariage civil (qui est bien *une institution humaine*), et de demander entre autres choses le rétablissement d'ordres religieux et la suppression des articles organiques, cette lettre pastorale fut déférée au Conseil d'État, et le 8 janvier 1824 il intervint, au rapport de M. le comte Portalis, une déclaration d'abus; le mandement fut supprimé par une décision ainsi motivée :

« Considérant que, s'il appartient aux évêques de notre royaume de nous demander les améliorations et les changements qu'ils croient utiles à la religion, ce n'est point par la voie *de lettres pastorales* qu'ils peuvent exercer ce droit, puisqu'elles ne sont adressées qu'aux fidèles de leur diocèse, et *ne doivent avoir pour objet que de les instruire des devoirs religieux qui leur sont prescrits.* »

« En 1837, M. l'archevêque de Paris, dans un mandement ou lettre pastorale, contesta à l'État le droit de céder à la ville de Paris le terrain provenant de l'ancien archevêché démoli. Certes, ce fait est loin d'avoir la gravité du fait reproché à l'évêque de Poitiers. La réclamation, portée au Gouvernement par la voie ordinaire, n'aurait eu rien de répréhensible. Le moyen employé avait seul ce caractère. Au rapport de M. Dumon, une ordonnance, rendue en Conseil d'État, le 21 mars 1837, déclara l'abus, et supprima le mandement; le motif en droit était ainsi conçu :

« Considérant qu'aux termes de la déclaration de 1682, il est de maxime fondamentale, dans le droit public du royaume, que le chef de l'Église et l'Église même n'ont reçu de puissance que sur les choses spirituelles et non pas sur les choses temporelles et civiles ; que, par conséquent, s'il appartient aux évêques du royaume de nous soumettre, relativement aux actes de notre autorité qui touchent au temporel de leurs églises, des réclamations qu'ils croient justes et utiles, ce n'est point par la voie des lettres pastorales qu'ils peuvent exercer ce droit, *puisqu'elles ne doivent avoir pour objet que d'instruire les fidèles des devoirs religieux qui leur sont prescrits.* »

« Entre ces dispositions législatives et judiciaires, la route est bien indiquée ; les évêques ne peuvent s'égarer que volontairement. L'art. 204 leur dit ce qu'un écrit pastoral ne peut contenir, et la jurisprudence leur dit les seules choses qu'il peut contenir.

« Est-ce à dire que nous refusions aux évêques le droit d'examiner les intérêts de la France, de les discuter et de publier leurs opinions ? Citoyens d'un grand Empire, ils ont, comme les autres citoyens, le droit de prendre part à nos débats. M. l'évêque de Poitiers pouvait répondre à la brochure qui l'a blessé et la contredire par une autre brochure ; mais alors il l'aurait fait à ses risques et périls, il en aurait encouru la responsabilité ; usant d'un droit commun, il se serait placé sous l'empire du droit commun, il aurait suivi l'exemple de l'évêque d'Orléans, qui s'est adressé directement à l'écrivain qu'il voulait combattre ; et sa brochure, malgré sa vivacité, n'a été l'objet d'aucune poursuite. »

14. Il existe une corrélation intime entre les art. 205 et 206. Le premier prévoit le cas où l'instruction pastorale contient une provocation à la désobéissance aux lois et autres actes de l'autorité publique, ou tend à soulever ou armer une partie des citoyens contre les autres. Le second règle le cas où la provocation, con-

tenue dans l'écrit pastoral, a été suivie d'une sédition
ou révolte, dont la nature donne lieu contre l'un ou
plusieurs des séditieux à une peine plus forte que celle
de l'article précédent. Avant les révisions de la loi du
28 avril 1832, l'art. 205 prononçait la peine de la
déportation, et l'art. 206, la peine supérieure à la déportation, encourue par l'un ou plusieurs des auteurs de
la sédition, quelle qu'elle fût. La loi de 1832, ayant
converti, dans l'art. 205, la peine de la déportation en
celle de la détention, aurait dû également, pour maintenir la concordance entre les deux dispositions, modifier l'art. 206, et indiquer, dans cet article, que le
ministre du culte, coupable de la provocation, subirait
la peine, encourue par l'un ou plusieurs des séditieux,
supérieure à la détention, quelle qu'elle fût. Elle a omis
ce changement, et l'art. 206 a conservé sa rédaction
primitive. Faut-il en conclure que, dans le cas de
l'art. 206, le ministre du culte ne subirait une aggravation de peine que si la sédition entraînait une peine
plus forte que la déportation? Il faut suivre cet avis, si
on prend la loi à la lettre, puisque l'aggravation de
peine prononcée par l'art. 206, tel qu'il est rédigé,
n'aurait lieu que dans ce cas. Mais alors, il faut le reconnaître, l'omission de la loi du 28 avril 1832 produit de singulières conséquences. Il en résulte que deux
crimes de gravité différente, celui de l'art. 205 et celui
de l'art. 206, seront frappés de la même peine, tant
que les coupables de sédition n'encourront pas une peine
plus forte que la déportation. Au reste, cette question
n'intéresse que la théorie; la pratique n'aura assurément jamais à la résoudre.

15. Les art. 204, 205 et 206 prévoient deux crimes
spéciaux. L'un est défini par l'art. 204, l'autre par les
art. 205 et 206. Le second de ces crimes peut être ac-

compagné d'une circonstance aggravante ; elle est mentionnée dans le dernier de ces articles.

Si je donne la qualification de ces faits, c'est que j'ai pris l'engagement de qualifier tous les crimes qui seraient l'objet de mes études.

Le jury pourrait être interrogé sur chacun des crimes réprimés par les art. 204, 205, 206, dans les termes suivants :

L'accusé ..... est-il coupable d'avoir (la date), étant ministre d'un culte reconnu en France, publié un écrit contenant des instructions pastorales, dans lequel il s'est ingéré de critiquer ou de censurer *soit* le Gouvernement *soit* un acte de l'autorité publique?

L'accusé ..... est-il coupable d'avoir (la date), étant ministre d'un culte reconnu en France, publié un écrit contenant des instructions pastorales, dans lequel il a provoqué directement à la désobéissance aux lois *ou* à un acte de l'autorité publique, *ou* tendant à soulever ou armer une partie des citoyens contre les autres ?

La provocation, contenue dans ledit écrit pastoral, a-t-elle été suivie d'une sédition ou révolte, dont la nature donne lieu contre l'un ou plusieurs des coupables, *à telle peine*, plus forte que celle de la détention?

§ 4. — *De la correspondance des ministres des cultes avec des Cours ou puissances étrangères, sur des matières de religion.*

ARTICLE 207.

Tout ministre d'un culte qui aura, sur des questions ou matières religieuses, entretenu une correspondance avec une cour ou puissance étrangère, sans en avoir préalablement informé le ministre du roi chargé de la surveillance des cultes, et sans avoir obtenu son autorisation, sera, pour ce seul fait, puni d'une amende de cent francs à cinq cents francs, et d'un emprisonnement d'un mois à deux ans.

ARTICLE 208.

Si la correspondance, mentionnée en l'article précédent, a été accompagnée ou suivie d'autres faits contraires aux dispositions formelles d'une loi ou d'une ordonnance du roi, le coupable sera puni du bannissement, à moins que la peine résultant de la nature de ces faits ne soit plus forte, auquel cas cette peine plus forte sera appliquée.

16. Objets de ces articles.
17. Ils ne sont pas applicables à la publication des brefs ou bulles de la Cour de Rome.
18. Qualification.

16. Dans le rapport fait au Corps législatif, à la séance du 16 février 1810, Noailles expliquait ainsi l'objet des art. 207 et 208 (Locré, t. 30, p. 291) : « de quelque fonction qu'on soit revêtu, on ne cesse point d'être sujet de son prince et de l'Etat, on ne s'affranchit point des devoirs que l'amour et nos serments nous imposent; on n'appartient pas à une autre puissance, il n'y a en France que des Français. C'est un délit répréhensible et dangereux, d'entretenir des relations avec une puissance étrangère, contre le gré de son souverain, d'avoir une correspondance avec elle sur les fonctions que l'on exerce, de lui vouer acte de soumission, de se constituer son subordonné et de faire dépendre l'exercice de ce qu'on doit à la patrie, de ce qu'on croit devoir à une autre puissance. »

A la séance du 6 février 1810, dans l'exposé des motifs, Berlier avait dit précédemment (Locré, t. 30, p. 252) : « il ne s'agit pas, au reste, de rompre les rapports légitimes d'aucun culte avec des chefs même étrangers, il n'est question que de les connaître, et ce droit du Gouvernement, fondé sur le besoin de maintenir la tranquillité publique, impose aux ministres des cultes des devoirs que rempliront avec empressement tous ceux dont les cœurs sont purs et les vues honnêtes. »

17. La loi du 18 germinal an x dispose, dans son article 1er, que « aucune bulle, bref, rescrit, décret, mandat, provision, signature servant de provision, ni autres expéditions de la cour de Rome ne pourront être reçus, publiés, imprimés, ni autrement mis à exécution, sans l'autorisation du Gouvernement. »

A l'occasion d'un bref, adressé par le pape Pie VII au vicaire capitulaire du diocèse de Florence, le Conseil d'Etat, dans sa séance du 4 janvier 1811 (Locré, t. 30, p. 316), a été appelé à rechercher si l'infraction à l'article 1er de la loi de germinal était punie par les articles que j'étudie. Il a été, je peux le dire, unanimement reconnu que ces articles n'autorisent pas les tribunaux à sévir contre les ministres des cultes, qui auraient mis à exécution une bulle ou un bref du pape, sans qu'il ait été admis par décret impérial et enregistré au Conseil d'Etat; on a, de plus, considéré que la loi des 9-17 juin 1791, qui punissait de la dégradation civique tous ceux qui, sans autorisation préalable du Gouvernement, auraient publié ou exécuté un bref de la cour de Rome, était abrogée. On s'est arrêté à l'idée que le fait pouvait être réprimé par les art. 91 et 103 du Code pénal, et, par suite, fut rédigé et promulgué le décret du 23 janvier 1811, déclarant, dans son article 2 que « ceux qui seront prévenus d'avoir par des voies clandestines, provoqué, transmis ou communiqué ledit bref, seront poursuivis devant les tribunaux et punis comme coupables de crimes, tendant à troubler l'Etat par la guerre civile, aux termes de l'art. 91 du Code pénal et de l'art. 103 du même Code. » Ce décret de circonstance est, incontestablement, sans valeur, et il n'autorise pas plus que la loi des 9–17 juin 1791 et les art. 207 et 208, qui m'occupent, la répression pénale de l'infraction à l'article 1er de la loi de germinal. Ce fait ne constitue qu'un cas d'abus justiciable du Conseil d'Etat. Il ne prendrait un caractère criminel que s'il devenait l'élément d'un crime ou d'un délit, réprimé par le droit commun.

18. Je négligerais la qualification de l'infraction, mentionnée dans les art. 207 et 208, si je ne m'étais pas imposé le devoir de qualifier tous les crimes que je rencontre dans le Code pénal. Ces articles n'ont jamais été appliqués et, assurément, ne le seront jamais.

L'art. 207 énonce les caractères de l'infraction, l'art. 208 en indique la circonstance aggravante.

Les questions pourraient être ainsi formulées :

L'accusé ..... est-il coupable d'avoir (la date), étant ministre d'un culte reconnu en France, entretenu sur des questions *ou* matières religieuses, correspondance avec une cour ou puissance étrangère, sans en avoir préalablement informé le ministre, chargé de la surveillance des cultes et sans avoir obtenu son autorisation?

Ladite correspondance a-t-elle été accompagnée ou suivie d'autres faits contraires aux dispositions formelles d'une loi *ou* d'un décret impérial ?

Le cas échéant on ajouterait: lesdits faits sont-ils de nature à entraîner *telle peine* plus forte que celle du bannissement?

SECTION IV.

Résistance, désobéissance et autres manquements envers l'autorité publique.

19. Objet et division de cette section. — Modifications de la loi du 13 mai 1863.

19. Cette section a pour objet la résistance, la désobéissance et les autres manquements envers l'autorité publique.

Plusieurs des matières, qu'elle renferme, justifient, sans contredit, l'intitulé qui lui a été donné, comme la rébellion, les outrages et violences envers les dépositaires de l'autorité et de la force publique, les refus d'un service dû légalement, les usurpations de titres ou fonctions, les entraves au libre exercice des cultes; mais il en est certaines autres, qui ne le rappellent que de bien loin et qu'on n'est guère tenté de chercher dans cette partie du Code, telles que les évasions de détenus, les recèlements de criminels, les bris de scellés, les enlèvements de pièces dans les dépôts publics, les dégradations de monuments.

Cette section se divise en huit paragraphes concernant : le premier, la rébellion ; le second, les outrages et violences envers les dépositaires de l'autorité et de la force publique ; le troisième, les refus d'un service légalement dû ; le quatrième, les évasions de détenus et les recèlements de criminels ; le cinquième, les bris de scellés et les enlèvements de pièces dans les dépôts publics ; le sixième, la dégradation des monuments ; le septième, les usurpations de titres ou fonctions ; le huitième, les entraves au libre exercice des cultes.

Plusieurs dispositions de cette section ont reçu des modifications plus ou moins notables de la loi du 13 mai 1863.

§ 1. — *Rébellion.*

20. Analogie entre la rébellion et les outrages et violences envers les dépositaires de l'autorité et de la force publique.

20. Les dispositions de ce paragraphe ont plus d'une analogie avec celles du paragraphe suivant. Dans l'un comme dans l'autre (art. 209, 228, 230), la loi punit les violences et voies de fait, dont certaines personnes peuvent être l'objet; dans l'un comme dans l'autre, elle classe, parmi ces personnes, les officiers ministériels et les agents de la force publique (art. 209, 224); dans l'un comme dans l'autre, elle accorde sa protection spéciale à ces personnes, pendant qu'elles exercent leurs fonctions (art. 222, 223, 224, 228), ou, ce qui est à peu près la même chose, lorsqu'elles agissent pour l'exécution des lois ou des ordres de l'autorité publique (art. 209). Il résulte, de ces points de rapprochement entre ces deux paragraphes, que l'on rencontre dans l'un d'assez nombreuses difficultés, que l'on retrouve dans l'autre. J'aurais pu, sans doute, épuiser ces questions soit à l'occasion de la rébellion, soit à l'occasion des outrages et violences envers les dépositaires de l'autorité ou de la force publique. J'ai mieux aimé, en conservant la forme du commentaire, ne rappeler, sous chacune de ces matières, que les monuments de jurisprudence qui lui sont propres. Mais le travail, que je n'ai pas cru convenable de faire, on devra se l'imposer quand on aura à examiner l'une des questions, communes à ces deux infractions. On complètera ainsi, l'une par l'autre, deux études, qui se distinguent, il est vrai, par le fait criminel auquel elles s'appliquent, mais qui se rapprochent par certaines particularités.

ARTICLE 209.

Toute attaque, toute résistance avec violences et voies de fait envers les officiers ministériels, les gardes champêtres ou forestiers, la force publique, les préposés à la perception des taxes et des contributions, les porteurs de contrainte, les préposés des douanes, les séquestres, les officiers ou agents de la police administrative ou judiciaire, agissant pour l'exécution des lois, des ordres ou ordonnances de l'autorité publique, des mandats de justice ou jugements, est qualifiée, selon les circonstances, crime ou délit de rébellion.

21. Définition de la rébellion.
22. Conditions constitutives de cette infraction.
23. Première condition. — Attaque ou résistance.
24. Suite. — Différence entre l'attaque et la résistance. — Arrêt.
25. Suite. — Synonymie des termes, violences et voies de fait ; ils ne sont pas sacramentels. — Arrêt.
26. Suite. — Les violences peuvent exister sans que des coups aient été portés. — Arrêts.
27. Suite. — Si les violences ont été cause d'effusion de sang, blessure ou maladie, le fait prendra le caractère du crime prévu par l'art. 231. — Arrêts.
28. Suite. — Coexistence du crime et du délit. — Renvoi.
29. Deuxième condition. — Personnes contre lesquelles l'attaque ou la résistance doivent être dirigées.
30. Suite. — Officiers ministériels. — Arrêts.
31. Suite. — Gardes champêtres et forestiers.

21. La rébellion, suivant les cas, constitue un crime ou un délit.

L'art. 209 la définit « toute attaque, toute résistance avec violences et voies de fait envers les officiers ministériels, les gardes champêtres ou forestiers, la force publique, les préposés à la perception des taxes et des contributions, les porteurs de contraintes, les préposés des douanes, les séquestres, les officiers ou agents de la police administrative ou judiciaire, agissant pour

l'exécution des lois, des ordres ou ordonnances de
l'autorité publique, des mandats de justice ou jugements. »

22. L'infraction n'existe donc que : 1° s'il y a attaque
ou résistance avec violences et voies de fait ; 2° si cette
attaque ou résistance est dirigée contre les officiers
ministériels, les gardes champêtres ou forestiers, la force
publique, les préposés à la perception des taxes et des
contributions, les porteurs de contrainte, les préposés
des douanes, les séquestres, les officiers ou agents de la
police administrative ou judiciaire ; 3° si ces officiers ou
préposés agissent pour l'exécution des lois, des ordres
ou ordonnances de l'autorité publique, des mandats de
justice ou jugements.

Reprenons chacune de ces conditions.

23. La première, c'est qu'il y ait attaque ou résistance avec violences et voies de fait. Ainsi la rébellion
peut provenir soit d'une attaque, soit d'une résistance.

Mais qu'elle provienne de l'une ou de l'autre de ces
causes, son élément primordial consistera toujours dans
des violences et des voies de fait.

24. Il est vrai que l'art. 209, qui n'incrimine que la
résistance, accompagnée de ces circonstances, admet
que toute attaque, quelle qu'elle soit, pourra devenir
l'un des faits constitutifs de la rébellion. Mais faut-il
conclure de cette dernière disposition que la loi suppose,
qu'un acte, dépourvu de violences, pourra servir de
point de départ à l'infraction qui m'occupe ? Non, la loi
n'a pas eu et n'a pas pu avoir cette pensée ; car, encore
une fois, il n'y a rébellion qu'à la condition qu'il y ait
violences et voies de fait. Pourquoi donc la loi n'a-t-elle
pas dit de l'attaque ce qu'elle a dit de la résistance ?
Pourquoi n'a-t-elle pas ordonné que l'attaque, comme
la résistance, ne serait incriminée que si elle était

accompagnée de violences et de voies de fait? Cela
provient de ce que l'attaque et la résistance sont de
nature différente. La résistance se produit de diverses
manières ; elle n'est pas, dans tous les cas, active et
violente, elle peut n'être que passive et ne recourir qu'à
la force d'inertie. L'attaque, au contraire, procède
toujours de la même façon, par les violences et les voies
de fait. Elle ne peut pas ne consister que dans un refus
d'obéir, par exemple, et pour le dire en un mot, dans
un fait passif. Il en résulte que la loi, qui ne voulait
prendre, pour fondement de la rébellion, que les actes
de violences, devait nécessairement indiquer, d'une
manière expresse, qu'elle n'était applicable qu'aux résis-
tances se traduisant en violences et voies de fait. Quant
à l'attaque, elle n'avait pas à faire la même distinction,
puisque les attaques se manifestent toutes d'une manière
uniforme, par les violences et les voies de fait, et que,
par suite, elles peuvent devenir, toutes, l'un des éléments
du crime ou du délit de rébellion. L'art. 209 n'autorise
donc pas à trouver, en un cas quelconque, l'élément de
ce crime ou de ce délit dans un acte dépourvu de violences ou de voies de fait. La seule conséquence que
l'on puisse tirer de ce que la loi n'a pas qualifié l'attaque,
c'est que le juge, qui, dans le cas où il prononce une
condamnation à raison d'une rébellion fondée sur la
résistance, est tenu de reconnaître et de déclarer qu'il
y a eu violences et voies de fait, n'est pas astreint au
même devoir quand il s'agit d'une rébellion résultant
d'une attaque, comme la Cour de cassation l'a décidé
dans son arrêt du 2 juillet 1835, n° 266, où elle dit
« qu'en fait de crime ou de délit de rébellion, si l'attaque
seule, sans les circonstances caractéristiques des violences ou voies de fait, qui en sont inséparables, constitue la rébellion, il n'en est pas de même de la résis-

tance, qui ne peut être qualifiée crime ou délit, qu'autant qu'elle est accompagnée de ces circonstances. »

25. Le langage vulgaire admet une certaine différence entre la violence et la voie de fait. La violence est le terme générique ; elle sert à désigner tout à la fois les excès commis sur les personnes et sur les choses ; la voie de fait indique plus spécialement une espèce de violence, l'excès dirigé contre les personnes. Dans le langage pénal, au contraire, les violences et les voies de fait se confondent et deviennent des expressions synonymes ; les violences, comme les voies de fait, se spécifient, elles s'entendent, comme celles-ci, d'excès envers les personnes. Cette vérité, qui ne peut pas être contestée, se démontre par les art. 186, 228, 230, 256, 279, 309, 317, 331, 332 du Code pénal.

De ce que, en droit criminel, les violences et les voies de fait sont de même nature, il suit que, pour caractériser la résistance constitutive de la rébellion, il n'est pas nécessaire de déclarer qu'elle a eu lieu avec violences et voies de fait, et qu'il suffit de reconnaître qu'elle a été accompagnée des unes ou des autres. La Cour de cassation l'a jugé dans l'espèce suivante.

Augustin Barthes avait été condamné, comme coupable de rébellion, par la Cour d'assises du département du Tarn. Il se pourvut en cassation et prétendit que les art. 209 et 211 du Code avaient été violés, en ce qu'au lieu de se conformer littéralement au texte dudit art. 209, et de demander aux jurés si l'accusé était coupable d'avoir commis une attaque ou résistance avec violences *et* voies de fait, on leur avait demandé si l'accusé était coupable d'avoir commis une attaque ou résistance avec violences *ou* voies de fait. Ce moyen fut rejeté « attendu que la question a été posée telle qu'elle résultait de l'arrêt de renvoi et de l'acte d'accusation ; qu'à la vérité cela ne suffirait pas si, dans ces trois actes, le fait pour-suivi avait été dépouillé de l'un des caractères constitutifs du crime ou du délit de rébellion ; mais que la substi-tution de la conjonction alternative *ou*, écrite dans la question dont il s'agit, à la conjonction copulative *et*, écrite dans la loi, n'a pas pu produire cet effet ; que les expressions *violences*, *voies de fait* ne présentent pas, surtout dans le langage du droit criminel, un sens si différent qu'on ne puisse pas et que le législateur n'ait pas dû considérer ces deux expressions comme syno-nymes, l'une n'ajoutant rien à la signification, à la portée de l'autre ; qu'ici les *voies de fait* s'entendent, comme les *violences*, d'excès envers les personnes ; ce qui est suffisamment indiqué par ces termes de l'art. 209 « violences et voies de fait envers.... ; » que cela résulte encore mieux du rapprochement de certains autres arti-cles du Code pénal, les 186e, 256e, 279e, 317e, 331e, 332e, applicables aux *violences envers les personnes*, et le 228e qui qualifie *voie de fait* le coup porté à un magistrat en fonctions ou à l'occasion de ses fonctions ; qu'évi-demment, dans tous ces cas, les mots violences, voies de fait sont synonymes ; que l'une de ces expressions, prise isolément, a autant de portée que l'autre, prise aussi isolément, et que l'on ne voit pas pourquoi il en serait autrement à l'égard de l'art. 209, pourquoi la réunion, la conjonction de deux expressions synonymes ferait cesser cette synonymie, et pourquoi il ne serait pas indifférent de dire, soit *violences et voies de fait*, soit *violences ou voies de fait.* » 25 février 1843, no 44.

J'ajoute, tout de suite, que ni l'un ni l'autre de ces termes n'est sacramentel, et qu'ils peuvent être remplacés par des équipollents. La Cour de cassation a consacré cette doctrine, elle a jugé « que les expressions, employées dans l'art. 209 du Code pénal, pour caractériser la résistance qui, quand elle est opposée à l'exécution des lois, des ordres ou ordonnances de l'autorité publique, des mandats de justice ou des jugements, est qualifiée, selon les circonstances, crime ou délit de rébellion, ne sont point sacramentelles, et qu'elles peuvent être remplacées par des expressions qui présentent la même idée; que le tribunal de première instance de Cherbourg, en déclarant par son jugement, qui n'a point été réformé en ce chef par le tribunal d'appel de Coutances, qu'il y avait eu, dans l'espèce, opposition, avec *force et violence*, à l'exécution des ordres du maire, et que le gendarme avait été *repoussé*, a suffisamment caractérisé la rébellion mentionnée à l'art. 209 du Code pénal. » 15 octobre 1824, nº 140.

26. Les violences et les voies de fait peuvent exister, sans que des coups aient été portés, 3 avril 1847, nº 71 ; 30 août 1849, nº 231, et même, sans qu'il y ait eu directement main mise sur la personne. Il suffit qu'un acte matériel et violent ait eu lieu dans le but d'empêcher l'officier ministériel ou le préposé de l'autorité publique d'accomplir la mission dont il est chargé.

La Cour de cassation l'a jugé dans plusieurs espèces intéressantes.

Un gendarme poursuivait un conscrit réfractaire ; il allait l'atteindre, lorsque François et Frédéric Coaert sont accourus sur lui, armés l'un d'une fourche, l'autre d'une bêche, poussant des cris, tenant leurs armes levées et paraissant vouloir en faire usage. Arrêté dans sa poursuite, le gendarme n'a pu s'emparer du conscrit. La Cour criminelle, devant laquelle les frères Coaert furent traduits, ne vit, dans ces faits, qu'une menace et, en conséquence, se déclara incompétente. La décision eût été à l'abri de la critique, s'il n'avait été question que de menaces verbales et d'outrages. Mais les actes, imputés aux frères Côaert, constituant des voies de fait, elle devait être annulée, et elle le fut en effet, « attendu qu'en accourant sur le gendarme Gay, armés d'une fourche et d'une bêche qu'ils tenaient levées, et dont ils étaient prêts à le frapper, et en l'empêchant ainsi de continuer à poursuivre un conscrit réfractaire qui est parvenu à s'évader, les prévenus se sont rendus coupables de voies de fait exercées avec armes contre la gendarmerie en fonctions. » 28 mai 1807, n° 115.

Jacques Anglade, armé d'un fusil, avait couché en joue le gendarme qui lui demandait l'exhibition de son port d'armes, et l'avait, en l'injuriant, menacé de le tuer. Malgré ces faits, la Cour de justice criminelle, devant laquelle Anglade fut traduit, se déclara incompétente ; mais son arrêt fut annulé « attendu qu'il est porté dans le procès-verbal du gendarme Aloch, et qu'il n'est point démenti par l'instruction et par l'arrêt de la Cour de justice criminelle et spéciale, que le nommé Jacques Anglade, requis par ce gendarme de remettre le fusil dont il était porteur et avec lequel il parcourait la campagne, aurait refusé d'obéir à cette réquisition ; que, poursuivi par ce gendarme, il l'avait mis en joue et l'avait menacé de tirer sur lui ; que cette mise en joue et cette menace de tirer constituent une violence et une voie de fait. » 29 juillet 1808, n° 160.

Condamné comme coupable de rébellion par le tribunal d'Auch, le nommé Lafargue s'était pourvu en cassation. Il disait devant la Cour : « le gendarme déclare, dans son procès-verbal : « Je lui demande son nom et son arme ; alors reculant de trois pas, il m'a dit que je n'eusse pas à avancer ; à ces mots il a bandé son fusil et m'a couché en joue. » C'est dans ce fait que le tribunal d'Auch a vu le délit de rébellion défini par l'art. 209 du Code pénal. Mais cet article qualifie crime ou délit de rébellion, suivant les circonstances, « toute attaque, toute résistance avec violence et voies de fait envers les officiers ou agents de la police administrative ou judiciaire, agissant pour l'exécution des lois, etc. » Or le fait d'avoir résisté au gendarme, qui lui demandait son nom et son arme, et d'avoir accompagné cette résistance de la mise en joue du gendarme, ne constituait qu'une résistance avec menaces, et non une résistance avec violences et voies de fait. Il ne pouvait donc y avoir rébellion, mais seulement le délit prévu par l'art. 224, C. pénal, sous la qualification d'outrages faits par paroles, gestes ou menaces à tout agent dépositaire de la force publique dans l'exercice ou à l'occasion de l'exercice de ses fonctions. Or ce genre de délit n'entraîne point la peine de l'emprisonnement. » La Cour rejeta le pourvoi « attendu, sur le moyen consistant dans la fausse application des art. 209 et 212, C. pén., que le tribunal d'Auch, en condamnant, d'après les faits par lui reconnus constants, le prévenu Lafargue à la peine de l'emprisonnement, conformément aux art. 209 et 212,, C. pén., n'est pas contrevenu à ces articles, et n'a pas fait une fausse application de la loi pénale ;» 16 mai 1817. Dall., *Jurisp. gén.*, t. 38, p. 681. — Sir., 1817, 1, 245. — *Conf.*, 30 août 1849, n° 231.

27. D'un autre côté, je ferai remarquer que si les violences avaient été la cause d'effusion de sang, blessure ou maladie, le fait ne conserverait plus le caractère de rébellion, il deviendrait le crime réprimé par l'article 231 du Code.

La Cour de cassation l'a jugé plusieurs fois.

Pierre Guillemain avait porté des coups de bâton à un préposé des douanes et l'avait laissé à terre, couvert de sang. Malgré cette dernière circonstance, la Cour de Besançon avait renvoyé Guillemain devant la police correctionnelle. Sur le pourvoi du ministère public, cette décision fut annulée, « attendu que la Cour royale de Besançon a reconnu, par son arrêt, qu'au moment où la charrette, qui portait le vin et qui était suivie par les préposés des contributions indirectes, entra dans la cour de Pierre Guillemain, il assaillit le sieur Bon, l'un desdits préposés, lui porta plusieurs coups d'un gros bâton dont il s'était armé, qu'il lui cassa sur la tête, et le renversa par terre, baigné dans son sang ; qu'un autre employé étant survenu, il se porta sur lui, dans le dessein de le frapper avec la moitié du bâton qui lui était restée dans les mains; mais qu'il en fut empêché par cet employé, qui lui présenta à bout portant un pistolet dont il était armé ; que les blessures faites au sieur Bon étaient graves, et que, quoiqu'elles n'eussent occasionné aucune incapacité de travail pendant plus de vingt jours, elles avaient néanmoins donné lieu à une effusion de sang considérable ; attendu que ces violences et voies de fait, s'il n'en était pas résulté effusion de sang, blessures ou maladie, fussent rentrées dans l'application des art. 209 et 212 du Code pénal ; mais qu'ayant été accompagnées de circonstances aggravantes, elles prenaient un autre caractère, et que les art. 230 et 231 du Code leur devenaient applicables ; que ces articles ne doivent pas, en effet, être restreints par la rubrique du paragraphe dans lequel ils sont placés ; que la rubrique ne fait pas partie de la loi, et que les omissions, qui peuvent y avoir été faites, ne peuvent détruire des expressions formelles que cette loi renferme ; que l'art. 230 comprend explicitement les violences exercées non-seulement contre les officiers ministériels et les agents de la force publique, mais encore celles qui ont été dirigées contre tout citoyen, chargé d'un ministère de service public ; que les préposés des contributions indirectes remplissent évidemment, dans l'exercice de leurs fonctions, un ministère de service public ; que l'art. 231 se réfère à l'art. 228, par son expression de *fonctionnaires*, et audit article 230, par l'expression générale d'*agents*, qui, dans son acception, comprend tous ceux qui sont spécifiés dans cet article, puisque tous, dans leurs fonctions, sont véritablement des agents d'une force ou d'un service public ; qu'il s'ensuit que les violences exercées contre les préposés à la perception des contributions indirectes, lorsqu'elles sont suivies d'effusion de sang, blessures ou maladie, doivent être punies de la peine de la réclusion ; que la Cour royale de Besançon, chambre des mises en accusation, a cependant prononcé le renvoi dudit Guillemain devant la police correctionnelle ; qu'elle a donc violé l'art. 231 du Code d'instruction criminelle, d'après lequel elle aurait dû mettre ledit Guillemain en état d'accusation, et le renvoyer à la Cour d'assises, comme étant prévenu d'un fait qualifié crime par la loi, et qu'elle a violé encore les articles du Code pénal ci-dessus rappelés. » 14 décembre 1821, n° 196. — *Conf.*, 21 novembre 1811, n° 153 ; 4 février 1830, n° 31.

28. Enfin, je dirai que le crime de l'art. 231 et le délit de rébellion pourront, dans certains cas, résulter des mêmes faits. Lorsqu'il en sera ainsi, l'inculpé pourra, comme je l'exposerai plus loin, après avoir été absous ou acquitté du crime, être poursuivi à raison du délit, sans qu'il y ait violation de la règle *non bis in idem*.

29. Le second caractère de la rébellion, c'est que l'attaque ou la résistance ait été dirigée contre des officiers ministériels, des gardes champêtres ou forestiers, la force publique, des préposés à la perception des taxes et des contributions, des porteurs de contrainte, des préposés des douanes, des séquestres, des officiers ou agents de la police administrative ou judiciaire.

La loi a voulu, par cette énumération, éviter les équivoques et les incertitudes.

Pour qu'il y ait rébellion, il faut donc que l'attaque ou la résistance s'adresse à l'une des personnes expressément indiquées dans l'art. 209. Dirigées contre toute autre, l'attaque ou la résistance pourront constituer des outrages, des menaces, des coups, des violences d'une nature particulière, mais elles ne prendront jamais le caractère de rébellion.

Chacune des classifications, mentionnées dans l'article 209, mérite certaines explications, et nous arrêtera quelques instants.

30. Les notaires sont-il mis par cette disposition au nombre des officiers ministériels? On le pense généralement; c'est aussi cette opinion qui a été appliquée par la Cour de cassation dans ses arrêts des 22 juin 1809, n° 96, et 13 mars 1812, n° 58. En effet, quoique les notaires aient reçu de l'art. 1er de la loi du 25 ventôse an XI, organique du notariat, la qualification de fonctionnaires publics, il n'en est pas moins vrai qu'ils sont officiers ministériels de la juridiction volontaire et quelquefois même de la juridiction contentieuse, par exemple, lorsqu'ils font les actes respectueux, autorisés par l'article 154 du Code Nap., ou qu'ils font le protêt d'une lettre de change, conformément à l'art. 173 du Code de commerce.

31. L'art. 209 prend sous sa protection non-seulement les gardes champêtres et forestiers de l'État et des communes, mais encore ceux des particuliers. Ces derniers, ayant les mêmes devoirs que les autres, ont droit à la même sécurité, comme la Cour de cassation l'a jugé dans plus d'un arrêt, « attendu que, d'après la relation nécessaire qu'ont entre eux les art. 16 et 20 du Code d'instr. crim., les gardes champêtres et forestiers des particuliers sont évidemment compris dans les dispositions générales dudit art. 16 ; qu'ainsi que les gardes champêtres des communes et les gardes des forêts royales, ils sont donc, conformément à cet article, soumis à l'obligation non–seulement de rechercher et de constater les délits et contraventions, qui ont porté atteinte aux propriétés rurales et forestières dont la conservation leur est confiée ; mais encore d'arrêter et de conduire devant le maire ou juge de paix tout individu pris en flagrant délit ou dénoncé par la clameur publique, lorsque le fait, dont il est prévenu, doit emporter la peine de l'emprisonnement ou une peine afflictive et infamante, et qu'il a été conséquemment un attentat à la sûreté publique ou particulière ; » d'où la Cour conclut que les gardes champêtres et forestiers des particuliers, les gardes champêtres des communes et les gardes des forêts royales ont droit à la même protection. 19 juin 1818, n⁰ 81 ; 8 avril 1826, n⁰ 66 ; 2 juillet 1846, n⁰ 171.

Je ferai remarquer que les pouvoirs des gardes champêtres des communes, limités par l'art. 16 du Code d'instr. crim., à la constatation des délits et des contraventions rurales, ont été étendus par la loi des 24-29 juillet 1867 à la recherche des contraventions aux règlements de police municipale.

32. Les agents de la force publique sont les personnes que la loi charge de concourir, par l'emploi de la coercition physique, à l'exécution des commandements de l'autorité publique. La force publique se compose, au premier chef, de l'armée active, de la gendarmerie et de la garde nationale.

On range aussi, dans certains cas que j'indiquerai

plus loin, les agents de police et les gardes champêtres et forestiers parmi les dépositaires de la force publique. Cette qualité a encore été attribuée par la jurisprudence aux préposés dès douanes ; 23 avril 1807, n° 82. C'est une qualité, qui s'ajoute à celle qui est propre à chacun de ces différents agents, dans le cas où ils sont appelés à concourir, par l'emploi de la force, à l'exécution des commandements de l'autorité publique.

33. Dans les préposés à la perception des taxes et des contributions, la loi comprend toutes les personnes qui ont le devoir d'assurer et de faire le recouvrement des taxes et des contributions publiques, comme les employés des contributions directes et indirectes, les préposés des anciens ponts à bascule, les employés des octrois ; 14 mai 1842, Sir. 1842, 1, 854, cité plus loin ; les employés de l'enregistrement. A l'égard de ces derniers, je rappellerai une espèce assez curieuse, à laquelle j'ai pris part comme avocat général près la Cour de Rouen.

Un vérificateur de l'enregistrement était venu dans l'étude du notaire Derambures ; il y faisait la vérification d'un acte, rédigé en contravention à la loi sur le timbre, lorsque le notaire lui retira violemment cet acte, le déchira et s'opposa à ce qu'il continuât la vérification qu'il avait commencée. Dérambures fut poursuivi et il fut condamné par la Cour de Rouen, comme coupable d'avoir résisté avec violence et voies de fait envers un préposé de l'administration de l'enregistrement et des domaines ; « attendu qu'il résulte de l'instruction et du débat que le sieur Herbet, vérificateur de l'enregistrement, s'étant présenté dans l'étude de Derambures, pour se livrer à la vérification des actes de ce dernier, et alors que ce fonctionnaire avait à la main un acte rédigé en contravention à la loi du timbre, ledit

Derambures lui a retiré violemment cet acte, l'a déchiré et s'est refusé à ce qu'il continuât la vérification qu'il avait commencée ; attendu que ce fait constitue le délit de rébellion, prévu par l'art. 209 du Code pénal et puni par l'art. 212 du même Code. » 25 janvier 1844.

34. En désignant les porteurs de contrainte, l'article 209 a entendu parler, non-seulement de ceux qui procèdent dans l'intérêt direct de l'État, mais même de ceux qui agissent au nom d'une administration ou d'un syndicat, autorisé par la loi à percevoir des taxes.

Le baron de Coppens était débiteur d'une taxe pour sa cotisation à raison des fonds, qui lui appartenaient dans la deuxième section des terrains désignés sous le nom de Wateringues. Une contrainte fut décernée contre lui et remise à l'agent chargé d'en opérer le recouvrement. De Coppens, ayant repoussé cet agent avec violences et voies de fait, fut poursuivi et déclaré coupable de rébellion. Le pourvoi qu'il forma fut rejeté, « attendu qu'il est établi par l'arrêt attaqué, et d'ailleurs non contesté, que Jean-François Bernard, envers lequel ont été commises les voies de fait, qui ont donné lieu à la condamnation prononcée contre le baron de Coppens, était porteur de contraintes, dûment commissionné par l'administration, et que c'est en cette qualité qu'il réclamait les taxes dues par le sieur de Coppens pour sa cotisation, à raison des fonds à lui appartenant, dans la deuxième section des terrains désignés sous la dénomination de Wateringues ; attendu qu'aux termes de la loi du 16 septembre 1807 et de celle du 14 floréal an XI, c'est au Gouvernement qu'il appartient de prescrire les mesures pour le desséchement des marais, et de déterminer les travaux nécessaires pour la conservation des digues et des ouvrages d'art ; que les propriétaires des fonds compris dans le périmètre des terres à dessécher, sont, par la nature même de cette situation et par l'effet des dispositions des lois précitées, dans un état forcé d'association, dont les conditions et le régime sont déterminés par des règlements d'administration publique ; que c'est ainsi que le décret du 12 août 1806, rendu spécialement pour les Wateringues, a organisé leur administration et créé des commissions, dont les attributions comprennent expressément la fixation de la cotisation que doit acquitter chaque membre de la communauté, dans la proportion de son intérêt aux travaux de desséchement ; attendu qu'en repoussant avec violence et voies de fait l'agent régulièrement préposé pour le recouvrement des taxes légalement établies, le baron de Coppens s'est rendu coupable du délit de rébellion, prévu et réprimé par l'art. 209, C. pén. ; attendu, d'ailleurs, que lors même que le baron de Coppens aurait eu de justes réclamations à former contre les cotisations qui avaient été mises à sa charge, réclamations qu'il aurait dû porter au conseil de préfecture, le porteur de contraintes Bernard, agissant pour l'exécution des ordres et ordonnances de l'autorité publique, la résistance avec violences et voies de fait, qui lui a été opposée, constituerait dans tous les cas le délit de rébellion ; qu'ainsi la peine a été légalement appliquée. » 8 novembre 1844, Sir., 1845, 1, 282.

35. Les préposés des douanes, outre la protection spéciale qu'ils tirent de leurs fonctions, en tireraient une autre, s'il était nécessaire, de ce qu'ils sont considérés, ainsi que nous l'avons vu précédemment, n° 32, comme agents de la force publique.

36. L'art. 209 ne concerne que les séquestres, revêtus d'un caractère public, c'est-à-dire les séquestres judiciaires (C. Nap., art. 1961 et suiv.). Il est clair que

le gardien, dont il est question dans l'art. 600 du
Code. de procéd. civ., est compris parmi eux.

37. La police administrative, dont le caractère est
essentiellement préventif, a pour objet de maintenir
l'ordre public et de pourvoir à la sûreté générale. La
police judiciaire commence où finit la police administrative ; elle recherche les infractions punissables, en
rassemble les preuves, et en livre les auteurs aux tribunaux chargés d'appliquer la peine. L'art. 209 protége
contre les violences et les voies de fait tous les employés,
élevés ou infimes, de ces deux polices, quel que soit
leur rang hiérarchique.

38. Un fonctionnaire peut réunir en sa personne
plusieurs qualités ; l'une sera, je le suppose, comprise
dans les catégories de l'art. 209, l'autre ne le sera pas.
Est-ce en la première que le fonctionnaire devient l'objet d'attaque ou de résistance ? Le fait pourra constituer
une rébellion, si, d'ailleurs, il en a les autres conditions.
Est-ce en la seconde ? Le fait n'aura pas ce caractère,
puisque, dans ce cas, la violence n'est plus dirigée
contre l'une des personnes désignées dans l'art. 209.
En effet, la qualité, prise en considération par cette disposition, ne donne pas à l'autre une valeur qu'elle
n'a pas.

Un arrêté du conseil de préfecture du département
de la Manche avait décidé que, dans l'acte de vente du
presbytère de la commune de Sotteville, aucune servitude
n'avait été concédée sur le cimetière. Le maire de cette
commune avait été l'objet des violences de la femme
Voisin, au moment où il assurait l'exécution de cet arrêté. Cette femme fut poursuivie pour rébellion, mais
elle fut renvoyée des poursuites, sous le prétexte que le
maire n'avait agi, dans la circonstance, que comme représentant les intérêts civils de la commune. Sur le pourvoi

du ministère public, la Cour de cassation annula la décision, « attendu que les maires, qui sont à la fois des fonctionnaires de l'ordre administratif, des officiers de police judiciaire et de l'état civil, et les représentants et les agents de leurs communes, ne peuvent pas être considérés comme exerçant des fonctions judiciaires ou administratives, lorsqu'ils agissent en cette dernière qualité ; mais que, dans l'espèce, le maire de Sotteville ne devait pas être considéré seulement comme procédant, dans l'intérêt privé de cette commune, à l'exécution d'un arrêté du conseil de préfecture du département de la Manche, qui déclarait que, par l'acte de vente du presbytère de ladite commune, il n'avait été concédé à l'acquéreur aucun droit de servitude sur le cimetière ; qu'on devait encore voir en lui un agent de l'administration, chargé, en vertu d'une attribution spéciale contenue au décret du 23 prairial an XII, de veiller, dans l'intérêt de l'ordre et des mœurs, au maintien et au respect dus à la cendre des morts, à la sûreté et à la clôture des lieux consacrés aux inhumations. » 15 octobre 1824, n° 140.

Dans cet arrêt, la Cour consacre la distinction que je viens de faire. Elle reconnaît que si le maire n'avait agi que comme représentant de la commune, les violences, dont il avait été l'objet, n'auraient pas constitué la rébellion ; elle ne reconnaît l'existence de ce délit que parce qu'elle juge que le maire avait procédé comme agent de la police administrative.

39. Il peut arriver que, pour l'exécution de mesures de police, l'autorité recourt à des ouvriers. Les violences employées contre ces manœuvres pourront-elles devenir le fondement d'une rébellion ? La Cour de cassation l'a cru, et je suis tout à fait de son avis. En effet, dans ce cas, à vrai dire, la résistance est dirigée contre

les officiers de la police administrative eux-mêmes, dont les ouvriers ne sont que les instruments.

Le nommé Mille avait barré un chemin de la commune de Mirlemont, dans toute sa largeur, par la plantation d'une haie et le creusement d'un fossé. Un arrêté du maire de la commune, approuvé par le préfet du département, avait ordonné le rétablissement de la circulation sur ce chemin. L'ouvrier, qui avait été chargé de faire les travaux nécessaires, était devenu l'objet des violences de Mille. Mis en prévention de rébellion, celui-ci fut renvoyé des poursuites par le tribunal de Saint-Omer, mais la décision fut annulée, « attendu qu'il est constaté par le procès-verbal du 4 mai 1854, et qu'il n'est pas méconnu par le jugement attaqué que des violences et des voies de fait ont été exercées par Mille, prévenu, envers un ouvrier chargé de l'exécution d'un acte de l'autorité administrative, de l'ordre et en présence du garde champêtre de la commune de Mirlemont, spécialement délégué pour cette exécution ; d'où il suit que l'ouvrier, objet des violences signalées, rentrait dans la catégorie des agents, que l'art. 209 du Code pénal a en vue de défendre et de protéger. » 29 mars 1855, nº 111.

40. Enfin, pour qu'il y ait rébellion, il faut que l'attaque ou la résistance ait été dirigée contre l'une ou l'autre des personnes, ci-dessus désignées, pendant qu'elle agissait pour l'exécution des lois, des ordres ou ordonnances de l'autorité publique, des mandats de justice ou jugements.

41. Cette dernière partie de l'art. 209 a donné lieu à d'assez nombreuses difficultés.

En effet, il n'est pas toujours aisé de reconnaître si les préposés de l'autorité étaient, au moment où ils sont devenus l'objet d'une attaque ou d'une résistance, agis-

sant pour l'exécution des lois, des ordres ou ordonnances de l'autorité publique, des mandats de justice ou
jugements.

42. Pour faciliter l'étude de cette question, il est à
propos de distinguer entre les agents, qui ont pour
devoir constant d'assurer l'exécution des lois ou des
ordres de l'autorité publique, et ceux qui ne sont appelés à y concourir qu'accidentellement.

43. Les premiers rempliront la condition, définie
par l'art. 209, toutes les fois qu'ils seront dans le service dont ils sont chargés.

Cette vérité a été mise parfaitement en lumière dans
les arrêts de la Cour de cassation que je vais rappeler.

Dans une première espèce, l'instruction avait établi
que des préposés des douanes étaient dans l'exercice
de leurs fontions sur une voie publique, lorsqu'ils furent assaillis par plusieurs individus armés de bâtons.
Néanmoins, la Cour de justice criminelle avait déclaré
qu'elle n'était pas compétente pour connaître de ce fait,
sous le prétexte qu'il ne présentait pas les caractères
d'une opposition dirigée contre les préposés des
douanes, pour les arrêter dans l'exercice de leurs fonctions ou pour favoriser la fraude ; comme si la loi admettait une distinction entre l'action de frapper ces
employés au moment où ils sont en embuscade pour
s'opposer à la contrebande et l'action de les frapper au
moment même où ils saisissent l'objet de la fraude ;
comme si les violences exercées contre les préposés dans
l'un et l'autre cas ne constituaient pas une infraction du
même genre. Sur le pourvoi du ministère public, l'arrêt
fut annulé, « attendu, d'une part, que les préposés au service des douanes font partie de la force publique, et, de
l'autre, qu'il résulte, en fait, que les préposés, rédacteurs
du procès-verbal du 8 mars, étaient dans l'exercice de leurs

fonctions lors des voies de fait et violences exercées contre eux; qu'ainsi la loi saisissait là Cour de justice criminelle et spéciale de la connaissance exclusive de ce délit. » 23 avril 1807, n° 82.

Les principes de cet arrêt, antérieur au Code pénal, sont encore vrais aujourd'hui. La Cour de cassation les a appliqués dans l'espèce suivante. Les préposés des douanes, Zélandais, Paout et Servel étaient de service au poste de Kernic, lorsqu'ils visitèrent le canot monté par Girod, Guillon et Menut. Après cette visite, ils reprirent leur poste d'observation. Ils étaient là quand Menut frappa et terrassa Zélandais. Menut, poursuivi pour ce fait, ne fut condamné qu'à la peine de l'art. 311 du Code, sous le prétexte qu'au moment où les violences avaient eu lieu, la visite du canot et les opérations des préposés étaient terminées. Le ministère public ne s'étant pas pourvu contre cette décision, la Cour de cassation ne put pas l'annuler; mais, saisie de l'affaire à un autre point de vue par l'administration des douanes, elle la désapprouva formellement, elle jugea « qu'après avoir achevé la visite de l'embarcation, montée par les trois prévenus, les préposés des douanes reprenaient nécessairement le service de surveillance pour lequel ils étaient l'instant d'auparavant, en observation sur la plage de Kernic; qu'ils se trouvaient donc dans l'exercice régulier de leurs fonctions, lorsque l'un de ces préposés avait été exposé aux violences dont Menut avait été déclaré coupable. » 31 janvier 1840, n° 42.

Dans une autre espèce, des employés de l'octroi de la ville de Limoges avaient été placés en observation sur un point situé en dehors de leur ligne de surveillance. Pendant qu'ils étaient là, ils furent assaillis, à l'aide de violences, par le nommé Hyvernaud. Celui-ci fut poursuivi et condamné pour rébellion; il se pourvut et soutint qu'il ne pouvait pas être coupable de ce délit, puisque la lutte avait eu lieu sur un terrain où les employés n'exerçaient pas leurs fonctions. Son pourvoi fut rejeté, « attendu que, s'il est constant que tout agent, tout officier public est institué pour une circonscription territoriale déterminée, en dehors de laquelle il est sans caractère et sans autorité, il n'en est pas moins certain qu'un préposé de l'octroi, quoique attaché au survice de l'octroi de la commune pour laquelle il est établi, peut être, dans certaines circonstances, obligé de se placer sur un point extérieur à l'extrémité de ladite commune, pour surveiller l'entrée frauduleuse des objets sujets aux droits; attendu que l'arrêt attaqué constate, en fait, que, dans l'espèce, les employés de l'octroi étaient placés en observation sur un point extérieur à la ligne de l'octroi de Limoges; attendu que, dès lors, ces employés étaient à leur poste et dans l'exercice de leurs fonctions; d'où il suit que les violences et voies de fait, commises à leur égard par Hyvernaud, ont reçu légalement l'application de l'art. 211 du Code pénal. » 14 mai 1842, Sir. 1842, 1, 853.

Dans une troisième espèce, Jean Pillion était rencontré sur la grande route d'Angoulême à Barbezieux, porteur d'un fusil de chasse, par un détachement de la première légion de la gendarmerie se rendant à Bordeaux, près le quartier général de l'armée d'observation. Deux gendarmes s'avancèrent vers Pillion et lui demandèrent s'il avait un permis de port d'armes. Pillion résista avec violences et voies de fait; il fut traduit devant la Cour de justice criminelle et spéciale du département de la Charente, qui se déclara incompétente, « considérant que le détachement de la première légion de gendarmerie impériale, qui se rendait à Bordeaux près le quartier général, n'avait aucune mission particulière d'exercer

sur sa route les fonctions d'officier de police, et qu'il
ne devait être considéré que comme un détachement de
militaires se rendant au poste qui lui est assigné; qu'il
y a dans chaque département des brigades de gendarmerie spécialement instituées pour surveiller l'ordre
public et l'exécution des lois ; qu'elles seules sont chargées de réprimer les délits qui se commettent sur les
grandes routes, et spécialement ceux relatifs au port d'armes, dont elles reçoivent à cette fin les réquisitions des
autorités compétentes; que le détachement de la première
légion, qui a rédigé le procès-verbal dont est question,
n'avait aucune mission à ce relative, et qu'il n'a pas
agi légalement en cela, dans l'ordre de ses fonctions,
et, d'après la réquisition d'une autorité compétente, en
conformité à ce que prescrit l'art. 1er de la loi du 19 pluviôse an XIII. » Cette décision fut dénoncée à la Cour
de cassation, qui l'annula, « attendu que le détachement
de gendarmerie, dont il est fait mention, se rendant en
uniforme à Bordeaux, au quartier général de l'armée
d'observation, était dans l'exercice de ses fonctions,
puisqu'il marchait en vertu d'ordres supérieurs ; que
la gendarmerie, quelle que soit la destination de son
mouvement, est dans un état permanent de répression,
de surveillance et d'action de police; qu'il en résulte
que la Cour de justice criminelle et spéciale du département de la Charente a contrevenu aux dispositions de
l'art. 1er de la loi du 19 pluviôse an XIII. » 4 mars 1808,
n° 44.

Une autre fois, des gendarmes avaient été requis de
prêter main-forte à un huissier, porteur d'un jugement
exécutoire par corps. En attendant le lever du soleil, ils
avaient, avec l'huissier et ses deux assistants, investi la
maison du débiteur. Cependant celui-ci les avait assaillis à coup de pieu, et fut poursuivi pour violences

et voies de fait envers la gendarmerie, devant la Cour
de justice criminelle et spéciale du département de Lot-
et-Garonne. Cette Cour s'était déclarée incompétente
sous le prétexte que l'huissier, ne pouvant mettre le jugement à exécution avant le lever du soleil, les gendarmes chargés de lui donner main-forte n'étaient pas,
au moment où ils avaient été attaqués, dans l'exercice
de leurs fonctions. Cette décision a été annulée, « attendu que la gendarmerie est dans l'exercice de ses
fonctions lorsqu'elle est légalement réunie pour les
exercer ; que des pièces apportées au greffe en exécution
de l'arrêt susdaté, et de l'arrêt même par lequel la Cour
de justice criminelle et spéciale de Lot-et-Garonne s'est
déclarée incompétente, il résulte que la gendarmerie
était réunie pour prêter main-forte à l'huissier, porteur
d'un jugement exécutoire par corps contre Genestre
fils, puîné, et qu'attendant le lever du soleil pour mettre
ce jugement à exécution, elle avait, avec l'huissier et
ses deux assistants, investi la maison dudit Genestre,
que Genestre père et un autre de ses fils, armés de pieux,
avaient assailli les gendarmes, que Genestre père, avec
le pieu dont il était armé, avait frappé l'un d'eux ;
qu'ainsi c'était le cas prévu par l'art. 1er de la loi du
19 pluviôse an XIII ; que la Cour de justice criminelle
et spéciale de Lot-et-Garonne, en se déclarant incompétente, sous le prétexte que le soleil, n'étant pas encore levé, l'huissier ne pouvait mettre à exécution la
contrainte par corps, et que, par suite, les gendarmes
chargés de lui donner main-forte n'étaient pas dans
l'exercice de leurs fonctions, a fait une fausse application de l'art. 1er de la loi du 19 pluviose an XIII. »
27 vendémiaire an XIV, n° 222.

Dans une dernière espèce, des gendarmes, à la recherche de déserteurs, passaient devant un cabaret, où

l'on se battait, quand ils furent requis de rétablir le bon ordre. Déférant à cette réquisition, ils descendent de cheval, parviennent à mettre fin à la lutte, et à faire sortir les combattants du cabaret. Mais bientôt ceux-ci reviennent et, armés de bâtons, attaquent les gendarmes. Ils sont traduits devant la Cour de justice criminelle et spéciale du département des Landes, qui se déclare incompétente, sous le prétexte que les gendarmes n'étaient pas dans l'exercice de leurs fonctions. L'arrêt est annulé par la Cour de cassation, « attendu qu'il résulte des pièces apportées au greffe de la Cour, en exécution de son arrêt du 19 mars dernier, que, dans le moment où la gendarmerie a essuyé des voies de fait et violences de la part des prévenus, elle agissait évidemment dans l'exercice de ses fonctions, puisque ces excès ont eu lieu dans une auberge où elle avait été requise de se rendre pour séparer des gens qui se battaient jusqu'à effusion de sang; que la connaissance et le jugement de pareils excès sont expressément attribués aux Cours criminelles et spéciales par l'art. 1ᵉʳ de la loi du 19 pluviôse an XIII; que, néanmoins, la Cour de justice criminelle et spéciale du département des Landes s'est déclarée incompétente de connaître de pareils excès, sous le vain prétexte qu'alors la gendarmerie n'était point dans l'exercice de ses fonctions, et qu'en le faisant, elle a évidemment violé la disposition de l'art. 1ᵉʳ de la loi du 19 pluviôse an XIII, ci-dessus cité. » 21 mai 1807, n⁰ 107. — *Conf.*, 1ᵉʳ avril 1808, n⁰ 61.

44. Les personnes, qui ne sont appelées à concourir qu'accidentellement à l'exécution des lois ou des ordres de l'autorité publique, n'agiront, évidemment, dans ce but, que quand elles feront un acte précis et déterminé de leurs fonctions. L'attaque ou la résistance, dont elles seraient l'objet en dehors d'un acte de cette nature, ne prendrait pas le caractère de la rébellion. A leur égard, la difficulté ne peut naître que du point de savoir si l'acte, qu'elles exécutaient au moment de l'attaque ou de la résistance, était de leur compétence. Pour la résoudre, on aura à rechercher si l'agent de l'autorité publique avait ou n'avait pas qualité pour accomplir l'acte, dans l'exécution duquel il a été violemment troublé.

Dans mon commentaire sur les art. 222 et 223, n° 92 et les art. 224 et 225, n° 113, je citerai de nombreux arrêts indiquant dans quelles circonstances les agents de l'autorité sont réputés être dans l'exercice de leurs fonctions.

45. Comme cette matière est fort importante, je vais rappeler, en outre, quelques arrêts, particulièrement applicables à l'art. 209, etc., intervenus sur des espèces curieuses et délicates.

Deux soldats du génie avaient omis de saluer deux sergents d'un régiment de ligne. Antoine Brun avait résisté avec violences et voies de fait à ces deux sous-officiers, pour les empêcher de constater le manquement à la discipline, commis envers eux; il fut condamné à deux mois d'emprisonnement pour rébellion; le pourvoi, qu'il forma contre cette décision, fut rejeté, « attendu que, aux termes de l'art. 196 de l'ordonnance du 2 novembre 1833, sur le service de l'infanterie, tout militaire doit le salut militaire à son supérieur, même hors du service, et quels que soient l'arme et le corps auxquels il appartient; que, si l'inférieur manque à cette obligation, il y a, de sa part, une infraction passible de peines de discipline et dont le supérieur, envers qui elle est commise, doit faire son rapport, ce qu'il ne peut faire utilement, si l'inférieur ne lui est pas connu et refuse de dire son nom, sans s'assurer de son iden-

tité; que les moyens à employer dans ce but restent
soumis, sans doute, au contrôle de l'autorité militaire,
mais ne peuvent être appréciés que par elle ; qu'il résulte de l'arrêt attaqué que la résistance, dont le demandeur a été reconnu coupable, avait pour objet d'empêcher deux sergents du 35e régiment de ligne de constater
le manquement à la discipline, dont s'étaient rendus
coupables envers eux deux soldats du génie, qui ne s'é-
taient pas conformés à la disposition ci-dessus rappelée
de l'ordonnance, et qui, interpellés de dire leur nom,
s'y étaient refusés ; que le demandeur avait donc résisté
à des agents de la force publique, agissant pour l'exécution des lois et ordonnances de l'autorité publique ;
que c'est donc avec raison que l'arrêt attaqué a considéré cette résistance comme constituant le délit de rébellion. » 27 décembre 1851, n° 544.

Un rassemblement de plus de deux personnes avait
assailli, avec armes, un détachement de gardes nationaux, commandé par deux gendarmes. La Cour de Bordeaux avait refusé de voir, dans ces faits, le crime de
rébellion, sous le prétexte que les gendarmes n'étaient
porteurs d'aucun mandat spécial de perquisition, et
qu'ils avaient voulu s'introduire pendant la nuit dans le
domicile d'un citoyen, pour y faire la recherche d'un
conscrit. Cette décision fut annulée par les chambres
réunies de la Cour de cassation, « considérant que des
faits exposés dans l'arrêt, il résulte qu'une réunion de
plus de deux personnes armées a attaqué un détachement de gardes nationaux commandé par les gendarmes Dutoy et Hartmann, procédant à la perquisition
d'un conscrit; qu'elle a fait trois décharges d'armes à
feu sur ce détachement; que le gendarme Hartmann a
reçu des blessures, desquelles il est mort deux heures
après ; que personne n'a voulu indiquer au gendarme

Dutoy la demeure du maire ; que, malgré qu'aux cris répétés, *Qui vive !* le détachement ait répondu une première fois, *Gendarmes,* et une seconde fois, *Amis français,* le rassemblement a encore fait deux autres décharges d'armes à feu, et une décharge de pierres sur le détachement ; que ces faits constituent, aux termes des art. 209, 211 et 214 du Code pénal, une rébellion armée à la force armée; et que les personnes, qui ont pris part à cette rébellion, doivent, aux termes de l'art. 554, C. instr. crimm., être traduites devant la Cour spéciale compétente, tant sur le crime de rébellion armée que sur l'assassinat du gendarme Hartmann; qu'en méconnaissant le crime de rébellion armée à la force armée, et en renvoyant les accusés devant la Cour d'assises, sur le seul crime du meurtre du gendarme Hartmann, sous prétexte : 1° que les gendarmes n'étaient pas porteurs d'un mandat spécial de perquisition; 2° que les gendarmes ont voulu s'introduire la nuit dans la maison de Bernard Darré, cadet, et qu'il ne peut y avoir rébellion armée à la force armée lorsque celle-ci ne procède pas régulièrement, la Cour impériale de Bordeaux a commis une violation aussi grave que manifeste des lois citées ci-dessus ; qu'en effet, suivant les art. 1, 2, 125, 126 et 131 de la loi du 28 germinal an VI, la gendarmerie peut et doit habituellement, le jour, la nuit et conjointement, s'il est besoin, avec la garde nationale sédentaire, faire des tournées et des patrouilles dans les rues, sur les places publiques, sur les grands chemins, saisir et arrêter les déserteurs, sans qu'il soit besoin d'aucune réquisition des autorités civiles ; qu'elle peut même investir ou garder à vue la maison où elle soupçonne qu'un coupable s'est réfugié, en attendant l'expédition d'un mandat de perquisition, ou, suivant le décret impérial du 4 avril 1806, en attendant l'assistance du maire, de l'adjoint ou du commissaire de police, laquelle tient lieu du mandat de perquisition ; que la force armée a requis l'ouverture de la maison de Darré ; mais qu'aucune loi ne lui défendait de faire cette réquisition, lors même qu'elle n'exhibait aucun mandat ; de même qu'aucune loi ne défendait au maître de la maison d'y déférer et de concourir, sans délai, avec la force armée, au rétablissement du bon ordre, au lieu d'user de son droit de refus ; qu'enfin, la force armée ne s'est pas introduite dans la maison de Darré, ni d'autorité, ni autrement ; qu'elle n'a violé l'asile d'aucun citoyen ; que, néanmoins, il a été exercé sur elle des violences, qui constituent une rébellion armée, dans un temps et dans un lieu où elle agissait légalement dans l'exercice de ses fonctions. » 16 avril 1812, nº 93.

La Cour de Douai avait refusé de déclarer Alexandre Debrue et Louis Deroubaix coupables de rébellion, par le motif que les agents de la force publique, qui opéraient l'arrestation de Baudar, à la requête du procureur du roi, n'étaient porteurs ni de l'expédition en forme exécutoire du jugement prononcé contre ce dernier, ni d'un ordre d'arrestation, ni d'aucun autre mandement de justice. Sur le pourvoi du ministère public, cet arrêt fut annulé, « attendu qu'il ne s'agissait pas, dans la cause, de l'exécution d'un mandat d'amener, de dépôt ou d'arrêt, mais bien de l'exécution d'un jugement contradictoire et passé en force de chose jugée, prononçant la peine d'emprisonnement ; que, dès lors, l'art. 97, Code instr. crim., était sans aucune application ; qu'aucune disposition de ce Code n'exige, pour la mise à exécution d'un jugement contradictoire portant la peine d'emprisonnement, que ce jugement soit notifié au condamné ; que cette formalité serait superflue, puisque le condamné, en présence de qui le jugement a été prononcé, en a nécessairement par là une connaissance légale et suffisante ; que cette exécution se compose de deux actes distincts, l'arrestation et l'écrou ; que, pour la régularité du premier de ces actes, il suffit qu'il soit fait par des agents de la force publique, agissant à la requête du procureur du roi, condition dont l'existence n'est pas contestée par l'arrêt attaqué ; qu'il n'est pas nécessaire que ces agents soient porteurs de la condamnation, puisqu'ils ne sont pas tenus de la notifier au condamné ; qu'ils en ont besoin seulement pour le second de ces actes, lors duquel elle doit être transcrite sur le registre de la prison, conformément à l'art. 78 de l'acte constitutionnel du 22 frimaire an VIII ; que le condamné, lorsqu'il est ainsi appréhendé, en vertu d'une condamnation qui lui est connue, par des agents de la force publique dont il ne peut ignorer la qualité, ne peut contester la légalité de son arrestation. » D'où l'arrêt conclut que c'est à tort que la Cour de Douai a écarté la prévention de rébellion. 26 décembre 1839, n° 389.

Il était établi que le garde forestier Hilaire Jeanne, après avoir constaté, par un procès-verbal régulier, une coupe de plusieurs arbres faite en délit, s'était présenté avec le facteur de l'adjudicataire et accompagné de Louis Lassenay, membre du conseil municipal, agissant au lieu et place du maire et de l'adjoint, dans la cuisine de Georges Dubloc et l'avait invité à faire l'ouverture de ses bâtiments ; que Dubloc s'y était refusé, en s'écriant qu'il ne connaissait ni maire ni adjoint ; et qu'il avait repoussé le garde hors de chez lui. Condamné pour délit de rébellion, Dubloc se pourvut contre l'arrêt sous le prétexte qu'il avait été agi illégalement, Louis Lassenay ne venant que le douzième sur le tableau des conseillers municipaux. Son pourvoi a été rejeté, « attendu que, s'il est constant que le sieur Lassenay n'est porté que le douzième sur le tableau des conseillers municipaux, il ne se trouvait pas moins dans l'exercice légal de ses fonctions, en assistant le garde forestier Jeanne dans la perquisition, que ce dernier s'est présenté pour opérer dans les bâtiments de Georges Dubloc, le 17 janvier 1845, parce qu'il y a présomption légale que les conseillers municipaux, portés sur le tableau avant le sieur Lassenay, se trouvaient alors absents ou empêchés de prêter au garde l'assistance prescrite par l'art. 161 du Code forestier et par l'art. 16 du Code d'instruction criminelle. » 8 novembre 1845, n° 336.—*Conf.*, 17 août 1849, n° 209.

46. Les tribunaux pourraient-ils se dispenser de punir la rébellion, sous le prétexte que les agents de l'autorité publique exécutaient un acte illégal au moment de l'attaque ou de la résistance?

On a soutenu que ces faits cessaient d'être punissables, lorsqu'ils avaient pour but de repousser l'exécution d'un acte illégal ou irrégulier. Je ne me dissimule pas la gravité des raisons que l'on présente à l'appui de cette opinion. Sans doute, il y a longtemps que l'on a dit : *vim vi repellere licet.* Sans doute, l'agent de l'autorité, qui se permet un acte arbitraire et irrégulier, méconnaît lui-même, en commettant une lourde faute, le caractère dont il est revêtu, et paraît, jusqu'à un certain point, renoncer à la protection spéciale que la loi lui accorde. Mais, à côté de ces raisons, ne peut-on pas en placer de plus graves encore, pour repousser cette manière de voir? Est-ce que, si la loi a pris sous son égide les agents de l'autorité, ce n'est pas moins pour eux que pour la société elle-même? Est-ce qu'en les garantissant contre les violences, elle n'a pas voulu surtout prévenir les désordres, résultant des rixes individuelles, si préjudiciables à l'ordre public? Si l'on permet à chacun de repousser, par les violences et les voies de fait, l'exécution, dont il est l'objet, n'est-ce pas rétablir l'empire de la force brutale, diminuer ou plutôt détruire la puissance de la loi, cette première nécessité des sociétés humaines? Est-ce que, si l'exécution est illégale ou arbitraire, il n'est pas plus sage d'en demander la réparation à la justice du pays qu'à sa force personnelle ou à l'arme dont on est porteur? Ces considérations me touchent beaucoup plus que les autres. Ce sont celles qui ont prévalu auprès de la Cour de cassation.

Voici les différents arrêts qu'elle a rendus sur la question.

L'huissier Bessière, assisté de deux gendarmes, s'était rendu au domicile de Costeroste pour l'exécution d'un jugement entraînant la contrainte par corps. Celui-ci, son frère et son oncle résistèrent avec violences et voies de fait à l'huissier et à ses assistants. Le tribunal de Mende déclara que cette résistance ne constituait aucun délit, « attendu que l'huissier, au moment où il voulait arrêter ledit Costeroste, n'était pas accompagné du juge de paix, ainsi que le voulait l'art. 681 du Code de procédure civile. » Sur le pourvoi du ministère public, ce jugement fut annulé, « considérant qu'il a été reconnu par le tribunal de Mende que, le 8 septembre 1819, l'huissier Bessière, assisté de deux gendarmes, s'est rendu chez Jean-Baptiste Costeroste, pour, en sadite qualité d'huissier, mettre à exécution un jugement rendu contre lui en matière civile, et portant contrainte par corps ; que, voulant procéder à cette exécution, ledit huissier et ses assistants ont éprouvé de la résistance avec violences et voies de fait, tant de la part dudit

Jean-Baptiste Costeroste, que de Jean-Antoine Costeroste son frère, et Antoine Costeroste son oncle ; que
cette résistance portait donc les caractères de la rébellion, déterminés par ledit art. 209 du Code pénal, et
était conséquemment punissable d'une peine plus ou
moins forte, d'après les circonstances qui pouvaient
l'avoir accompagnée ; que, néanmoins, le tribunal de
Mende a déclaré, par son jugement, que ladite circonstance ne constituait aucun délit, et a, en conséquence,
renvoyé les prévenus de toute poursuite ; que l'unique
motif de cette décision a été que l'huissier, n'étant point
assisté du juge de paix, ne pouvait, aux termes de
l'art. 781, n⁰ 5, du Code de procédure civile, arrêter
ledit Jean-Baptiste Costeroste dans sa maison ; que du
défaut de cette formalité résultait bien, en faveur dudit
Costeroste, une action pour faire déclarer la nullité de
l'exécution par corps, et demander des dommages et
intérêts envers qui de droit ; mais que le défaut de ladite formalité, dont l'appréciation n'appartenait qu'au
juge compétent, ne l'autorisait point à commettre des
violences et voies de fait contre l'huissier ; qu'en effet,
d'après l'art. 209 du Code pénal, il y a crime ou délit
de rébellion dans la résistance avec violences et voies
de fait envers les officiers ministériels, par cela seul
qu'étant porteurs de mandats de justice ou de jugements, ils agissent pour leur exécution ; que cet article
ne subordonne pas le crime ou le délit, qu'il caractérise,
au plus ou moins de régularité des formes avec lesquelles ces officiers ministériels peuvent procéder ; que
les particuliers n'ont pas le droit de se constituer juges
de ces formes pour refuser, avec violences et voies de
fait, l'obéissance, qui est due à la loi et aux actes qui en
émanent ; que le fait de résistance, dont il s'agissait,
n'avait donc perdu aucun des caractères constitutifs de

la rébellion, telle qu'elle est définie par ledit art. 209. »
14 avril 1820, n° 52.

Louis Bernard avait résisté avec violences et voies de
fait aux agents de la force publique, qui procédaient à
son arrestation sur la réquisition d'un commissaire de
police. Condamné comme coupable de rébellion, il se
pourvut en cassation, sur le motif qu'en ordonnant son
arrestation, le commissaire de police était sorti de ses
attributions. Son pourvoi fut rejeté, « considérant, sur
le moyen pris de la fausse application de l'art. 209 du
Code pénal, qu'il résulte du texte formel de cet article,
qu'il y a crime ou délit de rébellion toutes les fois qu'il
y a attaque ou résistance avec violences et voies de fait
envers la force publique, agissant pour l'exécution des
ordres de l'autorité publique ; qu'il a été reconnu d'a-
près l'instruction du procès, et déclaré constant, en fait,
par l'arrêt dénoncé que, sur l'ordre donné par le commissaire de police de la ville de Grenoble à la force publique d'arrêter Louis Bernard, celui-ci a opposé résistance avec violences et voies de fait ; que ces faits
constituaient donc le délit de rébellion déterminé par
ledit art. 209, et que conséquemment, il y avait lieu
d'appliquer à Louis Bernard les peines portées par
l'art. 212 du Code ; que la circonstance que le commissaire de police, en ordonnant l'arrestation du demandeur, serait, comme celui-ci le prétend, sorti des
attributions de ses fonctions, ne pouvait rien ôter au caractère du délit de rébellion déterminé par l'art. 209,
puisque cet article ne subordonne pas son application
au plus ou moins de régularité dans les ordres émanés
de l'autorité pour faire agir la force publique ; que l'illégalité de ces ordres pourrait seulement donner lieu à
la prise à partie ou à des poursuites contre les fonctionnaires qui les auraient donnés ; mais que cette illégalité

ne peut, en aucun cas, autoriser un particulier à s'y opposer avec violences et voies de fait; que le système
contraire, qui conduirait directement à autoriser chaque
particulier à se constituer juge des actes émanés de
l'autorité publique, serait subversif de tout ordre public; qu'il ne serait fondé sur aucune loi, et qu'il ne
peut être admis. » 5 janvier 1821. Sir., 1821, 1, 123.

Dorans, Beauvais-Poque et Catalogne avaient résisté
avec violences et voies de fait envers le chef d'un régiment, admis, comme corps militaire, dans une église.
Renvoyés comme prévenus de rébellion, devant le tribunal correctionnel d'Oléron, ils se pourvurent en cassation, par la raison que la résistance, qui leur était
imputée, n'avait été dirigée que contre un acte illégal
et arbitraire. Leur pourvoi fut rejeté, « attendu que, si
la force armée ne peut et ne doit agir, pour le maintien
de la tranquillité publique et de l'ordre intérieur, qu'en
se conformant aux dispositions des lois, lorsque cette
force publique intervient, les citoyens ne sauraient être
autorisés à opposer la résistance avec violences et voies
de fait aux ordres de ses chefs, sous le prétexte qu'il ne
leur a pas été préalablement justifié de l'exécution des
lois, relativement au légitime emploi de cette force; que
la présomption légale est que les chefs et les agents de
la force publique, armés pour le maintien des lois, les
respectent et n'agissent que conformément à ces lois;
que, si les chefs militaires sont responsables de l'emploi
illégal qu'ils feraient de leur autorité, cette responsabilité ne saurait dispenser les citoyens de l'obéissance qui
leur est due, et ne saurait autoriser, dans aucun cas,
à résister, avec violences et voies de fait, à des mesures
qui sont toujours supposées, jusqu'à preuve contraire,
émaner d'une autorité légale et compétente; que, dans
l'espèce, le régiment dont il s'agit avait été admis, par

l'autorité compétente, dans l'église, comme corps militaire ; que, dès lors, le chef de ce régiment était suffisamment autorisé à user de toutes les mesures nécessaires pour le maintien de la discipline militaire et de l'ordre public ; que ses ordres étaient légaux, et que la résistance à ces ordres, avec violences et voies de fait, était un acte punissable aux termes de l'art. 209 du Code pénal ; d'où il suit que les faits énoncés dans l'arrêt attaqué sont qualifiés, dans la circonstance, crimes ou délits par la loi, et qu'il n'y a lieu de réformer les dispositions de cet arrêt. » 3 septembre 1824, n° 110. Voir 30 mai 1823, n° 73, que j'ai cité dans ma deuxième étude, n° 606.

L'huissier Velatini, assisté de deux gendarmes, s'était présenté au domicile d'Achille Campocasso, pour mettre à exécution contre celui-ci deux jugements, dont l'un emportait la contrainte par corps. Il est à remarquer que l'huissier n'était pas accompagné du juge de paix. Campocasso recourut à la violence pour repousser l'officier ministériel et les gendarmes. Après certains errements de procédure, qu'il est inutile de rappeler, l'affaire vint devant la Cour de Bastia, qui, « considérant que le fait demeure déchargé de toute culpabilité et qu'il n'y a rien que de légitime dans les efforts d'un particulier pour s'échapper des mains d'individus sans caractère et sans mission, qui veulent indûment procéder à son arrestation, se déclare compétente », et, statuant au fond, renvoie le prévenu de la plainte. Cette décision a été annulée, « attendu que l'arrêt de la Cour de la Corse ne révoque pas en doute la vérité des faits établis dans le jugement du tribunal correctionnel de Bastia, et qui ont déterminé ce tribunal à déclarer son incompétence ; que cette Cour a seulement considéré que le fait demeure dégagé de toute culpabilité, qu'il n'y a rien que de lé-

gitime dans les efforts d'un particulier pour s'échapper
des mains d'individus sans caractère et sans mission,
qui veulent indûment procéder à son arrestation ; attendu que les huissiers et les gendarmes, par eux requis
de leur prêter main-forte, ont reçu de la loi le caractère et la mission nécessaires pour procéder à l'exécution des jugements et mandats de justice ; que toutes
violences commises envers eux, dans l'exercice de leurs
fonctions, sont qualifiées rébellion par la loi ; qu'il
n'est pas permis aux particuliers de se livrer à de pareils excès, sous prétexte de l'irrégularité des actes exercés à leur égard ; que le recours à l'autorité leur est
ouvert pour faire annuler ces actes, s'ils sont contraires
aux lois, et pour faire réprimer, s'il y a lieu, leurs auteurs ; mais qu'il suffit que, soit les officiers ministériels, soit les agents de la force publique légalement requis, paraissent avec le caractère qui leur a été conféré
par la loi et dans l'exercice des fonctions qui leur ont
été déléguées, pour que toutes violences et voies de fait
soient interdites à leur égard ; qu'un système contraire,
qui tendrait à convertir en efforts légitimes des excès
de cette nature, serait subversif de tout ordre, et serait
un outrage à la loi elle-même, qui environne ses agents
de la protection et du respect qui leur sont dus, lorsqu'ils
agissent en son nom, sauf la répression légale de ceux
qui abuseraient du caractère dont elle les a investis ; attendu que, si ces principes sont vrais à l'égard des officiers ministériels, ils sont aussi destinés à protéger les
gendarmes qui n'ont à juger ni la réquisition de ces officiers, ni les ordres de leur chef qui, par suite de cette
réquisition, les a chargés d'assister et de prêter main-
forte ; que telle a été particulièrement, dans cette affaire,
la position des gendarmes Mariani et Maternatti ; d'où il
résulte qu'en déclarant les faits dont il s'agit dégagés de

toute culpabilité, la Cour de Corse a violé les dispositions des articles précités du Code pénal. » 15 juillet
1826, n° 140.

Desmoliens et Decourbe, prévenus de rébellion à
main armée et d'outrages par paroles, gestes et menaces
envers des agents de la force publique, dans l'exercice
de leurs fonctions, avaient été renvoyés des poursuites
par le motif que les gardes n'ont le droit de saisir ni
le gibier, ni les armes ou autres instruments de chasse,
et que leur action justifiait la résistance des inculpés.
Sur le pourvoi du ministère public, la décision fut annulée, « attendu qu'il résulte d'un procès-verbal régulier,
et de l'instruction, que Morand et Chocart, gardes des
forêts et chasses de S. A. R. le duc de Bourbon, prince
de Condé, agissaient dans l'exercice de leurs fonctions,
pour l'exécution des lois, lorsque les prévenus se sont
livrés à leur égard à des injures, menaces ou violences
qui avaient pour objet de s'opposer aux recherches et
constatations auxquelles ces gardes voulaient procéder ;
attendu que dès lors les prévenus étaient passibles des
peines prononcées par l'un des art. 209 ou 224 du Code
pénal ; attendu que le tribunal de Beauvais ne pouvait,
pour les renvoyer de la plainte, s'appuyer sur une prétendue irrégularité des opérations auxquelles les gardes
voulaient procéder ; que les lois ouvrent un recours
contre les agents de la force publique qui auraient
abusé de leur qualité, ou excédé leurs pouvoirs ; mais
que les citoyens ne peuvent demeurer libres de se soumettre ou de s'opposer aux actes des agents de l'autorité, selon qu'ils les jugeront plus ou moins légaux ;
attendu que le tribunal de Beauvais, en renvoyant de la
plainte formée contre eux les nommés Decourbe et Desmoliens, a violé l'un des art. 209 ou 224 du Code pénal. » 26 février 1829, n° 51.

Le nommé Becq avait résisté avec violences et voies de fait à l'huissier, qui voulait enlever ses meubles et procéder à leur vente, sous le prétexte que cet officier ministériel n'était pas muni d'un pouvoir régulier. Le pourvoi qu'il forma contre la décision, qui l'avait condamné pour rébellion, fut rejeté, « attendu que les irrégularités de forme, que le demandeur prétend exister dans les actes de l'huissier, ne pouvaient l'autoriser à l'outrager ni à lui résister avec voies de fait. » 10 mars 1842. Sir., 1842, 1, 831.

Le maire de Mirlemont avait pris un arrêté ayant pour but de rétablir la circulation sur un chemin de cette commune. Le nommé Mille résista avec violences et voies de fait aux ouvriers chargés de l'exécution de cet arrêté. Traduit devant la police correctionnelle sous la prévention de rébellion, il fut renvoyé des poursuites. Mais, sur le pourvoi du ministère public, la décision fut annulée, « attendu que l'arrêté du maire de Mirlemont, dont l'exécution a été empêchée, régulier dans sa forme, approuvé par le préfet du Pas-de-Calais, et dûment notifié à Mille, avait été pris dans les limites des attributions de l'autorité municipale ; que cet arrêté avait en effet pour objet de rétablir la liberté de circulation sur un chemin vicinal de la commune de Mirlemont, barré, dans toute sa largeur, par la plantation d'une haie et le creusement d'un fossé, œuvre du prévenu ; attendu qu'il est incontestable que la nature même du fait, qui sert de base à l'arrêté, imprime le caractère d'urgence à celle de ses dispositions qui a pour objet de pourvoir instantanément, et même d'office, en cas de refus du prévenu, au rétablissement de la libre circulation sur le chemin et au point indiqué ; qu'il s'agissait, en effet, de subvenir ainsi à une nécessité intéressant l'ordre public, qui ne comportait ni délai, ni retard ; attendu, dès lors, qu'il n'appartenait point au prévenu de ·se constituer, à ce point de vue, juge de cette nécessité, et de s'opposer violemment aux mesures ordonnées, même en fondant son opposition sur l'illégalité de cet arrêté ; que son droit se bornait, avant l'exécution de l'arrêté, à en poursuivre la réforme ou l'annulation devant les autorités compétentes, et, après l'exécution, à obtenir, par les voies légales, la réparation du dommage qu'elle lui aurait causé ; que la doctrine contraire, qui, en présence d'un arrêté compétemment pris, fût-il même illégal sous d'autres rapports, attribuerait au prévenu le droit de s'opposer à son exécution par la force et la violence, non-seulement serait subversive de tout ordre, en devenant le prétexte de nombreux conflits, mais offrirait encore le grave inconvénient d'entraver l'exercice du pouvoir administratif, dans des circonstances où l'exercice de ce pouvoir tire précisément sa plus grande utilité de la prompte exécution des mesures prescrites ; qu'il suit de là que le jugement attaqué, en renvoyant Mille des fins de la prévention, sur le fondement de l'illégalité de l'arrêté municipal du 28 mars 1854, et notamment sur ce que, même au cas d'urgence, la résistance à l'exécution de cet arrêté rentrait dans les droits d'une légitime défense, et qu'à ce titre, les violences exercées n'étaient pas punissables, a admis une excuse contraire à la loi, et, partant, formellement violé, en ne les appliquant pas, les dispositions des art. 209 et 212, du Code pénal. » 2 mars 1855, n° 111.

Le commissaire de police de Lillers, ayant été informé que, contrairement à un arrêté du préfet, un combat de coqs avait lieu dans l'établissement du nommé Fanion, se transporta dans cet établissement pour constater la contravention. Lorsqu'il fut entré dans le jardin de Fanion, celui-ci et son contre-maître lui résistèrent

avec violences et voies de fait. Inculpés du délit de rébellion, ces deux hommes furent renvoyés des poursuites par la raison que le commissaire de police avait
pénétré dans l'habitation de Fanion contre le gré de ce
dernier ; mais, sur le pourvoi du ministère public, la
décision fut annulée, « attendu, en droit, que l'art. 209 du
Code pénal, qualifie rébellion toute résistance, avec violences et voies de fait, envers les officiers ou agents de
la police administrative ou judiciaire, agissant pour
l'exécution des lois et des ordres ou ordonnances de
l'autorité publique ; que l'article ne subordonne pas
l'existence du délit au plus ou moins de régularité avec
laquelle les officiers publics ont procédé ; que les particuliers n'ont pas le droit de se constituer juges des fonctionnaires publics, à l'effet de s'autoriser à résister,
avec violences et voies de fait, à l'exécution des actes de
l'autorité publique ; que l'irrégularité de l'opération
pourrait seulement motiver une prise à partie ou poursuite contre ses auteurs ; et attendu, en fait, qu'il est admis, par le jugement de première instance et par l'arrêt,
que les arrêtés du préfet du Pas-de-Calais interdisaient
dans les cabarets, réunions et lieux publics du département, les spectacles consistant à faire battre ensemble
des coqs, aux ergots desquels sont assujetties des pointes
en fer acérées ; qu'informé qu'une représentation de ce
genre se donnait dans l'établissement de Fanion, fabri-
cant de chaussures à Lillers, le commissaire de police
se rendit sur les lieux, assisté du garde champêtre, pour
constater la contravention ; que, quand il fut entré dans
le jardin de Fanion, ce dernier, et Billot, son contre-
maître, s'opposèrent à son intervention, et résistèrent
avec violences et voies de fait, à l'exécution des recherches et des constatations, que voulait opérer cet officier
de police judiciaire ; que, cependant, l'arrêt a relaxé les

deux prévenus des poursuites, par le motif que le commissaire de police et son agent n'avaient pas le droit de s'introduire dans l'habitation de Fanion contre son gré, et qu'ils ne pouvaient être réputés, en ces circonstances, avoir agi pour l'exécution des lois ou des mandements de justice, qu'ils avaient, au contraire, procédé sans droit et sans qualité ; mais, attendu que le commissaire de police, jugeant qu'un spectacle prohibé se donnait dans la maison de Fanion, procéda, en vertu et pour l'exécution des règlements du préfet, et, conséquemment, d'ordonnances de l'autorité publique ; qu'en admettant que la légalité ou l'application des arrêtés du préfet sur les combats de coqs fussent contestables, le commissaire de police de Lillers n'avait pas personnellement à les contrôler ; qu'il suffisait qu'il agît, à l'effet de faire exécuter ces actes, pour que son intervention dût être protégée par les art. 209, 212, 228, 230 du Code pénal ; qu'en décidant le contraire, l'arrêt attaqué a violé lesdits articles. » 22 août 1867.

Cette jurisprudence trouve encore sa confirmation dans les arrêts, rendus sur la même question, à l'occasion des outrages, adressés aux magistrats de l'ordre administratif et judiciaire ; je les citerai dans mon commentaire sur les art. 222 et 223, n° 94.

47. Cette règle, cependant, cesserait selon moi d'être applicable, si l'acte était d'une illégalité telle qu'il ne pût être considéré comme accompli pour assurer l'exécution des lois ou des ordres de l'autorité publique. Je me fonde, pour admettre cette exception, sur l'arrêt que la Cour de cassation a rendu le 25 mars 1852, n° 108, et que je transcrirai sous le n° 115.

48. La rébellion n'en demeurerait pas moins punissable pour avoir été dirigée contre des agents qui n'étaient porteurs ni de leurs costumes, ni de leurs insignes officiels, si la qualité de ces agents était connue des inculpés ; c'est ce que la Cour de cassation a jugé en déclarant « que l'adjoint au maire, ayant clairement constaté par son procès-verbal que sa qualité était bien connue de l'inculpé, lorsque celui-ci l'a insulté, il n'était pas, dès lors, nécessaire que le fonctionnaire fût revêtu de son costume. » 5 septembre 1812, n° 202.

49. Il en serait encore de même si le préposé de l'autorité publique n'avait pas prêté serment, pourvu que sa qualité fût un fait notoire et accepté de tous, comme la Cour de cassation l'a jugé à plusieurs reprises sur des préventions d'outrages. Voir ci-dessous, n°s 89 et 110.

50. Enfin, la rébellion ne trouverait d'excuse légale ni dans la provocation par injures, ni dans la provocation par coups et blessures. Elle ne trouverait pas davantage sa justification dans la nécessité de la défense de soi-même ou d'autrui. Ces questions, qui présentent le plus sérieux intérêt, seront examinées sous les art. 222, 223, 224, 225, 228, n°s 95, 116. C'est à l'occasion de ces articles qu'elles se sont présentées particulièrement dans la pratique. Mais les arrêts, qui les ont résolues, sont également applicables à la rébellion.

ARTICLE 210.

Si elle a été commise par plus de vingt personnes armées, les coupables seront punis des travaux forcés à temps ; et s'il n'y a pas eu port d'armes, ils seront punis de la réclusion.

51. Le Code divise d'abord la rébellion en rébellion armée et en rébellion non armée ; il la divise ensuite en rébellion de plus de vingt personnes, en rébellion de trois personnes ou plus jusqu'à vingt inclusivement, en rébellion d'une ou de deux personnes.

52. Les rébellions avec bande ou attroupement, dont il est question dans les art. 210 et 211 du Code pénal, ne doivent pas être confondues avec les attroupements, proprement dits, définis et régis par les lois des 26 juillet–27 août 1791, 10 avril 1831, 7 juin 1848, et 25 février 1852. Les rébellions ont lieu contre des agents individuels et à l'occasion d'un fait spécial ; elles n'entravent l'exercice de la puissance publique qu'en paralysant quelques-uns de ses moyens d'action. Les attroupements, au contraire, sont dirigés non plus contre certains agents, mais contre le Gouvernement lui-même, à raison, le plus ordinairement, de faits politiques indéterminés ; ils ont pour but la destruction des pouvoirs de l'État.

53. L'art. 210 s'occupe de la rébellion de plus de vingt personnes, armée ou non armée. Il punit la première des travaux forcés à temps, la seconde de la réclusion.

54. Cet article ne répute-t-il la rébellion armée que si, comme son texte le porte, elle a été commise par plus de vingt personnes armées ? Non : cette rédaction ne reproduit pas la pensée de la loi ; elle est contredite par l'art. 214. Dans le cas de l'art. 210, comme dans celui de l'art. 211, comme dans celui de toute réunion, ayant pour but un crime ou un délit, la bande est réputée armée, lorsque plus de deux personnes y portent des armes ostensibles. Par suite, même dans le cas de l'art. 210, les rebelles, qui font partie d'une bande où plus de deux personnes portent des armes apparentes, sont coupables du crime de rébellion armée, quoiqu'ils soient eux-mêmes dépourvus d'armes. 8 novembre 1832, n° 439.

55. C'est dans l'art. 101 qu'il faut chercher ce que la loi entend par armes.

Cette disposition, comme je l'ai fait remarquer dans ma deuxième Étude, n° 555, est générale et s'applique non-seulement à la section, qui la renferme, mais encore aux autres parties du Code pénal et même aux lois spéciales ayant pour objet des crimes commis avec armes.

J'ai cité, au même endroit, numéros 556 et suivants, plusieurs arrêts de la Cour de cassation, qui permettront de reconnaître si la rébellion a eu lieu avec ou sans armes.

56. Le fait le plus simple de l'infraction, que j'étudie, est la rébellion par une ou deux personnes et sans armes.

Le nombre, lorsqu'il dépasse deux personnes, et le port d'armes constituent des circonstances aggravantes.

Le jury devra donc être interrogé d'abord sur le fait de rébellion et ensuite sur chacune des circonstances aggravantes. Sans quoi, la question serait complexe et, par suite, irrégulière. 25 février 1843, n° 44.

Posée dans les termes suivants, elle satisfera, ce me semble, à toutes les exigences de la loi.

Le nommé....... est-il coupable d'avoir (la date), résisté avec violences et voies de fait envers *soit* un officier ministériel, *soit* un garde champêtre *ou* forestier, *soit* la force publique, *soit* un préposé à la perception

d'une taxe *ou* d'une contribution publique, *soit* un porteur de contraintes, *soit* un préposé des douanes, *soit* un
séquestre judiciaire, *soit* un officier *ou* agent de la police
administrative *ou* judiciaire, agissant pour l'exécution
soit des lois, *soit* des ordres *ou* ordonnances de l'autorité
publique, *soit* d'un mandat de justice *ou* d'un jugement?

Ladite résistance a-t-elle eu lieu par plus de vingt
personnes?

La réunion comptait-elle plus de deux personnes,
portant des armes ostensibles?

Si le fait incriminé consiste dans une attaque, et non
plus dans une résistance, les questions resteront les
mêmes, sauf la très-légère modification de rédaction
que cette circonstance motivera.

ARTICLE 211.

Si la rébellion a été commise par une réunion
armée de trois personnes ou plus jusqu'à vingt inclusivement, la peine sera la réclusion ; s'il n'y a
pas eu port d'armes, la peine sera un emprisonnement de six mois au moins et deux ans au plus.

57. Objet de cet article.
58. Distinction de la rébellion et de l'attroupement. — Définition de la réunion armée et des armes. — Renvoi.
59. Complicité d'un militaire avec deux individus n'appartenant pas à l'armée. — Arrêt.
60. Qualification.

57. L'art. 211 a pour objet la rébellion commise par
une réunion de trois personnes ou plus, jusqu'à vingt
inclusivement. Elle constitue un crime dans le cas où
elle est armée ; elle ne présente plus que le caractère

d'un délit, s'il n'y a pas eu port d'armes, à moins qu'elle n'ait donné lieu, comme je l'ai dit, n° 27, à effusion de sang, blessure ou maladie.

58. Je ne reviendrai pas sur ce que j'ai dit sous l'article précédent, des attroupements, de la réunion armée et des armes.

59. Je n'indiquerai ici qu'une question spéciale, née à l'occasion de l'application de l'art. 211 à un militaire.

Leroux, soldat au 31e régiment de ligne, en congé renouvelable à Lisbourg, avait été condamné à un mois d'emprisonnement, en vertu des art. 209 et 211, modifiés par l'art. 463, pour avoir commis un délit de rébellion, de complicité avec deux autres individus n'appartenant pas à l'armée. Le ministère public pensant, qu'on aurait dû appliquer à Leroux l'art. 255 du Code de justice militaire, se pourvut contre cette décision. Mais son pourvoi fut rejeté, « attendu que Leroux, soldat au 31e de ligne, et alors en congé renouvelable à Lisbourg, sa commune, a été poursuivi pour avoir, le 29 novembre dernier, sur la voie publique de cette commune, commis un délit de rébellion envers les agents de l'autorité, de complicité avec deux autres individus n'appartenant pas à l'armée ; que, traduit pour ce fait, en même temps que ses complices, devant le tribunal correctionnel, et déclaré coupable par les juges du premier et du second degré, il a été condamné à une peine d'un mois d'emprisonnement, en vertu des dispositions des art. 209 et 211 du Code pénal, modifiées, des circonstances atténuantes ayant été admises en sa faveur, par l'art. 463 ; attendu que, si on recourt au Code de justice militaire, l'art. 225 de ce code punit uniquement, dans son paragraphe Ier, la rébellion envers la force armée et les agents de l'autorité, d'un ou de deux militaires agissant seuls avec armes ou sans armes ; dans son paragraphe 2,

la rébellion de plus de deux militaires armés ou non
armés ; enfin, dans son paragraphe 3, la rébellion de
huit militaires au moins et en armes ; qu'aucune de ces
dispositions ne vient atteindre le fait complexe d'une
rébellion avec ou sans armes, commise par un militaire
et deux personnes non militaires ; que, dans le silence
de la loi spéciale de l'armée, le Code pénal ordinaire
conserve son empire ; que l'art. 267 du nouveau Code
de justice militaire le consacre ainsi, en règle, pour tous
les crimes et délits qu'il n'a pas prévus, et veut, dans
ce cas, que les tribunaux militaires eux-mêmes appliquent les peines portées par les lois pénales ordinaires,
avec faculté de les modifier par l'art. 463 ; attendu que
le pouvoir, imparti aux tribunaux militaires, est donné,
à plus forte raison, aux tribunaux de droit commun,
lorsque, par l'effet de la complicité d'individus n'appartenant pas à l'armée, ils sont appelés à juger un militaire ; que si, dans ce cas, les art. 76 et 196 du Code
militaire veulent qu'ils appliquent au militaire la loi
militaire, c'est seulement lorsque celle-ci a parlé ; que,
dans l'espèce, le fait de rébellion, imputé à Leroux, rentrait textuellement dans les dispositions de l'art. 211 du
Code pénal ; que la peine, que cet article prononce, est
plus grave que celle du Code militaire contre le militaire
agissant seul dans un acte de rébellion, et qu'il y avait
toute raison de l'appliquer ici, puisqu'en réalité le délit
est plus grave ; attendu que, si, par suite de l'admission
des circonstances atténuantes, cette peine est descendue
au-dessous du minimum, que le militaire, placé en
face de la loi militaire seule, aurait pu encourir, ce n'est
là qu'une conséquence de la latitude de pouvoir que le
Code pénal ordinaire remet à l'appréciation et à la
sagesse du juge pour l'application de la loi commune ;
et attendu que l'arrêt attaqué, en le jugeant ainsi, et en

confirmant la décision qui avait prononcé contre Leroux la peine d'un mois d'emprisonnement, n'a ni violé les art. 196 et 225 du Code de justice militaire, ni faussement appliqué les art. 209, 211 et 463 du Code pénal. » 15 mai 1858, n° 154.

60. Je n'ai rien à dire sur la qualification de l'infraction, mentionnée dans l'art. 211. Elle sera, sauf les modifications du fait, celle que j'ai indiquée dans l'article précédent.

ARTICLE 212.

Si la rébellion n'a été commise que par une ou deux personnes, avec armes, elle sera punie d'un emprisonnement de six mois à deux ans; et si elle a eu lieu sans armes, d'un emprisonnement de six jours à six mois.

61. Objet de l'article 212.
62. Si la violence est suivie d'effusion de sang, de blessure ou de maladie, l'article applicable est, non pas l'article 212, mais l'article 230.

61. La rébellion n'a plus, dans l'art. 212, que les proportions d'un délit.

Elle est punie, si elle a eu lieu avec armes, d'un emprisonnement de six mois à deux ans, et, si elle a eu lieu sans armes, d'un emprisonnement de six jours à six mois.

Il suffit, pour qu'elle soit réputée armée que l'un des rebelles ait été porteur d'une arme ostensible, c'est ce qui ressort du texte même de l'art. 212.

62. Mais, pour que la rébellion, commise par une ou deux personnes, conserve le caractère de délit, il faut, comme je l'ai indiqué précédemment, n° 27, que les violences n'aient pas occasionné effusion de sang, blessure ou maladie ; autrement, elle devient un crime, et est punie par l'art. 230.

ARTICLE 213.

En cas de rébellion avec bande ou attroupement, l'article 100 du présent Code sera applicable aux rebelles sans fonctions ni emplois dans la bande, qui se seront retirés au premier avertissement de l'autorité publique, ou même depuis, s'ils n'ont été saisis que hors du lieu de la rébellion, et sans nouvelle résistance et sans armes.

63. Objet de l'article. — Excuse légale. — Arrêts.
64. Questions diverses. — Renvoi au commentaire de l'article 100.
65. L'excuse n'est pas applicable à ceux qui ont provoqué à la rébellion. — Arrêt.

63. Il résulte de la combinaison des art. 100 et 213 que, dans le cas de rébellion avec bande ou attroupement, il n'est prononcé aucune peine, pour le fait de rébellion, contre ceux qui, ayant fait partie de ces bandes ou attroupements, sans y exercer fonction ou emploi, se sont retirés au premier avertissement de l'autorité publique, ou même depuis, s'ils n'ont été saisis que hors du lieu de la rébellion, sans nouvelle résistance et sans armes. Mais il résulte aussi de la combinaison des mêmes articles que les rebelles continueront à être punis des crimes ou délits, qu'ils auraient particulièrement commis, et que, malgré la remise de peine qui leur est accordée, ils pourront être renvoyés sous la surveillance de la haute police, pendant cinq ans au moins et dix ans au plus.

La disposition de l'art. 213 a, comme celle de l'article 100, le caractère d'une excuse légale. La Cour de cassation l'a plusieurs fois reconnu. 30 août 1832, n° 332 ; 2 mai 1833, n° 171 ; 14 décembre 1850, n° 421.

64. Les explications, que l'art. 213 peut comporter, se trouvent dans mon commentaire de l'art. 100, aux n°ˢ 547, 548, 552, 553, 554 de ma deuxième Étude ; je ne les reproduirai pas ici.

65. Je ne ferai qu'une remarque tirée du texte même de l'art. 213 ; c'est que cette disposition ne concerne que les rebelles, et qu'elle n'est pas applicable à ceux qui ont provoqué à la rébellion. « Cette excuse, dit la Cour de cassation dans son arrêt du 4 janvier 1851, n° 9, est une exception toute personnelle aux rebelles, et ne saurait s'étendre à ceux qui ont provoqué à ce crime. Par suite, si ces derniers demandent que la question d'excuse soit posée au jury, la Cour peut et doit même se refuser à la lui soumettre, puisque la réponse, qu'elle recevrait, serait sans conséquence juridique. »

ARTICLE 214.

Toute réunion d'individus, pour un crime ou un délit, est réputée réunion armée, lorsque plus de deux personnes portent des armes ostensibles.

66. Définition de la réunion armée.
67. L'article 214 renferme une disposition générale.
68. Cas dans lequel les rebelles non armés sont solidaires du port d'armes.

66. La réunion armée est toute réunion d'indivi-

dus pour un crime ou un délit, lorsque plus de deux personnes portent des armes ostensibles.

67. Cet article est, comme l'art. 101, une disposition générale. Il s'applique non-seulement aux rébellions, mentionnées dans les art. 210 et 211, mais encore à toute réunion, ayant pour but un crime ou un délit. 14 décembre 1850, n° 421.

68. Il importe de remarquer qu'il résulte de cette disposition que les rebelles, qui ne sont pas armés, sont punis comme ceux qui le sont, lorsqu'ils font partie d'une réunion où plus de deux personnes portent des armes ostensibles. La loi suppose qu'ils se sont volontairement associés à cette démonstration menaçante, et les en rend solidaires. Il en est autrement si les armes sont restées cachées. Dans ce cas, il y aurait eu excessive rigueur à rendre les rebelles, qui ne sont pas armés, responsables d'une circonstance, qui a pu leur demeurer inconnue.

ARTICLE 215.

Les personnes qui se trouveraient munies d'armes cachées, et qui auraient fait partie d'une troupe ou réunion non réputée armée, seront individuellement punies comme si elles avaient fait partie d'une troupe ou réunion armée.

69. Objet de cet article.
70. Cas où il se trouve, dans la réunion, deux personnes portant des armes ostensibles.

69. Dans l'article précédent, nous venons de voir que les rebelles, non armés, qui font partie d'une réunion, où se trouvent plus de deux personnes, portant des armes ostensibles, sont réputés armés et punis comme tels.

L'article, que j'examine en ce moment, suppose, au contraire, que, dans une réunion non armée, figurent des personnes, munies d'armes, même cachées. Il considère que ces personnes, à cause de leur port d'armes particulier, sont réputées faire partie d'une réunion armée et les punit des peines applicables aux rébellions de cette espèce.

70. Un troisième cas peut se présenter. Il peut arriver que, dans la réunion, il se rencontre une ou deux personnes, portant des armes apparentes.

La réunion ne sera pas armée, puisque, pour qu'un attroupement ait ce caractère, il faut qu'il comprenne plus de deux personnes portant des armes ostensibles.

Mais quelle sera la criminalité de la personne ou des deux personnes, ayant des armes apparentes? Pourrat-on leur appliquer l'art. 215 et les punir comme celles qui se trouvēraient munies d'armes cachées, c'est-à-dire, comme si elles avaient fait partie d'une troupe ou réunion armée? Au contraire, n'auront-elles encouru que la peine applicable aux autres membres de la réunion, qui, dans ce cas, comme je viens de l'indiquer, n'est pas réputée armée? Des criminalistes éminents soutiennent que cette espèce n'est prévue ni par l'art. 215 ni par aucune autre disposition de la loi, et que, par conséquent, la personne ou les deux personnes, portant des armes apparentes, ne subiront que la peine infligée à la rébellion, commise par une réunion non armée. Je ne peux pas me rendre à cette idée. Elle est, selon moi, en contradiction avec la raison et les principes les plus élémentaires de la justice distributive. J'estime que la personne ou les deux personnes, portant des armes ostensibles, subiront la peine,

énoncée dans l'art. 215, qui, à mon sens, leur est parfaitement applicable. Assurément, il faut prendre la loi pénale telle qu'elle est, voire même avec ses imperfections et ses oublis. Mais aussi, il ne faut pas, sous le prétexte de l'observer, se refuser à l'interpréter. Quelle est donc la pensée de l'art. 215? N'est-ce pas d'infliger une peine particulière et plus grave, à cause du danger qu'ils présentent et de la résolution plus criminelle, qu'ils manifestent, à ceux qui se trouvent en armes dans une réunion non armée? C'est si bien la pensée de cet article, qu'il frappe de cette peine même ceux qui n'étaient que porteurs d'armes cachées, c'est-à-dire d'armes, qui, ne se révélant pas, n'avaient encore rien de bien menaçant. La prononçant contre des armes, qui se cachent, il ne la prononcerait pas contre des armes, qui se montrent et font défi à la puissance publique! C'est impossible. Je crois ne donner à l'art. 215 qu'une interprétation permise et rationnelle, en disant que, dans le cas qui m'occupe, applicable aux personnes, munies d'armes cachées, il l'est, à plus forte raison, aux personnes portant des armes apparentes. Je prononcerais donc, sans hésiter, la peine qu'il porte, contre la personne ou les deux personnes, qui se trouveraient, avec des armes apparentes, dans une réunion non armée.

ARTICLE 216.

Les auteurs des crimes et délits, commis pendant le cours et à l'occasion d'une rébellion, seront punis des peines prononcées contre chacun de ces crimes, si elles sont plus fortes que celles de la rébellion.

71. Objet de cet article.

71. L'art. 216, en déclarant que les auteurs des crimes et délits, commis pendant le cours et à l'occasion d'une rébellion, seront punis des peines prononcées contre chacun de ces actes, si elles sont plus fortes que celles de la rébellion, ne fait que l'application de la règle générale écrite dans le dernier paragraphe de l'art. 365 du Code d'instruction criminelle, lequel est ainsi conçu : « En cas de conviction de plusieurs crimes ou délits, la peine la plus forte sera seule prononcée. »

ARTICLE 217.

Sera puni comme coupable de la rébellion quiconque y aura provoqué, soit par des discours tenus dans des lieux ou réunions publics, soit par placards affichés, soit par écrits imprimés. Dans le cas où la rébellion n'aurait pas eu lieu, le provocateur sera puni d'un emprisonnement de six jours au moins et d'un an au plus.

72. Abrogation de cet article. Il est remplacé par les articles 1, 2 et 3 de la loi du 17 mai 1819.
73. Autres modes de complicité.

72. L'art. 217 est parmi les dispositions abrogées par l'art. 26 de la loi du 17 mai 1819.

Mais s'il est abrogé, c'est parce que la disposition spéciale, qu'il porte contre les provocateurs de la rébellion, est rendue inutile par la disposition générale prise par les art. 1, 2 et 3 de la loi de 1819 contre tous les provocateurs de crimes ou de délits.

Depuis cette loi, la provocation à la rébellion est punie suivant les distinctions, indiquées dans les articles que je viens de rappeler.

73. En prenant une mesure spéciale contre les provocateurs à la rébellion, le Code n'a pas entendu absoudre les modes ordinaires de complicité. Puisque la loi n'en a pas autrement ordonné, les autres complices de la rébellion sont, aux termes de l'art. 59 du Code, punis de la même peine que les auteurs de ce crime ou délit.

ARTICLE 218.

Dans tous les cas où il sera prononcé, pour fait de rébellion, une simple peine d'emprisonnement, les coupables pourront être condamnés, en outre, à une amende de seize francs à deux cents francs.

74. Amende facultative.

74. L'amende, mentionnée dans cet article, est facultative. Le juge peut, suivant les cas, l'ajouter ou ne pas l'ajouter à la peine d'emprisonnement.

ARTICLE 219.

Seront punies comme réunions de rebelles, celles qui auront été formées, avec ou sans armes, et accompagnées de violences ou de menaces contre l'autorité administrative, les officiers et les agents de police, ou contre la force publique, 1° par les ouvriers ou journaliers dans les ateliers publics ou manufactures; 2° par les individus admis dans les hospices; 3° par les prisonniers prévenus, accusés ou condamnés.

75. Caractère particulier des réunions réprimées par l'article 219.

76. Attaque et résistance assimilées à la rébellion. — Agents
  des chemins de fer.

75. Cet article punit, comme réunions de rebelles,
c'est-à-dire comme celles dont il est question dans les
art. 210 et 211, les réunions formées, avec ou sans
armes, et accompagnées de violences ou de menaces
contre l'autorité administrative, les officiers et les agents
de police ou la force publique 1° par les ouvriers ou
journaliers dans les ateliers publics ou manufactures;
2° par les individus admis dans les hospices; 3° par les
prisonniers prévenus, accusés ou condamnés.

La loi, comme on peut le remarquer, s'est montrée
plus facile pour la constitution de cette infraction que
pour celle de la rébellion.

Ainsi, ce dernier fait n'existe que s'il y a eu violences ou voies de fait; au contraire, la réunion devient
punissable, lors même qu'elle n'est accompagnée que
de menaces.

De même, il n'y a rébellion que si l'attaque ou la résistance a été dirigée contre les personnes désignées
en l'art. 209, agissant pour l'exécution des lois, des
ordres ou ordonnances de l'autorité publique, des mandats de justice ou jugements. Au contraire, la réunion
devient punissable dès qu'elle a lieu contre l'autorité
administrative, les officiers ou agents de police, ou
contre la force publique, quoique ces personnes n'a-
gissent pas pour l'exécution des lois ou des ordres de
l'autorité publique.

On comprend, du reste, que la loi ait été moins exigeante sur les caractères de l'infraction, dans le cas
prévu par l'art. 219, puisque cette disposition a pour
objet de réprimer les mouvements de certains individus, dont le premier devoir est la discipline.

76. La loi a également assimilé à la rébellion l'attaque et la résistance avec violences et voies de fait envers les agents des chemins de fer ; elle les punit des peines appliquées à la rébellion, suivant les distinctions faites par le Code pénal. (L., 15 juillet 1845, art. 25.)

ARTICLE 220.

La peine, appliquée pour rébellion à des prisonniers prévenus, accusés ou condamnés relativement à d'autres crimes ou délits, sera par eux subie, savoir, par ceux qui, à raison des crimes ou délits qui ont causé leur détention, sont ou seraient condamnés à une peine non capitale ni perpétuelle, immédiatement après l'expiration de cette peine ; et par les autres, immédiatement après l'arrêt ou jugement en dernier ressort, qui les aura acquittés ou renvoyés absous du fait pour lequel ils étaient détenus.

77. Cet article renferme deux exceptions au droit commun.

77. L'art. 220 contient deux exceptions considérables au droit commun.

J'ai déjà eu plusieurs fois l'occasion de rappeler, dans le cours de ces Études, que le Code d'instruction criminelle prohibe le cumul des peines, et que la peine la plus douce est absorbée dans la peine la plus forte. Tout à l'heure encore, je faisais observer que l'art. 216 n'est qu'une application du principe déposé dans l'article 365 de ce Code.

Ce principe, la loi, dans sa légitime sévérité, n'a pas voulu qu'il profitât aux prisonniers, déclarés coupables de rébellion et d'une autre infraction. Il n'est pas permis de contester que telle soit sa volonté, puisqu'elle ordonne que les deux peines seront successivement exécutées.

J'ai fait observer aussi, au n° 133 de ma première Étude, qu'il était de principe que les individus, détenus préventivement, exécutaient, pendant la durée de la prévention, la peine prononcée contre eux, à raison d'une autre infraction.

La loi ne veut pas davantage que cette règle soit appliquée au prisonnier condamné pour rébellion, puisque, d'après l'art. 220, l'exécution de la peine ne commence qu'après l'arrêt ou jugement en dernier ressort, qui l'aura acquitté ou renvoyé absous du fait pour lequel il était détenu.

ARTICLE 221.

Les chefs d'une rébellion, et ceux qui l'auront provoquée, pourront être condamnés à rester, après l'expiration de leur peine, sous la surveillance spéciale de la haute police pendant cinq ans au moins et dix ans au plus.

78. Cet article ne limite la mise en surveillance que pour les rébellions punies de peines correctionnelles. — Arrêt.
79. Il continue à être applicable aux provocateurs de la rébellion.

78. L'art. 221 n'a évidemment en vue que les rébellions punies d'une peine correctionnelle, quand il limite de cinq à dix ans la durée de la mise en surveillance. Autrement, il apporterait une modification importante à l'art. 47 du Code, qui met, pendant toute la vie, sous la surveillance de la haute police, les coupables condamnés aux travaux forcés à temps, à la détention, à la réclusion. Rien n'autorise à croire que le législateur ait eu cette pensée. En conséquence, dans le cas où la rébellion sera punie des travaux forcés à temps ou de la réclusion, ce sera la surveillance perpétuelle que les condamnés encourront de plein droit. 16 septembre 1831, n° 229.

79. On s'est demandé si, depuis l'abrogation de l'article 217 par la loi du 17 mai 1819, l'art. 221 était encore applicable aux provocateurs de la rébellion ; pour moi, je n'hésite pas à le coire. En effet, cet article n'a été abrogé ni virtuellement, ni formellement par la loi de 1819. D'une part, il n'est pas compris parmi les dispositions que cette loi abroge ; d'autre part, il n'a rien d'inconciliable avec les peines qu'elle ordonne contre les provocateurs des délits.

§ 2. — *Outrages et violences envers les dépositaires de l'autorité et de la force publique.*

80. Division du paragraphe.—Modification de la loi du 13 mai 1863.—Renvoi au paragraphe précédent.

80. Ce paragraphe aurait pu recevoir une sous-division. Il prévoit, en effet, deux faits distincts ; il punit, dans sa première partie (art. 222 à 227), les outrages envers les magistrats de l'ordre administratif ou judiciaire, les jurés, les officiers ministériels, les agents de la force publique et les citoyens chargés d'un ministère de service public ; et, dans sa seconde (art. 228 à 233), les coups, violences et voies de fait envers les mêmes personnes.

La loi du 13 mai 1863 l'a notablement modifié dans plusieurs de ses dispositions.

Il présente beaucoup de questions, que j'ai déjà examinées dans le paragraphe précédent. Ce que j'en dirai
devra se compléter par ce que j'en ai dit à l'occasion de
la rébellion.

ARTICLE 222.

Lorsqu'un ou plusieurs magistrats de l'ordre administratif ou judiciaire auront reçu, dans l'exercice
de leurs fonctions, ou à l'occasion de cet exercice,
quelque outrage par paroles tendant à inculper leur
honneur ou leur délicatesse, celui qui les aura ainsi
outragés sera puni d'un emprisonnement d'un mois
à deux ans. Si l'outrage a eu lieu à l'audience d'une
Cour ou d'un tribunal, l'emprisonnement sera de
deux à cinq ans.

ARTICLE 223.

L'outrage fait par gestes ou menaces à un magistrat, dans l'exercice ou à l'occasion de l'exercice
de ses fonctions, sera puni d'un mois à six mois
d'emprisonnement; et si l'outrage a eu lieu à l'audience d'une Cour ou d'un tribunal, il sera puni d'un
emprisonnement d'un mois à deux ans.

81. Ces articles ont été modifiés par la loi du 13 mai 1863.
— Leur texte actuel.
82. Leur objet.
83. Première condition des délits réprimés par ces articles.
84. Suite. — Outrages de l'article 222. — Outrages par écrit
ou dessin. — Modification de la loi du 13 mai 1863.—
Arrêts.
85. Suite. — Outrages tendant à inculper l'honneur et la délicatesse. — Espèces. — Arrêts.

81. Ces deux articles ont été modifiés par la loi du 13 mai 1863.

Ils sont aujourd'hui ainsi rédigés :

Art. 222. Lorsqu'un ou plusieurs magistrats de l'ordre administratif ou judiciaire, lorsqu'un ou plusieurs jurés auront reçu, dans l'exercice de leurs fonctions ou à l'occasion de cet exercice, quelque outrage par paroles, par écrits, ou dessins non rendus publics, tendant, dans ces divers cas, à inculper leur honneur ou leur délicatesse, celui qui leur aura adressé cet outrage sera puni d'un emprisonnement de quinze jours à deux ans. Si l'outrage par paroles a eu lieu à l'audience d'une Cour ou d'un tribunal, l'emprisonnement sera de deux à cinq ans.

Art. 223. L'outrage fait par gestes ou menaces à un magistrat ou à un juré, dans l'exercice ou à l'occasion de l'exercice de ses fonctions, sera puni d'un mois à six mois d'emprisonnement; et si l'outrage a eu lieu à l'audience d'une Cour ou d'un tribunal, il sera puni d'un emprisonnement d'un mois à deux ans.

82. Ces dispositions répriment différents outrages commis envers les magistrats de l'ordre administratif ou de l'ordre judiciaire.

Elles ont de nombreuses analogies avec celles qui les suivent. Le commentaire, que je vais en donner, trouvera, sur bien des points, son complément dans celui qui concerne les art. 224 et 225.

83. La première condition des délits, réprimés par les art. 222 et 223, c'est que l'outrage présente les caractères qu'ils lui ont assignés.

84. L'ancien art. 222 ne mentionnait, dans ses termes, que l'outrage par paroles.

Cependant, lorsque la chambre criminelle de la Cour de cassation eut à juger si cet article était également applicable à l'outrage par écrit, elle résolut affirmativement la question. Elle considéra « que l'art. 222 n'exigeait pas, pour son application, que les paroles outrageantes, qu'il avait pour but de réprimer, eussent reçu aucune publicité ; que les magistrats de l'ordre adminis- tratif ou judiciaire devaient, en effet, être protégés dans tous les actes de leurs fonctions, et dans tous les rapports qu'ils avaient en cette qualité avec les citoyens, même dans ceux qui ne sont pas publics ; que les outrages, contenus dans des lettres missives à eux adressées à rai- son de leurs fonctions, devaient être réprimés comme le serait un outrage verbal non public ; que l'applica- tion à de tels faits des dispositions de l'art. 222 était autorisée par la généralité des mots : *outrages par pa- roles* (ce qui comprend les paroles écrites), et ne pour- rait être écartée, sans laisser dans la loi une lacune qui n'a pu être dans l'intention du législateur. » 8 sep- tembre 1837, n° 264. — *Conf.*, 15 juin 1837, n° 180 ; 2 juin 1838, n° 157 ; 21 septembre 1838, n° 311.

Mais l'une de ces affaires revint, par la résistance de la Cour d'appel, devant les chambres réunies de la Cour de cassation, et ces chambres réprouvant l'opinion de la section criminelle, décidèrent « que l'art. 222, qui punit les outrages par paroles, faits à un fonctionnaire public dans l'exercice ou à l'occasion de l'exercice de ses fonctions, ne comprend pas les outrages ou injures contenus dans une lettre adressée à ce fonctionnaire et dont il a eu seul connaissance ; qu'en effet le mot *parole* de l'art. 222 doit être pris dans son sens propre et dans son acception vulgaire, et qu'il ne doit dès lors être appliqué qu'aux mots articulés ou prononcés de vive voix ; que les tribunaux ne peuvent étendre les disposi- tions pénales des lois, des cas qu'elles expriment à d'autres cas qu'elles n'expriment pas, et qu'il n'appar- tient qu'au législateur d'ajouter à ces dispositions ou d'en combler les lacunes ; que, d'ailleurs, l'art. 222 re- produit, quant aux outrages par paroles aux fontionnaires publics dans l'exercice de leurs fonctions, les mêmes dispositions que l'art. 19 du titre II de la loi des 19-22 juillet 1791, sous l'empire de laquelle il a été constamment reconnu et admis que les outrages ou injures par écrit adressés à un fonctionnaire public ne constituaient pas le délit prévu par cet article ; que l'arrêt attaqué a reconnu, en fait, que l'outrage, dont le préfet des Deux-Sèvres a demandé la répression, n'était pas verbal, mais contenu dans une lettre qui n'avait reçu aucune publicité avant l'action dirigée contre le défendeur; qu'en jugeant, dans ces circonstances, que l'art. 222 du Code pénal, n'était pas applicable, et en renvoyant Castillon de Saint-Victor de l'action correctionnelle dirigée contre lui, la Cour royale d'Angers n'a violé ni l'art. 222 précité, ni aucune autre loi pénale. » 11 février 1839, n° 47.

La chambre criminelle a consacré les mêmes principes dans l'arrêt qu'elle a rendu, sur mes conclusions, le 8 mai 1856, n° 167.

La lacune, qui devenait la conséquence de cette dernière jurisprudence, était assurément fort regrettable. Elle a été remplie par la loi du 13 mai 1863. Désormais l'art. 222 punit l'outrage par écrit, voire même par dessin, aussi bien que l'outrage par parole.

85. L'outrage, réprimé par cet article, est, pour me servir des termes mêmes qu'il emploie, celui qui tend à inculper l'honneur ou la délicatesse de la personne qui l'a reçu.

Sans doute, ces expressions ont une valeur réelle. Cependant il ne faut pas, comme on l'a fait quelquefois, en abuser pour absoudre certains outrages qui, en portant directement atteinte à la considération du fonctionnaire, le signalent comme indigne du caractère public dont il est revêtu, et, par conséquent, inculpent son honneur ou, tout au moins, sa délicatesse.

L'outrage, que punit notre article, c'est, comme le disait M. Mourre devant la chambre criminelle, à l'occasion de l'arrêt du 13 mars 1823, n° 36 « toute injure qui ternit ou qui déprime le caractère d'un officier public, cette injure blessant nécessairement sa délicatesse. » C'est, comme le dit la Cour de cassation, dans la plupart des arrêts, qu'elle a rendus sur cette matière, « toute expression de mépris de nature à diminuer le respect des citoyens pour l'autorité morale du fonctionnaire et pour le caractère dont il est revêtu, et tendant, dès lors, à inculper son honneur ou sa délicatesse. »

La Cour de cassation a fait souvent l'application de cette vérité juridique.

D'après sa jurisprudence, on commet l'outrage défini par l'art. 222 :

1° Lorsque, au moment où le maire d'une commune est dans l'exercice de ses fonctions, on crie : « A bas le maire, nous ne voulons plus de lui, vive l'adjoint. » 22 décembre 1814, n° 45 ;

2° Lorsque, dans une séance du conseil municipal, on dit au maire : « Vous avez été réduit à vous adjoindre un Vinay. » 10 mai 1845, n° 169 ;

3° Lorsqu'on dit à un commissaire de police, opérant une arrestation : « Vous êtes une canaille, » et qu'on le tutoie. 22 février 1851, n° 76. — *Conf.*, 19 janvier 1850, n° 29 ;

4° Lorsqu'on dit à l'audience, à ses coprévenus, qu'ils sont condamnés à l'avance et qu'il est inutile de présenter leur défense. 13 avril 1853, n° 137 ;

5° Lorsque, à l'égard de la sentence que le juge vient de rendre, on dit avec ironie : « Ce jugement mérite d'être encadré. » 3 août 1854, n° 248. — *Conf.*, chamb. réun., 25 juin 1855, n° 229 ;

6° Lorsqu'au moment où l'on vient d'être condamné par le tribunal de simple police, on s'écrie : « Jamais il n'y a eu un jugement plus mal rendu. » 28 mars 1856, n° 127 ;

7° Lorsqu'on déclare à un commissaire de police, faisant une perquisition, qu'on ne se serait pas abaissé à l'appeler sur son habitation. 7 novembre 1856, n° 343 ;

8° Lorsqu'on dit à un commissaire de police, maintenant l'ordre dans un théâtre : « Vous en avez menti, vous êtes un gredin. » 4 juillet 1833, n° 250. — *Conf.*, 7 septembre 1849, n° 236 ; 8 décembre 1849, n° 338 ;

9° Lorsqu'on dit à un magistrat que, si la partie adverse a gagné son procès, c'est qu'elle lui avait envoyé des œufs. 17 août 1865, n° 175 ;

10° Lorsqu'on a dit à un maire, à propos de l'une de ses affirmations : « Vous en avez menti. » 20 juillet 1866, n° 187.

Il est une dernière affaire sur laquelle je crois utile d'attirer spécialement l'attention ; elle présentait une difficulté beaucoup plus sérieuse que les espèces, que je viens de rappeler.

Le commissaire de police de Magnac-Laval, faisant une visite de cabarets, avait été grossièrement outragé par Achille Dubreuil. Celui-ci fut traduit devant le tribunal de Bellac, sous la prévention du délit mentionné dans l'art. 222. En fait, il fut reconnu que Dubreuil avait proféré, à deux reprises, contre le commissaire de police ces expressions grossières : « Je vous emm.... », en droit il fut décidé que ces paroles, adressées à un commissaire de police, dans l'exercice de ses fonctions,

quelque répréhensibles qu'elles fussent, n'étaient pas
de nature à inculper son honneur ou sa délicatesse, et
en conséquence Dubreuil fut renvoyé des poursuites.
Cette décision fut confirmée par la Cour de Limoges.
Mais sur le pourvoi du ministère public, la Cour de
cassation annula l'arrêt « attendu qu'il est reconnu par
l'arrêt dénoncé qu'Achille Dubreuil se permit, le 23
avril dernier, vers dix heures du soir, d'adresser des
paroles d'une grossière saleté au commissaire de police
de Magnac-Laval, dans le café Lamorlière, où ce fonctionnaire était entré, en faisant sa ronde d'ordre public,
et de répéter une seconde fois ces paroles en présence
tant de la femme du maître du café que de celui-ci, et
de deux soldats du 11e régiment d'infanterie légère, qui
étaient passagèrement logés chez lui ; attendu, en droit,
que ce fait caractérise l'outrage par paroles que l'art.
222 du Code pénal prévoit et punit, puisqu'il a été commis envers un magistrat de l'ordre administratif, dans
l'exercice de ses fonctions, et que les expressions de
mépris, dont ledit Dubreuil s'est servi à l'égard du
commissaire de police, sont de nature à diminuer le
respect des citoyens pour son autorité morale , et pour
le caractère dont il est revêtu; qu'elles tendent, dès
lors, à inculper son honneur ou sa délicatesse, selon
l'esprit et le sens de cette disposition; qu'en décidant
le contraire, l'arrêt précité l'a donc expressément violée
dans l'espèce. » 6 septembre 1850, n° 295. L'affaire fut
renvoyée devant la Cour de Poitiers, qui, comme la
Cour de Limoges, confirma la décision des premiers
juges. Saisies par un nouveau pourvoi, les chambres
réunies de la Cour de cassation annulèrent ce second
arrêt, « vu l'art. 222 du Code pénal, attendu que les
dispositions de cette loi qui punissent les outrages faits
par paroles à des magistrats de l'ordre administratif ou

judiciaire, dans l'exercice ou à l'occasion de l'exercice de leurs fonctions, tendant à inculper leur honneur et leur délicatesse, comprennent nécessairement toutes les expressions injurieuses, qui manifestent le mépris pour le fonctionnaire auquel elles sont adressées, pour ses actes et pour ses fonctions, et qu'en jugeant le contraire, et en tirant la conséquence que l'art. 222 ne devait pas recevoir son application aux faits de la cause, la Cour de Poitiers, dans l'arrêt attaqué, a expressément violé ledit article. » 17 mars 1851, n° 101. — *Conf.*, 8 mars 1851, n° 94.

86. L'art. 223 punit une autre espèce d'outrage, c'est celui qui est fait par gestes ou menaces.

Tout geste ou menace outrageant, quel qu'il soit, constitue le délit mentionné dans cet article.

Cependant, je ferai observer que, si la menace verbale prenait les proportions d'un outrage par paroles inculpant l'honneur ou la délicatesse de l'offensé, l'art. 223 cesserait d'être applicable, et que le fait deviendrait justiciable de l'art. 222. En un mot, la menace verbale, qui n'encourt que la pénalité de l'art. 223, est celle qui ne s'élève pas jusqu'à l'outrage par paroles. 7 mai 1853, n° 157.

87. Il importe peu que les outrages, prévus et punis par ces articles, aient été ou n'aient pas été accompagnés de publicité. C'est pour nos deux articles une circonstance parfaitement indifférente ; ils ont en vue aussi bien l'outrage qui se fait à huis clos, que celui qui se produit au grand jour. Ils les mettent tous deux sur la même ligne, soit qu'ils aient été reçus dans un lieu public, 19 janvier 1850, n° 29 ; 18 juillet 1851, n° 290 ; par exemple dans un théâtre, 4 juillet 1833, n° 250 ; dans un club, 7 septembre 1849, n° 236 ; dans un collége électoral, 9 mars 1850, n° 84 ; à l'audience d'un tribu-

nal, 27 février 1832, n° 79 ; 30 décembre 1858, n° 326 ;
soit qu'ils aient eu lieu sans publicité, 3 juin 1837,
n° 172 ; 15 juin 1837, n° 180 ; 2 juin 1838, n° 157 ; 18
juillet 1851, n° 290 ; par conséquent, dans un conseil de
fabrique, 28 août 1823, n° 125 ; dans l'appartement
d'un magistrat, 2 avril 1825, n° 65 ; dans un conseil
municipal, 22 août 1840, n° 238 ; 8 novembre 1844,
n° 363 ; 17 mai 1845, n° 175 ; 30 novembre 1861,
n° 256 ; 20 juillet 1866, n° 187.

88. Pendant longtemps, la Cour de cassation a jugé
que, pour que les art. 222 et 223 devinssent applicables, il
n'était pas nécessaire que l'outrage eût eu lieu en présence de celui qui en était l'objet, qu'il fût parvenu à sa
connaissance, et même qu'il eût été proféré avec l'intention qu'il lui fût rapporté, 18 juillet 1828, n° 212 ;
24 décembre 1836, n° 397 ; 15 juin 1837, n° 180 ;
2 juin 1838, n° 157 ; 8 octobre 1842, n° 267 ; 20 décembre 1850, n° 432 ; 11 mai 1861, n° 104 ; 30 novembre 1861, n° 256.

Cette jurisprudence était à l'abri de la critique sous
les anciennes dispositions. En effet, elles ne considé-
raient pas la présence de la personne outragée comme
l'une des conditions de l'incrimination, elles atteignaient
l'outrage par cela seul qu'il avait été reçu ; or il était
reçu dès qu'il avait été proféré. Il importait d'autant
moins que l'offensé eût été présent que, suivant la remarque faite par la Cour de cassation, dans la plupart
de ses arrêts, « ces articles ont été édictés essentiellement dans le but de faire respecter le caractère du magistrat et la loi qui l'en investit, et que leur application
ne saurait dès lors dépendre de la circonstance que l'offenseur et le magistrat offensé aient été en présence
l'un de l'autre, au moment de la perpétration de l'outrage, ni de l'intention, où le prévenu était réellement,

que l'injure, par lui émise, atteignît le magistrat qui en est l'objet, ou parvînt à sa connaissance. »

Quelque légitimes que soient ces raisons, elles n'ont pas touché le législateur de 1863. Il faut bien reconnaître qu'il résulte de la discussion, dont l'art. 222 a été, en dernier lieu, l'objet, que désormais, il ne concernera que les outrages proférés en présence de la personne offensée, ou ceux qui, tenus en son absence, l'auront été avec la volonté qu'ils lui soient répétés. C'est ce but qu'on s'est proposé, en retirant de l'article ces mots : *celui qui les aura ainsi outragés*, et, en les remplaçant par ceux-ci : *celui qui leur aura adressé cet outrage*. On en trouve la preuve dans les dernières explications, auxquelles cette disposition a donné lieu entre certains membres du Corps législatif et les commissaires du Gouvernement. A la séance du 17 avril 1863 (*Moniteur* du 18), M. Picard a dit : « Je n'entends nullement reprendre la discussion, à laquelle vous avez prêté votre bienveillante attention. L'article, qui nous est soumis avec certaines modifications, donne, en grande partie, satisfaction à nos griefs. Et s'il ne s'agissait que des intentions de ceux qui le votent, nous pourrions être unanimement d'accord pour l'adopter sans contestation aucune. Mais, il faut que nous provoquions de la part du Gouvernement une explication, qui rende bien sensible la signification nouvelle, qui va être donnée à l'art. 222 par la rédaction qui vous est soumise. L'ancien art. 222, proposé par la Commission, punissait les deux sortes d'outrages, l'outrage par paroles et l'outrage par écrit. Sur l'outrage par paroles, nous avons mis la Commission en présence de la jurisprudence constante de notre Cour suprême, et nous lui avons dit que sa rédaction ne pouvait pas être admise, parce qu'elle impliquait, contrairement à l'interprétation qu'elle donnait elle-même dans son rapport, deux faits qu'il ne fallait pas accepter ; le premier, c'est que l'outrage par paroles pouvait se commettre en dehors de la présence du magistrat ; le second, c'est que l'outrage par paroles pouvait être commis, sans qu'il y eût, de la part de celui qui le commettait, intention de faire parvenir jusqu'au magistrat les paroles outrageantes. La Commission, pour donner satisfaction à notre commentaire et pour renverser la jurisprudence des deux arrêts de la Cour de cassation de 1861, arrêts dont l'un a frappé un de nos collègues, la Commission a rédigé, en ce qui touche l'outrage par paroles, l'article, en ajoutant au mot *outrage reçu* cette phrase : « celui qui leur aura adressé cet outrage », afin de bien limiter la peine, au cas où la personne, qui a outragé, adresse directement l'outrage aux magistrats et l'adresse intentionnellement. Cela est bien entendu, et, avec cette interprétation, nous sommes de l'avis du Conseil d'État. Nous ne pouvons pas, car c'est la doctrine qui a été très-nettement exposée par M. Emile Ollivier, nous ne pouvons pas être de l'avis du Conseil d'État sur la nécessité de punir l'outrage par écrit non rendu public. Nous croyons que c'est une innovation fâcheuse dans nos codes. Mais, en ce qui touche la rédaction de l'article, il est bien entendu que ces mots : *par écrit non rendu public*, sont limités par le Conseil d'État à ce qui est lettre missive ou l'équivalent d'une lettre missive, et que jamais, quand l'écrit privé n'aura pas été adressé directement et volontairement au magistrat, la loi pénale ne pourra l'atteindre. Nous aimerions à entendre cette déclaration, de la part des organes du Gouvernement, et, après l'avoir entendue, si, pour mon compte, je conserve encore une de ces défiances qu'expliquent et que légitiment trop notre histoire judiciaire et les lamentations des anciens ministres qui ont proposé des lois, et qui quelquefois les ont vues appliquées contre leur volonté, cependant je dirai qu'il y a dans l'article un grand progrès, et, sous ce rapport, je remercierai la Commission et le Conseil d'Etat. »

M. de Parieu a répondu : « Je ne pourrais avoir qu'une chose à dire, c'est que M. Picard me met en demeure de répéter ce que j'ai expliqué moi-même, il y a deux ou trois jours, au Corps législatif, sur le sens que nous donnons à l'article. Jamais il n'y a eu de dissidence sérieuse entre la Commission et les autres membres de cette assemblée sur cette circonstance, qu'il fallait l'intention de faire arriver l'outrage au magistrat, pour qu'il y eût délit commis. Il est évident que dans le Conseil d'État nous l'avons compris ainsi. Je me suis expliqué constamment en ce sens, lorsque l'art. 222 était en discussion pour la première fois. Par conséquent, lorsque la rédaction, préparée par les efforts nouveaux de la Commission et du Conseil d'État, est plus prononcée en ce sens et plus claire que la précédente, la déclaration demandée est superflue. Elle est dans tous les cas renouvelée, si elle était nécessaire. »

Depuis les révisions de 1863, la question s'est présentée deux fois devant la Cour de cassation, et cette Cour l'a résolue, chaque fois, dans le sens des modifications, introduites par la loi nouvelle dans l'art. 222.

Dans une première espèce, l'arrêt attaqué avait déclaré « que les propos avaient été tenus devant des témoins, n'ayant avec le maire aucune relation de telle nature qu'il fût sûr, d'une part, que l'inculpé les leur eût tenus pour qu'ils parvinssent aux oreilles du maire, et d'autre part, qu'ils se crussent obligés de les lui rapporter, » et, par suite, le prévenu avait été renvoyé des poursuites. Le pourvoi, que le ministère public forma contre cette décision, fut rejeté, « attendu, en droit, que

le nouvel art. 222 exige, comme condition constitutive
du délit d'outrage qu'il caractérise, que l'outrage reçu
par le magistrat lui ait été adressé ; que la portée de
cette condition, qui a été ajoutée à celles qui suffisaient,
selon l'ancienne rédaction de l'article, pour constituer
le délit, conduit nécessairement à cette pensée qu'aujourd'hui l'outrage, quand il n'est pas public, doit être
direct, en ce sens que les paroles outrageantes doivent
être prononcées en présence du magistrat, ou, tout au
moins, en présence de personnes placées vis-à-vis de
lui dans un état de relations tel que le prévenu, en les
prononçant, ait entendu les faire arriver par cet intermédiaire jusqu'au magistrat outragé ; que c'est là ce qui
ressort manifestement de la discussion à laquelle a
donné lieu, devant le Corps législatif, la révision de
l'art. 222, et, spécialement, de la déclaration de l'un
des commissaires du Gouvernement ; attendu, en fait,
qu'il appert de l'arrêt attaqué que les propos ont été
tenus devant des témoins.... n'ayant avec le maire aucune relation de telle nature qu'il soit sûr, d'une part,
que Boutant les leur tînt pour qu'ils parvinssent aux
oreilles du maire, et, d'autre part, qu'ils se crussent
obligés de les lui rapporter ; qu'il suit de là qu'en refusant, dans cet état des faits, de faire application au
prévenu de l'article ci-dessus visé, l'arrêt attaqué, loin
de violer ledit article, en a fait une saine appréciation. »
15 décembre 1865, n° 227.

Dans l'autre espèce, au contraire, il résultait de l'arrêt attaqué que le prévenu avait tenu les outrages à une
tierce personne pour qu'elle les répétât au magistrat offensé ; et, en conséquence, l'art. 222 lui avait été appliqué. Le pourvoi, qu'il forma contre cette sentence,
fut rejeté « attendu, en droit, que l'art. 222, tel qu'il
a été modifié par la loi du 13 mai 1863, n'exige pas,

comme une condition de l'existence du délit d'*outrage
par paroles*, que cet outrage ait été adressé au magistrat
lui-même, ou que le magistrat ait pu entendre les paroles injurieuses proférées à son égard ; que l'ancien
art. 222 ne contenait pas davantage l'indication de
l'une ou de l'autre de ces circonstances, et qu'on a toujours admis, sous l'empire de cette législation, que la
présence du magistrat n'était pas nécessaire pour constituer l'outrage dirigé contre sa personne ; que, de plus,
il est résulté, des discussions législatives, que la loi du
13 mai 1863 n'avait pas modifié, en ce point, le Code
pénal de 1810 ; que le rapporteur de la Commission a
même expressément reconnu que l'outrage, puni par la
nouvelle loi, quand il n'aura pas été proféré en présence
du magistrat, se caractérisera par deux faits, sans lesquels il n'existerait pas, à savoir qu'il aura été porté à la
connaissance du magistrat et que ce résultat aura été obtenu par la volonté du prévenu ; attendu, en fait, qu'il
appert du jugement et de l'arrêt, qui en a adopté les motifs, que le 19 octobre dernier, Lafond, ayant rencontré l'huissier de la justice de paix de Neuville, lui avait
dit : Il se passe à Vandeuvre de belles choses ; quand
on fait faire des enquêtes, on devrait bien choisir des
gens, qui ne seraient pas obligés de subir l'influence
de telles ou telles personnes. Ce pauvre juge de paix !
il est bien obligé de faire des passe-droits à cause des
obligations qu'il a envers les uns et les autres…. mais
cela va finir…. il a emprunté de l'argent à usure. C'est
un faussaire, il a endossé des billets faux ; que le prévenu a avoué avoir dit toutes ces choses à l'huissier,
pour qu'il les répétât au juge de paix, afin que celui-ci
en profitât, parce qu'il avait l'intention de se plaindre
de lui au préfet…. que l'intention malveillante de Lafond ne saurait être douteuse, etc….; attendu que les

paroles susénoncées tendaient à inculper l'honneur et la délicatesse du juge de paix de Neuville; qu'elles ont été proférées à l'occasion de l'exercice des fonctions de ce magistrat; qu'elles sont parvenues à sa connaissance par l'intermédiaire d'une personne, que le prévenu avait chargée de lui faire cette communication; que l'outrage a été ainsi *reçu* par le magistrat, auquel il avait été *adressé* au nom et de la part du prévenu; qu'il est constaté d'ailleurs, par l'arrêt, que le prévenu a agi avec une intention coupable; d'où il suit que tous les éléments du délit d'outrages par paroles, prévu et repris par l'article 222 prérappelé, résultent des énonciations dudit arrêt, et que c'est à bon droit qu'il a été fait application à Lafond de cette disposition pénale. » 17 mars 1866, n° 79.

Ce que la Cour de cassation a jugé, dans ces deux arrêts, à l'occasion de l'art. 222, il faut, évidemment, l'appliquer aussi aux outrages de l'art. 223.

89. La deuxième condition des délits, mentionnés dans ces articles, c'est que l'outrage ait été adressé, soit à un ou plusieurs magistrats de l'ordre administratif ou judiciaire, soit à un ou plusieurs jurés. S'il a été commis contre des personnes, qui manquent de l'une et de l'autre de ces qualités, c'est ailleurs qu'il faut en chercher la punition. On la trouvera, suivant les circonstances, ou dans la loi du 17 mai 1819, ou dans celle du 25 mars 1822, ou dans les art. 224 et 225 du Code pénal.

90. La loi n'indique pas sous quelles conditions un préposé de l'autorité publique est réputé magistrat. Sans avoir la prétention de donner une définition, que la loi n'a pas osé entreprendre, je dirai qu'il ressort de l'ensemble de notre législation, que l'on doit, en général, attribuer la qualité de magistrat au fonctionnaire, qui exerce, par une délégation directe de la loi, soit dans l'ordre judiciaire, soit dans l'ordre administratif, une portion de l'autorité publique, avec le droit de commandement ou de juridiction *cum imperio et juridictione*.

A l'égard de certaines fonctions, il n'est pas permis de douter qu'elles remplissent ces conditions. Ainsi, on n'a jamais hésité à reconnaître que les préfets, les sous-préfets, les maires sont des magistrats de l'ordre administratif et que les membres des tribunaux ordinaires et ceux du ministère public, attaché à ces tribunaux, sont des magistrats de l'ordre judiciaire.

Quant à certaines autres situations, il est, au contraire, plus difficile d'en déterminer le caractère; il faut les étudier avec soin. C'est en effet, par cette étude, qu'on parviendra à découvrir si ceux, qui les occupent, tiennent ou ne tiennent pas de la loi une portion de l'autorité publique, avec le droit de commandement et de juridiction, et par conséquent, s'ils sont ou ne sont pas des magistrats.

91. Je vais rappeler les différentes espèces sur lesquelles la Cour de cassation a eu à se prononcer.

Dans une première, Schwartz, cavalier au 4e régiment de dragons, traduit devant le 2e conseil de guerre de la 1re division militaire, pour avoir commis des dégradations volontaires, dans les bâtiments de l'État, outragea le président et les membres du conseil. Il fut, pour ce dernier fait, qui absorba l'autre, condamné à cinq ans de fers et à la dégradation militaire, par application des art. 15 et 21 du titre 8 de la loi du 21 brumaire an v, relatifs à l'insubordination. Cette décision fut, sur l'ordre du Gouvernement, dénoncée à la Cour de cassation. Elle soulevait une question grave, celle de savoir si l'insulte, commise à l'audience d'un conseil de guerre, envers un officier siégeant parmi les juges, devait être considérée comme outrage d'un militaire en-

vers son supérieur, ou comme outrage envers un magistrat de l'ordre judiciaire. Dans son réquisitoire, M. le
procureur général Dupin émit l'avis qu'il y avait lieu
d'annuler la sentence du conseil de guerre; il considéra
que les juges militaires ont tous les caractères que l'on
rencontre dans les magistrats, chargés d'administrer la
justice civile : « leurs jugements, disait-il, comme les
jugements ordinaires, sont intitulés au nom du roi; en
un mot, ils sont, comme les juges civils, investis de ce
qui forme l'autorité judiciaire, *juridictio et imperium*....
Si ce sont là des vérités incontestables, ajoutait-il,
n'est-il pas clair que l'outrage fait aux juges militaires
sur leurs siéges, même par l'accusé militaire, ne frappe
pas les juges, comme militaires, mais comme juges,
mais comme dépositaires de l'autorité publique ? N'est-il
pas clair que c'est surtout la majesté de la loi et celle de
la justice qu'on outrage, et, par voie de conséquence,
que la même peine, qui réprime l'outrage fait au juge
civil, doit réprimer le même délit commis envers le juge
militaire ? » La Cour adopta ces conclusions ; elle jugea
« que ni la loi du 21 brumaire an v, qui contient le
Code des délits et des peines pour les troupes de terre,
ni aucune autre loi pénale spéciale à l'armée, n'ont de
dispositions applicables aux outrages, dont un militaire,
traduit devant un conseil de guerre, se rend coupable
envers les membres de ce conseil; que l'art. 15 du
titre 8 de la loi du 21 brumaire an v punit, à la vérité,
de la peine de cinq ans de fers, tout militaire convaincu
d'avoir insulté ou menacé son supérieur de propos ou
de gestes ; mais que cet article ne saurait concerner le
militaire qui comparaît, comme prévenu, devant un
conseil de guerre; qu'en effet, dans ce conseil, composé
d'officiers supérieurs, d'officiers et d'un sous-officier,
le prévenu trouve quelquefois des égaux ou même des

inférieurs, à l'égard desquels l'art. 15 laisserait sans
répression les outrages, qu'il se permettrait envers eux;
que, cependant, tous les membres d'un conseil de
guerre, y siégent à titre de juges, y sont égaux en autorité, et doivent y avoir droit à une protection égale; que,
d'un autre côté, le prévenu ne pourrait être soumis,
lors de son jugement, aux lois ordinaires, faites pour le
maintien de la discipline militaire et de l'obéissance
hiérarchique, qui en est le fondement, sans que l'intérêt
de sa libre défense en fût compromis; mais, qu'il est
de principe, consacré par les art. 18, titre 13 de la loi
du 3 pluviôse an ii, et 22 de celle du 21 brumaire an v,
que, dans les cas non prévus par les lois pénales militaires, les tribunaux militaires doivent appliquer les
peines énoncées dans les lois pénales ordinaires; que
l'art. 222 du Code pénal punit les outrages par paroles,
faits à des magistrats de l'ordre judiciaire, dans l'exercice de leurs fonctions, avec aggravation de la peine,
dans le cas où l'outrage a eu lieu à l'audience d'une
Cour ou tribunal; que les dispositions de cet article
sont générales et étendent leur protection sur tous les
fonctionnaires publics chargés de rendre la justice au
nom du roi; qu'il n'y a aucun motif pour refuser de
comprendre dans cette classe les membres des conseils
de guerre permanents; que ces conseils, institués par
la loi, sont de véritables tribunaux, et ceux qui y siégent, de véritables juges; qu'ils doivent, comme tous
les autres, être armés du droit de faire respecter, dans
les limites de leur compétence, l'autorité judiciaire qui
leur est confiée; que ceux qui les outragent, pendant
qu'ils rendent la justice, doivent donc être punis en
vertu des dispositions dudit art. 222; en fait, que
Schwartz, traduit devant le 2ᵉ conseil de guerre permanent de la 1ʳᵉ division militaire, ayant, à l'audience, traité

les juges de ce conseil de lâches, et le président de chif-
fonnier, a été condamné, séance tenante, non aux
peines d'emprisonnement de l'art. 222 du Code pénal,
mais à la peine des fers de l'art. 15 de la loi du 2 brumaire an v, titre 8 ; en quoi il y a eu fausse application
dudit art. 15 et violation formelle dudit art. 222. »
31 janvier 1845, n° 27. Certaines déclarations de cet
arrêt ne sont plus exactes, je dois le faire remarquer ;
il n'est plus vrai que la loi militaire soit dépourvue de
dispositions applicables aux outrages commis envers les
membres d'un conseil de guerre. Effectivement, il résulte. des art. 115 et 119 du Code de justice militaire
du 9 juin 1857, que les assistants, les témoins, les accusés, militaires ou non militaires, qui se rendraient
coupables d'outrages envers les membres d'un conseil
de guerre, seraient punissables, s'ils étaient militaires
ou assimilés aux militaires, des peines prononcées par
la loi militaire, et, s'ils ne sont ni militaires, ni assimilés aux militaires, des peines déterminées par le Code
pénal. Mais ces nouvelles dispositions de la loi militaire
n'ont en aucune façon porté atteinte au caractère des
membres des conseils de guerre ; ils sont restés, ce
qu'ils étaient, des magistrats de l'ordre judiciaire, protégés, dans certains cas, par une législation plus rigoureuse. Ce qui achève de le démontrer, c'est que, s'ils
sont insultés sur leurs siéges par un non—militaire, celui-ci est·, d'après l'une de ces nouvelles dispositions,
puni comme s'il avait outragé un magistrat de l'ordre
administratif ou judiciaire.

Dans une autre espèce, il s'agissait de savoir si un
adjoint au maire était, d'une façon permanente, magistrat de l'ordre administratif. On soutenait qu'il ne
conservait pas cette qualité en dehors des actes de l'autorité temporaire, qui ne lui est attribuée que par délé-

gation. Cette prétention a été repoussée par la Cour de
cassation, dont l'arrêt a déclaré « que ce qui constitue
la qualité de magistrat, c'est l'aptitude permanente,
qu'elle confère, et non l'acte accidentel dérivant de cette
aptitude. » 10 mai 1845, n° 169.

Dans une troisième espèce, François-Alem Rousseau, déclaré coupable d'outrages par paroles, gestes
et menaces envers le président d'un collége électoral,
réuni pour la nomination de plusieurs membres d'un
conseil d'arrondissement, avait été condamné aux peines portées par les art. 222 et 223 du Code. Il soutint
devant la Cour de cassation qu'un maire, président d'un
collége électoral, n'était pas un magistrat et encore
moins un fonctionnaire. Son pourvoi a été rejeté « attendu que les dispositions des art. 222 et suivants du
Code pénal ne sont pas limitatives et ne s'appliquent
pas exclusivement aux magistrats de l'ordre administratif ou judiciaire ; que, d'après la rubrique de la section, elles s'appliquent aux dépositaires de l'*autorité* et
de la *force publique,* selon les distinctions exprimées
dans les articles appartenant à la rubrique du paragraphe 1 de la section iv du chapitre iii du titre Ier du
livre III du Code pénal ; attendu que les présidents des
assemblées électorales, légalement convoquées, lorsqu'ils sont installés en cette qualité, sont incontestablement des dépositaires de l'autorité publique, soit
qu'ils doivent leur mandat aux fonctions administratives
ou judiciaires, dont ils sont revêtus, soit qu'ils le doivent, dans les cas déterminés par les lois, à l'élection
des citoyens, qui en ont reçu de la loi la mission ; attendu que l'art. 6 de la loi du 25 mars 1822, qui a prévu
et réprimé les outrages publics, faits d'une manière
quelconque, à raison de leurs fonctions ou de leur qualité, à divers ordres de fonctionnaires, en a étendu

l'application aux jurés et aux témoins, et aux ministres des cultes; qu'ainsi, dans l'espèce, il est inutile d'examiner si le maire d'Auch, qui présidait l'assemblée électorale, réunie pour l'élection de deux membres du conseil d'arrondissement, était, dans l'exercice de cette fonction, un magistrat de l'ordre administratif; qu'il suffit qu'il ait été constaté que les outrages, à lui adressés, avaient été commis envers le président légal d'un collége électoral ; que ce président est chargé du maintien de l'ordre, et qu'il a droit, pour y parvenir, de requérir la force publique ; et qu'il est impossible de soutenir que, dans l'exercice de telles fonctions, il ne soit qu'un simple citoyen ; d'où il suit que l'arrêt attaqué a fait à Alem Rousseau une juste application des peines des art. 222 et 223 du Code pénal, en réparation des outrages par paroles, gestes et menaces, dont ledit Alem Rousseau s'est rendu coupable envers le président du collége électoral. » 19 août 1837, n° 246. Cet arrêt, comme on le remarque, s'appuie sur plusieurs ordres de considérations. En premier lieu, il repousse le pourvoi, parce que, d'une part, il suffit, selon lui, pour que l'application des art. 222 et 223 soit légale, que les outrages aient été adressés à un dépositaire de l'autorité publique, et que, d'autre part, il reconnaît que cette qualité appartient aux présidents des assemblées électorales. Je ne contesterai pas que ces présidents puissent être considérés comme des dépositaires de l'autorité publique. Mais ce que je nierai énergiquement, c'est qu'il suffise que la personne offensée soit revêtue de ce caractère pour que l'offenseur devienne passible des peines des art. 222 et 223. Il faut, selon la volonté formelle de la loi, que l'outrage ait été reçu, non point par un dépositaire quelconque, mais par un dépositaire spécial de l'autorité publique, par un magistrat de l'ordre administratif ou judiciaire. En deuxième lieu, l'arrêt conclut, de ce que l'art. 6 de la loi du 25 mars 1822 a étendu sa protection jusqu'aux jurés, aux témoins et aux ministres des cultes, qu'il est impossible de soutenir que le président d'un collége électoral soit un simple citoyen. La déduction n'est, assurément, pas rigoureuse. Est-ce qu'une lacune ne peut pas se rencontrer dans la loi? L'art. 6 de la loi du 25 mars 1822, que l'arrêt cite, en a bien comblé une qui était considérable : il réprime l'outrage, reçu par les membres du Corps législatif, qu'aucune loi antérieure n'avait prévu. Ma critique ne va pas, cependant, jusqu'à blâmer la décision en elle-même. Je crois que le pourvoi d'Alem Rousseau devait être repoussé ; mais j'aurais motivé autrement le rejet. Je me serais peut-être demandé si le président d'un collége électoral, qui dirige l'un des actes les plus sérieux de la vie politique, qui a la charge d'assurer l'ordre et la liberté dans l'accomplissement de ce devoir civique, qui a le droit de mettre en mouvement la force publique, ne peut pas être considéré, pendant l'exercice de sa fonction, comme un magistrat de l'ordre administratif. Si je n'avais pas soulevé cette question, c'est que l'affaire m'aurait présenté un moyen de solution plus facile. J'aurais estimé, à n'en pas douter, que l'outrage avait été dirigé contre un magistrat de l'ordre administratif. En fait, c'était un maire, qui avait été offensé. En droit, il n'avait pas perdu cette qualité, pour être devenu le président d'une assemblée électorale, d'autant plus que, s'il avait cette présidence, c'était à raison même de sa qualité de maire. En la lui confiant, la loi de 1833 (art. 36) n'avait fait qu'ajouter une nouvelle attribution à toutes celles qu'il avait déjà.

Dans d'autres espèces, on s'est demandé si les commissaires de police devaient ou ne devaient pas être classés parmi les magistrats de l'ordre judiciaire ou administratif. La question n'était pas sans difficulté. Dans le principe, la Cour de cassation a hésité.

Marie Rasschaert avait été condamnée à seize francs d'amende, par application de l'art. 224 du Code, pour avoir outragé le commissaire de Weteven dans l'exercice de ses fonctions. Sur l'appel du ministère public, le tribunal de Gand confirma cette décision, par le motif que les commissaires de police ne sont magistrats que dans le cas où ils remplissent les fonctions du ministère public près un tribunal de police. Mais ce jugement fut annulé « attendu que le § 2 de la section IV, livre III, titre Ier du Code pénal, qui fixe les peines à infliger pour les outrages et violences commis envers les dépositaires de l'autorité et de la force publique, n'a établi de distinction qu'entre les magistrats de l'ordre administratif ou judiciaire, et les officiers ministériels ou agents dépositaires de la force publique ; que les commissaires de police, qui sont chargés, concurremment avec d'autres fonctionnaires publics, de l'exercice de la police judiciaire, et qui sont appelés, par l'art. 144 du Code d'instruction, à remplir les fonctions du ministère public auprès du tribunal de police, qui siége dans le lieu où ils sont établis, ne peuvent pas être rangés dans la classe des officiers ministériels, ou agents dépositaires de la force publique ; qu'ils sont donc, nécessairement, magistrats de l'ordre administratif ou judiciaire, suivant les fonctions qu'ils exercent ; et que, dans toutes les fonctions qui leur ont été confiées par la loi, ils doivent également jouir de la sauvegarde que la loi leur accorde en cette qualité ; attendu que le tribunal de première instance de Gand a reconnu et jugé qu'il s'agissait au procès d'injures et outrages, faits à un officier de police dans l'exercice de ses fonctions, et que, néanmoins, il n'a appliqué que l'art. 224 du Code pénal, relatif aux excès et outrages, faits aux officiers ministériels; d'où il suit qu'il a fait une fausse application dudit art. 224, et qu'il a violé l'art. 222. » 30 juillet 1812, n° 177.

Quelques années plus tard, la Cour de cassation appliquait la doctrine qu'elle avait repoussée dans cet arrêt.

Cambournac s'était présenté devant un commissaire de police, et, sous prétexte de lui porter une plainte, il l'avait outragé. A raison de ce délit, Cambournac n'avait été condamné qu'à seize francs d'amende par application de l'art. 224. Le pourvoi, formé par le ministère public contre cette décision, fut rejeté « attendu que les outrages par paroles, imputés à Cambournac, n'ont pas été faits au commissaire de police dans l'exercice des fonctions de magistrat, à lui déléguées par l'art. 144 du Code d'instr. crim., ni à l'occasion de l'exercice de ces fonctions; que, dans cet état, le jugement énoncé ayant fait à Cambournac l'application des peines prononcées par l'art. 224, n'a pas fait une fausse application de cet article, ni violé l'art. 222. » 7 août 1848.

En 1833, la Cour de cassation est revenue, pour ne plus la quitter, à sa jurisprudence de 1812.

Un commissaire de police s'était transporté au théâtre des Variétés, à Bordeaux en cette qualité, afin d'empêcher que la tranquillité ne fût troublée. Il fit expulsion de Lamarthonie, qui, étant rentré, l'outragea par paroles. Poursuivi, à raison de ce fait, de Lamarthonie ne fut condamné par la Cour de Bordeaux qu'aux peines énoncées dans l'art. 6 de la loi du 25 mars 1822. Sur l'appel du ministère public, l'arrêt fut cassé « attendu que le fait constituait un outrage, rentrant dans la disposition de l'art. 222 du Code pénal, et non dans celle de l'art. 6 de la loi du 25 mars 1822, qui n'est relatif qu'à l'outrage, fait publiquement à un fonctionnaire public, à raison de ses fonctions ou de sa qualité. » 4 juillet 1833, n° 250.

Dans cette décision, la Cour résout la question, sans la discuter. Mais la lutte continuant entre elle et les tribunaux d'appel, elle la développe dans les arrêts qui vont suivre.

Louis Denis Gérard, déclaré coupable d'outrages envers le commissaire de police de la ville de Rugles, dans l'exercice de ses fonctions, n'avait été condamné qu'aux peines de l'article 224. Sur le pourvoi du ministère public, l'arrêt de la Cour de Rouen fut annulé « attendu que le paragraphe 2 de la section IV du titre Ier du livre III du Code pénal, qui fixe les peines à infliger pour les outrages commis envers les dépositaires de l'autorité et de la force publiques, n'a établi de distinction qu'entre les magistrats de l'ordre administratif ou judiciaire, d'une part, et les officiers ministériels ou agents de la force publique, de l'autre ; d'où il suit que les dépositaires de l'autorité publique, qu'on ne peut jamais confondre avec les agents de la force publique, doivent être considérés comme magistrats ; qu'il en est spécialement ainsi des commissaires de police, qui sont investis d'une portion de l'autorité publique, et ont le droit de requérir la force publique ; que, tenant à la fois à l'ordre administratif et à l'ordre judiciaire, ils doivent jouir de la protection, que la loi leur accorde en cette qualité, dans toutes les fonctions qu'ils exercent ; et, attendu que l'arrêt attaqué, en reconnaissant que Gérard s'était rendu coupable d'outrages envers le commissaire de police de la ville de Rugles, dans l'exercice de ses fonctions, a cependant refusé de lui faire l'application de l'art. 222 du Code pénal, et s'est borné à prononcer

contre lui les peines de l'art. 224 du même Code; en
quoi il a faussement appliqué ledit art. 224, et formellement violé ledit art. 222. » 9 mars 1837, n° 73. L'affaire fut renvoyée devant la Cour de Caen, qui persista
dans la doctrine de la Cour de Rouen. Sur un nouveau
pourvoi du ministère public, son arrêt fut annulé par
les chambres réunies « vu les art. 222 et 224 du Code
pénal, l'art. 12 de la loi du 28 pluviôse an VIII, les
art. 11, 14, 50, 144, 509 du Code d'instr. crim.,
l'art. 1ᵉʳ de la loi du 10 avril 1831 ; attendu qu'il résulte
de toute l'économie de nos lois, comme des principes
les plus anciens, que l'autorité publique et la force publique sont deux choses essentiellement différentes;
que la première a, selon les limites de ses attributions
légales, caractère pour ordonner, tandis que la seconde
n'a mission que pour contraindre à l'exécution ; attendu
que les art. 222, 223 et 224 du Code pénal ont manifestement pour base cette distinction fondamentale,
énoncée à la rubrique même qui les précède ; qu'en effet, les deux premiers de ces articles règlent ce qui concerne les dépositaires de l'*autorité publique,* et punissent
les outrages, qui leur sont faits dans l'exercice de leurs
fonctions, ou à l'occasion de cet exercice ; que l'art. 224,
au contraire, n'est relatif qu'aux officiers ministériels
ou agents dépositaires de la *force publique,* et punit
d'une peine moins forte les outrages, qui leur sont faits
dans l'exercice, ou à l'occasion de l'exercice de leurs
fonctions ; attendu que les commissaires de police ne
peuvent être rangés, ni parmi les officiers ministériels,
ni parmi les agents dépositaires de la force publique ;
qu'en effet, il résulte tant des lois relatives à leur institution et à leurs attributions que du Code d'instr. crim.,
qu'ils exercent, par délégation directe de la loi, une
partie de l'autorité publique, soit dans la police admi-

nistrative et municipale, sous la surveillance des préfets, soit dans la police judiciaire, comme officiers de police auxiliaires des procureurs du roi, et même comme officiers du ministère public, près les tribunaux de simple police ; que ce concours d'attributions prouve seulement qu'ils appartiennent à la fois à l'ordre administratif et à l'ordre judiciaire ; que le droit, qu'ils ont de requérir la force publique, distingue encore leur caractère légal de celui de la force publique qu'ils requièrent ; d'où il suit que les commissaires de police sont compris, quant à la répression des outrages par paroles, à eux faits dans l'exercice de leurs fonctions, ou à l'occasion de cet exercice, dans la qualification générale de *magistrats de l'ordre administratif ou judiciaire*, que porte l'art. 222 du Code pénal, et qui se réfère aux divers genres de dépositaires de l'autorité publique ; et qu'en jugeant le contraire, l'arrêt attaqué a faussement appliqué l'art. 224 du Code pénal, et formellement violé l'art. 222 du même Code. » 2 mars 1838, n° 55.

Cette jurisprudence a reçu une dernière consécration des arrêts des 6 septembre 1850, n° 295, et 22 février 1851, n° 76.

Elle ne peut qu'être approuvée, non pas que toutes les raisons, sur lesquelles elle s'appuie, soient irréprochables. En effet, si les outrages, adressés aux commissaires de police, sont réprimés par les art. 222 et 223 du Code, ce n'est pas, comme le dit l'arrêt du 9 mars 1837, n° 73, et comme l'arrêt du 2 mars 1838, n° 55, a le tort de le répéter, parce que ces fonctionnaires ne peuvent être classés ni parmi les officiers ministériels, ni parmi les agents dépositaires de la force publique, mais c'est parce que, à raison de l'importance et du caractère des fonctions qui leur sont confiées, ils sont, en réalité, suivant les cas, ou des magistrats de l'ordre administratif, ou des magistrats de l'ordre judiciaire.

92. On a aussi voulu considérer comme magistrats :

1° Les membres de la Chambre des députés ; mais les prétentions du ministère public ont été successivement repoussées par le tribunal correctionnel, la Cour d'appel et la Cour de cassation « attendu qu'en déclarant que les membres de la Chambre des députés ne peuvent pas être considérés comme magistrats administratifs ou judiciaires, et qu'ainsi l'art. 223 du Code pénal, qui se réfère à l'art. 222, ne pourrait être appliqué aux outrages par gestes ou menaces qui leur seraient faits à l'occasion de l'exercice de leurs fonctions, la Cour royale de **** n'a point violé ces articles ; que, s'il importe à l'intérêt national que l'indépendance des députés, dans leurs opinions, ait une garantie légale, par des dispositions pénales particulières, contre les outrages, auxquels pourraient les exposer les opinions, qu'ils auraient professées dans l'exercice de leurs hautes attributions, c'est à l'autorité législative à prescrire ces dispositions pénales particulières ; mais que les tribunaux, simples applicateurs des lois existantes, ne peuvent les étendre au delà des cas qu'elles ont prévus. » 20 octobre 1820, n° 138. La loi du 25 mars 1822 a comblé, en partie, cette lacune, en punissant, dans son art. 6, l'outrage fait publiquement, d'une manière quelconque, à raison de leur fonction ou de leur qualité, à un ou plusieurs membres des Chambres législatives. Mais elle a laissé, comme par le passé, impunis tous les outrages, reçus dans l'exercice de la fonction, et ceux qui auraient lieu, sans publicité, à raison de la fonction ou de la qualité. Pourrait-on leur appliquer désormais l'art. 224 du Code, qui, dans sa nouvelle rédaction, comprend les outrages adressés à tous les citoyens, chargés d'un ministère de service public ? Je ne le crois pas. Les membres du Corps législatif ne peuvent pas, ce me semble, à raison de leur caractère politique et de l'importance de leurs fonctions, être rangés parmi ces citoyens. La loi leur doit une protection plus élevée et plus efficace ; il est regrettable qu'elle les ait omis ;

2° Les percepteurs des contributions directes. Mais la Cour de cassation a répondu « que si les percepteurs sont des fonctionnaires publics, ils ne peuvent être néanmoins considérés comme des magistrats de l'ordre administratif ou judiciaire, et que les dispositions de l'art. 222 du Code pénal sont inapplicables aux outrages qui peuvent avoir été commis envers eux.» 26 juillet 1821, n° 144. La doctrine de cet arrêt me paraît incontestable. Mais je crois que les outrages commis envers les percepteurs dans l'exercice de leurs fonctions, ou ceux qu'ils recevraient sans publicité à l'occasion de cet exercice, encourraient aujourd'hui les peines de l'art. 224, qui réprime, comme nous le savons déjà, les outrages reçus par tout citoyen, chargé d'un ministère de service public ;

3° Les présidents des sociétés de secours mutuels. La Cour de Montpellier leur avait refusé la qualité de magistrats ; le pourvoi, que le ministère public forma contre cet arrêt, fut rejeté « attendu que l'arrêt dénoncé, en jugeant que le président d'une société de secours mutuels n'est pas, quoiqu'il ait été nommé par l'Empereur, un magistrat de l'ordre administratif selon l'art. 222 du Code pénal, n'a fait qu'interpréter et appliquer sainement cette disposition. » 13 mai 1859, n° 124. Les outrages, adressés à ces présidents, qui, selon moi, ne sont même pas des fonctionnaires publics, seraient réprimés, suivant les cas, ou par la loi du 17 mai 1819 (art. 16 et 19), ou par l'art. 224 du Code pénal.

93. S'il arrivait que les outrages eussent été adressés à un magistrat, dont l'investiture ne serait pas parfaitement régulière, par exemple, qui n'aurait pas prêté serment, les art. 222 et 223 continueraient-ils à recevoir leur application ?

La Cour de cassation l'a jugé dans l'espèce suivante.

Louis Queyroy, prévenu d'outrages par paroles envers le commissaire de police Mongeau, fut renvoyé des poursuites, sous prétexte que celui-ci n'avait pas prêté serment et que, par suite, il n'était pas protégé par l'art. 222. Sur le pourvoi du ministère public, la décision fut annulée « attendu que le sieur Mongeau, nommé commissaire de police de la ville de Nontron, par décret du président de la république, en date du 16 novembre 1850, et installé en cette qualité par procès-verbal du maire, du 23 du même mois, sans prestation du serment, prescrit par l'art. 9 du décret des 1er-8 juin 1792, avait, depuis lors, exercé publiquement ses fonctions, lorsque le 6 février suivant, pendant qu'il procédait à un acte de son ministère, dans une des rues de la ville, il reçut un outrage par paroles de Louis Queyroy ; que ce dernier, traduit pour ce fait en police correctionnelle, y fut acquitté, par l'unique motif qu'à défaut de serment, le sieur Mongeau n'avait pas eu le caractère de fonctionnaire public, et n'était point protégé par l'art. 222 du Code pénal ; attendu que, bien que le décret du 1er mars 1848, qui a supprimé le serment politique, ait laissé subsister le serment professionnel, cependant l'absence de cette formalité était invoquée dans la cause par le prévenu, et a été adoptée par le tribunal correctionnel, non comme un moyen de faire cesser la foi due au procès-verbal du commissaire de police, sur un délit à l'égard duquel le ministère public offrait la preuve testimoniale, mais pour soustraire à l'application de la loi pénale les propos outrageants imputés à Queyroy ; attendu que le citoyen, promu à un emploi public, qu'il exerce ostensiblement et sous l'autorité du gouvernement, est légalement réputé avoir caractère à cet effet, et doit obtenir provisoirement obéissance et respect ; que l'outrage, à lui adressé dans l'accomplissement de son ministère, n'atteint pas seulement sa personne ; qu'il blesse surtout la fonction, qu'il remplit, et la loi au nom de laquelle il procède, et que celui, de qui émane une pareille injure, ne peut se soustraire aux peines des art. 222 et suivants du Code pénal, en prouvant plus tard, devant la justice répressive, que ce fonctionnaire n'avait pas prêté serment ; d'où il suit que le jugement attaqué, en relaxant comme il l'a fait Louis Queyroy des poursuites, a violé ledit art. 222. » 26 juin 1851, n° 248. — *Conf.*, 5 avril 1860, n° 92.

La doctrine de cet arrêt me paraît incontestable ; elle est aussi juridique que conforme à la raison.

94. Il n'était question, dans les anciens art. 222 et 223 du Code, que des magistrats de l'ordre administratif ou judiciaire. Depuis les révisions de la loi du 13 mai 1863, la protection, qu'ils accordaient à ces fonctionnaires, a été étendue aux jurés, quels qu'ils soient, c'est-à-dire, aussi bien à ceux qui prononcent en matière civile, sur les indemnités dues à raison des expropriations pour cause d'utilité publique, qu'à ceux qui statuent sur les affaires criminelles.

95. La dernière condition des délits, prévue par les articles que j'étudie, c'est que l'outrage ait été reçu par le magistrat, dans l'exercice de la fonction ou à l'occasion de cet exercice. S'il n'avait eu lieu qu'en dehors de la fonction, et pour des faits, qui lui seraient étran-

gers, il n'encourrait que les peines applicables aux offenses, dont les simples particuliers seraient l'objet.
A la séance du Conseil d'État du 12 août 1809 (Locré,
t. 30, p. 155), de Ségur insista « sur la proposition
qu'il avait déjà présentée, de punir les outrages, faits
aux fonctionnaires publics, même hors de leurs fonctions, plus sévèrement que ceux qui sont faits aux simples particuliers. Ce n'est pas là, ajouta-t-il, un privilége, mais une disposition que nos institutions
appellent, car, puisqu'elles créent des autorités, elles
veulent nécessairement que ces autorités soient respec-
tées ; or, comment le respect des peuples s'attachera-
t-il au magistrat, si l'on peut ne plus voir en lui qu'un
homme privé, hors les instants où il exerce ses fonctions. » Berlier répondit « qu'il ne reviendra pas sur
toutes les raisons déduites, à la dernière séance, pour
motiver la restriction qui déplaît à de Ségur, mais qui
a obtenu l'assentiment presque unanime du Conseil.
Au surplus, l'insistance du préopinant prouve qu'il
attache à cette question plus d'importance qu'elle n'en
a réellement, car, suppose-t-on un plaideur ayant
perdu son procès, rencontrant ensuite son juge, et lui
reprochant son injustice ? Cet outrage, venant à l'occasion de l'exercice des fonctions, sera puni d'après les
règles posées au paragraphe qu'on vient de discuter.
Or, les outrages, auxquels un fonctionnaire pourra être
exposé émaneront presque toujours de pareille source.
Ainsi la disposition pourvoit à ce qu'il y a de plus
grave et de plus sensible pour un fonctionnaire délicat. »
Treilhard ajouta « que d'ailleurs rien ne distingue le
magistrat, qui n'est pas en fonctions. La proposition de
Ségur tend donc à créer un délit, dans lequel on peut
tomber involontairement. » De Ségur répliqua « que
pour éviter cet inconvénient, et rendre son idée, il pro-

pose de retrancher dans les art. 209 et 210 (devenus les art. 222 et 223), ces mots : *dans l'exercice de ses fonctions ou à l'occasion de cet exercice*, et d'ajouter le mot sciemment. » Mais le Conseil maintient la rédaction, et, par suite, il est bien entendu que les art. 222 et 223 ne sont applicables qu'aux outrages, reçus dans l'exercice de la fonction ou à l'occasion de cet exercice.

96. L'outrage est reçu dans l'exercice de la fonction, lorsqu'il est adressé au magistrat agissant en cette qualité.

La Cour de cassation a eu plus d'une fois l'occasion de confirmer cette règle.

Elle a reconnu que l'outrage était reçu par le magistrat dans l'exercice de sa fonction, lorsqu'il était adressé :

1° A un juge de paix « qui se trouvait, pour raison de ses fonctions et en vertu d'une ordonnance préalable, sur les lieux contentieux, avec son greffier, un huissier, en présence de l'une des parties et des témoins. » 17 thermidor an x, n° 224 ;

2° A un juge de paix « au moment où celui-ci accordait à l'offenseur un entretien, relatif à une sentence dans laquelle le réclamant était partie. » 16 août 1810. Dall., *Jurispr. génér.*, v° *Outrage* ;

3° A un adjoint « remplissant les fonctions de ministère public près le tribunal de simple police, qui recevait, dans l'intérieur de son domicile, l'inculpé et lui fournissait des explications sur la citation dont il avait été l'objet. » 28 décembre 1807. Dall., *Jurispr. génér (Ibid.)* ;

4° Au maire, présidant le conseil municipal ; car « c'est en qualité de maire, c'est-à-dire de magistrat de l'ordre administratif, qu'il agit lorsqu'il préside le conseil municipal, et non en vertu du mandat qu'il a reçu des électeurs communaux. » 17 mai 1845, n° 175;

5° Au maire, présidant « la séance du conseil municipal, consacrée à l'examen de la gestion de la commission administrative de l'hospice ; gestion à laquelle il avait concouru, comme président de cette commission, sans qu'il échet d'examiner si le maire avait le droit de présider cette séance, puisqu'il suffit que la fonction soit exercée par le titulaire, pour qu'elle soit protégée contre toute atteinte. » 22 août 1840, n° 238 ;

6° Au maire, siégeant dans le conseil de fabrique. En effet, « si l'exercice de cette fonction lui est conférée, c'est en sa qualité de maire, par conséquent, c'est pour remplir une fonction à lui attribuée, en sa qualité de maire, qu'il assiste au conseil de fabrique : il est donc, dans cette assemblée, dans l'exercice de ses fonctions administratives. » 28 août 1823, n° 125 ;

7° Au maire, réuni aux commissaires-classificateurs pour vaquer aux opérations cadastrales. En effet, « par la nature de ses attributions, le maire d'une commune est, dans les opérations de la classification des propriétés imposables, le surveillant légal des intérêts soit de sa commune soit de ses administrés ; pour exercer cette surveillance, il a le droit de se réunir aux commissaires classificateurs, pendant le cours de leurs opérations ; par conséquent, lorsqu'un maire est réuni aux commissaires classificateurs, assemblés pour vaquer aux opérations cadastrales, il est dans l'exercice de ses fonctions de maire. » 28 février 1828, n° 57 ;

8° Au maire, affichant ou faisant afficher un placard, annonçant une nouvelle politique d'une haute importance ; « il remplit alors un devoir de sa place, qui est de calmer l'effervescence et de dissiper les illusions des partis politiques. » 1ᵉʳ mars 1833, n° 82.

97. Le magistrat ne cessera pas d'être dans l'exer-

cice de ses fonctions pour n'être pas revêtu de son costume ou de ses insignes officiels, si, d'ailleurs, il est
connu de l'offenseur, comme la Cour de cassation l'a
jugé, chaque fois qu'elle a eu à s'expliquer sur la
question. 5 septembre 1812, n° 202, 26 mars 1813,
n° 55.

98. L'outrage, quel qu'il soit, est reçu dans l'exercice de la fonction, comme je l'ai déjà dit, quand il est
reçu par le magistrat au moment où celui-ci accomplit
un acte de sa charge. Il conserve ce caractère, même
lorsqu'il n'a pour objet qu'un acte de la vie privée de
l'offensé ou qu'il ne consiste que dans une expression
grossièrement ordurière. Il n'est pas nécessaire qu'il se
rattache à la vie publique du magistrat.

Théodore Boubée avait été condamné pour avoir outragé le maire de sa commune, dans l'exercice de ses
fonctions. Il se pourvut en cassation, et prétendit que
l'outrage, n'ayant aucun trait à la vie publique de l'offensé, n'était pas réprimé par l'art. 222. Son pourvoi
fut rejeté « attendu qu'il importe peu que l'outrage résulte de l'imputation d'un fait étranger soit à la qualité
actuelle soit même à la vie publique du fonctionnaire,
auquel il est adressé, s'il se produit dans l'exercice de
la fonction, objet de la protection spéciale de la loi. »
22 août 1840, n° 238. — *Conf.*, 27 août 1858, n° 241.

99. Si, dans l'exercice de sa fonction, le magistrat
excédait ses pouvoirs et se permettait une irrégularité,
l'outrage qu'il recevrait, continuerait-il à être réprimé
par les art. 222 et 223? Je le crois, et j'appuie mon
opinion sur les raisons, données par la Cour de cassation dans ceux de ses arrêts que je vais citer.

La Cour de Nîmes avait renvoyé François Carle devant le tribunal de police, comme prévenu d'une simple
contravention, quoiqu'il eût outragé par paroles, gestes

et menaces, l'adjoint au maire de Vallerangues, qui assistait, en cette qualité, à l'ouverture des portes de
Carle, partie saisie, sur la réquisition de l'huissier saisissant. Pour ordonner ce renvoi, la Cour s'était fondée
sur ce qu'il n'était pas suffisamment établi que le juge
de paix eût été légitimement empêché. Sur le pourvoi
du ministère public, cet arrêt fut annulé « attendu que
l'arrêt attaqué reconnaît comme constant que l'adjoint
au maire de la ville de Vallerangues, tandis qu'il assistait, en cette qualité, à l'ouverture des portes de François Carle, partie saisie, sur la réquisition, faite par
l'huissier saisissant, en exécution de l'art. 587 du Code
de procédure civile, a été outragé par la partie saisie ;
mais qu'il est exposé, dans cet arrêt, que l'huissier,
ayant seulement exprimé, dans le procès-verbal de saisie, que l'adjoint au maire avait été requis à cause de
l'empêchement du maire, et n'y ayant pas déclaré que
le juge de paix aussi eût été légitimement empêché,
l'adjoint au maire ne pouvait être considéré comme
ayant été légalement en fonctions, et, conséquemment,
que les outrages, qui lui avaient été faits, n'étaient
qu'une simple injure ; qu'un adjoint au maire, dans le
cas dont il s'agit, qui est urgent, aux termes de l'art. 587,
ainsi que dans le cas d'affirmation, dans les vingt-
quatre heures, des procès-verbaux des gardes champêtres ou forestiers, aux termes de l'art. 11 de la loi du
28 floréal an x, ainsi que dans les cas prévus par les
art. 11 et 13 du Code d'instr. crim., est tenu de suppléer le magistrat empêché, et ne peut refuser ou même
retarder le service pour lequel il est requis, sous prétexte que soit le juge de paix soit le maire ne serait
pas empêché, ou que l'empêchement ne serait pas légitime, ou ne serait pas prouvé ; qu'ainsi l'adjoint du
maire, ayant été tenu de déférer à la réquisition, sauf

au saisissant à répondre civilement de la validité de la saisie, était dans l'exercice légal de ses fonctions, lorsqu'il assistait l'huissier saisissant, et lorsqu'il a été outragé par la partie saisie ; que, quand il faudrait admettre, avec la Cour impériale de Nîmes, que, l'empêchement du juge de paix n'ayant pas été exprimé dans le procès-verbal, l'adjoint du maire ne pouvait, sans incompétence et excès de pouvoir, assister l'huissier saisissant, il ne serait pas permis d'en conclure qu'il n'y avait pas lieu d'appliquer les peines portées par l'art. 222 ; que cet article ne distingue point entre l'exercice légal et l'exercice illégal ; qu'un magistrat de l'ordre administratif ou judiciaire ne cesse pas d'être en fonctions, parce que l'arrêté qu'il a pris, ou l'acte auquel il a concouru, pourra un jour être annulé pour vice d'incompétence, ou même parce qu'il pourra y avoir lieu à poursuites en forfaiture contre lui, ainsi qu'il résulte des art. 166 et suivants du Code pénal. » 1er avril 1813, no 63.

Dans une autre espèce, Théodore Boubée soutenait que le maire ne pouvait pas présider la séance du conseil municipal, consacrée à l'examen des comptes des hospices, puisqu'il en était lui-même l'un des administrateurs, il en tirait la conséquence que les propos, que le maire avait reçus dans cette présidence, ne lui avaient pas été adressés dans l'exercice de ses fonctions, et que, par suite, ils n'étaient pas punis par l'art. 222. Le pourvoi de Boubée fut rejeté « attendu qu'il n'échet d'examiner si, aux termes de la loi du 18 juillet 1837, le maire avait le droit de présider une séance du conseil municipal, consacrée à l'examen de la gestion de la commission administrative des hospices, question à laquelle il avait concouru comme président de cette commission ; qu'il suffit que la fonction soit exercée

par le titulaire, pour qu'elle soit protégée contre toute
atteinte. » 22 août 1840, n° 238.

Cet arrêts trouvent leur complément dans ceux que
j'ai cités au n° 43.

Je ne modifierais l'opinion, que je viens d'exprimer,
que si l'acte du fonctionnaire était d'une illégalité telle
qu'il ne pût pas être réputé accompli dans l'exercice de
la fonction de la personne offensée, comme je l'expliquerai plus loin, n°ˢ 120 et 133.

100. Si le magistrat avait injurié l'inculpé, celui-ci
ne trouverait pas dans ce fait une cause justificative de
l'outrage, qui lui serait imputable; je le démontrerai
plus bas, n°ˢ 121 et 130.

101. L'outrage est reçu à l'occasion de l'exercice de
la fonction, lorsqu'il est déterminé ou par la fonction
elle-même ou par l'un des actes accomplis par le
magistrat.

C'est en se rendant compte des propos mêmes, qui
auront été tenus, et des circonstances, au milieu ou à
la suite desquelles ils auront eu lieu, que l'on recon-
naîtra si les outrages ont été reçus à l'occasion de l'exercice de la fonction.

Ainsi l'outrage revêt ce caractère, lorsqu'on aura dit
à un magistrat « qu'il était un misérable, un coupe-
jarret, malheureusement le procureur du roi, et que,
depuis longtemps, l'honneur était rayé de son catalogue. » 2 avril 1825, n° 65.

Il en sera de même, lorsqu'il sera constaté que le
délit résulte « non-seulement de l'ensemble des circonstances, dans lesquelles il s'est produit, mais, surtout,
de ce que, le jour où il a été commis, le prévenu avait
été expulsé de la salle des séances du tribunal par
M. Genty, juge tenant l'audience, de ce qu'il avait
adressé aux magistrats des interpellations agressives au

sujet de ce qui s'était passé, de ce que, étant porteur d'un bâton, il avait itérativement barré le passage à M. Genty, pour obtenir des explications, et, enfin, de ce qu'il avait fait une scène scandaleuse sur la voie publique à ce fonctionnaire, au sujet de son expulsion de la salle du tribunal. » 16 décembre 1859, n° 278.

102. La Cour de cassation a compétence pour rechercher si les propos, résultant de l'information, ont le caractère des différents outrages, que je viens d'étudier. Effectivement, si les faits, constitutifs du délit sont appréciés souverainement par les Cours impériales, il n'en est pas de même des qualifications, qu'elles donnent à ces faits, et des conséquence juridiques, qu'elles en tirent. Ces principes, qui sont incontestables, la Cour de cassation les a appliqués dans l'espèce suivante.

Il résultait d'un procès-verbal, dressé le 17 août 1824, par le procureur du roi près le tribunal d'Issoire, que le même jour, Bory, avoué en ce tribunal, s'était rendu chez le procureur du roi, et que, en entrant dans l'appartement où celui-ci se trouvait, il lui avait adressé des propos offensants et grossiers, qu'il était même allé jusqu'à lui dire qu'il était un misérable, un coupe-jarret, malheureusement le procureur du roi, et que depuis longtemps l'honneur était rayé de son catalogue. La plainte du procureur du roi contre l'avoué Bory ayant été portée devant le tribunal de police correctionnelle d'Issoire, ce tribunal s'était déclaré incompétent. Sur l'appel de ce jugement, la Cour royale de Riom, chambre des appels de police correctionnelle, avait rendu, le 3 mars 1825, un arrêt par lequel, après avoir constaté, en fait, les propos injurieux, rappelés dans le procès-verbal, et non désavoués par Bory, elle avait déclaré « que ces propos constituaient, tout à la fois, des expressions outrageantes, des termes de mépris, des invectives graves, et même l'imputation de faits capables de porter atteinte à l'honneur et à la considération du procureur du roi. » Mais cette Cour n'avait point vu, dans ces propos, le délit d'*outrages par paroles* faits au procureur du roi, *à l'occasion de l'exercice de ses fonctions, tendant à inculper son honneur*, délit prévu et puni par l'art. 222 du Code pénal d'un emprisonnement d'un mois à deux ans; elle n'y avait vu que le délit d'*injures proférées contre quelqu'un*, prévu par l'art. 471, nº 11, et puni d'une amende de un franc à cinq francs. Sur le pourvoi du ministère public, cet arrêt fut annulé « attendu que, si les déclarations en fait, données par les tribunaux et par les Cours jugeant correctionnellement, sont irréfragables, il n'en est pas de même des qualifications, données par lesdits tribunaux et les Cours à ces faits par eux déclarés, et des conséquences qu'ils en ont tirées ; que l'examen de ces qualifications et de ces conséquences rentre dans les attributions de la Cour de cassation; que cette Cour, étant chargée de réprimer les violations qui seraient commises contre la loi, a nécessairement qualité pour juger l'appréciation desdits faits et leurs conséquences, puisque ce jugement devient la base de l'application de la loi pénale ; attendu que, par l'arrêt rendu, le 3 mars 1825, par la Cour royale de Riom, chambre des appels de police correctionnelle, il a été déclaré, en fait, que l'avoué Bory s'était permis de dire au procureur du roi près le tribunal de première instance d'Issoire, *qu'il était un misérable, un coupe-jarret, et malheureusement le procureur du roi*, qu'il avait ajouté que *depuis longtemps l'honneur était rayé de son catalogue*; que, de plus, il a été déclaré par ladite Cour que ces propos constituaient tout à la fois des expressions outrageantes, des termes de mépris, et

IV.   10

même l'imputation de faits, capables de porter atteinte à l'honneur et à la considération du procureur du roi; attendu que, d'après ces faits ainsi reconnus et déclarés par la Cour royale de Riom, il appartient à la Cour de cassation d'examiner si ces outrages ont été commis *à l'occasion de l'exercice des fonctions* du procureur du roi, puisque, de ce résultat, dépend l'application de la loi pénale; qu'il ne pouvait y avoir aucun doute que ces outrages n'eussent été proférés contre le procureur du roi, à l'occasion de l'exercice de ses fonctions; que la preuve en résultait évidemment de ces expressions, *vous êtes malheureusement le procureur du roi*, puisqu'elles faisaient consister un malheur dans l'exercice de ces fonctions; que ces outrages, étant ainsi relatifs à ces fonctions, ont été nécessairement proférés à l'occasion de l'exercice desdites fonctions; que, dès lors, il y avait lieu à l'application de l'article 222 du Code pénal. » 2 avril 1825, n° 65.

103. La loi distingue, pour la détermination de la peine, le cas où l'outrage a été reçu en un lieu indéterminé, et celui où il a été commis à l'audience d'une cour ou d'un tribunal.

Dans le premier cas, il est puni, suivant l'art. 222, d'un emprisonnement de quinze jours à deux ans, et, suivant l'art. 223, d'un emprisonnement d'un mois à six mois. La peine de l'art. 222 est, évidemment, plus grave que celle de l'art. 223. C'est ce qui devait être; car l'outrage par paroles, par écrit ou dessin est plus répréhensible que l'outrage par gestes ou menaces. Cependant, comme on le remarque sans doute, le minimum de la peine, applicable au premier de ces outrages, est moins élevé que celui de la peine applicable au second. Pourquoi cette inconséquence? Elle est due aux révisions de la loi du 13 mai 1863. Autrefois les art. 222

et 223 avaient, dans cette partie de leurs dispositions pénales, le même minimum. En 1863, on a cru devoir, sans de bien bonnes raisons, abaisser celui de l'article 222, et l'on n'a pas songé, qu'en l'abaissant, on devait également abaisser celui de l'art. 223, pour maintenir l'harmonie entre ces deux dispositions. Il en résulte qu'en ne le faisant pas on a attaché le minimum le plus élevé au fait le moins sérieux et à la peine la moins forte.

La peine s'aggrave notablement, si l'outrage a eu lieu à l'audience d'une Cour ou d'un tribunal quelconque. Elle est, suivant l'art. 222, de deux à cinq ans d'emprisonnement, et, suivant l'art. 223, d'un mois à deux ans de la même peine.

104. Les lois des 17 mai 1819 et 25 mars 1822, relatives à la répression des crimes et des délits, commis par la voie de la presse et par tout autre mode de publication, prévoient et punissent les injures, les diffamations, les outrages adressés à certaines personnes publiques.

Il faut, pour compléter l'examen des art. 222 et 223, que je recherche en quoi ces lois les ont modifiés.

Avant tout, je m'expliquerai sur la loi du 17 mai 1819. Cette loi, qui, comme je le dirai plus loin, régit certains des outrages, dont il est question aux art. 224 et 225, n'est actuellement applicable, selon moi, dans aucun cas, aux outrages définis par les art. 222 et 223. Les diffamations et les injures envers les dépositaires de l'autorité publique, qu'elle punissait dans ses art. 16 et 19, ont été, en ce qui concerne les fonctionnaires publics, et, par conséquent, les magistrats de l'ordre administratif ou judiciaire, converties en outrages par la loi du 25 mars 1822, et sont aujourd'hui réprimées, sous cette qualification, par l'art. 6 de cette loi.

C'est donc cet article, dont la disposition doit être combinée avec les art. 222 et 223 du Code pénal.

Pour le faire, je distinguerai d'abord les outrages reçus par le magistrat dans l'exercice de sa fonction, et ceux qui lui sont faits à l'occasion de cet exercice, ou, ce qui est la même chose, à raison de sa fonction ou de sa qualité.

Les premiers sont régis, dans toutes les hypothèses, par l'art. 222, 17 mars 1821, n° 61, soit qu'ils ne consistent que dans un propos grossièrement ordurier, qui ne constitue ni injure ni diffamation, soit qu'ils prennent le caractère de l'une ou de l'autre de ces incriminations ; 7 décembre 1837, n° 423 ; 17 mai 1845, n° 175 ; 30 décembre 1858, n° 326 ; soit qu'ils aient été proférés publiquement, 19 janvier 1850, n° 29 ; 18 juillet 1851, n° 290 ; 4 juillet 1833, n° 250 ; 7 septembre 1849, n° 236 ; 9 mars 1850, n° 84 ; 27 février 1832, n° 79 ; 30 décembre 1858, n° 326 ; soit qu'ils aient été reçus sans publicité ; 3 juin 1837, n° 172 ; 15 juin 1837, n° 180 ; 2 juin 1838, n° 157 ; 18 juillet 1851, n° 290 ; 28 août 1823, n° 125 ; 2 avril 1825, n° 65 ; 22 août 1840, n° 238 ; 8 novembre 1844, n° 363 ; 17 mai 1845, n° 175 ; 30 novembre 1861, n° 256 ; 20 juillet 1866, n° 187. En effet, l'art. 6 de la loi du 25 mars 1822 ne punit que les outrages, adressés aux fonctionnaires publics, à raison de leur fonction ou de leur qualité. Il reste donc étranger aux outrages, reçus par les magistrats dans l'exercice de leur ministère ; et, par suite, il ne touche pas à la disposition du Code pénal qui châtie ces sortes d'outrages.

Quant à ceux qui ont été faits au magistrat, soit à l'occasion de l'exercice de sa fonction, soit à raison de sa fonction ou de sa qualité, il faut faire une sous-distinction entre ceux qui ont été publics et ceux qui ne l'ont pas été. La loi de 1822 ne prévoyant que les outrages publics, il est clair que ceux, qui ne prendront pas ce caractère, continueront à être gouvernés par le Code pénal, et qu'il n'y a que les autres qui seront justiciables de cette loi ; 13 mars 1823, n° 36 ; 2 avril 1825, n° 65 ; 4 juillet 1833, n° 250 ; 3 juin 1837, n° 172 ; 15 juin 1837, n° 180 ; 22 février 1844, n° 64 ; 18 juillet 1851, n° 290.

Ce que je viens de dire sur les outrages par paroles, adressés aux magistrats à l'occasion de leur fonction ou de leur qualité, s'applique aux outrages par écrit ou par dessin. Si l'écrit ou le dessin a reçu de la publicité, l'outrage est puni par l'art. 6 de la loi du 25 mars 1822. Si, au contraire, il n'a pas été rendu public, l'outrage, comme l'indique expressément le texte du nouvel article 222, est réprimé par cette disposition. C'est ce que M. de Parieu, vice-président du Conseil d'État, a parfaitement expliqué devant le Corps législatif, quand il a dit à la séance du 11 avril 1863 (*Moniteur* du 14) : « Nous avons été très-indécis, dans le Conseil d'État, pour le maintien de ces mots ; et pourquoi ? Si nous étions en 1810, si, nous rajeunissant, pour quelques-uns de nous, avant le moment de notre naissance, nous supposions que nous faisons l'article à cette date, nous ne penserions pas à mettre ces mots dans l'art. 222, conçu, vous le savez, dans le sens de l'outrage, sans distinction ; mais nous vous convions à faire un paragraphe, dont la date, dans notre Code, sera celle de 1863 ; si nous écrivions d'une manière implicite que l'outrage par écrit (comme non écrit) sera puni d'une peine de..., cet article pourrait être considéré comme l'abrogation des lois de 1819 et de 1822, qui punissent spécialement l'outrage par écrit rendu public. Car, si l'on s'exprimait, en général, sur l'outrage public, ou non public, on paraîtrait avoir abrogé la disposition exclusivement applicable à l'outrage public. Voilà pourquoi nous avons mis les mots : « non rendu public. » Voulant laisser l'outrage public sous le coup des lois de 1819 et de 1822, nous avions dès lors à statuer seulement sur l'outrage non rendu public. En sorte que la situation est très-différente aujourd'hui de ce qu'elle était lors de la législation de 1810 ; et après les lois de 1819 et de 1822, qui s'expriment sur l'outrage spécialement public, on ne peut plus prévoir que l'autre branche de l'outrage, pour compléter la législation sur ce point. Vous le voyez, c'est une question de rédaction qui vient de la date de la loi projetée et discutée par vous. Il semble qu'il n'y a pas de difficulté sérieuse à cet égard. Tout au moins, la pensée est si nette que je ne crois pas que l'on puisse différer sur les conclusions. »

105. Les distinctions, que je viens d'établir, entre les outrages punis par le Code, et ceux qui font l'objet de la loi du 25 mars 1822, sont loin d'être sans importance.

En premier lieu, la peine n'est pas exactement la même pour les uns et pour les autres. Les premiers n'encourent que l'emprisonnement, les autres subissent, en outre, une amende de 100 fr. à 4,000 fr.

En second lieu, les outrages, punis par le Code, peuvent être poursuivis, quoique la partie lésée n'ait pas porté plainte ; « attendu, en droit, que la disposition de l'art. 5 de la loi du 26 mai 1819, qui dispose que, dans le cas d'injure publique envers tout dépositaire ou agent de l'autorité publique, la poursuite n'aura lieu que sur la plainte de la partie qui se prétend lésée, n'est point applicable au cas d'outrage par paroles, gestes ou menaces, fait publiquement, envers un fonctionnaire public dans l'exercice de ses fonctions ; qu'en effet, ce délit est prévu et puni par l'article 222 du Code pénal, lequel n'a été abrogé par aucune disposition de la loi du 25 mars 1822, ni des lois subséquentes ; attendu que, dans ce cas, l'outrage public s'adresse moins à la personne du fonctionnaire qu'à la fonction, dont il est revêtu, et que la répression d'un délit de cette nature, intéressant essentiellement l'ordre public, elle ne peut être subordonnée à l'existence d'une plainte, de la part du fonctionnaire public qui a été outragé. » 19 janvier 1850, n° 29. — *Conf.*, 3 juin 1837, n° 172 ; 17 mai 1845, n° 175 ; 7 septembre 1849, n° 236 ; 4 juillet 1857, n° 255 ; 30 décembre 1858, n° 326. Au contraire, la poursuite des outrages, auxquels s'applique la loi du 25 mars 1822, ne peut avoir lieu que sur la plainte de la partie lésée ; « attendu que les diffamations et injures envers tout dépositaire ou agent de l'autorité publique, prévues par les art. 16 et 19 de la loi du 17 mai 1819, et les outrages commis, d'une manière quelconque, envers les fonctionnaires publics, prévus par l'art. 6 de celle du 25 mars 1822, sont, ainsi que les mêmes délits relatifs aux particuliers, soumis, dans leur poursuite, à la condition préalable d'une plainte de la partie, qui serait lésée, ainsi que l'exige expressément l'art. 5 de la loi précitée du 26 mai 1819 ; attendu que, si cette disposition avait été abrogée par l'art. 17 de celle susdite du 25 mars 1822, au titre de la poursuite, cet article 17 a lui-même été formellement rapporté par l'art. 5 de la loi du 8 octobre 1830, et qu'ainsi le principe de la plainte préalable a repris toute son autorité dans les cas prévus par les lois des 17 mai 1819 et 25 mars 1822 ; attendu, il est vrai, que ce principe reçoit exception dans le cas d'outrage envers certains fonctionnaires ou personnes publiques, commis dans l'exercice de leurs fonctions ; mais que cette disposition est limitée par les dispositions du Code pénal, dont l'application est restée soumise à la règle de l'art. 22 du Code d'instruction criminelle. » 31 mai 1856, n° 199. — *Conf.*, 10 janvier 1833, n° 7.

Enfin, avant le décret du 17 février 1852, la prescription des deux espèces d'outrages n'était pas la même. Ceux, qui trouvaient leur châtiment dans le Code, n'étaient prescriptibles que par trois années révolues (Code instruction criminelle, art. 638), tandis que les autres se prescrivaient par six mois, aux termes de l'art. 29 de la loi du 26 mai 1819 ; 22 février 1844, n° 64. L'uniformité a été rétablie, depuis que l'art. 27 du décret du 17 février 1852 a disposé que les poursuites des délits, commis par la voie de la presse ou tout autre moyen de publication, auraient lieu dans les formes et délais prescrits par le Code d'instruction criminelle ; 23 février 1854, n° 49.

Que de bizarreries, que d'inconséquences !

Pourquoi l'outrage public, à raison de la fonction ou de la qualité, est-il puni plus sévèrement que les autres? Serait-il plus criminel ? Sans doute, il est plus grave que celui qui a lieu à huis clos ; mais il l'est, assurément, moins que celui qui est reçu publiquement par le magistrat, dans l'exercice de sa fonction ; cependant ce dernier outrage encourt une peine moins rigoureuse.

Pourquoi la poursuite est-elle, dans certaines circonstances, subordonnée à la plainte de la partie lésée, et ne l'est-elle pas dans certaines autres ? Est-ce, comme le dit l'arrêt de la Cour de cassation, du 19 janvier 1850, que j'ai cité plus haut, parce que, dans les cas où la plainte n'est pas nécessaire, l'outrage s'adresse, moins à la personne du fonctionnaire, qu'à la fonction même dont il est revêtu? Cette explication n'est pas sérieuse. En effet, la poursuite a lieu sans plainte, non-seulement lorsque l'outrage a été reçu publiquement, dans l'exercice de la fonction, c'est-à-dire dans l'hypothèse où l'outrage est réputé atteindre plus la fonction que le fonctionnaire, mais encore lorsque l'outrage a eu lieu sans publicité, même à raison de la fonction, c'est-à-dire dans des circonstances où il ne s'adresse pas plus à la fonction que dans le cas particulier où la poursuite est subordonnée à la plainte.

Ces antinomies sont, à mon sens, inexplicables. Elles prouvent, une fois de plus, combien il est difficile de faire des lois irréprochables.

106. Je ne m'arrêterai pas à donner la qualification des délits, mentionnés dans les art. 222 et 223 : il suffira, pour qu'elle soit régulière, qu'elle en rappelle, d'une façon ou d'une autre, les différents éléments.

ARTICLE 224.

L'outrage, fait par paroles, gestes ou menaces à tout officier ministériel, ou agent dépositaire de la force publique, dans l'exercice ou à l'occasion de l'exercice de ses fonctions, sera puni d'une amende de seize francs à deux cents francs.

ARTICLE 225.

La peine sera de six jours à un mois d'emprisonnement, si l'outrage, mentionné dans l'article précédent, a été dirigé contre un commandant de la force publique.

107. Modifications de la loi du 13 mai 1863. — Texte actuel de ces articles.
108. Leurs analogies avec les articles 222 et 223. — Renvoi des uns aux autres.

107. Ces deux articles ont été modifiés par la loi du
16 mai 1863.

Aujourd'hui, ils sont ainsi rédigés :

Art. 224. L'outrage, fait par paroles, gestes ou menaces à tout officier ministériel ou agent dépositaire de
la force publique, et à tout citoyen chargé d'un ministère de service public, dans l'exercice ou à l'occasion

de l'exercice de ses fonctions, sera puni d'un emprisonnement de six jours à un mois, et d'une amende de seize
francs à deux cents francs, ou de l'une de ces deux
peines seulement.

Art. 225. L'outrage, mentionné en l'article précédent,
lorsqu'il aura été dirigé contre un commandant de la
force publique, sera puni d'un emprisonnement de
de quinze jours à trois mois, et pourra l'être aussi d'une
amende de seize francs à cinq cents francs.

108. Ces articles ont de fréquents rapports avec les
art. 222 et 223; les explications, dont ils vont être l'objet, pourront, sur bien des points, se compléter par
celles que je viens de donner sur les dispositions qui
les précèdent.

109. La loi, dans les art. 224 et 225, ne punit plus
l'outrage par gestes ou menaces moins sévèrement que
l'outrage par paroles. Elle les confond dans la même
pénalité.

Elle n'exige plus que l'outrage par paroles tende à
inculper l'honneur ou la délicatesse de celui qui le reçoit.
La preuve s'en trouve dans le texte même de l'art. 224.

La Cour de cassation l'a jugé dans l'espèce suivante.

Antonin Delavigne s'était pourvu contre le jugement
qui l'avait condamné, sous le prétexte que les paroles,
gestes ou menaces, qui lui étaient imputés, ne contenaient rien qui pût porter atteinte à l'honneur ou à la
délicatesse des agents de la force publique, qui avaient
requis l'exhibition de son permis de chasse. Son pourvoi fut rejeté « attendu que les art. 223 et 224, qui
punissent d'emprisonnement ou d'amende les outrages
par *gestes* ou *menaces* envers les magistrats, et les outrages
par paroles, gestes et menaces envers les officiers
ministériels ou agents dépositaires de la force publique,
n'exigent pas, comme l'art. 222, que ces gestes ou

menaces, et ces outrages par paroles, gestes ou menaces soient de nature, pour être punissables, à porter atteinte à l'honneur ou à la délicatesse des personnes que ces art. 223 et 224 ont pour but de protéger ; attendu que, spécialement, les outrages par gestes ou menaces ne sont pas, de leur nature, susceptibles du caractère de gravité, prévu et puni de peines plus sévères par l'art. 222 ; d'où il suit que, dans l'espèce, le tribunal d'Angoulême n'avait point à rechercher si les paroles, gestes ou menaces par lesquels le demandeur avait outragé les agents de la force publique, protégés par l'art. 224, avaient pour résultat de porter atteinte à l'honneur ou à la délicatesse de ces agents. » 7 mai 1853, n° 157. — *Conf.*, 23 janvier 1829, n° 17.

Dans les art. 224 et 225, comme dans ceux qui les précèdent, la loi réprime aussi bien l'outrage reçu sans publicité, que celui qui a été fait publiquement.

Le sieur Teissen, notaire à Munstermaifeld, avait porté plainte devant le tribunal de simple police, contre Mathieu Sisterhem, prétendant que celui-ci l'avait injurié dans un cabaret public, à raison de ses fonctions : le tribunal de Munstermaifeld avait condamné Mathieu Sisterhem par jugement du 10 décembre 1811, à cinq francs d'amende et cent cinquante francs de dommages et intérêts envers le plaignant.

Sisterhem a appelé de ce jugement devant le tribunal de Coblentz ; il soutenait que les propos, qu'on lui imputait, n'avaient rien d'outrageant ni d'injurieux, et, en outre, que le tribunal de simple police, devant lequel on avait porté la plainte, n'était pas compétent pour connaître des injures ou des outrages par paroles, faits à un officier public à raison de ses fonctions, d'après les art. 224 du Code pénal et 137 du Code d'instruction criminelle. Le tribunal de Coblentz a cru devoir écarter la disposition de ces deux lois, en disant que les injures, dont se plaignait le notaire Teissen, n'avaient pas été proférées à l'occasion de ses fonctions, mais à raison de ses fonctions, et qu'elles n'avaient pas été répandues dans un lieu public ; d'où il a conclu que le tribunal de simple police était compétent pour en connaître. Ces deux distinctions étaient contraires à la loi, qui, en comprenant, dans l'application de l'art. 224 du Code pénal, tous les outrages par paroles, faits à un officier ministériel, dans l'exercice ou à l'occasion de ses fonctions, n'a pas excepté ceux qui avaient été faits à raison de ces mêmes fonctions, ni ceux qui avaient été faits ailleurs que dans des lieux publics. La décision du tribunal de Coblentz a été annulée « attendu que, dans le cas où la plainte du sieur Jean Teissen aurait été admissible et fondée, le tribunal de simple police n'aurait pas pu en connaître, puisqu'elle portait sur des outrages par paroles, faits à un notaire public, à raison de ses fonctions ; ce qui, d'après les articles ci-dessus rapportés, constituait un délit de la compétence des tribunaux correctionnels, et excédait celle des tribunaux de simple police ; attendu qu'il n'existe aucune différence entre des outrages faits à un notaire public, soit qu'ils aient été faits à l'occasion ou à raison de ses fonctions ; et que la loi n'exige pas, pour qu'il y ait lieu, dans ce cas, à l'application des peines portées par l'art. 224, que ces outrages aient été faits dans des lieux publics. » 13 mars 1812, n° 58.—Conf., 23 janvier 1829, n° 17.

Autrefois, pour que l'outrage, dont je m'occupe, fût punissable, il n'était pas nécessaire qu'il eût été fait en présence de la personne outragée. Mais, depuis les révisions de la loi du 13 mai 1863, il faut, comme je l'ai indiqué précédemment, n° 83, que les paroles, gestes ou menaces aient eu lieu en la présence de l'offensé, ou, du moins, avec l'intention qu'ils lui soient rapportés.

Les art. 224 et 225 punissent les paroles, les gestes et les menaces, dès qu'ils sont outrageants. La Cour de cassation, qui, en cette matière comme en toute autre, a compétence pour contrôler les conséquences légales à déduire des faits physiques, établis par l'information, a eu à s'expliquer sur quelques actes, dont le caractère pouvait être douteux.

Elle a reconnu que « si le fait outrageant de cracher à la figure de quelqu'un ne peut pas être assimilé à l'action de frapper ; que si, vis-à-vis d'un simple particulier, il constitue, non le délit prévu par l'art. 311 du Code pénal, mais la violence légère de l'art. 605, n° 8, du Code du 3 brumaire an IV ; que, si le même fait, lorsqu'il s'adresse à un officier ministériel dans l'exercice ou à l'occasion de l'exercice de ses fonctions, ne peut également constituer l'espèce de violence, exprimée aux art. 228 et 230, on y rencontre du moins tous les caractères de l'outrage, fait par gestes à un officier ministériel, dans l'exercice ou à l'occasion de l'exercice de ses fonctions ; délit prévu par l'art. 224 du Code pénal. » 5 janv. 1855, n° 4.—*Conf.*, 29 mars 1845, n° 119.

Elle a reconnu que l'outrage, reçu dans l'exercice de la fonction, conserve son caractère, quoique le prévenu ait eu l'intention d'outrager, non la personne publique, mais l'homme privé, avec lequel il avait eu quelques démêlés.

Il résultait de l'instruction que le gendarme Salique était dans l'exercice de ses fonctions, au moment où il avait reçu les propos outrageants, que lui avait adressés le nommé Foucoo ; néanmoins la Cour de Pau avait renvoyé le prévenu des poursuites, sous le prétexte qu'il n'avait pas eu l'intention d'outrager un agent dépositaire de la force publique, et que ses insultes ne s'étaient adressées qu'à l'homme privé. Sur le pourvoi du ministère public, l'arrêt fut annulé « attendu qu'il était constaté, par un procès-verbal régulier, qui a servi de base aux poursuites, et non contredit par l'arrêt attaqué, que, le 16 mars 1858, le gendarme Salique se trouvait dans l'exercice de ses fonctions, quand il a reçu les outrages par paroles mentionnés audit procès-verbal ; attendu que l'arrêt attaqué reconnaît, en outre, que ces outrages ont été proférés par le nommé Foucoo ; attendu que, nonobstant ces constatations, le prévenu a été renvoyé des poursuites, par ce motif qu'il n'avait pas eu l'intention d'outrager un agent dépositaire de la force publique, mais seulement l'homme privé, avec lequel il avait eu quelques démêlés ; attendu que cette distinction, admissible pour le cas où les outrages auraient été adressés à l'agent dépositaire de la force publique, à l'occasion de l'exercice de ses fonctions, ne pouvait, dans l'espèce, faire disparaître le délit, puisqu'il était constaté, d'une part, que le prévenu avait bien eu l'intention d'outrager le sieur Salique, et, de l'autre, que le sieur Salique se trouvait, au moment des outrages, dans l'exercice de ses fonctions, d'où il suit qu'en refusant de faire application au nommé Foucoo des dispositions de l'art. 224 du Code pénal, l'arrêt attaqué a formellement violé ledit article. » 27 août 1858, n° 241.—*Conf.*, 22 août 1840, n° 238, cité ci-dessus, n° 93.

Ces décisions sont, évidemment, conformes aux principes. Mais il n'en est pas de même, selon moi, de celle qui me reste à rappeler. La Cour de justice criminelle du département de Seine-et-Marne avait condamné le nommé Rocher à trois mois d'emprisonnement et vingt francs d'amende, « attendu que la gendarmerie, étant chargée essentiellement de sur-

veiller l'ordre et la sûreté publique, l'abus, que Fran-
çois-Simon Rocher lui a fait faire de l'exercice de ses
fonctions par les fausses démarches, que sa déclaration
mensongère lui a occasionnées, est un véritable outrage pour cette arme, d'autant plus dangereux et plus
répréhensible, qu'elle a pu être détournée d'un service
utile, et que la conséquence de semblables mensonges
serait de lui faire prendre le change sur des attaques
réelles projetées sur d'autres points, de donner une
direction fausse à sa surveillance, et de paralyser ainsi
son action. » Le pourvoi que Rocher forma contre cette
décision, fut rejeté « attendu que, d'après les faits déclarés et retenus en l'arrêt attaqué, il a été fait une
juste application de la loi pénale. » 9 décembre 1808,
Sir., 1810, 1, 237. Je sais bien que cet arrêt est rendu
sous la législation antérieure au Code pénal ; mais cette
législation, quoiqu'elle fût moins exacte et moins précise
que la loi actuelle, n'autorisait pas, ce me semble, une
pareille décision. Au reste, ce qui me paraît incontestable,
c'est qu'aujourd'hui il ne serait pas permis de trouver,
dans la dénonciation d'un crime ou d'un délit imaginaire,
les caractères de l'outrage, réprimé par l'art. 224.

110. Dans le principe, cet article n'avait rangé
parmi les personnes, dont il punissait l'offenseur, que
les officiers ministériels et les agents dépositaires de la
force publique. Il n'étendait sa protection à aucune autre
personne. En conséquence, certains outrages, adressés
aux préposés des pouvoirs publics, qui n'étaient ni magistrats, ni officiers ministériels, ni dépositaires de la
force publique, restaient impunis. De là des difficultés
sans nombre et sans fin, pour savoir si tel ou tel agent
était ou n'était pas dépositaire de la force publique.

Les agents de police ou sergents de ville ? Quel était
leur caractère ? N'étaient-ils que des dépositaires de

l'autorité publique ? Ne devenaient-ils pas, au moins, dans certains cas, des agents de la force publique ? La plupart des arrêts, rendus sur cette matière, ont procédé par une distinction. Ils ont considéré que les agents de police étaient des agents de la force publique, et, par suite, qu'ils jouissaient de la protection de l'art. 224, lorsqu'ils prêtaient main-forte aux officiers ministériels pour l'exécution des mandements de justice, ou qu'ils les exécutaient eux-mêmes, 28 août 1829, n° 197 ; 27 mai 1837, n° 165 ; 17 décembre 1841, n° 361. Ils ont, au contraire, estimé que les agents de police n'étaient que des dépositaires de l'autorité publique et, par suite, qu'ils n'étaient pas protégés par l'art. 224, lorsque, sur les ordres de l'autorité, qui les avait institués, ils se bornaient à exercer la surveillance que cette autorité leur avait confiée, 28 mai 1829, n° 197 ; 16 juin 1832, n° 219 ; 9 mars 1833, n° 90 ; 27 mai 1837, n° 165 ; 17 décembre 1841, n° 361 ; 5 avril 1860, n° 92.

Quelques arrêts ont été plus radicaux.

Les arrêts des 12 mai 1832, Dall., 1832, 1, 330 et 1er décembre de la même année, Dall., 1833, 1, 258, ont admis que les agents de police avaient qualité, comme dépositaires de la force publique, pour délivrer les citations à comparaître devant les conseils de discipline de la garde nationale (L. 22 mars 1831, art. 111).

Un autre arrêt a catégoriquement jugé que les agents de police devaient être réputés agents de la force publique, même lorsqu'ils ne faisaient qu'assurer l'exécution des règlements de police. En voici l'espèce : Il était constaté que Charles Trois, remplissant les fonctions d'agent de police de la commune de Lay-Saint-Christophe, avait été outragé dans l'exercice de sa fonction. Les inculpés avaient été traduits devant le tribunal de simple police qui, après avoir déclaré sa compétence, les avait condamnés à l'amende. Sur le pourvoi du ministère public, le jugement fut annulé, « attendu que le jugement attaqué a constaté que le sieur Charles Trois, garde champêtre de la commune de Lay-Saint-Christophe, remplissant les fonctions d'agent de police de ladite commune, aurait été outragé, le onze janvier dernier, sur les dix à onze heures du soir, dans l'exercice de ses fonctions d'agent de police de ladite commune ; attendu qu'aux termes de l'art. 77 du décret du 18 juin 1811, et 6 de celui du 7 avril 1813, les agents de police doivent être considérés comme des agents de la force publique, lorsqu'ils agissent pour l'exécution, soit des jugements, soit des lois et règlements de police, dont la surveillance leur est confiée par l'autorité municipale ; attendu que l'art. 224 du Code pénal punit d'une amende de seize francs à deux cents francs l'outrage fait par paroles, gestes ou menaces à tout officier ministériel, ou agent dépositaire de la force publique, dans l'exercice, ou à l'occasion de l'exercice de ses fonctions ; attendu que cette peine, la seule applicable aux prévenus, rentrait, aux termes de l'art. 1er du Code pénal, dans les attributions de la juridiction correctionnelle ; que, dès lors, le tribunal de simple police de Nancy devait se déclarer incompétent, pour connaître du fait, imputé aux prévenus ; qu'en ne le faisant pas et en prononçant, au contraire, contre eux, la peine portée par l'art. 471, § 11, du Code pénal, ce tribunal a fait une fausse application de cet article, violé l'art. 224 du même Code, de même que les règles de sa compétence. » 2 octobre 1847, n° 246. Assurément, le jugement devait être annulé. Mais était-ce à raison des motifs, donnés par la Cour de cassation ? Je me permets d'en douter. Car je suis fort tenté de croire, avec le plus grand nombre des décisions, rendues sur cette question, que les agents de police ne sont des dépositaires de la force publique que dans le cas où ils exécutent, par eux-mêmes, un mandement de justice ou concourent à son exécution. Si le jugement du tribunal de simple police devait être annulé, c'est parce que, le propos ayant été tenu publiquement contre un agent dépositaire de l'autorité publique, l'inculpé avait encouru la peine de l'art. 16 ou celle de l'art. 19 de la loi du 17 mai 1819, suivant qu'il constituait une diffamation ou une injure.

De même, les gardes champêtres et forestiers de l'État, des communes, des apanages et des particuliers, étaient-ils ou n'étaient-ils pas des agents dépositaires de la force publique ? La Cour de cassation a reconnu, et je crois, avec raison, qu'ils avaient cette qualité, lorsqu'ils remplissaient leurs fonctions de gardes champêtres ou forestiers, 19 juin 1818, n° 81 ; 9 septembre 1819, n° 106 ; 8 avril 1826, n° 66 ; 4 août 1826, n° 149 ; 23 août 1832, n° 318 ; 6 décembre 1841, n° 356 ; 2 juillet 1846, n° 171. Mais les gardes champêtres des communes la conservaient-ils, lorsqu'ils se faisaient les auxiliaires de l'autorité municipale ? Pour mon compte, je crois que, dans l'accomplissement de ce devoir secondaire, ils n'étaient plus que des citoyens chargés d'un ministère de service public. C'est aussi ce que la Cour de cassation a jugé, en annulant un jugement du tribunal de Melun, « attendu que, dans l'espèce, par un arrêté municipal, approuvé par le préfet, le garde champêtre de Villeparisis avait été, conjointement avec l'adjoint de la commune, chargé de l'exécution de cet arrêté, et que l'art. 5 de cet arrêté prescrit de fermer les cabarets et lieux publics à dix heures ; attendu qu'il est constaté, par un procès-verbal du

3 novembre 1838, et nullement méconnu par le jugement attaqué, que le prévenu Hubas s'est livré à des
voies de fait et violences, envers le garde champêtre de
Villeparisis, au moment où celui-ci agissait pour l'exécution de l'arrêté municipal, dont il s'agit ; attendu, en
droit, que, si les gardes champêtres sont officiers de
police judiciaire, seulement dans l'exercice de la police
rurale, ils peuvent être requis, comme auxiliaires des
officiers locaux de police, pour l'exécution des arrêtés
légalement pris par l'autorité municipale ; qu'alors ils
exercent un ministère de service public. » 2 mai 1839,
n° 142. Il en résultait que, pour cette partie de leur
service, les gardes champêtres n'étaient pas protégés par
l'art. 224, et, par suite, que les outrages, qu'ils rece-
vaient à cette occasion, demeuraient impunis, s'ils ne
présentaient pas les caractères de la diffamation ou de
l'injure publique, réprimées par la loi du 17 mai 1819.

Telle était aussi la situation de la plupart des employés
des administrations publiques ; car on en rencontre
bien peu parmi eux, qui puissent être classés dans les
officiers ministériels ou dans les agents de la force publique. On cherchait bien quelquefois à leur donner
l'un ou l'autre de ces caractères ; mais ces tentatives
venaient échouer devant la Cour de cassation. Ainsi la
Cour de Paris avait cru pouvoir donner la qualité d'a-
gent de la force publique à un employé des contributions indirectes. Son arrêté fut annulé par la Cour de
cassation, « attendu que l'art. 224 du Code pénal ne
punit les outrages par paroles, gestes ou menaces, que
lorsqu'ils sont faits *à un officier ministériel ou à un agent
dépositaire de la force publique,* dans l'exercice ou à l'occasion de l'exercice de leurs fonctions ; que les employés des contributions indirectes ne sont ni officiers
ministériels, ni agents dépositaires de la force publique,

d'où il suit que, dans l'espèce, la disposition pénale de l'art. 224 a été faussement appliquée à Bouyer, à raison du délit d'injures et menaces, envers les employés des contributions indirectes, dont il a été déclaré coupable. » 1er mars 1844, n° 72.

Ces incertitudes, ces recherches pénibles et laborieuses de la jurisprudence, ont cessé depuis la loi du 13 mai 1863, qui a étendu la protection de l'art. 224 à tous les citoyens chargés d'un ministère de service public.

111. Aujourd'hui cet article défend donc contre les outrages : 1° les officiers ministériels ; 2° les agents dépositaires de la force publique ; 3° les citoyens chargés d'un ministère de service public,

112. Les officiers ministériels sont les avoués, 29 mars 1845, n° 119 ; les huissiers, 19 mai 1827, n° 119 ; les commissaires-priseurs. On doit également classer parmi eux, au point de vue que j'examine, les notaires, comme je l'ai démontré ci-dessus, n° 28 ; 2 juin 1809, n° 96 ; 13 mars 1812, n° 58 ; les porteurs de contraintes et garnisaires des contributions directes, 20 février 1830, n° 51 ; 30 juin 1832, n° 240.

113. Tous les agents de la force publique, quels qu'ils soient, sont protégés par l'art. 224 ; ce qui ne les empêche pas de trouver parfois une autre garantie dans une loi particulière. Je citerai, pour exemple, les préposés des douanes, que l'arrêt du 23 avril 1807, n° 82, répute agents de la force publique, et qui, à raison des outrages qu'ils reçoivent, sont défendus, à la fois, par la disposition générale du Code pénal et par les dispositions spéciales de la loi du 4 germinal an II ; chambre criminelle, 26 août 1816, Sir., 1817, 1, 186 ; chambre civile, 21 août 1837, Sir., 1837, 1, 798 ; chambres réunies, 10 janvier 1840, Sir., 1840, 1, 355.

114. On rangera, parmi les citoyens chargés d'un ministère de service public, toutes les personnes qui, sans être officiers ministériels ou dépositaires de la force publique , seront chargées d'un service public quelconque. Ainsi il importera peu, désormais, que l'on conteste que les porteurs de contraintes puissent être considérés comme des officiers ministériels, ou que l'on soutienne que les agents de police ne sont pas des dépositaires de la force publique. En effet, à quoi aboutirait cette discussion ? Si les porteurs de contraintes ne sont pas des officiers ministériels, si les agents de police ne sont pas des dépositaires de la force publique, ils sont, du moins, sans contredit, des citoyens chargés d'un ministère de service public ; en conséquence, par une raison ou par l'autre, les outrages, qu'ils reçoivent, sont justiciables de l'art. 224.

La jurisprudence a reconnu que l'on devait considérer comme citoyens chargés d'un ministère de service public :

1° Les appariteurs de police, chargés de la conduite d'une patrouille. 6 octobre 1831, n° 243 ;

2° Les gardes champêtres, se livrant, comme auxiliaires de l'autorité municipale, à la recherche des contraventions urbaines. 2 mai 1839, n° 142 ;

3° Le gardien, non assermenté, employé dans une maison de force. 11 février 1842, n° 25 ;

4° Les surveillants-jurés de la pêche, dans la baie de Cancale. 12 mars 1842, n° 61 ;

5° L'individu chargé, par l'autorité locale, de conduire au chef-lieu un prévenu de vol, pour le remettre à la disposition de l'autorité compétente. 9 octobre 1846, n° 274 ;

6° Les préposés des contributions indirectes. 14 décembre 1821, n° 196.

115. Nous avons reconnu précédemment, n° 89, que, si le magistrat, auquel les outrages étaient adressés, avait omis de prêter serment, il n'en était pas moins protégé par les art. 222 et 223, parce que respect est dû, dans tous les cas, à la fonction et à son exercice public, accompli sans contestation, sous l'autorité du Gouvernement. Ces principes restent vrais dans l'application des art. 224 et 225, comme la Cour de cassation l'a reconnu dans son arrêt du 5 avril 1860, n° 92, en annulant une décision de la Cour de Metz, qui en avait jugé autrement à l'égard d'un agent de police.

116. De même, la protection ne fait pas défaut à la personne outragée, parce qu'elle n'est revêtue ni de son costume, ni de ses insignes officiels. Il suffit, comme je l'ai rappelé déjà, n° 48, que l'inculpé ait connu son caractère, lorsqu'il l'outrageait.

117. Les outrages, prévus par les art. 224 et 225, ne sont punis, comme ceux dont il est question aux art. 222 et 223, que dans le cas où ils sont reçus dans l'exercice ou à l'occasion de l'exercice de la fonction.

118. L'outrage a lieu dans l'exercice de la fonction lorsque, comme je l'ai dit sous les art. 222 et 223, n° 92, il est adressé à l'officier ministériel, au dépositaire de la force publique, au citoyen chargé d'un ministère de service public, au moment où celui-ci agit en cette qualité. Aux arrêts, que j'ai précédemment rappelés, *loc. cit.*, j'ajouterai ceux qui concernent plus spécialement les articles, dont je n'occupe.

Dans une première espèce, Vincent, notaire à Saint-Paul, était dépositaire d'un testament mystique, qu'il avait écrit lui-même, et dont il avait rédigé la suscription. Après la mort du testateur, il en donnait lecture

aux parties, sur leur réquisition, lorsque la veuve Virieux se permit de l'outrager. La Cour de justice criminelle se déclara incompétente pour connaître de ce
fait, sous le prétexte « qu'il s'agissait d'un testament
mystique, auquel le ministère des notaires est étranger,
et que Vincent ne l'avait pas rédigé comme notaire,
mais comme homme privé ; que les injures de la veuve
Virieux ne se dirigeaient pas contre le notaire, mais
contre l'homme de confiance qui avait écrit ce testament, et qu'il ne s'agissait conséquemment que d'injures verbales envers un particulier. » Sur le pourvoi
de Vincent, cette décision fut annulée, « attendu qu'il
est reconnu, en fait, par l'arrêt attaqué, que les injures, adressées à Joseph Vincent, notaire, l'ont été
dans un moment où, sur la réquisition des parties
intéressées, il venait de donner lecture d'un testament
mystique, dont il était dépositaire, et dont il avait
écrit la suscription en qualité de notaire ; attendu que
la Cour de justice criminelle du département de la
Loire, en motivant son arrêt sur la circonstance qu'il
s'agissait d'un testament mystique, auquel le ministère
des notaires est étranger, qu'il avait été écrit par Vincent, comme homme de confiance du testateur, et que
les injures n'étaient adressées qu'à l'homme privé, n'a
pas envisagé la plainte du notaire Vincent sous le rapport qui lui était propre ; que cette Cour aurait dû considérer que Joseph Vincent remplissait les fonctions de
notaire, en donnant connaissance aux parties intéressées
d'un testament, dont il était dépositaire, et au complément duquel il avait concouru, en rédigeant la suscription de cet acte ; que ce notaire était véritablement
dans l'exercice de ses fonctions. » 2 juin 1809, n° 96.

Dans une seconde espèce, l'huissier Pujol, assisté du
brigadier forestier Valat, avait fait, le 9 août 1829,

c'est-à-dire, un dimanche, le récolement des meubles et effets saisis sur Jean Cros, le 24 juillet précédent. Pendant qu'il procédait à cette opération, il avait été outragé, comme Valat, par la femme Cros. Cette femme, ayant été poursuivie, fut condamnée par le tribunal de Saint-Pons à l'amende de l'art. 224 ; mais, sur son appel, la Cour de Montpellier, sans méconnaître les faits, constatés par les premiers juges, renvoya la femme Cros des poursuites, par le motif que, le 9 août, étant un dimanche, et l'huissier ne s'étant pas muni de la permission du juge, conformément à l'art. 1037 du Code de procédure civile, cet officier ministériel et le brigadier forestier, qui l'assistait, n'étaient pas dans l'exercice légal de leurs fonctions. Sur le pourvoi du ministère public, cette décision fut annulée, « attendu qu'en regardant, comme un acte d'exécution, les soins pris le 9 août par l'huissier, pour vérifier les soupçons, qu'il avait conçus, et qui se sont réalisés, du détournement et de la soustraction de partie des effets saisis, dont il avait confié la garde au saisi lui-même ; attendu qu'en admettant, même en principe, que des agents, chargés de l'exécution des lois, lorsque leur qualité n'est ni méconnue, ni contestée, peuvent être impunément menacés, outragés et injuriés, sous prétexte qu'ils ont négligé quelque formalité requise pour l'exercice de leur ministère, et ne doivent plus alors jouir de la protection, que les lois leur accordent en cette qualité, principe qui pourrait d'ailleurs entraîner les inconvénients les plus graves pour l'ordre public, et encourager les particuliers à se faire justice eux-mêmes, tandis que les lois leur donnent tout recours, toute action en réparation et dommages et intérêts, soit contre les agents de l'autorité publique, qui auraient négligé les formalités prescrites, soit contre ceux

qui les auraient employés ; attendu que , dans ces différentes suppositions, il était du moins établi, en
fait, que les imputations iujurieuses, que s'était permises la femme Cros contre l'huissier et le garde forestier, leur ont été adressées non-seulement à cause
de leurs opérations du 9 août, mais encore à l'occasion
de la saisie précédemment faite le 24 juillet ; qu'en
effet, la prévenue imputait à l'huissier d'avoir lui-même
volé les objets saisis manquants, attendu qu'il avait les
clefs des écuries par suite de la saisie du 24 juillet ; et
qu'à l'égard du brigadier forestier, c'est la vie entière
de cet agent, que la prévenue a attaquée, en lui reprochant de se laisser corrompre pour s'abstenir de remplir les devoirs de sa charge ; d'où il suit qu'en admettant même, ainsi que l'a fait l'arrêt attaqué, que ces
deux agents n'eussent pas été outragés, le 9 août, dans
l'exercice de leurs fonctions, ils l'auraient été du moins
à l'occasion de cet exercice présent ou passé ; d'où résultait naturellement l'application de l'art. 224 du Code
pénal, qui a été violé par l'arrêt attaqué. » 20 février
1830, n° 50.

Dans une troisième espèce, l'arrêt qui, sous un autre
prétexte d'illégalité, avait refusé l'application de l'article 224, fut cassé dans l'intérêt de la loi. Je vais transcrire le réquisitoire adressé par M. le procureur général Dupin à la chambre criminelle, et dont cette
chambre a déclaré prendre les motifs comme fondement
de sa décision, 12 juin 1834, n° 179. « Le nommé Joseph Marin avait été traduit devant la Cour de Cayenne,
chambre correctionnelle, comme prévenu d'avoir outragé par paroles, gestes ou menaces, trois militaires,
commandés pour l'arrêter et le conduire à la geôle, en
vertu d'un jugement du conseil de discipline de la
milice, prononçant contre lui la peine de trois jours de

prison. L'arrêt attaqué, en reconnaissant le fait d'injures, a refusé d'y appliquer l'art. 224 du Code pénal, relatif aux outrages, commis contre les agents dépositaires de la force publique dans l'exercice ou à l'occasion de l'exercice de leurs fonctions, et n'a prononcé, contre le prévenu, que les peines de simple police, portées par l'art. 376 du même Code, pour injures contre particuliers, sur le motif que ces injures ont été proférées *dans le domicile* du sieur Marin, où ces militaires étaient entrés *contre sa volonté ;* d'où il suit qu'ils *n'étaient plus dans l'exercice légal de leurs fonctions.* Cette décision contient une violation de l'art. 224 et une fausse application de l'art. 376 du Code pénal ; les militaires, exécutant le jugement du conseil de discipline des milices, et s'introduisant dans le domicile du prévenu, même contre sa volonté, n'en étaient pas moins dans l'exercice de leurs fonctions. Sans doute, lorsqu'il ne s'agit que de l'exercice de la police judiciaire, de la recherche des crimes ou délits, les agents de la force publique, agissant aux termes de l'art. 16 du Code d'instruction criminelle, ne peuvent pénétrer dans le domicile des citoyens, en cas de refus, qu'avec des formes particulières, et en se faisant assister des magistrats désignés par la loi ; il en est encore de même, aux termes de l'art. 781 du Code de procédure civile, lorsqu'il s'agit de l'exécution des jugements emportant contrainte par corps, en matière civile et commerciale. Dans le premier cas, en effet, il n'y a aucun mandat, aucune condamnation de justice ; dans le second, il y a bien un jugement, mais la loi, par une disposition spéciale, en a tempéré la force exécutoire, en ce qui concerne l'emprisonnement, parce que cette contrainte est moins une peine publique qu'une voie de rigueur, employée pour obtenir l'accomplissement d'une obligation privée. Mais lorsqu'il s'agit, en

matière criminelle, de l'exécution d'un mandat de justice, ou d'un jugement de condamnation à l'emprisonnement, la force armée, munie du mandat ou du jugement, n'a pas besoin d'être assistée du juge de paix ou
de l'officier municipal pour donner suite à ces actes,
qui sont revêtus du mandement à la force publique, et
exécutoires dans toute l'étendue du royaume (art. 98,
Code d'instruction criminelle); le refus de laisser pénétrer dans le domicile ne peut devenir un obstacle à
l'arrestation; les militaires chargés d'exécuter contre le
nommé Marin le jugement du conseil de discipline, qui
le condamnait à trois jours de prison, étaient donc dans
l'exercice légal de leurs fonctions, lorsque Marin s'est
rendu coupable envers eux du délit d'outrage; et l'arrêt
attaqué aurait dû faire l'application au prévenu, non pas
de l'art. 376 du Code pénal, mais bien de l'art. 224. »

Dans une quatrième espèce, Desrivery avait été condamné aux peines de l'art. 224 pour avoir outragé des
gendarmes, investissant, pendant la nuit, une maison que
l'on supposait servir de refuge à un individu frappé
d'un mandat de justice. Il se pourvut en cassation, sous
le prétexte que, pendant cet investissement, les gendarmes n'étaient pas dans l'exercice de leurs fonctions.
Son pourvoi fut rejeté, 8 mars 1851, n° 95.

119. L'outrage, reçu à raison de la fonction, ou à
l'occasion de son exercice (ce qui est la même chose), a
lieu, comme je l'ai indiqué plus haut, n° 95, lorsqu'il
est déterminé par la fonction elle-même ou par un acte
spécial de l'agent.

120. J'ai dit ci-dessus, n° 99, que l'irrégularité de
l'acte, exécuté par le magistrat de l'ordre administratif
ou judiciaire, ne peut pas être considérée comme une
cause justificative des outrages qui lui sont adressés.
Les principes des arrêts, que j'ai rappelés à cette occa-

sion, sont, sans contredit, applicables au délit, puni par
les articles que j'étudie en ce moment. Cependant, il
faut comprendre que si l'acte est d'une irrégularité telle
qu'il ne puisse pas se rattacher à l'exercice de la fonction de la personne outragée, les offenses, dont cette
personne deviendra l'objet pendant l'accomplissement
de cet acte, ne pourront pas être considérées comme lui
ayant été adressées dans l'exercice de sa fonction.

La Cour de cassation l'a jugé dans l'espèce suivante.

Les époux Bougain avaient accueilli par des outrages
le garde forestier Pobeau, qui était pénétré chez eux,
sous le prétexte d'y constater un délit. Prévenus d'outrages envers un agent de la force publique, dans
l'exercice de ses fonctions, ils furent renvoyés des poursuites. Le pourvoi que le ministère public forma contre
eux fut rejeté « attendu que, s'il avait été énoncé dans
le procès-verbal dressé par le garde forestier Pobeau,
à la date du 17 mai 1851, que le nommé Bougain tenait
une auberge dans sa maison, ce fait n'a été reconnu,
comme résultant des débats et des preuves testimoniales
reçues à l'audience, ni par le jugement de première
instance de Montluçon, ni par le jugement rendu sur
appel par le tribunal correctionnel supérieur de Mou-
lins ; attendu, en outre, qu'il n'a point été reconnu par
le jugement attaqué, lequel a réformé le jugement rendu
en première instance par le tribunal correctionnel de
Montluçon, que l'intervention du garde forestier Pobeau dans la maison de Bougain ait été motivée par un
cas de flagrant délit ; attendu qu'en déclarant, dans ces
circonstances, que le garde forestier Pobeau n'était
point dans l'exercice de ses fonctions, et que les faits,
imputés aux prévenus, ne constituaient ni les délits
d'outrage et de voie de fait envers un fonctionnaire public ou un agent dépositaire de la force publique, ni

aucun autre délit, le jugement attaqué n'a violé aucune loi. » 25 mars 1852, n° 108.

121. La provocation par injures ne justifierait ni n'excuserait celui qui aurait outragé un officier ministériel ou un préposé de l'autorité publique. En effet aucune disposition de la loi n'autorise à tirer l'une ou l'autre de ces conséquences de cette sorte de provocation. Il y a bien, dans le Code pénal, une disposition qui, en matières d'injures, admet la provocation comme cause justificative ; mais c'est le n° 11 de l'art. 471, qui n'est applicable qu'aux injures privées, et qui, par conséquent, est tout à fait étranger à la matière qui m'occupe.

Cette vérité est incontestable ; la Cour de cassation en a fait plusieurs fois l'application.

Jean-Louis Rohel, prévenu d'outrages envers des gendarmes dans l'exercice de leurs fonctions, fut renvoyé des poursuites par le motif qu'il avait été provoqué par ces agents de la force publique. Sur le pourvoi du ministère public, le jugement fut annulé, « attendu qu'il a renvoyé Rohel de la plainte, sur le motif qu'il y aurait eu à son égard, une provocation, qui ferait disparaître le délit ; qu'il a déclaré ainsi un délit excusable, hors des cas déterminés par la loi ; en quoi il a faussement appliqué l'art. 63 du Code pénal et violé les articles 224 et 225 du même Code. » 28 août 1841, n° 264. —*Conf.*, 19 août 1842, n° 213.

122. L'ancien art. 224 ne punissait le délit, qu'il prévoit, que d'une amende de seize francs à deux cents francs. Cette peine était fréquemment insuffisante. La loi du 13 mai 1863 l'a très-convenablement modifiée. Aujourd'hui, le délit de l'art. 224 est puni d'un emprisonnement de six jours à un mois et d'une amende de seize francs à deux cents francs ou de l'une de ces deux peines seulement.

123. La peine s'aggrave si l'outrage a été dirigé contre un commandant de la force publique. Elle était, suivant l'ancienne disposition de l'art. 225, de six jours à un mois d'emprisonnement ; elle est, suivant la nouvelle disposition de cet article, d'un emprisonnement de quinze jours à trois mois, auquel le juge peut ajouter une amende de seize francs à cinq cents francs ; ce qui, autrefois, ne lui était pas permis. 25 juillet 1850, n° 232.

L'art. 225 n'accorde-t-il sa protection spéciale qu'aux commandants de hauts grades ? ne l'accorde-t-il pas, au contraire, aux commandants de toute espèce, voire même aux brigadiers et aux caporaux ? Pour moi, je n'en fais aucun doute ; je ne crois pas pouvoir admettre une distinction que le texte de la loi ne comporte pas. C'est cette opinion que la Cour de cassation a suivie, en annulant un arrêt de la Cour de Toulouse, qui avait jugé le contraire, « attendu que, d'après l'art. 225 du Code pénal, l'outrage par paroles, gestes ou menaces, dirigé contre un commandant de la force publique, doit être puni de la peine de six jours à un mois d'emprisonnement; attendu que, d'après les art. 81, 136, 138, 141, 180, 188, 191, 192, 193, 196 et 225 de l'ordonnance du 29 octobre 1820, sur l'organisation de la gendarmerie, les brigadiers de gendarmerie sont de véritables commandants de la force publique, dans l'étendue du territoire assigné, à leur brigade, et lorsque, dans le service, ils sont à la tête d'un détachement; attendu que la Cour de Toulouse, en déclarant, en droit, qu'un brigadier de gendarmerie, assisté d'un seul gendarme, ne pouvait point être considéré comme commandant de la force publique, a méconnu et violé les dispositions de l'ordonnance royale du 29 octobre 1820 et l'art. 225 du Code pénal. » 14 janvier 1826, n° 9.

124. Les lois des 17 mai 1819 et 25 mars 1822, punissent certaines injures ou diffamations, certains outrages adressés à certaines personnes publiques.

L'étude des art. 224 et 225 serait incomplète, si je n'indiquais pas les modifications, qu'ils ont reçues de ces lois ou plutôt de la première de ces lois.

Car, pour le dire sur-le-champ, ils n'ont pas été atteints par celle du 25 mars 1822. En effet, cette loi ne s'occupe, dans aucune de ses dispositions, des outrages, que peuvent recevoir, soit dans l'exercice de leur fonction, soit à l'occasion de cet exercice, les personnes publiques, mentionnées dans les art. 224 et 225, c'est-à-dire, les officiers ministériels, les agents dépositaires de la force publique, et les citoyens chargés d'un ministère de service public.

Quant à la loi du 17 mai 1819, c'est différent; si, dans certains cas, elle ne touche pas à ces deux articles, elle les modifie dans certains autres.

Je distinguerai entre les outrages, qui sont reçus dans l'exercice de la fonction et ceux qui ont pour cause son exercice, ou, ce qui est la même chose, les faits relatifs à la fonction.

Les outrages, reçus dans l'exercice de la fonction, continuent, tous et sans exception, à être régis par les art. 224 et 225, la loi du 17 mai ne punissant que l'injure et la diffamation pour des faits relatifs à la fonction.

Au contraire, les outrages reçus à raison de la fonction, sont justiciables, les uns du Code pénal, les autres de la loi de 1819. Les premiers seront ceux qui auront été reçus sans publicité, les seconds, ceux qui auront eu lieu publiquement. Ces derniers seront punis par l'art. 16 ou l'art. 19 de la loi du 17 mai, suivant qu'ils constitueront une diffamation ou une injure. La diffamation, c'est l'allégation ou l'imputation d'un fait, qui porte atteinte à l'honneur ou à la considération de la personne à laquelle le fait est imputé ; l'injure, c'est toute expression outrageante, terme de mépris ou invective.

Ordinairement l'injure n'encourt la peine de la loi de 1819 que si elle renferme l'imputation d'un vice déterminé. Mais cette condition n'est plus nécessaire dans le cas où l'injure s'adresse à une personne publique, comme la Cour de cassation l'a jugé dans l'espèce suivante.

Le nommé Pinsart avait adressé, sur la place publique, à Coffin, garde champêtre et agent de police, des paroles ordurières, à l'occasion d'un acte de ces dernières fonctions. Il avait été mis en prévention comme inculpé de l'injure publique, réprimée par l'art. 19 de la loi du 17 mai 1819. L'une des considérations, qui détermina la Cour de Metz à le renvoyer des poursuites, ce fut que l'injure, qui lui était reprochée, ne renfermait pas l'imputation d'un vice déterminé. Cet arrêt fut annulé « attendu, en droit, que l'agent de police est un agent de l'autorité publique, et que l'injure, adressée à Coffin en cette qualité, tombait sous le coup de l'art. 19, § 1er de la loi du 17 mai ; qu'il n'y avait même pas à rechercher si elle renfermait l'imputation d'un vice déterminé, dont parle l'art. 20 ; que cet article, en disposant que l'injure, dépourvue de cette condition, *continuerait* d'être punie des peines de simple police, n'a voulu que maintenir, sans l'étendre, le même principe, déjà établi par l'art. 276 du Code pénal à l'égard des seules injures envers les particuliers. » 5 avril 1860, n° 92.

ARTICLE 226.

Dans le cas des articles 222, 223 et 225, l'offenseur pourra être, outre l'emprisonnement, condamné à faire réparation, soit à la première audience, soit par écrit ; et le temps de l'emprisonnement, prononcé contre lui, ne sera compté qu'à
dater du jour où la réparation aura eu lieu.

ARTICLE 227.

Dans le cas de l'article 224, l'offenseur pourra
de même, outre l'amende, être condamné à faire
réparation à l'offensé, et, s'il retarde ou refuse, il
sera contraint par corps.

125. Objet de ces articles. — Amende honorable ou réparation d'honneur. — Ses caractères. — Arrêts.
126. Elle n'est plus dans nos mœurs.

125. L'amende honorable ou la réparation d'honneur, que les art. 226 et 227 permettent au juge de
prononcer, est une véritable peine.

Les tribunaux ne pourraient, sans commettre un excès de pouvoir, ni la remplacer, en cas de renvoi des
poursuites, par *un blâme par jugement*, 25 juillet 1839,
n° 241, ni l'appliquer, sous prétexte d'assimilation ou
d'analogie, à des faits, qui ne seraient pas ceux que la
loi a déterminés. 28 mars 1812, n° 77 ; 8 juillet 1813,
n° 152 ; 24 avril 1828, n° 123.

L'amende honorable est une de ces peines accessoires,
dont l'art. 365 du Code d'instruction criminelle n'in-

terdit pas le cumul avec une peine principale autre que celle qu'elles accompagnent ordinairement. 23 septembre 1837, n° 288.

On trouvera, dans ma première Étude, n°ˢ 54, 56, 201, le texte de principaux arrêts, dont je viens de rappeler la date.

126. Je n'insisterai pas autrement sur les art. 226 et 227. La mesure, qu'ils autorisent, n'est plus dans nos mœurs. Je n'en ai jamais vu faire l'application.

ARTICLE 228 [1].

Tout individu qui, même sans armes, et sans qu'il en soit résulté de blessures, aura frappé un magistrat dans l'exercice de ses fonctions, ou à l'occasion de cet exercice, sera puni d'un emprisonnement de deux à cinq ans. Si cette voie de fait a eu lieu à l'audience d'une Cour ou d'un tribunal, le coupable sera en outre puni de la dégradation civique.

---

[1] *Ancien article* 228. Tout individu qui, même sans armes, et, sans qu'il en soit résulté de blessures, aura frappé un magistrat dans l'exercice de ses fonctions, ou à l'occasion de cet exercice, sera puni d'un emprisonnement de deux à cinq ans. Si cette voie de fait a eu lieu à l'audience d'une Cour ou d'un tribunal, le coupable sera puni du carcan.

127. Cet article a été modifié par la loi du 13 mai 1863.

Aujourd'hui il est ainsi conçu : « Tout individu qui, même sans armes, et sans qu'il en soit résulté de blessures, aura frappé un magistrat dans l'exercice de ses fonctions, ou à l'occasion de cet exercice, ou commis toute autre violence ou voie de fait envers lui, dans les mêmes circonstances, sera puni d'un emprisonnement de deux à cinq ans. Le maximum de cette peine sera toujours prononcé, si la voie de fait a eu lieu à l'audience d'une Cour ou d'un tribunal. Le coupable pourra, en outre, dans les deux cas, être privé des droits, mentionnés en l'art. 42 du présent Code, pendant cinq ans au moins et dix ans au plus, à compter du jour où il aura subi sa peine, et être placé sous la surveillance de la haute police pendant le même nombre d'années. »

128. J'ai peu de choses à dire sur cet article, dont l'explication se trouve, en grande partie, dans celle des articles qui précèdent.

En effet, nous savons déjà quels sont les fonctionnaires auxquels la loi donne la qualité de magistrats.

A cet égard, je ne ferai qu'une observation. On remarque, peut-être, que la loi du 13 mai 1863 qui, dans les art. 222 et 223, a ajouté les jurés aux personnes publiques, protégées par ces articles, n'en a rien dit dans l'art. 228. Il ne faut pas croire que ce soit une omission de cette loi. Celle qui existait, effectivement, à cet égard dans le Code pénal de 1810, avait été réparée par les dernières dispositions de l'art. 6 de la loi du 25 mars 1822, lesquelles portent : « Si l'outrage, dans les différents cas, prévus par le présent article, a été accompagné d'excès ou de violences, prévus par le premier paragraphe de l'art. 228 du Code pénal, il sera puni des peines, portées audit paragraphe et à l'art. 229, et, en outre, de l'amende portée au premier paragraphe du présent article. Si l'outrage est accompagné des excès, prévus par le second paragraphe de l'art. 228 et par les art. 231, 232 et 233, le coupable sera puni conformément audit Code. »

Nous savons aussi sous quelles conditions le fait est réputé se produire dans l'exercice des fonctions ou à l'occasion de cet exercice.

129. Je n'aurai donc guère à m'occuper que du fait même, constitutif du délit, et de sa pénalité.

L'art. 228 est applicable à tout individu qui a frappé, ou commis toute autre violence ou voie de fait.

Avant les révisions de 1863, cet article ne paraissait punir que celui qui avait frappé, c'est-à-dire porté un coup. En prenant cette disposition à la lettre, on soutenait qu'elle n'atteignait que celui, dont la violence avait pris exactement ce caractère.

Cette théorie qui, à mon sens, abusait de la lettre de la loi pour en méconnaître l'esprit, avait été repoussée par la Cour de cassation.

Le nommé Chevalier avait saisi au col le maire de la commune de Saint-Clet, et ce magistrat n'avait été arraché de ses mains qu'avec l'aide de deux hommes. Néanmoins, il avait été renvoyé des poursuites, sous le prétexte qu'il n'avait pas frappé le maire. Sur le pourvoi du ministère public, cette décision fut annulée, « considérant que le tribunal d'appel de

Saint-Brieuc n'a point contesté, et qu'il a même reconnu constants les faits qui avaient déterminé, de la
part du tribunal correctionnel de Guingamp, la condamnation de Chevalier à cinq années d'emprisonnement, par application de l'art. 228 du Code pénal ; que,
dans le rapport, qui a précédé le jugement de Saint-
Brieuc et qui se trouve inséré dans ledit jugement, il
est formellement énoncé, comme fait positif et non contredit, que Chevalier saisit au col le maire de la commune de Saint-Clet, qui était alors dans l'exercice de
ses fonctions, qu'il passa ses deux mains dans la cra-
vate du maire qu'il tirait à lui de toutes ses forces, que
deux particuliers, Cronen et Legrotec, furent obligés
d'employer la force pour faire lâcher M. le maire, et
que ce ne fut qu'avec l'aide de ces deux hommes qu'on
parvint à l'arracher des mains du prévenu ; que ces faits,
ainsi constatés et convenus, rentrent dans les dispositions de l'art. 228 du Code pénal, et constituent le délit
prévu par cet article ; que cette conséquence se déduit
nécessairement de la combinaison des art. 228, 230,
231 et 232 du Code pénal ; que le sens, que l'on doit
attacher au mot *frapper*, qui se trouve employé dans
l'art. 228, est suffisamment déterminé par les expressions de *violences*, dont il est parlé aux art. 230 et 231 ;
et qu'il résulte notamment de l'art. 232 qu'il y a assimilation parfaite entre les violences et les coups portés,
et que ces violences et ces coups rentrent dans les dispositions dudit art. 228 et dans l'acception du mot
frappé, qui n'est que démonstratif, et déterminent la
signification du mot *frappé* qui est employé dans cet article ; que, d'après la combinaison de ces articles, il est
impossible de se refuser à la conviction que les violences, exercées par Chevalier contre le maire de la commune de Saint-Clet, agissant dans l'exercice ou à l'oc-

casion de l'exercice de ses fonctions, ont constitué le délit prévu par l'art. 228 du Code pénal. » 29 juillet 1826, n° 147.

Désormais, cette difficulté ne pourra plus se produire; l'art. 228 punit non-seulement celui qui a frappé, mais encore celui qui a commis toute autre violence ou voie de fait.

Au reste, ces violences ou voies de fait ne pourront résulter que d'une mainmise physique sur la personne, qui en est l'objet. Je ne doute pas que, malgré les additions de la loi du 13 mai 1863, on ne doive encore juger, aujourd'hui, que cracher à la figure, ce n'est pas exercer une violence ou une voie de fait, et que ce n'est que commettre un outrage par gestes. 29 mars 1845, n° 119; 5 janvier 1855, n° 4. En effet, dans ce cas, la violence est plus morale que physique.

130. Les coups, violences ou voies de fait, punis par l'art. 228, ne trouveraient pas, assurément, une excuse dans les propos injurieux, tenus par le magistrat, qui en aurait été la victime. La loi ne classe pas cette sorte de provocation parmi les faits, qu'elle considère, dans les art. 321 et suivants du Code pénal, comme excuse des violences, exercées contre les particuliers. A plus forte raison, elle ne l'admet pas comme excuse des violences, dirigées contre les magistrats.

131. Mais la loi (art. 321 précité) déclare excusables les coups portés et les blessures faites à un particulier, s'ils ont été provoqués par des violences graves envers les personnes. Cette excuse s'étend-elle aux violences exercées contre les magistrats? Je ne le crois pas. Les textes confirment mon opinion.

Le Code pénal se divise en plusieurs livres. Le premier concerne les peines; le deuxième, les personnes punissables, excusables et responsables; le troisième, les cri-

mes, les délits et leur punition. Ce dernier livre se sous-
divise en deux titres, dont l'un comprend les crimes et délits contre la chose publique, et l'autre les crimes et délits
contre les particuliers. L'art. 321 n'est pas classé,
comme les dispositions sur la démence, la force majeure, l'âge de l'inculpé, dans le livre deuxième, c'est-
à-dire dans un livre commun à toutes les parties du
Code pénal; il ne se trouve pas davantage dans le titre
premier du livre troisième, relatif aux crimes et aux
délits contre la chose publique; il ne se rencontre que
dans le titre deuxième de ce livre, c'est-à-dire parmi
les dispositions concernant les crimes et les délits
contre les particuliers. L'importer dans le titre premier
de ce même livre, ce serait évidemment ajouter à la loi,
puisque, sans qu'elle l'eût ordonné, on appliquerait
aux crimes et aux délits contre la chose publique une
disposition, qu'elle n'a prise qu'à l'égard des crimes et
délits contre les particuliers.

On comprend d'ailleurs, facilement, comment la loi a
pu permettre l'excuse des crimes et des délits de cette
dernière espèce, et ne pas tolérer celle des autres. On
peut, sans grand danger pour la société, excuser dans
certaines circonstances, les crimes et les délits, qui ne
s'adressent qu'aux particuliers. Au contraire, en excu-
sant les crimes et les délits contre la chose publique,
on aurait énervé l'action des pouvoirs publics, encou-
ragé l'esprit de rébellion et désorganisé l'ordre social.
Au reste, si les représentants de l'autorité publique
usent ou font user, sans motif légitime, de violences envers les personnes, l'art. 186 du Code pénal y pourvoit.

Cette opinion n'a jamais cessé d'être celle de la Cour
de cassation. Les arrêts, qu'elle a rendus sur cette question, concernent des violences, exercées contre des
agents de la force publique. Mais ceci importe peu. Les

principes sont les mêmes et ces arrêts sont applicables
aussi bien aux cas que j'étudie qu'à ceux que j'étudierai
plus tard.

Louis Boissin, accusé de meurtre, ou tout au moins
de blessures sur la personne du général Lagarde, chef
de la force armée, agissant pour le maintien de l'ordre
public, allégua, devant la Cour d'assises, que le général
avait exercé sur lui des violences, constitutives de la
provocation, caractérisée par l'art. 321, et demanda que
la question en fût posée au jury. Malgré l'opposition
du ministère public, la Cour fit droit à sa demande. Sur
l'ordre du Gouvernement, l'annulation de cet arrêt fut
poursuivie dans l'intérêt de la loi. La Cour de cassation la
prononça « attendu, en droit, que les dispositions de
l'art. 321 du Code pénal n'ont pas été insérées dans ce
Code, comme celles qui concernent la démence, la force
majeure et l'âge de l'accusé, dans un titre général et préliminaire, commun à toutes les parties, dont ce Code se
compose, et qui les rendît ainsi applicables aux crimes
et délits, auxquels elles se réfèrent, sans distinction des
personnes, à l'égard desquelles ils auraient été commis,
et quelles que fussent les circonstances dans lesquelles
ils auraient eu lieu ; que cet art. 321 a été classé dans
le Code pénal sous le titre des *crimes et délits contre les
particuliers;* que l'application de ses dispositions est
limitativement déterminée par ce titre ; qu'elle ne peut
donc être faite qu'aux meurtres et aux actes de violence, commis sur des individus sans caractère public,
ou agissant hors de l'exercice de ce caractère ; que ce
n'est donc qu'aux faits de provocation, dont ces individus peuvent s'être rendus coupables, qu'on peut
appliquer ledit art. 321, pour déclarer excusables les
excès commis sur eux ; que les excès, commis sur les
agents de la force publique, dans l'exercice de leurs

fonctions, ont été l'objet, dans le Code pénal, de dispositions distinctes et séparées de celles, relatives aux excès commis sur des particuliers ; qu'ils ont été prévus et punis d'une manière spéciale, au titre *des crimes et délits contre la paix publique,* sect. 4, § 2, lequel est intitulé : *Des outrages envers les dépositaires de l'autorité et de la force publique;* que, dans ce paragraphe, tous les genres de blessures et d'excès, qui peuvent être commis sur les agents de l'autorité et de la force publique dans l'exercice de leurs fonctions, ont été déterminés ; qu'ils y sont punis plus rigoureusement que ne le sont, dans le titre des *crimes et délits contre les particuliers,* les crimes et délits de la même espèce ; que ceux-ci, en effet, ne blessent que la sûreté individuelle, et que les autres sont tout à la fois un attentat à la sûreté particulière et à la sûreté publique ; que, si le meurtre avec préméditation n'est pas rappelé dans ce paragraphe, c'est que le simple meurtre y est puni de mort, et que, dès lors, il devenait sans objet de s'y occuper de la circonstance aggravante de la préméditation ; que, cependant, ce paragraphe n'a point déclaré communes aux crimes et délits, dont il traite, les dispositions du susdit art. 321 ; qu'il ne renferme non plus aucune disposition particulière semblable à celle de cet article ; que ce serait donc ajouter à la loi et violer son texte, que d'admettre, dans une accusation de meurtre ou de violence, commis envers un agent de la force publique dans l'exercice de ses fonctions, l'exception atténuante d'une prétendue provocation violente, que ledit art. 321 n'a établie que relativement aux meurtres et violences commis sur des particuliers; que ce serait également violer l'esprit de la loi, que d'étendre, par induction, cette exception d'un cas à un autre; qu'en ne l'énonçant que pour un cas, le législateur l'a nécessairement exclu dans l'autre ; que d'ail-

leurs il n'est pas permis d'argumenter d'un cas moins
grave à un cas plus grave, pour étendre à celui-ci des
dispositions favorables, qui n'ont été créées que pour
celui-là, et que le Code pénal a signalé, par la différence des peines qu'il a ordonnées, la différence de
gravité, que la raison et l'intérêt social établissent entre
des excès commis sur des particuliers, et ceux qui sont
commis sur les agents de l'autorité dans leurs fonctions,
relatives au maintien de l'ordre public ; que l'art. 170
de la loi du 28 germinal an VI a confirmé le droit, que
les lois antérieures donnaient aux dépositaires de la
force publique, de repousser par la force les violences
et voies de fait, qui pourraient être exercées contre eux
dans l'exercice de leurs fonctions ; que si, dans ces
fonctions, ils se rendent eux-mêmes coupables de violences criminelles, la loi a pourvu à la vengeance du
citoyen injustement offensé ou maltraité ; que l'art. 186
du Code pénal a sévèrement puni cet abus de la force
et de l'autorité ; mais que, d'après cet article, pour que
les violences, dont les préposés de la force armée ont usé
ou fait user, acquièrent un caractère criminel, il faut
qu'elles aient été exercées sans motif légitime ; que de
cette disposition il ne suit pas néanmoins que, lorsqu'elles n'ont pas eu de motif légitime, elles puissent
constituer la provocation atténuante, que la loi fait résulter des coups et violences graves dont un particulier
se serait rendu coupable, et à laquelle elle donne l'effet
de rendre excusables le meurtre et les coups, dont il
peut avoir été victime par suite de cette provocation ;
qu'aucune parité ne peut être établie, quoique sur les
mêmes faits, entre un agent de la force publique dans
l'exercice de ses fonctions et un individu agissant sans
caractère public ; que les violences d'un individu agissant comme simple particulier, ne peuvent jamais être

présumées légitimes ; que le dépositaire de la force publique, au contraire, est toujours présumé, lorsqu'il agit au nom de la loi, ne faire que ce qu'elle lui prescrit ou lui permet ; que ce n'est pas aux individus, sur lesquels il exerce ses fonctions, à se rendre juges des actes de cet exercice, et moins encore à les réprimer ; qu'aux seuls magistrats de la loi appartient ce pouvoir ; qu'admettre d'autres principes, ce serait non-seulement contrevenir au Code pénal, mais encore énerver l'action de la force publique, encourager l'esprit de la rébellion et désorganiser l'ordre social. » 13 mars 1817, n° 20. — *Conf.*, 8 avril 1826, n° 65 ; 30 avril 1847, n° 93 ; 29 novembre 1855, n° 377 ; 25 avril 1857, n° 170.

132. L'art. 328 du Code pénal dispose que « il n'y a ni crime ni délit, lorsque l'homicide, les blessures et les coups étaient commandés par la nécessité actuelle de la légitime défense de soi-même ou d'autrui. » Cet article est-il inapplicable à la matière qui m'occupe ?

Il semble que cette question doit recevoir la même solution que la précédente ; car l'art. 328 est tout aussi étranger que l'art. 321 aux crimes et délits contre la chose publique. Cependant elle a été autrement appréciée par la Cour de cassation, dans l'espèce suivante.

Traduits devant la Cour d'assises, comme accusés de rébellion à main armée et de meurtre sur la personne d'un gendarme, dans l'exercice de ses fonctions, Louis Roques et Jean-Louis Méjanel avaient demandé qu'une question de légitime défense fût posée au jury. La Cour rejeta leur demande, sans motiver sa décision. Les accusés, condamnés à mort, se pourvurent en cassation. Entre autres moyens, ils invoquèrent la violation de l'art. 7 de la loi du 20 avril 1810, qui prescrit aux Cours et tribunaux de motiver leur décision. L'arrêt

fut annulé « attendu qu'il résulte du procès-verbal
des débats, qu'après la position des questions par le
président, les accusés ayant formellement conclu à ce
qu'il fût demandé aux jurés, par une question spéciale
et nouvelle, si les accusés n'avaient pas agi en légitime
défense, en repoussant les gendarmes qui avaient tiré
les premiers, la Cour d'assises rendit arrêt par lequel,
sans avoir égard à la demande des accusés, elle or-
donna que les questions resteraient posées telles qu'elles
l'avaient été par le président ; vu l'art. 7, § 2, de la loi
du 20 avril 1810, lequel porte : « Tous arrêts qui ne
contiennent pas de motifs sont déclarés nuls ; » attendu
que cette disposition embrasse, dans sa généralité, tous
les arrêts quelconques, rendus par la Cour d'assises
pendant le cours des débats, et notamment ceux relatifs
aux droits et à la défense des accusés ; qu'ainsi elle est
essentiellement applicable aux demandes, formées par
un accusé, de poser des questions ayant pour objet de
dépouiller le fait de l'accusation du caractère criminel,
ou de le modifier, ou de diminuer la peine ; attendu
que la loi fait un devoir aux Cours d'assises d'exprimer
les motifs de leur décision, soit qu'elles admettent, soit
qu'elles rejettent de semblables demandes ; attendu,
dans le fait, que la Cour d'assises du département du
Gard, en rejetant, comme elle en avait le droit, la demande des accusés tendant à poser une question de
légitime défense, et en maintenant les questions telles
qu'elles avaient été proposées par le président, n'a point
donné de motifs de sa décision ; que cette infraction est
d'autant plus grave que la question, proposée par les
accusés, tendait à dépouiller du caractère criminel l'acte
d'accusation, et aurait procuré leur acquittement, si elle
eût été répondue affirmativement ; qu'ainsi l'arrêt, dont
il s'agit, a formellement violé l'art. 7 de la loi du

20 avril 1810, et a encouru la nullité prononcée par ledit article. » 13 janvier 1827, n° 4.

Il y a plus d'une observation à faire sur cet arrêt.

La Cour d'assises, en rejetant, sans donner les motifs de sa détermination, une demande des accusés, avait, dit la Cour de cassation, violé l'art. 7 de la loi du 20 avril 1810, et, par conséquent, son jugement devait être annulé. Je le veux bien, je l'admets d'autant plus volontiers que les demandeurs étaient des condamnés à mort.

Cependant, même à ce point de vue, la décision n'est peut-être pas complétement irréprochable. En effet, par plusieurs de ses arrêts, que j'ai cités dans ma première Étude, n° 184, la Cour de cassation a rejeté bon nombre de pourvois, fondés sur ce que la Cour d'assises avait omis ou refusé de statuer sur des réquisitions, tendant à ce qu'une question de cause justificative, de démence, par exemple, fût posée au jury. Elle a considéré qu'en ne statuant pas, dans ce cas, sur la demande de l'accusé, « la Cour d'assises n'avait pas donné lieu à l'ouverture en cassation, prévue par la seconde partie de l'art. 408 du Code d'instruction criminelle, parce que cette demande n'avait pas pour objet l'usage d'une faculté ou d'un droit accordé par la loi ; que, par là même raison, en refusant de poser cette question, le président n'avait pas empiété sur les attributions de la Cour d'assises. » Comment l'irrégularité de la décision sur la même demande pourrait-elle produire une autre conséquence ? Un arrêt qui n'existe pas ou un arrêt qui cesse d'exister par vice de forme, n'est-ce pas juridiquement la même chose ?

Cette observation est d'autant mieux fondée que la Cour de cassation a constamment jugé, si ce n'est, je crois, sur le pourvoi des nommés Roques et Méjanel,

« que la cause justificative est substantiellement comprise dans la question, par laquelle le jury est interrogé sur le fait même de l'accusation, et qu'il n'est donc pas nécessaire qu'elle devienne l'objet d'une question particulière. » Aux arrêts que je viens de rappeler, il faut ajouter ceux des 4 octobre 1827, n° 256 ; 19 mars 1835, n° 102 ; 14 janvier 1841, n° 9 ; 12 septembre 1850, n° 301 , qui ont spécialement appliqué cette doctrine à la cause justificative résultant de la légitime défense. Si ces principes sont certains, et ils sont indiscutables, il n'est pas vrai, comme le suppose l'arrêt, que je critique, que le sort des accusés était subordonné à la question particulière sur laquelle la Cour d'assises avait rendu un arrêt irrégulier. Non, cette question était virtuellement comprise dans celle qui concernait le fait principal ; par conséquent elle était soumise au jury, qui, pour la résoudre, n'avait pas besoin d'en être autrement saisi. En la rejetant d'une façon irrégulière, la Cour d'assises n'a donc porté aucune atteinte aux droits de la défense ; elle n'a pas causé aux accusés plus de préjudice que si elle avait omis de statuer ou refusé de faire droit à leurs réquisitions.

C'est en passant par ces raisonnements, et comme pour leur donner un dernier appui, que la Cour de cassation déclare « que la question, proposée par les accusés, tendait à dépouiller du caractère criminel l'acte d'accusation, et aurait procuré leur acquittement, si elle eût été répondue affirmativement. » Voilà ce qui me paraît encore plus douteux que tout le reste, et ce que je ne peux pas admettre. Tous les arguments, que j'ai présentés sur la question précédente, et que j'ai puisés dans la jurisprudence de la Cour de cassation, se reproduisent ici avec une égale force. Ils me font croire que la doctrine isolée de l'arrêt du 13 janvier 1827 ne doit pas être suivie. Je suis d'autant plus autorisé à prendre cette opinion que, depuis cet arrêt, la Cour de cassation a constamment jugé, comme je l'ai déjà indiqué, que la provocation ne peut servir d'excuse qu'aux crimes et aux délits contre les particuliers.

133. Les voies de fait n'en demeurent pas moins justiciables de l'art. 228, soit pour avoir été exercées à l'occasion d'un acte entaché d'illégalité, à moins que l'illégalité ne soit de telle nature que la violence ne puisse pas se rattacher à un acte de la fonction de celui qui en est victime, comme je l'ai expliqué précédemment, n°s 44 et 115 ; soit pour avoir été dirigées contre un magistrat, qui n'a pas prêté serment, ou qui n'est pas porteur de ses insignes officiels ; si, dans le premier cas, le magistrat est notoirement tenu pour tel, et si, dans le second, sa qualité est connue du prévenu, ainsi que je l'ai fait remarquer ci-dessus, n°s 110 et 111.

134. Dans la pratique, on se trouve parfois en présence de certains désordres, qui offrent en même temps les caractères du délit de rébellion et ceux du crime réprimé par l'art. 231 du Code. Dans ce cas, les inculpés peuvent être mis, par la même ordonnance, en accusation pour le crime, et en prévention pour le délit, de façon que, si le jury les renvoie des poursuites à raison du crime, ils aient à répondre du délit devant la juridiction correctionnelle. Ce mode de procéder, qui ne viole en aucune façon l'art. 360 du Code d'instruction criminelle, a reçu l'approbation de la Cour de cassation dans l'espèce suivante.

Les frères Jacquin avaient été renvoyés, par la même ordonnance de la chambre du conseil, devant la chambre des mises en accusation de la Cour de Nancy, à raison du crime réprimé par l'art. 231, et en police correctionnelle, à raison du délit, prévu et puni par les art. 209

et 212. Acquittés du crime par la Cour d'assises, ils furent traduits devant le tribunal correctionnel. Ce tribunal se refusa à les juger, sous le prétexte que les faits étaient indivisibles et qu'ils avaient été définitivement appréciés par le jury. Sur le pourvoi du ministère public, ce jugement fut annulé « attendu que l'ordonnance de la chambre du conseil, rendue dans la cause et non attaquée, avait distingué deux sortes de faits dans les faits, constatés par le procès-verbal des employés de l'administration des contributions indirectes, les uns constituant le délit d'attaque et de résistance, défini et puni par les art. 209 et 212 du Code pénal, les autres constituant le crime, prévu et puni par les art. 228, 230 et 231 du même Code ; et que, par suite de cette distinction, ladite ordonnance avait renvoyé les prévenus en police correctionnelle, le cas échéant, à raison du délit, les renvoyant, d'ailleurs, devant la chambre des mises en accusation de la Cour de Nancy, à raison du crime, en quoi ladite ordonnance s'était conformée aux dispositions de l'art. 216 du même Code ; que, de son côté, ladite chambre d'accusation, ne s'occupant que de la partie de cette ordonnance relative aux crimes, avait mis les prévenus en accusation à raison desdits crimes ; mais que, devant la Cour d'assises de renvoi, les jurés, interrogés taxativement sur les faits constituant le crime, répondirent négativement à toutes les questions qui leur furent soumises à cet égard ; que la prévention, quant au délit, n'en subsistait pas moins, et devait être purgée, le cas, prévu par ladite ordonnance, se vérifiant ; qu'en conséquence, les prévenus furent traduits en police correctionnelle à la requête du ministère public, et que le jugement attaqué les a renvoyés de cette poursuite, sur le fondement que tous les faits, dont il s'agissait, étaient indivisibles, et que, qualifiés crimes, ils ne pouvaient plus donner lieu à des poursuites correctionnelles ; mais que l'ordonnance de la chambre du conseil prouvait assez la divisibilité des faits ; que cette ordonnance devait produire tous ses effets ; qu'en les lui refusant, le jugement attaqué a faussement appliqué l'art. 363 du Code d'instruction criminelle, et violé, tant l'art. 216 du Code pénal que l'autorité de la chose jugée. 5 août 1843, n° 201.

135. Avant les révisions de la loi du 13 mai 1863, les violences, prévues par l'art. 228, étaient punies, dans les cas ordinaires, de deux à cinq ans d'emprisonnement, et, si elles avaient eu lieu à l'audience d'une Cour ou d'un tribunal, le coupable était, en outre, puni de la dégradation civique. Aujourd'hui, elles sont punies d'un emprisonnement de deux à cinq ans, et le maximum de cette peine est toujours prononcé, si elles ont été commises à l'audience d'une Cour ou d'un tribunal. Le coupable peut, en outre, dans les deux cas, être privé des droits, mentionnés en l'art. 42 du Code, pendant cinq ans au moins, et dix ans au plus ; il peut même être placé sous la surveillance de la haute police, pendant le même nombre d'années.

Je ne ferai qu'une remarque sur la qualification de ce délit, c'est que les juges devront prendre le soin d'indiquer, dans leur jugement, la fonction remplie par la personne, qui a été l'objet de la violence. 12 juin 1851, n° 215.

ARTICLE 229.

Dans l'un et l'autre des cas, exprimés en l'article précédent, le coupable pourra, de plus, être condamné à s'éloigner pendant cinq à dix ans, du lieu où siége le magistrat, et d'un rayon de deux myriamètres. Cette disposition aura son exécution à dater du jour où le condamné aura subi sa peine. Si le condamné enfreint cet ordre avant l'expiration du temps fixé, il sera puni du bannissement.

136. L'éloignement est une peine.

136. L'éloignement, dont parle cet article, est évidemment une peine, qui peut s'adjoindre à celles de l'article précédent ; il est le résultat d'une condamnation. Si tel est son caractère, la mort du magistrat offensé ne pourra pas avoir pour effet de le faire cesser ; il durera jusqu'à l'expiration du temps fixé. C'est ce qui me paraît incontestable.

ARTICLE 230.

Les violences de l'espèce, exprimée en l'art. 228, dirigées contre un officier ministériel, un agent de la force publique, ou un citoyen chargé d'un ministère de service public, si elles ont eu lieu pendant qu'ils exerçaient leur ministère ou à cette occasion, seront punies d'un emprisonnement d'un mois à six mois.

137. Cet article a été modifié par la loi du 13 mai 1863.

Aujourd'hui, il est ainsi rédigé : « Les violences ou voies de fait de l'espèce, exprimée en l'art. 228, dirigées contre un officier ministériel, un agent de la force publique, ou un citoyen chargé d'un ministère de service public, si elles ont eu lieu pendant qu'ils exerçaient leur ministère ou à cette occasion, seront punies d'un emprisonnement d'un mois au moins et de trois ans au plus, et d'une amende de seize francs à cinq cents francs. »

138. Les violences, que cet article réprime, sont de la même nature que celles que l'art. 228 prévoit, et se produisent dans les mêmes conditions. Ce que j'ai dit de celles-ci s'applique donc à celles-là.

139. Les art. 228 et 230 ne se distinguent que par la qualité des personnes contre lesquelles les violences sont commises. Elles sont exercées, dans un cas, contre des fonctionnaires d'un ordre supérieur, les magistrats de l'ordre administratif ou judiciaire, et, dans l'autre, contre des personnes publiques d'un rang moins élevé, les officiers ministériels, les agents de la force publique, les citoyens chargés d'un ministère de service public.

J'ai indiqué, dans mon commentaire sur l'art. 224, nos 105, 107, 108 et 109, les représentants de l'autorité, que la loi range dans ces différentes classes. Je n'y reviendrai pas.

140. De même, tout ce que j'ai exposé sous l'article 228, à l'occasion de la provocation par injures, de la provocation par coups et blessures, de la légitime défense, de l'illégalité de l'acte, accompli par le magistrat, de l'irrégularité de son investiture, du défaut de port extérieur des insignes officiels, de la coexistence du délit de coups, violences et voies de fait, avec la rébellion, de la qualification du fait, concerne également l'article que j'examine.

141. La pénalité de l'ancien art. 230 était un emprisonnement d'un mois à six mois. Elle était évidemment insuffisante dans un grand nombre de circonstances. La loi du 13 mai 1863 l'a notablement aggravée. Elle est aujourd'hui d'un emprisonnement d'un mois à trois ans, et d'une amende de seize francs à cinq cents francs.

ARTICLE 231 [1].

Si les violences, exercées contre les fonctionnaires et agents désignés aux art. 228 et 230, ont·été la cause d'effusion de sang, blessures ou maladie, la peine sera la réclusion ; si la mort s'en est suivie dans les quarante jours, le coupable sera puni des travaux forcés à perpétuité.

ARTICLE 232.

Dans le cas même où ces violences n'auraient pas causé d'effusion de sang, blessures ou maladie, les coups seront punis de la réclusion, s'ils ont été portés avec préméditation ou guet-apens.

ARTICLE 233 [2].

Si les coups ont été portés ou les blessures faites

---

[1] *Ancien article* 231. Si les violences, exercées contre les fonctionnaires et agents désignés aux art. 228 et 230, ont été la cause d'effusion de sang, blessures ou maladie, la peine sera la réclusion ; si la mort s'en est suivie dans les quarante jours, le coupable sera puni de mort.

[2] Si les blessures sont du nombre de celles qui portent le caractère de meurtre, le coupable sera puni de mort.

à un des fonctionnaires ou agents, désignés aux art. 228 et 230, dans l'exercice ou à l'occasion de l'exercice de leurs fonctions, avec intention de donner la mort, le coupable sera puni de mort.

142. Les personnes, que ces articles protégent, sont non-seulement celles qui sont désignées dans l'art. 228, mais même celles qui sont classées dans l'art. 230. Quand les violences ou voies de fait ne constituent qu'un délit, la loi distingue entre celles qui sont exercées contre des magistrats et celles qui sont dirigées contre des agents d'un ordre moins élevé. Elle punit les premières plus sévèrement que les secondes. Mais quand ces violences prennent le caractère de crime, la loi confond les personnes publiques et défend avec non moins d'énergie les inférieurs que les supérieurs.

143. Les violences, dont il est question dans les art. 231, 232 et 233, sont celles qui ont été définies dans les art. 228 et 230. Seulement, elles sont accompagnées de circonstances plus ou moins aggravantes.

144. Si elles ont été la cause d'effusion de sang, de blessures ou maladie, elles sont punies de la réclusion, et si la mort s'en est suivie dans les quarante jours, le coupable est puni des travaux forcés à perpétuité.

Je ferai remarquer qu'il y aurait une violation manifeste de l'art. 231 si, lorsque la violence a causé effusion de sang, blessures ou maladie, le fait était réduit aux proportions de la rébellion. C'est ce que la Cour de cassation a jugé dans ses arrêts des 21 novembre 1811, n° 153 ; 14 décembre 1821, n° 196.

145. Si la violence, quoiqu'elle n'ait été la cause ni d'effusion de sang, ni de blessures, ni de maladie, a eu lieu avec préméditation ou guet-apens, elle est punie de la réclusion.

146. Si elle a été commise avec intention de donner la mort, le coupable est puni de mort.

147. Le fait élémentaire de l'infraction, que nous venons d'étudier, c'est la violence exercée sur une personne quelconque. C'est le délit de l'art. 311.

Ce fait reçoit une première complication de ce qu'il a été accompli sur une personne publique, dans l'exercice de ses fonctions ou à l'occasion de cet exercice ; il devient le délit des art. 228 et 230.

Il peut, en outre, en recevoir d'autres, qui lui donneront le caractère de crime. Il peut avoir été la cause d'effusion de sang, blessures ou maladie, avoir été suivi de mort dans les quarante jours, avoir été exécuté avec préméditation, ou guet-apens, ou avec intention de donner la mort.

Chacune de ces complications constitue une circonstance aggravante et doit être présentée comme telle au jury.

On lui demandera, dans la question principale, si la violence a eu lieu sur une personne quelconque; et dans les questions secondaires : 1° si la violence a été exercée sur une personne publique dans l'exercice de sa fonction ou à l'occasion de cet exercice ; 14 janvier 1841, n° 8 ; 12 juin 1845, n° 193 ; 26 juin 1852, n° 211 ; 12 mai 1853, n° 158 ; 20 avril 1854, n° 112 ; 8 mars 1855, n° 85 ; 10 janvier 1856, n° 10 ; 18 juin 1858, n° 175 ; 8 août 1861, n° 173 ; 10 janvier 1862, n° 11 ; 2° si la violence a été cause d'effusion de sang, blessures ou maladie ; 29 novembre 1849, n° 327 ; 10 janvier 1856, n° 10 ; 3° si elle a été suivie de mort dans les quarante jours ; 4° si elle a eu lieu avec préméditation ou guet-apens ; 5° avec intention de donner la mort.

En cette matière, comme en toute autre, les questions de fait seront, sans exception, soumises au jury. Ainsi c'est lui qui dira si la violence a eu lieu contre une personne publique dans l'exercice de ses fonctions 2 avril 1829, n° 70, et si la mort a suivi dans les quarante jours, 6 avril 1820, n° 47. Quant aux questions de droit, elles sont réservées à la Cour d'assises. C'est le jury qui déclarera si la personne, victime de la violence, occupe tel ou tel emploi, par exemple celui de garde forestier, mais c'est la Cour qui qualifiera cet emploi et jugera s'il donne à celui qui l'exerce, la qualité d'agent de la force publique ; 18 juin 1858, n° 179.

Le jury pourra, ce me semble, être interrogé dans les termes suivants :

Le nommé ..... est-il coupable d'avoir (la date) volontairement porté des coups *ou* commis une violence ou voie de fait sur la personne du sieur .....?

Ladite violence a-t-elle été exercée contre le sieur..... dans l'exercice de ses fonctions de commissaire de police, d'huissier, de garde forestier, de gendarme, etc., etc.?

Ladite violence a-t-elle été cause d'effusion de sang, *ou* de blessures, *ou* de maladie ?

Ladite violence a-t-elle été suivie de mort dans les quarante jours de sa réception ?

Ladite violence a-t-elle eu lieu avec préméditation ou guet-apens?

Ladite violence a-t-elle été exécutée avec intention de donner la mort?

§ 3. — *Refus d'un service dû légalement.*

148. Ce paragraphe ne renferme pas un ensemble de législation. Il ne concerne que deux cas spéciaux.

148. Ce paragraphe est loin de présenter un ensemble complet de législation. Il ne comprend que deux cas de refus d'un service dû légalement et laisse aux lois spéciales le soin de régler les autres.

Merlin avait voulu ajouter un troisième cas à ceux que le Code spécifie. Il avait proposé un article additionnel, ainsi conçu : « Toute personne qui, ayant à sa disposition des voitures ou des chevaux, et ayant été légalement requise de les fournir pour des transports militaires ou autres services publics, en aura fait refus, sera punie d'un emprisonnement de six jours à un mois, outre une indemnité égale au prix qu'aura coûté l'usage des voitures ou chevaux employés sur son refus. » La proposition de Merlin ne fut pas agréée. On lui répondit que cette disposition se trouvait ailleurs et « qu'étant purement circonstancielle, elle ne devait pas trouver place dans un code permanent. »

Le paragraphe resta ce qu'il est aujourd'hui.

ARTICLE 234.

Tout commandant, tout officier ou sous-officier de la force publique qui, après en avoir été légalement requis par l'autorité civile, aura refusé de faire agir la force à ses ordres, sera puni d'un emprisonnement d'un mois à trois mois, sans préjudice des réparations civiles, qui pourraient être dues aux termes de l'art. 10 du présent Code.

149. Les commandants, officiers et sous-officiers de la garde nationale sont compris dans cet article.
150. Cette disposition ne concerne que l'officier, commandant la force armée, dont l'appui est requis.
151. La réquisition n'est valable que si elle est faite par l'autorité compétente et dans la forme légale.
152. Suite. — Autorité compétente.
153. Suite. — Forme légale.
154. Le chef de la force armée ne peut pas discuter la réquisition.
155. Il ne pourrait pas présenter comme cause justificative l'ordre de son supérieur hiérarchique.
156. Pénalité.—Dommages-intérêts.

149. La loi range, assurément, parmi les commandants, officiers ou sous-officiers, dont il est question dans cet article, les commandants, officiers ou sous-officiers de la garde nationale. En effet, cette garde, comme nous l'avons déjà vu, fait partie de la force publique. C'est, du reste, ce qui a été entendu au Conseil d'Etat, dans la séance du 12 août 1809, sur l'observation de Pelet de la Lozère (Locré, t. 30, p. 160).

150. L'art. 234 n'atteint pas tous les commandants, officiers et sous-officiers de la force publique, dont l'assistance est requise. Il ne concerne que ceux qui en ont le commandement et qui ont le droit de la mettre en mouvement. Les autres, n'étant plus qu'en sous-ordre, ne doivent obéissance qu'à leur supérieur hiérarchique et, par conséquent, ne sont pas solidaires du refus, qu'il peut faire.

151. Il faut, en outre, pour que le délit existe, qu'il y ait une réquisition légale, c'est-à-dire une réquisition faite par l'autorité compétente et dans la forme déterminée par la loi.

152. Les autorités, qui ont qualité pour requérir la force publique, sont les préfets, sous-préfets, maires, adjoints, et les officiers de police judiciaire. Certains agents d'un ordre moins élevé ont également le droit d'en réclamer l'aide et l'appui, lorsqu'ils sont, par eux-mêmes, dans l'impuissance d'assurer l'exécution de la loi ou des mandements de l'autorité judiciaire, tels sont les préposés des douanes, les agents forestiers, les percepteurs des contributions, les huissiers et autres exécuteurs des ordres de justice. (Loi 28 germinal an VI, art. 133.)

153. En général, les réquisitions doivent être spéciales et faites par écrit. (Loi, 26 juillet–27 août 1791, art. 22 ; arr., 13 floréal an VII, chap. 3 ; ord., 29 octobre 1820, art. 58.)

J'en prends la formule dans la loi des 26 juillet-27 août 1791 (art. 22), que l'arrêté du 23 floréal an VII, chap. 5, et l'ordonn. du 29 octobre 1820 n'ont fait que reproduire à peu près dans les mêmes termes : « Nous... requérons, en vertu de la loi du.... M***, commandant de....., de prêter le secours des troupes de ligne *ou* de la gendarmerie, *ou* de la garde nationale, nécessaires pour prévenir ou dissiper les attroupements *ou* pour assurer le paiement de... *ou* pour procurer l'exécution de tel jugement *ou* de telle ordonnance de police. Pour la garantie dudit commandant, apposons notre signature. »

Cependant les réquisitions spéciales cessent d'être nécessaires dans certains cas d'urgence, comme ceux des art. 99 et 108 du Code d'instruction criminelle, où la force publique est tenue de marcher sur les réquisitions contenues dans le mandat.

Il y a même certaines circonstances accidentelles, dans lesquelles la force armée doit déférer à des réquisitions verbales. C'est, par exemple, lorsque le chef d'un poste, établi dans le but de veiller à la tranquillité publique, est requis de prêter main-forte à l'autorité civile, pour concourir à l'arrestation d'un malfaiteur, jetant le désordre dans la rue, ou dans tout autre lieu public, comme le porte l'art. 106 du Code d'instruction criminelle, et comme on peut l'induire de l'arrêt, rendu par la Cour de cassation le 30 mai 1823, n° 73, et cité dans ma deuxième Étude, n° 606.

154. Lorsqu'il y a réquisition de l'autorité compétente et dans la forme légale, le chef de la force armée ne peut pas se permettre de juger si la réquisition aurait dû être faite; il doit obéir. (D., 29 septembre–14 octobre 1791, section III, art. 2.) Sinon, il encourt la peine de l'art. 234.

155. Pourrait-il se soustraire à l'application de cette peine, en prouvant qu'en se refusant à exécuter la réquisition de l'autorité civile ou judiciaire, il n'a fait qu'obéir aux ordres de son supérieur hiérarchique?

La question s'est présentée dans une espèce assez curieuse.

Le sieur Dagard, capitaine, commandant la gendarmerie à Oran, a été requis, d'abord par l'huissier Lavias, et ensuite par le substitut du procureur général, de mettre à exécution un jugement du tribunal civil, passé en force de chose jugée, qui mettait Laujoulet en possession d'un terrain faisant partie du camp de Misserghin. Sur le rapport, fait par cet officier, des obstacles que le commandant du camp opposait à cette exécution, le lieutenant général Guéhéneuc, commandant la division militaire d'Oran, défendit, jusqu'à décision du maréchal gouverneur, d'obéir à cette réquisition. Par suite de son refus, le capitaine Dagard fut cité au tribunal correctionnel, et condamné, en dernier ressort, à quinze jours d'emprisonnement, vu les circonstances atténuantes, en vertu de l'art. 234 du Code pénal. Par l'ordre du même officier général, Dagard appela de ce jugement au tribunal supérieur d'Alger. En même temps, ordre fut donné à la gendarmerie de refuser obéissance aux réquisitions du ministère public, soit pour l'exécution du jugement civil, soit pour l'exécution du jugement correctionnel. Cependant le tribunal supérieur d'Alger, malgré les conclusions contraires du ministère public, se déclara compétent sur cet appel ; mais en procédant au jugement du fond ; il se trouva partagé, et renvoya pour vider le partage du 28 août au 11 septembre 1839. Ce jour-là, le partage fut vidé au moyen de l'adjonction d'un cinquième juge, mais par défaut. Le capitaine Dagard forma opposition à ce jugement. Le tribunal supérieur, à son audience du 22 octobre, confirma la condamnation du tribunal d'Oran. A cette audience le tribunal n'était plus composé que de quatre juges. Le capitaine Dagard se pourvut en cassation des deux derniers jugements des 11 septembre et 22 octobre. Ces jugements furent annulés pour vice de forme et pour incompétence ; 17 juillet 1840, n° 203. La question du fond ne fut pas examinée par la Cour de cassation.

Pour moi, j'estime que la cause justificative, dont il s'agit, n'étant pas admise par l'art. 234, comme elle l'est, dans les art. 114 et 190, pour les cas prévus par ces dispositions, ne devrait pas être accueillie par les tribunaux correctionnels. A cette raison j'en ajoute une autre, qui n'est pas moins considérable, c'est qu'on ne

peut pas, sans méconnaître les principes de notre organisation constitutionnelle, admettre que l'autorité militaire se fasse juge des réquisitions, prises par l'autorité
civile ou judiciaire dans les limites de ses attributions.

156. Le projet du Code ne punissait que d'une
amende le fait prévu par l'art. 234. Néri-Corsini pensa
que la peine de l'amende était trop faible pour un délit,
qui pouvait compromettre la sûreté publique. Berlier
répondit qu'il était loin de s'opposer à ce qu'on élevât
la peine. De Cessac partagea l'opinion de Néri-Corsini.
Il demanda aussi que la peine civile ne sauvât pas le
coupable de la peine militaire, et qu'en outre, celui-ci
fût tenu d'indemniser les particuliers des torts que son
refus leur aurait causés, que, par exemple, il payât des
dommages et intérêts au propriétaire d'une maison, à la
démolition ou à l'incendie de laquelle la force armée
ne s'est point opposée. Berlier répliqua que la proposition, qui était faite, de réserver les peines militaires,
lui semblait sans objet, d'abord, parce que cette réserve était dans le système général du Code, ensuite,
parce qu'il s'agit ici, non d'un délit militaire, comme
lorsqu'un soldat désobéit à son officier, mais d'un délit
de l'ordre commun, résultant de la désobéissance d'un
chef militaire à un magistrat civil. A l'égard de la proposition d'assujettir formellement les refusants aux
dommages et intérêts, qui seraient la suite de leur refus, on pourrait répondre, ajoutait Berlier, que le Code
renferme à ce sujet une disposition générale. Mais
comme une mention particulière frappera mieux l'attention des militaires, peu enclins à lire un Code et à
en combiner les diverses parties, il ne s'oppose pas à ce
que cette mention ait lieu. (Locré, t. 30, p. 159.)

C'est à la suite de ces différentes observations que
l'art. 234 fut rédigé comme il l'est aujourd'hui.

ARTICLE 235.

Les lois pénales et règlements, relatifs à la conscription militaire, continueront de recevoir leur exécution.

157. Article inutile.

157. Cet article n'a aucune espèce d'utilité. Il n'existerait pas que les lois et règlements, relatifs au recrutement militaire, n'en continueraient pas moins à recevoir leur application.

ARTICLE 236.

Les témoins et jurés, qui auront allégué une excuse reconnue fausse, seront condamnés, outre les amendes prononcées pour la non-comparution, à un emprisonnement de six jours à deux mois.

158. Distinction-entre la non-comparution et l'allégation de l'excuse reconnue fausse.
159. Pénalité de l'une et de l'autre.
160. Cumul des deux peines.

158. Cet article distingue le défaut de comparution des témoins et des jurés de l'excuse, qu'ils présentent faussement pour justifier leur absence.

159. Le défaut de comparution trouve sa répression dans les art. 80, 157, 189, 304, 396, 398 du Code d'instruction criminelle.

L'allégation de l'excuse, reconnue fausse, est punie par notre article.

160. Il est à remarquer que, contrairement à la règle posée dans l'art. 365 du Code d'instruction criminelle, ces deux peines doivent être cumulées. L'art. 234 ordonne, en effet, de condamner les témoins et les jurés, qui auront allégué une excuse reconnue fausse, outre les amendes prononcées pour la non-comparution, à un emprisonnement de six jours à deux mois.

La Cour de cassation l'a jugé dans l'espèce suivante.

Delclaux, cité comme témoin devant le tribunal de Cahors, n'avait pas comparu; il avait présenté une excuse, que le tribunal avait reconnue fausse. Néanmoins, il n'avait été condamné qu'à l'amende. Sur le pourvoi du ministère public, le jugement fut annulé « considérant qu'il a été reconnu par le jugement dénoncé : 1° que le prêtre Delclaux a fait défaut de comparaître devant le tribunal de Cahors, pour donner sa déclaration en qualité de témoin ; 2° que l'excuse, qu'il avait alléguée pour se dispenser de comparaître, était fausse; qu'il suit nécessairement de la réunion de ces deux circonstances, que ledit Delclaux devait être condamné cumulativement à l'amende et à l'emprisonnement, prononcés par l'art. 236 du Code pénal, et qu'en ne le condamnant qu'à l'amende seulement, le jugement dénoncé a formellement contrevenu audit art. 236. 29 novembre 1811, n° 164.

§ 4. — *Évasion de détenus, recèlement de criminels.*

161. Objet de ce paragraphe.

161. Ce paragraphe s'occupe de deux matières, de l'évasion des détenus et d'un certain recèlement de criminels.

La loi prévoit plusieurs espèces d'évasions, l'évasion simple et l'évasion avec violences ou bris de prison.

La peine de l'évasion simple se mesure : 1º sur la gravité plus ou moins grande du fait, à raison duquel l'évadé était poursuivi ou condamné ; 2º sur la qualité de la personne, qui y participe ; 3º sur la cause, qui la produit, si elle est imputable à l'une des personnes préposées à la conduite ou à la garde du détenu.

La peine de l'évasion avec violences ou bris de prison varie, suivant qu'elle a été favorisée par une fourniture d'instruments, ou par une transmission d'armes. Elle varie, en outre, dans le premier de ces deux cas, suivant que l'évadé est prévenu ou accusé d'un fait plus ou moins grave, ou condamné à une peine plus ou moins rigoureuse.

Le détenu ne devient punissable que s'il s'évade ou tente de s'évader par violences ou bris de prison ; la loi ne l'incrimine pas quand il se borne à profiter d'une évasion simple.

ARTICLE 237.

Toutes les fois qu'une évasion de détenus aura lieu, les huissiers, les commandants en chef ou en sous-ordre, soit de la gendarmerie, soit de la force armée servant d'escorte ou garnisant les postes, les concierges, gardiens, geôliers, et tous autres préposés à la conduite, au transport ou à la garde des détenus, seront punis ainsi qu'il suit.

162. Objet de cet article.
163. Ce que le Code entend par détenus dans ce paragraphe.
164. L'évasion n'est punissable que si l'évadé est détenu légalement.
165. Suite.—Dépôt provisoire entre les mains d'un agent,

162. L'art. 237 est une sorte d'entrée en matière. Il indique que, toutes les fois qu'une évasion aura lieu, les préposés à la conduite, au transport, à la garde des détenus, seront punis suivant les distinctions, établies dans les dispositions qui le suivent.

163. Le Code, dans tout ce paragraphe, entend par détenus non-seulement les individus écroués dans les prisons, mais aussi ceux qui ne sont encore qu'appréhendés au corps et remis entre les mains des agents, chargés d'en opérer la conduite ou le transport. C'est assurément la pensée de la loi, puisqu'elle applique les peines, qu'elle prononce, aussi bien aux conducteurs qu'aux gardiens de ceux qu'elle appelle détenus.

164. L'évasion, réprimée par les dispositions, que nous allons étudier, est celle des personnes détenues légalement, comme l'indique la Cour de cassation dans son arrêt du 7 août 1845, n° 253, que je citerai un peu plus loin.

165. Cependant il ne faut pas exagérer cette vérité et s'imaginer que l'évasion devra rester impunie, parce que l'évadé se trouvait déposé provisoirement entre les mains d'un agent, qui n'aurait pas qualité pour en opérer l'arrestation.

C'est ce que la Cour de cassation a jugé dans l'espèce suivante.

Sébire, accusé par la clameur publique de viol, avait été, en vertu des ordres du commissaire de police de la ville de Granville, procédant en cas de flagrant délit, saisi et confié provisoirement à la garde de l'agent de police Sié : il s'évada par suite de la négligence de cet agent. Traduit pour ce fait devant le tribunal correctionnel, Sié fut renvoyé des poursuites sur le motif que le commissaire de police n'avait pas prescrit l'arrestation dans le cas de flagrant délit, et que, dès lors, Sébire n'était pas détenu légalement. Sur le pourvoi du ministère public, cette décision fut annulée « attendu que les officiers de police judiciaire, auxiliaires du procureur impérial, tiennent de l'art. 49 du Code d'instruction criminelle, dans le cas de flagrant délit ou de clameur publique, le pouvoir, attribué à ce magistrat par les art. 32 et 41 de ce Code, de faire arrêter le prévenu d'un fait de nature à entraîner une peine afflictive ou infamante ; qu'il suffit donc qu'un de ces officiers, agissant dans l'ordre de ses attributions, ait placé l'individu arrêté sous la garde d'un agent de la force publique, pour que celui-ci soit passible des peines, que prononcent les art. 237 et 239 du Code pénal, lorsqu'il a procuré ou facilité son évasion par sa négligence ; attendu, en effet, que l'application de ces dispositions n'est point subordonnée à la légalité de l'acte, qui a constitué l'agent de police gardien de l'inculpé ; et attendu, dans l'espèce, que le tribunal correctionnel d'Avranches a reconnu et déclaré que Sébire, accusé par la clameur publique du crime de viol ou de tentative de viol, avait été, en vertu des ordres du commissaire de police de la ville de Granville, agissant en cas de flagrant délit, saisi, détenu provisoirement, et confié à la garde de Joseph-

Paul Sié, agent de police, et qu'il s'évada ensuite, par suite de la négligence et de l'imprudence dudit Sié; attendu que le jugement dénoncé, bien qu'il reconnaisse l'existence de ces faits, a déchargé le prévenu de la condamnation, qui lui avait été infligée conformément à l'art. 239 du Code pénal, sur le motif qu'il ne se serait point rendu coupable du délit réprimé par cet article, parce que le commissaire de police n'avait pas prescrit l'arrestation dans le cas de flagrant délit, et que, dès lors, Sébire n'était pas arrêté légalement; attendu qu'en statuant ainsi sur l'appel du prévenu, ce jugement a méconnu le caractère obligatoire de la mesure, dont il s'agit, commis un excès de pouvoir, admis une distinction, qui n'est point autorisée par les art. 237 et 239 du Code pénal, et violé expressément les articles ci-dessus visés. » 3 mai 1855, n° 151.

166. De même, l'évasion qui aurait eu lieu d'une chambre de sûreté d'une caserne de gendarmerie, ne devrait pas rester impunie, sous le prétexte que cette chambre n'est pas une prison dans le sens de l'article 245.

Deux gendarmes, après avoir arrêté Solassol, l'avaient immédiatement conduit devant le juge de paix du canton. Ce magistrat avait maintenu l'arrestation et décidé que Solassol serait conduit devant le procureur du roi de l'arrondissement. Ce transfèrement ne pouvant pas s'opérer le jour même, Solassol fut déposé dans la chambre de sûreté de la caserne de la gendarmerie; il s'évada avec bris de prison. Poursuivi à raison de ce fait, il fut successivement renvoyé de la plainte par le tribunal de Florac et celui de Mende. Mais sur le pourvoi du ministère public, le jugement de ce dernier tribunal fut annulé « attendu que, d'après l'art. 85 de la loi du 28 germinal an VI, dans les lieux de résidence de brigades de gendarmerie où il ne se trouve ni maison de justice ou d'arrêt, ni prison, il doit y avoir dans la caserne une chambre sûre, particulièrement destinée pour déposer les prisonniers, qui doivent être conduits de brigade en brigade ; que cet article n'a point été abrogé par l'art. 603 du Code d'instruction criminelle, qui ne s'occupe que des prisons pour peine, des maisons d'arrêt et des maisons de justice ; que ce Code, ne contenant aucune disposition sur les lieux où doivent être déposés les individus sous la main de justice, jusqu'à ce qu'ils aient pu être régulièrement écroués dans une des trois sortes de prisons, mentionnées en l'art. 603, se réfère nécessairement sur ce point aux lois antérieures ; que l'individu, arrêté en flagrant délit dans une commune où il n'y a pas de maison d'arrêt, est, jusqu'à ce qu'il puisse être conduit devant le juge d'instruction, légalement détenu, s'il est déposé dans la chambre de sûreté d'une caserne de gendarmerie, et que, s'il s'évade de ce lieu par bris ou par violence, il encourt les peines fixées par l'art. 245 du Code pénal ; que cependant le tribunal de Florac et celui de Mende ont décidé que la chambre de sûreté, de laquelle Solassol s'est évadé par bris, n'était point une prison dans le sens de ce dernier article ; ce qui constitue une violation de l'art. 85 de la loi du 28 germinal an vi. » 28 avril 1836, n° 132.

167. Les dispositions, que j'examine, ne répriment pas les évasions de tous les détenus quels qu'ils soient; elles ne concernent que celles des détenus, qu'elles désignent et spécifient.

Elles n'ont en vue, dans l'art. 238, que celles des prisonniers de guerre et des prévenus de délits de police ou de crimes simplement infamants; dans l'art. 239, que celles des prévenus ou accusés de crimes de nature à entraîner une peine afflictive à temps, ou des condamnés pour l'un de ces crimes; dans l'art. 240, que celles des prévenus ou accusés de crimes de nature à entraîner la peine de mort ou des peines perpétuelles, ou des condamnés à l'une de ces peines.

Elles n'en prévoient pas d'autres.

168. Il faut nécessairement en conclure qu'elles ne sont pas applicables aux évasions des détenus pour dettes, et que, par suite, ces évasions, n'étant pas réprimées par d'autres dispositions, demeurent impunies.

La Cour de cassation l'a reconnu dans l'espèce suivante.

Louis Carnot, détenu pour dettes, avait tenté de s'évader par bris de prison. Il fut renvoyé des poursuites, sur le motif que l'art. 245 ne lui était pas applicable. Le pourvoi, que le ministère public forma contre cette décision, fut rejeté « attendu que des diverses dispositions du § 4, section IV, titre Ier, livre III du Code pénal, dans lesquelles on lit le mot *détenu*, il n'en est aucune où ce mot ne se rattache nécessairement à l'évasion, soit d'un prévenu de délits de police ou de crimes simplement infamants, soit d'un accusé de crime, soit d'un prisonnier de guerre, soit d'un condamné subissant l'une des peines déterminées par le Code pénal; mais que, dans ce paragraphe, il n'est pas dit un seul mot relatif à l'évasion d'un prisonnier *pour dettes;* d'où il suit que, si un prisonnier *pour dettes* vient à s'évader, cette évasion, de quelque manière qu'elle ait lieu, n'a pas été prévue dans ledit paragraphe; attendu, ensuite, que l'art. 245 du même Code est le seul qui parle de la peine, encourue par un prévenu qui s'est évadé ou qui a tenté de s'évader *par bris de prison,* et que la peine de six mois à un an d'emprisonnement, qui y est déterminée pour la répression de l'évasion exécutée ou tentée de cette manière, n'est point applicable au prisonnier *pour dettes* ; qu'en effet, on remarque, dans cet article, non-seulement la répétition des mots *crimes* et *délits*, comme étant la cause, qui a donné lieu à la détention de l'auteur *du bris de prison*, mais encore que la peine, infligée en conséquence de ce fait, ne doit être subie par le coupable qu'à l'expiration de celle qu'il avait encourue pour le crime ou délit à raison duquel il était détenu, circonstances qui ne peuvent, sous aucun rapport, convenir à un individu qui, n'ayant été privé de sa liberté qu'à défaut de paiement de dettes, ne peut être mis dans la classe des détenus pour crimes ou pour délits ; que, si la loi ne s'est nullement occupée du bris de prison par un détenu pour dettes, il n'entre dans aucune des attributions du pouvoir judiciaire de suppléer à son silence, et que la Cour de cassation, en agissant comme s'il lui appartenait de remplir, d'après sa seule manière de voir, la lacune, qui résulte de ce silence, se rendrait coupable d'un excès de pouvoir intolérable dans une autorité, qui n'est chargée que de veiller à ce qu'il soit fait par les Cours et tribunaux une juste application des lois. » 20 août 1824, n° 108. — *Conf.*, 30 avril 1807, Sir., 1807, 2, 709.

Mais si le détenu pour dettes peut impunément s'évader ou tenter de s'évader, il devient punissable en s'associant à la tentative d'un détenu ordinaire et ne peut pas être renvoyé des poursuites, sous le prétexte qu'il a agi moins dans l'intérêt de son codétenu que dans le sien.

Bailly, condamné à quatre années d'emprisonnement par la Cour d'assises, et Dutheil, prisonnier pour dettes, étaient détenus dans les prisons d'Evreux. Le premier tenta de s'évader par bris de prison, et le second se rendit complice de cette tentative. Néanmoins Dutheil fut renvoyé des poursuites, sous le prétexte que « tout portait à croire qu'en aidant Bailly dans son évasion il avait pour but de se procurer sa liberté. » La décision fut annulée « attendu que le jugement attaqué déclare, en fait, à l'égard de Bailly, qu'après son renvoi devant la Cour d'assises, qui le condamna à quatre ans d'emprisonnement, il avait tenté de s'évader par bris de prison, fait prévu et puni par l'art. 245 du Code pénal, dont ce jugement lui fait l'application ; que ce même jugement déclare, à l'égard de Dutheil, prisonnier pour dettes, que tout porte à croire qu'en aidant Bailly, dans son évasion, il avait pour but de se procurer sa liberté ; que, par là, il le reconnaît coupable d'avoir aidé, avec connaissance, Bailly dans sa tentative d'évasion ; ce qui constitue la complicité à cette tentative, définie par l'art. 60 du Code pénal ; que, si aucun article de loi ne punit le prisonnier pour dettes, qui tente de s'évader, il n'en est aucun qui l'affranchisse de la peine, portée par les art. 60 et 245 de ce Code contre la complicité à la tentative d'évasion du détenu pour un délit ; que, dès lors, en confirmant la décharge des poursuites prononcées par le jugement de première instance, en faveur de Dutheil, et en donnant pour motif à cette décision qu'aucune disposition du Code pénal ne punit l'évasion du prisonnier pour dettes, le jugement attaqué a commis un excès de pouvoir, créé une exception non établie par la loi, et violé les art. 60 et 245 du Code pénal. » 29 septembre 1831, n° 236.

169. Ces dispositions sont également, et par les mêmes considérations, inapplicables aux individus arrêtés en vertu d'une ordonnance d'extradition.

Pauline Neptagaels, Belge, avait été arrêtée, en France, en vertu d'une ordonnance d'extradition. La dame de La Granville avait été renvoyée, par arrêt de la chambre des mises en accusation, devant la juridiction

correctionnelle, comme prévenue d'avoir procuré l'évasion de cette fille. Sur son pourvoi, l'arrêt fut annulé
« attendu que, si un étranger ne peut demeurer, établir
sa résidence, ni fixer son domicile en France, qu'avec
la permission ou l'autorisation du roi; que si le droit
de livrer un étranger, prévenu de crime ou de délit dans
le pays dont il est originaire, aux tribunaux de ce pays,
ne tire point son origine des traités conclus avec les
puissances étrangères, mais des droits que le roi tient
de sa naissance, et en vertu desquels il maintient les
relations de bon voisinage avec les États voisins; que
s'il est donc inutile de rechercher si les traités, qui déterminent les rapports de la France avec le royaume
des Pays-Bas, contiennent ou non des dispositions relatives à l'extradition; que si ces principes, loin de porter atteinte au droit qu'a le roi d'accorder sa protection
et d'assurer un asile dans ses États aux infortunés qui
s'y réfugient, le laissent, au contraire, l'arbitre suprême
de l'usage, qui doit être fait de cette belle et haute prérogative; que si, dès lors, l'arrestation d'un étranger
sur le territoire français, en vertu d'une ordonnance du
roi prescrivant son extradition, constitue une détention
légale; que si, en fait et dans l'espèce, l'arrestation de
Pauline Neptagaels a été régulière en la forme; que si
l'acte, par lequel l'évasion de cette détenue a été favorisée, est répréhensible à un très-haut degré, et émi-
nemment irrespectueux pour l'autorité royale; néanmoins il n'est pas prévu par la loi, au silence de laquelle
les tribunaux ne peuvent suppléer; et attendu que les
différentes dispositions, contenues au § 4, section IV,
chapitre III du titre Ier du livre III du Code pénal, et
placées sous la rubrique *évasion de détenus, recèlement de
criminels*, ne sont pas applicables à tous les cas indistinctement où il s'agit d'une personne légalement détenue,

mais seulement aux cas respectifs où la personne évadée, non-seulement était prévenue ou accusée à raison
d'un délit prévu et puni par les lois françaises, mais encore passible de certaines peines déterminées ; que des
dispositions pénales ne peuvent être étendues ; que,
dans l'espèce, aucunes poursuites n'ont été dirigées en
France contre Pauline Neptagaels, à raison d'un crime
ou d'un délit, prévu par la loi française, et qu'aucune
mise en prévention n'y a été déclarée ; qu'en jugeant,
en cet état, qu'il y avait lieu à continuer les poursuites,
commencées à l'occasion de l'évasion d'une détenue
étrangère, qui n'était pas prisonnière de guerre, et qui,
si elle était prévenue d'un crime ou d'un délit selon les
lois de sa patrie, n'aurait été punissable, en France,
d'aucune peine à raison de ce fait, et en ordonnant
ces poursuites contre une personne, qui n'était préposée ni à la conduite de la détenue, ni à son transport,
ni à sa garde, la Cour royale de Douai a ajouté aux dispositions des art. 237, 238 et 239 du Code pénal,
excédé ses pouvoirs et faussement appliqué les dispositions de l'art. 235 du Code d'instruction criminelle. »
30 juin 1827, n° 162. — *Conf.*, 4 nivôse an VII, n° 173.

170. Enfin, l'évasion des forçats est réprimée par
une législation spéciale.

La loi des 20 septembre-21 octobre 1791, qui est
encore en vigueur sur ce point, porte, dans son
titre III, art. 16 : « chaque évasion de forçats sera punie
par trois années de chaîne de plus pour les forçats à
terme, et par l'application à la double chaîne, pendant
le même temps, pour les condamnés à vie. » Cette disposition se complète par l'art. 7 de la loi du 30 mai
1854, lequel est ainsi conçu : « tout condamné à temps
qui, à dater de son embarquement, se sera rendu coupable d'évasion, sera puni de deux ans à cinq ans de

travaux forcés. Cette peine ne se confondra pas avec celle antérieurement prononcée. La peine, pour les condamnés à perpétuité, sera l'application à la double chaîne pendant deux ans au moins et cinq ans au plus. »

171. L'art. 237 considère, comme responsables des évasions, tous les préposés à la conduite, au transport et à la garde des détenus, notamment les huissiers, les commandants en chef ou en sous-chef, soit de la gendarmerie soit de la force armée, servant d'escorte ou garnissant les postes, les concierges, gardiens et geôliers. Parmi ces préposés, il faut aussi ranger les employés des hôpitaux, chargés spécialement de la garde des détenus, qui y sont transférés. Décret, 8 janv. 1810.

172. Pour que la responsabilité de ces différents préposés soit engagée, il n'est pas nécessaire que la mise en liberté du détenu ait été leur but final; il suffit que celui-ci, par leur négligence ou leur connivence, soit sorti temporairement de garde ou de prison.

La Cour de cassation l'a jugé dans l'espèce suivante.

Dans le but d'aller boire avec lui, Philippe Beaumont avait facilité la sortie d'un détenu. Poursuivi à raison de ce fait, il fut absous sous le prétexte qu'il n'avait pas eu l'intention de favoriser l'évasion du détenu. Sur le pourvoi du ministère public, l'arrêt fut annulé « attendu que les dispositions de l'art. 238 sont générales et absolues, et punissent de deux peines différentes deux faits distincts, celui de négligence et celui de connivence de la part de l'individu préposé à la garde d'un détenu évadé; attendu que cet article ne s'attache évidemment qu'au fait matériel de l'évasion, occasionnée par la négligence ou consommée par la connivence du gardien, et ne distingue pas le cas où la mise en liberté du détenu n'aurait pas été le but unique et définitif du gardien incriminé; qu'en effet, quel que soit ce but, le fait seul de la sortie du détenu, occasionnée par la négligence ou préparée par la connivence du gardien, constitue un délit de la part de celui-ci, puisqu'au moment où le détenu met le pied hors de la maison, sans les formes voulues par la loi, il est en état d'évasion; attendu que, dès lors, l'arrêt attaqué, en refusant d'appliquer l'art. 238 précité, par le motif unique que le gardien n'avait pour but que d'aller boire dans un lieu désigné avec le détenu, et non de favoriser son évasion, a consacré une excuse que la loi n'autorise pas, et a par conséquent violé lesdits art. 65 et 238 du Code pénal. » 30 novembre 1837, n° 413.

ARTICLE 238.

Si l'évadé était prévenu de délits de police, ou de crimes simplement infamants, ou s'il était prisonnier de guerre, les préposés à sa garde ou conduite seront punis, en cas de négligence, d'un emprisonnement de six jours à deux mois; et en cas de connivence, d'un emprisonnement de six mois à deux ans. Ceux qui, n'étant pas chargés de la garde ou de la conduite du détenu, auront procuré ou facilité son évasion, seront punis de six jours à trois mois d'emprisonnement.

173. Modifications de la loi du 13 mai 1863. — Texte actuel.
174. Condamnés pour délit ou crime simplement infamant.
175. Délits de police.
176. Pénalité.
177. Qualification. — Renvoi.

173. Cet article a été modifié par la loi du 13 mai 1863.

Aujourd'hui, il est ainsi conçu : « Si l'évadé était prévenu de délits de police ou de crimes simplement infamants, ou condamné pour l'un de ces crimes, s'il était prisonnier de guerre, les préposés à sa garde ou conduite seront punis, en cas de négligence, d'un emprisonnement de six jours à deux mois ; et, en cas de connivence, d'un emprisonnement de six mois à deux ans. Ceux qui, n'étant pas chargés de la garde ou de la conduite du détenu, auront procuré ou facilité son évasion, seront punis de six jours à trois mois d'emprisonnement. »

174. L'ancien art. 238 ne parlait que des prévenus de délits de police ou de crimes simplement infamants ; il ne s'expliquait pas sur les condamnés de la même catégorie. Entendait-il donc que leur évasion pouvait s'effectuer impunément ? Personne ne l'avait cru, et, dans la pratique, on suppléait à l'omission. La loi du 13 mai 1863 a voulu la réparer, mais, par une sorte de fatalité, elle ne l'a fait qu'imparfaitement. Au lieu de rendre les dispositions de l'art. 238, communes aux prévenus de délits et de crimes purement infamants, et aux condamnés à raison de ces mêmes faits, elle n'en étend l'application qu'aux condamnés pour crimes. Cette nouvelle lacune ne doit pas, selon moi, avoir plus de conséquence que l'ancienne. J'estime que l'art. 238 concerne non-seulement l'évadé, prévenu de délits de police ou de crimes simplement infamants, et l'évadé condamné pour l'un de ces crimes, mais encore l'évadé condamné pour l'un de ces délits.

175. Je rencontre dans cet article une autre disposition, qui me présente beaucoup plus de difficulté. Qu'est-ce que la loi entend par délits de police ? Comprend-elle, dans ces termes, les infractions de police correctionnelle et celles de simple police ? Ou ne se propose-t-elle que les faits justiciables des tribunaux correctionnels? Je suis loin de nier que, même dans le cas où il ne s'agit que de contravention de police, certaines évasions puissent prendre un caractère de sérieuse criminalité. Cependant, je ne crois pas qu'elles soient réprimées par l'art. 238. J'interprète cet article par l'article premier du Code, et, par suite, je ne classe parmi les délits, qu'il mentionne, que les infractions punies de peines correctionnelles.

176. Dans les cas prévus par l'art. 238, si l'évasion a lieu par la négligence des préposés à la conduite ou à la garde du détenu, la peine est un emprisonnement de six jours à deux mois; si elle est le résultat de leur connivence, la peine est un emprisonnement de six mois à deux ans; si elle a été procurée ou facilitée par une tierce personne, la peine est un emprisonnement de six jours à trois mois.

177. Je me réserve de qualifier l'évasion sous l'art. 239, qui, dans une des hypothèses qu'il règle, en fait un crime.

ARTICLE 239.

Si les détenus évadés, ou l'un d'eux, étaient prévenus ou accusés d'un crime de nature à entraîner une peine afflictive à temps, ou condamnés pour l'un de ces crimes, la peine sera, contre les préposés à la garde ou conduite, en cas de négligence, un emprisonnement de deux mois à six mois; en cas de connivence, la réclusion. Les individus, non chargés de la garde des détenus, qui auront procuré ou facilité l'évasion, seront punis d'un emprisonnement de trois mois à deux ans.

178. Évasion dont la nature s'aggrave.
179. Pénalité.
180. Le fait, que l'article 239 punit de la réclusion, constitue-t-il un crime spécial, dont tous les éléments puissent être présentés au jury dans la même question?
— Arrêt. — Loi du 9 juin 1853.
181. Suite. — Sa qualification.
182. La négligence n'est pas une excuse légale de la connivence. — Arrêt.

178. Ici l'évasion prend un caractère plus grave, à
raison de l'intérêt plus grand que la société attache à la
séquestration du détenu. L'évadé est un prévenu ou un
accusé de crime de nature à entraîner une peine afflictive temporaire, ou un condamné pour un crime de
cette espèce.

179. La peine est contre les tiers, qui ont procuré
ou facilité l'évasion, un emprisonnement de trois mois
à deux ans; elle est, contre les conducteurs ou gardiens,
en cas de négligence, un emprisonnement de deux mois
à six mois, en cas de connivence, la réclusion.

180. Le fait, que l'art. 239 punit de cette dernière
peine, constitue-t-il un crime spécial, *sui generis*,
comme le faux en écriture publique ou de commerce?
N'est-il, au contraire, que l'aggravation d'un fait plus
simple, comme l'effraction et l'escalade sont les circonstances aggravantes du vol? Si la question était encore entière, je serais tenté d'avoir cette dernière manière de voir. Le fait simple serait, pour moi, l'évasion
punie d'une peine correctionnelle. Je ne verrais que
des circonstances aggravantes dans les faits accessoires,
qui en augmentent la criminalité. Mais la Cour de cassation s'est expliquée sur cette difficulté, et contrairement à ce qui serait, suivant moi, la vérité, elle a jugé
que le fait puni, dans l'art. 239, d'une peine afflictive,

présente le caractère d'un crime particulier, et que, par suite, le jury doit être interrogé par une séule question sur toutes les circonstances qui le constituent.

La fille Chaylus, accusée d'un crime de nature à entraîner une peine afflictive à temps, s'était évadée, de connivence avec la fille Crombach, préposée à sa garde. Celle-ci fut traduite aux assises ; le président interrogea le jury, par deux questions distinctes, sur le fait, qu'il considéra comme principal et sur les circonstances, qui l'aggravaient. Les jurés ayant résolu affirmativement les deux questions, la fille Crombach fut condamnée à deux ans d'emprisonnement. Sur son pourvoi, l'arrêt fut annulé, « vu les art. 237, 238 et 239 du Code pénal, les art. 337, 341, 345, 347 et 325, deuxième alinéa du Code d'instruction criminelle, et la loi du 13 mai 1836 sur le mode du vote du jury ; attendu qu'aux termes dudit art. 237, le fait d'avoir procuré l'évasion d'une personne, *légalement* détenue, n'est punissable que selon les distinctions, prévues par les art. 238, 239 et suivants du Code pénal, et que l'absolution devait être prononcée si les circonstances constitutives du crime ou délit, prévu par les articles précités, étaient répondues négativement par le jury ; attendu, en effet, que l'art. 238 établit une peine correctionnelle, si l'évadé était prévenu de délits correctionnels ou de crimes simplement infamants ; et que l'art. 239 élève la peine si les détenus évadés ou l'un d'eux étaient prévenus, accusés ou condamnés pour un crime de nature à entraîner une peine afflictive et infamante ; que la même progression est établie par les articles suivants du Code pénal ; mais qu'aucune peine n'est établie par l'art. 237, qui ne contient, dès lors, qu'une disposition générale pour les cas énumérés au paragraphe 4 de la section IV du chapitre III du titre Ier du livre III du Code pénal,

relativement aux crimes et délits commis contre la paix
publique ; attendu qu'en créant une majorité différente
pour la déclaration du fait principal et pour les circonstances aggravantes, le Code d'instruction criminelle,
tel qu'il a été modifié par la loi du 9 septembre 1835 et
par la loi du 13 mai 1836, a imposé au président des
assises l'obligation de poser, en une seule question,
toutes les circonstances constitutives du fait principal,
et au jury l'obligation de la résoudre, en mentionnant
l'existence de la majorité de sept contre cinq ; attendu,
dès lors, qu'il est d'ordre public que les prescriptions
de la loi soient rigoureusement observées dans la division du fait principal et des circonstances aggravantes,
et qu'il y a lieu d'annuler les procédures criminelles
dans lesquelles le principe de la division a été méconnu ; qu'aux termes de l'art. 408 du Code d'instruction criminelle, combiné avec l'art. 373 du même Code,
le ministère public est recevable à proposer cette annulation, quand il n'y a pas eu acquittement, ainsi que la
partie condamnée elle-même ; et attendu que, dans
l'espèce, la fille Crombach avait été renvoyée devant la
Cour d'assises, sous l'accusation d'avoir, avec connivence, facilité l'évasion d'une fille Chaylus, détenue et
accusée d'un crime de nature à entraîner une peine afflictive à temps, à la garde de laquelle elle était préposée ; que le président des assises a posé au jury, comme
circonstance *aggravante* et séparément, le titre de l'accusation portée contre la fille Chaylus ; que le jury a
répondu distinctement sur le fait de l'évasion procurée
et sur la circonstance dont il s'agit ; qu'ainsi, le jury,
sur cette circonstance, a été relevé du devoir, qui lui
était imposé, de déclarer la majorité de sept contre cinq,
si tel était le chiffre de cette majorité, et a pu répondre,
comme il l'a fait, négativement, sans que la Cour d'as-

sises ait pu délibérer à son tour sur la culpabilité, tandis que cette circonstance, étant constitutive, aurait dû être jointe à la question principale ; d'où il suit que les dispositions des art. 341, 347 et 352 du Code d'instruction criminelle, et la loi du 13 mai 1836 ont été violées. » 7 août 1845, nº 253.

Depuis 1845, aucun changement de législation n'a modifié le caractère du fait, apprécié par cet arrêt ; il est demeuré ce qu'il était alors, c'est-à-dire, au jugement de la Cour de cassation, un crime spécial, une infraction *sui generis*. Cependant, aujourd'hui la question, qui en diviserait les éléments en fait principal, et en circonstance aggravante, n'encourrait plus la censure de cette Cour.

Sous la législation, applicable à la fille Crombach, l'accusé avait un intérêt réel à ce que la question principale renfermât tous les éléments constitutifs du crime.

Sans doute, alors comme aujourd'hui, toutes les questions, principales ou aggravantes, étaient résolues contre l'accusé par le même nombre de votants, c'est-à-dire à la majorité simple ou de sept voix. Mais, si le jury devait s'abstenir d'indiquer le chiffre de la majorité sur les circonstances aggravantes, il devait, au contraire, l'indiquer sur la question principale dans le cas où la décision n'était rendue contre l'accusé qu'à la simple majorité.

En effet, suivant que cette question était résolue à la majorité ou à la majorité simple, la décision du jury était plus ou moins irrévocable, et laissait plus ou moins de chances d'un nouveau débat à l'accusé.

Si la réponse affirmative du jury avait eu lieu à la majorité, la Cour d'assises ne pouvait surseoir au jugement, et prononcer le renvoi à une autre session, qu'à l'unanimité des juges.

Si, au contraire, cette réponse n'avait été faite qu'à la majorité simple, il suffisait que la majorité des juges estimât que le jury s'était trompé pour que l'affaire fût soumise à un nouvel examen.

Par conséquent, on ne pouvait donner satisfaction à la loi qu'à la condition de comprendre, dans la question principale, toutes les circonstances constitutives de l'incrimination. En procédant autrement, en reléguant quelques-unes de ces circonstances dans les questions secondaires qui étaient toujours résolues à la majorité, on pouvait enlever à l'accusé le bénéfice de la loi, qui permettait à la majorité de la Cour d'assises de renvoyer l'affaire à une autre session, dans le cas où le fait principal n'aurait été déclaré contre l'accusé qu'à la simple majorité.

C'est pour prévenir ces résultats, que la Cour de cassation exigea, avec tant de constance, sous l'empire de la loi du 9 septembre 1835, que la question principale renfermât, à peine de nullité, tous les éléments constitutifs du crime.

La loi du 9 juin 1853 a complétement changé cette législation. Aujourd'hui, le jury résout toutes les questions principales et secondaires de la même manière. La décision se forme à la majorité, et la déclaration constate cette majorité sans pouvoir en exprimer le chiffre. Par suite, il suffit aussi, dans toutes les hypothèses, que la majorité de la Cour soit convaincue que les jurés se sont trompés, pour qu'elle puisse déclarer qu'il est sursis au jugement, et que l'affaire est renvoyée à la session suivante (C. instr. crim., art. 352).

En divisant l'incrimination en question principale et en question secondaire, on ne s'expose donc plus à compromettre les intérêts de l'accusé; puisque la question principale n'est pas autrement répondue, que les autres, et que, dans tous les cas où cette question est

résolue affirmativement, il suffit que la majorité de la
Cour estime qu'il y a erreur pour que l'affaire soit soumise à de nouveaux débats.

181. La question, proposée au jury, pourrait être
rédigée dans les termes suivants.

Pour me conformer à la jurisprudence de la Cour de
cassation, je comprendrai, dans une seule et même
question, tous les faits constitutifs du crime, prévu par
notre article.

Le nommé... est-il coupable d'avoir (la date) étant
huissier (*ou l'un des autres agents désignés par la loi*) préposé à la conduite, au transport *ou* à la garde du nommé
... prévenu *ou* accusé d'un crime de nature à entraîner une peine afflictive à temps *ou* condamné pour un
crime de nature à entraîner une peine afflictive à temps,
participé, avec connivence, à l'évasion dudit (*le nom*)
détenu légalement?

182. Le conducteur ou gardien, qui serait accusé
d'avoir connivé à l'évasion d'un détenu, pourrait-il
présenter, comme excuse légale, le fait de n'y avoir concouru que par négligence, et obtenir de la Cour d'assises que la question en fût posée au jury? Je ne le
crois pas. Aucun article du Code ne permet de supposer que ce second fait puisse être l'excuse du premier.
En outre, la nature des choses y répugne. L'évasion
par négligence n'est pas un fait, qui vienne s'adjoindre
à l'évasion par connivence, pour en diminuer la gravité,
sans en changer le caractère. Ces deux espèces d'évasions sont non-seulement de nature différente, mais
même exclusives l'une de l'autre. Elles ne peuvent pas
coexister. La même évasion n'est pas tout à la fois le
résultat de la connivence et de la négligence. Il faut en
conclure que celle-ci ne peut pas être l'excuse de celle-là.

La Cour de cassation a suivi cette doctrine dans l'espèce suivante.

Un gardien, accusé d'avoir facilité l'évasion d'un détenu, par connivence, demanda que le jury fût interrogé sur la question d'excuse, résultant de ce que l'évasion n'avait eu lieu que par négligence. Ses conclusions furent repoussées, et il fut condamné à raison du fait, pour lequel il avait été mis en accusation. Il soutint devant la Cour de cassation que la question d'excuse aurait dû être posée. En rejetant son pourvoi, cette Cour lui répondit « que la négligence, relativement à l'évasion d'un détenu, n'est pas un fait qualifié excuse par la loi ; qu'elle n'est qu'une circonstance, qui modifie le caractère du fait principal de l'évasion ; qu'elle ne rentre donc pas dans les dispositions de l'art. 339 du Code d'instruction criminelle. 16 avril 1819.

ARTICLE 240.

Si les évadés, ou l'un d'eux, sont prévenus ou accusés de crimes de nature à entraîner la peine de mort ou des peines perpétuelles, ou s'ils sont condamnés à l'une de ces peines, leurs conducteurs ou gardiens seront punis d'un an à deux ans d'emprisonnement, en cas de négligence ; et des travaux forcés à temps, en cas de connivence. Les individus, non chargés de la conduite ou de la garde, qui auront facilité ou procuré l'évasion, seront punis d'un emprisonnement d'un an au moins et de cinq ans au plus.

183. L'évasion s'aggrave encore. — Pénalité.
184. Évasion par connivence. —Sa qualification.— Excuse légale, tirée de la négligence. — Renvoi.

183. L'évasion devient de plus en plus grave.

L'évadé est prévenu ou accusé d'un crime de nature à entraîner la peine de mort ou une peine perpétuelle, ou condamné à l'une de ces peines.

Si l'évasion est imputable à la négligence des conducteurs ou gardiens, la peine est un emprisonnement d'un an à deux ans; si elle a eu lieu par leur connivence, elle est punie des travaux forcés à temps. Quant aux individus, qui ne sont chargés ni de la garde ni de la conduite, ils encourent, dans ce cas, un emprisonnement d'un an au moins et de cinq ans au plus.

184. Ce que j'ai dit, sous l'article précédent de l'évasion par connivence, constitutive d'un crime *sui generis*, de sa qualification et de l'excuse, tirée de la négligence, est applicable à l'art. 240, sauf les légers changements, résultant de la modification du fait.

ARTICLE 241.

Si l'évasion a eu lieu ou a été tentée avec violences ou bris de prison, les peines contre ceux qui l'auront favorisée, en fournissant des instruments propres à l'opérer, seront, au cas que l'évadé fût de la qualité exprimée en l'art. 238, trois mois à deux ans d'emprisonnement; au cas de l'art. 239, deux à cinq ans d'emprisonnement, et au cas de l'art. 240, la réclusion.

185. Modifications de la loi du 13 mai 1863.—Son texte actuel.
186. Objet de cet article.—Pénalité.
187. Qualification.

185. Cet article a été modifié par la loi du 13 mai 1863.

Aujourd'hui, il est ainsi rédigé : « si l'évasion a eu

lieu ou a été tentée avec violence ou bris de prison, les peines, contre ceux qui l'auront favorisée en fournissant des instruments propres à l'opérer, seront : si le détenu, qui s'est évadé, se trouve dans le cas prévu par l'art. 238, trois mois à deux ans d'emprisonnement, au cas de l'art. 239, un an à quatre ans d'emprisonnement ; et au cas de l'art. 240, deux ans à cinq ans de la même peine et une amende de cinquante francs à deux mille francs. Dans ce dernier cas, les coupables pourront, en outre, être privés des droits, mentionnés en l'art. 42 du présent Code, pendant cinq ans au moins et dix ans au plus, à compter du jour où ils auront subi leur peine.

186. Cet article prévoit un cas étranger aux articles précédents. Il suppose que l'évasion a eu lieu avec violence ou bris de prison ; il punit ceux qui l'auront favorisée, en fournissant des instruments propres à l'opérer, de peines plus ou moins fortes, suivant que le détenu est dans l'un des cas prévus par les art. 238, 239 et 240. La peine est, au premier cas, un emprisonnement de trois mois à deux ans, au second, un emprisonnement d'un an à quatre ans, au troisième, un emprisonnement de deux à cinq ans et une amende de cinquante francs à deux mille francs. Dans ce dernier cas, le coupable peut, en outre, être privé des droits, mentionnés en l'art. 42, pendant cinq ans au moins et dix ans au plus.

187. Les tribunaux pourront qualifier, dans les termes suivants, le délit prévu par cet article.

Le nommé..... est-il coupable d'avoir (la date) en fournissant des instruments propres à l'opérer, favorisé l'évasion, exécutée *ou* tentée avec violences *ou* bris de prison, du nommé..... détenu légalement, prévenu de ..... *ou* accusé de..... *ou* condamné à..... (*indiquer la prévention, l'accusation ou la condamnation suivant que le détenu est dans le cas de l'art. 238, ou dans celui de l'art. 239, ou dans celui de l'art. 240)?*

ARTICLE 242.

Dans tous les cas ci-dessus, lorsque les tiers, qui auront procuré ou facilité l'évasion, y seront parvenus en corrompant les gardiens ou geôliers, ou de connivence avec eux, ils seront punis des mêmes peines que lesdits gardiens et geôliers.

188. Objet de l'article.
189. Qualification.

188. Cet article a pour objet de modifier la peine, ordinairement encourue par les tiers, qui procurent ou facilitent l'évasion. S'ils sont parvenus à l'opérer, en corrompant les conducteurs et gardiens et de connivence avec eux, ils sont, dans tous les cas, punis des mêmes peines que ces derniers, dont effectivement ils deviennent les complices.

189. La question pourrait être posée dans les termes suivants.

Le nommé....., est-il coupable d'avoir (la date) en corrompant les conducteurs *ou* gardiens, *ou* de connivence avec les conducteurs *ou* gardiens, procuré ou facilité l'évasion du nommé..... détenu légalement et accusé de..... *ou* condamné à la peine de.....?

ARTICLE 243.

Si l'évasion avec bris ou violence a été favorisée

par transmission d'armes, les gardiens et conducteurs qui y auront participé, seront punis des travaux forcés à perpétuité, les autres personnes des travaux forcés à temps.

190. Objet de l'article. — Armes. — Renvoi.
191. Qualification.

190. Cet article prévoit une évasion avec bris ou violence plus grave que celle de l'art. 241. C'est celle qui est favorisée par transmission d'armes ; les gardiens et conducteurs, qui y auront participé, seront punis des travaux forcés à perpétuité, et les autres personnes des travaux forcés à temps, sans qu'il y ait, dans ce cas, à se préoccuper de la qualité du détenu.

Les armes sont tous les objets, énoncés dans l'art. 101 du Code, dont on trouvera l'explication aux n° 555 à 559 de ma deuxième Étude.

191. Le crime, réprimé par l'art. 243, sauf l'aggravation, résultant de la qualité de l'accusé, me paraît constituer une infraction non moins spéciale que le crime de l'art. 239.

En conséquence, je proposerai d'interroger le jury sur cette incrimination dans les termes suivants.

Le nommé..... est-il coupable d'avoir (la date) favorisé, par transmission d'armes, l'évasion avec bris *ou* violences du nommé..... détenu légalement ?

Ledit..... était-il en qualité d'huissier, de geôlier, etc., préposé à la conduite ou à la garde dudit détenu ?

ARTICLE 244.

Tous ceux, qui auront connivé à l'évasion d'un

détenu, seront solidairement condamnés, à titre de dommages-intérêts, à tout ce que la partie civile du détenu aurait eu droit d'obtenir contre lui.

192. La rédaction de cet article est défectueuse.
193. Personnes ayant concouru à l'évasion.—Responsabilité civile.
194. Personnes ayant droit aux dommages-intérêts.

192. La rédaction de cet article est loin d'être satisfaisante. Je lui fais deux reproches.

193. Le premier, c'est de n'engager la responsabilité civile que des personnes, qui auront connivé à l'évasion. Il résulte, en effet, des art. 1382 et 1383 du Code Napoléon, applicables en cette matière, comme en toute autre, que la responsabilité pèse non-seulement sur ceux qui ont causé le dommage par leur fait, mais aussi sur ceux qui l'ont occasionné par leur négligence. D'où il faut conclure, malgré les termes employés par notre article, que ceux qui auront facilité l'évasion par leur négligence, seront aussi bien responsables du préjudice, qui en sera la suite, que ceux qui l'auront favorisée par leur connivence.

194. La seconde critique, que j'adresse à cet article, c'est d'avoir employé une expression incorrecte et ambiguë pour désigner la personne, qui a droit aux dommages-intérêts. Elle est incorrecte, car le détenu n'a pas de partie civile ; elle est ambiguë, car on ne sait trop ce qu'elle veut dire ; n'indique-t-elle que la personne, qui s'est déjà portée partie civile? Comprend-elle, au contraire, même celle qui pourra prendre ultérieurement cette qualité? C'est dans ce dernier sens qu'il faut l'entendre. Je l'ai déjà dit, l'art. 244 repose sur le même principe que les art. 1382 et 1383 du Code Napoléon ; il peut donc être invoqué par quiconque éprouve un préjudice de l'évasion, aussi bien par celui qui n'a encore rien demandé que par celui qui a mis son droit en mouvement.

ARTICLE 245.

A l'égard des détenus, qui se seront évadés ou qui auront tenté de s'évader par bris de prison ou par violence, ils seront, pour ce seul fait, punis de six mois à un an d'emprisonnement, et subiront cette peine, immédiatement après l'expiration de celle, qu'ils auront encourue pour le crime ou délit à raison duquel ils étaient détenus, ou immédiatement après l'arrêt ou jugement, qui les aura acquittés, ou renvoyés absous dudit crime ou délit, le tout sans préjudice de plus fortes peines, qu'ils auraient pu encourir pour d'autres crimes qu'ils auraient commis dans leurs violences.

195. Le détenu n'est puni que pour l'évasion par violence ou bris de prison. — Ce que sont les violences. — Ce qu'est le bris de prison. — Arrêt.
196. Pénalité.
197. Peine d'une nature exceptionnelle.—Cumul des peines. — Détention préventive. — Récidive. — Arrêts. — Renvoi.

195. Cette disposition est la seule qui punisse le détenu de l'évasion. Elle ne l'incrimine que dans le cas où l'évasion a eu lieu par bris de prison ou par violence. Le bris de prison, c'est l'excès contre la chose ; la violence, c'est l'excès contre les personnes.

Le juge peut ne voir qu'un bris de prison dans le fait d'avoir pratiqué une excavation à la maçonnerie formant le seuil d'une porte extérieure de la prison, d'y avoir mis des éclats de bois et d'avoir communiqué le feu à ces éclats, s'il déclare que les prévenus ont eux-mêmes éteint le feu. 21 août 1845, n° 263.

196. L'infraction, prévue par l'art. 245, est punie d'un emprisonnement de six mois à un an.

197. Cette peine est d'une nature exceptionnelle. En ordonnant que l'évadé la subira à l'expiration de celle qu'il aura encourue pour le crime ou le délit, à raison duquel il était détenu, la loi en autorise le cumul, contrairement à l'art. 365 du Code d'instruction criminelle.

Philippe Sontag avait été déclaré coupable du crime, dont il était accusé, et, en outre, d'une tentative d'évasion par bris de prison. Cependant la Cour d'assises ne l'avait condamné qu'à la peine du crime. L'arrêt fut annulé dans l'intérêt de la loi « attendu que Sontag a été déclaré coupable, non-seulement du fait principal, dont il était accusé, mais encore d'une tentative de bris de prison ; tentative caractérisée, suivant la loi, et punie par l'art. 245 du Code pénal ; attendu que, d'après l'article 245, ce fait était passible d'une peine distincte et séparée de celle encourue par le fait principal, ladite peine devant être subie après la peine prononcée à raison du crime, déclaré constant contre l'accusé ; en quoi il y a, pour le cas spécial du bris de prison, dérogation au principe général, posé par l'art. 365 du Code d'instruction criminelle ; attendu que, dès lors, en ne prononçant contre Sontag que la peine du vol, dont il a été déclaré coupable, et en s'abstenant de prononcer aucune peine contre le bris de prison, l'arrêt attaqué a violé l'art. 245 du Code pénal précité. » 14 juillet 1837, n° 205. — *Conf.*, 17 juillet 1831, n° 136 ; 5 avril 1832, n° 127.

Il n'importe pas que le délit d'évasion ait été commis par le détenu avant la condamnation sur le délit, qui a donné lieu à son arrestation, 31 juillet 1834, n° 249, ou que la peine, qui se cumule avec celle de son évasion, soit afférente aux crimes ou délits, indiqués dans le mandat, ou révélés par l'instruction avant ou après l'évasion. 9 juillet 1859, n° 171.

En indiquant que la peine, encourue pour l'évasion, ne sera subie qu'après l'arrêt ou jugement, qui aura acquitté le détenu ou l'aura renvoyé absous du fait, qui avait motivé son arrestation, l'art. 245, contrairement à ce qui a lieu ordinairement (1re Étude, n° 133) interdit à l'évadé d'exécuter la peine de l'évasion pendant la détention préventive, qu'il subit à raison d'un autre fait.

Enfin, à cause de sa situation exceptionnelle, l'évadé, quels que soient ses antécédents, ne subira pas les effets aggravants de la récidive. C'est, du moins, ce que décide la Cour de cassation, par interprétation des art. 239, 240 et 245 du Code.

Dans une première espèce, la Cour de Montpellier avait refusé d'appliquer les peines de la récidive à la femme Joubeyan, précédemment condamnée à une peine afflictive. Le pourvoi, que le ministère public forma contre cette décision, fut rejeté « attendu que l'art. 239 du Code pénal applique à l'évasion des détenus, à raison de faits emportant des peines afflictives ou infamantes, la même peine, soit que ces détenus évadés fussent prévenus ou accusés, soit qu'ils fussent déjà condamnés ; que, dans l'art. 240, on trouve une disposition semblable sur l'identité de la peine de l'évasion des individus, prévenus de faits emportant la peine de mort ou des peines perpétuelles, ou condamnés aux mêmes peines ; que l'art. 245, prévoyant le cas où les individus, évadés par bris de prison seraient détenus par suite d'une condamnation, se borne à déclarer qu'ils subiront la peine encourue, à raison de l'évasion, après l'expiration de celle que leur avait infligée la condamnation antérieure ; qu'ainsi, d'après l'ensemble de ces articles, l'évasion, effectuée après une condamnation, ne peut constituer une récidive passible de l'aggravation de peine, portée par les art. 56 et suivants du Code pénal ; et attendu que, dans l'espèce, la femme Joubeyan, évadée par bris de prison, était, à l'époque de son évasion, détenue par suite d'une condamnation à une peine afflictive ; que, dès lors, en ne prononçant pas contre elle l'aggravation de peine de la récidive, portée par les art. 56 et suivants du Code pénal, l'arrêt attaqué n'a point violé la disposition de cet article, mais a fait, au contraire, une juste application des art. 239, 240 et 245 du même Code. » 22 février 1828, n° 50.

Dans une autre espèce, Hubert et Roger s'étaient évadés par bris de prison. Quoiqu'ils eussent été précédemment condamnés à plus d'une année d'emprisonnement, le tribunal correctionnel ne leur appliqua que le minimum de la peine. Le pourvoi formé par le ministère public fut rejeté « attendu que l'art. 245 du Code pénal punit de la même peine tous les détenus, qui se sont évadés ou qui auraient tenté de s'évader, sans faire aucune distinction entre les prévenus ou accusés et les condamnés, et, à l'égard de ces derniers, sans prendre en considération la gravité de la peine à laquelle ils ont voulu se soustraire ; que, de plus, il ordonne aussi, sans distinction, que les coupables d'évasion ou de tentative d'évasion, par bris de prison ou violence, subiront la peine prononcée contre eux pour ce fait, après l'expiration de celle, qu'ils auront encourue pour le crime ou le délit à raison duquel ils étaient

détenus, ce qui constitue, à l'égard des simples prévenus, une dérogation au principe de la non-cumulation
des peines ; que de l'ensemble de ces dispositions et de
la nature même du fait, auquel elles s'appliquent, on doit
conclure que, pour cette matière spéciale, l'intention
des législateurs a été de ne pas se référer aux règles ordinaires, établies pour les autres délits, et par suite, que
la pénalité dudit art. 245 ne doit pas être aggravée par
les dispositions du Code sur la récidive ; d'où il suit que
le jugement attaqué, en refusant de faire application à
Hubert et à Roger de l'art. 58 du Code pénal, n'a fait
qu'une saine application de la loi. » 9 mars 1837, Sir.,
1837, 1, 368.

La Cour de cassation a admis également cette doctrine, en matière de rupture de ban, comme je l'ai exposé dans ma première Étude, n° 224.

ARTICLE 246.

Quiconque sera condamné, pour avoir favorisé
une évasion ou des tentatives d'évasion, à un emprisonnement de plus de six mois, pourra, en outre,
être mis sous la surveillance spéciale de la haute
police, pour un intervalle de cinq à dix ans.

198. Est applicable à tous ceux qui ont pris part à l'évasion.

198. Je ne ferai qu'une observation sur cet article,
c'est qu'il est applicable, non-seulement aux conducteurs et aux gardiens des détenus, mais aussi aux tiers
qui favorisent une évasion.

ARTICLE 247.

Les peines d'emprisonnement, ci-dessus établies,

contre les conducteurs ou les gardiens, en cas de négligence seulement, cesseront, lorsque les évadés seront repris ou représentés, pourvu que ce soit dans les quatre mois de l'évasion, et qu'ils ne soient pas arrêtés pour d'autres crimes ou délits commis postérieurement.

199. Reprise des évadés. —Remise de la peine.
200. Il n'est sursis ni à l'information ni au jugement.
201. Condition de la nouvelle arrestation.

199. L'art. 247 trouve, dans un fait accidentel, une sorte de rançon, dont il fait profiter les conducteurs et gardiens, qui ne sont coupables que de négligence. La peine cesse, dit cet article, lorsque les évadés sont repris ou représentés, pourvu que ce soit dans les quatre mois de l'évasion, et qu'ils ne soient pas arrêtés pour d'autres crimes ou délits commis postérieurement.

200. La loi, dans son indulgence, ne va pas jusqu'à prescrire la suspension des poursuites ; elle suppose, au contraire, qu'elles ont eu lieu immédiatement, et que la condamnation aura été prononcée avant les quatre mois de l'évasion, puisqu'elle dispose que l'emprisonnement cesse si, dans ce délai, les évadés ont été repris ou se sont représentés. Ce serait, évidemment, méconnaître sa volonté que d'arrêter l'information et surseoir au jugement, sous le prétexte de la remise de peine, éventuellement accordée aux inculpés. La procédure doit suivre son cours, comme si ces derniers n'avaient rien à attendre d'un événement ultérieur.

201. Mais s'il ne faut pas étendre l'indulgence de la loi, il ne faut pas, non plus, la restreindre. Si l'on ne donnait pas à la dernière disposition de l'art. 247 sa véritable signification, on pourrait se laisser aller à croire que les conducteurs et gardiens n'ont droit à la remise de la peine que dans le cas où les évadés n'ont commis ni crime ni délit entre leur fuite et leur arrestation. Ce n'est pas ce que la loi entend ; elle ne retire sa faveur que si les évadés ont été mis en arrestation, non à cause de leur évasion, mais à raison de crimes ou délits, qu'ils ont pu commettre nouvellement.

Cette interprétation de l'art. 247 est celle, que la Cour de cassation lui a donnée, en rejetant le pourvoi du ministère public contre un arrêt de la Cour de Rennes, « attendu que le texte de l'art. 247 du Code pénal est clair et précis, et qu'en matière pénale surtout, il n'est pas permis d'étendre les dispositions de la loi d'un cas à un autre, de substituer à la lettre de la loi une interprétation arbitraire, sur le fondement que cette interprétation assurerait à la loi plus d'efficacité ; que l'art. 247 précité n'étant, dans sa rédaction littérale, ni obscur, ni ambigu, il n'est pas possible de substituer au cas où le prisonnier évadé est arrêté pour des crimes ou délits, commis postérieurement à cette évasion, le cas où, quoique simplement arrêté à cause de cette évasion, il a commis, depuis cette évasion, des crimes qui, néanmoins, n'ont pas été la cause occasionnelle de son arrestation ; qu'il ne résulte nullement du texte de la loi qu'elle ait voulu rendre les conducteurs ou gardiens responsables des suites de leur négligence, quant aux crimes qu'elle aurait indirectement facilités ; que la loi a uniquement voulu intéresser les conducteurs et gardiens à la reprise des prisonniers évadés, et que ce but est atteint quand les évadés ont été repris avant les quatre mois ; attendu qu'en le jugeant ainsi l'arrêt attaqué n'a violé aucune loi, et a fait, au contraire, une juste application de l'art. 247. » 30 décembre 1843, n° 335.

ARTICLE 248.

Ceux, qui auront recélé ou fait recéler des personnes qu'ils savaient avoir commis des crimes emportant une peine afflictive, seront punis de trois mois d'emprisonnement au moins et de deux ans au plus. Sont exceptés de la présente disposition les ascendants ou descendants, époux ou épouse même divorcés, frères ou sœurs des criminels recélés, ou leurs alliés au même degré.

202. Cet article punit d'un emprisonnement de trois mois à deux ans ceux qui ont recélé ou fait recéler des personnes, qu'ils savaient avoir commis des crimes emportant peine afflictive. Il excepte les recéleurs, qui seraient les ascendants ou descendants, époux ou épouse, frères ou sœurs des criminels recélés, ou leurs alliés au même degré.

203. Il ne faut pas confondre le fait, prévu par cet article, avec celui que réprime l'art. 61. Il suffit de rapprocher ces deux dispositions, pour reconnaître, comme je l'ai expliqué dans ma deuxième Étude, n° 124, qu'il n'existe entre elles aucun rapport.

204. L'application de l'art. 248 n'est pas sans difficulté.

Quand le recéleur sera-t-il réputé savoir que la personne recélée avait commis un crime emportant une peine afflictive? Faudra-t-il que la culpabilité ait été déclarée par jugement? Peut-on admettre qu'il suffise que le recéleur ait une connaissance personnelle du crime?

Si l'on exige une condamnation, bien des criminels pourront être scandaleusement recélés.

Si l'on se contente de la connaissance personnelle du recéleur, comment les juges correctionnels, devant lesquels il sera traduit, pourront-ils l'affirmer, quand quelques mois, quelques jours plus tard, le jury déclarera peut-être que le recélé n'est pas coupable?

La Cour de cassation a considéré qu'il n'était pas nécessaire que la culpabilité du recélé eût été légalement proclamée; mais qu'il ne suffisait pas qu'elle fût notoire, et qu'il fallait qu'elle fût connue personnellement du recéleur.

La Cour de Cayenne s'était bornée à déclarer que Volmar et Saint-Preux avaient su, par la notoriété publique, que Saint-Véran, auquel ils avaient donné asile, était prévenu d'infanticide, et, néanmoins, elle les avait condamnés à la peine de l'art. 248. Cet arrêt fut annulé par la Cour de cassation « attendu que l'art. 248 n'exige pas, pour l'application des peines qu'il prononce, que la culpabilité de l'individu, objet du recel, ait été légalement reconnue; que ses dispositions ont principalement en vue les mesures de sûreté publique à prendre quand un crime vient d'être commis, pour empêcher l'évasion du coupable, en punissant ceux qui, connaissant le crime commis, recèlent le criminel, et lui procurent ainsi les moyens de se soustraire aux recherches de la justice; attendu, toutefois, qu'il ne suffit pas, pour que les auteurs de ce délit soient déclarés coupables, qu'ils aient été informés des poursuites exercées contre le prévenu, mais qu'il faut encore, pour faire une juste application de l'art. 248, que les recéleurs aient eu une connaissance personnelle que l'individu, qu'ils ont recélé, avait commis le crime, qui donne lieu à ces poursuites ; attendu, en fait, qu'il ne résulte pas des motifs et du dispositif de l'arrêt attaqué que les demandeurs aient eu une connaissance personnelle du crime d'infanticide imputé à Saint-Véran, auquel ils ont donné asile ; que l'arrêt se borne à déclarer qu'ils ont su, par la notoriété publique, que ledit Saint-Véran était prévenu de ce crime ; que, dès lors, la Cour impériale de la Guyane a fait une fausse application de l'art. 248 du Code pénal. » 15 octobre 1853, n° 515.—*Conf.*, 27 juillet 1867, n° 172.

Pour moi, je crois aussi, à raison des termes employés par cet article, qu'il n'est pas nécessaire qu'il y ait eu condamnation du recélé. Cette condition n'est pas exigée pour que le recèlement soit punissable ; la loi se borne à demander que le recéleur ait su que le recélé avait commis un crime emportant une peine afflictive.

§ 5. — *Bris de scellés, et enlèvement de pièces dans les dépôts publics.*

205. Division de ce paragraphe : bris de scellés ; enlèvement de pièces dans les dépôts publics.

205. Ce paragraphe, comme le précédent, traite de deux matières, parfaitement distinctes l'une de l'autre. Il s'occupe, dans les art. 249 à 253, des bris de scellés, et, dans les art. 254 à 256, des enlèvements de pièces et autres effets dans les dépôts publics.

ARTICLE 249.

Lorsque les scellés apposés, soit par ordre du

Gouvernement, soit par suite d'une ordonnance de justice, rendue en quelque matière que ce soit, auront été brisés, les gardiens seront punis, pour simple négligence, de six jours à six mois d'emprisonnement.

ARTICLE 250.

Si le bris de scellés s'applique à des papiers et effets d'un individu, prévenu ou accusé d'un crime emportant la peine de mort, des travaux forcés à perpétuité, ou de la déportation, ou qui soit condamné à l'une de ces peines, le gardien négligent sera puni de six mois à deux ans d'emprisonnement.

206. Objet de ces articles.—Leur pénalité.
207. Scellés auxquels ces articles s'appliquent.
208. Bris de scellé.—Sa définition.

206. La loi punit, dans ces deux articles, la négligence du gardien, cause du bris de scellés. Elle la punit plus ou moins sévèrement, suivant que le scellé avait été ou n'avait pas été appliqué sur les papiers et effets d'un individu, prévenu ou accusé d'un crime, emportant la peine de mort, des travaux forcés à perpétuité et de la déportation, ou condamné à l'une de ces peines. Dans le premier cas, le gardien négligent est condamné à un emprisonnement de six mois à deux ans, et dans le second, à un emprisonnement de six jours à six mois.

207. La loi ne protége, dans ces articles, que les scellés apposés, soit par ordre du Gouvernement, soit par ordonnance de justice. Ce qui le prouve, c'est, d'abord, le texte même de l'art. 249; c'est, en outre, la place occupée par ces dispositions dans le Code pénal.

Elles sont comprises dans le titre des crimes et délits contre la chose publique, et dans la section de la désobéissance et des autres manquements envers l'autorité publique.

C'est si bien l'un de ces manquements, que la loi entend punir dans le bris de scellés, qu'il a été jugé, par un arrêt inédit de la Cour de cassation du 22 juillet 1813, que l'art. 252 était applicable au cohéritier, qui, en l'absence et sans le concours du juge de paix, brise les scellés, apposés par ce magistrat sur les meubles de la succession, quoiqu'il n'en soit résulté aucun préjudice pour qui que ce soit.

Il résulte de tout ceci que les dispositions, que j'examine, ne punissent pas le bris des scellés, que certaines parties auraient pu apposer, en exécution d'une convention privée.

208. Le bris de scellés, c'est l'enlèvement ou la destruction matérielle des bandes et cachets, appliqués par l'autorité compétente, sur la fermeture des portes et des meubles, dans le but d'assurer, à qui de droit, la conservation des objets mobiliers et papiers, existant dans les lieux sur lesquels les scellés sont mis.

ARTICLE 251.

Quiconque aura, à dessein, brisé des scellés apposés sur des papiers ou effets de la qualité, énoncée en l'article précédent, ou participé au bris des scellés, sera puni de la réclusion; et, si c'est le gardien lui-même, il sera puni des travaux forcés à temps.

ARTICLE 252.

A l'égard de tous autres bris de scellés, les cou-

pables seront punis de six mois à deux ans d'emprisonnement ; et, si c'est le gardien lui-même, il sera
puni de deux à cinq ans de la même peine.

209. Modification de la loi du 13 mai 1863.—Texte actuel de
l'article 251.
210. Objet de ces articles.—Leur pénalité.
211. Pour que ces articles soient applicables, il faut qu'il y
ait eu destruction matérielle du scellé.—Arrêt.
212. Scellés auxquels ces articles sont applicables.—Renvoi.

209. Le premier de ces articles a été modifié par la
loi du 13 mai 1863.

Aujourd'hui, il est ainsi conçu : « Quiconque aura, à
dessein, brisé ou tenté de briser des scellés, apposés sur
des papiers ou effets de la qualité, énoncée en l'article
précédent, ou participé au bris des scellés, ou à la tentative de bris de scellés, sera puni d'un emprisonnement d'un an à trois ans. Si c'est le gardien lui-même
qui a brisé les scellés, ou participé au bris des scellés,
il sera puni d'un emprisonnement de deux à cinq ans.
Dans l'un et l'autre cas, le coupable sera condamné à
une amende de cinquante francs à deux mille francs. Il
pourra, en outre, être privé des droits, mentionnés en
l'art. 42 du présent Code, pendant cinq ans au moins et
dix ans au plus, à compter du jour où il aura subi sa
peine ; il pourra aussi être placé, pendant le même
nombre d'années, sous la surveillance de la haute police. »

210. Ces articles punissent ceux qui, à dessein,
c'est-à-dire, avec conscience de ce qu'ils font, brisent,
ou tentent de briser des scellés, et ceux qui participent
au bris de scellés ou à la tentative de ce délit.

La peine varie avec la nature des papiers ou effets,
placés sous le scellé, et avec la qualité du coupable.

S'il s'agit de scellés, apposés sur des papiers ou effets de la nature, énoncée en l'art. 250, la peine est, contre toute personne, un emprisonnement d'un an à trois ans ; elle s'aggrave lorsque c'est le gardien lui-même, qui a brisé les scellés ou participé à leur bris ; l'emprisonnement s'élève alors de deux à cinq ans. En outre, dans l'un et l'autre de ces cas, le coupable est condamné à une amende de cinquante francs à deux mille francs, et pourra être privé des droits, mentionnés en l'art. 42, et même mis sous la surveillance de la haute police, pendant cinq ans au moins et dix ans au plus.

A l'égard des autres bris de scellés, le coupable est puni de six mois à deux ans d'emprisonnement, et si c'est le gardien lui-même, il est puni de deux à cinq ans de la même peine.

211. Il ne suffirait pas, pour donner lieu à l'application de ces articles, que l'inculpé fût parvenu à s'emparer, d'une façon quelconque, de l'un des objets placés sous le scellé. Dans ce fait, il pourrait y avoir, suivant les cas, un vol, mais il n'y aurait pas de bris de scellés, et, par conséquent, il n'y aurait pas le vol aggravé, prévu par l'art. 253.

Jacques Bastien avait été constitué gardien des scellés, placés sur la porte de sa cave. Il ne se permit pas de les briser ; mais, en soulevant une planche, il pénétra dans la cave et en enleva certains objets. Il fut poursuivi pour avoir brisé les scellés, dont il était gardien. La Cour de Nancy le renvoya de la plainte ; le pourvoi, que le ministère public forma contre cet arrêt, fut rejeté, « attendu, en droit, qu'il résulte des art. 249 et suivants, que le bris de scellés ne peut consister que dans le fait matériel de l'enlèvement ou de la destruction des bandes et cachets, apposés par l'autorité publique compétente sur la fermeture des portes et des meubles, pour

assurer la conservation, à qui de droit, des objets mobiliers, existants dans les lieux où les scellés ont été mis ;
que la soustraction d'un des objets, placés sous les scellés, alors même qu'elle a été commise par le gardien
desdits scellés, est une action blâmable et répréhensible,
et peut, suivant les circonstances, constituer un vol ;
mais qu'elle n'a pas le caractère du délit, prévu et spécifié par les art. 249 et suivants du Code pénal, lorsqu'elle a eu lieu sans le fait matériel du bris des scellés,
lequel est l'élément substantiel et constitutif de cette
nature de délit ; attendu, en fait, que l'arrêt attaqué déclare qu'il est constant que Jacques Bastien, vigneron,
avait été constitué gardien des scellés, apposés sur la
cave de sa maison par le juge de paix de Toul, et qu'en
juin ou juillet 1847, quoique lesdits scellés fussent restés
intacts, ledit Bastien n'en a pas moins pénétré dans cette
cave, d'abord, en levant une trappe, non aperçue au
moment de l'opération du juge de paix, et sur laquelle aucun scellé n'avait été mis ; ensuite, en brisant
une planche, faisant partie de la clôture d'un poulailler
communiquant du cellier à la cave ; que ledit arrêt constate, en outre, que Bastien a avoué être entré dans la
cave, deux fois, pour y prendre chaque fois une cruche
de vin, dont il avait besoin pour sa consommation ; mais
que ce fait, qui n'est pas d'ailleurs l'objet des poursuites,
n'a pas le caractère de soustraction frauduleuse, et ne
pourrait donner lieu, de la part de la femme du prévenu,
plaidant contre lui en séparation de corps, qu'à une indemnité civile ; attendu que, dans cet état de faits, l'arrêt attaqué, en relaxant Jacques Bastien des fins de la
poursuite, par le motif qu'aucun bris matériel de scellés
n'avait été commis par lui pour s'introduire dans la cave
par une ouverture autre que la porte, sur laquelle les
scellés sont demeurés intacts, n'a aucunement violé les

art. 249 et suivants du Code pénal, relatifs à cette matière, et en a fait, au contraire, une légale application.»
1er octobre 1847, no 245.

212. Ces articles, comme les précédents, ne s'appliquent, ainsi que je viens de le démontrer, qu'au bris des scellés, apposés par ordre du Gouvernement ou par ordonnance de justice.

ARTICLE 253.

Tout vol, commis à l'aide d'un bris de scellés, sera puni comme vol commis à l'aide d'effraction.

213. Le bris de scellés est assimilé à l'effraction.
214. Bris de scellés auquel cet article est applicable.

213. Le vol, commis avec bris de scellés, est réputé par cet article commis avec effraction. Il peut, en outre, comme ce dernier vol, être accompagné des autres circonstances aggravantes, déterminées par la loi.

214. L'art. 253 ne concerne, comme les articles précédents, que les scellés, apposés par ordre du Gouvernement ou par ordonnance de justice.

ARTICLE 254.

Quant aux soustractions, destructions et enlèvements de pièces, ou de procédures criminelles, ou d'autres papiers, registres, actes et effets, contenus dans des archives, greffes ou dépôts publics, ou remis à un dépositaire public en cette qualité, les peines seront, contre les greffiers, archivistes, notaires ou autres dépositaires négligents, de trois mois à un an d'emprisonnement, et d'une amende de cent francs à trois cents francs.

215. Comme les art. 249 et 250 punissent la négligence des gardiens, qui a été la cause du bris de scellés, de même l'art. 254 réprime la négligence des greffiers, archivistes, notaires ou autres dépositaires publics, qui a permis de soustraire, détruire et enlever des pièces ou procédures criminelles, ou autres papiers, registres, actes et effets, contenus dans des archives, greffes ou dépôts publics, ou remis à un dépositaire public en cette qualité. La peine, prononcée par l'art. 254 contre cette négligence, est un emprisonnement de trois mois à un an et une amende de cent francs à trois cents francs.

Revenons sur chacun des caractères de ce délit.

216. Il faut d'abord, pour que la négligence des personnes, indiquées dans cet article, devienne punissable, qu'il y ait eu soustraction, destruction ou enlèvement. En employant ces trois termes, la loi indique qu'elle s'applique à la négligence, qui facilite toute espèce de détournement, aussi bien celui qui a en vue l'appropriation, aussi bien celui qui a pour but la destruction que celui qui a pour mobile toute autre cause.

L'enlèvement les comprend tous, comme la Cour de cassation l'a jugé dans l'espèce suivante.

Le nommé Clavel avait été condamné à la peine de l'art. 255, comme coupable d'avoir détourné des objets contenus dans un dépôt public. Il se pourvut, sous le prétexte que ce fait ne rentrait pas dans les prévisions de la loi, qui ne mentionnait que les soustractions, les destructions et les enlèvements. Son pourvoi fut rejeté « attendu que Clavel a été déclaré coupable d'avoir, en 1858, à Paris, détourné des effets, dits *échantillons*, contenus dans un dépôt public; attendu que l'art. 254 du Code pénal, en se servant des expressions génériques *soustractions, enlèvements* ou *destructions*, a entendu atteindre toute appropriation frauduleuse de papiers, registres, actes et effets contenus dans un dépôt public, ou remis à un dépositaire public, et que le détournement d'un de ces objets en comprend nécessairement l'enlèvement dans le sens de cet article; attendu, dès lors, que la Cour d'assises de la Seine, en faisant application à Clavel des dispositions pénales de l'article 254, loin d'avoir violé ledit article, en a fait une juste et saine application. » 3 décembre 1859, n° 264.

217. Il faut, en outre, pour que la négligence devienne un délit, que la chose soustraite soit des pièces ou procédures criminelles, ou d'autres papiers, des registres, des actes ou des effets.

Ces expressions sont, au reste, pour la plupart, tellement générales qu'elles embrassent, les unes ou les autres, toutes les choses qui peuvent se trouver dans un dépôt public ou être remises à un dépositaire public. Ainsi, on est autorisé à voir un papier dans une lettre missive, 22 décembre 1832, n° 508, et un effet dans un livre, 25 mars 1819, n° 36; 5 août 1819, n° 87; 25 mai 1832, n° 190; dans un tableau, une statue ou un autre objet d'art, 25 mai 1832, déjà cité ; 10 septembre 1840, n° 262 ; voire même dans un navire, légalement mis sous la main de justice dans le cours d'une instruction criminelle, 29 décembre 1832, n° 508.

218. Il faut, de plus, que la chose soustraite, détruite ou enlevée, ait été contenue dans des archives, greffes ou dépôts publics, ou remise à un dépositaire public en cette qualité.

Il ne suffirait pas qu'elle se trouvât, par une raison quelconque, dans l'un de ces dépôts publics ; il est indispensable qu'elle y ait été remise dans un but analogue à la destination de ce dépôt.

Le nommé Boucheul avait été condamné aux peines de l'art. 254, sans que cette circonstance résultât de la déclaration du jury. Sur son pourvoi, l'arrêt fut annulé « attendu que pour qu'il y eût lieu à l'application des dispositions des art. 254 et 255, il faudrait que les pièces ou procédures criminelles, papiers, registres, actes ou effets volés, *fussent contenus dans des archives, greffes ou dépôts publics*, ou bien remis à un dépositaire public en cette qualité ; attendu que ces mots : *contenus dans des archives, greffes ou dépôts publics*, ne doivent pas s'entendre en ce sens qu'il suffise que les objets, dont il s'agit, aient été volés dans des *archives, greffes ou dépôts publics*, mais bien dans ce sens qu'il faut que ces objets aient été remis dans des *archives, greffes ou dépôts publics*, dans un but analogue à la destination desdites *archives, greffes ou dépôts publics* ; attendu, en effet, que le vol d'un meuble, servant à l'ameublement du local où sont les archives, ou le vol d'un objet quelconque, commis sur un individu présent dans le lieu servant d'archives, greffes ou dépôts publics, ne sauraient être punis par l'application de l'art. 254 précité, mais bien par celle de l'art. 401 ; attendu qu'il résulte de l'arrêt de renvoi, et de l'ensemble et du résumé de l'acte d'accusation, que l'argent volé aurait été déposé dans le greffe dans un but correspondant à la destination du greffe, c'est-à-dire déposé dans ce greffe, comme pièce à charge, à l'occasion d'une instruction pendante devant l'autorité judiciaire ; attendu que, dès lors, le président de la Cour d'assises aurait dû poser la question de savoir si cet argent *était contenu dans le greffe*, pour que l'art. 254 fût applicable, et cela indépendamment de la question de savoir si l'accusé avait été constitué dépositaire dudit argent, ce qui n'avait trait qu'à la position personnelle de l'accusé et à l'application possible de la deuxième disposition de l'article 255 ; attendu que l'accusation n'a pu être purgée par des questions, qui ne l'ont pas reproduite dans ses caractères constitutifs et aggravants, légalement articulés ; d'où il suit que les réponses du jury, étant la suite de questions incomplètes, doivent être considérées comme non avenues, sans distinguer les réponses négatives et les réponses affirmatives. » 19 janvier 1843, n° 5.

De même, il ne suffirait pas que la chose eût été remise, à un titre quelconque, à un dépositaire public ; il faut qu'elle lui ait été déposée en cette qualité, c'est-à-dire à raison de ses fonctions.

Le détournement d'un acte sous seing privé, confié à un notaire, ne présenterait pas le caractère du délit prévu par l'art. 254, les notaires n'étant pas chargés, par la loi de leur institution, de recevoir, en dépôt, de semblables actes.

Deux fois la question s'est présentée devant la Cour de cassation, et, chaque fois, elle a été résolue dans le sens que je viens d'indiquer.

Dans une première espèce, le notaire Auriol avait été condamné aux peines de notre article, pour avoir opéré la soustraction d'un acte sous seing privé, qui ne lui avait été remis que par suite de la confiance des parties. Sur son pourvoi, l'arrêt fut annulé « attendu, en droit, que les fonctions des notaires sont déterminées par la loi, et qu'ils ne sont chargés que du dépôt des minutes des actes passés devant eux et qui reçoivent, par leur présence et leur concours, le caractère de l'authenticité ; mais qu'il n'est pas dans les fonctions des notaires de recevoir des actes sous seing privé, qui peuvent avoir pour résultat de modifier ou de déterminer l'effet des actes notariés ; attendu que, si le dépôt desdits actes sous seing privé est fait dans les mains du notaire détenteur de l'acte authentique, que cet acte doit modifier, ce n'est ni à cause de sa qualité de notaire, ni à raison de ses fonctions, mais à cause de la confiance individuelle, qu'il a inspirée aux parties, puisque ce dépôt aurait pu être fait dans les mains de tout autre individu, fonctionnaire ou simple particulier ; attendu que ce dépôt de l'acte sous seing privé, relatif ou étranger à un acte notarié, n'est pas fait à raison des fonctions notariales, puisqu'il pourrait être effectué dans les mains d'un individu étranger à ces fonctions ; attendu, en fait, qu'il résulte de l'arrêt attaqué, que l'acte, dont Auriol est prévenu d'avoir été dépositaire, et d'avoir opéré la suppression, serait un acte sous seing privé, qui ne lui aurait été confié que par suite de la confiance des parties ; d'où il suit qu'en déclarant que les faits articulés rentreraient dans les dispositions des art. 173, 254 et 255 du Code pénal, l'arrêt attaqué a faussement appliqué, et, par suite, violé lesdits articles. » 24 juin 1841, nº 182.

Dans une seconde espèce, le nommé Unal était pré-

venu d'avoir subrepticement enlevé une pièce, que les
parties n'avaient remise à un notaire que par suite de
la confiance qu'il leur inspirait. A raison de ce fait,
Unal avait été renvoyé aux assises sous l'accusation du
crime défini par l'art. 255. Sur son pourvoi, l'arrêt de
renvoi fut annulé « attendu qu'aux termes de l'art. 254,
la soustraction ou la destruction d'une pièce ne prend
le caractère de crime que si ladite pièce était contenue
dans un dépôt public, ou remise à un dépositaire public
en cette qualité ; que c'est en effet la violation de cette
garantie, et de la sûreté qui s'y attache, qui aggrave le
délit ; attendu que, d'après les constatations de l'arrêt
attaqué, il s'agit, dans l'espèce, du simple dépôt d'une
pièce, que les parties avaient remise à un notaire, non à
raison de sa qualité et pour qu'il en dressât acte, mais
uniquement par suite de la confiance, qu'il leur inspirait ; que c'est cette pièce qui, produite par le dépositaire dans une réunion des parties, a été subrepticement enlevée par Unal et, ensuite, déchirée par lui ;
attendu que ces faits, ainsi déclarés, ne rentrent pas
dans les dispositions de la loi pénale précitée ; que
l'arrêt présente donc une fausse application des articles 254 et 255 et une violation de l'art. 299 du Code
d'instruction criminelle, qui ne permet le renvoi de
l'accusé à une Cour d'assises que pour un fait qualifié
crime par la loi ; que le fait imputé à Unal constituerait
seulement le délit prévu par l'art. 439 du Code pénal. »
2 avril 1857, n° 137.

La jurisprudence a reconnu que l'on doit ranger
parmi les dépôts publics, dont il est question dans
l'art. 254 :

1° Les bureaux des payeurs généraux. En conséquence, celui qui se rend coupable de soustraction, de
destruction ou d'enlèvement d'une pièce, qui y a été

déposée, se rend passible des peines portées par l'article 255, 25 juillet 1812, Sir., 1817, 1, 321 ;

2° Les bibliothèques publiques, 25 mars 1819, n° 36 ; 5 août 1819, n° 87 ;

3° Les musées, 25 mai 1832, n° 190.

Elle a refusé d'attribuer ce caractère à une salle d'hôtel de ville, où étaient, en partie, déposées les armes destinées à la garde nationale. Chagneau, payé par la ville de Rochefort pour entretenir les armes appartenant à cette ville, était inculpé d'en avoir détourné un certain nombre, qui se trouvaient déposées dans une des salles de l'hôtel de ville. La chambre du conseil le renvoya devant la chambre d'accusation, comme prévenu d'avoir commis un abus de confiance au préjudice de la ville de Rochefort, dont il était le serviteur à gages. La chambre d'accusation considéra que le fait, imputé à Chagneau, ne constituait ni le crime de l'article 408, ni celui de l'art. 255. Elle le renvoya en police correctionnelle sous la prévention d'un abus de confiance ordinaire. Sur le pourvoi du ministère public, la Cour de cassation décida « sur le premier moyen pris de la prétendue violation des art. 254 et 255 du Code pénal, en ce que l'arrêt dénoncé aurait dû considérer le prévenu comme dépositaire des armes, dont il s'agit, ou du moins reconnaître qu'il les a soustraites d'un dépôt public ; attendu que cet arrêt déclare que la remise, qui paraît avoir été faite à Chagneau, de la clef de la salle de l'hôtel de ville de Rochefort, dans laquelle était déposée une partie des armes, dont l'entretien était confié à ses soins, n'a pu lui conférer la qualité de dépositaire public, et que cette salle elle-même ne peut être considérée, comme un dépôt public, dans le sens de l'art. 254 du Code pénal ; qu'en ne voyant pas, dans le fait de la prévention ainsi constatée, le crime prévu et

IV.   17

puni par les articles précités, ledit arrêt en a sainement interprété les dispositions. » 13 avril 1837 (Dall., 1837, 1, 523).

Au contraire, dans une affaire célèbre, dans l'affaire du Carlo-Alberto, la Cour de cassation a annulé l'arrêt de la Cour d'Aix, qui avait refusé au navire Carlo-Alberto, régulièrement mis sous la main de justice, le caractère d'un dépôt public « attendu que le navire le Carlo-Alberto avait été mis légalement sous la main de justice dans le cours d'une instruction criminelle, et que des gardiens y avaient été établis par l'autorité compétente ; que ce navire, et les objets qu'il pouvait renfermer, formaient, dès lors, des pièces de conviction remises à des dépositaires publics en cette qualité, d'où il suit que l'enlèvement, ou la tentative d'enlèvement, d'une lettre contenue dans ce navire, aurait constitué le crime prévu par les art. 254 et 255 du Code pénal ; attendu qu'il paraîtrait résulter des faits, énoncés dans l'ordonnance de la chambre du conseil du tribunal de Marseille, en date du 27 août 1832, adoptée sur ce point par l'arrêt de la chambre d'accusation de la Cour royale d'Aix, du 3 septembre suivant, et non contredite par l'arrêt attaqué, qu'il pourrait y avoir eu tentative de l'enlèvement d'une lettre, qui se trouvait dans ledit navire ; qu'il résulte de là, qu'en rejetant le déclinatoire, proposé par le ministère public, sur le motif que le navire le Carlo-Alberto n'était pas un dépôt public, et que la lettre, qui y était cachée, n'avait pas été confiée spécialement aux agents préposés à la garde du navire, ce qui écartait l'application des art. 254 et 255 du Code pénal ; qu'en omettant, par suite, d'apprécier les faits et circonstances, qui pouvaient constituer la tentative caractérisée de l'enlèvement de ladite lettre, et en retenant la cause sur un autre fait connexe, la chambre correctionnelle de la Cour d'Aix a méconnu et violé les règles de sa compétence. » 22 décembre 1832, n° 508.

219. Il faut enfin, pour qu'elle soit punissable, que la négligence soit imputable à des greffiers, archivistes, notaires ou autres dépositaires publics.

ARTICLE 255.

Quiconque se sera rendu coupable des soustractions, enlèvements ou destructions, mentionnés en l'article précédent, sera puni de la réclusion. Si le crime est l'ouvrage du dépositaire lui-même, il sera puni des travaux forcés à temps.

220. Analogie avec les art. 169 et 173.—Différences.
221. Cas auxquels l'art. 255 est applicable. — Exemples. — Arrêts.
222. Spécialité du crime, défini par cet article.
223. Qualification.

220. Cet article a plus d'une analogie avec les articles 169 et 173. Cependant le crime, qu'il réprime, a, comme je l'ai indiqué dans ma troisième Étude, n° 343, des caractères particuliers, qui ne permettent pas de le confondre avec ceux que prévoient ces autres articles. Il punit les soustractions, destructions et enlèvements, que je viens de définir sous l'article précédent.

221. Il est applicable au clerc de notaire, qui soustrait un titre dans l'étude où il est employé, ainsi que la Cour de cassation l'a jugé par son arrêt du 2 juin 1853, n° 196, que j'ai rapporté dans mon troisième volume, n° 368.

De même, il est applicable au notaire, qui enlève des minutes laissées par lui à son successeur, et ne les restitue qu'après s'être fait remettre le supplément de prix stipulé en dehors du traité approuvé par le ministre de la justice. La Cour de cassation l'a jugé dans l'espèce suivante.

Pourthier avait cédé son étude de notaire à Gioux. Après l'installation de celui-ci, Pourthier revint à l'étude et s'empara de six minutes. La chambre du conseil le renvoya devant la juridiction correctionnelle, comme prévenu de vol et d'escroquerie. A l'audience, le ministère public soutint que le fait constituait le crime défini par l'art. 255, et, en conséquence, il conclut à l'incompétence du juge correctionnel. Malgré ces réquisitions, le tribunal retint la cause et, appréciant l'intention du prévenu, le renvoya des poursuites. Sur le pourvoi du ministère public, la décision fut annulée « attendu que, par ordonnance de la chambre du conseil du tribunal de première instance d'Aubusson, en date du 12 juillet 1853, Pourthier a été renvoyé devant le tribunal de police correctionnelle de la même ville, comme prévenu de soustraction frauduleuse et d'escroquerie, délits prévus par les art. 379, 401 et 405 du Code pénal; attendu que ces qualifications s'appliquaient : 1° à la soustraction de six minutes des plus importantes, lesquelles avaient disparu de l'étude du notaire Gioux, après un voyage, à Faux-la-Montagne, de Pourthier, son prédécesseur ; 2° à l'escroquerie, qui aurait été commise par ledit Pourthier au préjudice de Gioux, en menaçant ce dernier de brûler ces mêmes minutes, s'il ne lui comptait trois mille cinq cents francs, stipulés en dehors du traité approuvé par la chancellerie pour la transmission à Gioux de l'étude de Pourthier, et en se faisant remettre ainsi, en espèces ou valeurs, trois mille cinq cents francs, contre lesquels il a restitué les minutes; attendu que le tribunal de police correctionnelle d'Aubusson a déclaré explicitement dans son jugement que Pourthier s'était emparé des minutes, dont il s'agit, qu'on ne saurait équivoquer sur la question de savoir si ces minutes avaient été, lors des inventaires, trouvées en l'étude et remises au nouveau titulaire, qu'il est matériellement acquis au débat que ces minutes ne faisaient point partie de celles qui, d'abord, avaient parū manquer dans les casiers, relatifs à l'exercice de Pourthier, qu'enfin ce dernier ne s'était emparé des six minutes que dans le but de contraindre Gioux à lui payer trois mille cinq cents francs du traité secret; attendu qu'il résulte manifestement de ces constatations en fait, et de l'ensemble du surplus des motifs, que lesdites minutes ont été *soustraites* ou *enlevées* de l'étude de Gioux, et, par conséquent, des lieux affectés à leur dépôt par l'art. 22 de la loi du 25 ventôse an XI; attendu que ce fait, ainsi déterminé, rentrait dans les dispositions des art. 254 et 255 du Code pénal, et était de nature à motiver l'application de peines afflictives et infamantes; que, dès lors, le tribunal de police correctionnelle, incompétent pour en connaître, ne pouvait, en appréciant l'intention du prévenu, statuer d'après les qualifications de l'ordonnance de la chambre du conseil, et renvoyer ledit prévenu de la plainte; attendu que le tribunal supérieur de Guéret, saisi par l'appel du ministère public, en confirmant purement et simplement le jugement de première instance, dont il a adopté les motifs, s'est approprié les vices de ce jugement; qu'il a ainsi méconnu les règles de sa compétence et violé les art. 254, 255 du Code pénal, et l'art. 214 du Code d'instruction criminelle. » 26 novembre 1853, n° 559.

Mais la peine de cet article ne serait pas encourue par le greffier, qui s'approprierait les sommes qui lui seraient remises, pour le paiement des droits d'enregistrement, par ceux qui en étaient redevables envers la régie. Ce fait manquerait, au moins, de l'un des éléments du crime, défini par les art. 254 et 255 : le détournement n'aurait pas eu lieu dans un dépôt placé sous la protection spéciale de l'autorité publique. La Cour de cassation l'a reconnu dans son arrêt du 14 février 1846, n° 50, rapporté dans mon troisième volume, n° 349.

222. Le crime prévu par l'art. 255 est « un crime spécial qui, par sa nature comme par sa classification, constitue la violation d'un dépôt public ; la circonstance de la publicité de ce dépôt est partie intégrante du fait principal de soustraction, destruction ou enlèvement. » 22 mars 1844, n° 114.

Il en résulte que le jury peut être interrogé par une seule question sur tous les faits de l'incrimination. Il n'y a lieu de poser de questions secondaires que, le cas échéant, sur la qualité de l'accusé.

223. La question peut, ce me semble, être ainsi rédigée :

Le nommé.... est-il coupable d'avoir (la date) soustrait *ou* détruit *ou* enlevé *telle* pièce, *telle* procédure criminelle, *tel* papier, *tel* registre, *tel* acte, *tel* effet, contenu dans *telle* archive, *tel* greffe, *tel* autre dépôt public, ou remis à *tel* dépositaire public en cettedite qualité ?

Ledit.... était-il lui-même dépositaire dudit objet soustrait, détruit, *ou* enlevé ?

ARTICLE 256.

Si les bris de scellés, les soustractions, enlèvements ou destructions de pièces, ont été commis avec violences envers les personnes, la peine sera, contre toute personne, celle des travaux forcés à temps, sans préjudice de peines plus fortes, s'il y a lieu, d'après la nature des violences et des autres crimes qui y seraient joints.

224. Cet article est commun au bris de scellés et aux soustractions dans les dépôts publics.—Qualification.

224. Cet article est applicable au bris de scellés et aux soustractions, destructions et enlèvements dans des dépôts publics. Il les punit de la peine des travaux forcés à temps, s'ils ont été commis avec violences envers les personnes, sans préjudice, ajoute-t-il, de peines plus fortes, s'il y a lieu, d'après la nature des violences, et des autres crimes qui y seraient joints.

La violence est une circonstance aggravante du fait principal. Elle doit être présentée au jury dans une question spéciale.

Ledit bris de scellés, *ou* ladite soustraction a-t-elle eu lieu avec violences envers les personnes?

§ 6. — *Dégradation de monuments.*

ARTICLE 257.

Quiconque aura détruit, abattu, mutilé ou dégradé des monuments, statues et autres objets, destinés à l'utilité ou à la décoration publique, et élevés par l'autorité publique ou avec son autorisation, sera puni d'un emprisonnement d'un mois à deux ans, et d'une amende de cent francs à cinq cents francs.

225. Faits punis par l'art. 257.—Objets auxquels il s'applique.

225. Cet article étend sa protection à bien des faits et à bien des choses ; il punit, non-seulement la destruction et l'abatage des choses qu'il désigne, mais encore leur mutilation ou leur dégradation.

Il prend, sous sa sauvegarde, non-seulement les monuments et les statues, mais encore tous les autres objets, destinés à l'utilité ou à la décoration publique, sans distinguer entre ceux qui ont été élevés directement par l'autorité publique et ceux qui n'ont été élevés qu'avec son autorisation par des particuliers.

226. Parmi ces objets, on doit évidemment comprendre ceux qui ont une destination religieuse. Dans la séance du Conseil d'État du 9 janvier 1810, il a été entendu que l'art. 257 était applicable à leur destruction, abatage, mutilation ou dégradation. « La commission, dit le procès-verbal (Locré, t. 30, p. 228), prie d'observer qu'il est une espèce de monuments, qui ne sont point indiqués dans cet article ; des raisons faciles à saisir semblent devoir permettre de l'y rappeler, parce que leur destruction ou mutilation peut nuire à la tranquillité publique, lorsque le Gouvernement ou ses agents en ont autorisé l'exécution. Tels sont les croix, les oratoires et autres objets de vénération religieuse, construits à l'extérieur des temples, sur les places et routes par les communes. La protection, qui leur serait accordée, ne nuirait en rien à la liberté des cultes. Confiés à la foi publique, érigés avec autorisation, leur mutilation ou destruction peut entrer, sans inconvénient, dans un article qui a pour objet une protection spéciale pour tout ce qui porte le caractère de monument. La commission propose d'insérer la disposition suivante, dans un paragraphe, à la suite de l'article, et qui serait ainsi conçu : « Ceux qui auront mutilé ou détruit les signes et objets de culte, érigés à l'extérieur des temples avec autorisation, seront punis de la même peine. » La section ne croit pas devoir adopter la rédaction proposée par la commission. Elle pense qu'il suffit d'amender celle du projet, de manière que les objets, dont parle la commission, ne soient pas exclus. En conséquence, elle présente la rédaction suivante : « Quiconque aura détruit, abattu, mutilé ou dégradé des monuments, statues et autres objets destinés à l'utilité ou à la décoration publique, et élevés par l'autorité publique ou avec son autorisation, sera puni d'un emprisonnement d'un mois à deux ans et d'une amende de cent francs à cinq cents francs. » Cette rédaction est adoptée.

Pendant quelques années, les violences, exercées contre les objets consacrés au culte, ont été placées sous une législation spéciale, sous la loi du 20 avril 1825 ; mais, cette loi ayant été abrogée par celle du 11 octobre 1830, elles sont aujourd'hui régies par l'article que j'étudie.

227. La jurisprudence a considéré comme punissable, en vertu de l'art. 257 :

1° La destruction d'une cloche d'église. Simonin, sacristain de la paroisse de Moissey, et Michelin et Soubrant furent traduits en police correctionnelle, les deux derniers, pour avoir cassé la cloche de l'église, et Simonin, pour les avoir provoqués à cette action. Le tribunal de Dôle condamna ce dernier en vertu de l'article 257 et renvoya les autres des poursuites. En appel le ministère public soutint, mais inutilement, qu'il y avait lieu d'appliquer la loi du 20 avril 1825 que je rappelais tout à l'heure. Le pourvoi qu'il forma contre la décision fut rejeté « attendu qu'il est constant que la cloche de la commune de Moissey servait journellement, et pour appeler les fidèles au service divin, et pour les besoins et usages temporels de la commune ; que les habitants de Moissey manifestaient depuis longtemps le désir de changer leur cloche ; qu'ils s'étaient même pourvus auprès de l'autorité pour en obtenir l'autorisation ; attendu que le sacristain Eloi Simonin, en portant deux jeunes gens à briser la cloche de la commune, quelque répréhensible et condamnable que soit cette action, ne paraît pas avoir agi en haine ou mépris de la religion ; attendu que, si l'art. 14 de la loi du 20 avril 1825 a eu pour objet de proportionner la peine à la gravité du délit, en cas de dégradation des objets consacrés à la religion de l'État, cette aggravation de peine, motivée sur le respect dû à la religion, ne saurait être applicable, lorsqu'il s'agit de dégradation commise sur une cloche, qui n'était point entièrement consacrée à un usage religieux, puisqu'il est reconnu, dans l'espèce, qu'elle était employée à divers usages civils, et que, d'ailleurs, elle n'était point consacrée aux cérémonies du culte, mais ne pouvait servir tout au plus qu'à appeler les fidèles à ces cérémonies. D'où il suit que le jugement en dernier ressort du tribunal de Lons-le-Saulnier a fait une juste application de l'art. 257 du Code pénal. » 1er avril 1826, Dall., 1826, 1, 345.

En jugeant que la loi du 20 avril 1825 n'est pas applicable au prévenu, cet arrêt décide, en même temps, qu'il a encouru la peine de l'art. 257.

2° La dégradation volontaire des appareils télégraphiques, lorsque, d'ailleurs, le service n'a pas été in-

terrompu. Après avoir reconnu les nommés Blanchard
et Janneton, coupables d'avoir volontairement arraché,
des trous dans lesquels ils étaient enfoncés, trois poteaux supportant un fil télégraphique, sans que d'ailleurs le service eût été interrompu, la Cour de Bourges
s'était déclarée incompétente. Sur le pourvoi du ministère public, l'arrêt fut annulé « attendu que le décret
du 27 décembre 1851 a eu pour objet d'assurer et de
garantir, d'une manière efficace, l'exploitation et le service des lignes télégraphiques par des dispositions spéciales pour les cas non suffisamment prévus et réprimés
par le Code pénal ordinaire ; attendu que l'art. 2 de ce
décret prévoit tous les actes ou faits matériels, pouvant
compromettre le service de la télégraphie électrique,
commis par imprudence ou involontairement, ainsi que
les dégradations ou détériorations commises, de quelque
manière que ce soit, aux appareils de télégraphie électrique ou aux machines des télégraphes aériens, et fait
de ces diverses infractions une contravention de la compétence des tribunaux administratifs, et punie seulement d'une peine pécuniaire ; attendu que la qualification légale de contravention, donnée par le décret aux
divers faits que cet article embrasse, la pénalité, dont il
les frappe, ainsi que la juridiction, appelée à en connaître, indiquent, indépendamment des expressions *par
imprudence ou involontairement*, qui se remarquent, dans
le premier paragraphe, que le décret n'a en vue de réprimer, par cet article, que les faits et les actes, commis
sans intention malfaisante et délictueuse ; attendu que
l'art. 3 du décret prévoit seulement le fait d'avoir volontairement causé l'interruption de la télégraphie électrique ou aérienne, que cette interruption ait été causée
soit par la rupture des fils, soit par la dégradation des
appareils, soit de toute autre manière ; attendu que ni

l'art. 2, ni l'art. 3 du décret ne prévoient les dégradations ou détériorations, commises volontairement, qui n'ont pas interrompu le service de la télégraphie, et qui, dès lors, doivent être réprimées conformément aux dispositions du droit commun ; attendu que l'art. 257 punit quiconque a détruit, abattu, mutilé ou dégradé tout objet destiné à l'utilité publique, ou élevé par l'autorité publique ou avec son autorisation ; attendu que cet article, loin d'avoir été abrogé par le décret du 27 décembre 1851, est nécessaire pour compléter le système de surveillance et de garantie, que le décret a eu pour objet de constituer, puisqu'il ne saurait être admis que ses auteurs eussent voulu ne faire considérer que comme simples contraventions des actes coupables, commis avec intention de nuire, et que le droit commun classe parmi les délits, pouvant entraîner un emprisonnement d'un mois à deux ans et une amende de cent francs à cinq cents francs ; et attendu, en fait, que l'arrêt attaqué reconnaît que Blanchard et Janneton ont volontairement arraché, des trous dans lesquels ils étaient enfoncés, trois des poteaux, supportant le fil télégraphique sur la ligne établie entre Châteauroux et Le Blanc, sans que, néanmoins, le service télégraphique ait été interrompu ; attendu que, dans cet état des faits et du droit, la Cour, en se déclarant incompétente pour statuer sur les faits imputés aux deux prévenus, a formellement violé les règles de sa compétence, et fait une fausse interprétation des art. 2 et 3 et du décret du 27 décembre 1851, ainsi que de l'art. 257 du Code pénal. » 11 juin 1863, n° 160.

3° La dégradation des urinoirs, placés sur la voie publique par les soins de l'administration municipale : « ces objets sont essentiellement destinés à l'utilité publique » dit l'arrêt du 5 août 1858, n° 223.

Il faut reconnaître que l'art. 257 protége également les réverbères, les lampes à gaz et tous les autres objets de ce genre, destinés à l'utilité publique, et placés par l'autorité publique, ou avec son autorisation, à moins qu'ils ne soient régis par une législation spéciale.

228. La jurisprudence a refusé de faire l'application du même article :

1° A la dégradation d'une guérite : « on ne peut, en effet, sous le prétexte qu'une guérite est destinée à mettre une sentinelle à l'abri des injures du temps, la ranger dans la classe des objets d'utilité publique, élevés par l'autorité publique, dont parle l'art. 257, et voir, dans sa dégradation, un délit punissable d'un emprisonnement d'un mois à deux ans, et d'une amende de cent francs à cinq cents francs. » 22 mai 1818, n° 63 ;

2° A l'enlèvement de jalons, placés par un ingénieur pour le redressement d'une grande route : « ce fait, dit l'arrêt du 4 mars 1825, n° 40, ne saurait être assimilé à ceux que la disposition de l'art. 257 a prévus. »

229. Les faits, punis par cet article, ne doivent pas être confondus avec ceux que répriment l'art. 437. Les monuments que l'art. 257 prend sous sa protection, ce sont les ouvrages d'architecture et de sculpture, faits pour conserver la mémoire des hommes illustres et des grands événements, comme un mausolée, une pyramide, un arc de triomphe. C'est l'explication qu'en donnait Noailles, dans son rapport au Corps législatif, à la séance du 16 février 1810 (Locré, t. 30, par 303).
« Les monuments destinés à l'utilité et à la décoration publiques, disait-il, sont sous la sauvegarde de tous les citoyens ; ils sont l'embellissement de nos villes ; ils rappellent la grandeur des peuples, qui nous ont précédés, les grands talents de leurs artistes, la magnificence de leurs souverains ; ils appartiennent aux siècles

futurs, comme au temps présent, et ils sont la propriété de tous les âges. Ceux qui sont créés de nos jours doivent nous être plus chers encore..... La loi ne peut rester muette, elle doit déployer sa sévérité contre les sacriléges mains, qui oseraient mutiler, dégrader ou détruire ces belles créations du génie, défendre avec le même soin les restes précieux de l'antiquité et les produits des temps modernes. » Au contraire, les choses, dont l'art. 437 réprime la destruction ou le renversement, ce sont des édifices, des ponts et chaussées ou des constructions de la même nature. Ce sont des objets, sinon plus précieux, du moins plus importants et plus indispensables à la vie sociale que ceux, dont il est question dans l'art. 257.

230. La peine encourue, à raison du fait réprimé par ce dernier article, est un emprisonnement d'un mois à deux ans et une amende de cent francs à cinq cents francs, tandis que l'autre prononce la peine afflictive de la réclusion.

§ 7. — *Usurpation de titres ou fonctions.*

ARTICLE **258.**

Quiconque, sans titre, se sera immiscé dans des fonctions publiques, civiles ou militaires, ou aura fait les actes d'une de ces fonctions, sera puni d'un emprisonnement de deux à cinq ans, sans préjudice de la peine de faux, si l'acte porte le caractère de ce crime.

231. Objet et pénalité de cet article.
232. Immixtion dans les fonctions publiques, acte de l'une de ces fonctions.—Distinction.

231. Cet article punit d'un emprisonnement de deux à cinq ans quiconque, sans titre, s'immisce dans des fonctions publiques, civiles ou militaires ou fait les actes d'une de ces fonctions.

232. En s'expliquant ainsi, la loi indique clairement qu'elle incrimine non-seulement celui qui, sans titre, fait un acte d'une fonction publique, mais encore celui qui se borne à s'immiscer, d'une façon quelconque, dans une fonction publique, qu'il n'a pas le droit d'exercer. Faire un acte d'une fonction ou s'immiscer dans une fonction, ce n'est pas précisément la même chose. Sans doute, on ne peut pas faire l'acte, sans s'immiscer dans la fonction, dont cet acte n'est que la conséquence ; mais on peut s'immiscer dans une fonction, sans en accomplir un acte spécial et déterminé.

233. L'immixtion découle de manœuvres propres à faire croire au pouvoir, que l'on s'attribue faussement. Il en résulte que, dans le cas où l'existence de ces manœuvres est reconnue, il y a lieu de faire au prévenu l'application de l'art. 258, comme la Cour de cassation l'a jugé dans l'espèce suivante.

L'arrêt attaqué avait constaté, en fait : « que Lesage, de concert avec Laisné et dans un but de honteuse spéculation, avait fait, avec ce dernier, le voyage de Paris à Péronne, où il s'était donné, tantôt comme employé d'un bureau de police, tantôt comme envoyé par le procureur impérial près le tribunal de la Seine, pour opérer l'arrestation de la femme Laisné ; que Laisné appuyait ses déclarations, qu'il le faisait passer pour un commissaire, ou pour un inspecteur de police ; que Lesage sollicitait, par écrit, du sieur Delimont, père de la dame Laisné, une entrevue ; qu'il insistait sur ce que, de lui seul, dépendait le salut de sa fille, et qu'il indiquait assez par là que c'était, comme investi d'une autorité publique, qu'il lui demandait ce rendez-vous ; qu'aussi, Delimont s'y trompait si peu qu'il ne refusait de le recevoir qu'en accompagnant son refus d'une formule respectueuse, et qu'en déclinant plus tard une conférence chez la femme Suret, il disait à Lesage : « Faites votre devoir, je ferai le mien. » En conséquence de ces faits, l'arrêt avait condamné Laisné et Lesage aux peines de l'art. 258. Ceux-ci se pourvurent en cassation ; ils prétendirent que cet article ne leur était pas applicable, puisqu'il ne résultait pas de l'arrêt qu'ils eussent fait un acte quelconque d'une fonction publique. Le pourvoi fut rejeté « attendu que l'art. 258 du Code pénal punit quiconque, sans titre, se sera immiscé dans des fonctions publiques, civiles ou militaires, ou aura fait les actes d'une de ces fonctions ; que, si on ne peut

pas faire les actes d'une fonction publique sans s'y immiscer, il n'est pas également vrai et exact de dire
qu'on ne peut s'immiscer dans la fonction sans en faire
les actes; que cette immixtion peut légalement résulter
d'un ensemble de faits, qui, sans constituer des actes
déterminés et caractérisés, présentent des manœuvres
et une mise en scène de nature à faire croire au pouvoir
du fonctionnaire prétendu. » 14 juin 1861, n° 124.

234. L'autre branche de l'alternative, admise par
l'art. 258, prévoit le cas où un individu exécute, sans
titre, les actes d'une fonction publique. A ce point de
vue, la prévention consiste dans un fait positif et déterminé. Pour la justifier, il ne suffit pas d'établir que
l'inculpé s'est laissé attribuer une qualité, qui ne lui
appartient pas, il faut que, sans la contredire, il ait fait
un acte, qu'elle autorise.

Le nommé Ferraigne, condamné par la Cour de
Riom, à raison du délit, que j'étudie, s'est pourvu en
cassation. Il a prétendu que l'arrêt devait être annulé,
parce qu'il n'avait fait que se laisser donner la qualité
de commissaire de police. Je reconnus que, si l'on
n'avait que ce fait à lui imputer, son pourvoi devait
réussir. Mais je fis remarquer qu'il avait, en outre,
reçu, en cette qualité, la déclaration du témoin, qu'il
avait entendu. Son pourvoi fut rejeté « sur la première
partie du moyen, tiré de la fausse application et de la
violation de l'art. 258 du Code pénal, en ce que le demandeur, à qui la qualité de commissaire de police avait
été attribuée par un tiers, aurait gardé une attitude purement passive; attendu qu'il est constaté, par l'arrêt
attaqué, non-seulement que Ferraigne se serait laissé
attribuer le titre de commissaire de police, mais qu'il
se serait livré, en cette qualité, à des actes déterminés,
et qu'il aurait commis le délit d'usurpation de fonctions

IV.   18

publiques ; que la première partie de ce moyen manque de base en fait ; sur la seconde partie du même moyen, tirée de ce que les actes, perpétrés par Ferraigne, sans titre, n'auraient eu pour objet et pour cause qu'une contestation civile entre Pignol et Billet ; attendu qu'il ne résulte nullement, soit du jugement de première instance, soit de l'arrêt attaqué, que le demandeur ait prétendu que la contestation, dans laquelle il intervenait en la qualité susmentionnée, eût un caractère purement civil ; qu'il résulte, au contraire, expressément, des conclusions et du mémoire respectivement soumis à la Cour impériale de Riom, qu'il s'agissait d'un fait pouvant donner lieu à une poursuite correctionnelle, et que le demandeur n'a contesté que l'existence du flagrant délit, lors de son immixtion dans les actes qui lui étaient imputés ; attendu, au surplus, qu'il est constaté par l'arrêt attaqué que le prévenu, en recevant la déclaration du témoin Gorse sur la contestation entre Pignol et Billet, avait agi, aux yeux dudit Gorse, en qualité de commissaire de police ; qu'il suit de là que ledit arrêt est fondé sur des motifs suffisants et conformes à celui qui justifiait l'application de l'art. 258 du Code pénal. » 10 janvier 1856, n° 13.

235. Certains droits et certains devoirs civiques et sociaux ont quelques points de ressemblance avec les fonctions publiques. Comme elles, ils tiennent à une qualité, qui n'appartient pas à tous, ils sont le privilége ou la charge de quelques-uns. Peut-on, par suite de cette analogie, considérer que le citoyen, qui exercera sans titre, l'un de ces droits, ou remplira, pour autrui, l'un de ces devoirs, encourra la peine de l'art. 258, comme s'il se permettait de faire un acte d'une fonction publique, dont il ne serait pas revêtu ? Je ne le crois pas. Les termes de l'art. 258 ne se prêtent pas à cette interprétation ; ils n'ont pas cette élasticité. Ce qu'ils punissent, c'est, comme ils l'expriment de la manière la plus précise, l'immixtion dans les fonctions publiques, ou l'exercice de l'une de ces fonctions ; ce n'est pas l'usurpation d'un droit civique, encore moins l'accomplissement d'un devoir social, imposé à autrui.

Ces principes ont été admis par la jurisprudence.

236. En 1832, Duclos meurt, laissant son neveu Guimier pour légataire universel. Quelques jours après, des élections ont lieu ; Guimier reçoit la carte d'électeur, destinée à son oncle, il se rend au collége électoral et y dépose son vote. Il est poursuivi pour le délit, que j'examine. Il est renvoyé des poursuites par le tribunal de Beauvais et par la Cour d'Amiens « attendu que le Code pénal, dans un chapitre particulier, comprenant les art. 109 et 113, a prévu les crimes et délits, relatifs à l'exercice des droits civiques ; attendu qu'aucun de ces articles ne comprend de peine contre le fait imputé à Pierre-Hubert Guimier, et que l'art. 258 du même Code, invoqué par le ministère public, étant relatif à l'usurpation de titres ou fonctions, n'est pas applicable à l'espèce où il s'agit de l'exercice d'un droit. » 26 juin 1822. Sir., 1824, 2, 209. Cette manière de voir fut partagée par la Cour de cassation, comme l'indique un arrêt du 5 mai 1824, que je vais rapporter un peu plus loin.

Le fait imputable à Guimier encourrait aujourd'hui les peines énoncées dans les art. 31, 32, 33, 34 du décret du 2 février 1852, que j'ai rappelés dans ma deuxième Étude, n° 587.

237. La Cour de cassation a jugé que l'art. 258 est également inapplicable au citoyen, qui remplace un garde national de service.

Le nommé Loyer avait été arrêté au poste de la mairie du cinquième arrondissement de Paris et conduit devant

le commissaire de police du quartier de la porte Saint-
Martin, comme inculpé de remplacer dans le service
de la garde nationale le nommé Talabot, chez lequel il
servait comme ouvrier. Loyer et Talabot furent renvoyés
devant le tribunal correctionnel comme prévenus du délit réprimé par l'art. 258. Ce tribunal considéra que le
fait, imputé aux inculpés, ne constituait pas le délit, qualifié par cet article, et, en conséquence, il se déclara incompétent, sauf les poursuites devant qui de droit. A la
suite de ce jugement, Talabot fut cité devant le conseil
de discipline de son bataillon, et condamné pour avoir
contrevenu aux lois sur la garde nationale. Loyer fut
appelé devant le même conseil; mais ce conseil « considérant que Loyer n'est point inscrit sur le contrôle de
la garde nationale et que le délit, qui lui est imputé,
rentre dans la classe de ceux, dont il n'appartient pas
aux conseils de discipline de connaître », se déclara incompétent et renvoya la cause et le prévenu devant qui
de droit. La Cour de cassation fut saisie de ce conflit négatif. Il parut impossible au procureur général « de ranger
le fait pour lequel Loyer était poursuivi, dans l'art. 258.
Les fonctions, dont il s'agit, ajouta ce magistrat, ne sont
pas assurément des fonctions publiques ni civiles. La
Cour a déjà décidé que celles d'électeur n'étaient pas susceptibles de ces qualifications. Il y a majorité de raison
pour la garde nationale. Mais sont-elles militaires? On peut
encore avec confiance répondre négativement. La garde
nationale n'est réputée corps militaire que lorsqu'elle
est mise en activité, à l'instar de la troupe de ligne; il
faut qu'elle soit appelée à faire un service extraordinaire
hors de ses foyers. Tant qu'elle est sédentaire, elle n'est
pas corps militaire, et conséquemment elle n'exerce
point de fonctions militaires. C'est ce que déclare expressément la loi du 12 décembre 1790, qui porte, en

forme de préambule, et comme principes constitutionnels, diverses dispositions, dont la huitième est ainsi
conçue : « Les citoyens, armés ou prêts à s'armer pour la
chose publique, ou pour la défense de la liberté et de
la patrie, ne formeront point un corps militaire. » On
peut consulter encore le décret du 8 vendémiaire an xiv,
l'avis du Conseil d'État du 3 mars 1807, approuvé le
25 du même mois, l'ordonnance royale du 16 juillet 1814,
et un arrêt de la Cour, inséré au bulletin du 8 septembre 1808. Le tribunal de première instance a donc
bien jugé. » La Cour adopta les conclusions de son procureur général, 7 mai 1824, n⁰ 65. On ne peut qu'être
de son avis ; car monter sa garde, ce n'est ni s'immiscer
dans une fonction publique, ni faire un acte, propre à
une fonction de cette nature et, par conséquent, monter la garde pour un autre, ce n'est pas se rendre coupable de l'usurpation d'une fonction publique.

238. Les fonctions publiques, dont l'art. 258 entend
parler, sont celles, dont l'usurpation était punie de mort
par la loi des 15-16 septembre 1792, c'est-à-dire celles
qui permettaient des actes d'autorité. On ne peut donc
ranger, parmi elles, les offices ministériels, dont les
usurpations sont réprimées par des peines spéciales, ou
par des dommages et intérêts.

239. Les immixtions dans les fonctions des agents
de change et des courtiers sont réprimées par la loi du
28 ventôse an ix (art. 8) et l'arrêté du 27 prairial an x
(art. 4 et 6).

240. La postulation, c'est-à-dire l'immixtion dans
les fonctions d'avoué, est punie par le décret du 19 juillet 1810 (art. 1, 2 et 3).

241. Les immixtions dans les fonctions de commis-
saire-priseur sont punies par la loi du 22 pluviôse an vii

(art. 7), la loi du 27 ventôse an IX (art. 1 et 2) et l'ordonnance du 26 juin 1816.

242. L'usurpation des fonctions d'huissier ne peut donner lieu qu'à des dommages-intérêts. Je n'ai trouvé, dans la législation, aucun texte qui lui inflige une répression pénale. J'ajoute que le décret du 10 juillet 1810, qui ne concerne que les avoués, ne lui est pas applicable.

243. Quelle suite devra-t-on donner à l'usurpation des fonctions de notaire? Devra-t-on la considérer comme constituant le délit de l'art. 258? Au contraire, n'est-elle que l'usurpation d'un office public, que cette disposition n'atteint pas?

Cette question me paraît présenter une très-sérieuse difficulté.

Je reconnais que, dès son art. 1er, la loi du 25 ventôse an XI donne aux notaires la qualité de fonctionnaires publics, et qu'elle semble laisser, sous l'empire du droit commun, l'usurpation des fonctions qu'elle réglemente, puisque, dans aucune de ces dispositions, elle ne lui applique une peine spéciale et particulière.

Cependant, il m'est bien difficile de voir dans les fonctions de notaire l'une de ces fonctions qui, ainsi que l'explique la loi des 15-16 septembre 1792, permettent de faire des actes d'autorité, et dont l'usurpation est réprimée par l'art. 258. Les notaires n'ont pas assurément ce pouvoir. Ils ne sont établis, comme le porte l'article même de la loi de ventôse, qui leur attribue la qualité de fonctionnaires publics, que « pour recevoir tous les actes et contrats, auxquels les parties doivent ou veulent faire donner le caractère d'authenticité attaché aux actes de l'autorité publique, et pour en assurer la date, en conserver le dépôt, en délivrer des grosses et expéditions. » Ce n'est pas là faire acte d'autorité, comme l'entend la loi de 1792. Par suite, je serais fort tenté de penser que l'usurpation des fonctions de notaire, n'étant pas punie d'une peine particulière par une loi spéciale, ne peut donner lieu, comme l'usurpation des fonctions d'huissier, qu'à des dommages-intérêts. Pendant bien des années, les notaires eux-mêmes paraissent avoir partagé cette manière de voir. Lorsqu'ils se croyaient lésés par des usurpations, ils se bornaient à s'adresser à la juridiction civile pour en obtenir des indemnités. C'est la marche qu'ils ont suivie, notamment dans les deux affaires, qui se sont terminées par les arrêts de la chambre des requêtes des 31 mai 1831, Dalloz, 1831, 1, 279 et 20 février 1843, Dalloz, 1843, 1, 53.

Quoi qu'il en soit, la jurisprudence a eu à se prononcer sur la question, et elle n'a pas accueilli mes scrupules. Elle a décidé que l'usurpation des fonctions de notaire était réprimée par l'art. 258.

Après avoir exercé les fonctions d'huissier dans le département du Loiret, le nommé Lambert était venu se fixer à Grisy, où il avait été employé, comme principal clerc, par le notaire Guyon. Renvoyé par ce dernier, il s'était installé auprès de lui et avait établi une sorte d'étude. Il donnait aux actes, qu'il recevait, les formes généralement adoptées dans les actes de notaire, il apposait un cachet à la suite des actes et en gardait, en minutes, la plus grande partie. Poursuivi à raison de ces faits, il fut renvoyé des poursuites par les premiers juges. Mais sur l'appel du ministère public, la Cour de Paris le déclara coupable de s'être immiscé, sans titre, dans des fonctions publiques, et d'avoir fait les actes d'une de ces fonctions, « attendu qu'à la Cour appartient le droit d'apprécier souverainement, dans les faits qui lui sont éférés, non-seulement chacune des circonstances qui

peuvent constituer la nature délictueuse de l'acte incriminé, mais aussi l'ensemble de ces mêmes circonstances, et le lien, qui les rattache entre elles, à l'effet de
déterminer et de préciser l'intention, qui a été le mobile de leur exécution ; considérant, dès lors, que, spécialement en matière d'immixtion dans les fonctions
publiques, délit imputé à Lambert, il y a lieu, pour la
Cour, de rechercher à la fois, tout ce qui, dans les éléments, soit généraux, soit particuliers de la prévention,
peut révéler si leur auteur a agi avec l'intention frauduleuse de faire, pour tromper des tiers, des actes
d'une fonction qui n'était pas la sienne, et de s'assurer
si ces actes présentent les caractères légaux du délit
reproché ; attendu qu'il est établi que Lambert, agent
d'affaires et patenté comme tel, ne s'est pas borné à se
livrer, dans la commune qu'il habitait, aux occupations
qui constituent cette industrie ; qu'il résulte, en effet, de
l'instruction et des débats qu'après avoir exercé les
fonctions d'huissier dans le département du Loiret,
Lambert est venu se fixer à Grisy, où il a été employé
en qualité de principal clerc par le notaire Guyon ; que,
renvoyé par ce dernier en 1852, il a pris une habitation
voisine de celle de Guyon, et y a établi une sorte d'é-
tude rivale, en mettant en œuvre tous les moyens en son
pouvoir, pour inspirer aux habitants de la campagne la
confiance que les actes, qu'il rédigeait, avaient la même
valeur que les actes notariés ; que, dans ce but, il a placé
sur la porte d'entrée de son cabinet l'inscription « *Étude* » ;
que les actes, par lui rédigés, ont tous emprunté les formes généralement adoptées pour ceux notariés ; qu'ainsi
ils commencent par ces mots : « En présence de Mᵉ Lambert, agent d'affaires ou homme de loi, demeurant à
Grisy », et se terminent par ceux-ci : « dont acte fait et
passé à Grisy, le... et ont les parties signé avec ledit

M° Lambert » ; que, de plus, selon l'habitude des notaires, il apposait son cachet à la suite des actes, et que
la plus grande partie de ceux, qu'il a dressés, sont demeurés en sa possession en tant que minutes, ainsi que
la loi prescrit aux notaires de le faire dans l'exercice de
leur ministère ; attendu, en outre, que, parmi les actes
saisis à son domicile, et qui sont au nombre de cent
vingt-six, se trouvent des partages, des liquidations,
des inventaires, des donations, rentrant plus spécialement dans les attributions des notaires ; attendu que les
faits de la cause, ainsi constatés et appréciés, tant dans
leur ensemble que dans leurs détails, ne permettent pas
de douter que Lambert se soit, avec une intention coupable, immiscé dans les fonctions de notaire et ait fait
des actes de ces fonctions ; attendu que ces fonctions, en
cas d'usurpation ou d'immixtion de la part de ceux qui
n'ont pas le droit de les remplir, rentrent dans les prévisions de l'art. 258 du Code pénal ; attendu, enfin, que
les motifs d'ordre public et d'intérêt général, qui ont
présidé à l'institution du notariat, ne permettent pas que,
dans chaque localité, près du fonctionnaire public investi de la confiance de l'autorité, et réunissant les garanties exigées par la loi, vienne se placer un agent d'affaires, empruntant ainsi les formes du notariat, attirant
à lui la clientèle par l'appât d'honoraires au rabais, et
compromettant par de tels moyens les intérêts les plus
précieux des citoyens. » 16 décembre 1857, Dall.,
1858, 1, 260. La Cour de cassation a rejeté le pourvoi, formé par Lambert contre cette décision « attendu
que l'usurpation des fonctions notariales tombe sous
l'application de l'art. 258 du Code pénal ; attendu que
l'arrêt attaqué constate à la charge de Lambert, d'abord,
un certain nombre de manœuvres, constituant l'immixtion dans les fonctions notariales, et, en outre, l'in-

tention frauduleuse dans laquelle ces manœuvres ont été accomplies; que cet ensemble de faits et de manœuvres résulte, suivant l'arrêt attaqué, de l'usage habituel, dans la passation des actes reçus par Lambert, du protocole notarial, notamment de ces locutions : « En présence de Mᵉ Lambert.... Dont acte fait et passé.... et ont, les parties, signé avec ledit Lambert.... », de l'apposition d'un cachet à la suite de ces actes; du dépôt et de la conservation de ces actes, en tant que minutes, dans un local qualifié *étude*; en ce qui touche l'intention frauduleuse, attendu qu'elle résulte, suivant l'arrêt attaqué, de ce que Lambert aurait mis en œuvre tous les moyens en son pouvoir, pour inspirer aux habitants de la campagne la confiance que les actes, qu'il rédigeait, avaient la même valeur que les actes notariés; que l'arrêt constate, en outre, que, parmi les actes saisis au domicile du prévenu, se trouvaient des partages et liquidations, des inventaires et des donations, rentrant spécialement dans les attributions des notaires; attendu que, si l'avis du Conseil d'État du 1ᵉʳ avril 1808 autorise la rédaction sincère, et faite de bonne foi, des actes sous seing privé, cette autorisation ne comporte pas, de la part d'un tiers, l'emploi de manœuvres, tendant à faire illusion aux parties, et à leur persuader qu'elles arriveront aussi bien au même but par l'intervention d'un particulier, que par celle d'un notaire; attendu, enfin, qu'il résulte de l'ensemble des constatations de l'arrêt attaqué, qu'à défaut de l'authenticité, qu'il ne lui appartenait pas de donner aux actes, Lambert s'est substitué, autant qu'il était en lui, au ministère des notaires dans les autres formes et circonstances, qui étaient de nature à le faire considérer comme revêtu de leur caractère; que ces constatations justifient suffisamment l'application qui a été faite à Lambert des dispositions de l'art. 258 du

Code pénal. » 7 mai 1858, n° 147. — *Conf.*, Paris, 1er mars 1859, Dall., 1859, 5, 21 ; Sir., 1859, 2, 555.

244. Ces différentes immixtions ou usurpations se transformeront en crimes de faux en écriture, si, comme l'indique l'art. 258, l'acte en présente les caractères.

245. Il ne me reste plus, pour terminer l'étude de cet article, qu'à faire remarquer qu'il ne s'applique pas à toutes les usurpations de fonctions publiques proprement dites. Il en est qui, accompagnées de faits aggravants, sont punies de peines plus sévères par des dispositions spéciales ; telles sont celles dont il est question dans les art. 93, 127, 130, 344 du Code.

ARTICLE 259.

Toute personne, qui aura publiquement porté un costume, un uniforme ou une décoration, qui ne lui appartiendra pas, sera punie d'un emprisonnement de six mois à deux ans.

246. Modifications successives de cet article. — Son texte actuel.

247. Port illicite d'un costume ou d'un uniforme.—Ses caractères.

248. Suite.—Costumes ecclésiastiques.—Arrêts.

249. Suite.—Costume d'un ordre religieux non reconnu en France.—Arrêt.

250. Suite.—Port d'un costume ou uniforme étranger.

251. Port illicite d'une décoration.

252. La France a des décorations de plusieurs natures.—Légion d'honneur, Médaille militaire, médailles commémoratives.

253. On ne peut tenir légalement la Légion d'honneur que d'un pouvoir régulier.—Arrêt.

254. On ne peut plus la porter lorsqu'on a encouru la priva-

246. Cet article a été modifié plus d'une fois.

Dans le Code de 1810, il punissait non-seulement ceux qui avaient porté publiquement un costume, un uniforme ou une décoration, qui ne leur appartenait pas, mais encore ceux qui s'étaient attribué des titres impériaux, qui ne leur avaient pas été légalement conférés, et il les punissait, les uns et les autres, de la même peine, d'un emprisonnement de six mois à deux ans.

La loi du 28 avril 1832, par des considérations politiques que je n'ai ni à louer ni à blâmer, ne conserva que la première partie de l'article ; elle en retrancha la dernière disposition, et, par suite, laissa impunie l'usurpation des titres royaux. La loi du 28 mai 1858 est revenue, sans l'adopter complétement, au régime de 1810. En maintenant la peine primitive contre le port illégal de costume, d'uniforme et de décoration, elle ne punit plus que d'une amende de cinq cents francs à dix mille francs celui qui, sans droit et en vue de s'attribuer une distinction honorifique, a publiquement pris un titre, changé, altéré ou modifié le nom, que lui assignent les actes de l'état civil.

Aujourd'hui, l'art. 259 est ainsi rédigé : « Toute personne, qui aura publiquement porté un costume, un uniforme ou une décoration qui ne lui appartiendrait pas, sera punie d'un emprisonnement de six mois à deux ans. Sera puni d'une amende de cinq cents francs à dix mille francs, quiconque, sans droit et en vue de s'attribuer une distinction honorifique, aura publiquement pris un titre, changé, altéré ou modifié le nom, que lui assignent les actes de l'état civil. Le tribunal ordonnera la mention du jugement, en marge des actes authentiques ou des actes de l'état civil, dans lesquels le titre aura été pris indûment ou le nom altéré. Dans tous les cas prévus par le présent article, le tribunal pourra ordonner l'insertion intégrale, ou par extrait, du jugement dans les journaux, qu'il désignera ; le tout aux frais du condamné. »

247. Le premier fait puni par cet article est le port illicite d'un costume ou d'un uniforme.

Il est moins grave que l'infraction mentionnée dans l'article précédent ; il peut préparer l'usurpation de pouvoir ; mais à lui seul il ne la réalise pas.

Il faut, pour que le délit existe, que le port ait été public et que le costume ou l'uniforme soit le signe extérieur d'un ministère reconnu par la loi, et ait été réglé ou approuvé par elle.

248. La jurisprudence a reconnu que cette disposition est applicable aux costumes ecclésiastiques, aux habits sacerdotaux, que le prêtre porte à l'autel et dans les autres fonctions de son ministère, et à l'habit de ville, composé de la soutane, de la ceinture et du rabat.

Dans une première espèce, Auguste Laverdet, qui n'était pas ordonné prêtre de l'Église catholique romaine, avait paru, dans une réunion publique, revêtu d'ornements et d'habits, à l'usage particulier des prêtres de cette Église dans l'exercice de leur ministère. A raison de ces faits, il fut condamné à la peine de l'art. 259. Le pourvoi, qu'il forma contre ce jugement, fut rejeté « attendu que l'art. 259 du Code pénal punit d'emprisonnement toute personne, qui aura porté un costume qui ne lui appartiendra pas ; que le jugement attaqué établit, en fait, que le réclamant, non ordonné prêtre de l'Église catholique romaine, s'est montré publiquement dans la réunion du 12 mars dernier, revêtu d'ornements et d'habits, à l'usage particulier des prêtres de cette Église dans l'exercice de leurs fonctions ; que le droit, pour les ministres de tous les cultes, de conserver leur costume dans les cérémonies religieuses, a été consacré par l'art. 9 du livre Ier de la loi du 18 août 1792 ; que les ornements et habits, dont parle le jugement, ont été reconnus appartenir aux prêtres catholiques romains par l'art. 42 de la loi du 18 germinal an x ; que, dès lors, le fait, mis à la charge du réclamant, rentrait dans les prévisions de l'art. 259 précité, et qu'il lui a été fait une légale application des dispositions de cet article. » 22 juillet 1837, n° 448.

Dans une autre espèce, l'archevêque de Bordeaux avait interdit au prêtre Laçan de porter le costume ecclésiastique dans son diocèse. Laçan, ne s'étant pas soumis à cette injonction, fut poursuivi et condamné en vertu de l'art. 259. La Cour de cassation rejeta le pourvoi, qu'il forma contre cette décision. « attendu, en fait, que, par ordonnance en date du 14 février 1851, l'archevêque de Bordeaux a interdit, pour inconduite, à Lacan, prêtre du diocèse d'Agen, à qui son évêque avait retiré ses pouvoirs et qui s'était réfugié depuis deux ans dans la ville de Bordeaux, de porter le costume ecclésiastique dans son diocèse ; attendu, en droit, que la juridiction disciplinaire des évêques sur les ecclésiastiques a été consacrée par la loi organique du concordat du 18 germinal an x ; qu'en cas d'abus, l'art. 6 de la même loi n'ouvre de recours à la partie lésée que devant le Conseil d'État ; qu'ainsi les décisions, prises en cette matière par les évêques, ne peuvent être discutées devant les tribunaux, et qu'elles conservent force et effet, tant qu'elles n'ont pas été réformées par l'autorité compétente ; attendu que l'art. 259 du Code pénal est général ; qu'il protége tous les ordres de citoyens, qui exercent un ministère reconnu par la loi, et dont le costume est réglé ou approuvé par elle ; qu'il s'applique spécialement au port illégal du costume ecclésiastique, et qu'il s'étend, non-seulement aux habits sacerdotaux, que le prêtre porte à l'autel ou dans les autres fonctions de son ministère, mais encore à l'habit de ville, composé de la soutane, de la ceinture et du rabat, qui est bien le véritable costume antique et traditionnel du clergé français, reconnu par l'art. 1er de l'arrêté des consuls du 17 nivôse an xii ; que le port de cet habit par celui à qui il n'appartient pas, ou qui a perdu le droit de s'en vêtir, constitue le délit prévu par ledit art. 259 ; d'où il suit que Lacan, en continuant de porter dans le diocèse de Bordeaux l'habit de ville ecclésiastique, dont il avait été compétemment dépouillé, a encouru la peine, édictée par cet article, qui lui a été justement appliquée. » 24 juin 1852, n° 207.

249. L'art. 259 serait-il également applicable au

port illicite du costume d'un ordre religieux, qui ne serait pas légalement établi en France? Je ne le crois pas. En effet, les signes extérieurs, que la loi a voulu protéger dans cette disposition contre les usurpations, sont ceux des citoyens, qui exercent un ministère reconnu par la loi, et dont le costume est réglé ou approuvé par elle. L'ordre religieux, qui n'est pas légalement établi en France, n'exerce pas un ministère de cette nature. Son costume n'est ni réglé ni approuvé par la loi; donc, l'usurpation, qui en est faite, ne constitue pas le délit réprimé par l'art. 259. C'est ce qui a été jugé dans l'espèce suivante par la Cour d'Orléans. Le nommé Gautier, sans être bénédictin, avait porté publiquement le costume de cet ordre. Il fut condamné par le tribunal de Blois. Mais, sur son appel, la Cour d'Orléans réforma le jugement « considérant que la loi du 18 août 1792 a prononcé la suppression de toutes les congrégations; qu'elle a, par son art. 9, aboli et prohibé les costumes de ces congrégations; que, par son art. 10, elle pro- nonce contre toute contravention à cette disposition la peine de l'amende par voie de police; que, les béné- dictins n'étant pas légalement établis en France, et l'art. 259 du Code pénal ne s'appliquant qu'aux cas d'usurpation du costume ou de l'uniforme d'une auto- rité légale, les premiers juges ont fait une fausse appli- cation de cet article, en prononçant la peine de l'em- prisonnement contre Gautier. » 24 février 1841.

250. Il en serait de même, selon moi, du port illi- cite d'un costume ou d'un uniforme étranger. Ce costu- me n'est ni réglé ni approuvé par la loi française; il n'est pas le signe extérieur d'une autorité publique, reconnue par elle. En conséquence il ne constitue pas une usurpation de pouvoir, qu'elle ait intérêt à prévenir et à punir. Ne présentant ni le caractère ni les inconvénients du port illégal d'un costume ou d'un uniforme national, il ne peut pas encourir et il n'encourt pas la peine de l'article 259.

251. Le second fait, réprimé par cet article, est le port illicite et public d'une décoration.

Le législateur eut manqué le but, qu'il se propose par l'établissement des décorations, s'il n'en avait pas interdit le port à ceux qui ne les ont pas obtenues et s'il n'avait pas sanctionné sa défense par une disposition pénale.

252. La France a des décorations de plusieurs natures :

1° La Légion d'honneur, instituée pour récompenser les services militaires et les services civils, composée de chevaliers, d'officiers, de commandeurs, de grands officiers et de grands-croix (l. 29 floréal an x; ord. 26 mars-8 avril 1816; déc., 16 mars 1852; déc., 14 mars 1853-4 janvier 1856;

2° La médaille militaire, destinée spécialement : 1° aux sous-officiers, caporaux ou brigadiers, soldats ou marins, qui se seront rengagés après avoir fait un congé, ou à ceux qui auront fait quatre campagnes simples; 2° à ceux dont les noms auront été cités à l'ordre de l'armée, quelle que soit leur ancienneté de service; 3° à ceux qui auront reçu une ou plusieurs blessures, en combattant devant l'ennemi ou dans un service commandé; 4° à ceux qui se seront signalés par un acte de courage ou de dévouement, méritant récompense (déc., 22 janvier 1852, art. 11; déc., 29 février 1852; déc., 24 novembre 1852; déc., 14 mars 1853-4 janvier 1856);

3° Des médailles, commémoratives de campagnes et expéditions militaires : la médaille dite de Sainte-Hélène distribuée à ceux qui ont combattu sous les drapeaux de la France de 1793 à 1815 (déc., 12 août 1857 ; déc., 26 février 1858) ; les médailles d'Italie (déc., 11 août 1859 ; déc., 24 octobre 1859) ; de Chine (déc., 23 janvier 1861 ; déc., 25 mars 1861) ; du Mexique (déc., 29 août 1863 ; déc., 15 mars 1864), distribuées aux militaires qui ont pris part à ces différentes expéditions.

253. La décoration de la Légion d'honneur ne peut être portée que par ceux qui la tiennent d'un pouvoir régulier. Il en résulte que ceux, qui l'ont reçue d'un pouvoir déchu, commettent, en la portant publiquement, le délit réprimé par l'art. 259.

Le sieur Taffart-Saint-Germain, nommé chevalier de la Légion d'honneur par Charles X, le 1er août 1830, jour où le pouvoir royal avait cessé d'exister dans la personne de ce monarque, en portait publiquement la décoration. Saisie des poursuites, dont le sieur Taffart était l'objet, la Cour de Bordeaux sursit à statuer jusqu'à ce que le ministère public eût rapporté une décision, exprimant ou que la nomination avait été annulée ou qu'elle était sans effet. Cet arrêt fut cassé sur le pourvoi du procureur général de Bordeaux « attendu que, le 1er août 1830, jour où Charles X aurait nommé le sieur Taffart-Saint-Germain chevalier de l'ordre royal de la Légion d'honneur, il existait un gouvernement reconnu qui avait la plénitude de la puissance exécutive ; que, dès lors, le pouvoir royal avait cessé d'exister dans la personne de Charles X ; attendu que la Cour royale de Bordeaux, chambre des appels de police correctionnelle, en refusant, par son arrêt du 6 juin dernier, de statuer au fond, a violé les règles de sa compétence et méconnu les principes fondamentaux du droit public du royaume. » 25 août 1832, n° 329.

254. Tout individu, qui a encouru la suspension ou

la privation des droits et prérogatives attachés à la qualité de membre de la Légion d'honneur, et qui continue, néanmoins, à en porter les insignes, se rend coupable du délit réprimé par l'art. 259. C'est la disposition formelle de l'art. 9 du décret du 24 novembre 1852.

Avant ce décret, et par application de la législation, qui était alors en vigueur, la Cour de cassation l'avait jugé dans l'espèce suivante.

Par l'arrêt de la Cour des pairs du 22 janvier 1836, qui l'avait condamné à la déportation, Guillard de Kersausie avait encouru, d'une part, la mort civile, aux termes des art. 18 du Code pénal, 22 et 24 du Code civil, et, d'autre part, la dégradation de la Légion d'honneur, aux termes de l'art. 1er de l'arrêté du 24 ventôse an XII et de l'art. 4 de la Constitution du 22 frimaire an VIII. Cependant, il portait publiquement la décoration, sous le prétexte que, compris dans l'amnistie du 8 mai 1837, il avait été relevé de la dégradation. Poursuivi à raison de ce fait, il fut condamné par la Cour de Lyon. Le pourvoi, qu'il forma contre cet arrêt, fut rejeté « attendu que, par l'arrêt de la Cour des pairs du 22 janvier 1836, qui le condamne à la peine de la déportation, Guillard de Kersausie avait encouru, d'une part, la mort civile, aux termes des art. 18 du Code pénal, 22 et 24 du Code civil, et, d'une autre part, la dégradation de la Légion d'honneur, aux termes de l'art. 1er de l'arrêté du 24 ventôse an XII et de l'article 4 de la Constitution du 22 frimaire an VIII ; attendu que l'amnistie du 8 mai 1837 n'est pas pleine et entière, puisqu'elle réserve la surveillance de la haute police à l'égard de ceux auxquels elle s'applique, qui avaient été condamnés à des peines afflictives ou infamantes ; que cette amnistie, qui a maintenu ainsi une partie des effets de la condamnation prononcée, n'a eu d'autre résultat que de rendre Kersausie à la liberté et de lui restituer, pour l'avenir, l'exercice des droits civils, mais qu'elle ne l'a pas réintégré dans la qualité de membre de la Légion d'honneur ; que, dès lors, Guillard de Kersausie ne pouvait plus porter la décoration de la Légion d'honneur, sans encourir la peine de six mois à deux ans d'emprisonnnement, portée par l'art. 259 du Code pénal ; que, dans ces circonstances, la Cour royale de Lyon n'a commis aucune violation de l'ordonnance d'amnistie du 8 mai 1837, en déclarant ledit Guillard de Kersausie coupable du délit de port illégal de la décoration de la Légion d'honneur. » 16 août 1845, n° 260.

255. En prohibant le port illégal de la décoration, l'art. 259 prohibe, selon moi, le port illégal de tout signe extérieur, qui en est la représentation, aussi bien le port du ruban que le port de la décoration même, comme la Cour de cassation l'a jugé, en annulant, sur le pourvoi du ministère public, un jugement du tribunal de Laon « attendu qu'aux termes de l'art. 3 du décret du 22 messidor an XII, le ruban de la Légion d'honneur fait partie de cette décoration ; attendu que l'art. 259 du Code pénal comprend, dans la généralité de ses expressions, l'usurpation de tout signe extérieur, qui signale un acte rémunératoire de la puissance publique ; qu'ainsi le jugement attaqué, en ne reconnaissant pas le caractère du délit au port illégal d'un ruban, qui représente, le plus ordinairement, la décoration de la Légion d'honneur, et auquel le décret précité a, par celle de ses dispositions qui en a déterminé la couleur, attaché la même valeur d'opinion, a violé l'art. 259 du Code pénal. » 27 juin 1834, n° 197.

256. Je n'ai pas à faire remarquer que cet article

serait également méconnu si un membre de la Légion
d'honneur prenait les insignes d'un grade supérieur au
sien; par exemple, si un chevalier portait la rosette et
la croix d'officier. Ce chevalier porterait, sans contredit,
une décoration qui ne lui appartiendrait pas, et, par
suite, il aurait commis le délit énoncé dans l'art. 259.

257. Le port illégal de la Légion d'honneur se constitue, comme tous les délits, de deux éléments, de
l'élément physique et de l'élément intentionnel. Si ce
dernier manque, le délit n'existe pas. La Cour de cassation l'a jugé dans l'espèce suivante. Tassart Saint-
Germain fut renvoyé par l'arrêt du 25 août 1832, cité
plus haut, devant la Cour d'Agen. Sans méconnaître
l'existence des faits matériels, cette Cour le renvoya des
poursuites, sur le motif qu'il avait agi de bonne foi. Le
pourvoi que le ministère public forma contre cet arrêt
fut rejeté « attendu que la Cour royale d'Agen n'a pu
appliquer au sieur Tassart Saint-Germain l'exception de
sa bonne foi qu'en reconnaissant l'existence du délit
matériel, et que les titres, invoqués pour sa défense,
n'avaient pu lui conférer le droit de porter la décoration
de la Légion d'honneur ; attendu que l'appréciation de
la question intentionnelle appartient aux tribunaux criminels; que, dès lors, la Cour royale d'Agen, en af-
franchissant de toute peine le sieur Tassart Saint-
Germain sur le motif de sa bonne foi, est restée dans
les limites de sa compétence, et n'a violé aucune loi ;
attendu que cet arrêt ne pourrait faire obstacle à des
poursuites nouvelles, si, au mépris de la loi, le sieur
Tassart de Saint-Germain se permettait de porter encore
la décoration de la Légion d'honneur. » 29 mars 1833,
Sir., 1833, 1, 876.

258. L'art. 259 et les principes des arrêts, qui l'ont
interprété, sont-ils applicables à la médaille militaire ?

Je n'en fais aucun doute. Cette médaille, instituée par le décret dictatorial du 22 janvier 1852, est, comme la Légion d'honneur, destinée à récompenser des services rendus à l'État.

Ces services peuvent être moins éclatants que ceux qui trouvent leur rémunération dans la Légion d'honneur, mais le signe extérieur qui les signale, en les récompensant, n'en est pas moins respectable et moins digne de la protection de la loi.

L'art. 259 prend sous sa sauvegarde tout ce qui est décoration ; la Médaille militaire a, comme la Légion d'honneur, ce caractère.

Le rapprochement, que je fais entre ces deux marques d'honneur, je le trouve dans un grand nombre de documents législatifs ; je le trouve dans l'art. 266 du Code de justice militaire, qui punit de deux mois à deux ans d'emprisonnement tout militaire, qui porte publiquement des décorations, des médailles, insignes.... sans en avoir le droit ; je le trouve dans les décrets des 24 novembre 1852, 14 mars 1853-4 janvier 1856, 2-14 août 1860, et notamment dans l'article 9 du premier de ces décrets, lequel dispose que « tout individu, qui aura encouru la suspension ou la privation des droits et prérogatives, attachés à la qualité de membre de la Légion d'honneur ou de décoré de la médaille militaire, et qui en portera les insignes, sera puni conformément à l'art. 259 du Code pénal. »

Cet article me fournit un dernier argument ; et il est, en vérité, péremptoire. N'est-il pas évident que si, dans certains cas, celui qui a obtenu la médaille militaire ne peut plus la porter, sans encourir la peine de l'art. 259, cette disposition, par des raisons de même nature, doit être applicable à celui qui, n'ayant jamais eu la médaille militaire, se permettrait de la porter publiquement?

259. L'art. 259 est-il aussi applicable aux médailles commémoratives ?

Cette question me paraît présenter un peu plus de difficulté que la précédente. J'arrive, cependant, à la même conclusion, et à peu près par les mêmes raisons.

Sans doute, les médailles commémoratives ne récompensent pas, comme la Légion d'honneur et la Médaille militaire, des actes individuels, mais elles ont, néanmoins, un certain caractère rémunérateur. Elles ont pour but d'honorer, comme l'indique le préambule du décret du 12 août 1857, les militaires, qui ont combattu sous les drapeaux de la France. Elles rappellent les longs et pénibles travaux qu'ils ont exécutés, les périls qu'ils ont affrontés, les services qu'ils ont rendus à l'État; elles les signalent à la reconnaissance publique.

Elles sont, comme la Légion d'honneur et la Médaille militaire, instituées par le souverain ; elles leur sont assimilées sous le rapport de la discipline (Déc., 26 février 1858, 24 octobre 1859, 25 mars 1861, 15 mars 1864).

L'art. 266 du Code de justice militaire les prend, comme les décorations, sous sa protection.

L'art. 9 du décret du 24 novembre 1852 leur est commun, et, par suite, j'en tire l'argument, que j'en ai tiré précédemment. Applicable à ceux qui ne sont plus dignes de porter la médaille commémorative, l'art. 259 ne peut pas ne pas être applicable à ceux qui la portent sans l'avoir obtenue.

260. Le port des décorations étrangères n'est point laissé au caprice et à la fantaisie. Il est réglé par le décret du 13 juin 1853.

Je reproduirai le préambule de ce décret, j'en citerai plusieurs articles.

Après avoir visé les art. 50 et 52, §§ 3 et 4 du décret du 16 mars 1852 et l'art. 259 du Code pénal, le préambule considère «qu'au mépris de ces dispositions, des Français se décorent d'insignes d'ordres étrangers, conférés par des autorités ou des corporations n'ayant pas la puissance souveraine, ou pour lesquels ils n'ont pas obtenu une autorisation spéciale », il ajoute « que des abus graves se sont introduits dans le mode de porter les insignes des ordres étrangers, pour lesquels l'autorisation a été accordée. Voulant faire cesser des désordres d'autant plus fâcheux que leur effet est d'affaiblir la juste considération, qui doit s'attacher aux décorations, conférées par des souverains étrangers, et le prix de récompenses, obtenues régulièrement et données à des services certains et vérifiés ; voulant également que la loi pénale reçoive sa pleine exécution, et que les officiers de justice ne négligent plus d'exercer, à cet égard, la surveillance qui leur est prescrite », le décret dispose: Art. 1er. « Toutes décorations, ou ordres étrangers, qu'elle qu'en soit la dénomination, ou la forme, qui n'auraient pas été conférés par une puissance souveraine, sont déclarés illégalement et abusivement obtenus, et il est enjoint à tout Français, qui les porte, de les déposer à l'instant. » — Art. 2. « Tout Français, qui, ayant obtenu des ordres étrangers, n'aura pas reçu du chef de l'État l'autorisation de les accepter et de les porter, sera pareillement tenu de les déposer immédiatement, sauf à lui à se pourvoir, s'il y a lieu, auprès du grand chancelier de l'ordre impérial de la Légion d'honneur, pour solliciter cette autorisation. » — Art. 3. « Il est formellement interdit de porter d'autres insignes que ceux de l'ordre et du grade, pour lesquels l'autorisation a été accordée, sous les peines édictées en l'article 259 du Code pénal. » — Art. 4. « A l'avenir, toute demande d'autorisation d'accepter et de porter les insignes d'un ordre ou d'une décoration étrangère devra être adressée hiérarchiquement au grand chancelier, par l'intermédiaire du ministre, dont relève le demandeur, à raison de ses fonctions ou de son emploi. Si le demandeur en autorisation n'exerce aucune fonction publique, ou n'a que des fonctions gratuites, il adressera sa demande par l'intermédiaire du préfet de sa résidence actuelle. Les ministres, les hauts dignitaires de l'État, les membres du Sénat, du Corps législatif, du Conseil d'État et du Conseil de l'ordre impérial de la Légion d'honneur sont autorisés à adresser leur demande directement au grand chancelier. » — Art. 5. « Les ministres et les préfets devront transmettre immédiatement au grand chancelier les demandes d'autorisation, qui leur sont remises, avec leur avis sur la suite à y donner. » — Art. 7. « Les autorisations accordées par l'Empereur seront insérées au *Moniteur*. » — Art. 13. « Les dispositions disciplinaires des lois, décrets et ordonnances sur la Légion d'honneur sont applicables aux Français décorés d'ordres étrangers ; en conséquence, le droit de porter les insignes de ces ordres peut être suspendu ou retiré, dans les cas et selon les formes, déterminés pour les membres de la Légion d'honneur. »

Il résulte de ce décret qu'il est interdit à tout Français de porter une décoration étrangère, sans l'avoir obtenue régulièrement, ou sans avoir reçu l'autorisation de l'accepter et de la porter en France.

Il suffit donc, pour qu'il y ait lieu à condamnation, que l'inculpé ait porté une décoration étrangère, sans avoir reçu du Gouvernement l'autorisation de l'accepter et de la porter. Les tribunaux n'ont pas à rechercher si l'inculpé a effectivement reçu la décoration d'un souverain étranger.

C'est ce que la Cour de cassation a jugé dans l'espèce suivante :

Charles Belin était prévenu d'avoir porté publiquement en France une décoration étrangère, sans autorisation du Gouvernement français. La Cour de Toulouse le renvoya des poursuites, par le motif que les circonstances de la cause établissaient, en sa faveur, la présomption que la décoration, dont il s'agissait, lui appartenait et que cette présomption n'était pas détruite par le ministère public, auquel incombe la preuve de tout délit. Sur le pourvoi du procureur général de Toulouse, l'arrêt fut annulé « vu l'art. 259 du Code pénal; vu les art. 23 du décret du 26 août 1811, 69 de l'ordonnance du 26 mars 1816, 2 et 3 de celle du 16 avril 1824; attendu que les dispositions, précitées, dudit décret et desdites ordonnances exigent l'autorisation du Roi, non pas seulement pour qu'un Français puisse porter en France une décoration étrangère, mais pour qu'il puisse la recevoir et l'accepter; qu'elles ont pour but de s'assurer que les services, qui ont valu à un Français cette marque de faveur d'un gouvernement étranger, n'ont rien de contraire aux intérêts de la France, et sont une conséquence de cette autre disposition du décret du 26 août 1811, qui défend à tout Français d'entrer au service d'une puissance étrangère, sans l'autorisation du Roi; que, dès lors, la décoration, qui a pu être accordée à un Français en pays étranger, ne peut légalement être considérée en France comme lui appartenant, que quand il a obtenu du Roi l'autorisation de l'accepter; et qu'en la portant publiquement, sans avoir cette autorisation, il contrevient aux dispositions de l'art. 259 du Code pénal, qui ne fait aucune distinction entre les ordres français et les ordres étrangers; attendu que, sur la poursuite du ministère public, les tribunaux n'ont nullement à rechercher si le prévenu a effectivement reçu, comme il le soutient, d'un souverain étranger, la décoration qu'il a portée, question qui sortirait souvent de leurs attributions, et dont la solution serait, dans tous les cas, sans influence sur le jugement de la prévention ; qu'ils doivent se renfermer dans l'examen de ces deux faits, le port public de la décoration en France, et le défaut d'autorisation du Roi ; attendu, en fait, que la Cour royale de Toulouse, après avoir reconnu ces deux faits constants à la charge de Belin, l'a renvoyé de l'action dirigée contre lui, par les motifs que les circonstances de la cause établissaient, en faveur du prévenu, la présomption que la décoration, dont il s'agit, lui appartenait., et que cette présomption n'était point détruite par le ministère public, auquel incombe la preuve de tout délit ; qu'en décidant ainsi, et en refusant de prononcer contre Belin les peines, fixées par l'art. 259 du Code pénal, elle a formellement violé tant les articles 23 du décret du 26 août 1811, 2 et 3 de l'ordonnance du 16 avril 1824, que ledit art. 259. » 19 janvier 1839, n° 26.

Quoique cet arrêt ait été rendu sous l'empire d'une législation abrogée, la doctrine n'en reste pas moins applicable ; elle est conforme aux injonctions du décret du 16 mars 1852.

261. Certains États ont des médailles analogues à celles qui ont été instituées en France. Ainsi l'Angleterre a la médaille commémorative des campagnes de la Baltique et de Crimée ; l'Italie, les médailles distribuées à l'occasion des mêmes expéditions et de la guerre d'Italie ; le Mexique, la médaille, dite du Mérite militaire, créée par décret de l'infortuné Maximilien du 14 octobre 1863.

Le port de ces médailles est, ce me semble, soumis en France aux mêmes règles que le port des décorations étrangères elles-mêmes (déc., 26 avril 1856–1er mai 1860 ; 10 juin 1857–1er mai 1860 ; 23 mars–1er

mai 1860; 16 juin–31 juillet 1865). Il serait, comme celui de ces décorations, réprimé par l'art. 259, s'il n'était pas autorisé par le Gouvernement. J'ai assimilé les médailles françaises à la Légion d'honneur et à la Médaille militaire; je ne trouve aucune raison pour ne pas établir la même assimilation entre les décorations et les médailles étrangères.

262. Les deux premiers faits, que prévoit l'art. 259, sont punis d'un emprisonnement de six mois à deux ans. Le tribunal peut ordonner, aux frais des condamnés, l'insertion intégrale, ou par extrait, de son jugement, dans les journaux qu'il désignera.

263. Le troisième fait, mentionné dans cet article, est l'usurpation d'un titre ou d'un nom.

Ce délit existe, lorsque, sans droit et en vue de s'attribuer une distinction honorifique, on a publiquement pris un titre, changé, altéré ou modifié le nom que donnent les actes de l'état civil.

264. Le titre, dont cette disposition punit l'usurpation publique, est le titre de noblesse, comme le disait textuellement le projet de loi, présenté par le Gouvernement. Si la rédaction primitive n'a pas été conservée par le Corps législatif, ce n'est pas qu'on se soit proposé de modifier la pensée de la loi; c'est, comme le dit le rapport de la commission, parce qu'on a voulu que personne ne pût se méprendre sur son caractère et sa portée. «Nous étions unanimes, dit le rapporteur, à penser que la noblesse ne peut plus être aujourd'hui en France qu'une distinction honorifique, pure de tout privilége, et ne devait plus rappeler l'idée d'aucune différence de race ou de caste; pour qu'il n'y eût pas d'équivoque possible sur ce point, pour que notre volonté fût plus manifeste, nous avons supprimé le mot *noblesse* de la rédaction, qui nous était présentée, et nous l'avons remplacé par *distinction honorifique*, qui en est, à nos yeux, la définition véritable.»

265. Le décret des 5-12 mars 1859 défend à tout Français de porter en France un titre, conféré par un souverain étranger, sans y avoir été autorisé par un décret impérial, rendu après avis du conseil du sceau des titres.

Les dispositions de ce décret, comme celles du décret du 13 juin 1853, relatif aux décorations étrangères, trouvent leur sanction dans l'art. 259. En effet, lorsqu'un Français prend en France, sans en avoir reçu l'autorisation d'un décret impérial, un titre, conféré par un souverain étranger, il le prend sans droit, puisqu'il le prend sans autorisation ; et, par conséquent, il se rend coupable du délit, prévu par notre article.

266. Tous les changements, altérations ou modifications de noms ne constituent pas le délit, réprimé par cette disposition. «Quelques membres de la commission, dit M. du Miral, dans son rapport au Corps législatif, avaient d'abord été séduits par l'idée d'interdire, d'une manière générale, tous les changements de nom. Ces changements leur semblaient constituer, dans tous les cas, un désordre, digne d'une répression ; ils voyaient d'abord, à cette généralisation, l'avantage de donner à la loi un caractère, non-seulement plus étendu, mais nouveau ; elle devenait alors, suivant eux, la sauvegarde et la garantie de l'état civil de tous. Mais, en y réfléchissant davantage, on reconnaissait qu'une règle aussi générale comportait nécessairement des exceptions ; qu'il n'était pas possible de punir des changements innocents, utiles, inoffensifs, et fréquemment involontaires. Comment proscrire, par exemple, l'usage, si fréquent dans nos cités commerciales ou industrielles, de désigner les membres d'une même famille par des surnoms, permettant de les reconnaître? Il fallait donc nécessairement, dans ce système, énumérer les exceptions à la règle; mais toutes les tentatives, faites pour formuler cette énumération, d'une manière rationnelle, n'ont abouti qu'à l'impuissance. La majorité n'a pas tardé à reconnaître que la vanité était, en dehors de l'escroquerie, l'élément nécessaire de tout changement de nom répréhensible. Elle s'est ralliée à l'idée moins vaste, mais plus conforme au principe du projet, de n'atteindre que les falsifications de nom, opérées dans un but de distinction honorifique. Elle a pensé que c'était là, dans la réalité, le seul scandale, dont l'opinion se fût émue, et qui fût sérieusement punissable; mais aussi elle n'a pas hésité à vouloir qu'il ne demeurât plus longtemps impuni. L'abus de ces usurpations de noms nobiliaires est plus fréquent encore que celui de l'usurpation des titres et la prépare souvent; ce sont des faits de même nature, dictés par le même mobile, procurant les mêmes avantages; comme le titre, plus que le titre même, la *particule* s'ajoute au nom, en fait partie, se communique et se transmet. Elle le décore, dans nos mœurs, presqu'à un égal degré, et fait croire quelquefois davantage à l'ancienneté de son origine; son usurpation méconnaît le droit du souverain, sans l'autorisation duquel les noms ne peuvent être changés; elle porte atteinte aux droits respectables de ceux qui en ont la possession légitime; frauduleuse dans son origine, elle a souvent pour conséquence des fraudes d'une autre nature; enfin, et c'est là son caractère le plus blâmable, l'abandon du nom vrai de la famille est un acte de mépris, qui s'élève parfois à la hauteur d'une impiété filiale, et que cette impiété seule suffirait à rendre coupable. Nous croyons avoir suffisamment déterminé le caractère légal de la falsification des noms, que nous avons voulu punir; personne ne s'y trompera, le délit ne subsistera qu'à la double condition que la particule nobiliaire aura été frauduleusement introduite dans le nom véritable par une altération quelconque, en vue d'une distinction honorifique. Est-il nécessaire de dire que l'adoption d'un nom de terre, relié par une particule au nom patronymique, que l'on conservera d'abord, sauf à le supprimer ensuite, pourra constituer l'infraction? Le meilleur commentaire de la loi sur ce point sera dans nos habitudes sociales; il n'est point nécessaire d'être jurisconsulte pour se rendre un compte exact de sa portée. »

Il résulte de ces observations que la loi ne punit que les changements, altérations, modifications de nom, opérés publiquement dans un but de distinction honorifique; mais il en résulte aussi qu'elle les réprime, lorsqu'ils ont eu lieu dans ce but, quoiqu'ils ne soient pas, d'ailleurs, accompagnés d'une usurpation de titres.

La Cour de cassation l'a reconnu dans l'espèce suivante.

Perraudeau avait été condamné à l'amende, pour avoir ajouté à son nom patronymique celui de Beaufief. Il prétendit devant la Cour de cassation qu'il se rattachait à une origine nobiliaire, et, en outre, qu'il ne s'était attribué aucun titre. Son pourvoi fut rejeté « attendu que l'arrêt attaqué constate, en fait, que l'ensemble des actes de l'état civil, relatif à la famille Perraudeau, lui assigne depuis cinq générations successives le seul nom de *Perraudeau;* que l'arrêt constate également qu'en 1859, dans un acte de mariage et dans des contrats authentiques, le demandeur a ajouté à son nom patronymique *Perraudeau* celui de *de Beaufief;* attendu que l'arrêt attaqué a justement conclu de ces faits que le demandeur avait par là changé, altéré ou modifié le nom, qu'il tient des actes, qui constituent son état civil ; qu'examinant ensuite s'il l'avait fait publiquement, sans droit et en vue de s'attribuer une distinction honorifique, l'arrêt attaqué décide que c'est, en effet, publiquement, que le nom a été changé ou modifié, puisqu'il a été pris avec l'addition spécifiée ci-dessus, dans des actes publics et authentiques ; qu'il l'a été sans droit, le souverain seul ou les tribunaux pouvant permettre le changement ou ordonner la rectification du nom, assigné par les actes de l'état civil ; attendu qu'il ne résulte pas, avec moins d'évidence, des constatations de l'arrêt attaqué, que l'altération ou modification, opérée ici dans le nom patronymique, a été faite en vue de s'attribuer une distinction honorifique ; qu'en principe, d'abord, le nouvel article 259 du Code pénal a voulu atteindre toute usurpation de cette nature ; qu'il ne punit pas seulement ceux qui prennent, sans droit, un titre proprement dit ; qu'il frappe de peines égales ceux qui, par une altération ou modification quelconque de leur nom patronymique, entendent lui imprimer un caractère de distinction honorifique ; attendu que l'arrêt attaqué a déclaré, avec raison, qu'il n'avait pas à rechercher si le demandeur était ou non fondé à se rattacher à une origine nobiliaire ; qu'en effet, la disposition de la loi est générale, qu'elle ne distingue pas entre les personnes ; que, dès que l'altération ou modification du nom a eu lieu, dès qu'elle a été faite en vue de le revêtir du signe d'une distinction honorifique, qu'il ne présentait pas par lui-même, dès qu'on a agi ainsi, comme le dit encore l'arrêt, sans bonne foi, le délit existe et devient punissable. » 5 janvier 1861, n° 6.

267. Le nom, qui ne doit être ni changé, ni altéré, ni modifié est, comme on le remarque, celui que les *actes de l'état civil* assignent. Pourquoi ce renvoi aux actes de l'état civil et non à l'acte de naissance ?

« Qu'avons-nous entendu par cette expression générale et collective, dit le rapporteur de la Commission au Corps législatif, et pourquoi n'avons-nous pas seulement indiqué l'acte de naissance, comme la règle et le criterium du nom ? C'est que, dans des cas exceptionnels, l'acte de naissance peut être inexact, incomplet ou falsifié, et que le droit et la vérité doivent alors se puiser dans l'ensemble des actes, qui constatent la situation des familles. »

268. L'usurpation du titre et la falsification du nom sont punies d'une amende de cinquante francs à dix mille francs. Le tribunal doit ordonner la mention du jugement en marge des actes authentiques ou des actes de l'état civil, dans lesquels le titre aura été pris indûment ou le nom altéré. Il peut, en outre, ordonner l'insertion intégrale ou partielle du jugement, dans les journaux qu'il désignera : le tout aux frais du condamné.

269. Si l'inculpé prétend qu'il a le droit de prendre le titre ou le nom, à raison desquels il est poursuivi, et qu'il demande à faire vider la question par l'autorité compétente, le tribunal correctionnel, qui n'a pas qualité pour résoudre cette difficulté, surseoira à statuer ; mais il déterminera, en même temps, conformément à l'art. 182 du Code forestier, applicable, comme il a été jugé, en toutes espèces de matières, le délai, dans lequel l'inculpé devra saisir les juges compétents de la connaissance de l'exception préjudicielle, qu'il a soulevée.

Toutefois, le juge correctionnel ne doit surseoir à statuer que dans le cas où il s'agit d'une exception, engageant le fond même du litige. Cette obligation ne lui est pas imposée, lorsque la difficulté ne porte que sur un fait accessoire, n'intéressant que la question de bonne

foi, comme la Cour de cassation l'a reconnu, en rejetant
le pourvoi, formé par Montal contre un arrêt de la Cour
de Toulouse « sur le moyen unique tiré d'un excès de
pouvoir et de la violation de l'art. 259 du Code pénal, modifié par la loi du 28 mai 1858, en ce que,
après avoir reconnu des altérations matérielles dans
les registres de l'état civil, qui font foi jusqu'à inscription de faux ou du moins jusqu'à la rectification
ordonnée par les tribunaux civils, la Cour impériale
aurait dû surseoir à statuer sur la prévention; attendu
qu'il est constaté par l'arrêt attaqué que, dans plusieurs
actes authentiques, et depuis moins de trois ans avant
les poursuites, Montal avait fait précéder son nom de
la particule *de*, dans le but de s'attribuer la qualité de
noble, qui n'appartenait ni à lui ni aux siens; attendu
que l'état matériel des actes, émanés dudit Montal et qui
servaient de base à la prévention, n'a été l'objet d'aucune
critique; attendu qu'à la vérité, le prévenu ayant invoqué l'excuse de bonne foi, la Cour impériale a repoussé
ce moyen de défense, en se fondant sur ce que, pour
amener le triomphe de ses prétentions, Montal paraissait
avoir eu recours à des moyens peu avouables, en présence desquels il ne lui était pas possible de s'excuser
en alléguant sa bonne foi; que l'arrêt attaqué ajoute que,
s'il avait été commis des altérations dans les registres
de l'état civil, (dont excipait le prévenu), la Cour n'avait
point à les punir, que Montal n'avait jamais reconnu
en être l'auteur, et que, d'ailleurs, couvertes désormais
par la prescription, (ce qui résultait d'une ordonnance
de non-lieu, rendue par le juge d'instruction et mentionnée au jugement dont était appel), ces altérations
pouvaient seulement être prises en considération pour
mesurer la valeur de l'excuse de bonne foi, invoquée par
le prévenu; attendu que l'arrêt attaqué a ainsi laissé

entier ce qui pouvait être jugé et à juger relativement auxdites altérations, et qu'en appréciant, d'après les circonstances du procès, uniquement l'excuse de bonne foi, qui lui était soumise, la Cour impériale n'a fait qu'user du pouvoir souverain, qui lui appartenait à cet égard et qui n'était subordonné à aucune autre décision; qu'elle n'a donc commis aucun excès de pouvoir; attendu que les faits et l'intention, ainsi reconnus, constituaient le délit, prévu et puni par la loi du 28 mai 1858; que, loin de violer cette loi, l'arrêt attaqué n'en a fait qu'une juste application. » 31 mai 1862, n° 146.

Si l'inculpé apporte un titre ou un acte de l'état civil, en apparence conforme à sa prétention, le ministère public a, de son côté, le droit de demander un sursis.

S'agit-il d'une question, réservée au conseil du sceau, le ministère public en référera au ministre de la justice, qui saisira ce conseil.

S'agit-il d'introduire une demande en rectification d'acte de l'état civil ou d'appeler d'un jugement, ayant prononcé sur une question de cette nature, le ministère public aura qualité pour introduire l'action ou appeler du jugement. Ce droit lui a été reconnu par deux arrêts de la chambre civile, rendus le 22 janvier 1862, sur les conclusions conformes de M. le procureur général Dupin. Ces arrêts se rattachent trop directement à la question, que j'étudie, pour que je ne donne pas le texte de l'un d'eux : « La Cour, attendu que si, en règle générale, et suivant l'art. 2, titre 8 de la loi du 24 août 1790, les fonctions du ministère public au civil s'exercent, non par voie d'action, mais seulement par voie de réquisition, il a été dérogé à cette règle, en des cas ou en des matières spécialement déterminés, pour la défense de certains intérêts, auxquels le législateur a cru devoir une protection particulière; qu'en conséquence, la loi du 20 avril 1810 dispose, par son art. 46, qu'en matière civile le ministère public agit d'office dans les cas spécifiés par la loi ; attendu que, même sous l'empire de la loi de 1790, le droit d'action au civil était reconnu au ministère public, en matière d'actes de l'état civil, dans les circonstances d'ordre public, comme l'établit l'avis du Conseil d'État du 12 brumaire an XI ; que l'on n'en saurait restreindre l'exercice à la seule hypothèse d'actes omis à rétablir sur les registres ; qu'en effet, la disposition finale de cet avis proclame, en termes généraux, comme incontestable, le droit du ministère public d'agir d'office en cette matière, dans les circonstances qui intéressent l'ordre public ; qu'il résulte de ces termes que le droit d'agir d'office est reconnu au ministère public, en matière d'actes de l'état civil, non comme un droit nouveau et pour une hypothèse déterminée, mais comme un droit préexistant et dans toutes les circonstances intéressant essentiellement l'ordre public ; que ce droit, déjà consacré dans l'ancienne législation de la France, et notamment dans l'art. 14, tit. 20, de l'ordonnance de 1667, n'a été, depuis l'avis du Conseil d'État du 12 brumaire an XI, subordonné à aucune autre condition que celle de circonstances d'ordre public ; qu'il s'est exercé sans contestation, même en l'absence de dispositions législatives, qui eussent spécifié ces circonstances, par exemple, pour la rectification, de même que pour le rétablissement des actes, omis ou altérés en fraude des lois sur la conscription ; que les art. 122 du décret du 18 juin 1811 et 75 de la loi du 25 mars 1817 concourent, avec l'avis du Conseil d'État de l'an XI, à témoigner de l'existence de ce même droit dans les circonstances d'ordre public, sans distinction, et de sa persistance, depuis, comme avant la promulgation du Code civil ; qu'il n'y a donc aucune induction contraire à tirer des art. 99 et suiv., Code Nap., 855 et suiv., Code proc. civ., lesquels, en réglant le mode de procéder pour la rectification des actes de l'état civil, ont eu seulement pour objet de proscrire un mode purement officieux et administratif de rectification, qui était proposé par une disposition du projet du Code, et de n'admettre de rectification que sur la demande des parties intéressées, sous le contrôle des tribunaux et avec la garantie d'un jugement, mais sans exclure ni explicitement, ni implicitement, l'action du ministère public, lorsqu'elle se produisait dans des circonstances d'ordre public ; attendu, dès lors, que le droit d'agir d'office, en cette matière spéciale, n'étant subordonné à d'autre condition que celle d'un intérêt d'ordre public, ne saurait être contesté dans les conditions essentielles et prédominantes d'ordre public, que les lois des 6 fructidor an II, 11 germinal an XI et 28 mai 1858 ont eu principalement en vue, en défendant à toute personne de prendre, dans les actes de l'état civil ou dans les actes publics, des noms ou des titres qui ne lui appartiennent pas, et en rappelant, comme un des attributs de la souveraineté, le droit éminent d'autoriser les changements de noms, et de conférer, pour services rendus à l'État, des titres de noblesse ; que l'exécution de ces lois serait dépourvue de toute sanction, lorsque, comme il arrive le plus souvent, l'action publique est paralysée par des exceptions de bonne foi ou autres ; qu'elle ne trouverait pas de suffisantes garanties et serait destituée de tout recours contre la surprise ou l'erreur d'un jugement rendu, en l'absence de tout contradicteur intéressé, sur la requête du possesseur illégitime d'un nom ou d'un titre de noblesse, et prononçant la rectification d'actes de l'état civil, en conformité de cette prétendue possession ; qu'elle serait complétement désarmée contre les

énonciations qui, insérées dans les actes, resteraient à
l'abri de toute demande en rectification de la part du
ministère public ; qu'il s'agit là, en général du moins,
de faits, qui portent atteinte à l'ordre public, sans léser
aucun autre intérêt rival, et dont la poursuite, par conséquent, ne peut appartenir qu'au ministère public
comme partie principale, soit en demandant, soit en
défendant, au nom de la société, nul autre n'ayant, en
pareil cas, intérêt et qualité pour agir ; attendu que l'a-
bus de ce droit n'est pas à redouter ; que, d'une part, en
effet, il ne peut s'exercer que dans les circonstances où
l'ordre public est directement et principalement intéressé, et que, d'autre part, le ministère public ne saurait être admis à intervenir incidemment, en toute occasion, devant une juridiction quelconque, pour prendre à
partie une personne, qui y figurerait en une qualité quelconque et lui demander raison de ses noms et du titre
ou de la qualification nobiliaire, dont ces noms sont accompagnés ; que son action, en pareille matière, comme
celle de toute autre partie intéressée, est soumise à des
règles et à des formes de procédure, qui sont, tout à la
fois, une garantie contre les ardeurs ou les témérités du
zèle, et une sauvegarde des intérêts et des droits de la
défense ; qu'elle est également soumise, pour les voies
de recours, aux délais ordinaires, lesquels, vis-à-vis du
ministère public, doivent courir du jour du jugement
rendu avec lui, par application de l'art. 858, Code proc.
civ. ; d'où il suit qu'en déclarant l'action d'office du ministère public, recevable dans les circonstances de la
cause, l'arrêt dénoncé n'a violé aucune loi ; par ces motifs, rejette. » Dall., 1862, 1, 5 ; Sir., 1862, 1, 257 ;
J. Pal., 1862, 273.

§ 8. — *Entraves au libre exercice des cultes.*

ARTICLE 260.

Tout particulier, qui, par des voies de fait ou des menaces, aura contraint ou empêché une ou plusieurs personnes d'exercer l'un des cultes autorisés, d'assister à l'exercice de ce culte, de célébrer certaines fêtes, d'observer certains jours de repos, et, en conséquence, d'ouvrir ou de fermer leurs ateliers, boutiques ou magasins, et de faire ou quitter certains travaux, sera puni, pour ce seul fait, d'une amende de seize francs à deux cents francs, et d'un emprisonnement de six jours à deux mois.

270. Objet de cet article.—Loi du 18 novembre 1814.
270 *bis.* Cette loi est encore en vigueur.—Arrêts.

270. Cet article punit d'un emprisonnement de six jours à deux mois et d'une amende de seize francs à deux cents francs celui qui, par voies de fait ou menaces, contraint ou empêche une ou plusieurs personnes d'exercer l'un des cultes autorisés, d'assister à l'exercice de ce culte, de célébrer certaines fêtes, d'observer certains jours de repos, et, en conséquence, d'ouvrir ou de fermer leurs ateliers, boutiques ou magasins, et de faire ou quitter certains travaux.

Cette disposition laissait passage à la loi du 18 novembre 1814, puisqu'elle ne protége la liberté de conscience que contre les menaces ou les contraintes individuelles. « Il ne s'agit ici, disait Berlier, à la séance du Conseil d'État du 19 août 1809 (Locré, t. 30, p. 164) que des vexations, exercées par des particuliers envers d'autres, en matière de religion. » « L'article n'a pour objet, ajoutait Treilhard (*ibidem*), que de maintenir le libre exercice du culte contre les attentats des particuliers. »

270 *bis*. La loi du 18 novembre 1814, dans un intérêt religieux, bien ou mal entendu, enjoint, par mesure générale, d'interrompre les travaux ordinaires, les dimanches ou jours de fête, reconnus par l'État.

Cette loi, qui a été très-vivement critiquée, qui a été très-fréquemment attaquée comme portant une atteinte sérieuse à la liberté de conscience, est-elle encore en vigueur ? Elle n'a pas été abrogée expressément. Car aucun des Gouvernements, qui se sont succédé en France, depuis 1814, ne l'a dénoncée au Corps législatif. A-t-elle été, du moins, abrogée virtuellement? On a souvent soutenu qu'elle était devenue incompatible avec la charte de 1830, et les Constitutions postérieures, qui proclament la liberté de conscience, sans rappeler, comme la charte de 1814, que la religion catholique, apostolique et romaine est la religion de l'État. Quelque sérieux que soit cet argument, je ne le crois pas assez concluant pour en tirer la conséquence légale que les prescriptions de la loi de 1814 ne peuvent pas coexister avec les principes de tolérance religieuse, proclamés par la Constitution. Cette doctrine est celle que la Cour de cassation a suivie, dans les arrêts qu'elle a rendus sous le Gouvernement de 1830, et sous le Gouvernement républicain de 1848; 23 juin 1838, n° 176; 29 juin 1838, n°s 182, 183, 184 ; 6 décembre 1845, n°s 355, 356 ; 21 décembre 1850, n° 434 ; 6 décembre 1851, n° 510 ; comme dans ceux qu'elle a rendus sous le Gouvernement impérial, 16 février 1854, n° 38; 28 juillet 1855, n° 268 ; 20 avril 1866, n° 115.

ARTICLE 261.

Ceux qui auront empêché, retardé ou interrompu les exercices d'un culte par des troubles ou désordres, causés dans le temple ou autre lieu, destiné ou servant actuellement à ces exercices, seront punis d'une amende de seize francs à trois cents francs, et d'un emprisonnement de six jours à trois mois.

271. Objet de cet article.
272. Il n'accorde sa protection qu'aux cultes autorisés.
273. Exercice du culte.—Ce qui le constitue.—Arrêts.
274. Lieu servant à l'exercice du culte.

271. Cette disposition punit d'un emprisonnement de six jours à trois mois, et d'une amende de seize francs à trois cents francs ceux qui empêchent, retardent ou interrompent les exercices d'un culte par des troubles ou désordres, causés dans le temple ou autre lieu, destiné ou servant actuellement à ces exercices.

La loi du 20 avril 1825 avait étendu la répression même aux troubles et désordres, commis à l'extérieur des lieux consacrés au culte. Mais, cette loi ayant été abrogée par celle du 11 octobre 1830, le délit a repris les proportions qu'il avait dans le principe.

272. La loi n'accorde sa protection qu'aux cultes reconnus par l'État. Quoique l'art. 261 ne s'explique pas à cet égard, comme l'art. 260 a pris soin de le faire, il est, néanmoins, évident que, dans l'un et l'autre de ces articles, il n'est question que des cultes autorisés.

273. Le trouble et le désordre, que la loi châtie, sont ceux qui empêchent, retardent, ou interrompent l'exercice d'un culte, quel que soit cet exercice. La loi ne spécifie pas ; la généralité de ses termes ne comporte pas de distinction.

Ce principe a été reconnu et appliqué par la jurisprudence.

Dans une première espèce, la femme Jallais était poursuivie, pour avoir empêché, troublé et interrompu la confession de la femme Rocheron. La Cour de Poitiers avait reconnu en fait « qu'il résultait des débats que la femme Jallais n'avait pas voulu satisfaire à l'invitation, que lui avait faite le curé, de s'éloigner du confessionnal, pendant qu'il confessait dans son église la fille Rocheron, que, le curé s'étant retiré dans la sacristie avec la fille Rocheron pour la confesser, la femme Jallais s'y était introduite malgré le curé, qui, après lui avoir dit en vain de ne pas rester, fut obligé de se lever et de la repousser, et même de la faire mettre dehors par son sacristain. » Mais, après avoir reconnu ces faits, elle avait pensé « que la conduite de la femme Jallais était blâmable, mais ne constituait pas le délit, prévu par l'art. 261 du Code pénal, parce que, alors, il n'y avait point d'exercices du culte dans l'église, et qu'elle n'avait pu ni les empêcher, ni les retarder, ni les interrompre, la confession ne pouvant être regardée comme un des exercices du culte catholique. » Sur le pourvoi du ministère public, cet arrêt fut annulé « attendu que la confession est la pratique d'un des devoirs les plus sacrés du culte catholique ; que l'accomplissement de ce devoir est, de la part des fidèles, un acte qui constitue nécessairement l'exercice de ce culte ; qu'un curé, ou tout autre prêtre catholique, qui entend la confession d'un fidèle, est dans l'exercice de ses fonctions pastorales ou sacerdotales, et que l'exercice de ces fonctions se confond évidemment avec les exercices de ce culte, dans le sens de la loi ; que l'art. 261 du Code pénal porte que « ceux qui auront empêché, retardé ou interrompu les exercices d'un culte, par des troubles ou désordres, causés dans le temple, ou autre lieu destiné et servant actuellement à ces exercices, seront punis d'une amende de seize francs à trois cents francs, et d'un emprisonnement de six jours à trois mois » ; que l'arrêt attaqué a constaté, en fait, que le curé de la paroisse de Chauvigny avait été interrompu et troublé, pendant qu'il entendait la confession d'une de ses paroissiennes, et successivement dans l'église et dans la sacristie, par la femme Jallais, et qu'il a en même temps refusé de lui appliquer les peines, portées par l'article précité, sur le fondement que la confession n'était pas un des exercices du culte catholique ; d'où il suit qu'il a expressément violé ledit article 261. » 9 octobre 1824, n° 156.

Dans une autre espèce, la jeune Lelong, assistant au catéchisme, que le desservant faisait dans l'église de la commune, avait été mise à genoux par forme de pénitence. Robert, parrain de cette enfant, vint la prendre par le bras, et l'emmena hors de l'église, malgré les protestations du desservant. Poursuivi à raison de ces faits, Robert fut condamné pour avoir causé un trouble, qui avait interrompu le catéchisme et, par conséquent, l'un des exercices du culte catholique. Le pourvoi qu'il forma contre cette décision, fut rejeté « attendu que le tribunal de Saint-Omer, ayant reconnu Robert coupable d'avoir empêché, retardé ou interrompu l'exercice du culte catholique et lui ayant appliqué, à raison de ce délit, les dispositions de l'art. 261 du Code pénal, a fait une juste application de cet article. » 19 mai 1827.

Dans une dernière espèce, les époux Morin avaient transporté à l'église du Prêcheur le corps de la femme Barbe, décédée chez eux ; ils avaient allumé des cierges autour du cercueil, récité des prières à voix haute, fait

sur le corps des aspersions d'eau bénite, disant qu'ils
n'avaient pas besoin du curé, que l'église appartenait à
la paroisse. L'abbé Peyrol, instruit de ce qui se passait,
fit appeler la gendarmerie ; les époux Morin se reti-
rèrent, en emportant le cadavre de la défunte. Ils furent
cités en police correctionnelle, comme prévenus, entre
autres faits, d'avoir empêché les cérémonies d'un culte
légalement établi. La Cour de la Martinique les renvoya
des poursuites, sous le prétexte que les actes, qu'on
leur reprochait, ne constituaient aucun délit. Cet arrêt
fut dénoncé à la Cour de cassation dans l'intérêt de la
loi. « Il nous semble, dit M. le procureur général Dupin
dans le réquisitoire qu'il lui adressa à cette occasion,
que la Cour de la Martinique a méconnu le caractère
des faits qui lui étaient dénoncés, et violé, en ne l'appliquant pas, l'art. 261. En effet, lorsqu'un corps est
apporté dans une église, il n'appartient qu'au ministre
du culte de procéder à la cérémonie funèbre ; lui seul
doit présider aux prières et aux actes, qu'elle exige.
Dans l'affaire, dont il s'agit, M. l'abbé Peyrol n'avait
point manifesté l'intention de se refuser à accorder à
la défunte les prières de l'église ; il l'avait confessée et
administrée. Il était donc tout disposé à remplir son
saint ministère ; aussitôt qu'il avait été averti que le
corps de la défunte était déposé dans l'église, il s'y était
rendu. Pourquoi donc n'a-t-il pas procédé à la cérémonie funèbre ? Par l'unique raison que les époux Morin, qui avaient déclaré qu'on n'avait pas besoin de lui,
et qui avaient refusé de l'envoyer chercher, avaient eux-
mêmes procédé à la cérémonie ; qu'ils avaient usurpé
ses fonctions, récité les prières, répandu l'eau bénite et
remporté le corps comme ayant accompli, à la place du
curé, les cérémonies funèbres. Comment ne pas reconnaître là un trouble, un désordre ayant empêché une

des plus graves cérémonies du culte ? Si M. l'abbé Peyrol eût voulu remplir son ministère, l'aurait-il pu au
milieu d'assistants, qui avaient déclaré n'avoir pas besoin de lui, qu'ils étaient maîtres dans l'église, et qui,
après avoir récité eux-mêmes les prières, entendaient
remporter le corps, comme si la cérémonie funèbre eût
été parfaitement accomplie ? Chercher à recommencer
la cérémonie n'était-ce pas s'exposer à la résistance et
aux violences même des assistants ? N'était-ce pas s'exposer à causer un scandale non moins grand que celui
qui venait de se commettre ? » L'arrêt fut annulé « attendu que les faits, en supposant qu'ils fussent établis,
constituaient les délits, définis et punis par l'art. 261 du
Code pénal. » 5 février 1852, n° 47.

274. Il faut, en outre, pour que cet article soit applicable, que le trouble ou le désordre ait eu lieu dans
un temple ou dans un autre lieu, destiné ou servant actuellement à l'exercice du culte. Cette seconde branche
de l'alternative ne se trouvait pas dans les projets du
Gouvernement. Elle y fut mise sur l'observation de
Cambacérès. « L'article ne punit, dit l'archichancelier
dans la séance du Conseil d'État du 3 novembre 1808
(Locré, t. 30, p. 103.), l'outrage fait aux objets d'un
culte que lorsqu'il a lieu dans les édifices, destinés à
exercer ce culte. Cependant, dans les villes où il n'existe
pas de consistoire, l'exercice du culte catholique est
public. Or la loi n'atteindrait pas l'homme, qui se permettrait d'enlever le viatique qu'on porte à un malade.»
Treilhard dit qu'il était dans la pensée de l'article de
donner satisfaction à l'archichancelier. « Là où les pro-
cessions sont permises, ajouta-t-il, les lieux où elles
passent, deviennent momentanément des lieux où le
culte s'exerce. » (Locré, *ibid.*) Cette réponse de Treilhard indique, de la manière la plus claire, la significa-

tion des termes ajoutés à l'art. 261. Ils désignent les lieux où le culte s'exerce ; ces lieux deviennent momentanément des lieux servant à l'exercice du culte.

ARTICLE 262.

Toute personne, qui aura, par paroles ou gestes, outragé les objets d'un culte dans les lieux destinés, ou servant actuellement à son exercice, ou les ministres de ce culte dans leurs fonctions, sera punie d'une amende de seize francs à cinq cents francs, et d'un emprisonnement de quinze jours à six mois.

275. Objet de cet article.
276. Modifications de la loi du 25 mars 1822.
277. Cultes autorisés.—Lieux servant à l'exercice du culte.
278. La poursuite peut avoir lieu sans plainte du ministre du culte.—Arrêt.
279. Cet article est applicable aux opérations, pratiquées sur des objets du culte, pour faire croire à l'accomplissement d'un miracle.—Arrêt.

275. Cet article punit les outrages par paroles ou gestes envers les objets d'un culte, dans les lieux destinés ou servant actuellement à son exercice, et les outrages envers les ministres du culte dans leurs fonctions.

276. Il a reçu des modifications très-importantes de la loi du 25 mars 1822, laquelle a été modifiée, elle-même, en certains points, par l'art. 5 du décret des 11–12 août 1848.

L'outrage envers les objets du culte, s'il est commis par l'un des moyens, énoncés en l'art. 1er de la loi du 17 mai 1819 et s'il a pour conséquence d'outrager la religion ou de la tourner en dérision, est puni par l'article 1er de la loi du 25 mars 1822.

L'art. 262 du Code pénal n'est plus applicable qu'à ceux de ces outrages, qui n'ont pas ce résultat ou à ceux qui ne sont pas publics.

L'outrage, fait à un ministre du culte dans l'exercice de sa fonction, comme celui qui lui est adressé publiquement, d'une manière quelconque à raison de sa qualité ou de son ministère, est réprimé par la loi du 25 mars 1822 (art. I et 6).

A ce point de vue l'art. 262 n'a plus d'action que sur les outrages, commis sans publicité envers un ministre du culte, à raison de sa qualité ou de sa fonction.

277. Cet article, comme le précédent, n'accorde sa protection qu'aux objets des cultes reconnus en France; et les lieux servant à l'exercice du culte, qu'il a en vue, sont également ceux, que j'ai spécifiés sous l'art. 261.

278. Le délit, réprimé par l'art. 262 du Code, peut être poursuivi sans plainte préalable du ministre du culte outragé. Effectivement, l'art. 5 de la loi du 26 mai 1819 est inapplicable à cette poursuite. La Cour de cassation l'a reconnu dans l'espèce suivante.

Godet, Renard et Vavasseur étaient prévenus, par l'ordonnance de la chambre du conseil et par la citation, d'outrages envers le desservant de Brezolette dans l'exercice même de ses fonctions. Le tribunal supérieur d'Alençon déclara l'action du ministère public non recevable, sous le prétexte que ce desservant n'avait pas porté plainte. Sur le pourvoi du ministère public, ce jugement fut annulé « attendu que le principe, qui interdit au ministère public toute poursuite d'office à raison des faits de diffamation publique ou d'outrages publics, dirigés contre les dépositaires ou agents de l'autorité publique, contre tout agent diplomatique accrédité près du roi, ou contre tout particulier, principe, introduit par l'art. 5 de la loi du 26 mai 1819, aboli par l'art. 17 de celle du 25 mars 1822, a été remis en vigueur par la loi précitée du 8 octobre 1830, pour être entendu et appliqué, comme il l'eût été si l'art. 17 de la loi du 25 mars 1822 n'eût jamais existé ; attendu que l'art. 5 de la loi du 26 mai 1819 n'a jamais pu avoir pour but d'interdire les poursuites d'office du ministère public sans la plainte préalable de la partie offensée, lorsqu'il s'agissait d'un outrage public ou non public contre un ministre du culte dans ses fonctions, délit prévu par l'art. 262 du Code pénal ordinaire ; attendu qu'en effet les lois des 17 et 26 mai 1819 sont inséparables, en ce que l'une fixe la procédure, destinée à ramener à exécution le système de pénalité, établi par l'autre ; d'où il suit que les délits, spécifiés par l'art. 262 du Code pénal n'étant prévus par aucune des lois des 17 et 26 mai 1819, et ledit article 262 du Code pénal n'étant pas du nombre de ceux, dont l'art. 26 de ladite loi du 17 mai prononce explicitement l'abrogation, cet art. 262 n'a pas cessé d'être en vigueur, postérieurement à la promulgation des lois précitées de 1819 ; attendu que ledit article est encore en vigueur aujourd'hui, sous l'empire de la loi du 8 octobre, puisqu'il fait partie du Code pénal, révisé par la loi du 1er avril 1832, sauf les modifications pénales, introduites par l'art. 17 de la loi du 25 mars 1822, laquelle, en cette partie, conserve force et vigueur ; attendu que le Code d'instruction criminelle de 1810, promulgué de nouveau, après révision, le 28 avril 1832, se lie intimement aux dispositions du Code pénal, et que, par ses art. 1er et 22, reproduits par l'art. 1er de la loi du 26 mai 1819, il confère, en général, au ministère public le droit de rechercher et de poursuivre les délits et les crimes sans exception ; attendu que ces attributions forment le droit commun, et ne sont limitées que par des dispositions exceptionnelles, comme celles de l'art. 5 de la loi du 26 mai 1819, et que ces exceptions doivent être restreintes à leur sens précis et rigoureux; attendu qu'on ne peut regarder un ministre du culte en *fonctions* comme un simple particulier, dans le sens de l'art. 5 de la loi du 26 mai précitée; qu'en effet, le mot *fonctions* exclut l'idée qu'au moment où il les remplit, le titulaire soit un simple particulier; que, d'ailleurs, le libre exercice de ces mêmes *fonctions* est protégé par les dispositions pénales de l'art. 261 du Code pénal, et que l'abus, qui pourrait en être fait, est puni par les art. 199, 200, 201, 202, 203, 204, 205, 206 et 207 du même Code; d'où il suit que les outrages, qui seraient adressés à un ministre du culte, au moment même de l'exercice de ses *fonctions*, étant une perturbation apportée à l'exercice des fonctions elles-mêmes, troublent l'ordre public et constituent un délit, qui sort de la classe des délits purement privés; attendu que les diffamations, injures et outrages, adressés à un ministre du culte, seulement *à raison* de ses fonctions et de sa qualité, délit prévu par l'art. 6 de la loi du 25 mars 1822, constituent un délit moins grave qui n'intéresse que la personne outragée, et dont la réparation peut, sans inconvénient, être subordonnée à la plainte, qu'elle juge à propos de former; attendu que, dans l'espèce, l'ordonnance de mise en prévention et les citations, données aux prévenus, articulent des injures, adressées au desservant de Brezolette dans l'exercice même de ses fonctions, et qu'en déclarant, pour ce cas, l'action du ministère public non recevable, à raison du silence dudit desservant de Brezolette, le jugement attaqué a fait une fausse application de l'art. 5 de la loi du 26 mai 1819, et violé l'art. 22 du Code d'instruction criminelle. » 10 janvier 1833, n° 7.

279. L'article, que j'examine, serait-il applicable à des opérations, frauduleusement pratiquées sur des objets du culte, pour faire croire à l'accomplissement d'un miracle? Je n'en fais aucun doute. Je ne peux voir, en effet, qu'un révoltant outrage aux choses les plus respectables, dans ces indignes manœuvres, ayant pour but d'abuser de la crédulité humaine. Mon sentiment a été celui de la Cour de Nîmes dans une affaire célèbre, dans celle de la fille Tamisier. Cette Cour, en déclarant cette fille coupable du délit, réprimé par l'art. 262, a jugé « que la preuve des faits, imputés à Rose Tamisier, résulte de tous les documents du procès et même de ses propres dires, en ce sens qu'elle ne prétend les expliquer qu'en mettant en avant une allégation d'intervention miraculeuse, qui ne mérite d'inspirer que la pitié et le mépris ; attendu que, soit le fait de la disparition des grandes hosties, soit celui de l'apparition du sang sur le tableau, n'ont jamais eu lieu que dans des moments et des circonstances où Rose Tamisier était, tout à fait, en position de procéder aux préparatifs nécessaires pour produire les deux effets, qu'elle prétentendait ériger en miracles, ce qui donne à la Cour la conviction qu'elle a elle-même attisé la fraude, et qu'il n'est pas besoin de lui chercher un complice, bien que, d'ailleurs, il ne soit pas impossible qu'elle ait été excitée à la commettre par l'influence de quelques illuminés ; attendu que c'est mal à propos qu'elle se retrancherait derrière son intention, en alléguant qu'elle n'avait point pour but de commettre un outrage contre l'hostie ou contre le tableau, mais de produire un résultat glorieux pour la religion ; qu'un pareil langage révolte, en même temps, la raison et la foi, lorsque celui qui le tient est convaincu d'avoir employé les prestiges et le mensonge pour arriver à ses fins ; que les faits de la cause autorisent d'ailleurs parfaitement la Cour à attribuer à Rose Tamisier d'autres motifs que ceux qu'elle met en avant, et à la considérer comme cédant au désir, très-humain et très-peu respectable, de jouer un rôle et de se procurer les honneurs d'une sainte ; que, d'ailleurs, et alors même qu'on voudrait aller jusqu'à admettre que, par une étrange aberration de jugement, elle se serait justifié à elle-même le moyen par le but, ou, en d'autres termes, à se placer, avec elle, dans l'hypothèse la moins défavorable à sa défense, celle d'une fraude pieuse, encore n'en resterait-il pas moins vrai que cette aberration de jugement ne la justifierait pas aux yeux de la justice, et que, quelles que soient les idées plus ou moins déréglées, qui aient traversé son esprit et qui aient déterminé sa conduite, il suffit de son intention non équivoque de faire servir des objets du culte, auxquels il ne lui était pas permis de toucher, à favoriser sa fraude et à en rehausser la valeur aux yeux de la crédulité, pour que rien ne manque aux conditions constitutives du délit, prévu par l'art. 262 du Code pénal. » 7 novembre 1851, Sir., 1852, 2, 39.

ARTICLE 263 [1].

Quiconque aura frappé le ministre d'un culte, dans ses fonctions, sera puni de la dégradation civique.

---

[1] *Ancien article* 263. Quiconque aura frappé le ministre d'un culte, dans ses fonctions, sera puni du carcan.

280. Cet article, qui ne prévoit que le cas où le ministre du culte est l'objet de violences dans l'exercice de ses fonctions, se complète par l'art. 6 de la loi du 25 mars 1822 et les art. 228 et suivants du Code pénal.

Voici comment chacune de ces dispositions pourvoit à un cas spécial. Si les violences ont eu lieu à raison de la qualité ou de la fonction, mais non dans l'exercice du ministère, elles sont réprimées par le premier paragraphe de l'art. 228 du code pénal. C'est ce qui résulte de la combinaison de cet article et de l'art. 6 de la loi du 25 mars 1822. Si elles ont eu lieu dans l'exercice de la fonction, elles sont punies par l'art. 263. Enfin soit qu'elles aient lieu à raison de la qualité ou de la fonction, soit qu'elles aient lieu dans la fonction, si elles sont accompagnées de circonstances aggravantes, mentionnées dans les art. 231, 232, 233 du Code, elles sont punies par l'une ou par l'autre de ces dispositions. C'est la prescription formelle de l'art. 6 de la loi du 25 mars 1822.

281. Je ne donnerai pas ici la qualification de ces différents crimes ; on la trouvera sous les articles, que je viens de rappeler.

ARTICLE 264.

Les dispositions du présent paragraphe ne s'appliquent qu'aux troubles, outrages ou voies de fait, dont la nature ou les circonstances ne donneront pas lieu à de plus fortes peines, d'après les autres dispositions du présent Code.

282. Inutilité de cet article.

282. La réserve, faite par cet article, était parfaitement inutile. Comme le disent avec beaucoup de raison, les éminents auteurs de la théorie du Code pénal : « un délit ne peut, en aucun cas, servir d'excuse à un délit plus grave. »

SECTION V.

Association de malfaiteurs. — Vagabondage. — Mendicité.

283. Caractère des infractions prévues dans cette section.

283. Les crimes et les délits, mentionnés dans cette section, ont un caractère particulier. Ils ne procèdent pas, comme les infractions ordinaires, de faits individuels et déterminés : ils n'ont pour principes générateurs que des manières d'être, de vivre, que la loi a eu raison de défendre et de punir.

L'association de malfaiteurs, le vagabondage et la mendicité, qui font la matière de cette section, existent aussitôt que la bande est organisée, qu'il y a absence de domicile, de moyens de subsistance, de métier ou profession, que l'état de mendicité se produit. Par suite, la peine, applicable à l'une ou à l'autre de ces situations, est encourue dès que le malfaiteur s'est associé à la bande, ou que le vagabond et le mendiant sont en état de vagabondage ou de mendicité. La loi, pour les châtier, n'exige pas qu'ils aient autrement contrevenu à ses prohibitions.

§ 1er. — *Association de malfaiteurs.*

ARTICLE 265.

Toute association de malfaiteurs envers les per-

sonnes ou les propriétés est un crime contre la paix
publique.

284. Cet article déclare, crime contre la paix publique, toute association de malfaiteurs envers les personnes où les propriétés. Chacun de ces termes demande quelques explications.

285. L'association n'existe qu'à la condition d'une organisation, d'une entente préalable ; la rencontre fortuite, la juxta-position accidentelle de quelques malfaiteurs ne suffirait pas pour l'établir.

286. Ne deviendra-t-elle un crime contre la paix publique que si elle se compose d'individus, notoirement et précédemment connus pour malfaiteurs? Non, assurément. Ce n'est pas ce que la loi veut dire, quand elle parle d'une association de pareilles gens. Par *malfaiteurs*, elle ne fait que désigner ceux qui prennent part à l'association malfaisante.

287. La loi n'indique pas sous quelle condition de nombre la réunion de malfaiteurs formera une association ; elle laisse à la raison le soin de le déterminer. Je vais citer deux arrêts de la Cour de cassation, qui pourront servir de règle dans la pratique.

La Cour de Colmar avait mis en accusation du crime, réprimé par ce paragraphe, cinq individus, qui avaient formé entre eux une association, pour fabriquer de la fausse monnaie, et s'en partager le produit. Le pourvoi, qu'ils formèrent contre cet arrêt, fut rejeté, « attendu qu'il résulte de l'arrêt dénoncé que le fait, qui lui sert de base, est une association de cinq individus, qui ont formé entre eux une convention, pour fabriquer de la fausse monnaie et s'en partager le produit; que l'objet de cette association et de cette convention n'est donc point un crime isolé et limité, mais un crime attentatoire aux propriétés, qui, de sa nature, se renouvelle et se reproduit, et qui trouble ainsi la paix publique; que, ce fait rentrant dans l'application des art. 265 et 266 du Code pénal, il s'ensuit qu'en prononçant la mise en accusation et le renvoi des prévenus devant la Cour d'assises, la Cour de Colmar a fait une juste application des articles précités du Code pénal et de l'art. 231 du Code d'instruction criminelle » 20 août 1819.

Dans cette même affaire, trois des accusés ayant été absous par le jury, Ulsass, l'un des deux qui avaient été condamnés, se pourvut en cassation contre l'arrêt de la Cour d'assises et soutint qu'il n'avait pu encourir les peines des art. 265 et suivants du Code pénal, puisque les réponses du jury avaient réduit à deux le nombre de ceux qui avaient pris part à la fabrication de la fausse monnaie. Son pourvoi fut rejeté « attendu que, de la déclaration du jury, il résulte qu'Ulsass est coupable d'avoir fait un service quelconque dans une association, ayant pour objet de faire de la fausse monnaie et d'en partager le produit; qu'en reconnaissant Ulsass coupable d'avoir fait un service quelconque dans une association de malfaiteurs, le jury et la Cour d'assises ont nécessairement, quoiqu'incomplétement, déclaré certaine l'existence de cette association, mais qu'ils n'ont, en aucune manière, déterminé le nombre des individus, qui la composaient; que, dès lors, du fait que trois des coaccusés d'Ulsass sont acquittés et retranchés ainsi de l'association, il ne saurait résulter qu'il ne peut y avoir, dans l'espèce, qu'un ou tout au plus deux coupables, et que le fait d'une association, dans le sens de l'art. 265, Code pénal, soit impossible. » 10 février 1820.

Du premier de ces deux arrêts, il résulte qu'une réunion de cinq personnes peut constituer une association de malfaiteurs ; au contraire, il semble résulter du second que la solution devrait être différente, si la réunion était réduite à deux individus.

Il me paraît difficile de poser une règle absolue à cet égard. L'appréciation dépendra des circonstances. Cependant je n'imagine pas d'hypothèse où cinq personnes pourraient être considérées comme insuffisantes pour former une association. Faudra-t-il donner ou refuser ce caractère à une réunion de deux individus? Les faits prononceront.

288. Le but, que l'association se propose, doit-il être un attentat direct contre les personnes ou les propriétés ? Je ne le crois pas. Il suffit que l'association ait pour objet de nuire à autrui par l'exécution d'un méfait, par exemple, par la fabrication ou l'émission de la fausse monnaie, par la fabrication ou la mise en circulation de billets faux.

La Cour de cassation, dans les deux arrêts que je viens de citer, a admis sans hésitation, mais il est vrai, sans discussion, qu'une association, ayant pour but la fabrication et l'émission de fausse monnaie, avait encouru les peines, énoncées dans cette section.

Faut-il, du moins, que les associations aient des crimes pour objet? Je ne saurais le croire. Les dispositions, que j'étudie, me paraissent applicables non-seulement aux associations, qui se proposent des crimes, mais encore à celles qui ne s'organisent que pour commettre des délits. Les expressions de la loi sont générales ; elles ne comportent pas la distinction, faite par certains criminalistes. Comment, d'ailleurs, apprécier avec certitude qu'une bande ne commettra que des délits, et que, à l'occasion, elle reculera devant l'exécution d'un crime ? La distinction, que je critique, peut se discuter en théorie ; en pratique, elle est inapplicable.

La Cour de cassation n'a pas eu à s'expliquer sur la question. Mais, dans un arrêt, où elle rappelle les conditions constitutives du crime, elle n'indique pas que l'association de malfaiteurs ne devienne criminelle que si elle a des crimes pour objet. Elle se borne à juger « que l'art. 265 du Code pénal, qui déclare, crime, toute association de malfaiteurs envers les personnes ou les propriétés, doit, sans doute, être expliqué par l'art. 266, qui porte que ce crime existe par le fait d'organisation de bandes ou de correspondance entre elles et leurs chefs, ou de convention pour le partage du produit des méfaits, en sorte que les peines des art. 267 et 268 ne peuvent être légalement appliquées qu'aux membres des associations, présentant les caractères déterminés par l'art. 266 ; mais que le principal de ces caractères, celui auquel la loi attache la criminalité de l'association, c'est qu'elle soit organisée ; qu'une association de malfaiteurs, du moment qu'il est déclaré par le jury qu'elle est organisée, doit être considérée comme constituant le crime, réprimé par les art. 267 et 268 ; que, dans l'espèce, si les questions posées au jury ne reproduisent pas littéralement les termes de l'art. 266, les demandeurs ont été reconnus coupables d'avoir fait partie d'une association de malfaiteurs, organisée contre les personnes ou les propriétés ; que l'application, qui leur a été faite de l'art. 268, est donc conforme à la loi. » 22 septembre 1848.

ARTICLE 266.

Le crime existe par le seul fait d'organisation de bandes, ou de correspondance entre elles et leurs chefs ou commandants, ou de conventions tendant à rendre compte ou à faire distribution ou partage du produit des méfaits.

289. A partir de quel fait existe le crime d'association de mal-faiteurs.

289. Cet article indique le fait constitutif du crime.

Sa rédaction n'est pas exacte. Ce qu'il veut dire, c'est que le crime existe dès qu'il y a organisation d'une bande de malfaiteurs, se proposant d'agir contre les personnes ou les propriétés, à plus forte raison, dès qu'il est prouvé que plusieurs bandes correspondent entre elles, soit par elles-mêmes, soit par leurs chefs, ou qu'elles sont convenues de se rendre compte de leurs opérations et de s'en distribuer ou partager les pro-duits. Ce que cet article veut dire par dessus tout, c'est que, pour que le crime existe, il n'est pas nécessaire que la bande se soit, en outre, livrée à quelques vio-lences ou quelques déprédations.

ARTICLE 267.

Quand ce crime n'aurait été accompagné ni suivi d'aucun autre, les auteurs, directeurs de l'associa-tion et les commandants en chef ou en sous-ordre de ces bandes, seront punis des travaux forcés à temps.

290. Les auteurs, directeurs de l'association, les commandants, en chef ou en sous-ordre, des bandes sont, à raison de ce seul fait, punis des travaux forcés à temps.

Si ce crime est accompagné d'un autre crime plus grave, c'est la peine de ce dernier, qui est encourue par le malfaiteur, aux termes de l'art. 365 du Code d'instruction criminelle.

291. La qualité d'auteur ou de directeur de l'association, de commandant en chef ou en sous-ordre des bandes, est une circonstance aggravante du fait simple d'association, que l'art. 268 punit de la réclusion. Elle doit, par conséquent, être détachée de la question principale et faire l'objet d'une interrogation spéciale.

C'est ce que la Cour de cassation a jugé dans l'espèce suivante, en cassant l'arrêt rendu par la Cour d'assises de la Mayenne contre Pierre Gaugain « attendu que Gaugain était accusé d'avoir fait partie d'une association de malfaiteurs envers les personnes et les propriétés, organisée par bandes, laquelle association s'est montrée en armes, dans plusieurs communes, et d'avoir fait partie de ces bandes, en qualité de commandant en chef, ou en sous-ordre, ou bien d'en avoir fait partie sans y exercer un commandement quelconque; » que le jury avait d'abord répondu : oui, l'accusé est coupable, à la majorité de plus de sept voix, *sans les circonstances aggravantes;* qu'aux termes des art. 265 et 266 du Code pénal, toute association de malfaiteurs, envers les personnes ou les propriétés, est un crime

contre la paix publique, et que ce crime existe par le
seul fait d'organisation de bandes ou de correspondance
entre elles et leurs chefs ou commandants, ou de conventions tendant à rendre compte ou à faire distribution
ou partage du produit des méfaits; que ce crime est
puni des travaux forcés à temps, par l'art. 267, à l'égard
des auteurs, directeurs de l'association et des commandants en chef ou en sous-ordre de ces bandes, quand ce
crime n'a été accompagné, ni suivi d'aucun autre; et
seulement de la réclusion par l'art. 268, à l'égard de
tous les autres individus chargés d'un service quelconque dans ces bandes, et de ceux qui auront sciemment et volontairement fourni à ces bandes ou à leurs
divisions, des armes, munitions, instruments de crime,
logement, retraite ou lieu de réunion; que, dès lors,
le fait, dont Gaugain était accusé dans le deuxième alinéa
de la seconde question, était une véritable circonstance
aggravante. » 9 février 1832, n° 48.

292. Je conseille d'employer, dans la rédaction de
la question soumise au jury, les termes mêmes de la
loi. Cependant la Cour de cassation permet d'user
d'équipollents, pour désigner la qualité de l'accusé. Le
jury avait déclaré Jean-Baptiste Niel coupable d'avoir
formé une association de malfaiteurs ; néanmoins la Cour
d'assises ne l'avait condamné qu'à la réclusion, par le
motif qu'il ne résultait pas de la déclaration du jury
qu'il fût l'un des auteurs de l'association. L'arrêt fut
annulé dans l'intérêt de la loi « attendu que l'art. 267
punit des travaux forcés à temps les auteurs de l'association de malfaiteurs, dont parlent les deux articles
précédents, et l'art. 268, de la peine de la réclusion
ceux qui ont été chargés d'un service quelconque dans
les bandes, et ceux qui sciemment et volontairement
ont fourni aux bandes ou à leurs divisions des armes,

munitions, instruments de crime, logement, retraite ou lieu de réunion ; attendu que Niel a été déclaré coupable d'avoir formé une association de malfaiteurs, avec condition tendant à rendre compte ou à faire distribution ou partage du produit des méfaits ; qu'il était ainsi déclaré coupable d'être l'un des auteurs de cette association ; qu'il était donc passible de la peine des travaux forcés à temps, aux termes de l'art. 267 ci-dessus cité ; que néanmoins l'arrêt de la Cour d'assises du Var, en date du 26 mars dernier, ne l'a condamné qu'à la peine de la réclusion, en vertu de l'art. 268, lequel ne pouvait recevoir application aux faits déclarés constants par le jury ; d'où il suit que ledit arrêt a violé l'art. 267 et fait une fausse application de l'art. 268 du Code pénal. » 24 avril 1834, n° 119.

293. La question peut être présentée au jury dans les termes suivants :

Le nommé . . . . . . est-il coupable d'avoir (la date) fait partie d'une bande de malfaiteurs, organisée contre les personnes *ou* les propriétés ?

Ledit . . . . . . était-il auteur *ou* directeur de ladite association, *ou* commandant en chef *ou* en sous-ordre de ladite bande ?

ARTICLE 268.

Seront punis de la réclusion tous autres individus, chargés d'un service quelconque dans ces bandes, et ceux qui auront sciemment et volontairement fourni aux bandes ou à leurs divisions, des armes, munitions, instruments de crime, logement, retraite ou lieu de réunion.

294. Fait simple de l'association de malfaiteurs, sa pénalité.

294. Cet article prévoit le fait simple de l'association de malfaiteurs ; il le punit de la réclusion.

295. Il s'applique à tous individus, chargé d'un service quelconque dans les bandes. La jurisprudence a reconnu que, par ces expressions, l'art. 268 désigne tous ceux qui font partie des bandes, sans y remplir les fonctions de directeur ou commandant ; elle a considéré « que par cela seul, en effet, qu'ils en font partie, ils y font nécessairement une fonction quelconque. » 15 mai 1818, n° 70.—*Conf.*, 9 février 1832, n° 48.

296. Il s'applique également à ceux qui, sciemment et volontairement, fournissent aux bandes et à leurs divisions, des armes, munitions, instruments de crime, logement, retraite ou lieu de réunion.

Cet article n'est pas le seul qui punisse d'une peine plus ou moins sévère ceux qui fournissent à des malfaiteurs, logement, retraite ou lieu de réunion. Cette prohibition se trouve aussi dans les art. 61, 99 et 248 du Code. J'ai indiqué, dans ma deuxième Étude, n°s 124 et 125, les applications diverses, que reçoivent ces différents articles.

297. La Cour de cassation a décidé que la question, relative aux fournitures, dont il est mention dans la dernière partie de l'art. 268, n'était régulière que si elle indiquait, textuellement et en termes exprès, que l'accusé avait agi sciemment et volontairement, 22 juillet 1824, n° 95. C'est, en vérité, pousser trop loin le respect pour la lettre de la loi. Effectivement, demander au jury si l'accusé est coupable d'avoir fait ces fournitures, n'est-ce pas lui demander s'il les a faites sciemment et volontairement ?

Quoi qu'il en soit, j'engage à suivre, dans la position de la question, l'indication donnée par la Cour de cassation.

Le premier fait, inculpé par l'art. 268, peut être ainsi qualifié :

Le nommé... est-il coupable d'avoir (la date) fait partie d'une bande de malfaiteurs, organisée contre les propriétés ou les personnes ?

Le second peut être présenté au jury dans ces termes :

Le nommé... est-il coupable d'avoir (la date) sciemment et volontairement fourni à une bande de malfaiteurs, organisée contre les propriétés *ou* les personnes, *ou* à une division d'une bande de malfaiteurs, organisée contre les propriétés *ou* les personnes, des armes *ou* des munitions *ou* instruments de crime, *ou* logement *ou* retraite *ou* lieu de réunion ?

§ 2. — *Vagabondage.*

298. Deux espèces de vagabondage.

298. Le Code admet deux espèces de vagabondage, le vagabondage simple, le vagabondage accompagné de certaines circonstances, qui ont pour effet de l'aggraver.

Le paragraphe, que j'examine, ne regarde que le vagabondage simple. Les règles, concernant l'autre, se trouvent dans les dispositions, communes au vagabondage et à la mendicité, que la loi a placées à la suite des paragraphes relatifs à ces deux délits.

ARTICLE 269.

Le vagabondage est un délit.

ARTICLE 270.

Les vagabonds ou gens sans aveu sont ceux qui
n'ont ni domicile certain, ni moyen de subsistance,
et qui n'exercent habituellement, ni métier, ni profession.

299. Vagabondage simple.
300. Vagabonds et gens sans aveu.
301. Première condition de ce délit.—Défaut de domicile. —
    Arrêts.
302. Deuxième condition. — Défaut de moyens de subsis-
    tance.
303. Troisième condition.—Défaut de métier ou profession.
304. Le délit ne se constitue que par la réunion de ces trois
    éléments.—Arrêt.
305. Absence de passeport.

299. Le vagabondage simple est par lui-même un
délit. C'est une manière d'être, un *modus vivendi* que la
loi considère comme assez dangereux pour le punir,
même lorsqu'il est isolé de tout autre fait.

300. La législation, antérieure à 1810, distinguait
entre les gens sans aveu et les vagabonds. Les gens sans
aveu étaient ceux qui, étant en état de travailler,
n'avaient ni moyens de subsistance, ni métier, ni répon-
dants (L. des 19–22 juillet 1791, tit. Ier, art. 3); les
vagabonds étaient ceux qui se trouvaient dans les
mêmes conditions, et qui, en outre, n'avaient pas de
domicile.

Le Code pénal a fait cesser cette distinction. Il déclare vagabonds ou gens sans aveu ceux qui n'ont ni
domicile certain ni moyens de subsistance, et qui
n'exercent habituellement ni métier ni profession.

301. Complétons la loi en expliquant chacun des faits négatifs, qui, suivant elle, constituent le vagabondage.

Le premier de ces faits, c'est le défaut de domicile certain.

On a souvent plaidé et on plaide encore, tous les jours, qu'il suffit qu'un inculpé ait un domicile légal, pour qu'il ne puisse pas être considéré comme vagabond. Des Cours d'appel ont même appliqué cette théorie. La Cour de Bourges, dans son arrêt du 3 février 1831, a jugé qu'il n'y avait pas lieu à déclarer l'inculpé en état de vagabondage, parce qu'il n'était pas prouvé qu'il eût abdiqué le domicile paternel. La Cour de Colmar a jugé, dans son arrêt du 10 novembre 1831, que le mineur, ayant son domicile chez ses père et mère, ne peut se trouver légalement en vagabondage, et dans son arrêt du 11 du même mois, que les enfants trouvés, étant sous la tutelle des hospices, et ayant, par suite, leur domicile dans l'établissement ou chez le maître, auquel ils sont confiés, ne peuvent être dans les conditions, qui caractérisent ce délit. La Cour de Bourges a jugé, dans ses arrêts des 31 mars, 21 avril et 24 mai 1842, que l'inculpé, condamné antérieurement à l'emprisonnement et à la surveillance, se trouvant avoir, par l'effet de cette surveillance, un domicile fixe, les premiers juges avaient méconnu la loi, en le déclarant simultanément coupable de vagabondage et de rupture de ban. Dall., *Jur. gén.*, v° *Vagabondage*, n°ˢ 58, 60, 65.

Cette théorie me paraît aussi dangereuse que fausse.

Elle est dangereuse, car elle laisse impunis un grand nombre de vagabondages, celui des gens, qui n'auront pas abdiqué leur domicile d'origine, celui des gens, auxquels la loi civile donne un domicile légal, comme les femmes mariées, les mineurs non émancipés (Code Napoléon, art. 108), et, chose plus curieuse, celui des repris de justice.

Elle est fausse, car elle est contraire à l'esprit et à la lettre même de la loi.

En exigeant un domicile, c'est une garantie que la loi entend donner au corps social. Cette garantie existe dans le fait réel, c'est-à-dire, dans le domicile actuel, dans l'habitation effective; elle ne se trouve pas dans la fiction, dans le domicile légal. C'est, pour indiquer que sa pensée est bien celle que je suppose, que la loi qualifie le domicile et veut qu'il soit certain.

La lettre même de la loi vient singulièrement en aide à mon opinion. En effet, la preuve que la possession d'un domicile légal ne suffit pas pour exonérer du délit de vagabondage, c'est que, d'après le second paragraphe de l'art. 271, les mineurs de seize ans, qui ont leur domicile légal chez leurs père et mère ou chez leur tuteur, peuvent être déclarés vagabonds.

Enfin, cette opinion a pour elle l'autorité de la Cour de cassation.

Eugénie Mégnan avait été déclarée coupable de vagabondage et de rupture de ban par le tribunal supérieur de Tours. Le pourvoi, que le ministère public forma, pour je ne sais quelle raison, contre cette décision fut rejeté « attendu, quant à la disposition de ce jugement, qui a déclaré cette fille coupable de deux délits, que la juridiction correctionnelle en était saisie, et qu'elle ne pouvait se dispenser d'en examiner les éléments; attendu, quant à l'existence du délit de vagabondage, que la résidence, assignée aux individus placés sous la surveillance de la haute police, en vertu de l'art. 44 du Code pénal, ne constitue le domicile certain, exigé par l'art. 270 du même Code, qu'autant que la résidence devient, de fait, l'habitation de celui qui subit cette surveillance ; qu'en effet, c'est le défaut d'habitation, qui forme le principal caractère de l'état de vagabondage, c'est la raison de son existence aventurière et de la facilité avec laquelle il dérobe ses actions aux regards ; et attendu que, dans l'espèce, le jugement attaqué a déclaré que la fille Mégnan n'avait point habité la résidence qui lui avait été assignée à Tours, ou qu'elle l'avait quittée, sans déclaration nouvelle et sans avoir rempli les formalités de l'art. 44, et qu'ainsi elle se trouvait dépourvue du domicile certain, exigé par l'art. 270 du Code pénal ; attendu, d'ailleurs, que le jugement attaqué a déclaré l'existence des autres caractères constitutifs du délit de vagabondage, et que ce jugement est régulier dans sa forme. » 29 décembre 1849, n° 362.

Dans une autre espèce, le nommé Chapelle était poursuivi pour les mêmes délits. Le tribunal supérieur d'Évreux refusa de lui appliquer les peines du vagabondage, sous le prétexte qu'étant déclaré coupable du délit de rupture de ban, à raison de son éloignement de la ville de Carentan, qui lui avait été assignée comme lieu de résidence, il devait être réputé avoir cette même ville comme domicile. Sur le pourvoi du ministère public, cette décision fut annulée « attendu que le délit, prévu et puni par l'art. 45 du Code pénal, résulte de la seule désobéissance du condamné à la surveillance aux règles prescrites par la loi pour l'exécution de cette peine ; que, par conséquent, l'individu qui, soumis à la surveillance, a quitté, avec l'intention de se soustraire aux mesures dont il est l'objet, la résidence qui lui a été assignée, est, par cela seul et indépendamment de toute autre circonstance, passible de la peine portée par cet article ; que le délit prévu et puni par l'art. 270 du même Code a des éléments tout à fait différents ; qu'il faut, en effet, pour constituer ce délit, que le prévenu n'ait point de domicile certain, qu'il soit privé de moyens de subsistance, enfin qu'il n'exerce habituellement ni métier ni profession ; que le condamné, qui a abandonné la résidence, qui lui avait été assignée par le Gouvernement, ne peut invoquer cette résidence comme constituant à son égard un domicile certain ; que ce domicile de fait cesse nécessairement par l'abandon ; que, dès lors, rien ne s'oppose à ce que le même prévenu soit à la fois condamné pour délit de rupture de ban et pour délit de vagabondage, lorsque les éléments de l'un et l'autre de ces délits, distincts les uns des autres, sont également constatés ; que, par conséquent, le jugement attaqué, en refusant d'appliquer, dans l'espèce, les peines du vagabondage, par le seul motif que le prévenu, étant déclaré coupable du délit de rupture de ban, à raison de son éloignement de la ville de Carentan, qui lui avait été assignée comme lieu de résidence, devait être réputé avoir cette même ville pour domicile, et ne pouvait encourir deux peines pour le même fait, a commis la violation de l'art. 270 du Code pénal. » 7 septembre 1855, n° 317.

302. Le second fait négatif, constitutif du délit de vagabondage, est l'absence de moyens de subsistance.

La loi ne trace, sur ce point, aucune règle au juge. Elle ne lui soumet qu'une question de fait. Je me bornerai à faire remarquer que l'apparence ne doit pas toujours être prise pour la réalité. L'inculpé pourra être dépourvu, sur lui, de ressources et en avoir d'effectives et de sérieuses. De même, il peut être porteur de quelques marchandises et de quelques pièces de monnaie, et, cependant, n'avoir pas en réalité de moyens de subsistance. Il est même à noter que, si les valeurs, dont il est porteur, sont supérieures à une certaine somme, elles deviennent, aux termes de l'art. 278, une circonstance aggravante du vagabondage.

303. Le troisième élément de ce délit est le défaut de métier ou de profession.

Il ne suffirait pas, pour se soustraire au délit de vagabondage, d'avoir un métier ou une profession en quelque sorte à l'état latent ; la loi veut qu'ils soient exercés et exercés habituellement. C'est son injonction textuelle.

304. Le délit de vagabondage n'est constitué que par la réunion de ces trois conditions. Le juge doit, par conséquent, avoir soin de les rappeler toutes dans sa décision, sans quoi elle serait annulable. 10 juillet 1812 ; Dall., *Jurispr. gén.*, vº *Vagabondage*, nº 52.

305. La loi du 10 vendémiaire an IV dispose dans son titre III, art. 6 et 7 : « Tout individu, voyageant et trouvé, hors de son canton, sans passe-port, sera mis sur-le-champ en état d'arrestation et détenu jusqu'à ce qu'il ait justifié être inscrit sur le tableau de la commune de son domicile ; — à défaut de justifier, dans deux décades, son inscription sur le tableau d'une commune, il sera réputé vagabond et sans aveu, et traduit comme tel devant les tribunaux compétents. » En supposant que ces dispositions ne soient pas abrogées comme mesures administratives, il est clair qu'elles deviennent sans influence sur le délit de vagabondage, qui ne peut se constituer que par la réunion des trois faits négatifs, énoncés dans l'art. 270.

ARTICLE 271 [1].

Les vagabonds ou gens sans aveu, qui auront été

---

[1] *Ancien article* 271. Les vagabonds ou gens sans aveu qui auront

légalement déclarés tels, seront, pour ce seul fait, punis de trois à six mois d'emprisonnement. Ils seront renvoyés, après avoir subi leur peine, sous la surveillance de la haute police pendant cinq ans au moins et dix ans au plus. — Néanmoins, les vagabonds, âgés de moins de seize ans, ne pourront être condamnés à la peine d'emprisonnement; mais, sur la preuve des faits de vagabondage, ils seront renvoyés sous la surveillance de la haute police jusqu'à l'âge de vingt ans accomplis, à moins qu'avant cet âge ils n'aient contracté un engagement régulier dans les armées de terre ou de mer.

306. Pénalité différente suivant l'âge des condamnés.
307. Le cumul de la peine de la surveillance n'est pas prohibé.—Arrêts.—Renvoi.
308. Le juge peut, en vertu de l'art. 463 du Code, remettre la peine de la surveillance.—Renvoi.
309. Mineur de seize ans.—Discernement.—Renvoi.
310. Lorsque les inculpés sont renvoyés des poursuites, les tribunaux ne peuvent prescrire aucune mesure à leur égard.—Arrêts.

306. Cet article, modifié par la loi du 28 avril 1832, applique une peine différente au délit de vagabondage, suivant l'âge des condamnés. S'ils ont atteint leur seizième année, ils sont punis d'un emprisonnement de trois à six mois, et, de plus, ils sont renvoyés, après avoir subi leur peine, sous la surveillance de la haute police pendant cinq ans au moins et dix ans au plus. S'ils sont âgés de moins de seize ans, ils ne peuvent être

---

été légalement déclarés tels, seront, pour ce seul fait, punis de trois à six mois d'emprisonnement, et demeureront, après avoir subi leur peine, à la disposition du Gouvernement, pendant le temps qu'il déterminera, eu égard à leur conduite.

condamnés à l'emprisonnement, mais ils sont renvoyés sous la surveillance de la haute police jusqu'à l'âge de vingt ans accomplis, à moins qu'avant cet âge ils n'aient contracté un engagement dans les armées de terre ou de mer.

Ces peines, comme l'indique l'art. 271 lui-même, ne sont encourues que par ceux qui ont été déclarés vagabonds dans les formes légales, c'est-à-dire par l'autorité judiciaire.

307. Ces dispositions ont donné lieu à plus d'une question intéressante.

On s'est demandé si la peine de la surveillance, prononcée à raison du vagabondage, pouvait être cumulée avec la peine plus forte, encourue par l'inculpé pour un délit plus grave. J'ai examiné cette question dans ma première Étude, n° 201, et je l'ai résolue affirmativement. Je rappelle que mon opinion s'appuie sur les arrêts de la Cour de cassation des 23 septembre 1837, n° 288; 24 avril 1847, n° 85; 13 mai 1853, n° 162.

308. Une question bien autrement difficile a été celle de savoir si les tribunaux pouvaient, en vertu de l'article 463, remettre complétement la peine de la surveillance ou en diminuer la durée. Je lui ai donné tous les développements qu'elle comporte dans ma première Étude, n° 202. Je me borne à dire ici qu'il a été reconnu, en définitive, que les juges pouvaient, en admettant des circonstances atténuantes, supprimer la peine de la surveillance ou en diminuer la durée.

309. L'art. 66 du Code pénal est-il applicable au cas prévu par le deuxième paragraphe de l'art. 271 ? En d'autres termes, les tribunaux correctionnels peuvent-ils décider que les vagabonds, âgés de moins de seize ans, ont agi sans discernement, et, suivant les circonstances, les remettre à leurs parents ou les ren-

voyer dans une maison de correction jusqu'à ce qu'ils aient accompli leur vingtième année? Je n'en fais aucun doute. C'est la solution que j'ai donnée à la question dans ma première Étude, n° 335, où je cite les arrêts de la Cour de cassation, qui confirment mon opinion.

310. Les tribunaux ne peuvent, après avoir renvoyé des poursuites les inculpés de vagabondage, ni leur prescrire de se rendre dans une commune déterminée, ni ajouter à cette injonction qu'il leur sera délivré un extrait du jugement pour leur servir de passe-port. C'est ce que la Cour de cassation a décidé par son arrêt du 23 juillet 1836, n° 246. « Une pareille décision contiendrait en effet, comme M. le procureur général Dupin le faisait observer, un double excès de pouvoir. En premier lieu, la mission du tribunal, qui avait prononcé l'acquittement du prévenu, se trouvait terminée, et il ne pouvait lui appartenir de prescrire à cet individu, pas plus qu'à tout autre citoyen, de se rendre dans une commune qu'il déterminait. En second lieu, la délivrance des passe-ports étant une mesure purement administrative, qui est complétement étrangère à l'autorité judiciaire, le tribunal était sans droit pour délivrer un passe-port ou toute pièce devant en tenir lieu. »

De même, il y aurait excès de pouvoir dans le jugement qui, après avoir déchargé du délit de vagabondage l'inculpé, mis en surveillance par une condamnation antérieure, ordonnerait, en vertu de cette condamnation, que celui-ci sera, à la diligence du procureur impérial, reconduit dans sa commune, pour y rester sous la surveillance de la haute police. La Cour de cassation l'a reconnu dans son arrêt du 10 mars 1831, n° 44, en annulant, dans l'intérêt de la loi, un jugement du tribunal supérieur de Quimper. « Cette partie du jugement, disait M. le procureur général Dupin, dans son réquisitoire, est contraire à la loi sous plusieurs rapports. Comme le tribunal a déclaré que le délit n'était pas constant, il aurait dû, aux termes de l'art. 212 du Code d'instruction criminelle, se borner à renvoyer de la plainte la nommée Marie Merdy. D'ailleurs, l'art. 197 du même Code ne permettait, en aucun cas, au tribunal de statuer sur le mode d'exécution d'un jugement, antérieurement rendu par un autre tribunal. Enfin, lorsque les vagabonds demeurent, après avoir subi leur peine, à la disposition du Gouvernement, les tribunaux ne peuvent, sans excéder leur pouvoir et sans violer l'art. 271 du Code pénal, déterminer le lieu et la résidence de ces individus, ni charger le ministère public de veiller à leur translation, ainsi que l'a fait le tribunal de Quimper. Ce soin est entièrement dévolu à l'administration, qui est, sous ce rapport, tout à fait indépendante du pouvoir judiciaire. L'autorité administrative jouit, à l'égard des vagabonds, mis à la disposition du Gouvernement par l'art. 271 du Code pénal, de la même indépendance d'action qu'à l'égard des vagabonds étrangers, qui peuvent être conduits hors du royaume en vertu de l'art. 272 du même Code; or, la Cour a jugé, par deux arrêts des 9 septembre 1826 et 7 juillet 1827, que l'administration est seule juge de la nécessité de la mesure, autorisée par ce dernier article, et que les tribunaux ne peuvent rien prescrire sur ce point, sans excéder les limites de leurs attributions. »

ARTICLE 272.

Les individus, déclarés vagabonds par jugement, pourront, s'ils sont étrangers, être conduits, par les ordres du Gouvernement, hors du territoire du royaume.

311. Cet article ne crée pas, comme on pourrait le croire, une peine spéciale contre les étrangers coupables de vagabondage; les peines de l'emprisonnement et de la mise en surveillance, prononcées par l'art. 271, ne sont pas remplacées pour eux, par une simple expulsion de la France. Soumis, comme les nationaux, aux lois de police et de sûreté de l'État, ils sont, comme eux, lorsqu'ils sont convaincus de vagabondage, passibles de l'emprisonnement et de la surveillance; et puis, à raison de leur extranéité, ils peuvent, en outre, être conduits, par ordre du Gouvernement, hors du territoire de l'Empire. L'art. 272 est une disposition, qui complète l'art. 271, bien loin de le remplacer.

312. Il importe de déterminer le rôle, joué par l'autorité judiciaire et par l'autorité administrative dans l'application de ces différentes mesures.

L'autorité judiciaire est chargée de reconnaître la prévention de vagabondage, de la déclarer et de lui infliger les peines de l'art. 271.

Mais elle se ferait une étrange illusion, si elle se croyait autorisée par l'art. 272 à ordonner que les étrangers, qu'elle déclare vagabonds, seront conduits hors du territoire français.

« L'autorité administrative est seule juge de cette nécessité, disait M. le procureur général Mourre, dans son réquisitoire du 28 août 1826 (arrêt du 9 septembre 1826, n°178), et les tribunaux ne peuvent déclarer qu'elle

existe et prescrire eux-mêmes l'expulsion des condamnés, sans excéder les limites de leurs attributions.»

Paul Badtedy, se disant originaire de Chambéry,
avait été déclaré coupable de vagabondage par le tribunal de Brignoles. Le jugement avait ordonné qu'il
serait conduit hors du territoire français. Sur l'invitation
du ministre de la justice, cette décision fut dénoncée à
la Cour de cassation, qui l'annula, en adoptant les motifs
du réquisitoire de M. le procureur général Dupin, dans
lequel on lit : « aux termes de l'art. 272, le renvoi des
vagabonds étrangers est une mesure exclusivement administrative. Le Gouvernement est seul juge de la
nécessité de cette mesure et seul chargé de son exécution, lorsqu'il la croit convenable. Les tribunaux ne
peuvent donc, sans excéder les limites de leurs attributions, s'immiscer dans cette appréciation et prescrire
eux-mêmes, par leur jugement, l'expulsion des vagabonds condamnés. »

Ce que les tribunaux ne peuvent pas ordonner, les
juges d'instruction, qui remplacent les chambres du
conseil, pourraient encore moins le prescrire.

La chambre du conseil du tribunal d'Étampes avait
déclaré que Nicolas Metziger de Losheim, canton de
Merzig (Prusse), était en état de vagabondage, et ordonné
que cet individu serait traduit, à la diligence du procureur du roi, devant le directeur de la police, pour
être conduit, s'il y avait lieu, hors du territoire du
royaume, en exécution de l'art. 272. En dénonçant cette
ordonnance à la Cour de cassation, M. Mourre lui soumit les observations suivantes : « Cet article n'autorisant
l'expulsion hors de France que des étrangers qui ont été
déclarés vagabonds par jugement, comme la Cour de
cassation l'a reconnu par les considérants de l'arrêt,
qu'elle a rendu le 9 septembre dernier, dans l'affaire

du nommé Muzzioli, la chambre du conseil, dont les ordonnances ne sont pas des jugements, en a évidemment fait une fausse application. Elle a de plus excédé ses pouvoirs, en déclarant que l'état de vagabondage était constant, parce que les chambres du conseil, appelées uniquement à statuer sur l'existence de la prévention et sur la compétence, sont sans qualité pour décider que l'inculpé est coupable du délit qui lui est imputé. Enfin, dès qu'elle reconnaissait la prévention de vagabondage comme suffisamment établie, elle aurait dû se borner à renvoyer l'inculpé devant le tribunal compétent pour y être jugé sur ce délit. » La Cour annula l'ordonnance, en adoptant les motifs du réquisitoire. 7 juillet 1827, n° 178.

Dans une autre espèce, le nommé Dezimbert, né en Bavière, avait été arrêté sous la prévention de vagabondage. La chambre du conseil, admettant ce fait comme établi, avait ordonné que cet homme serait mis à la disposition du Gouvernement pour être reconduit à la frontière. Cette ordonnance fut dénoncée à la Cour de cassation, qui l'annula. 6 décembre 1832, n° 477. « Cette décision, disait M. Dupin, dans son réquisitoire, est évidemment contraire aux plus simples notions du droit criminel. La chambre du conseil, instituée pour procéder à des actes d'information, n'a pas de juridiction criminelle. Si elle a pouvoir, quand elle reconnaît l'absence de charges, pour ordonner la mise en liberté des prévenus, sauf opposition, il ne lui appartient, en aucun cas, et à aucune condition, de prononcer des condamnations. Quand elle reconnaît l'existence d'un délit, elle doit, aux termes de l'art. 130 du Code d'instruction criminelle, renvoyer devant le tribunal correctionnel celui qui en est prévenu; mais elle ne peut elle-même, sans excéder ses pouvoirs, statuer défini-

tivement et appliquer la peine. Ces règles générales
sont appliquées, par des dispositions particulières de la
loi, au délit, dont il s'agit dans l'ordonnance dénoncée.
L'art. 272 du Code pénal dispose que : « Les individus,
déclarés vagabonds par jugement, pourront, s'ils sont
étrangers, être reconduits par les ordres du Gouvernement hors du territoire du royaume. » Ainsi cette mesure
ne peut être appliquée que lorsque l'état de vagabondage
a été déclaré par jugement et non par de simples ordonnances de la chambre du conseil. La chambre du conseil,
par l'ordonnance dénoncée, n'a pas seulement empiété
sur les attributions du tribunal correctionnel, mais encore sur celles du pouvoir exécutif. En effet, les tribunaux n'ont pas à prescrire au Gouvernement les mesures,
qu'il doit prendre à l'égard des vagabonds étrangers,
mais seulement à les déclarer tels. Leur renvoi à la
frontière est une mesure essentiellement administrative.
Les termes mêmes de l'art. 272 établissent à cet égard le
droit du Gouvernement. »

L'autorité administrative est, comme nous venons de
le voir, chargée d'apprécier s'il y a nécessité d'expulser
de France le vagabond étranger et d'assurer l'exécution
de l'ordre, qu'elle a donné à cet égard. Mais elle ne
peut pas reconnaître elle-même le fait de vagabondage
et s'autoriser de la reconnaissance, qu'elle en ferait,
pour ordonner l'expulsion. Pour qu'elle puisse fonder
cette mesure sur l'art. 272 du Code pénal, il est indispensable que les étrangers aient été déclarés vagabonds
par jugement.

313. La loi du 3 décembre 1849 a conféré à l'administration un pouvoir beaucoup plus étendu. Aux
termes de l'art. 7 de cette loi « le ministre de l'intérieur
peut, par mesure de police, enjoindre à tout étranger,
voyageant ou résidant en France, de sortir immé-

diatement du territoire français, et le faire conduire à
la frontière. Il a le même droit à l'égard de l'étranger,
qui a obtenu l'autorisation d'établir son domicile en
France; mais, après un délai de deux mois, la mesure
cesserait d'avoir effet, si l'autorisation n'avait pas été
révoquée. Dans les départements des frontières, le
préfet a le même droit à l'égard de l'étranger non résidant, à la charge d'en référer immédiatement au ministre de l'intérieur. »

314. On s'est demandé, pendant longtemps, quel
parti on avait à prendre contre l'étranger, qui rentrait
en France, après en avoir été expulsé en vertu de l'article 272 du Code. On se tirait alors d'embarras par une
distinction. On considérait que, si l'étranger, rentré en
France, avait été mis en surveillance par la décision, à
la suite de laquelle il avait été reconduit à la frontière
et s'il y était encore, il était en état de rupture de ban,
et, par conséquent, passible des peines de l'art. 45 du
Code pénal. On pensait, au contraire, que, si, au moment de sa rentrée en France, l'étranger ne se trouvait
pas dans les liens de la surveillance, il n'avait encouru
aucune peine et que le Gouvernement ne pouvait que le
faire reconduire à la frontière. La loi du 3 décembre
1849, que j'ai rappelée un peu plus haut, a mis fin à
ces embarras; elle dispose dans son art. 8, que «tout
étranger, qui se serait soustrait à l'exécution des mesures
énoncées dans l'article précédent ou dans l'art. 272 du
Code pénal, ou qui, après être sorti de France par suite
de ces mesures, y serait rentré sans la permission du
Gouvernement, sera traduit devant les tribunaux et
condamné à un emprisonnement d'un mois à six mois.
Après l'expiration de sa peine, il sera conduit à la
frontière. »

C'est la peine, mentionnée dans cet article, qui devra,

en tout cas, être appliquée à l'étranger, rentré en France, après en avoir été expulsé en vertu de l'art. 272. La Cour de cassation l'a jugé dans l'espèce suivante.

Angélique Kuhn, étrangère, avait été condamnée, pour vagabondage, à trois mois d'emprisonnement et cinq ans de surveillance. Expulsée de France, en vertu de l'art. 272, elle s'est empressée d'y rentrer et a été arrêtée à Thionville. Poursuivie à raison de ce fait, elle ne fut condamnée par la Cour de Metz qu'à six mois de prison, par application de l'art. 8 de la loi du 3 décembre 1849. Le ministère public se pourvut contre cet arrêt et soutint que, la femme Kuhn étant encore en surveillance lorsqu'elle rentrait en France, la peine encourue était celle de l'art. 45 du Code pénal et non celle de là loi de 1849. Le pourvoi fut rejeté « attendu que la loi du 3 décembre 1849, après avoir, dans son article 7, attribué au ministre de l'intérieur le droit d'enjoindre à tout étranger, voyageant ou résidant en France, de sortir immédiatement du territoire français, et de le faire conduire à la frontière, dispose, article 8, que tout étranger, qui se serait soustrait à l'exécution des mesures, énoncées dans l'article précédent, ou dans l'art. 272 du Code pénal, ou qui, après être sorti de France par suite de ces mesures, y serait rentré sans la permission du Gouvernement, sera traduit devant les tribunanx et condamné à un emprisonnement d'un mois à six mois ; attendu que l'art. 272 du Code pénal est relatif aux étrangers, déclarés vagabonds par jugement, et que le Gouvernement peut faire conduire hors du territoire français ; attendu que, si, antérieurement à la loi du 3 décembre 1849, il était établi, par une jurisprudence constante, que la sanction pénale de l'art. 272 précité se trouvait dans l'article 45, qui punit, d'un emprisonnement ne pouvant excéder cinq ans, la désobéissance aux mesures, que le Gouvernement est autorisé à prendre envers les individus placés sous la surveillance de la haute police, sans distinction entre les Français et les étrangers, il n'en peut être de même, aujourd'hui, en présence de la disposition expresse de l'art. 8 de la loi du 3 décembre 1849, qui prononce une peine spéciale pour l'infraction à l'art. 272 du Code pénal; attendu qu'il est constaté, en fait, par l'arrêt attaqué, que la nommée Angélique Kuhn, étrangère non naturalisée, a été condamnée pour vagabondage, par jugement correctionnel du 2 avril 1844, à trois mois de prison et à cinq ans de surveillance de la haute police; qu'elle n'a point été admise à fixer sa résidence en France; qu'elle en a été, au contraire, expulsée par arrêté préfectoral du 28 juin 1844, conformément à l'art. 272 du Code pénal; qu'en infraction de cet arrêté, elle est rentrée plusieurs fois sur le territoire français; qu'en dernier lieu, elle a été arrêtée à Thionville, et a été de nouveau traduite pour ce fait devant le tribunal correctionnel; attendu que la Cour d'appel de Metz, en la condamnant à six mois de prison, en vertu de l'art. 8 de la loi du 3 décembre 1849, a fait une saine application de cet article. » 27 mars 1852, n° 112.

ARTICLE 273.

Les vagabonds, nés en France, pourront, après un jugement, même passé à l'état de chose jugée, être réclamés par délibération du conseil municipal de la commune où ils sont nés, ou cautionnés par un citoyen solvable.—Si le Gouvernement accueille la réclamation ou agrée la caution, les individus, ainsi réclamés ou cautionnés, seront, par ses ordres, ren-

voyés ou conduits dans la commune qui les aura réclamés, ou dans celle qui leur sera assignée pour
résidence, sur la demande de la caution.

315. Réclamation de la commune.—Offre de la caution de
se charger du vagabond.
316. La réclamation doit être acceptée par l'inculpé.
317. Incompétence de l'autorité judiciaire pour accepter la
réclamation et y donner suite.—Arrêt.
317 *bis*. Moment auquel la remise du vagabond peut avoir
lieu.

315. Cet article autorise la commune, dont le vagabond, né Français, est originaire, à le réclamer, après
un jugement, même passé en force de chose jugée; il
donne la même faculté à tout citoyen solvable, qui of-
frira de le cautionner; il ajoute que, si le Gouvernement
accueille la réclamation ou agrée la caution, les individus, ainsi réclamés ou cautionnés, seront, par ses
ordres, renvoyés ou conduits dans la commune, qui les
aura réclamés, ou dans celle, qui leur est assignée pour
résidence, sur la demande de la caution.

316. Le Gouvernement ne doit, ce me semble, donner suite aux réclamations que si elles sont acceptées
par l'individu, qui en est l'objet.

317. Il résulte manifestement de la lettre même de
l'art. 273 qu'il ne peut, dans aucun cas, appartenir à
l'autorité judiciaire d'agréer la réclamation de la commune ou l'offre de la caution.

Cette vérité a été cependant méconnue par la Cour
de la Martinique. Le nommé Louis était poursuivi pour
vagabondage. A l'audience de la Cour, Ducoulange fit
l'offre d'un domicile à Louis, qui l'accepta. La Cour
tira de ces faits la conséquence que le vagabondage
avait cessé et remit Louis à Ducoulange. Son arrêt fut
dénoncé à la Cour de cassation par l'ordre du ministre

de la justice. Il fut annulé « attendu que l'état de vagabondage du nommé Louis a été reconnu constant par
l'arrêt attaqué, lequel déclare que cet état cesse par
l'acceptation de la proposition, faite par le sieur Ducoulange, de recevoir dans son domicile ledit prévenu ;
attendu que l'état de vagabondage, étant reconnu constant, la Cour de la Martinique ne pouvait se dispenser
d'appliquer, pour la répression de ce délit, les dispositions de l'art. 1er du décret du 27 avril 1848 ; attendu
qu'il n'appartient qu'au Gouvernement, à la disposition
duquel les vagabonds doivent être mis d'après cet article, d'examiner s'il y a lieu d'accueillir les réclamations ou les offres faites par des communes ou des particuliers en leur faveur. » 10 janvier 1852, n° 9.

317 *bis*. L'autorité judiciaire est également sans qualité pour s'occuper du mode de conduite ou de renvoi
du vagabond. Elle n'est guère intéressée qu'à savoir à
quel moment de la procédure la remise pourra en être
faite par l'autorité administrative, et quels seront les
effets de cette remise.

Ni les travaux préparatoires du Code, ni la jurisprudence, ne m'ont fourni aucun éclaircissement sur l'une
ou sur l'autre de ces questions.

Sur la première, j'estime que la remise peut avoir lieu
en tout état de cause. L'art. 273, l'autorisant après un
jugement, même passé en force de chose jugée, me paraît
l'autoriser, à plus forte raison, avant que le jugement
ait acquis cette force, et avant même qu'il ait été rendu.
Je ne vois pas, en effet, pourquoi cette mesure de bien-
veillance, si, comme je le suppose, elle doit être acceptée par l'inculpé, ne pourrait pas se produire pendant le cours de l'information, et devrait être retardée
jusqu'à ce que l'état de vagabondage eût été déclaré par
jugement.

Sur la seconde, je pense que l'acceptation du Gouvernement a pour effet, même quand elle intervient après un jugement passé en force de chose jugée, d'effacer le délit, la peine avec toutes ses conséquences. Le vagabond est exonéré, non-seulement de l'emprisonnement, mais aussi de la surveillance, si cette peine lui a été appliquée. Il redevient libre de se mouvoir comme s'il n'avait jamais été poursuivi. C'est une grâce absolue, c'est une sorte d'amnistie que, selon moi, le Gouvernement lui accorde. J'en conclus que cette faveur ne doit être octroyée qu'avec une extrême réserve.

§ 3. — *Mendicité.*

318. Division des faits de mendicité.

318. Ce paragraphe ne renferme pas tous les faits de mendicité, prévus et punis par le Code.

Il y a en a plusieurs, et ce sont, sauf un, les plus graves, qui sont rangés parmi les dispositions, communes au vagabondage et à la mendicité.

ARTICLE 274.

Toute personne, qui aura été trouvée mendiant, dans un lieu pour lequel il existera un établissement public organisé afin d'obvier à la mendicité, sera punie de trois à six mois d'emprisonnement, et sera, après l'expiration de sa peine, conduite au dépôt de mendicité.

319. Extirpation de la mendicité. — Décret du 5 juillet 1808.
    —Système du Code.
320. Objet et pénalité de l'art. 274.

319. Napoléon Ier voulut extirper la mendicité; mais il comprit qu'il ne pouvait exécuter cette pensée, quelque légitime qu'elle fût, qu'à la condition de mettre des refuges et des asiles à la disposition de ceux qui ne pouvaient trouver en eux-mêmes leurs moyens d'existence. Tel est le double but du décret du 5 juillet 1808. L'art. 1er défend la mendicité dans tout le territoire de l'Empire; les articles suivants ordonnent l'ouverture de dépôts de mendicité, et l'arrestation de ceux qui mendieront, après l'ouverture de ces établissements.

Les rédacteurs du Code pénal se sont faits les continuateurs de ce système. Dans les lieux, pour lesquels il existe des maisons de dépôt, ils prohibent absolument la mendicité; ailleurs, ils l'interdisent, avec non moins de rigueur, à ceux qui peuvent trouver, dans le travail, les moyens de satisfaire à leurs besoins; ils ne la tolèrent, en définitive, qu'à l'égard de ceux qui n'ont et ne peuvent avoir qu'elle pour ressource.

320. L'art. 274 punit toute personne trouvée mendiant dans un lieu, pour lequel il existe un établissement public organisé afin d'obvier à la mendicité. La peine, qu'il prononce, est un emprisonnement de trois mois à six mois, après lequel le condamné sera conduit au dépôt de mendicité.

Cette disposition demande plus d'une explication.

321. Elle concerne toute personne qui mendie, c'est-à-dire aussi bien celle qui n'a mendié qu'une fois que celle qui mendie habituellement, l'individu invalide comme celui que son état physique rend propre au travail.

322. La mendicité est plus facile à comprendre qu'à définir. La loi, en n'en donnant pas les caractères, laisse aux tribunaux une certaine latitude dans l'appréciation des actes qui la constituent. Ainsi la Cour de cassation a jugé « que, la mendicité n'étant définie ni dans le paragraphe que j'étudie, ni dans aucune autre partie du Code pénal, il en résultait qu'un arrêt n'avait pas violé les lois de la matière, en déclarant que les prévenus ne pouvaient être réputés mendiants et considérés comme tels par le seul fait d'avoir accidentellement, et dans le cas d'une nécessité pressante et extraordinaire, réclamé quelques secours en grains et en denrées. » 10 septembre 1822. Il ne faudrait pas, cependant, sous le prétexte du silence de la loi, absoudre des faits qu'elle condamne. Ce n'est, comme l'indique l'arrêt que je viens de rappeler, que dans des cas d'une nécessité pressante et extraordinaire qu'on pourrait se refuser à voir un fait de mendicité dans la quête d'une aumône, faite dans un intérêt personnel.

323. Des criminalistes éminents, se fondant sur ce que l'art. 274 n'inculpe, par son texte, que les personnes trouvées mendiant, estiment que cet article ne punit que le flagrant délit. Il est, selon eux, indispensable, pour qu'il y ait lieu à répression, que l'indigent « ait été surpris au moment de l'acte. » Sans quoi, il peut être prouvé qu'il a mendié, et mendié bien des fois ; mais il n'a pas été trouvé mendiant, ce qui suffit pour le soustraire à l'application de la peine.

Je ne partage pas cette opinion. Elle attache, ce me

semble, beaucoup trop d'importance à la lettre de l'article 274. En effet, de ce que cette disposition inculpe l'indigent qui a été trouvé mendiant, il me paraît difficile de conclure qu'il n'inculpe que la personne surprise en flagrant délit. Lorsque la loi restreint les poursuites criminelles à des faits de cette nature, elle s'en explique en termes autrement clairs et précis. C'est ainsi que, dans l'art. 338 du Code, elle dispose formellement que « les seules preuves, qui pourront être admises contre le prévenu de complicité d'adultère ne seront, outre le flagrant délit, que celles résultant de lettres ou autres pièces écrites par le prévenu. » Dans l'art. 274, elle ne dit rien de semblable; elle n'inculpe, il est vrai, que l'indigent trouvé mendiant, mais elle n'ajoute pas que la seule preuve de la mendicité sera le flagrant délit; elle laisse donc ce fait sous l'empire du droit commun, c'est-à-dire qu'elle permet de le prouver de toute espèce de manière, par la preuve directe du flagrant délit comme par la preuve résultant soit de l'aveu du prévenu, soit des pièces à conviction trouvées en sa possession, soit des dépositions des témoins. Elle a pu se servir d'une expression incorrecte, je le veux bien, mais on ne doit pas en user pour travestir sa pensée. Ce qu'elle a réprouvé dans l'art. 274, c'est ce qu'elle a réprouvé dans les art. 275 et 276, le fait même de mendicité, quel que soit le genre de preuve qui l'établisse.

Mon opinion se confirme de plus en plus si je cherche la fin que le Code se propose. Son but est, comme celui du décret du 5 juillet 1808, dont il devient la sanction pénale, d'extirper la mendicité. En vérité, il ne l'atteindrait guère, s'il tolérait, en ne les punissant pas, les mendiants assez habiles pour se soustraire à la preuve du flagrant délit.

J'estime donc que l'art. 274 doit être appliqué toutes les fois qu'il est établi, d'une façon quelconque, qu'une personne a mendié dans un lieu, pour lequel il existe un établissement public organisé afin d'obvier à la mendicité.

Au reste, dans ma très-longue pratique de la juridiction correctionnelle, je n'ai pas rencontré un tribunal qui se soit refusé à prononcer la peine de l'art. 274, sous prétexte que le mendiant n'avait pas été surpris en flagrant délit.

324. L'une des autres conditions de l'infraction réprimée par cet article, c'est que le fait de mendicité ait été accompli dans un lieu, pour lequel il existe un établissement public organisé afin d'obvier à la mendicité, et dans lequel l'inculpé aurait pu se faire admettre.

325. Il est vraisemblable, je le reconnais, que les dépôts de mendicité, que le législateur de 1810 a eus principalement en vue, étaient, ceux dont le décret de 1808 avait ordonné la création. Mais en résulte-t-il que l'art. 274 ne soit applicable qu'aux lieux pour lesquels il existe de semblables dépôts ? Personne ne le pense.

On fait généralement, à l'occasion de cette question, une distinction entre les établissements, autorisés par acte du Souverain, conformément à l'art. 6 du décret de 1808, et ceux qui sont ouverts, sans être reconnus par un acte de cette nature. On admet que les premiers, quelle qu'en soit l'organisation, sont assimilables aux dépôts de mendicité proprement dits, tandis qu'on nie que les seconds puissent jamais prendre ce caractère, quoiqu'ils présentent aux indigents un lieu de refuge de la même nature que les dépôts de mendicité.

Cette double thèse ressort des deux arrêts que je vais citer.

La femme Charpentier et le nommé Verdun avaient mendié dans le département d'Eure-et-Loir. Le ministère public les inculpa du délit de l'art. 274 ; il soutint qu'il existait un dépôt de mendicité pour ce département, puisque le préfet, qui l'administrait, avait fait un traité avec la commission administrative du dépôt de mendicité du Loiret, autorisé par le Gouvernement, pour que ce dépôt fût ouvert aux indigents d'Eure-et-Loir. La Cour d'Orléans renvoya les prévenus des poursuites, par le motif que le dépôt du Loiret ne leur était pas rendu accessible par décret impérial. Le pourvoi que le ministère public forma contre ces décisions fut rejeté « attendu qu'aux termes de l'art. 274, la peine contre la mendicité ne peut atteindre la durée de trois mois à six mois d'emprisonnement, et ne peut être suivie de l'envoi du condamné dans un dépôt de mendicité qu'autant que le délinquant a été trouvé mendiant dans un lieu, pour lequel il existera un établissement public organisé ; attendu que l'organisation, dont il s'agit dans le Code pénal, ne peut être que celle déterminée par le décret du 5 juillet 1808, alors en vigueur ; attendu que l'art. 6 de ce décret législatif veut que chaque dépôt de mendicité ait été créé et organisé par un décret particulier ; attendu que l'ordonnance royale du 14 avril 1840, qui a érigé le dépôt de mendicité de Beaugency, n'a établi ce dépôt que pour le département du Loiret ; attendu que le traité, intervenu le 5 décembre 1843, entre le préfet d'Eure-et-Loir et la commission administrative du dépôt de mendicité du Loiret, sous l'approbation du ministre de l'intérieur, à la date du 16 janvier 1844, ne peut tenir lieu de l'ordonnance royale, seule compétente pour remplacer le décret spécial, exigé par le décret général de 1808, et que c'est à bon droit que le jugement attaqué a refusé de reconnaître, dans l'espèce, un établissement de mendicité, légalement organisé pour le département d'Eure-et-Loir. » 11 avril 1846 ; 23 mai de la même année. Dall., 1846, 1, 222.

Cette théorie ne me paraît pas exacte. Je ne crois pas qu'il dépende d'un acte du Souverain qu'un établissement acquière une qualité qu'il n'aurait pas, et qu'il perde celle qu'il aurait en réalité. Ainsi, à mon sens, un atelier de charité ne deviendra pas un dépôt de mendicité, quoiqu'il ait été consacré par décret impérial. L'atelier de charité offre, il est vrai, aux indigents un moyen de travail et, par suite, de subsistance, mais il ne leur ouvre pas un asile, où ils puissent se réfugier et s'installer, pour ainsi dire, comme chez eux. Au contraire, si, comme, dans les espèces jugées en 1846 par la Cour de cassation, il existe un traité, passé entre les autorités compétentes, et mettant, à la disposition des indigents d'un département, le dépôt du département voisin, ou si un maire affecte, dans un hospice de la commune, un quartier particulier aux individus réduits à la mendicité, je trouverai, dans ces différents refuges, les dépôts de mendicité, spécifiés par l'art. 274, quoiqu'ils n'aient pas été autorisés par décret impérial. Cet article, je le fais remarquer, ne limite pas ses injonctions aux dépôts, organisés suivant le décret du 5 juillet 1808 ; il est conçu en termes généraux et absolus ; il prohibe tout fait de mendicité dans les lieux, pour lesquels il existe un refuge ouvert aux indigents, quelle que soit l'autorité publique qui l'ait créé et organisé. C'est dans ces termes que, selon moi, il doit être appliqué.

326. Au reste quelque opinion que l'on prenne sur la question, que je viens d'examiner, il n'en restera pas moins certain que, si le refuge n'est ouvert qu'à certaines classes d'indigents, il n'existe légalement que pour eux.

Il est, comme s'il n'existait pas, pour ceux qui en sont exclus, ainsi que la Cour de cassation l'a jugé dans l'espèce suivante.

Marie Bizeau était prévenue d'avoir mendié dans un lieu, pour lequel il existait un établissement public organisé afin d'obvier à la mendicité. Le tribunal l'avait condamnée à la peine de l'art. 274, quoiqu'elle fût infirme, épileptique, et que les infirmes et les épileptiques ne fussent pas admis au dépôt de mendicité, ouvert dans le département. Sur le pourvoi du ministère public, la décision fut annulée « attendu que, de l'art. 274 et des articles suivants, il résulte que le fait de mendier ne constitue pas nécessairement un délit ; qu'en général il ne prend ce caractère qu'à l'égard des mendiants d'habitude valides, ou lorsqu'il est accompagné de circonstances aggravantes de nature à compromettre la paix publique ; qu'à la vérité, aux termes de l'art. 274 du Code pénal, dans les lieux, où il existe un établissement public pour obvier à la mendicité, toute personne trouvée mendiant est passible des peines correctionnelles ; que si, conformément à l'intention, qui a dicté le décret du 5 juillet 1808, pour l'extirpation de la mendicité, cet établissement est ouvert, sans distinction, à tous ceux que la misère pousserait à mendier, l'article 274 doit être appliqué de même, sans distinction, à quiconque, au lieu de profiter de la ressource qui lui est offerte, préfère se livrer à la mendicité, mais que si, d'après les règlements qui le régissent, certaines classes d'individus en sont exclues, la disposition dudit article cesse d'être applicable à ceux qui ne pourraient s'y faire admettre quand même ils le désireraient ; et attendu que, par l'arrêté du préfet de l'Indre, du 25 août dernier, le dépôt de mendicité, établi à Châteauroux, est destiné à recevoir les mendiants, condamnés pour avoir mendié, et les mendiants non condamnés, dont le préfet aura autorisé l'admission ; que, par sa circulaire du 22 novembre suivant, le préfet a fait connaître que le dépôt ne recevrait point certaines classes de mendiants, particulièrement les infirmes et les épileptiques ; que cette circulaire, loin d'être une dérogation à l'arrêté du 25 août, n'en est qu'une interprétation, qui appartenait légalement à l'autorité préfectorale de laquelle émanait ledit arrêté ; que ni l'un ni l'autre de ces actes ne sont contraires à l'ordonnance du roi du 11 juin précédent, portant autorisation du dépôt, dans laquelle ne sont point fixées les conditions d'admission, et dont l'art. 5 charge le préfet de faire le règlement, d'après lequel l'établissement sera régi ; attendu, d'un autre côté, que Marie Bizeau est épileptique et infirme, ainsi qu'il est reconnu dans le jugement de première instance et non contesté dans le jugement attaqué ; que, dès lors, elle n'était pas dans le cas d'être admise au dépôt de mendicité de l'Indre ; d'où il suit, d'après les principes ci-dessus posés, que sa condamnation aux peines de l'article 274 du Code pénal constitue une fausse application de cet article. » 20 février 1845, n° 60.

327. En dernier lieu, l'art. 274 dispose que le condamné, sera, après l'expiration de sa peine, conduit au dépôt de mendicité.

Cette mesure, se rattachant à l'exécution de la peine, est dans les attributions de l'autorité administrative. Les tribunaux commettraient donc un excès de pouvoir, s'ils se permettaient d'en régler ou d'en modifier l'application.

La Cour de Paris, en confirmant un jugement, qui condamnait le nommé Pourchon, par application des art. 274 et 463, à vingt-quatre heures de prison, pour avoir, de son aveu, mendié sur la voie publique, avait supprimé la disposition de ce jugement, qui ordonnait que le condamné serait, à l'expiration de sa peine, conduit dans un dépôt de mendicité. Elle motiva cette suppression sur ce que, dans le cours de l'instruction, Pourchon avait été réclamé par le sieur Marie, maître maçon, qui avait promis de lui procurer de l'ouvrage. Sur l'ordre du Gouvernement, cette décision fut dénoncée à la Cour de cassation, qui l'annula « attendu que la dernière disposition de l'art. 274 est impérative et absolue, dans l'intérêt de l'ordre public ; que les tribunaux n'ont pas le droit d'empêcher l'effet de la mesure qu'elle prescrit, et que le pouvoir d'apprécier les circonstances, qui seraient susceptibles de rendre inutile l'exécution de cette disposition, n'appartient qu'à l'autorité administrative, qui en est chargée ; et attendu que, dans l'espèce, le tribunal de police correctionnelle avait légalement ordonné qu'après avoir subi sa peine Pourchon serait conduit dans un dépôt de mendicité ; d'où il suit qu'en supprimant cette disposition de son jugement l'arrêt dénoncé a commis un excès de pouvoir et violé les règles de la compétence » 1er juin 1833, n° 215. — *Conf.* 21 septembre 1833, n° 399.

J'ajoute que, cette mesure étant une conséquence légale de la condamnation, les tribunaux pourraient, sans s'exposer à la censure de la Cour de cassation, omettre de la prononcer.

ARTICLE 275.

Dans les lieux, où il n'existe point encore de tels établissements, les mendiants d'habitude valides seront punis d'un mois à trois mois d'emprisonnement.—S'ils ont été arrêtés hors du canton de leur résidence, ils seront punis d'un emprisonnement de six mois à deux ans.

328. Cet article prévoit le cas de mendicité dans les lieux, pour lesquels les dépôts de mendicité n'ont pas été établis.

La mendicité n'y devient punissable qu'à deux conditions : la première, c'est qu'elle ait été habituelle, la seconde, c'est que le mendiant soit valide.

329. Deux faits de mendicité, accomplis à quelques jours d'intervalle, suffisent pour constituer l'habitude.

330. Il appartient aux tribunaux de reconnaître si l'indigent est ou n'est pas valide. La Cour de Bourges a jugé, par arrêt du 3 février 1831, que « le prévenu, amputé de la jambe droite, ne pouvait pas être rangé dans la classe des mendiants valides ; que, dès lors, le fait d'avoir mendié, qui lui était imputé, ne pouvait constituer un délit qu'autant que le prévenu aurait usé de menaces ou serait entré dans les maisons, sans permission du propriétaire, ce qui n'était pas prouvé. »

Cet arrêt ne renferme pas une vérité absolue ; dans certains cas, et eu égard à certaines situations, l'amputation d'une jambe ne devrait pas être acceptée comme une cause d'invalidité.

331. La peine est ordinairement un emprisonnement d'un mois à trois ; mais elle s'aggrave, si le mendiant est arrêté hors du canton de sa résidence.

ARTICLE 276.

Tous mendiants, mêmes invalides, qui auront usé de menaces, ou seront entrés, sans permission du propriétaire ou des personnes de sa maison, soit dans une habitation, soit dans un enclos en dépendant,— ou qui feindront des plaies ou infirmités, — ou qui mendieront en réunion, à moins que ce ne soient le mari et la femme, le père ou la mère et leurs jeunes enfants, l'aveugle et son conducteur,— seront punis d'un emprisonnement de six mois à deux ans.

332. Cet article est applicable à tout fait de mendicité. — Sa pénalité.
333. Explication des termes employés dans cet article.

332. Cet article est applicable à tout fait de mendicité, sans qu'il y ait à rechercher si celui, qui s'en est rendu coupable, se livre ou ne se livre pas habituellement à la mendicité, est ou n'est pas valide. Lorsque la mendicité est accompagnée de l'une des circonstances mentionnées dans cet article, la loi la répute si dangereuse qu'elle la réprime immédiatement, et pour elle-même ; elle la punit d'un emprisonnement de six mois à deux ans.

333. Remarquons chacun des termes, employés dans cet article, et donnons-en exactement la signification.

C'est la menace qui aggrave le fait de mendicité. Le propos grossier n'aurait ce résultat qu'autant qu'il aurait été proféré de manière à devenir une menace.

Il faut, pour excuser un mendiant d'entrer dans une habitation, la permission du propriétaire, ou des personnes de la maison. La simple tolérance ne produirait pas cet effet.

Pour que le mendiant soit punissable, il ne suffit pas qu'il allègue des infirmités, il faut qu'il les simule.

Il y a mendicité en réunion, dès que deux personnes mendient ensemble, sauf les exceptions indiquées dans cet article.

Dispositions communes aux vagabonds et mendiants.

334. Ces dispositions sont applicables à tout fait de mendicité.

334. Les dispositions, qui vont suivre, sont applicables à tout fait de mendicité; elles concernent l'indigent invalide aussi bien que l'indigent valide, celui qui ne recourt qu'accidentellement à la mendicité, comme celui qui y recourt habituellement.

ARTICLE 277.

Tout mendiant ou vagabond, qui aura été saisi travesti d'une manière quelconque, — ou porteur d'armes, bien qu'il n'en ait usé ni menacé, — ou muni de limes, crochets ou autres instruments, propres soit à commettre des vols ou d'autres délits, soit à lui procurer les moyens de pénétrer dans les maisons, — sera puni de deux à cinq ans d'emprisonnement.

335. Circonstances aggravantes de la mendicité et du vagabondage.—Pénalité.
336. Cet article ne se borne pas à punir le flagrant délit.
337. Armes. — Instruments propres à commettre un délit. — Arrêt.

335. Cet article énumère diverses circonstances, que la loi considère comme aggravantes de la mendicité et du vagabondage. Il punit de deux à cinq ans d'emprisonnement le mendiant ou le vagabond, qui a été saisi travesti d'une manière quelconque, ou porteur d'armes, bien qu'il n'en ait usé ni menacé, ou muni de limes, crochets ou autres instruments, propres soit à commettre des vols ou d'autres délits, soit à lui procurer les moyens de pénétrer dans les maisons.

336. Les criminalistes, qui enseignent sous l'article 274, que la loi ne punit que le flagrant délit, reproduisent ici la même théorie. Suivant eux, l'art. 277 ne concerne que le mendiant ou le vagabond, qui a été saisi, arrêté, porteur d'armes, muni d'instruments de délit ou travesti. Je ne reviendrai pas sur mes précédentes réponses ; elles me paraissent péremptoires, et, pour ma part, je n'hésiterais pas à prononcer la peine de l'art. 277 contre l'inculpé, à la charge duquel il serait établi, d'une façon quelconque, qu'étant en état de vagabondage ou de mendicité, il a été travesti, porteur d'armes, ou muni de limes ou de crochets.

337. Les armes, dont il est question dans cet article, sont celles que l'art. 101 définit. Je le rappelle, ce dernier article renferme une disposition générale.

Pour que l'art. 277 devienne applicable, il n'est pas nécessaire que l'inculpé, porteur d'instruments propres à commettre un délit ou à pénétrer dans une habitation, puisse être présumé les destiner à l'un de ces buts.

Le nommé Dehon avait été déchargé par la Cour de Douai d'une condamnation, prononcée contre lui pour avoir été trouvé porteur de débris de ferrailles, qui pouvaient aider à l'exécution d'un vol ou à l'introduction dans une maison. Cette Cour s'était fondée sur ce que la peine, attachée par l'art. 277 au port des objets, qu'il spécifie, n'était encourue que dans le cas où l'inculpé pouvait être présumé vouloir en faire un usage illicite. « Attendu, disait l'arrêt, que la présomption d'usage est laissée à l'appréciation du juge; qu'elle peut et doit aussi résulter du métier auquel se livre celui qui en est trouvé nanti ; attendu, dans l'espèce, que Dehon, étant serrurier, avait besoin des débris de ferrailles, trouvés en sa possession, d'où il suit que ces mêmes objets n'avaient pas en réalité la destination, prévue et punie par l'art. 277. » Le ministère public dénonça cette décision à la Cour de cassation ; son pourvoi fut rejeté ; mais la Cour, sur la question que j'examine, déclara, en termes formels, « ne pas approuver les motifs de l'interprétation donnée par l'arrêt à l'art. 277 du Code pénal. » 3 juin 1836, n° 177.

ARTICLE 278.

Tout mendiant ou vagabond, qui sera trouvé porteur d'un ou de plusieurs effets d'une valeur supérieure à cent francs, et qui ne justifiera point d'où ils lui proviennent, sera puni de la peine portée en l'art. 276.

338. Objet de cet article.—Sa pénalité.
339. Il ne se borne pas à punir le flagrant délit.

338. Cet article aggrave la peine du vagabondage, puisque, au lieu d'être de trois mois à six mois, elle s'élève de six mois à deux ans. Mais il ne fait que maintenir, contre la mendicité, la peine, déjà prononcée par les art. 275 et 276.

Il concerne tout mendiant ou vagabond, trouvé porteur d'un ou de plusieurs effets d'une valeur supérieure à cent francs, et dont l'origine ne serait pas justifiée.

339. Cet article s'applique, comme les art. 274 et 277, non-seulement au flagrant délit, mais à toutes les espèces, dans lesquelles il est prouvé que le mendiant ou le vagabond a été porteur d'un ou de plusieurs effets du genre de ceux que je viens d'indiquer.

ARTICLE 279.

Tout mendiant ou vagabond, qui aura exercé quelque acte de violence que ce soit envers les personnes, sera puni de la réclusion, sans préjudice de peines plus fortes, s'il y a lieu, à raison du genre et des circonstances de la violence.

340. Modification de la loi du 13 mai 1863.—Texte actuel.
341. Fait simple.—Fait aggravé.
342. Il n'est pas nécessaire que la mendicité soit habituelle. — Arrêt.
343. Violences commises au moment de l'arrestation.—Arrêt.
344. L'aggravation doit être résolue par le jury.—Arrêt.
345. Qualification.

340. Cet article a été modifié par la loi du 13 mai 1863.

Aujourd'hui, il est ainsi conçu : « Tout mendiant ou vagabond, qui aura exercé ou tenté d'exercer quelque acte de violence que ce soit envers les personnes, sera puni d'un emprisonnement de deux à cinq ans, sans préjudice de peines plus fortes, s'il y a lieu, à raison du genre et des circonstances de la violence. Si le mendiant ou le vagabond, qui a exercé ou tenté d'exercer des violences, se trouvait, en outre, dans l'une des circonstances exprimées par l'art. 277, il sera puni de la réclusion. »

341. L'ancien art. 279 punissait indistinctement de la réclusion tout mendiant ou vagabond, qui avait exercé quelque acte de violence envers les personnes. Le nouveau fait, au contraire, une distinction entre les diverses espèces de mendiants et de vagabonds. Si la violence a été exercée par un mendiant ou un vagabond de l'ordre le moins dangereux, le fait est correctionnel ; il emporte un emprisonnement de deux à cinq ans. Si elle a été exercée par un mendiant ou un vagabond de l'espèce de ceux qui se trouvent dans l'un des cas, exprimés en l'art. 277, le fait devient un crime ; il est, à raison de cette circonstance aggravante, réprimé par la peine afflictive de la réclusion.

342. C'est l'état de l'inculpé, son *modus vivendi*, qui caractérise l'infraction, que j'étudie. Le prévenu était vagabond, il était mendiant au moment des violences. Cela suffit pour qu'il ait encouru, suivant les cas, l'une des peines de l'art. 279. Il n'est pas nécessaire qu'après avoir reconnu son état de mendiant, l'arrêt, qui le condamne, ajoute qu'il était mendiant d'habitude.

La Cour de cassation l'a jugé, dans une espèce concernant l'art. 280 ; mais son arrêt peut également servir à l'interprétation de l'art. 279 : car ces deux dispositions sont conçues dans les mêmes termes et régies par les mêmes principes.

Albin Nadau avait été déclaré coupable d'avoir commis un vol, dans une maison habitée, à l'aide d'effraction intérieure, avec plusieurs individus, alors qu'ils étaient à mendier dans les campagnes. La Cour d'assises avait refusé de lui appliquer la peine de la marque, sous le prétexte qu'il n'était pas établi qu'il fût mendiant d'habitude. Sur le pourvoi du ministère public, l'arrêt fut annulé « attendu que le crime de vol avec effraction intérieure, dans une maison, emportait la peine des travaux forcés à temps, aux termes des art. 381 et 384 du Code pénal ; que la circonstance que Nadau avait commis ce crime, *alors qu'il mendiait dans les campagnes,* devait donc, d'après l'art. 280, entraîner contre lui la condamnation à la marque ; que cet article n'exige pas, en effet, pour qu'il y ait lieu à cette condamnation, que le coupable du crime soit un mendiant d'habitude ; qu'il exige seulement que le crime ait été commis par un mendiant, et que, d'après la déclaration du jury, Nadau mendiait, et, par conséquent, était *mendiant*, lorsqu'il a commis le vol, qui le rendait passible de la peine des travaux forcés à temps ; que la Cour d'assises du département du Morbihan, qui a refusé de prononcer contre lui la marque, ainsi que l'avait requis le ministère public, a donc manifestement violé ledit article 280. » 13 octobre 1820, n° 133.

343. La Cour de cassation a trouvé, dans l'art. 279, une règle tellement impérative qu'elle n'a pas hésité à l'appliquer même au mendiant, qui avait exercé des violences sur l'agent de l'autorité, au moment où celui-ci procédait à son arrestation.

Josse Gresools avait été déclaré coupable d'avoir, étant en état de mendicité, exercé des violences envers le commissaire de police, qui voulait l'arrêter. La Cour d'assises avait refusé de voir, dans ce fait, l'infraction, réprimée par l'art. 279, par la raison que Gresools ne mendiait pas au moment où il avait exercé les violences. Sur le pourvoi du ministère public, son arrêt fut annulé « considérant que Josse Gresools a été déclaré coupable par le jury d'avoir, le 4 avril 1812, dans l'état de mendiant évadé, exercé des violences envers le commissaire de police de Beveren ; que ce fait est littéralement prévu par ledit art. 279 du Code pénal, et doit, conséquemment, être puni de la peine de la réclusion, que prononce le même article ; que, néanmoins, la Cour d'assises du département de l'Escaut n'a prononcé contre Gresools que des peines correctionnelles ; qu'ainsi son arrêt doit être annulé, aux termes de l'art. 410 du Code d'instruction criminelle. » 12 septembre 1812, n° 211.

344. L'état de vagabondage ou de mendicité, dans les conditions exprimées en l'art. 277, étant une circonstance aggravante du fait principal, qui, d'après la première partie de notre article, n'est puni que correctionnellement, il en résulte qu'il doit, à peine de nullité de la condamnation, qui en tiendrait compte, être soumis à l'appréciation du jury.

Lorsque l'art. 280, à raison de l'état de vagabondage ou de mendicité, prononçait la peine de la marque contre celui qui avait commis un crime, emportant la peine des travaux forcés à temps, la Cour de cassation jugeait que cette circonstance, ayant pour conséquence de réagir sur la condamnation et de l'aggraver, devait être examinée et résolue par le jury.

Delapierre était accusé d'avoir commis un vol, la nuit, à plusieurs, à l'aide d'effraction extérieure et d'escalade, dans une maison habitée, et, en même temps, d'être en état de vagabondage. On soumit au jury les questions relatives au vol, et la Cour d'assises se réserva la connaissance du fait de vagabondage. Le jury résolut affirmativement les questions, qui lui avaient été présentées. De son côté, la Cour reconnut que l'accusé, déclaré coupable de vol qualifié, était en état de vagabondage, et, en conséquence, elle lui appliqua les peines du vol, aggravées de la peine de la marque, en vertu de l'art. 280. Sur le pourvoi du condamné, l'arrêt fut annulé « attendu 1° que, de l'art. 226 du Code d'instruction criminelle, il résulte que les chambres d'accusation doivent renvoyer aux Cours d'assises les délits, connexes aux crimes, qui forment l'objet principal de l'accusation, par elles prononcée; que des art. 358, 362, 364, 365 du même Code, il suit que les attributions des

Cours d'assises, hors les cas expressément déterminés par la loi, et notamment par les art. 351 et 519 de ce Code, sont restreintes, relativement au jugement des faits de l'accusation, au droit de rapprocher de la loi les faits déclarés par le jury, de qualifier ces faits d'après les caractères, que la loi a fixés, et de condamner ou d'absoudre d'après les dispositions, que la déclaration du jury contient; que les faits constitutifs des délits renvoyés aux Cours d'assises, doivent donc, comme ceux qui constituent les crimes, auxquels ils sont connexes, être soumis aux jurés et être déclarés par eux; que le vagabondage est caractérisé délit par l'art. 269 du Code pénal, et que les circonstances, élémentaires de ce délit sont déterminées par l'art. 270; que le jury avait donc seul un caractère légal pour prononcer sur les faits particuliers, qui, dans l'espèce, pouvaient constituer Pierre-Jean-Jacques Delapierre coupable du délit de vagabondage, dont il était accusé, accessoirement au crime, qui était l'objet principal de l'accusation portée contre lui; que, néanmoins, la Cour d'assises de Paris n'a point soumis ces faits à la déclaration du jury; qu'elle s'est permise de prononcer elle-même la culpabilité de Delapierre, relativement audit délit de vagabondage, et que, par là, elle a usurpé une attribution, qui ne lui était point accordée par la loi, et violé des règles de compétence qui sont essentiellement d'ordre public; attendu 2° que, d'après l'art. 337 du Code d'instruction criminelle, les jurés doivent être interrogés, non-seulement sur le crime principal de l'accusation, mais encore sur toutes les circonstances qui peuvent en modifier la peine; que le fait de vagabondage, qui, aux termes de l'art. 280 du Code pénal, doit faire prononcer la marque contre celui qui est, en même temps, reconnu coupable d'un crime, emportant la peine des travaux forcés à temps, est nécessairement une circonstance aggravante de la peine de ce crime ; que ce fait doit donc être compris dans la question sur laquelle les jurés ont à donner leur décision, toutes les fois qu'il résulte de l'acte d'accusation ou du débat ; qu'en ne faisant pas délibérer le jury sur ce fait de vagabondage, qui, dans l'acte d'accusation, était accessoire à un crime principal, dont la peine devait être celle des travaux forcés à temps, la Cour d'assises de Paris a conséquemment violé ledit art. 337 du Code d'instruction criminelle, de même qu'elle a contrevenu aux règles de compétence, en décidant elle-même ce fait ; attendu 3° que, d'après les art. 362, 364 et 365 du Code d'instruction criminelle, il doit être délibéré et prononcé, pour l'application de la loi, sur la déclaration émise par le jury ; que, dans l'espèce, le fait aggravant, qui consistait dans le délit de vagabondage, n'ayant pas été déclaré par le jury, la Cour d'assises de Paris a fait une fausse application de l'art. 280 du Code pénal, en condamnant Delapierre à être marqué, et que cette condamnation secondaire, qui n'a pour base qu'une déclaration, rendue par la Cour d'assises elle-même, contrairement aux règles de compétence fixées par la loi, doit par conséquent être annulée. » 18 avril 1812, n° 98. — *Conf.*, 11 mai 1827, n° 113.

Les principes de cet arrêt sont, je n'ai pas besoin de le démontrer, à plus forte raison, applicables au cas que j'étudie. Il est donc hors de doute qu'il appartient exclusivement au jury de s'expliquer sur les faits, que le dernier paragraphe de l'art. 279 répute circonstances aggravantes des violences, exécutées, par les mendiants et les vagabonds.

345. La question peut être ainsi formulée :

Le nommé ..... est-il coupable d'avoir (la date),

volontairement exercé un acte de violence envers une personne?

Ledit . . . . était-il, au moment des violences, en état de vagabondage *ou* de mendicité.

Ledit . . . . . était-il, au moment des violences, travesti *ou* porteur d'armes *ou* muni de limes, crochets ou autres instruments propres soit à commettre des vols soit à lui procurer les moyens de pénétrer dans les maisons?

ARTICLE 280 [1].

Abrogé par la loi du 28 avril 1832.

346. Cause de l'abrogation de cet article.

346. L'abrogation de cet article était le corollaire nécessaire de l'abolition de la marque.

ARTICLE 281.

Les peines, établies par le présent Code contre les individus, porteurs de faux certificats, faux passeports ou fausses feuilles de route, seront toujours, dans leur espèce, portées au maximum, quand elles seront appliquées à des vagabonds ou mendiants.

347. Objet de cet article.
348. Cet article n'exclut pas l'application de l'art. 463.

347. C'est encore ici, comme dans l'art. 279, un fait, qui s'aggrave par la qualité de celui qui le commet.

---

[1] *Ancien article* 280. Tout vagabond ou mendiant qui aura commis un crime emportant la peine des travaux forcés à temps, sera en outre marqué.

D'après l'art. 281, les peines, établies contre les individus, porteurs de faux certificats, faux passe-ports ou fausses feuilles de route, seront toujours, dans leur espèce, portées au maximum, quand elles seront appliquées à des mendiants ou à des vagabonds.

348. Malgré sa formule impérative, il est hors de doute que cette disposition n'exclut pas l'application de l'art. 463. En effet, ce dernier article renferme une règle générale et absolue, en vertu de laquelle « dans tous les cas où la peine de l'emprisonnement et celle de l'amende sont prononcées par le Code pénal, si les circonstances paraissent atténuantes, les tribunaux correctionnels sont autorisés, même en cas de récidive, à réduire ces deux peines. »

ARTICLE 282 [1].

Les mendiants, qui auront été condamnés aux peines, portées par les articles précédents, seront renvoyés, après l'expiration de leur peine, sous la surveillance de la haute police, pour cinq ans au moins et dix ans au plus.

349. Tous les mendiants doivent être renvoyés sous la surveillance de la haute police.

350. La surveillance peut être supprimée en vertu de l'article 463.

349. Tous les faits de vagabondage, sans exception, et sauf l'application de l'art. 463, entraînent le renvoi sous la surveillance de la haute police (art. 271).

---

[1] *Ancien article* 282. Les vagabonds ou mendiants, qui auront subi les peines, portées par les articles précédents, demeureront, à la fin de ces peines, à la disposition du Gouvernement.

En est-il de même pour la mendicité ?

Cette question a été l'objet des plus vives controverses.

Les uns invoquaient les précédents ; ils rappelaient une instruction du grand juge, ministre de la justice et certains arrêts de la Cour de cassation, qui auraient reconnu que la loi ne mettait, dans l'ancien art. 282 du Code pénal, à la disposition du Gouvernement que les mendiants et vagabonds, condamnés pour l'un des faits, énoncés dans les art. 277 et suivants ; ils s'appuyaient, en outre, sur la lettre du nouvel art. 282, pour soutenir que, comme l'ancien, il ne concernait que les mendiants, condamnés en vertu de l'une des dispositions, que je viens de rappeler.

Les autres répondaient que l'art. 282 était une disposition générale, applicable, par son texte, aux articles précédents, c'est-à-dire non-seulement à ceux qui étaient compris dans les dispositions, communes aux mendiants et aux vagabonds, mais encore à ceux qui se trouvaient dans le paragraphe relatif à la mendicité. Ils ajoutaient que les vagabonds étant, sans exception, renvoyés tous sous la surveillance de la haute police, il n'y avait aucune raison pour dispenser de cette mesure certaines classes de mendiants.

Cette dernière opinion a été irrévocablement consacrée par la Cour de cassation.

Je ne rappellerai que l'une des espèces, qui lui ont été soumises.

François Bordier avait été condamné par le tribunal de Bar-sur-Aube, à six mois de prison et cinq ans de surveillance, comme coupable du délit de mendicité, réprimé par l'art. 276. Sur son appel, le tribunal supérieur de Troyes avait supprimé la mise en surveillance. Le ministère public se pourvut contre cette décision et

en obtint l'annulation « attendu que la disposition de
l'art. 282 du Code pénal, relative à la surveillance, sous
laquelle sont mis les mendiants, qui auront été condamnés pour délit de mendicité, est générale et absolue, et
que, par conséquent, elle doit être appliquée à tout individu condamné pour délit de mendicité, quelles que
soient les circonstances qui ont accompagné ce délit ;
que, néanmoins, le jugement attaqué, en infirmant la
disposition du jugement correctionnel du tribunal de
Bar-sur-Aube, qui avait prononcé cinq années de surveillance de la haute police contre Bordier, déclaré coupable du délit du délit de mendicité avec menaces, a
formellement violé l'art. 282 du Code pénal. » 8 octobre
1836, n° 339. Bordier fut renvoyé devant la Cour de
Paris, qui refusa également de le mettre en surveillance.
L'arrêt fut annulé par les chambres réunies « attendu
que le paragraphe 3 de la section v, chapitre iii, titre Ier,
livre III du Code pénal s'occupe exclusivement de la
mendicité, et de la répression des délits, commis par les
mendiants ; que ce paragraphe 3 comprend les art. 274
et suivants jusques et y compris l'article final 282 ; que
la rubrique *dispositions communes aux vagabonds et mendiants* n'est point l'*intitulé* d'un paragraphe distinct, qui
sépare l'art. 276 de l'art. 277 ; attendu que l'art. 278,
qui se trouve après la susdite rubrique, renvoie, pour
la peine à infliger par cet article, à l'art. 276, ce qui
indique surabondamment et la relation qui existe entre
ces deux art. 276, 278, et que les mêmes règles leur
sont communes ; attendu que l'art. 282 soumet à la
surveillance de la haute police de l'État les mendiants,
qui auront subi les peines portées par les *articles précédents* ; que ces mots *articles précédents* se réfèrent, nécessairement et sans distinction, à tous les articles, qui composent le paragraphe 3, et qu'ainsi tous les mendiants,

condamnés à une peine quelconque, en vertu des articles composant ce paragraphe, doivent être soumis à la surveillance de la haute police ; attendu qu'en décidant que l'art. 282 ne régit pas tous les articles dudit paragraphe, et qu'en conséquence un mendiant, puni des peines correctionnelles, portées par l'art. 276, n'est point soumis à la surveillance de la haute police, l'arrêt attaqué a ouvertement violé ce dernier article et fait une fausse application de l'art. 282. » 2 avril 1837, n° 108. — *Conf.*, 11 août 1836, n° 270 ; 1er juin 1837, n° 166 ; 11 août 1837, n° 238 ; chambres réunies, 22 janvier 1838, n° 21 ; 9 mars 1838, n° 60 ; 24 mars 1838, n° 78 ; 6 avril 1838, n° 96 ; 3 mai 1838, n° 118 ; 17 mai 1838, n° 127 ; chambres réunies, 24 novembre 1838, n° 368 ; 12 avril 1839, n° 120 ; 25 mars 1843, n° 67 ; 2 décembre 1843, n° 298 ; 21 septembre 1849, n° 253 ; 14 août 1852, n° 284.

350. Mais, de même que les tribunaux peuvent, en vertu de l'art. 463, remettre la peine de la surveillance aux vagabonds, de même ils peuvent s'abstenir de la prononcer contre les mendiants, en accordant à ceux-ci le bénéfice des circonstances atténuantes. C'est ce qui est définitivement reconnu par les chambres réunies de la Cour de cassation. 26 juin 1838, n°s 180 et 181 ; 24 novembre 1838, n° 368.

SECTION VI.

Délits commis par la voie d'écrits, images ou gravures, distribués sans noms d'auteur, imprimeur ou graveur.

353. Modifications apportées par cette législation aux disposition de la section.—Renvoi.

351. Cette section ne présente qu'un détail, pour
ainsi dire, insignifiant d'une législation fort importante
et très-compliquée. Elle ne traite guère que des délits,
commis par la voie d'écrits, images ou gravures, distribués sans noms d'auteur, imprimeur ou graveur. C'est,
ailleurs, qu'il faut chercher les règles relatives à la police de la librairie et de l'imprimerie, les règles relatives
au régime de la presse périodique, les règles relatives
aux crimes et aux délits commis par la voie de la presse.

Si le législateur, dans les dispositions que je vais
examiner, songe, surtout, à prémunir la paix publique
contre les écrits ou imprimés, anonymes ou pseudo-
nymes, comme nous allons le voir, c'est que des lois
antérieures, des mesures gouvernementales la garantis-
saient contre les dangers des autres genres d'écrits ou
imprimés.

352. La déclaration des droits de l'homme et du citoyen mise en tête de la Constitution des 3-14 septembre
1791, avait reconnu, dans son art. 11, que « la libre
communication des pensées et des opinions est un des
droits les plus précieux de l'homme », que « tout citoyen peut donc parler, écrire, imprimer librement,
sauf à répondre de l'abus de cette liberté, dans les cas
déterminés par la loi. »

Malheureusement, les abus ne tardèrent pas à se produire. Ils devinrent assez sérieux pour que l'Assemblée
constituante ordonnât dans son décret des 20-21 juillet
1792 de « poursuivre le sieur Parent, auteur de différents libelles, ainsi que le sieur Senneville, libraire et
distributeur desdits libelles, et tous autres journalistes
incendiaires et libellistes. » Ils émurent tellement la
Convention elle-même que, par deux actes des mêmes

jours, des 29-31 mars 1793, elle décréta « que ceux qui provoqueraient, par leurs écrits, le meurtre et la violation des propriétés, seraient punis, savoir : 1º de la peine de mort, lorsque le délit aurait suivi la provocation ; 2º de la peine de six ans de fers, lorsque le délit ne l'aurait pas suivie. »

La déclaration des droits de l'homme des 29 mai-8 juin 1793 n'en persista pas moins à proclamer, dans ses art. 6 et 7, que « tout homme est libre de manifester sa pensée et ses opinions », et que « la liberté de la presse et de tout autre moyen de publier ses pensées, ne peut être interdite, suspendue, ni limitée. »

Ces principes furent également ceux de la Constitution du 5 fructidor an III. Elle déclara, dans son art. 353, que « nul ne peut être empêché de dire, écrire, imprimer et publier sa pensée », que « les écrits ne peuvent être soumis à aucune censure avant leur publication », et que « nul ne peut être responsable de ce qu'il a écrit ou publié que dans les cas prévus par la loi. »

Cependant, la Convention n'hésita pas à limiter ce droit, lorsqu'elle crut qu'il y avait utilité politique à le faire. La loi du 5 vendémiaire an IV défendit aux présidents et secrétaires des assemblées primaires ou électorales de mettre aux voix et de signer des arrêtés, ou autres actes étrangers aux élections et à la police intérieure de leurs séances, et à tout citoyen de les imprimer, publier, afficher ou crier. La même loi déclara, dans son art. 3, que « si lesdits arrêtés ou actes tendaient à provoquer à la révolte, à la résistance aux lois, les présidents et secrétaires seraient déclarés coupables d'attentat à la sûreté intérieure de l'État, et punis, comme tels, et ceux qui les proclameraient, imprimeraient, distribueraient, colporteraient, afficheraient ou crieraient, seraient punis de la même peine, s'ils étaient fonctionnaires publics, et de deux années de fers, s'ils ne l'étaient pas. » Elle déclara, dans son art. 4, que « si lesdits arrêtés ou actes provoquaient à la désobéissance aux lois, les présidents et secrétaires seraient punis de deux années de fers, et ceux qui les proclameraient, imprimeraient, distribueraient, colporteraient, afficheraient ou crieraient, seraient punis de la même peine, s'ils étaient fonctionnaires publics, et, s'ils ne l'étaient pas, de deux ans de détention. »

Sous le Directoire, des mesures furent également prises contre le droit illimité de publier sa pensée.

La loi du 27 germinal an IV déclara « coupable de crime contre la sûreté intérieure de l'État et contre la sûreté individuelle des citoyens, et punit de mort tous ceux qui, par leurs discours, ou par leurs écrits imprimés, soit distribués, soit affichés, provoqueraient la dissolution de la représentation nationale ou celle du directoire exécutif, ou le meurtre de tous ou aucuns des membres qui les composent, ou le rétablissement de la royauté, ou celui de la Constitution de 1793, ou celui de la Constitution de 1791, ou de tout gouvernement autre que celui établi par la Constitution de l'an III, accepté par le peuple français, ou l'invasion des propriétés publiques, ou le pillage et le partage des propriétés particulières, sous le nom de loi agraire ou de toute autre manière. »

Le lendemain, parut une loi répressive des délits, qui peuvent être commis par la voie de la presse.

Une autre loi du 19 fructidor an V (art. 35), prorogée par la loi du 9 fructidor an VI, plaça sous l'inspection de la police, qui put les prohiber, les journaux, les autres feuilles périodiques et les presses qui les imprimaient.

L'arrêté consulaire, du 27 nivôse an VIII, enjoignit

au ministre de la police de ne laisser imprimer, publier et distribuer que les journaux ci-après désignés : *le Moniteur universel*, *le Journal des débats et des décrets*, *le Journal de Paris*, *le Bien-informé*, *le Publiciste*, *l'Ami des lois*, *la Clef du cabinet*, *le Citoyen français*, *la Gazette de France*, *le Journal des hommes libres*, *le Journal du soir*, par les frères Chaigneau, *le Journal des défenseurs de la patrie*, *la Décade philosophique*, et les journaux s'occupant exclusivement de sciences, arts, littérature, commerce, annonces et avis. Il est prescrit, au même ministre, de faire un rapport sur tous les journaux, qui s'impriment dans les autres départements, et de supprimer sur-le-champ tous les journaux, qui inséreront des articles contraires au respect dû au pacte social, à la souveraineté du peuple, et à la gloire des armées, ou qui publieront des invectives contre les gouvernements et les nations, amis ou alliés.

Les articles 64 et suivants du sénatus-consulte du 28 floréal an XII, organique de l'Empire, avaient constitué une commission sénatoriale de la liberté de la presse. Elle n'avait pas, dans ses attributions, les ouvrages, qui s'impriment et se distribuent par abonnement et à des époques périodiques. Mais les auteurs, imprimeurs ou libraires, qui se croyaient fondés à se plaindre d'empêchements mis à l'impression et à la circulation d'un ouvrage, pouvaient y recourir directement, et, si la commission le jugeait convenable, elle intervenait auprès du ministre et l'invitait à lever l'empêchement.

Enfin, pendant que le Conseil d'État discutait le Code pénal, le gouvernement s'occupait, de son côté, de l'imprimerie et de la librairie. Il en réglait administrativement le régime par le décret du 5 février 1810.

La Charte de 1814, en reconnaissant aux Français le

droit de publier et de faire imprimer leurs opinions, appela les modifications les plus profondes et les plus radicales dans cette partie de la législation. Parmi les très-nombreux actes législatifs intervenus sur cette matière, je ne rappellerai que les principaux ; j'indiquerai sur le régime de l'imprimerie et de la librairie les lois des 21 octobre 1814; 17 mai 1819; 25 mars 1822; 29 novembre 1830; 9 septembre 1835; le décret des 6-8 mars 1848; les lois des 11-12 août 1848, 27-29 juillet 1849; le décret des 17-23 février 1852; les lois des 2-9 juillet 1861 et 11 mai 1868; sur la poursuite et le jugement de ces crimes et de ces délits, les lois des 26 mai 1819; 25 mars 1822; 8 octobre 1830; 8 avril 1831; 9 septembre 1835; le décret des 6-8 mars 1848; la loi des 27-29 juillet 1849; les décrets des 31 décembre 1851-3 janvier 1852; 17-23 février 1852; les lois des 20 mai 1863; et 11 mai 1868; sur la publication, le cautionnement et le timbre des journaux et écrits périodiques, les lois des 9 juin 1819; 18 juillet 1828; 8 avril 1831; 9 septembre 1835; le décret des 6-8 mars 1848; les lois des 9-12 août 1848; 21-23 avril 1849; 27-29 juillet 1849; 16-23 juillet 1850; les décrets des 17-22 février 1852; 28 mars-2 avril 1852; les loi des 2-4 mai 1861 et 11 mai 1868.

353. Plusieurs de ces lois ont réagi sur les art. 283 et suivants du Code pénal, et les ont, sinon complétement abrogés, du moins singulièrement modifiés.

J'étudierai d'abord ces articles en eux-mêmes et j'en déterminerai la valeur. Je rechercherai ensuite quelles sont celles de leurs dispositions qui sont encore applicables aujourd'hui.

ARTICLE 283.

Toute publication ou distribution d'ouvrages, écrits, avis, bulletins, affiches, journaux, feuilles périodiques ou autres imprimés, dans lesquels ne se trouvera pas l'indication vraie des noms, profession et demeure de l'auteur ou de l'imprimeur, sera, pour ce seul fait, punie d'un emprisonnement de six jours à six mois, contre toute personne, qui aura sciemment contribué à la publication ou distribution.

354. Cet article punit d'un emprisonnement de six jours à six mois toute personne qui a sciemment contribué à la publication ou à la distribution d'ouvrages, écrits, avis, bulletins, affiches, journaux, feuilles périodiques ou autres imprimés, dans lesquels ne se trouve pas l'indication vraie des noms, profession et demeure de l'auteur ou de l'imprimeur.

355. La première condition de ce délit, c'est qu'il y ait eu publication ou distribution. Publier, distribuer un écrit, c'est le répandre dans le public, le porter à sa connaissance par la vente ou la remise gratuite.

Cet élément de l'infraction manquerait donc si l'inculpé s'était borné à présenter une pétition à certaines personnes, dont il voulait obtenir la signature.

Jean-Baptiste Sainte-Colombe, et plusieurs autres, avaient été poursuivis, pour avoir présenté à la signature d'un grand nombre de personnes un écrit, non revêtu du nom de l'imprimeur ni de la demeure de l'auteur, et contenant une pétition à l'Assemblée nationale. Ils avaient été renvoyés des poursuites par le motif que le fait ne rentrait pas dans les prohibitions de l'art. 283. Le pourvoi, que le ministère public forma contre cette décision, fut rejeté « attendu que, s'il est reconnu par le jugement attaqué que les défendeurs ont fait signer par un grand nombre de personnes un imprimé, non revêtu du nom de l'imprimeur, ni de la demeure de l'auteur, et contenant une pétition à l'Assemblée nationale contre la loi électorale alors en discussion ; s'il est même ajouté que plusieurs signatures ont été recueillies dans un café ou dans d'autres lieux publics, il est en même temps précisé que, très-souvent, les prévenus ne donnaient pas lecture, aux signataires, de la pétition et se bornaient à en indiquer l'objet ; qu'il est enfin positivement déclaré, par ce jugement, qu'il n'y a réellement eu ni exposition aux yeux du public, ni diffusion, dans le public, de l'écrit lui-même ; qu'en décidant, par voie de conséquence, qu'il n'y avait pas eu, dans l'espèce, de publication dans le sens de l'art. 283 du Code pénal, le jugement attaqué n'a fait qu'une juste application de cet article. » 10 mars 1851, n° 179. — *Conf.*, 24 janvier 1851, n° 33.

356. Le second élément du délit, que j'étudie, c'est que la publication ou distribution ait eu pour objet des ouvrages, écrits, avis, bulletins, affiches, journaux, feuilles périodiques ou autres imprimés.

A ce point de vue, l'art. 283 est conçu dans les termes les plus généraux et les plus absolus. Il s'étend à tous les imprimés de quelque nature qu'ils soient. C'est le texte même qui nous l'enseigne, en ajoutant les *autres imprimés*, sans exception, à tous ceux qu'il énumère.

Ces prémisses m'autorisent à considérer que l'article 283 est applicable aux différents écrits, que je vais indiquer.

357. Ainsi, cette disposition s'étend à la lithographie et à l'autographie aussi bien qu'à l'imprimerie proprement dite. Cette assimilation, que la Cour de cassation a admise, pour l'interprétation de la loi du 21 octobre 1814, doit avoir également lieu au cas, qui m'occupe. Les raisons de décider sont exactement les mêmes.

François-Alexandre Jeanne, imprimeur autographe, avait omis d'indiquer, sur un écrit autographique, son nom et sa demeure. Il fut poursuivi et condamné à raison de ce fait, en vertu de la loi de 1814. Le pourvoi, qu'il forma, fut rejeté sur ce point « attendu que les dispositions de la loi du 21 octobre 1814 sont générales et absolues ; qu'elles s'appliquent à tous les moyens de multiplier un écrit par l'impression, quels que soient les procédés employés, et par conséquent à la lithogra-

phie et à l'autographie, comme à l'imprimerie proprement dite ; que les mesures de précaution, nécessaires,
dans l'intérêt de l'ordre public, à l'égard de celle-ci,
le sont aussi à l'égard de celles-là, et qu'en admettant
que ce soit à un degré moindre, ce ne saurait être une
raison, pour introduire dans l'application de cette loi
des distinctions, que son texte et ses motifs repoussent. »
9 novembre 1849, nº 295.

358. Les ouvrages, écrits en langue étrangère, sont
compris, comme ceux qui sont écrits en français, dans
l'art. 283.

Firmin Didot avait imprimé un ouvrage espagnol,
intitulé la *Lyra Argentina*, et n'y avait indiqué ni son
nom, ni sa demeure. L'un des motifs, qui le firent renvoyer des poursuites, c'est que l'ouvrage était écrit en
langue espagnole et qu'il n'était pas destiné à être vendu
en France. La Cour de cassation fut, sur l'ordre du
Gouvernement, saisie d'un pourvoi dans l'intérêt de la
loi. M. le procureur général Mourre, après avoir exposé
les faits, ajouta, dans son réquisitoire : « la loi ne distingue pas, non plus, entre les ouvrages écrits en langue
française et ceux qui le sont en langue étrangère ; entre
ceux qui sont destinés à être publiés et vendus en France
et ceux qui doivent être vendus et publiés en pays étrangers ; rien n'empêche (on peut l'observer très-surabon-
damment) que ces derniers ne rentrent sur notre territoire. La circonstance que l'édition entière, moins les
cinq exemplaires déposés, avait été saisie à la douane,
au moment d'être exportée en Amérique, n'était donc
d'aucune influence dans la cause. La Cour royale de
Paris a créé des distinctions, qui ne sont pas dans la loi
et que la loi repousse ; elle a violé les art. 15 et 17 de
la loi du 21 octobre 1814. Les principes, que l'exposant
vient de développer, ont été consacrés par l'arrêt rendu

sur son réquisitoire le 25 juin dernier, dans l'affaire du sieur Pochard, imprimeur de Paris, qui, pourtant, avait apposé son nom à l'ouvrage saisi, mais qui avait négligé seulement d'indiquer sa demeure. » La Cour cassa l'arrêt qui lui était dénoncé, en adoptant les motifs du réquisitoire. 11 novembre 1825, n° 220. Cet arrêt est rendu à l'occasion de la loi du 21 octobre 1814; mais, comme je l'ai indiqué précédemment, la décision est également applicable à l'art. 283.

359. En imprimerie, on distingue les ouvrages, connus sous le nom de labeurs, et ceux que l'on désigne sous le nom d'ouvrages de ville ou bilboquets, comme têtes de lettres, cartes d'adresses, factures, etc. Il peut être douteux que ces derniers soient soumis, comme les autres, à la déclaration et au dépôt préalables, prescrits par les art. 14 et 15 de la loi du 21 octobre 1814, quoique la Cour de cassation l'ait jugé dans son arrêt du 3 juin 1826, n° 107. Mais, ce qui ne l'est pas, c'est qu'ils sont, comme les ouvrages de labeur, des imprimés, régis par l'art. 17 de la loi de 1814 et par l'art. 283 du Code pénal.

André Vial avait été renvoyé des poursuites par la Cour d'Aix, sous le prétexte que l'imprimé, sur lequel il avait omis de mettre son nom et sa demeure, était un ouvrage de ville ou bilboquet. Sur le pourvoi du ministère public, l'arrêt fut annulé « attendu qu'aux termes de l'art. 15, paragraphe 2, de la loi du 21 octobre 1814, chaque exemplaire d'un écrit imprimé doit porter l'indication du nom et de la demeure de l'imprimeur; que cette disposition a pour sanction pénale l'amende prononcée par l'art. 17; qu'elle est générale et absolue, et s'applique, sans distinction, à tout écrit imprimé et publié; que, si, dans l'espèce, la note, objet de la poursuite, a pu être assimilée par l'arrêt attaqué aux écrits désignés sous le nom de bilboquets ou ouvrages de ville, et affranchis, à ce titre, par suite d'anciens usages et de la tolérance de l'administration publique, de la nécessité du dépôt et de la déclaration préalables, prescrits par l'art. 14 de la loi précitée, les motifs, qui ont fait admettre une semblable exception, ne sont nullement applicables à l'insertion du nom et de la demeure de l'imprimeur; que cette dernière obligation, plus importante dans son rapport avec la police de l'imprimerie, ne saurait être enfreinte, sans affecter, d'une manière plus ou moins grave, l'intérêt d'ordre public, qu'ont en vue de protéger les dispositions, spécialement relatives aux imprimeries clandestines; que l'art. 17 susmentionné, en se référant, dans son dernier paragraphe, pour le cas particulier, que ce paragraphe a prévu, à l'art. 283 du Code pénal, démontre que l'intention du législateur a été de maintenir, en ce qui concerne la prescription du n° 2 de l'art. 15, l'énumération, contenue dans ledit art. 283, laquelle comprend tout ouvrage, écrit, avis, bulletins, affiches, journaux, feuilles périodiques ou autres imprimés; que, dès lors, la note, dont il s'agit au procès, ne pouvait, par sa nature, échapper à cette prescription. » 5 juillet 1845. n° 224. — *Conf.*, 16 août 1839, n° 260; 11 janvier 1856, n° 14.

360. Les bulletins électoraux sont littéralement compris dans l'art. 283. Car, pour être électoral, un bulletin n'en reste pas moins un bulletin, et comme les bulletins figurent, sans distinction ni réserve, dans l'art. 283, il est évident que cette disposition atteint les bulletins électoraux comme les autres.

361. Cet article s'étend-il aux ouvrages écrits à la main? Je ne le crois pas. Le sentiment, que j'adopte, s'appuie sur l'esprit général de la section, dont cette disposition fait partie, et sur la lettre de plusieurs de ses dispositions. En effet, il est évident, ce me semble, que, dans cette section, le législateur n'a eu, à peu près, pour but que de prévenir les écarts de la presse anonyme et pseudonyme. C'est ce qui ressort des travaux préparatoires du Code. En outre, le texte des art. 284, 285 et 290 ne parle que d'écrits imprimés. Une relation intime et directe existant entre ces articles et l'art. 283, il faut en conclure que ce dernier article n'est relatif, comme les autres, qu'à ces sortes d'écrits.

362. La troisième condition de l'infraction, que j'examine, c'est qu'il ne se trouve pas, dans l'imprimé, l'indication vraie des noms, profession et demeure de l'auteur ou de l'imprimeur.

La fausseté de l'indication est, aussi bien que son absence, constitutive du délit. Effectivement, dans un cas comme dans l'autre, l'imprimé est dépourvu de l'indication vraie, que demande la loi.

363. Pour que l'infraction existe, il faut que l'imprimé manque des deux indications, de celle qui concerne l'imprimeur comme de celle qui concerne l'auteur. Si l'une des deux s'y trouve, il n'y a pas lieu à l'application de l'art. 283, comme la Cour de cassation l'a jugé, en statuant sur le pourvoi, formé par le sieur Bocher contre un arrêt de la Cour de Paris, « attendu que la réunion de ces deux conditions est nécessaire à la constitution de ce délit ; qu'en prononçant contre le demandeur la peine de la confiscation, sans énoncer que les imprimés, dont il s'agissait, ne portaient pas les indications, relatives à leurs auteurs, et en se bornant à déclarer l'omission des nom et demeure de l'imprimeur, l'arrêt attaqué a faussement appliqué, et dès lors violé les art. 283 et 286 du Code pénal. » 25 juin 1852, n° 208.

364. La Cour de cassation a jugé qu'il suffisait que

l'imprimeur eût omis d'indiquer sa demeure sur l'imprimé pour qu'il eût encouru les peines des art. 15 et 17 de la loi du 21 octobre 1814.

Pochard, imprimeur à Paris, avait négligé d'indiquer sa demeure sur une brochure, sortant de ses ateliers. La Cour de Paris le renvoya des poursuites, dont il fut l'objet, « attendu que, dans l'espèce, l'imprimeur est suffisamment connu ; qu'ainsi la contravention, imputée à Pochard, n'est pas suffisamment établie. » Sur un pourvoi, formé dans l'intérêt de la loi, cet arrêt fut annulé « attendu que, d'après les art. 15 et 17 de la loi du 21 octobre 1814, tout imprimeur, qui n'indique pas, sur chaque exemplaire des ouvrages, sortis de ses presses, sa vraie demeure, doit être condamné à une amende de trois mille francs ; que la loi n'admet aucune composition à cet égard, ni aucune distinction arbitraire sur le fait de savoir si cette demeure de l'imprimeur est plus ou moins connue ; que, dès que la contravention est constante, les tribunaux ne peuvent, sans violation de la loi, ne pas appliquer la peine, et que, s'il y a des circonstances particulières, qui paraissent atténuantes, telles que le défaut d'intérêt ou tout autre, c'est au Gouvernement ou aux administrations, dans la partie qui leur est déléguée, à apprécier ces circonstances, et, s'il y a lieu, à modérer, même à faire la remise des peines ; attendu, néanmoins, qu'étant constant et reconnu, en fait, par le jugement et l'arrêt confirmatif, que le sieur Pochard, imprimeur à Paris, poursuivi par le ministère public, à l'occasion d'une brochure, sortie de ses presses, sur les exemplaires de laquelle il n'avait point indiqué sa demeure, a été renvoyé de l'action, par le seul motif, exprimé dans le jugement de première instance, que, *dans l'espèce, l'imprimeur était suffisamment connu, et qu'ainsi la contravention, imputée à Pochard, n'était pas.*

suffisamment établie, motif adopté dans l'arrêt dénoncé, et qui, dès lors, lui est devenu propre ; d'où il suit que ledit arrêt a violé formellement les articles de loi ci-dessus cités. » 25 juin 1825, n° 124.

Ces principes sont également applicables à l'art. 283. Cependant, il y aurait, ce me semble, une rigueur excessive à les adopter, dans le cas où l'imprimeur est si bien connu qu'indiquer son nom, c'est indiquer sa demeure.

365. Le délit ne serait pas effacé, parce qu'il serait démontré que l'omission est due à la maladresse de l'ouvrier. Le devoir de l'imprimeur est, en effet, de vérifier l'imprimé, avant de le laisser sortir de ses presses, et d'en empêcher la publication, s'il ne satisfait pas aux injonctions de la loi.

La Cour de cassation l'a jugé dans l'espèce suivante, sur les art. 15 et 17 de la loi du 21 octobre 1814.

Léonce Lavergne, imprimeur, avait été poursuivi à raison de la contravention, prévue par ces deux articles. La Cour de Paris l'avait absous, sous le prétexte que l'omission était imputable à la maladresse d'un ouvrier. Sur le pourvoi du ministère public, l'arrêt fut cassé « attendu que la contravention, prévue par les art. 15 et 17 de la loi du 21 octobre 1814 existe par le seul fait matériel de l'omission du nom et de la demeure de l'imprimeur sur chaque exemplaire de l'écrit imprimé ; qu'à la vérité, tant qu'aucun exemplaire n'est sorti de l'imprimerie, l'imprimeur peut échapper à toutes peines, en corrigeant la feuille, sur laquelle manquent les énonciations exigées, ou en la supprimant et la remplaçant par une feuille régulière ; mais que la contravention est consommée dès qu'il a laissé sortir de ses ateliers un seul exemplaire défectueux ; que l'erreur, commise lors du tirage, et la négligence de l'imprimeur à s'assurer, avant la livraison, de la régularité des imprimés, sortant de ses presses, ne peuvent être admises comme des excuses, propres à faire disparaître la contravention ; et attendu que l'arrêt attaqué, tout en reconnaissant, en fait, que l'un des exemplaires de l'imprimé, dont il s'agissait au procès, avait été distribué, sans porter le nom et la demeure de l'imprimeur, a cependant renvoyé le prévenu des poursuites, sur le motif que cette omission était le résultat d'une maladresse de l'ouvrier, et qu'on l'avait réparée, aussitôt qu'on s'en était aperçu ; qu'en cela il y a eu violation formelle des art. 15 et 17 de la loi du 21 octobre 1814. » 12 décembre 1844, n° 394.

Cet arrêt est évidemment applicable au cas, mentionné en l'art. 283. Il importe peu que l'omission ait eu lieu par une raison ou par une autre ; il suffit qu'elle existe pour que celui qui aura contribué à la publication ou distribution de l'imprimé, ait encouru la peine de cet article.

366. Mais, et c'est là le dernier élément du délit, réprimé par l'art. 283, il faut que cette coopération ait eu lieu sciemment, c'est-à-dire que celui, qui a contribué à la publication ou à la distribution, ait su que l'imprimé ne contenait pas l'indication vraie des noms, profession et demeure de l'auteur ou de l'imprimeur.

Telle était la valeur primitive de l'art. 283.

367. L'a-t-il conservée ?

Il n'a été atteint ni par les lois des 10 décembre 1830 et 16 février 1834 sur les crieurs publics, ni par l'art. 6 de la loi du 27 juillet 1849 sur la presse. Ces lois ont réglé l'exercice de la distribution, sans se préoccuper de la nature des écrits, qui seraient distribués ou colportés.

Mais il a été modifié par la loi du 21 octobre 1814, à l'égard des imprimeurs et des libraires.

L'art. 17 de cette loi dispose : « Le défaut d'indication, de la part de l'imprimeur, de son nom et de sa
demeure, sera puni d'une amende de trois mille francs.
L'indication d'un faux nom ou d'une fausse demeure,
sera punie d'une amende de six mille francs, sans
préjudice de l'emprisonnement, prononcé par le Code
pénal. »

L'art. 19 ajoute : « Tout libraire, chez qui il sera
trouvé, ou qui sera convaincu d'avoir mis en vente,
ou distribué un ouvrage, sans nom d'imprimeur, sera
condamné à une amende de deux mille francs, à moins
qu'il ne prouve qu'il a été imprimé avant la promulgation de la présente loi. L'amende sera réduite à mille
francs, si le libraire fait connaître l'imprimeur. »

Avant la loi de 1814, les imprimeurs et les libraires,
comme les autres distributeurs, n'encouraient la peine
de l'art. 283 que si l'imprimé omettait, en même temps,
les noms et demeure de l'auteur ; les noms et demeure
de l'imprimeur. Depuis cette loi, la situation n'est plus
la même.

Dans le principe, il leur suffisait, comme à tous autres,
d'établir que l'imprimé indiquait le nom et la demeure
de l'auteur, pour qu'ils fussent complétement absous.

Aujourd'hui, c'est tout différent. L'indication des
noms et demeure de l'auteur ne les justifie plus entièrement.

Quoiqu'il s'agisse d'un écrit, qui porte cette indication, l'imprimeur, aux termes de l'art. 17 de la loi de
1814, continue à encourir une amende de trois mille
francs, s'il a omis d'indiquer son nom et sa demeure ; il
encourt une amende de six mille francs, sans préjudice
de l'emprisonnement, prononcé par le Code pénal, si
l'écrit porte l'indication d'un faux nom et d'une fausse
demeure.

De son côté, d'après l'art. 19 de la même loi, le libraire, chez qui l'on trouve ou qui met en vente et distribue un ouvrage sans nom d'imprimeur, est, dans tous les cas, passible d'une amende de deux mille francs, réduite, dans certaines circonstances, à mille francs, quoique l'imprimé porte l'indication du nom et de la demeure de l'auteur.

Ces modifications sont les seules qui aient été apportées à l'art. 283. Du moins, je n'en connais pas d'autres. Il en résulte que cet article est resté ce qu'il était pour les distributeurs autres que les imprimeurs et les libraires. Quant à ceux, qui ont l'une ou l'autre de ces qualités, ils ne trouvent plus dans cette disposition le moyen de justification complète qu'elle leur présentait avant la loi de 1814. Sans doute, si l'imprimé porte le nom et la demeure de l'auteur, ils continuent à être affranchis de la peine de l'art. 283. Mais l'omission de l'indication vraie du nom et de la demeure de l'imprimeur les rend justiciables de la loi de 1814 et, par conséquent, les soumet à une amende, pour un fait qui, auparavant, restait sans répression.

ARTICLE 284.

Cette disposition sera réduite à des peines de simple police :—1° à l'égard des crieurs, afficheurs, vendeurs ou distributeurs, qui auront fait connaître la personne de laquelle ils tiennent l'écrit imprimé ; —2° à l'égard de quiconque aura fait connaître l'imprimeur ; — 3° à l'égard même de l'imprimeur, qui aura fait connaître l'auteur.

368. Objet de cet article.—Révélation.—Excuse.
369. Peine de simple police applicable.

370. Modifications apportées à cet article par les lois postérieures.

368. Cet article donne à la personne, qui a contribué à la publication ou distribution, le moyen de se
rédimer, en partie, de la peine qu'elle a encourue.

Cette peine sera réduite à une peine de simple police,
à l'égard des crieurs, afficheurs, vendeurs ou distributeurs, qui auront fait connaître la personne de laquelle
ils tiennent l'écrit imprimé; à l'égard de quiconque aura
fait connaître l'imprimeur ; à l'égard même de l'imprimeur qui aura fait connaître l'auteur.

369. La peine de simple police est celle qui est
énoncée dans les art. 475, n° 13, et 477, n° 3, du
Code.

370. Cet article est demeuré applicable aux distributeurs, qui ne sont ni libraires ni imprimeurs. Mais il
a cessé de l'être à ceux qui exercent l'une ou l'autre de
ces professions.

L'atténuation, qu'il autorise, ne peut plus être réclamée par l'imprimeur, qui, après avoir omis de porter
l'indication vraie de son nom et de sa demeure sur
l'ouvrage, sorti de ses presses, ferait connaître le nom
de l'auteur, puisque le défaut de l'indication, qui le
concerne, est, d'après l'art. 17 de la loi du 21 octobre
1814, puni, dans tous les cas, tantôt d'une amende de
trois mille francs, tantôt d'une amende de six mille
francs.

Le bénéfice de l'art. 284 échappe également au libraire, convaincu d'avoir mis en vente ou distribué un
ouvrage sans nom d'imprimeur, puisque, d'après l'article 19 de la loi de 1814, il encourt, pour ce fait seul,
une amende de deux mille francs, que cette amende
n'est réduite que dans le cas où il fait connaître l'im-

primeur, et que la réduction ne s'abaisse jamais au-dessous de mille francs.

ARTICLE 285.

Si l'écrit imprimé contient quelques provocations à des crimes ou délits, les crieurs, afficheurs, vendeurs et distributeurs, seront punis comme complices des provocateurs, à moins qu'ils n'aient fait connaître ceux dont ils tiennent l'écrit contenant la provocation. En cas de révélation, ils n'encourront qu'un emprisonnement de six jours à trois mois, et la peine de complicité ne restera applicable qu'à ceux qui n'auront point fait connaître les personnes dont ils auront reçu l'écrit imprimé, et à l'imprimeur, s'il est connu.

371. Objet de cet article.
372. Il n'a pas été modifié par les lois qui l'ont suivi.

371. Cet article suppose que l'imprimé, anonyme ou pseudonyme, contient quelques provocations à des crimes ou à des délits.

Dans ces cas, les peines, ordonnées par les art. 283 et 284, se modifient notablement.

Les distributeurs, au lieu de n'encourir qu'un emprisonnement de six jours à six mois, sont punis, comme complices des provocateurs, des peines encourues par ceux-ci.

En cas de révélation, au lieu de n'être atteints que par des peines de simple police, ils deviennent passibles d'un emprisonnement de six jours à six mois. Quant à l'imprimeur, il ne peut pas, même en dénonçant l'auteur, se soustraire aux peines de la complicité.

372. Cet article a conservé toute son autorité. Il n'a été abrogé ni expressément par l'art. 26 de la loi du 17 mai 1819, ni virtuellement par aucune autre disposition.

ARTICLE 286.

Dans tous les cas ci-dessus, il y aura confiscation des exemplaires saisis.

373. Article conservé. — La confiscation qu'il prononce n'est pas abolie.

373. Cet article ordonne la confiscation des exemplaires saisis, à raison des infractions, prévues dans les articles qui précèdent.

Il est évident, selon moi, qu'il n'est pas abrogé. La confiscation, qu'il prononce, est une confiscation spéciale, que la Constitution n'a pas abolie.

ARTICLE 287.

Toute exposition ou distribution de chansons, pamphlets, figures ou images, contraires aux bonnes mœurs, sera punie d'une amende de seize francs à cinq cents francs, d'un emprisonnement d'un mois à un an, et de la confiscation des planches et des exemplaires, imprimés ou gravés, des chansons, figures ou autres objets du délit.

374. Cet article est applicable aux ouvrages à la main comme aux autres, aux ouvrages avec nom d'auteur ou d'imprimeur comme aux ouvrages anonymes.
375. Modifications qu'il a subies.

374. L'art. 287 s'applique aux écrits de toute nature, aux ouvrages à la main comme aux ouvrages imprimés, aux ouvrages avec nom d'auteur et d'imprimeur, comme aux ouvrages dépourvus de ces indications.

375. Il n'a pas été formellement abrogé : il n'est pas compris, parmi les articles du Code, mentionnés dans l'art. 26 de la loi du 17 mai 1819.

Il a donc conservé son autorité, en tant qu'il n'est pas inconciliable avec les lois, qui l'ont suivi.

Quoique les faits, qu'il prévoit, aient été, de nouveau, prévus par l'art. 8 de la loi du 17 mai 1819, il n'en demeure pas moins applicable, dans la partie qui ordonne la confiscation, cette disposition n'ayant rien d'incompatible avec l'article de la loi de 1819, ni avec aucun autre.

ARTICLE 288.

La peine d'emprisonnement et l'amende, prononcées par l'article précédent, seront réduites à des peines de simple police : — 1° à l'égard des crieurs, vendeurs ou distributeurs, qui auront fait connaître la personne, qui leur a remis l'objet du délit ;—2° à l'égard de quiconque aura fait connaître l'imprimeur ou le graveur; — 3° à l'égard même de l'imprimeur ou du graveur, qui auront fait connaître l'auteur ou la personne, qui les aura chargés de l'impression ou de la gravure.

376. Objet de l'article.—Révélation.—Excuse.
377. Cet article est-il abrogé ?—Arrêt.
378. Observations sur l'application même de l'article.

376. L'art. 288 accorde aux révélateurs une réduction de peine, analogue à celle dont nous nous sommes occupés sous l'art. 284.

377. Est-il abrogé? La question n'est pas sans difficulté.

Les uns soutiennent que cet article, n'étant que le corollaire de l'art. 287, a été abrogé, en même temps que celui-ci, par la loi du 17 mai 1819.

Cette opinion a été suivie par la Cour de Paris, dans l'espèce suivante.

Onfroy et Garnier étaient poursuivis pour distribution d'écrits, contraires aux bonnes mœurs. Garnier, ayant déclaré que c'était Onfroy, qui lui avait remis les ouvrages, réclamait le bénéfice de l'art. 288. Le tribunal de première instance écarta cette excuse. Sur l'appel de Garnier, le jugement fut confirmé « considérant que les dispositions de l'art. 287 du Code pénal ont été virtuellement abrogées par les lois des 17 et 26 mai 1819; qu'il en est de même des dispositions de l'art. 288, qui, par son texte même, se réfère à l'article précédent. » Paris, 7 avril 1853; *Journ. pal.*, 1853, t. 1, p. 661.

Les autres répondent que l'art. 288 n'est pas compris parmi ceux, dont l'art. 26 de la loi de 1819 prononce l'abrogation et qu'il se concilie aussi facilement avec l'art. 8 de cette loi, qui n'a fait que remplacer l'art. 287 du Code, qu'avec cet article lui-même; ils ajoutent que cette conciliation se conçoit d'autant mieux que l'art. 8 de la loi de 1819 et l'art. 287 du Code prononcent exactement la même peine.

Cette opinion me paraît préférable à l'autre.

378. Mais, je ferai remarquer, d'abord, que la révélation, faite par les crieurs, ne les rédimerait pas des peines particulières, qu'ils auraient encourues, à raison de contraventions aux lois, qui leur sont personnelles; ensuite, que le n° 2 de l'art. 288 ne peut recevoir d'application qu'au cas où l'imprimeur ou le graveur est inconnu ; enfin que les imprimeurs ne pouvant, d'après l'art. 24 de la loi du 17 mai 1819, être recherchés pour le simple fait d'impression, à moins qu'ils n'aient agi sciemment, il s'ensuit qu'ils ne peuvent être dans la nécessité de recourir à l'excuse de l'art. 288 que dans le cas où ils ont concouru sciemment à l'exposition ou à la distribution. Autrement, n'ayant commis aucun délit, ils ont mieux qu'une excuse, ils sont complétement justifiés.

ARTICLE 289.

Dans tous les cas, exprimés en la présente section, et où l'auteur sera connu, il subira le *maximum* de la peine attachée à l'espèce du délit.

379. Cet article régit toute la section.
380. Comment il a été modifié.

379. Cet article réagit sur toute la section. Il prononce contre l'auteur de l'écrit le maximum de la peine encourue.

380. Est-il abrogé ? C'est encore une question assez vivement débattue.

D'une part, on prétend qu'il a été virtuellement abrogé par la loi du 17 mai 1819, avec l'esprit de laquelle il serait inconciliable.

D'autre part, on répond qu'il ne figure pas parmi les dispositions du Code, expressément abrogées par cette loi ; on ajoute que, s'il est devenu inapplicable aux faits qui, au lieu de trouver leur répression dans le Code pénal, sont devenus justiciables de la loi du 17 mai, il n'y a aucune raison pour qu'il ne conserve pas sa vertu primitive à l'égard des délits, qui continuent à être régis par le Code pénal.

Cette dernière opinion est, évidemment, celle qu'il faut suivre. En effet, il est hors de doute que l'art. 289, n'ayant pas été formellement abrogé, est resté la sanction des dispositions du Code pénal, que les lois postérieures n'ont pas atteintes.

ARTICLE 290.

Tout individu, qui, sans y avoir été autorisé par la police, fera le métier de crieur ou afficheur d'écrits imprimés, dessins ou gravures, même munis des noms d'auteur, imprimeur, dessinateur ou graveur, sera puni d'un emprisonnement de six jours à deux mois.

381. Disposition primitive.
382. Loi du 10 décembre 1830.
383. Loi du 16 février 1834.
384. Loi du 27 juillet 1849 (art. 6) ; elle régit aujourd'hui la matière.
385. Cette disposition est conçue dans les termes les plus généraux.—Conséquences.
386. Suite.—Elle est applicable à quiconque fait acte de distribution et de colportage.—Arrêts.
387. Suite.—Elle interdit les distributions, faites au domicile du distributeur comme les autres.—Arrêt.
388. Suite.—Elle punit l'auteur, qui colporte son écrit comme celui qui répand l'écrit d'autrui.—Arrêts.
389. Suite.—Elle n'est pas applicable à l'associé, qui distribue à ses coassociés l'écrit, imprimé à frais communs. — Arrêt.
390. Suite. — Elle n'est pas applicable à l'employé, qui vend un journal au siége même de l'administration de ce journal.—Arrêt.

381. L'art. 290 punissait d'un emprisonnement de six jours à deux mois tout individu qui, sans y avoir été autorisé par la police, faisait le métier de crieur ou afficheur d'écrits imprimés, dessins ou gravures, même munis des noms d'auteur, imprimeur, dessinateur ou graveur.

382. Le Gouvernement de juillet crut pouvoir se montrer moins exigeant envers les afficheurs, les crieurs, les vendeurs ou distributeurs de la rue. Pour exercer leur métier, ils n'eurent plus qu'à faire une déclaration à l'autorité municipale. La loi du 10 décembre 1830 abrogea, par son art. 9, l'art. 290 et le remplaça par son art. 2, lequel est ainsi conçu : « Quiconque voudra exercer, même temporairement, la profession d'afficheur ou de crieur, de vendeur ou distributeur sur la voie publique, d'écrits imprimés, lithographiés, gravés ou à la main, sera tenu d'en faire préalablement la déclaration devant l'autorité municipale et d'indiquer son domicile. Le crieur ou afficheur devra renouveler cette déclaration chaque fois qu'il changera de domicile. »

383. Mais on ne tarda pas à ressentir les effets déplorables d'une liberté si illimitée. La loi du 16 février 1834 fut obligée de revenir au régime du Code pénal. En voici le texte : « Art. 1er. Nul ne pourra exercer, même temporairement, la profession de crieur, de vendeur ou de distributeur, sur la voie publique, d'écrits, dessins ou emblèmes imprimés, lithographiés, autographiés, moulés, gravés ou à la main, sans autorisation préalable de l'autorité municipale. Cette autorisation pourra être retirée. Les dispositions ci-dessus sont applicables aux chanteurs sur la voie publique. — Art. 2. Toute contravention à la disposition ci-dessus sera punie d'un emprisonnement de six jours à deux mois, pour la première fois, et de deux mois à un an, en cas de récidive. Les contrevenants seront traduits devant les tribunaux correctionnels, qui pourront, dans tous les cas, appliquer les dispositions de l'art. 463 du Code pénal. »

Cette loi fut encore loin de pourvoir à toutes les difficultés. Elle ne concernait que ceux qui exerçaient le métier de crieur, de vendeur ou de distributeur; elle tolérait, par suite, en ne les réglant pas, les faits individuels de vente et de distribution.

Cette tolérance fut plus d'une fois préjudiciable à l'ordre public.

384. La loi du 27 juillet 1849 la supprima. L'article 6 de cette loi, qui régit aujourd'hui la matière, dispose que : « Tous distributeurs ou colporteurs de livres, écrits, brochures, gravures et lithographies, devront être pourvus d'une autorisation, qui leur sera délivrée, pour le département de la Seine, par le préfet de police, et pour les autres départements, par les préfets. Ces autorisations pourront toujours être retirées par les autorités, qui les auront délivrées. Les contrevenants seront condamnés, par les tribunaux correctionnels, à un emprisonnement d'un mois à six mois, et à une amende de vingt-cinq francs à cinq cents francs, sans préjudice des poursuites, qui pourraient être dirigées pour crimes ou délits, soit contre les auteurs ou éditeurs de ces écrits, soit contre les distributeurs ou colporteurs eux-mêmes. »

385. Cette disposition est, comme on le remarque, conçue dans les termes les plus généraux et les plus absolus ; on ne doit pas s'ingénier à lui donner des limites, qui en méconnaîtraient l'étendue.

386. Elle s'applique à tous ceux qui sont convaincus d'avoir distribué ou colporté des livres, écrits, brochures, gravures et lithographies ; il n'y a plus à rechercher si l'agent de distribution exerce ou non le métier de distributeur.

Chrétien Dujoncquoy et Poitou étaient convaincus d'avoir distribué la lettre de Noël Parfait, représentant d'Eure-et-Loir, à ses commettants. Néanmoins, ils avaient été renvoyés des poursuites, sous le prétexte qu'ils n'exerçaient pas la profession de distributeurs. Sur le pourvoi du ministère public, le jugement du tribunal supérieur de Chartres fut annulé « attendu que la loi du 10 décembre 1830, qui n'exigeait, pour la distribution des écrits sur la voie publique, qu'une déclaration préalable, n'imposait cette obligation qu'à ceux qui exerçaient la *profession* de distributeurs ; que la loi du 16 février 1834, qui prescrit la nécessité d'une autorisation de l'autorité municipale, ne s'applique également qu'à l'exercice de la *profession* ; attendu que le législateur de 1849 qui, pour un ordre de faits nouveaux, a créé des moyens nouveaux de surveillance, n'a pas reproduit, dans l'art. 6 de la loi du 27 juillet, la condition de la *profession*, et n'emploie que des expressions générales et absolues, « tous distributeurs *ou* colporteurs de livres, *écrits*, brochures, etc., devront être pourvus d'une autorisation qui leur sera délivrée, etc... ; » qu'il distingue ainsi la qualité de distributeur de la profession de colporteur ; attendu qu'en présence de termes aussi généraux il n'y a plus lieu de rechercher si l'agent de distribution exerce ou non la profession de distributeur, mais seulement si les faits, imputés aux prévenus, sont de nature à constituer une distribution illégale ; attendu, en fait, que le jugement attaqué reconnaît et constate que les prévenus ont distribué un écrit imprimé (Lettre de Noël Parfait, représentant d'Eure-et-Loir, à ses commettants), et qu'il est également établi qu'ils n'étaient pas pourvus d'une autorisation ; qu'il les renvoie néanmoins de la poursuite par le motif qu'ils n'exerçaient pas la *profession de distributeurs* ; en quoi le jugement a méconnu les termes formels de la loi nouvelle, introduit une distinction qui était supprimée, et violé, en ne l'appliquant pas, l'article 6 de la loi ci-dessus visée. » 15 février 1850, n° 60. — *Conf.*, 25 avril 1850, n° 136 ; 12 décembre 1862, n° 273 ; 7 mars 1863, n° 85.

387. La loi de 1849 interdit les distributions faites au domicile du distributeur comme les autres.

Benoît Desquesnes, après avoir placé une annonce

sur la façade de sa boutique, avait distribué à divers individus plusieurs exemplaires d'un écrit. Il se pourvut contre l'arrêt de la Cour de Douai, qui l'avait condamné à raison de ce fait. Mais son pourvoi fut rejeté « attendu que la loi du 27 juillet 1849 n'a pas reproduit les termes des lois des 16 décembre 1830 et 16 février 1834 *sur les afficheurs et crieurs publics*, et que, sous l'empire de cette nouvelle loi, l'infraction, prévue par l'art. 6, n'est plus soumise à la condition de l'exercice *de la profession de distributeurs*, ni à la circonstance de distribution sur *la voie publique* ; attendu que ledit article est conçu en termes généraux et absolus, et que les tribunaux ne pourraient, sans excès de pouvoir, y introduire des exceptions, repoussées par le législateur ; qu'il s'applique, dès lors, à toutes distributions publiques de livres, écrits, brochures, etc., à titre gratuit ou onéreux, soit au *dehors*, soit à *domicile ;* attendu que la profession de peintre, du demandeur, dispense la Cour d'examiner le sens de l'art. 6 dans sa relation avec les lois de police, qui régissent le commerce de la librairie ; attendu qu'il est judiciairement constaté que Benoît Desquesnes, après avoir placé une annonce contre un carreau de vitre d'une fenêtre, prenant jour sur la voie publique, d'une pièce au rez-de-chaussée de la maison qu'il occupe, a distribué plusieurs exemplaires d'un écrit à plusieurs individus, et qu'en le déclarant, par suite, coupable de distribution d'écrits sans autorisation, et en le condamnant à trois francs d'amende, le jugement attaqué, loin de violer l'art. 6 précité, en a fait une saine application. » 25 avril 1850, n° 136.

388. Cet article punit aussi bien l'auteur qui colporte son propre écrit que celui qui répand l'écrit d'autrui.

Amable Bruchet avait colporté, sans autorisation préalable, des exemplaires imprimés d'une lettre qu'il

adressait à ses concitoyens. Il fut renvoyé des poursuites, dirigées contre lui, par le motif que ce colportage
n'était pas défendu par l'art. 6 de la loi du 27 juillet
1849. Sur le pourvoi du ministère public, la décision
fut annulée « attendu que la disposition de cet article,
loin d'être restreinte, comme les lois du 10 décembre
1830 et du 16 février 1834, aux crieurs, vendeurs ou
distributeurs de *profession*, comprend même le simple
fait accidentel de la distribution ou du colportage de
livres, écrits, brochures, gravures et lithographies,
puisqu'elle est *générale et absolue*; qu'elle s'applique,
conséquemment, par la même raison, aussi bien à l'auteur, qui colporte son écrit, qu'à l'individu, qui ne répand que l'écrit d'autrui ; et, attendu que le jugement
dénoncé reconnaît, dans l'espèce, qu'Amable Bruchet a
colporté, dans sa commune, des exemplaires imprimés
d'une lettre par lui adressée à ses concitoyens, sans
avoir préalablement obtenu l'autorisation du préfet ;
que ce fait constitue une violation manifeste de la loi
précitée ; qu'il suit de là que ledit jugement a commis
une violation expresse de cet article, en refusant de lui
appliquer la peine, qu'il prononce. » 6 juin 1850,
nº 187. — *Conf.*, 26 avril 1862, nº 118.

389. Cependant quelque généraux que soient les
termes, employés par la loi de 1849, ils ne s'étendent
pas aux membres d'une association fraternelle, qui se
borne à distribuer, dans son domicile et à d'autres associés, les statuts de l'association, imprimés aux frais de
la société. C'est ce que la Cour de cassation a jugé, en
annulant, sur le pourvoi du sieur Peigné, un jugement
du tribunal supérieur de Troyes « attendu que les
juges de première instance, en acquittant le prévenu,
avaient déclaré, en fait, que la brochure, dont le demandeur était inculpé d'avoir opéré la distribution,

contenait les statuts de l'association fraternelle des travailleurs du canton de Méry-sur-Seine ; qu'elle avait été imprimée aux frais de la société, et que les exemplaires n'en avaient été remis par le demandeur, membre de l'association, que dans son domicile et à d'autres associés seulement ; attendu que, quelle que soit la généralité de ses termes, l'article 6 de la loi du 27 juillet 1849 ne s'étend pas à un partage d'exemplaires entre copropriétaires, effectué dans de pareilles circonstances ; que les juges d'appel n'ont pu, sans contredire cette constatation des faits, réformer la décision de première instance, et appliquer au prévenu les peines de l'article précité, et qu'en le faisant le jugement attaqué a violé ledit article. » 11 avril 1851, n° 141.

390. La loi de 1849 est également inapplicable à l'employé d'une feuille périodique, qui vend cette feuille, au siége de l'administration, pour le compte du journal, à ceux qui viennent en demander un exemplaire.

Joseph Meyselle, employé de l'administration du journal *le Peuple*, était prévenu d'avoir, au fond de l'allée de la maison, dans laquelle étaient établis les bureaux de cette feuille, et dans l'embrasure d'une porte, donnant accès dans l'atelier où on l'imprimait, vendu plusieurs exemplaires de ce journal, pour le compte de ses propriétaires, aux individus qui venaient le demander. Il fut renvoyé des poursuites. Le pourvoi, formé contre cette décision par le ministère public, fut rejeté « attendu que la vente des numéros d'un journal, légalement publié, au siége de l'établissement, et pour le compte des propriétaires, ne rentre pas dans la disposition de l'article 6 de la loi du 27 juillet 1849, et que le préposé à cette vente ne peut être obligé à se pourvoir préalablement de l'autorisation du préfet ; attendu que des procès-verbaux il résulte, et qu'il est d'ailleurs

constaté, par l'arrêt attaqué, que c'est au fond de l'allée
de la maison, dans laquelle sont établis les bureaux du
journal *le Peuple*, et dans l'embrasure d'une porte donnant entrée dans la pièce où on l'imprime, que Meyselle,
employé de l'administration dudit journal, le vend pour
le compte de l'administration à ceux qui viennent en
demander un exemplaire, sans qu'aucune écriture ou
affiche indique que là se vend le journal; que, dans ces
circonstances, en déclarant que Meyselle n'avait point
contrevenu à l'article 6 précité, loin de violer la loi,
l'arrêt en a fait au contraire une juste et saine application. » 3 juillet 1851, n° 623.

391. La loi de 1849 est-elle applicable aux libraires
qui exercent cette profession sans brevet, c'est-à-dire
indûment?

Il faut, je crois, résoudre cette question par une distinction.

Si, en dehors de son commerce, le libraire a fait acte
de distribution ou de colportage, la loi de 1849 lui est
applicable.

Au contraire, il n'y contrevient pas s'il se borne à
vendre les objets de son commerce.

Les arrêts suivants semblent démontrer que tel est le
sentiment de la Cour de cassation.

Dans une première espèce, le tribunal supérieur de
Saint-Omer avait appliqué l'art. 6 de la loi du 27 juillet
1849 à Delcloque, qui faisait le commerce de la librairie,
sans être muni d'un brevet. Le jugement avait reconnu
que Delcloque vendait habituellement des livres, mais
il n'avait constaté contre le prévenu aucun fait de distribution ou de colportage, en dehors de ce commerce.
Sur le pourvoi de Delcloque, la condamnation fut annulée « attendu que l'article 6 de la loi du 27 juillet 1849,
qui dispose que tous distributeurs et colporteurs de

livres et écrits devront être porteurs d'une autorisation préfectorale, n'a explicitement ni implicitement modifié les lois relatives au commerce de la librairie ; qu'aux termes de l'article 11 de la loi du 21 octobre 1814, nul ne peut être libraire, s'il n'est breveté et assermenté ; que les règles, relatives à la délivrance et au retrait soit de l'autorisation des distributeurs ou colporteurs, soit du brevet de libraire, diffèrent essentiellement, en ce qui touche les conditions de leur application et le but qu'elles se proposent ; qu'elles ont pour objet des faits et des intérêts distincts ; et attendu qu'il est reconnu, en fait, par le jugement attaqué, que Delcloque vend habituellement des livres et fait le commerce de la librairie, sans être muni d'un brevet de libraire, mais que ce jugement ne constate contre le prévenu aucun fait de distribution ou de colportage en dehors de ce commerce ; que le fait de l'exercice de la profession de libraire, sans avoir rempli les conditions légales, peut rendre le prévenu passible des mesures administratives, autorisées par la loi pour faire cesser un commerce illicite ; mais que l'article 6 de la loi du 27 février 1849, qui ne s'applique qu'aux agents de distribution et colportage, prévus par cette loi, ne saurait s'étendre aux libraires, même non brevetés, dont l'établissement est permanent et a pour objet le commerce ordinaire de la librairie ; que, par conséquent, en appliquant au prévenu les peines, portées par cet article, le jugement attaqué a fait une fausse application et violé les dispositions de la loi. » 28 mars 1851, nº 124.— *Conf.*, 21 août 1851, n° 345.

Dans une autre espèce, l'arrêt attaqué avait reconnu que Chaufour et Renoux avaient été arrêtés sur la voie publique et dans diverses maisons, colportant des brochures et livraisons de divers ouvrages, dont aucun n'était placé sous une enveloppe, indiquant le nom et l'adresse des acheteurs et des souscripteurs ; il avait ajouté que, si les inculpés avaient produit des listes et bulletins, qui, suivant eux, leur avaient été confiés par un libraire, dont ils prétendaient être les employés, ces listes et bulletins n'avaient pour but que de masquer la distribution illicite, à laquelle ils se livraient. C'est après avoir fait ces déclarations, que l'arrêt avait appliqué aux prévenus la loi de 1849. Le pourvoi, formé par les condamnés, fut rejeté « attendu que, si la loi précitée de 1849 n'est pas applicable au commerce légitime de la librairie, il peut résulter des circonstances du colportage, dénoncées à la justice, que les faits, reprochés aux prévenus, constituent le délit, prévu et réprimé par les dispositions précitées ; qu'en décidant que les faits, qu'il constatait, constituaient un des modes les plus dangereux de publication, et rentraient dans l'application de la loi du 27 juillet 1849, l'arrêt attaqué, loin d'en étendre ou dénaturer les dispositions, l'a sainement interprété. » 2 septembre 1852, n° 305.

392. La loi de 1849 comprend, sans réserve ni exception, tous les livres, écrits, brochures, gravures et lithographies, quelles que soient leur nature et leur forme ; 20 mai 1854, n° 168. Il faut en conclure qu'elle s'étend à toutes les espèces, que je vais indiquer.

393. Elle prohibe les distributions des défenses judiciaires, avant l'introduction de l'action en justice. En effet, les immunités, accordées à ces sortes d'écrits par l'art. 14, titre II, de la loi des 16-24 août 1790, et l'art. 23 de la loi du 17 mai 1819, ne concernent que les instances, ouvertes et pendantes devant les tribunaux.

Le sieur Bocher avait distribué des écrits sans autorisation. L'un de ses moyens de défense fut de soutenir que ces écrits étaient relatifs à une instance, qui était sur le point de s'engager. La Cour de cassation rejeta ce moyen « attendu que les art. 14, titre II, de la loi du 24 août 1790, et 23 de la loi du 17 mai 1819, se rapportent exclusivement au cas d'une instance, ouverte et pendante devant les tribunaux ; attendu que les immunités inviolables de la défense judiciaire, reconnues et consacrées par ces articles, n'ont pu recevoir une atteinte quelconque, dans l'espèce, de l'application, faite au demandeur, des peines édictées par l'art. 6 précité, les distributions déclarées à sa charge ayant eu lieu antérieurement à l'introduction, au nom de ses mandants, de toute action en justice. » 25 juin 1852, n° 208.

Le sieur Mirès était prévenu d'avoir colporté et distribué, fait colporter et distribuer sans autorisation, une brochure imprimée ayant pour titre : Lettre à M. Dupin, procureur général à la Cour de cassation. La Cour de Douai, après avoir reconnu que la brochure avait été colportée et qu'elle se rattachait, non à une instance pendante, mais à un pourvoi précédemment jugé, avait appliqué à Mirès l'art. 6 de la loi de 1849. Le pourvoi, que celui-ci forma contre cet arrêt, fut rejeté « attendu que l'art. 6 de la loi du 27 juillet 1849 interdit, par mesure générale de police préventive, le colportage et la distribution des livres, écrits, brochures, sans une autorisation spéciale de l'administration ; attendu qu'il a été reconnu, par l'arrêt attaqué, que le prévenu avait, le 28 juillet dernier, à Douai, colporté et distribué, fait colporter et distribuer, à profusion, sur la voie publique, sans autorisation du préfet du Nord, une brochure imprimée, ayant pour titre : *Lettre à M. Dupin, procureur général près la Cour de cassation*, par J. Mirès, laquelle est signée de ce nom ; qu'il est également déclaré, par l'arrêt, que cette lettre avait trait, non à l'instance, pendante devant la Cour de Douai, mais seulement à un pourvoi, dans l'intérêt de la loi, sur lequel il avait antérieurement été statué définitivement par la Cour de cassation, constatation qui est souveraine, dès qu'elle porte, non sur l'appréciation des éléments constitutifs d'un délit, que renfermerait la brochure même, mais sur la corrélation de celle-ci avec des faits et un délit, existant en dehors d'elle ; attendu qu'en décidant qu'une pareille distribution n'était point soustraite à la prohibition de l'art. 6 de la loi du 27 juillet par le principe, qui garantit les droits de la légitime défense devant les tribunaux, et en condamnant le prévenu aux peines de cet article, l'arrêt attaqué n'a fait qu'une juste et saine application des règles de la matière, de l'article précité et de l'art. 14, titre II, de la loi du 24 août 1790. » 7 mars 1863, n° 85.

394. La loi du 27 juillet 1849 interdit également la distribution des listes de candidats à une élection.

Brun et Palun avaient colporté et distribué, sans avoir obtenu l'autorisation du préfet du département, des listes imprimées, portant ce titre : *Candidats à l'élection pour le conseil municipal d'Avignon.* Ils furent renvoyés des poursuites, sous le prétexte que l'art. 6 de la loi de 1849 ne s'appliquait pas à l'espèce, un simple bulletin d'élection ne pouvant être considéré comme un écrit. Sur le pourvoi du ministère public, la décision fut annulée « attendu qu'il est constaté par le procès-verbal et reconnu par le jugement attaqué que les nommés Brun et Palun avaient colporté et distribué, sans avoir obtenu l'autorisation du préfet du département, des listes imprimées, portant ce titre: « *Candidats à l'élection pour le conseil municipal d'Avignon* ; » attendu que le tribunal correctionnel d'Avignon et celui de Carpentras, statuant sur appel, en adoptant les motifs des premiers juges, ont relaxé les prévenus à cet égard, par le motif que l'art. 6 de la loi du 27 juillet 1849 ne pouvait s'appliquer à l'espèce, un simple bulletin d'élection ne devant pas être considéré comme un écrit ; attendu que la loi ne fait aucune distinction entre la nature et le caractère des écrits ; que ses dispositions sont générales et absolues ; que le mot générique d'écrit comprend ceux qui sont imprimés ; qu'ainsi il y avait lieu de considérer comme écrits, dont la distribution devait être précédée de l'autorisation du préfet du département, les listes de candidats, dont il s'agit, et qu'en refusant d'appliquer au fait reconnu les dispositions de l'art. 6 de la loi du 27 juillet 1849, le jugement attaqué a fait une fausse interprétation dudit article et en a violé les dispositions. » 27 septembre 1855, n° 333. La Cour de renvoi ayant persisté dans la doctrine du jugement précédemment annulé, l'affaire fut portée devant les chambres réunies. L'arrêt fut cassé « attendu qu'il résulte, en fait, d'un jugement rendu par le tribunal correctionnel d'Avignon, le 25 juillet 1855, et d'un arrêt de la Cour impériale d'Aix, du 28 décembre suivant, confirmatif de ce jugement, que Brun et Palun ont, le 13 juillet 1855, distribué, dans la ville d'Avignon, sans autorisation du préfet, des listes imprimées, portant ce titre : « *Candidats à l'élection pour le conseil municipal d'Avignon* ; » qu'ils ont été renvoyés des fins de la poursuite, par le motif que l'art. 6 de la loi du 27 juillet 1849 ne s'appliquait pas aux faits prouvés contre eux ; attendu, en droit, que la disposition générale de cet article n'est pas limitée, comme celle des lois antérieures sur le colportage, aux individus en faisant métier ou profession, mais s'étend à tout colporteur ou distributeur de livres, écrits, brochures,

IV.   27

gravures, lithographies, quels que soient sa qualité, son intérêt, le caractère accidentel ou non de la distribution ; attendu, à un autre point de vue, que, si le but principal de la loi du 27 juillet 1849 paraît avoir été de mettre un terme à la diffusion des petits écrits, pour atteindre plus sûrement ce but, l'art. 6 soumet à l'autorisation des préfets la distribution de tous les écrits, quelles qu'en soient la forme ou l'étendue ; que, dans les lois préventives et notamment dans les lois sur le colportage, l'expression générique *écrit* a toujours été prise dans un sens large en rapport avec la nature de ces lois, dont le but ne serait pas atteint, si elles n'étaient pas mises à portée de rechercher, même sous les dehors les plus inoffensifs, le mal caché, qu'elles se proposent, non de punir, mais d'arrêter à son origine ; attendu qu'il est impossible de ne voir, dans les listes de candidats à une élection, que l'instrument matériel du vote ; que, dans la pensée de ceux, qui les rédigent, comme dans les réalités du fait, elles sont surtout la manifestation d'une opinion, d'un vœu, manifestation adressée à l'intelligence des électeurs, en vue d'éveiller leurs sympathies, de diriger ou d'obtenir leurs suffrages ; que le candidat use, sans doute, d'un droit légitime, auquel protection est due, mais que, dans l'exercice de ce droit, l'abus peut encore se glisser ; qu'en effet, chacun des noms, ainsi publiés, a sa valeur morale, sa signification politique ; que rien n'est plus facile, au moyen de certaines combinaisons, que de diriger contre des personnes, portées sur ces listes, sans leur participation, à leur insu ou contre leur gré, les imputations les plus offensantes et les plus coupables ; que la seule apparition, sur des listes répandues en grand nombre et au loin, de certaines candidatures flétries ou seulement défendues par la loi, pourrait, sui-

vant les temps, les lieux ou l'état des esprits, occasionner un scandale, un trouble, peut-être même un
péril public ; que les dangers, attachés surtout aux distributions, qui touchent non à des intérêts privés, mais
à des intérêts d'ordre public et d'administration générale, sont précisément ceux que la loi a voulu conjurer ;
qu'au point de vue de l'art. 6 de la loi du 27 juillet
1849, une liste de candidats à une élection est donc un
écrit, dont la distribution doit être soumise à l'autorisation du préfet, à moins d'une exception formelle ;
attendu que cette exception se trouvait, et encore sous
certaines conditions, dans la loi du 21 avril 1849 ; mais
que cette loi qui, d'ailleurs, ne s'appliquait qu'aux élections parlementaires, a été abrogée par l'art. 11 de la loi
du 16 juillet 1850 ; attendu, sans qu'il soit besoin d'examiner la question de savoir si l'art. 10 de cette dernière
loi ne s'applique pas exclusivement aux élections législatives, ou s'il serait possible d'étendre, par analogie,
aux listes de candidats, l'immunité, qu'il consacre en
faveur des circulaires et professions de foi, que le bénéfice de cette immunité ne pouvait, dans aucun cas, être
invoqué par les prévenus, qui n'avaient pas rempli les
conditions de la loi, en signant et en déposant au parquet du procureur impérial la liste distribuée par eux ;
attendu que les différentes lois sur les élections ne contiennent aucune dérogation expresse ou même implicite
au principe absolu de la loi du 27 juillet 1849 ; attendu
enfin que cette dérogation ne peut pas non plus s'induire de la loi politique, qui consacre le suffrage universel et la liberté des élections ; qu'il n'est point porté
atteinte à cette liberté par des précautions, dont la nécessité a dû se révéler, surtout, sous l'empire d'un droit
aussi étendu que le suffrage universel ; que la distribution des listes de candidats n'est pas interdite, qu'elle

est seulement soumise à une surveillance, qui ne doit pas être légèrement mise en suspicion ; surveillance établie non contre l'usage légitime, mais contre l'abus du droit ; que, d'ailleurs, en dehors des ressources extraordinaires du colportage, les électeurs et les candidats trouveront toujours dans les moyens de publicité, d'envoi ou même de distributions ordinaires, tels que les journaux et la poste, indépendamment des franchises spéciales accordées, par la loi du 16 juillet 1850, aux circulaires et professions de foi, des facilités suffisantes à l'effet d'entrer pleinement en communication les uns avec les autres et de remplir, dans toute sa sincérité, le devoir public, pour lequel ils auront été convoqués ; attendu, en conséquence, que la distinction, admise par la Cour d'Aix, n'était justifiée à aucun point de vue, et qu'en refusant d'appliquer à Brun et Palun l'art. 6 de la loi du 27 juillet 1849, cette Cour en a formellement violé la disposition. » 25 mars 1856, nº 118. — *Conf.*, 16 novembre 1855, nº 358 ; — Ch. réun., 28 mars 1856, nº 124 ; 3 avril 1856, nº 134 ; — Ch. réun., 30 janvier 1857, nº 38.

Les prévenus Michel et Melin avaient distribué, sans autorisation, des bulletins électoraux, relatifs à l'élection d'un membre du conseil d'arrondissement pour le canton de Montel. L'arrêt, qui les avait renvoyés des poursuites fut, comme les précédents, annulé par la Cour de cassation, 11 juillet 1862, nº 169.

Esmenard avait été cité devant le tribunal correctionnel de Marseille, pour avoir distribué des listes imprimées de candidats, à l'occasion des élections des prud'hommes, sans en avoir obtenu l'autorisation. La Cour d'Aix le renvoya des poursuites, sous le prétexte que les prohibitions de la loi de 1849 n'atteignaient pas la distribution de simples bulletins contenant, sans aucun commentaire, le nom des candidats proposés pour les élections. Sur le pourvoi du ministère public, l'arrêt fut annulé « attendu que les dispositions de l'art. 6 de la loi du 27 juillet 1849 sont générales et absolues ; qu'elles punissent toute distribution d'écrits, quelles que soient leur nature ou leur forme, leur étendue ou leur brièveté, faite sans autorisation du préfet ; que, dans ce mot générique *écrits*, sont nécessairement compris ceux qui sont imprimés ; que, dès lors, l'imprimé, renfermant la liste des candidats, colportée par Esménard, devait être qualifié d'écrit, et soumis, par conséquent, à l'autorisation préalable, exigée par la loi pour en valider la distribution. » 20 mai 1854, n° 168.

395. Enfin la loi de 1849 est même applicable à la distribution de circulaires, relatives aux intérêts privés d'un commerçant.

Micolli avait remis, par lui-même, au domicile de plusieurs personnes, une circulaire concernant ses intérêts privés. La Cour de Dijon l'avait renvoyé des poursuites, par la raison que la loi de 1849 ne regardait pas de semblables écrits. L'arrêt fut cassé « attendu que l'arrêt constate que Micolli a remis, par lui-même, au domicile de plusieurs personnes, une circulaire concernant des intérêts privés ; que la disposition de l'article 6 de la loi du 27 juillet 1849 est générale et absolue, et qu'elle exclut toute distinction, motivée sur le caractère de la distribution non autorisée et sur la qualité du distributeur ; que, si l'arrêt ajoute que la lettre circulaire était cachetée et portait l'adresse des destinataires, il ne constate point que son envoi fût le résultat soit d'une convention antérieure, soit même d'une relation personnelle du signataire avec les destinataires ; que, dans cet état, en décidant que cette distribution, personnellement faite par le prévenu, ne peut constituer le délit prévu par l'art. 6 de la loi du 27 juillet 1849, l'arrêt attaqué a commis une violation formelle de cette loi. » 26 avril 1862, n° 118.

396. Au contraire, on ne saurait voir le colportage d'écrits, prévu et puni par la loi de 1849, dans le fait de présenter à la signature de plusieurs personnes une pétition, même imprimée, adressée à l'autorité compétente. Cette loi suppose, en effet, comme condition essentielle de la contravention, la remise ou la vente de l'écrit colporté.

Dominique Caubet avait, sans autorisation préalable, porté, dans diverses maisons de la ville d'Auch, une pétition, pour y faire apposer des signatures. La Cour d'Agen lui avait, à raison de ce fait, appliqué la loi de 1849. Sur son pourvoi, l'arrêt fut annulé « attendu qu'il résulte de l'arrêt attaqué que Dominique Caubet aurait porté, dans deux maisons de la ville d'Auch, une pétition, pour y faire apposer des signatures, et que ledit Caubet ne s'était pas pourvu d'une autorisation du préfet ; attendu qu'on ne saurait voir dans les faits, ainsi déterminés, le colportage d'écrits, prévu et puni par la loi ci-dessus visée, qui suppose toujours, comme condition nécessaire de la contravention, la remise ou la vente de l'écrit colporté ; attendu qu'en décidant autrement et en étendant aux faits, retenus à la charge du prévenu, la disposition de l'art. 6 de la loi du 27 juillet 1849, l'arrêt attaqué a commis un excès de pouvoir et violé l'article précité. » 9 août 1850, n° 252. — Conf., 18 juillet 1850, n° 228 ; 7 février 1851, n° 56.

397. On s'est demandé si la distribution, faite par l'intermédiaire de la poste aux lettres, constituait une infraction à la loi de 1849. Certains tribunaux et certaines Cours l'avaient pensé. Mais la Cour de cassation a constamment jugé le contraire ; elle a considéré que

cette loi ne prohibait que les faits de distribution personnelle.

Le sieur Thieffries avait, sans autorisation préalable, déposé, au bureau de poste de Saint-Amand, trente exemplaires d'un écrit autographié, lesquels, placés sous enveloppes cachetées, étaient adressés à diverses personnes, qui les avaient reçus. A raison de ce fait, la Cour de Douai avait prononcé contre Thieffries la peine de l'art. 6 de la loi du 27 juillet 1849. Sur le pourvoi du condamné, l'arrêt fut annulé « attendu que cet arrêt reconnaît et déclare que, dans le courant de novembre 1852, et sans autorisation préalable, le demandeur a déposé au bureau de poste de Saint-Amand (Nord), trente exemplaires d'un écrit autographié, spécifié audit arrêt, lesquels, placés sous enveloppes cachetées, étaient adressés à diverses personnes auxquelles ils sont parvenus ; que le même arrêt ne relève à la charge du demandeur aucun fait de distribution personnelle, distinct et indépendant du dépôt, dont il vient d'être parlé ; qu'ainsi ce dépôt a servi seul de base à la poursuite et motivé la condamnation prononcée ; attendu qu'il ne constitue pas, néanmoins, la contravention, prévue et punie par l'art. 6 de la loi précitée ; qu'il résulte, en effet, du texte et de l'esprit de cette loi, que cette contravention, quelle que soit, d'ailleurs, la peine édictée, existe par le fait matériel de la distribution des écrits, et par ce fait seul, sans qu'il y ait eu lieu de rechercher la culpabilité des colporteurs ou distributeurs, au point de vue moral et intentionnel ; que cette interprétation peut seule assurer à la disposition de la loi son entière efficacité ; que la contravention ne saurait donc exister que sous la condition d'établir directement et personnellement, contre les inculpés, un fait matériel de colportage ou de distribution ; attendu, à cet égard, que c'est à tort que l'arrêt attaqué pose en principe que le fait est légalement justifié et caractérisé par le simple dépôt des écrits au bureau de poste ; que c'est s'éloigner évidemment de la vérité même des choses que de confondre ainsi le dépôt antérieur, et préalable à la distribution, avec la distribution elle-même, qui ne s'accomplit, en réalité, qu'au moment où la remise des écrits est effectuée entre les mains des tiers destinataires ; d'où il suit qu'à s'en tenir au texte de la loi, et à ne considérer que la matérialité du fait, ce ne sont pas les déposants, mais bien les préposés de l'administration des postes, qui sont les agents actifs et personnels de la distribution ; attendu, d'ailleurs, que les lois et les règlements ont attribué à ces préposés la mission de distribuer les écrits de toute nature, confiés à la poste, et que, sous ce rapport, ils sont pleinement accrédités et autorisés ; qu'on ne pouvait exiger que ces préposés, pour opérer légalement la distribution des écrits, soient soumis, indépendamment de l'autorisation générale, inséparable de l'exercice de leurs fonctions, à l'autorisation préfectorale, sans attaquer, à sa base même, l'ordre hiérarchique entre les diverses branches du pouvoir administratif, et sans porter une grave perturbation dans une des parties les plus importantes du service public ; attendu, enfin, que, s'il est vrai que le législateur de juillet 1849, dans sa juste préoccupation des abus et des dangers du colportage des écrits, ait voulu l'atteindre dans tous les cas et jusque dans les faits de distribution individuelle, accomplis en dehors des habitudes du colportage, il n'est pas moins certain qu'il n'a point voulu, à titre et sous peine de contravention, soumettre à l'autorisation préalable des préfets, la distribution, par la voie de la poste, des écrits de toute origine et de toute nature ; qu'il résulte, en effet, de toutes les circonstances, qui ont accompagné la discussion de la loi du 27 juillet 1849, que nul ne songeait alors à introduire, dans la législation existante, une modification aussi radicale que celle qui consiste-rait à conférer à l'administration le droit nouveau de supprimer à son gré toutes les communications écrites, même celles qui, sans sortir du cercle des relations do-mestiques et privées, affectent, à tous les points de vue et sous toutes les formes, les intérêts si nombreux et si divers de la vie civile et sociale ; attendu qu'en déci-dant le contraire, l'arrêt attaqué a fait une fausse ap-plication de l'art. 6 de la loi du 27 juillet 1849, et gravement méconnu son esprit. » 8 avril 1853, n° 128. — *Conf.*, 17 août 1850, n° 262 ; 2 juillet 1853, n° 342.

398. Les médailles, qui sont un produit de l'art des graveurs, sont comprises dans le terme générique de gravures.

Lalanne, Sibot et Pradal avaient colporté et distri-bué, sans autorisation, des médailles en cuivre avec effigie et inscription. Ils furent absous, sous le prétexte que le fait n'était pas prévu par la loi de 1849. Sur le pourvoi du ministère public, la décision fut cassée « attendu que les médailles, quoiqu'elles ne soient pas nommées dans l'art. 1er de la loi du 17 mai 1819, sont au nombre des moyens de publication, que cet article indique comme pouvant servir à commettre des délits ; que cela résulte, en tant que de besoin, des dispositions de la loi du 27 juillet 1849, puisque, d'une part, ses art. 1er, 2 et 3, qui définissent des délits, se réfèrent expressément à l'art. 1er de la loi du 17 mai 1819, et que, d'autre part, son art. 16 comprend les médailles parmi les objets, que le ministère public est autorisé à poursuivre par voie de citation directe ; attendu que l'art. 6 de la même loi qui, dans le but de prévenir les

abus et les dangers du colportage, soumet les distributeurs ou colporteurs de livres, écrits, brochures, gravures et lithographies, à être pourvus d'une autorisation du préfet, doit être considéré comme n'étant point
limitatif, et s'interpréter comme l'art. 1er de la loi du
17 mai 1819; qu'ainsi les médailles, qui sont un des
produits de l'art du graveur, y sont comprises dans le
terme générique de gravures; attendu, d'ailleurs, que
le décret du 5 germinal an XII, spécial aux médailles,
en assujettissant, par son art. 4, les particuliers, qui font
frapper des médailles, aux lois et règlements généraux
de police, qui concernent l'imprimerie, indique que,
sous le rapport de la police, les médailles doivent être
assimilées aux produits de l'imprimerie, ce qui confirme encore l'interprétation, donnée ci-dessus aux lois
des 17 mai 1819 et 27 juillet 1849. » 6 septembre 1851,
n° 373.

399. Quelle que soit la rigueur de la loi de 1849,
elle permet, cependant, de ne pas confondre la simple
communication officieuse du livre, de l'écrit, de la brochure avec le colportage et la distribution, comme la
Cour de cassation l'indique dans son arrêt du 29 avril
1859, n° 112.

400. Le fait, prévu par l'art. 6 de la loi du 27 juillet
1849, constitue une contravention et non un délit. La loi
elle-même le qualifie de contravention, et ce n'est pas
sans raison, car il en a les caractères; il est indépendant
de l'intention et de la moralité de celui qui l'exécute, il
est purement matériel.

401. Par suite, les faits de complicité, s'il en existe,
restent impunis. Il résulte, des art. 59 et 60 du Code pénal, que la loi ne réprime que la complicité des crimes
et des délits, à moins qu'il n'en soit autrement ordonné
par une disposition expresse.

La Cour de Toulouse, en se bornant à déclarer Casenave coupable de complicité, pour avoir, avec connaissance, aidé ou assisté l'auteur de la distribution illicite, dans les faits qui l'avaient préparée, facilitée ou consommée, lui avait appliqué l'art. 6 de la loi de 1849. Sur le pourvoi du condamné, l'arrêt fut annulé « attendu que, d'après les art. 59 et 60 du Code pénal, les complices d'un crime ou d'un délit doivent être punis de la même peine que les auteurs de ce crime ou de ce délit; que ces dispositions de la loi pénale sont restreintes aux complices de toute action, qualifiée crime ou délit; attendu que l'art. 6 de la loi du 27 juillet 1849, qui oblige tous colporteurs ou distributeurs de livres, écrits, brochures, etc., à se pourvoir de l'autorisation de l'administration supérieure, est une disposition préventive et de police, qui a pour objet de soumettre à une surveillance rigoureuse tout fait de colportage ou de distribution d'écrits de toute nature; que ce fait, purement matériel, constitue non un délit, mais une simple contravention; que la loi, qui est spéciale, l'a ainsi qualifié; qu'elle l'a dénommé de cette manière, bien qu'elle lui appliquât les peines, ordinairement applicables aux délits seuls; qu'elle le considère et qu'elle le punit indépendamment de l'intention et de la moralité de l'agent, comme aussi indépendamment du caractère plus ou moins répréhensible des écrits colportés ou distribués, et que, sous ce dernier rapport encore, elle le fait nécessairement rentrer dans la classe des simples contraventions en général; attendu que, suivant la même pensée de la loi, cette contravention existe toutes les fois que, sans autorisation préalablement obtenue, on a accompli directement un fait quelconque de distribution ou de colportage d'écrits; mais, en même temps, elle ne réside que dans ce fait unique et personnel à

l'agent de la distribution ou du colportage; qu'un acte
de cette nature est, par lui-même, exclusif des éléments
constitutifs de la complicité ordinaire, puisqu'il ne peut
se séparer de la personne de celui par qui il a été accompli; attendu que l'arrêt attaqué, sans relever aucun
fait direct et personnel de distribution à la charge de
Casenave, s'est borné à le déclarer complice pour avoir,
avec connaissance, aidé ou assisté l'auteur de la distribution illicite, dans les faits qui l'ont préparée, facilitée
ou consommée; que l'arrêt fait résulter ces actes de
complicité de ce que celui qui avait été choisi pour cette
distribution agissait pour le compte et par les ordres de
Casenave; de ce que ce dernier seul avait intérêt à cette
distribution, et parce qu'elle s'est opérée sur des listes
de personnes dont il avait lui-même fourni les noms et
les adresses dans les arrondissements de Toulouse, de
Saint-Gaudens et autres; attendu que chacun de ces
faits, pris en lui-même, n'implique pas une participation directe dans la distribution; que la loi ne pouvait
atteindre Casenave qu'autant qu'il se serait constitué
lui-même colporteur ou distributeur des écrits; qu'il
est impossible d'étendre à ces cas les dispositions des
art. 59 et 60 du Code pénal, qui statuent uniquement
sur la complicité des crimes et délits, et qu'il s'agit ici
d'un fait purement matériel, réputé et qualifié simple
contravention par les lois de la presse et par la loi générale; qu'en le jugeant autrement, l'arrêt attaqué a
faussement appliqué, et, par suite, violé les art. 59 et 60
du Code pénal, et l'art. 6 de la loi du 27 juillet 1849. »
11 avril 1856, n° 149.

402. L'art. 463 du Code pénal est-il applicable à la
contravention, que j'étudie?

Cet article est, d'après ses termes, exclusivement applicable aux faits prévus par le Code pénal. Pour qu'il

soit permis d'étendre ses dispositions à des lois spéciales, il est nécessaire que ces lois l'autorisent expressément.

La loi du 27 juillet 1849 dispose, dans son art. 23,
que « l'art. 463 du Code pénal est applicable aux délits
prévus par la présente loi. — Lorsqu'en matière de délits
le jury aura déclaré l'existence de circonstances atténuantes, la peine ne s'élèvera jamais au-dessus de moitié
du maximum déterminé par la loi. »

Cet article concerne-t-il les contraventions comme les
délits de la loi de 1849?

C'est là qu'est la difficulté. Pour mon compte, je serais
assez disposé à croire que cette assimilation n'est pas
juridique, et que l'art. 23 de la loi de 1849 n'est applicable, comme son texte l'indique, qu'aux délits proprement dits. Cependant, je n'insisterai pas autrement sur
cette question, que la Cour de cassation a résolue tout
autrement, en rejetant le pourvoi, formé par le ministère
public contre un arrêt de la Cour de Poitiers; « attendu
que, s'il est de principe général, d'une part, que l'article 463 du Code pénal n'est point applicable, de plein
droit, aux délits prévus par des lois spéciales, d'autre
part, que cet article, alors même qu'il est étendu aux
délits de la presse, n'est point applicable de plein droit
aux contraventions commises dans cette matière, il est
également de principe qu'on ne peut refuser de l'appliquer même auxdites contraventions, lorsqu'elles n'ont
pas été exceptées, du bénéfice de cette disposition d'indulgence, par la loi même qui les a prévues et réprimées; attendu qu'il ressort, de l'ensemble et de l'esprit
de la loi du 27 juillet 1849, que cette loi n'a pas distingué entre les contraventions et les délits; qu'en premier lieu, il résulte de l'intitulé même du chapitre, auquel
appartiennent les art. 6 et 7 précités, qu'elle a entendu

comprendre et qu'elle a compris, en effet, sous le mot générique *délits*, toutes les infractions, de quelque nature qu'elles fussent, sur lesquelles il allait être disposé dans ce chapitre; qu'en deuxième lieu, l'art. 23 de ladite loi dispose, en termes généraux, que l'art. 463 est applicable *aux délits prévus par la présente loi;* et non d'une manière restrictive, *aux délits commis par la voie de la presse;* qu'il comprend, dès lors, toutes les infractions énumérées dans la loi; qu'en troisième lieu, la division, en deux paragraphes, dudit article achève de manifester la pensée du législateur; qu'en effet, après avoir, dans le premier, déclaré applicable l'art. 463, sans aucune restriction, aux délits qui viennent d'être définis, l'article cité modifie, dans la seconde partie, ledit art. 463, et limite les pouvoirs de la Cour, par une disposition nouvelle, pour les délits qui doivent être soumis au jury; qu'il suit de là que le législateur a eu en vue la double compétence du tribunal correctionnel et du jury, et qu'il a, par suite, attribué aux deux juridictions la même faculté de reconnaître l'existence des circonstances atténuantes; attendu, dès lors, qu'en faisant état, dans la cause, de ces circonstances, la Cour impériale de Poitiers, loin de fausser les articles de la loi ci-dessus visée, en a fait une juste application. » 17 août 1860, n° 198.

403. En terminant sur la loi du 27 juillet 1849, je ferai remarquer qu'elle cesse d'être applicable, lorsque la distribution des écrits a été autorisée par une disposition spéciale, comme dans les cas mentionnés aux articles 14, titre II de la loi des 16-42 août 1770 et 23 de la loi du 17 mai 1819.

SECTION VII.

Des associations ou réunions illicites.

404. Le Code, dans cette section, ne s'occupe que des associations de plus de vingt personnes ; il n'en punit que les chefs, directeurs ou administrateurs, et ne les punit que d'une amende de seize francs à deux cents francs. Il ne distingue pas les associations, qui procèdent en cachette, de celles qui opèrent au grand jour ; il applique aux unes et aux autres la même répression. Il s'abstient de réglementer les réunions publiques, qui ne procèdent pas d'associations de vingt personnes, et, à plus forte raison, les réunions privés.

405. Ces dispositions suffirent à l'Empire et à la Restauration. Mais elles ne tardèrent pas à devenir inefficaces sous le Gouvernement de juillet. Plusieurs associations s'étaient formées sur divers points du royaume. Poursuivies et condamnées, elles se fractionnèrent en groupes de moins de vingt personnes, afin d'éviter, s'il était possible, par ce stratagème, l'application de l'article 291 du Code pénal. Ce fut ainsi que se constitua, notamment, *la Société des Droits de l'homme,* dont les audacieux projets amenèrent la loi du 10 avril 1834.

Cette loi compléta et corrobora les dispositions du Code pénal.

L'art. 291 de ce Code devint applicable aux associations, partagées en sections. Tous les membres de l'association furent punissables d'un emprisonnement de deux mois à un an, et d'une amende de cinquante francs à mille francs. En cas de récidive, ces peines pouvaient être portées au double et, dans le même cas, le condamné pouvait être placé sous la surveillance de la haute police.

La loi du 10 avril 1834, comme le Code pénal, régit également les associations secrètes et les associations publiques. Comme ce Code, elle s'abstint d'interdire les réunions publiques et privées. « Jamais on n'a confondu, disait M. Hervé, dans la discussion de la loi de 1834, le droit de se réunir avec la faculté de s'associer; se réunir, c'est vouloir s'éclairer et penser ensemble; s'associer, c'est vouloir se concerter, se compter et agir. La différence est immense. » M. Martin, du Nord, ajoutait : « Les réunions et les associations ne doivent pas être confondues. Les réunions ont pour cause des événements imprévus, instantanés, temporaires ; le motif venant à cesser, la réunion cesse avec lui. Les associations, au contraire, ont un but déterminé et permanent; un lien unit entre eux les associés. Jusqu'à présent, personne n'a pensé que les réunions eussent été atteintes par l'art. 291, ne craignez pas qu'elles le soient davantage par la loi, que nous discutons. » « Nous faisons, disait le garde des sceaux, une loi contre les associations et non pas une loi contre les réunions accidentelles et temporaires, qui auraient pour objet l'exercice d'un droit constitutionnel. » La distinction entre les associations et les réunions a été reproduite devant la Chambre des Pairs. « La loi n'autorise pas plus, répétait M. Rœderer, à inquiéter qu'à interdire les réunions soit fortuites soit habituelles ; elle ne regarde que les associations. La portée politique de la loi ne va pas plus loin que les associations, formant Etat dans l'Etat, et qui, comme disait Mathieu Molé, placent un corps vivant dans le cœur de la nation. »

Sous l'empire de cette législation, les réunions publiques ne peuvent être réglementées et interdites que par l'autorité municipale, chargée par la loi des 16-24 août 1790, titre XI, art. 3, de veiller au maintien du bon ordre dans les endroits où il se fait de grands rassemblements d'hommes, tels que les foires, marchés, réjouissances et cérémonies publiques, spectacles, jeux, cafés, églises et autres lieux publics. Quant aux réunions privées ou particulières, elles ne purent être l'objet d'aucune réglementation ou interdiction.

406. Tel était l'état de la législation au moment de la révolution de 1848.

Alors des clubs s'ouvrirent de toutes parts. Si le club présentait le caractère d'une association de plus de vingt personnes, son ouverture constituait une infraction au Code pénal et à la loi du 10 avril 1834. S'il n'avait pas ce caractère, il n'était qu'une réunion publique, permise par la loi et n'étant soumise qu'à la réglementation ou à l'interdiction de l'autorité municipale.

Ces considérations étaient, assurément, hors de saison en 1848. Dans sa proclamation du 19 avril, le Gouvernement se déclare protecteur des clubs, qui, selon lui, sont pour la république un besoin, et pour les citoyens un droit ; il ajoute cependant « si la discussion libre est un droit et un devoir, la discussion armée est un danger ; elle peut devenir une oppression. Si la liberté des clubs est une des plus inviolables conquêtes de la révolution, des clubs, qui délibèrent en armes, peuvent compromettre la liberté elle-même, exciter la lutte des passions, et en faire sortir la guerre civile. Le Gouvernement provisoire, fidèle à son principe, veut la sécurité dans l'indépendance des opinions. Il ne peut vouloir que les armes soient mêlées aux délibérations. »

Usant des droits qu'elle trouvait, ou dans le Code pénal et la loi du 10 avril 1834, ou dans la loi des 16-24 août 1790, ou dans son autorité dictatoriale, la commission du pouvoir exécutif ordonnait, le 22 mai, la fermeture des clubs de Raspail et de Blanqui.

407. Le décret des 28 juillet-2 août 1848, assimilant deux situations, que les gouvernements antérieurs à la République n'avaient pas confondues, réglemente tous les clubs, ceux qui n'étaient que des réunions publiques, comme ceux qui pouvaient présenter le caractère d'une association illicite.

L'ouverture de tout club ou réunion publique sera précédée d'une déclaration, faite par les fondateurs, à Paris, à la préfecture de police, et, dans les départements, au maire et au préfet. Cette déclaration indiquera les noms, qualités et domiciles des fondateurs ; le local, les jours et heures des séances. Les édifices publics ou communaux ne pourront être affectés, même temporairement, à ces réunions. Les clubs seront publics ; les séances ne pourront se prolonger au delà de l'heure, fixée par l'autorité pour la fermeture des lieux publics. L'autorité, qui aura reçu la déclaration, pourra déléguer, pour assister aux séances, un fonctionnaire de l'ordre administratif ou judiciaire. Ce fonctionnaire y prendra une place spéciale, à son choix, et devra être revêtu de ses insignes.

Le même décret distingue les sociétés secrètes des associations illicites, qui agissent publiquement. Il n'exige pas, pour les réprimer, qu'elles soient de plus de vingt personnes. Il les interdit, quel que soit le nombre de leurs membres ; il punit, d'un emprisonnement de six mois à deux ans, d'une amende de cent à cinq cents francs et de la privation des droits civiques de un à cinq ans, ceux qui sont convaincus d'avoir fait partie d'une société secrète. Il permet de porter la peine au double contre les chefs et les fondateurs.

Ce décret a pris encore bien d'autres précautions contre les écarts de la liberté. Comme le faisait remarquer M. le ministre d'Etat, à la séance du Corps législatif du 18 mars 1868 (*Mon.* du 19), dans toute la législation sur le droit de réunion, il est le seul acte qui ait soumis les réunions privées à une certaine réglementation. Il distingue entre celles qui sont fondées dans un but non politique, et celles dont le but est politique. On peut établir les premières, en faisant préalablement connaître à l'autorité municipale le local et l'objet de la réunion, et les noms des fondateurs, administrateurs et directeurs. A défaut de déclaration, ou en cas de fausse déclaration, la réunion est fermée immédiatement, et les membres peuvent être poursuivis comme ayant fait partie d'une société secrète. On ne peut former les secondes qu'avec la permission de l'autorité municipale et aux conditions qu'elle détermine. En cas de contravention, la peine est celle qui est encourue par les membres des sociétés secrètes.

Sous ce décret, aucune réunion n'échappait donc à la surveillance de l'autorité : les unes, c'est-à-dire les associations illicites, étaient régies par le Code pénal et la loi du 10 avril 1834 ; pour les autres, les clubs ou réunions publiques, les sociétés secrètes, les réunions privées, c'est le décret qui les régissait.

408. La Constitution du 4 novembre 1848 proclama, dans son art. 8, que les citoyens avaient le droit de s'associer, et de s'assembler paisiblement, et sans armes, et que l'exercice de ce droit n'avait pour limites que les droits ou la liberté d'autrui et la sécurité publique.

Cette déclaration de principes n'abrogea pas le décret des 28 juillet-2 août, qui conserva toute sa vertu et continua à être la règle de l'autorité administrative et de l'autorité judiciaire.

409. La loi des 19 mai–22 juin 1849 donna un gage encore plus sérieux à la sécurité publique. Elle autorisa le Gouvernement à interdire, pendant un an, les clubs et les autres réunions publiques.

La loi des 6-12 juin 1850, en la prorogeant, déclara, en outre, que ces dispositions étaient applicables aux réunions électorales. Cette dernière loi fut elle-même prorogée par la loi des 21-24 juin 1851.

410. Le décret du 25 mars 1852 reconstitua, en quelque sorte, toute cette législation. Il abrogea le décret du 28 juillet 1848; il n'en maintint que l'art. 13, relatif aux sociétés secrètes; il rendit les art. 291, 292, 294 du Code pénal, et les art. 1, 2 et 3 de la loi du 10 avril 1834, applicables aux réunions publiques de quelque nature qu'elles fûssent.

Après ce décret, les associations publiques furent régies par le Code pénal et la loi du 10 avril 1834, les sociétés secrètes, par le décret du 28 juillet 1848, les réunions publiques, par le Code pénal et la loi de 1834, les réunions privées ou particulières redevinrent libres de se constituer comme elles l'entendaient, à la condition, bien entendu, de n'être ni des réunions publiques ni des sociétés secrètes déguisées.

411. Ces lois se sont complétées et modifiées par celle des 25 mars–6 juin 1868.

Cette dernière loi laisse les associations illicites, les sociétés secrètes, les réunions privées ou particulières, et même un bon nombre de réunions publiques, sous l'empire de la législation précédente ; elle ne s'occupe que de certaines réunions publiques d'une nature dé-terminée.

Les réunions publiques, qui n'ont pas pour but de traiter d'objets politiques ou religieux, peuvent avoir lieu, sans autorisation préalable, sous certaines condi-tions, empruntées, en grande partie, au décret du 28 juillet 1848. Il en est de même des réunions élec-torales, qui se tiennent à partir de la promulgation du décret de convocation d'un collége, pour l'élection d'un député au Corps législatif, jusqu'au cinquième jour avant celui de l'ouverture du scrutin.

412. En résumé, aujourd'hui, les sociétés secrètes sont régies par le décret des 28 juillet-2 août 1848, art. 13, et celui des 8-12 décembre 1851, art. 2 ; les associations publiques de plus de vingt personnes, quelles qu'elles soient, par le Code pénal, et la loi du 10 avril 1834 ; les réunions publiques, politiques ou re-ligieuses, par ce Code et cette loi ; les réunions publi-ques, qui n'ont pour objet de traiter ni de l'une ni de l'autre de ces matières, les réunions électorales, par la la loi des 25 mars-6 juin 1868. Quant aux réunions pri-vées, elles ne sont soumises à aucune déclaration préa-lable ni à aucune autre formalité. Elles peuvent se constituer et s'organiser comme elles l'entendent, à la condition qu'elles ne deviennent pas des sociétés secrètes ou des réunions publiques déguisées.

Je vais examiner d'abord ce qui concerne les asso-ciations illicites. A leur occasion, je ferai le commentaire des art. 291 à 294 du Code pénal, qui les regardent plus particulièrement. Ensuite, j'étudierai, dans un appen-dice, les sociétés secrètes, les réunions publiques de toute nature, celles qui sont demeurées l'objet du décret du 25 mars 1852, comme celles qui ont été récemment réglées par la loi des 25 mars-6 juin 1868, enfin les réunions privées.

ARTICLE 291.

Nulle association de plus de vingt personnes, dont le but sera de se réunir, tous les jours ou à certains jours marqués, pour s'occuper d'objets religieux, littéraires, politiques ou autres, ne pourra se former qu'avec l'agrément du Gouvernement, et sous les conditions qu'il plaira à l'autorité publique d'imposer à la société. — Dans le nombre de personnes, indiqué par le présent article, ne sont pas comprises celles domiciliées dans la maison où l'association se réunit.

413. Cet article se complète par l'art. 1er de la loi du 10 avril 1834. — Texte de cet article. — Objet de ces dispositions.
414. Conditions du délit.—Première condition.—Association. —Arrêts.
415. Deuxième condition.—Plus de vingt personnes.—Arrêt.
416. Troisième condition.—Réunion.
417. Quatrième condition.—Objets religieux, littéraires, politiques ou autres.
418. Suite.—Associations électorales.—Arrêts.
419. Suite.— Associations ayant pour but de s'occuper d'objets religieux.—Arrêts.
420. Suite.—Association dans le but d'une coalition.—Arrêt.
421. Cinquième condition. — Agrément du Gouvernement.— Arrêt.

413. Cet article se complète par l'art. 1er de la loi du 10 avril 1834, lequel est ainsi conçu : « Les dispositions de l'art. 291 du Code pénal sont applicables aux associations de plus de vingt personnes, alors même que ces associations seraient partagées en sections d'un nombre moindre, et qu'elles ne se réuniraient pas tous les jours ou à des jours marqués. L'autorisation donnée par le Gouvernement est toujours révocable. »

Dans le principe, ces dispositions concernaient, à la fois, les associations publiques et les associations ou sociétés secrètes, et ne concernaient qu'elles. Mais, comme je l'ai déjà indiqué et comme je le répéterai plus loin, elles ont cessé de régir les sociétés secrètes et elles sont devenues applicables à certaines réunions publiques.

414. Le délit d'association illicite n'existe qu'aux conditions suivantes.

La première, c'est qu'il y ait association, c'est-à-dire rapprochement de plusieurs personnes, pour un but commun. S'associer, c'est se réunir, s'entendre, se concerter pour agir dans la même direction et obtenir le même résultat.

Mais il n'est pas nécessaire, pour qu'il y ait association, que tous ceux qui se rapprochent et s'entendent pour atteindre le même but, délibèrent ensemble et prennent une part égale à la direction de l'œuvre.

La Cour de Paris avait constaté qu'il avait existé, sous le titre d'Œuvre de Saint-Louis, une association, non autorisée par le Gouvernement, composée de plus de vingt personnes, et ayant pour objet de s'occuper de matières politiques. Elle avait compris, dans le nombre des membres de l'association, dix-neuf commissaires visiteurs, par le motif qu'ils étaient, non-seulement nommés par le comité de secours, mais encore agréés par l'assemblée générale, qu'ils suppléaient les membres absents, qu'ils avaient voix délibérative, en certains cas, au moins dans la fraction de l'association, dite le comité des secours, et qu'ils avaient le droit d'accorder des allocations, d'urgence; par suite, elle avait condamné les prévenus. Le pourvoi, formé contre cet arrêt, fut rejeté « attendu que ce qui constitue essentiellement le fait d'association entre plusieurs individus, c'est la communauté du but, qu'ils se proposent d'atteindre, et auquel ils s'engagent à coopérer par des moyens convenus, et qui peuvent être identiques ou différents; attendu que la délibération, en commun, de tous les membres de l'association, et leur participation égale à sa direction, ne sont pas des conditions nécessaires du fait d'association, et même sont incompatibles avec l'idée de la division en sections, qui est prévue par la loi du 10 avril 1834; attendu que l'engagement de plusieurs individus de donner une coopération quelconque, mais fixée d'avance, à l'accomplissement d'une œuvre déterminée, même quand la direction de cette œuvre serait confiée à d'autres individus, suffit pour constituer le fait d'association, prévu et puni par les lois précitées; attendu que l'arrêt attaqué déclare, en fait, qu'il résultait des débats que ladite association avait pour objet de s'occuper de matières politiques; attendu qu'il ne résulte pas de l'article 1er de la loi du 10 avril 1834 qu'il soit nécessaire que l'association se réunisse tous les jours, ou à des jours marqués; attendu que, dès lors, c'est avec raison que l'arrêt attaqué a déclaré que l'association, dont il s'agit, rentrait dans les prévisions, prohibées, des lois précitées; attendu que, dès lors, la peine a été légalement appliquée aux faits, posés comme constants par ledit arrêt, et que d'ailleurs la procédure est régulière. » 9 mai 1846, n° 112. — *Conf.*, 11 février 1865, n° 36.

415. La seconde condition du délit, c'est que l'association soit de plus de vingt personnes. Dans ce nombre ne comptent pas les personnes, domiciliées dans la maison où l'association se réunit.

Depuis la loi de 1834, il n'importe pas que les associés soient réunis en un groupe ou divisés par fractions.

Il n'importe pas davantage que tous les membres soient connus et puissent être désignés nominalement.

Dans un procès, qui lui était soumis, la Cour de Paris s'était bornée à indiquer les noms de treize des associés. Mais elle avait, en outre, déclaré qu'on devait ajouter à ces treize associés d'autres membres de l'association, non désignés personnellement, mais dont l'existence était affirmée, et qui élevaient le nombre des associés à un chiffre bien supérieur à vingt et un. Les condamnés se firent de cette circonstance un moyen de pourvoi. Leur prétention fut rejetée, « attendu qu'aucune disposition de la loi n'exige, dans les cas de ce genre, que l'arrêt indique les noms des associés non condamnés, ni que ceux-ci aient été l'objet d'une poursuite, ni qu'ils soient nominativement connus ou personnellement désignés. » 11 février 1865, nº 36.

416. La troisième condition, c'est que l'association ait pour but de se réunir, comme le dit l'art. 291 du Code. Sous l'empire de cette disposition, la réunion devait avoir lieu tous les jours ou à certains jours marqués. Depuis la loi du 10 avril 1834, il importe peu que les réunions n'aient pas cette régularité.

417. La quatrième condition, c'est que l'association se réunisse pour s'occuper d'objets religieux, littéraires, politiques ou autres.

La loi est absolue dans sa prohibition; elle suspecte l'association littéraire ou scientifique, comme l'association politique ou religieuse, comme toutes les autres.

On a demandé plus d'une fois que les défenses de la loi fussent limitées; chaque fois, les réclamations ont été repoussées et l'art. 291 est resté ce qu'il était.

Lorsqu'on s'occupa de cet article dans la séance du

Conseil d'État du 5 novembre 1808 (Locré, t. 30, p. 114), Cambacérès reconnut que les réunions politiques ou religieuses intéressaient assez la tranquillité publique pour qu'on prît à leur égard les précautions, établies par l'article en discussion. « Mais, ajouta-t-il, le projet va trop loin quand il applique ces mêmes précautions aux réunions littéraires, et, en général, à toutes les autres. La loi ne doit pas gêner ainsi, sans motif, les habitudes et les goûts des citoyens. En quoi des discussions purement littéraires peuvent-elles être dangereuses? L'article, tel qu'il est rédigé, pourrait exposer à des recherches et à des poursuites jusqu'aux personnes qui, à des jours marqués, reçoivent une société un peu nombreuse, celles, par exemple, qui tiendraient une maison comme était celle de Mme Geoffrin. » Berlier se joignit à l'archichancelier; il déclara qu'il était fort d'avis qu'on exceptât les discussions littéraires; il fit remarquer que, si l'article en parlait, c'était parce qu'on craignait que des réunions religieuses ou politiques n'eussent lieu sous le nom de sociétés littéraires. Cambacérès répondit que la prétendue réunion littéraire, qui se permettrait des discussions religieuses ou politiques, se trouverait, par le fait même, placée sous la disposition de l'article. A la suite de ces débats, le Conseil arrêta que les effets de l'article seraient bornés aux réunions religieuses et politiques. Cependant l'article fut reproduit avec sa rédaction primitive à la séance du 26 août 1809 (Locré, ib., p. 169); et, sans discussion nouvelle sur ce point, resta ce qu'il était.

Les objections reparurent dans la discussion de la loi du 10 avril 1834. On demanda que les associations scientifiques, et celles qui seraient formées pour l'exercice du culte, ne fussent pas comprises dans l'art. 291. Ces deux propositions furent repoussées. A ceux qui demandaient une exception pour les associations scientifiques, M. Guizot répondit : « il est évident, pour tout homme de sens, qu'aucune de ces associations, si elle est en effet purement scientifique, ne manquera d'obtenir l'autorisation, quand elle la demandera ; et, quant à celles qui ne croiraient pas devoir la demander, ou bien on la leur donnera d'office, ou bien on les laissera se livrer à leurs travaux sans s'en inquiéter nullement. La question se réduit donc à savoir, pour les sociétés littéraires comme pour les autres, s'il faut les excepter nominativement de l'art. 1er de la loi. Or, la Chambre a répondu à cette question ; elle a vu, par tous les amendements qui lui ont été proposés, qu'il n'y avait rien de si facile que de rétablir, sous le manteau d'une société littéraire, les sociétés politiques, que l'on veut détruire. C'est là l'unique motif de la généralité de l'article ; il ne s'adresse évidemment point aux associations littéraires ou scientifiques ; mais il ne veut pas que les noms servent de masque pour éluder la loi et pour redonner aux associations politiques une existence, que la Chambre veut atteindre. » Le Garde des sceaux fit une réponse analogue à ceux qui demandaient une exception pour les associations religieuses : « S'il est vrai, en principe, dit-il, que les réunions pour le culte sont permises par la Charte, sauf toutefois à se conformer aux lois existantes en ce qui concerne l'ordre extérieur, il est vrai cependant que des associations pourraient être empêchées de se former, alors même qu'elles auraient un but religieux ; par exemple, il y a d'anciennes lois contre les congrégations et les associations religieuses. Tout cela est entièrement étranger à la liberté des cultes ; et, je dois le dire, la loi actuelle serait applicable à ces associations ; car il est très-facile que, dans ces associations, au lieu de s'occuper de choses pure-

ment spirituelles, on ne s'occupe que de choses temporelles. Ainsi, voilà la grande distinction à faire:
s'agit-il de réunions, qui ont seulement pour but le culte
à rendre à la divinité et l'exercice de ce culte, la loi
n'est pas applicable; nous le déclarons de la manière la
plus formelle. Mais s'agit-il d'associations, qui auraient
pour objet ou pour prétexte les principes religieux, la
loi leur est applicable; et il serait à craindre que l'a-
mendement ne fût que l'abrogation implicite du principe qui existe. Si une association attaquée prétendait
qu'elle ne fait que se livrer à l'exercice du culte, ce serait une question, qui serait soumise à l'appréciation des
tribunaux; mais il serait à craindre que, sous cet amendement, ne vinssent se former des associations telles que
celles que l'art. 291 et la loi actuelle devaient atteindre. »

Il résulte de ces discussions que la loi est générale,
absolue, et qu'elle n'admet aucune exception. Les tribunaux doivent l'appliquer telle qu'elle est; ils commettraient un grave excès de pouvoir, s'ils se permettaient d'en contester l'étendue.

418. Elle comprend toutes les associations politiques, même les associations électorales.

Blaise et Audry, convaincus d'avoir fait partie d'une
association, ayant pour objet les élections au Corps législatif, furent condamnés par la Cour de Paris à l'emprisonnement et à l'amende. Le pourvoi, qu'ils formèrent contre cet arrêt, fut rejeté « attendu que l'art. 291
du Code pénal, combiné avec les art. 1 et 2 de la loi
du 10 avril 1834, défend toute association de plus de
vingt personnes, qui n'aurait pas été autorisée par le
Gouvernement, et dont le but serait de se réunir pour
s'occuper d'objets religieux, littéraires, politiques ou
autres, alors même que cette association serait partagée
en sections d'un nombre moindre, et qu'elle ne se réu-

nirait pas tous les jours ou à des jours marqués; attendu que ces dispositions sont générales et absolues; qu'elles proscrivent, notamment, toute association, qui ferait des matières politiques l'objet de ses réunions; que, si la pensée du législateur n'a pas été d'interdire les réunions temporaires et accidentelles, qui précèdent, d'ordinaire, l'exercice du droit d'élection, l'esprit et le texte de la loi condamnent une association qui, sous le prétexte de poursuivre, par voie de pétition, la réforme électorale, placerait à côté du Gouvernement établi, et dans les divers degrés de la division territoriale, une organisation permanente, qui pourrait servir de point d'appui aux factions, dans les temps de troubles; qu'il y aurait là, pour la paix publique, un danger réel que l'art. 291 du Code pénal et la loi du 10 avril 1834 ont eu principalement pour objet d'empêcher et de prévenir; attendu que l'art. 292 du même Code veut que ces associations soient dissoutes; qu'ainsi, loin de violer les lois, qui viennent d'être rappelées, l'arrêt attaqué en a fait une juste application. » 4 septembre 1841, n° 270.

Dans une autre espèce, Garnier-Pagès et autres furent déclarés coupables d'avoir fait partie d'une association électorale et condamnés, pour ce fait, à une amende de cinq cents francs. Le pourvoi, qu'ils formèrent contre cette décision, fut rejeté « sur le moyen pris d'une fausse application et d'une violation des art. 291 et 292 du Code pénal, 1, 2, 3 de la loi du 10 avril 1834, et d'une violation des principes, sur lesquels repose le droit constitutionnel français, en ce que l'arrêt, tout en reconnaissant que la prétendue association, dont il déclare l'existence, était un comité électoral, qui ne s'est jamais occupé que d'élections, a néanmoins décidé que les dispositions des lois précitées lui étaient applicables;

attendu que l'art. 291 dispose, en termes généraux, que nulle association de plus de vingt personnes, dont le but sera de se réunir tous les jours, ou à certains jours marqués, pour s'occuper d'objets religieux, littéraires, politiques ou autres, ne pourra se former qu'avec l'agrément du Gouvernement; que l'art. 292 punissait d'une amende de seize à deux cents francs les chefs, directeurs et administrateurs de l'association; que la loi du 10 avril 1834 a eu pour objet d'étendre l'application de ces articles, et d'en fortifier la répression ; qu'il ressort de sa discussion que le législateur a voulu comprendre et a réellement compris, dans sa prohibition, toutes associations quelconques, sans en excepter celles qui seraient formées en matière électorale ; qu'en supposant que le décret du 28 juillet 1848 eût apporté des modifications à cette loi, le décret du 25 mars 1852, qui en a prononcé l'abrogation, et n'a maintenu que son art. 13, aurait rétabli l'intégrité des art. 291 du Code pénal, 1 et 2 de la loi du 10 avril 1834 ; attendu, d'ailleurs, que le régime du suffrage universel ne porte aucune atteinte au droit et au devoir du législateur de pourvoir, avec la plénitude de son autorité, à la protection de l'ordre et de la paix publique, et de prendre, dans ce but, même sur le fonctionnement du suffrage universel, les mesures qu'il juge convenables. » 11 février 1865, n° 36.

La loi des 25 mars-6 juin 1868 n'a pas modifié les principes, consacrés par ces arrêts. Cette loi ne s'occupe que des réunions électorales, qui peuvent avoir lieu avant l'élection ; elle n'autorise pas les associations ; en n'en parlant pas, elle les a laissées sous l'empire du droit commun.

419. L'art. 291 embrasse aussi les associations, ayant pour objet de s'occuper d'objets religieux.

On a prétendu, il est vrai, que la Charte de 1814, et

les Constitutions qui l'ont suivie, en accordant à chaque religion la même liberté, et à chaque culte la même protection, avaient abrogé la disposition du Code relative à ces associations. Mais c'est, selon moi, une erreur. D'une part, l'art. 291 n'est inconciliable avec aucune des Constitutions, qui se sont succédé en France depuis 1814. La liberté du culte n'en exclut pas la surveillance. D'autre part, cet article a reçu, sous tous les régimes, des confirmations éclatantes. En 1832, lorsqu'on a réformé tous ceux des articles du Code pénal contre lesquels l'expérience avait réclamé, on n'a apporté aucun changement à l'art. 291. Un peu plus tard, on a senti la nécessité, non-seulement de le maintenir, mais de le rendre plus efficace. C'est ce qu'a fait la loi du 10 avril 1834. Le décret du 25 mars 1852 l'a déclaré applicable aux réunions publiques. Enfin la loi des 25 mars-6 juin 1868 l'a directement confirmé sur le point qui m'occupe, en laissant les réunions publiques, ayant pour objet de traiter de matières religieuses, sous le droit commun, et, par conséquent, les soumettant à la nécessité d'une autorisation préalable.

Cette doctrine est d'ailleurs celle de la Cour de cassation.

Dans une première espèce, c'était une association de piétistes, qui se réunissaient chez Nordmann. Les piétistes forment une secte chrétienne, séparée de l'église romaine et des deux communions protestantes. Leur doctrine est fondée sur la divinité de Jésus-Christ et sur l'Évangile. Ils n'ont pas de prêtres. Celui qui est *inspiré* instruit les autres. Nordmann fut poursuivi pour avoir accordé l'usage de sa maison à une association de cette nature, composée de plus de vingt personnes. Condamné par le tribunal de première instance, il fut renvoyé des poursuites par la Cour de Colmar. Sur le pourvoi du ministère public, l'arrêt fut annulé « vu l'art. 5 de la Charte constitutionnelle, vu les art. 291, 292, 294 du Code pénal; considérant que ces trois derniers articles se concilient parfaitement tant avec le principe consacré par la Charte qu'avec le besoin d'avoir des mesures de surveillance et de police dans tout ordre social sagement organisé; que, d'après ces mêmes articles du Code pénal, *nulle association de plus de vingt personnes,* dont le but est de se réunir tous les jours ou à certains jours marqués, pour s'occuper d'*objets religieux* ou autres, *ne peut se réunir qu'avec l'agrément du Gouvernement;* et que tout individu qui, *sans la permission de l'autorité municipale,* accorde, ou consent l'usage *de sa maison,* ou *de son appartement,* en tout ou en partie, pour la réunion des membres d'une association, même autorisée, ou pour *l'exercice d'un culte,* est punissable d'une amende de seize francs à deux cents francs; attendu qu'il était déclaré constant par le jugement de première instance, et qu'il n'a pas été contredit par l'arrêt de la Cour royale, que l'association des piétistes s'était réunie au nombre de *plus de vingt personnes,* tous les jours, ou à certains jours, *sans l'agrément du Gouvernement, dans la maison de Nordmann,* pour s'y occuper d'objets religieux, etc.; que Nordmann *avait prêté sa maison* à cette réunion, *pour l'exercice d'un culte* quelconque, *sans la permission de l'autorité municipale;* que, néanmoins, la Cour royale de Colmar a renvoyé Nordman de la peine portée contre lui; en quoi elle a violé les articles susvisés. » 3 août 1826, n° 148.

Dans une seconde espèce, des Dissidents ou Anticoncordataires avaient formé une association de plus de vingt personnes, et se réunissaient, sous la direction de leur pasteur Letellier, dans la commune de Beaulieu, pour y exercer le culte catholique, dit de la petite

église. Letellier fut poursuivi comme chef de l'association, et condamné à l'amende, aux termes de l'art. 292
du Code. Le pourvoi, qu'il forma contre cette décision,
fut rejeté « attendu que la prohibition, portée par l'article 291 du Code pénal, dont la sanction se trouve dans
l'art. 292, est une mesure de police et de surveillance,
prescrite pour le maintien de l'ordre ; que cette mesure
concerne les réunions de plus de vingt personnes, formées pour s'occuper d'objets religieux, politiques, littéraires ou autres ; que l'art. 5 de la Charte, exclusivement relatif à la religion et aux cultes, n'a ni
abrogé, ni pu abroger la disposition de l'art. 291 sur
les réunions, s'occupant d'objets politiques, littéraires
ou autres ; qu'ainsi, pour décider qu'il abroge la disposition sur les réunions, concernant les objets religieux,
il faudrait admettre que, dans l'art. 291, il a distingué
deux parties, dont il conserve l'une et détruit l'autre ;
que ni cette distinction, ni cette abrogation partielle,
ne sauraient être reconnues qu'autant qu'on les trouverait écrites dans le texte de l'art. 5, ou qu'elles de-
viendraient le résultat implicite, mais nécessaire, de ses
dispositions ; attendu que ni l'une ni l'autre ne sont
écrites dans le texte, qui n'en parle point ; qu'elles ne
sont pas non plus le résultat implicite ou nécessaire de
la disposition, portant : « Chacun professe sa religion
avec une égale liberté, et obtient pour son culte la même
protection : » qu'en effet, aucune incompatibilité n'existe
entre l'exercice individuel de cette liberté et l'obligation
de la subordonner aux mesures de surveillance et de
police, que réclame le maintien de l'ordre, lorsqu'il se
forme, pour l'exercice public d'un culte, une réunion
de plus de vingt personnes ; qu'ainsi, sous aucun rapport, le jugement attaqué n'a violé l'art. 5 de la Charte,
en décidant que cet article n'a point dérogé à la dispo-

IV.   29

sition prohibitive de l'art. 291 du Code pénal. » 19 août 1830, n° 208.

Dans une troisième espèce, Laverdet, se disant prêtre de l'Église catholique française, avait organisé une association de plus de vingt personnes dans la commune de Senneville, et y avait ouvert une église, au moyen de souscriptions volontaires. Poursuivi, et condamné à raison de ces faits, Laverdet se pourvut en cassation pour fausse application des art. 291 et 292 du Code et violation de l'art. 5 de la Charte. Son pourvoi fut rejeté « attendu, sur le second moyen, que l'art. 5 de la Charte, en garantissant à chaque citoyen le droit de professer librement sa religion, n'a point entendu soustraire l'exercice public des cultes à l'action de l'autorité ; qu'au contraire, le paragraphe second de cet art. 5, en assurant à tous les cultes une égale protection, les soumet tous nécessairement aux mêmes mesures de police générale ; qu'il suit de là qu'un culte quelconque ne peut être exercé publiquement que lorsqu'il a été spécialement autorisé par le Gouvernement ; que, dans l'espèce, il est hors de doute que le culte, dont le réclamant se prétend ministre, n'a jamais été autorisé de cette manière, puisque le réclamant n'a pu représenter aucune autorisation, et que, de l'autre, il est convenu que l'exercice de ce culte avait été seulement toléré jusqu'au jour, dont il s'agit au procès ; attendu, dès lors, que la réunion du 12 mars n'était pas une réunion, formée pour l'exercice d'un culte, dans le sens de l'article 294, puisque cet article ne peut avoir en vue que les cultes légalement reconnus ; mais qu'elle ne peut être considérée que comme le résultat d'une association, ayant pour but de s'occuper, à certains jours marqués, d'objets religieux, tels que les caractérise l'art. 291 du Code pénal ; que, d'ailleurs, et dans l'espèce, la réunion des habitants de Senneville présente tous les caractères d'une véritable association, puisqu'il résulte du jugement qu'elle s'est formée dans un but spécial, la célébration, à jours fixes, de certaines cérémonies religieuses, qu'elle a élevé un édifice pour la pratique de ces cérémonies, au moyen de prestations en argent, matériaux et main-d'œuvre, enfin, qu'elle pourvoyait à ses dépenses habituelles par des quêtes, recueillies par un trésorier, et administrées par des commissaires; que cette association de plus de vingt personnes, s'étant formée sans l'agrément du Gouvernement, rentre dans les prévisions de l'art. 291 précité, et que, conséquemment, les dispositions de cet article lui ont été légalement appliquées. » 22 juillet 1837, n° 448.

Dans une quatrième espèce, Doyne et Lemaire, appartenant à la religion chrétienne réformée, s'étaient rendus dans les communes de Sceaux et de Cépoy; et là, Doyne, autorisé à cet effet par le pasteur de la consistoriale d'Orléans, avait fait des prières, chanté des psaumes, lu et expliqué l'Évangile, en présence de tous ceux qui, soit par un sentiment religieux, soit par un motif de curiosité, s'étaient spontanément réunis autour de lui. Doyne et Lemaire, poursuivis pour infraction aux art. 291 et 292, furent renvoyés des poursuites, par le motif que le principe de la liberté des cultes était inconciliable avec ces dispositions, et que, par suite, en le proclamant, la Charte les avait virtuellement abrogées. Le ministère public se pourvut contre cette décision. Son pourvoi ne réussit pas. Mais si la Cour de cassation le rejeta, ce fut parce que la Cour d'Orléans « n'avait pas reconnu et déclaré l'existence d'une association de plus de vingt personnes, ni même celle de réunions, produites par une association ainsi composée;

qu'elle s'était bornée à constater deux réunions, formées spontanément, dans deux communes différentes, et sans qu'elles eussent été préparées ou concertées à l'avance » : réunions qui n'étaient pas alors assimilées aux associations illicites. Quant aux autres motifs, sur lesquels l'arrêt attaqué était fondé, la Cour les réprouva. Elle continua à juger « que la liberté religieuse, consacrée et garantie par l'art. 5 de la Charte constitutionnelle, n'exclut ni la surveillance de l'autorité publique sur les réunions, qui ont pour objet l'exercice des cultes, ni les mesures de police et de sûreté, sans lesquelles cette surveillance ne pourrait être efficace ; que les dispositions de cet article ne se concilient pas moins avec la nécessité d'obtenir l'autorisation du Gouvernement, dans les cas prévus par l'art. 291 du Code pénal, qui se rapportent aux choses religieuses ; qu'en effet l'ordre et la paix publics pourraient être compromis, si des associations particulières, formées au sein des différentes religions, ou prenant la religion pour prétexte, pouvaient, sans la permission du Gouvernement, dresser une chaire, ou élever un autel partout, et hors de l'enceinte des édifices consacrés au culte ; que les *articles organiques* du concordat du 18 germinal an x ne permettent pas qu'aucune partie du territoire français puisse être érigée en cure ou en succursale, qu'aucune chapelle domestique, aucun oratoire particulier, soient établis, sans une autorisation expresse du Gouvernement ; que le libre exercice de la religion, professée par la majorité des Français, doit se renfermer dans ces limites ; qu'il est soumis à ces restrictions ; que les *articles organiques* du culte protestant les reproduisent dans les règles particulières à ce culte, et que les art. 291 et 294 du Code pénal ne contiennent que des dispositions analogues ; que la loi du 7 vendémiaire an iv, inconciliable, dans la plupart de ses dispositions, avec celle de germinal an x, *relative à l'organisation des cultes*, et statuant sur des matières, qui ont été, depuis, réglées par la section III, la section IV, paragraphe 8, et la section VII du chapitre III, titre Ier, livre III du Code pénal, se trouve, aux termes de l'article 484, nécessairement abrogée; qu'au surplus cette surveillance et cette intervention de l'autorité publique ne doivent point être séparées de la protection, promise à tous les cultes en général; que cette protection est aussi une garantie d'ordre public; mais qu'elle ne peut être réclamée que par les cultes reconnus et publiquement exercés; que l'abrogation virtuelle des art. 291 et suivants du Code pénal ne peut donc s'induire ni de l'art. 5, ni de l'art. 70 de la Charte de 1830; que, loin de là, et depuis sa promulgation, ils ont reçu une sanction nouvelle de la loi du 10 avril 1834, qui a confirmé les dispositions de l'art. 291, en leur donnant plus d'extension et plus d'efficacité. » 12 avril 1838, n° 100.

Dans une cinquième espèce, Roussel, ministre protestant, après avoir donné sa démission de pasteur des Églises réformées de St-Etienne, était venu, sur la demande des habitants de Senneville, célébrer, sans avoir obtenu l'agrément du Gouvernement, le culte réformé, dans un temple construit par les protestants de cette commune. Roussel, poursuivi à raison de ces faits, fut condamné en première instance et en appel. Son pourvoi fut rejeté « attendu, sur le premier moyen, tiré d'une prétendue fausse application des art. 291, 292 du Code pénal, ainsi que de la loi du 10 avril 1834; et d'une prétendue violation de l'art. 5 de la Charte de 1830; qu'aux termes dudit art. 291 « nulle association de plus de vingt personnes, dont le but serait de se réunir tous les jours ou à certains jours marqués, pour s'occuper d'objets religieux, littéraires, politiques ou autres, ne peut se former qu'avec l'agrément du Gouvernement, et sous les conditions qu'il plaît à l'autorité publique d'imposer à la société ; » que la loi du 7 vendémiaire an IV, *sur l'exercice de la police extérieure des cultes*, inconciliable, dans la plupart de ses dispositions, avec celle du 18 germinal an X, *relative à l'organisation des cultes*, et statuant sur des matières, réglées aujourd'hui par diverses dispositions du Code pénal, se trouve, aux termes de l'art. 484 dudit Code, nécessairement abrogée ; mais que l'art. 5 de la Charte de 1830 n'a pas produit cet effet sur ledit art. 291, non plus que sur les art. 292 et 294 du même Code ; que les dispositions de ces trois articles se concilient parfaitement avec les principes de liberté et de protection, consacrés par la Charte ; qu'en effet, la liberté religieuse n'exclut, ni la surveillance de l'autorité publique sur les réunions, qui ont pour objet l'exercice des cultes, ni les mesures de police et de sûreté, sans lesquelles cette surveillance ne pourrait être exercée ; attendu que, si l'art. 294 punit celui qui, sans la permission de l'autorité municipale, accorde ou consent l'usage de sa maison ou de son appartement, en tout ou en partie, pour la réunion des membres d'une association, même autorisée, ou pour l'exercice d'un culte, il n'en résulte pas que l'art. 291 ne soit point applicable aux réunions, qui ont lieu à la suite d'une association et pour l'exercice d'un culte même autorisé ; que, lorsque, pour l'exercice d'un tel culte, il existe une organisation, que l'autorité publique ne peut pas ignorer, lorsque ce culte est desservi par des ministres, ayant un caractère public et une mission reconnue, lorsque les temples sont ouverts à tous et publiquement fréquentés, évidemment de telles réunions ne sauraient constituer le délit d'association, défini par l'art. 291 et par l'art. 1er de la loi du 10 avril 1834 ;

mais que les sages prévisions de ces articles seraient
sans effet, que les garanties, données à la société par ces
articles, seraient compromises, si des associations particulières, formées au sein des différentes religions, ou
prenant la religion pour prétexte, pouvaient, sans la
permission du Gouvernement, dresser une chaire ou
élever un autel, partout et hors de l'enceinte des édifices consacrés au culte ; qu'à la vérité, le demandeur
prétend qu'il faut distinguer entre une simple réunion,
ayant pour unique objet des prières, des prédications,
et les cérémonies d'un culte reconnu, et l'association,
préparée d'avance, organisée par un certain nombre
de personnes, et sous certaines conditions ; mais que,
si cette distinction peut, en effet, être admise pour des
réunions temporaires, accidentelles, non préméditées,
ou qui n'auraient pas un but déterminé, qui ne tiendraient pas à une organisation durable, cela ne peut s'entendre des réunions périodiques, qui seraient la conséquence ou le résultat d'une association de plus de vingt
personnes, de quelque manière qu'elle ait été formée,
si elle a pour condition des réunions quotidiennes ou
périodiques, pour s'occuper d'objets religieux, ailleurs
que dans un local publiquement consacré ; et attendu
que le jugement attaqué constate, en fait, « qu'une association non autorisée, de plus de vingt personnes,
s'est formée à Senneville dans le but de se réunir tous
les jours, pour se livrer à l'exercice public du culte protestant ; qu'en effet, les dimanches 12 juin et 3 juillet,
des réunions de plus de vingt personnes ont eu lieu dans
un bâtiment, dit : *la Chapelle catholique française*, et que
là, le sieur Roussel a prêché les assistants ; qu'une nouvelle réunion devait se tenir le dimanche suivant, 10
juillet, dans le même édifice, et sous la présidence du
même ministre Roussel ; que Roussel a participé à ces

faits, en dirigeant les habitants de Senneville dans la déclaration, qu'il leur a fait faire au maire de la commune, et en prenant à bail le temple, dans lequel il se proposait d'exercer son culte; que toutes les circonstances de la cause établissent qu'il y a eu accord préalable-entre Roussel et les habitants de Senneville, pour régler les bases de l'association, dont Roussel devenait le chef; » et qu'en trouvant dans ces faits, ainsi reconnus, une contravention à l'art. 291, en décidant que la déclaration au maire ne pouvait tenir lieu ni de l'agrément du Gouvernement, voulu par ledit art. 291, ni de la permission de l'autorité municipale, voulue par l'art. 294, et en prononçant contre l'auteur principal de ces faits, déclaré chef de l'association, les peines déterminées par l'art. 292, le jugement attaqué, loin de violer lesdits articles, ainsi que la loi de 1834, et l'art. 5 de la Charte constitutionnelle, en a fait une saine interprétation et une légale application. » 22 avril 1843, n° 88.

Dans une sixième et dernière espèce, Jacques-Antoine Porchat avait été déclaré coupable d'avoir présidé des réunions publiques de plus de vingt personnes, ayant pour but de s'occuper d'objets religieux, et condamné, comme tel, aux peines du Code pénal, et de la loi de 1834. Il se pourvut en cassation et prétendit que les dispositions, en vertu desquelles il avait été condamné, étaient incompatibles avec la Constitution du 14 janvier 1852, qui proclame la liberté des cultes. Son pourvoi fut rejeté « attendu que le décret du 25 mars 1852 a été promulgué dans la plénitude de la puissance législative, attribuée au Président de la République par l'art. 58 de la Constitution du 14 janvier 1852 ; attendu que ce décret, après avoir abrogé d'une manière expresse le décret du 28 juillet 1848 sur les clubs, à l'exception de l'art. 13 qui interdit les sociétés secrètes, déclare, par son article 2, que les art. 291, 292, 294 du Code pénal, et les art. 1, 2 et 3 de la loi du 10 avril 1834, sont applicables aux réunions publiques, de quelque nature qu'elles soient; attendu que cette dernière disposition est générale; qu'elle ne comporte aucune distinction ni exception; qu'elle embrasse, en conséquence, les réunions ayant pour objet l'exercice d'un culte; attendu que le principe de la liberté des cultes, garanti par les art. 1er et 26 de la Constitution du 14 janvier 1852, n'est point incompatible avec les lois de police, qui doivent régir toutes les réunions publiques, quels que soient la cause et le but de ces réunions; qu'il n'exclut donc ni la surveillance de l'autorité publique, ni les mesures de police et de sûreté, sans lesquelles cette surveillance serait inefficace; qu'il ne se concilie pas moins avec la nécessité d'obtenir l'autorisation du Gouvernement, dans les cas prévus par l'art. 291 du Code pénal, relativement aux réunions, dont le but est de s'occuper d'objets religieux; attendu qu'il est constaté, en fait, par l'arrêt attaqué, qu'il y a eu à Mamers, en 1852 et 1853, des réunions publiques de plus de vingt personnes, non autorisées, et présidées par le demandeur, ayant pour but de s'occuper, à certains jours marqués, d'objets religieux; attendu qu'en décidant que ces faits constituaient, à la charge du demandeur, le délit, prévu par les art. 2 du décret du 25 mars 1852, 291, 292 du Code pénal, 1 et 2 de la loi du 10 avril 1834, ledit arrêt a sainement interprété les art. 1 et 26 de la Constitution de 1852, et fait une juste et légale application du décret du 25 mars, des articles du Code pénal et de la loi de 1834 précités. » 9 décembre 1853, nº 576.

En résumé, il résulte de ces différents arrêts que l'article 291 est, encore aujourd'hui, applicable, non-seulement aux cultes, que l'État n'a pas reconnus, mais

même à ceux qu'il autorise, lorsqu'ils sont irrégulière-
ment exercés.

Au contraire, lorsque, pour l'exercice d'un culte de
cette dernière espèce, il existe une organisation, que l'autorité publique ne peut pas ignorer, lorsque ce culte est
desservi par des ministres, ayant un caractère public et
une mission reconnue, lorsque ses temples sont ouverts
à tous, et publiquement fréquentés, les réunions ne
constituent plus le délit d'association, défini par l'article 291.

Il n'y a que les associations pour l'exercice régulier
des cultes, autorisés par l'État, disent les arrêts de la
Cour de cassation, qui ne soient pas dans la catégorie
de celles, pour lesquelles l'art. 291 exige l'agrément du
Gouvernement. 23 avril 1830, n° 106.—*Conf.*, 22 juillet 1837, n° 448 ; 22 avril 1843, n° 88.

420. On a soutenu que l'art. 291 a été abrogé à un
autre point de vue. On a prétendu que l'art. 1er de la
loi du 25 mai 1864, ayant consacré le droit de coalition,
avait, par cela même et implicitement, autorisé toute
espèce d'associations, qui auraient pour but de concourir à l'exercice de ce droit.

Cette abrogation n'a pas trouvé plus de faveur que la
précédente auprès de la Cour de cassation.

Les ouvriers tailleurs de Paris s'étaient associés, dans
le but d'organiser et de soutenir une lutte et une résistance
constante des ouvriers contre les patrons ; ils soutinrent
qu'ils avaient eu le droit de former cette association,
puisqu'elle avait pour objet de rendre efficace la coalition, dont ils étaient membres. Le pourvoi, qu'ils formèrent contre l'arrêt de condamnation, prononcé par la
Cour de Paris, fut rejeté « sur le premier moyen, tiré
d'une violation des art. 291, 292 du Code pénal, 1er
de la loi du 10 avril 1834 et 1er de la loi du 25 mai 1864,

en ce que l'art. 1er de la loi du 25 mai 1864, ayant consacré le droit de coalition, a, par cela même, implicitement consacré le droit de s'associer, en vue d'une coalition, et autorisé toutes les associations se rattachant à une coalition ; attendu qu'aux termes des articles 291 du Code pénal et 1er de la loi du 10 avril 1834, nulle association de plus de vingt personnes, dont le but est de se réunir pour s'occuper d'objets religieux, littéraires, politiques ou autres, lors même qu'elle serait fractionnée en sections d'un nombre moindre et qu'elle ne se réunirait ni tous les jours, ni à des jours marqués, ne peut se former qu'avec l'agrément du Gouvernement ; que les dispositions de ces articles sont générales, et s'appliquent, sans distinction, à toute association constituée, et organisée à l'état permanent ; attendu que la loi du 25 mai 1864 n'y fait pas exception, et ne dispense, ni explicitement, ni implicitement, de l'autorisation administrative, les associations, qui se rattacheraient à des coalitions ; attendu, en effet, que, si le concert entre les coalisés est de l'essence de la coalition, il n'en est pas de même de l'association ; que la coalition peut naître, et naît presque toujours d'un fait accidentel et passager, tandis que l'association implique une organisation permanente ; d'où il suit que l'association peut bien ajouter à la force de la coalition, et en étendre les effets, mais qu'elle s'en distingue par son caractère et sa nature, et qu'elle n'en est pas un élément essentiel et nécessaire ; attendu qu'il résulte de tous les éléments de l'élaboration, et, en particulier, de la discussion de la loi du 25 mai 1864, que le législateur, en effaçant de nos Codes le délit de coalition, n'a voulu établir aucun privilége en faveur des coalisés, ni les soustraire à l'empire des lois générales de police et de sûreté, qui s'imposent à tous les citoyens, et règlent et limitent l'usage

de leurs droits; qu'il en résulte, au contraire, qu'il a
voulu, en cette matière, maintenir l'application de l'article 291 du Code pénal, et de la loi du 10 avril 1834,
sur les associations, comme celle du décret du 25 mars
1852 sur les réunions publiques; sur le second moyen,
tiré d'une nouvelle violation, à un autre point de vue,
de l'art. 1ᵉʳ de la loi du 25 mai 1864, en ce que ledit
article, en permettant les coalitions d'une manière absolue, n'a fait ni restrictions, ni distinctions, et a, par
cela même, légitimé les coalitions, organisées à l'état
permanent, aussi bien que les coalitions accidentelles
et temporaires, d'où il suit que l'association de l'espèce, qui, d'après les termes mêmes de l'arrêt attaqué,
avait pour but essentiel d'organiser et de soutenir une
lutte et une résistance constante des ouvriers contre les
patrons, n'était, en réalité, bien que permanente, qu'une
coalition; qu'elle ne pouvait être distinguée de la coalition, et faisait corps avec elle; attendu, sans qu'il soit
besoin d'examiner la proposition principale du pourvoi
sur ce moyen, que l'arrêt attaqué constate, en fait, que
l'association, dont les demandeurs reconnaissent avoir
fait partie, n'a point été autorisée, qu'elle se distinguait
essentiellement de la coalition des ouvriers tailleurs,
qu'elle a agi, non-seulement en vue de cette coalition,
mais aussi en vue de l'avenir, qu'elle a annoncé que son
but était d'organiser une lutte et une résistance constante
des ouvriers tailleurs contre les patrons, que même, la
grève étant terminée, elle ne cessait pas d'exister, et
qu'elle continuerait, comme par le passé, à recevoir les
souscriptions et les adhésions; attendu qu'en jugeant,
dans cet état des faits constatés, que le délit d'association non autorisée existait, et en appliquant, aux demandeurs en cassation, membres de cette association,
la peine de l'art. 291 du Code pénal, l'arrêt attaqué n'a

fait qu'une saine interprétation de cet article. » 7 février 1868.

421. La cinquième condition du délit, que j'étudie, c'est que l'association se soit formée sans l'agrément du Gouvernement.

L'art. 291 ne se contente pas, comme l'article 294, de la permission du maire.

Comme l'association peut compromettre les intérêts généraux de l'État, c'est par le Gouvernement, représentant l'État, et non par le maire, qui n'est que l'homme de la commune, que l'agrément doit être donné.

Il ne serait pas suppléé par la tolérance de l'administration, quelque prolongée qu'elle fût. 22 juillet 1839, nº 448, déjà cité.

A plus forte raison, il ne le serait pas par une déclaration faite au maire de la commune. 22 avril 1843, nº 88, déjà cité.

L'autorisation est toujours révocable. C'est parfaitement légitime. L'association, qui, au moment où l'agrément a été donné, n'offrait aucun danger, peut en présenter plus tard.

Le Gouvernement, qui est maître d'accorder ou de refuser l'autorisation, a, par conséquent, le droit d'imposer à l'association les conditions qu'il lui plaît.

ARTICLE 292.

Toute association, de la nature ci-dessus exprimée, qui se sera formée sans autorisation, ou qui, après l'avoir obtenue, aura enfreint les conditions à elle imposées, sera dissoute. Les chefs, directeurs ou administrateurs de l'association seront, en outre, punis d'une amende de seize francs à deux cents francs.

422. L'art. 292 se contentait de punir d'une amende de seize francs à deux cents francs les chefs, directeurs ou administrateurs de l'association, qui s'était formée sans autorisation, ou qui, après l'avoir obtenue, en avait enfreint les conditions. Quant aux autres membres, la seule mesure, prise contre eux, c'était la dissolution de l'association.

L'art. 2 de la loi du 10 avril 1834 a remplacé ces dispositions par une pénalité bien autrement efficace. Il punit d'un emprisonnement de deux mois à un an et d'une amende de cinquante francs à mille francs quiconque fait partie d'une association non autorisée. Il permet, en cas de récidive, de porter les peines au double et de mettre le condamné sous la surveillance de la haute police pendant un temps, qui peut atteindre le double du maximum de la peine, c'est-à-dire quatre années, la peine, portée au double, étant de deux ans d'emprisonnement.

ARTICLE 293.

Si, par discours, exhortations, invocations ou prières, en quelque langue que ce soit, ou par lecture, affiche, publication ou distribution d'écrits quelconques, il a été fait, dans ces assemblées, quelque provocation à des crimes ou à des délits, la peine sera, de cent francs à trois cents francs d'amende, et de trois mois à deux ans d'emprisonnement, contre les chefs, directeurs et administrateurs de ces associations, sans préjudice des peines plus fortes, qui seraient portées par la loi contre les individus personnellement coupables de la provo=

cation, lesquels, en aucun cas, ne pourront être punis d'une peine moindre que celle infligée aux chefs, directeurs et administrateurs de l'association.

423. Cet article n'a pas été modifié.

423. Cet article n'a pas été modifié par la loi du 10 avril 1834. Par conséquent, il continuera, le cas échéant, à recevoir son application.

ARTICLE 294.

Tout individu, qui, sans la permission de l'autorité municipale, aura accordé ou consenti l'usage de sa maison ou de son appartement, en tout ou en partie, pour la réunion des membres d'une association même autorisée, ou pour l'exercice d'un culte, sera puni d'une amende de seize francs à deux cents francs.

424. Complété par l'art. 3 de la loi du 10 avril 1834.—Texte de cet article.—Hypothèses réglées par l'un et l'autre de ces articles.
425. Réunion pour l'exercice d'un culte.—Arrêt.
426. Conditions de la permission.—Arrêts.
427. L'art. 294 n'est pas abrogé, même en ce qui concerne l'exercice du culte.—Arrêts.

424. Cet article se complète et se modifie par l'art. 3 de la loi du 10 avril 1834, lequel est ainsi conçu : « Seront considérés, comme complices et punis comme tels, ceux qui auront prêté ou loué sciemment leur maison ou appartement pour une ou plusieurs réunions d'une association non autorisée. »

Ces dispositions règlent, l'une et l'autre, des hypothèses fort différentes.

L'art. 3 de la loi de 1834 suppose que l'association n'est pas autorisée. Dans ce cas, celui qui prête ou loue sa maison sciemment, c'est-à-dire sachant qu'il reçoit les membres d'une association et que cette association est illicite, en devient complice et est puni comme tel.

L'art. 294 admet, au contraire, ou que l'association est autorisée, ou que celui qui ouvre sa maison est dans l'ignorance qu'il l'ouvre aux membres d'une association illicite. Dans ce cas, en recevant chez lui une réunion publique, sans permission de l'autorité municipale, qui a, dans ses attributions, la surveillance de ces sortes de réunions, il commet une contravention, que l'art. 294 ne punit que d'une amende.

425. Cet article concerne non-seulement l'individu, qui accorde ou consent l'usage de sa maison pour la réunion des membres d'une association, mais encore celui qui la prête pour l'exercice d'un culte.

Pour que, dans cette dernière hypothèse, la maison ne puisse pas être livrée, sans la permission de l'autorité municipale, est-il nécessaire que la réunion soit de plus de vingt personnes? Je ne le crois pas. Le caractère de la réunion suffit pour rendre cette permission indispensable, quel que soit d'ailleurs le nombre de ceux qui s'assemblent. C'est ce qui résulte, en effet, du texte même de l'art. 294, qui interdit, en termes généraux et sans réserve, de prêter ou louer sa maison pour l'exercice d'un culte, sans permission de l'autorité municipale. La Cour de cassation l'a ainsi jugé par arrêt du 20 mai 1836, n° 156.

426. En outre, il ne suffit pas, pour qu'il soit donné satisfaction à l'art. 294, qu'on ait déclaré préalablement à l'autorité municipale qu'on se proposait d'accorder l'usage de sa maison, il faut qu'on ait reçu la permission de le faire. 22 avril 1843, n° 88.

Mais il n'est pas nécessaire que cette autorisation soit écrite et formelle ; elle peut résulter de certains faits. Ainsi, dans l'affaire des Louisets ou anticoncordataires du département d'Ille-et-Vilaine, la Cour de cassation a jugé « que, étant constaté, en fait, que le prévenu avait remis au commissaire de police une clef du local où il exerçait son culte, que le commissaire de police avait pénétré à volonté et à différentes époques dans l'intérieur du local et y avait même pénétré plusieurs fois en un jour, que l'autorité municipale était instruite de ce qui se passait dans ces réunions, puisque le commissaire de police, qui est l'un de ses principaux agents, en était informé, on ne pouvait dès lors reprocher à ces réunions leur clandestinité et que de ces faits résultait la permission, exigée par l'art. 294 du Code pénal. » 12 septembre 1828, S. 1828, 1, 358. Il ne faudrait pas, cependant, exagérer cette théorie et trouver des équipollents dans des faits insignifiants.

427. L'art. 294, comme l'art. 291, et par les mêmes raisons, a survécu à toutes les Constitutions, qui ont proclamé la liberté des cultes. Cette liberté, comme je l'ai fait déjà remarquer, se concilie très-bien avec les mesures de police qui ont pour objet l'ordre et la tranquillité publics.

Philippe-Jacques Oster avait demandé au maire de la ville de Metz la permission de recevoir chez lui ses coreligionnaires de la confession d'Augsbourg. Il fut refusé ; néanmoins la réunion eut lieu. Mais il fut poursuivi et condamné. Il se pourvut devant la Cour de cassation et prétendit que l'art. 294 avait été abrogé par la Charte. Son pourvoi fut rejeté, « attendu qu'une assemblée de citoyens, pour l'exercice d'un culte, est placée, par les dispositions encore subsistantes de l'art. 294 du Code pénal, dans la même catégorie que les associations autorisées; que, dans ces deux cas, l'art. 294 interdit d'accorder ou consentir l'usage de sa maison ou de son appartement pour la réunion, sans permission de l'autorité municipale; attendu que la protection, garantie par la Charte à tous les cultes, et la liberté, avec laquelle chacun professe sa religion, ne sont pas incompatibles avec les lois de police, qui doivent régir toutes les réunions publiques, quels que soient la cause et le but de ces réunions; attendu que l'art. 294 du Code pénal est une loi de police qui doit être exécutée concurremment avec l'art. 5 de la Charte, et qu'on ne peut admettre son abrogation entière ou partielle par le seul fait de la promulgation de la Charte; attendu que, si l'autorité municipale refuse, par des motifs que la Charte réprouve, l'ouverture d'un lieu, destiné à l'exercice d'un culte, les citoyens ont le droit de recourir à l'autorité supérieure à l'autorité municipale, pour obtenir ce qui leur a été indûment refusé; attendu que la Cour royale de Metz, en jugeant, par l'arrêt attaqué, que l'art. 294 du Code pénal n'avait point été implicitement modifié par l'art. 5 de la Charte, et que cet art. 294 ne prescrivait que des mesures de police et de surveillance, a sainement interprété l'art. 5 de la Charte et fait une légale application de l'art. 294 du Code pénal. » 20 mai 1836, n° 156.—*Conf.*, 23 avril 1830, n° 106; 18 septembre 1830, n° 221.

APPENDICE AUX ASSOCIATIONS ILLICITES.

431. Suite.—Caractère de ces sociétés.—Prohibition absolue.
    — Arrêt.

432. Suite. — Une association publique peut, dans certains
    cas, constituer une société secrète.—Arrêt.

433. Suite.—Appréciation du juge.—Arrêt.

434. Suite.—Pénalité.

435. Réunions publiques assimilées aux associations.—Décret
    du 25 mars 1852, art. 2.—Son texte.

436. Suite.—Conséquences de cette assimilation.

437. Suite.—Réunion religieuse.—Arrêt.

438. Suite.—Réunion électorale.—Arrêt.

439. Modifications apportées au décret du 25 mars 1852 par
    la loi des 25 mars-6 juin 1868.

440. Cette loi.

441. Suite. — Art. 1ᵉʳ. — Cet article ne concerne que les
    réunions publiques, qui ne s'occupent ni de matières
    . religieuses ni de matières politiques.

442. Suite.— Les matières d'économie sociale sont-elles, au
    point de vue de cette loi, comprises parmi les ma-
    tières politiques ?—Distinction.

443. Suite.—Art. 2.— Conditions sous lesquelles la réunion
    peut avoir lieu.

444. Suite. — La déclaration doit être signée par sept per-
    sonnes.

445. Suite. — Les signatures doivent-elles être légalisées ? —
    Distinction.

446. Suite.—Signification des mots « spécial et déterminé. »

447. Suite.—Délai, après lequel la réunion peut avoir lieu.

448. Suite.—Art. 3.—Définition du lieu clos et couvert.

449. Suite.—Art. 4, 5 et 6.—Leur objet.

450. Suite.—Art. 7. —Explication des pouvoirs respectifs du
    fonctionnaire spécial et des maires.

451. Suite.—Art. 8.—Définition des réunions électorales, aux-
    quelles cet article est applicable.

452. Suite. — Personnes qui ont le droit d'entrer dans la
    réunion.—Candidats.

453. Suite.—Délai, après lequel la réunion peut avoir lieu.

454. Suite.—Art. 9.—Explication de cet article.

455. Suite. — Art. 10. — Faits divers, peines diverses. — Le
    cumul n'a pas lieu.

428. J'ai terminé l'étude des associations. Je passe
à celle des sociétés secrètes, des réunions publiques et
des réunions privées ou particulières.

429. Les SOCIÉTÉS SECRÈTES, jusqu'en 1848, ne furent
régies que par les art. 291 et suivants du Code pénal
et la loi du 10 avril 1834. Elles n'étaient condamnables
que si, comme les associations publiques, elles se composaient de plus de vingt personnes et n'avaient pas
l'agrément du Gouvernement.

430. Elles ont reçu du décret des 28 juillet-2 août
1848 un autre régime et une autre pénalité.

L'art. 13 de ce décret est ainsi conçu : « Les sociétés
secrètes sont interdites. Ceux, qui seront convaincus
d'avoir fait partie d'une société secrète, seront punis
d'une amende de cent à cinq cents francs, d'un emprisonnement de six mois à deux ans, et de la privation
des droits civiques de un an à cinq ans. Ces condamnations pourront être portées au double contre les chefs
ou fondateurs desdites sociétés. Ces peines seront prononcées, sans préjudice de celles qui pourraient être encourues pour crimes ou délits, prévus par les lois. »

431. Cet article, qui n'a pas été abrogé par le décret
du 25 mars 1852 ni par aucune autre loi, interdit les
sociétés secrètes, de la manière la plus absolue. Ainsi le
Gouvernement, quand il le voudrait, ne pourrait plus
permettre une société de cette espèce. L'autorisation

serait illégale ; et les membres de la société, s'ils étaient poursuivis, devraient être condamnés.

La société est secrète, quels que soient son but et son esprit ; elle est secrète par cela même qu'elle opère en cachette et qu'elle ne se révèle qu'à ses affiliés. Il y a donc une différence radicale entre les clubs et les sociétés secrètes. Les premiers sont des réunions, dont les assemblées sont publiques ; les autres des réunions, dont les assemblées ne le sont pas. 7 juin 1849, n° 129.

432. Cependant, une association, dont la formation a été annoncée publiquement, peut être qualifiée de société secrète, lorsque, indépendamment du but, avoué dans ses statuts, elle en a un autre, qui est resté secret et qui n'est connu que de ses affiliés.

En 1849, des poursuites furent dirigées contre les fondateurs d'une vaste association, formée sous le titre de *la solidarité républicaine*. Ils furent inculpés : 1° d'avoir formé un complot dans le but de renverser le Gouvernement ; 2° d'être affiliés à une société secrète ; 3° d'avoir assisté à des réunions politiques, non autorisées. La chambre du conseil du tribunal de la Seine rendit une ordonnance par laquelle, en déclarant qu'il n'y avait lieu à suivre sur l'inculpation de complot, elle reconnut contre Martin Bernard et autres prévention suffisante, 1° d'avoir, en 1848 et 1849, étant membres et fondateurs de la société *la solidarité républicaine*, fait partie de réunions politiques, non autorisées par l'autorisation municipale ; 2° d'avoir été affiliés à une société secrète.

Cette ordonnance fut confirmée par arrêt de la chambre des mises en accusation. Martin Bernard et autres se pourvurent contre cette décision ; l'un de leurs moyens fut de soutenir qu'elle violait l'art. 13 du décret de 1848, en ce qu'elle avait qualifié de société secrète une

association, qui avait reçu, en fait, tous les genres de
publicité, qui pouvaient la faire connaître soit à l'autorité soit au pays. Le pourvoi a été rejeté, « attendu que
l'arrêt attaqué constate que, d'après l'art. 1er de ses statuts, la *solidarité républicaine* était fondée pour assurer,
par tous les moyens légaux, le maintien du Gouvernement
républicain, et le développement des réformes sociales,
tandis que les registres de la société renferment des
lettres, adressées du comité central, dont le siége est à
Paris, aux affiliés des départements, dans lesquelles on
leur dit que l'objet de la solidarité républicaine est de
revenir à un 24 février plus complet, d'organiser, dès
à présent, le Gouvernement révolutionnaire, de substituer, après une nouvelle révolution, au Gouvernement
actuel et, provisoirement, une dictature révolutionnaire,
résumée dans un comité de salut public, et de remplacer la Constitution par la déclaration des droits de
l'homme et par la Constitution de 93, légèrement modifiée ; attendu que, de ces faits, il résulte, suivant ledit
arrêt, que la solidarité républicaine, indépendamment
du but, avoué dans les statuts, en avait un autre, qui était
resté secret, qui n'était connu que des affiliés, et que
l'instruction seule a fait découvrir ; attendu que, dans
cet état des faits, la chambre d'accusation a pu décider,
en appréciant souverainement les charges, qui existaient
contre les demandeurs, qu'il y avait prévention suffisante, contre eux, d'avoir fait partie d'une société secrète,
et d'avoir été chefs ou fondateurs de ladite société. »
13 décembre 1849, Dall., 1849, 1, 333.

433. La loi n'a pas autrement spécifié les caractères de la société secrète. Par conséquent, en pareille
matière, le jugement qui, après avoir analysé les faits
ressortant tant de l'information que des débats, « déclare
que ces faits prouvent l'organisation de la société se-

crète, puisqu'ils démontrent qu'elle a fonctionné, et qu'ils révèlent son but et les moyens que les affiliés se proposaient pour l'atteindre, » est très-suffisamment motivé. 18 décembre 1862, n° 285.

De ce que la loi ne définit pas les sociétés secrètes, il faut conclure qu'elles peuvent exister, sans réunir les conditions constitutives des associations illicites. Il faut reconnaître, notamment, que, pour que ceux qui en font partie soient punissables, il n'est pas nécessaire qu'elles se composent de plus de vingt personnes.

434. L'art. 13 du décret du 28 juillet 1848 punit ceux qui sont convaincus d'avoir fait partie d'une société secrète d'un emprisonnement de six mois à deux ans, d'une amende de cent à cinq cents francs et de la privation des droits civiques d'un à cinq ans. Cette pénalité se complète par la disposition des art. 1 et 2 du décret des 8-12 décembre 1851, lesquels sont ainsi conçus : Art. 1er. « Tout individu, placé sous la surveillance de la haute police, qui sera reconnu coupable de rupture de ban, pourra être transporté, par mesure de sûreté générale, dans une colonie pénitentiaire, à Cayenne ou en Algérie. La durée de la transportation sera de cinq années au moins et de dix ans au plus. » Art. 2. « La même mesure sera applicable aux individus, reconnus coupables d'avoir fait partie d'une société secrète. »

435. Les RÉUNIONS PUBLIQUES ont été assimilées aux associations par le décret du 25 mars 1852, lequel dispose, dans son art. 2 : « Les art. 291, 292 et 294 du Code pénal et les art. 1, 2 et 3 de la loi du 10 avril 1834 seront applicables aux réunions publiques, de quelque nature qu'elles soient. »

436. Plusieurs conséquences découlent de cette assimilation ; la première, c'est qu'il n'y a que les réunions publiques de plus de vingt personnes, qui soient régies par le Code pénal et la loi du 10 avril 1834, puisque ces dispositions ne concernent que les associations comptant ce nombre d'affiliés; la seconde, c'est que nulle réunion publique de plus de vingt personnes, dont le but est de se réunir pour s'occuper d'objets religieux, littéraires, politiques ou autres, ne peut se former qu'avec l'agrément du Gouvernement, sous les conditions qu'il lui plaira d'indiquer et que l'autorisation est toujours révocable; la troisième, c'est que les membres des réunions illicites encourront les mêmes peines que les membres des associations non autorisées; la quatrième, c'est que les personnes, qui accorderont l'usage de leur maison aux membres d'une réunion, seront, suivant les circonstances, régies, comme celles qui reçoivent les affiliés d'une association, ou par l'art. 3 de la loi du 10 avril 1834, ou par l'art. 294 du Code pénal.

Le décret du 25 mars 1852 était, suivant ses termes, applicable à toute espèce de réunions publiques, de quelque nature qu'elles fussent. Cependant, on avait cru pouvoir soutenir qu'il ne comprenait ni les réunions religieuses ni les réunions électorales. Mais ces prétentions sont demeurées sans succès auprès de la Cour de cassation.

437. Dans une première espèce, Porchat soutenait que le décret du 25 mars 1852 n'était pas applicable aux réunions religieuses, la Constitution du 14 janvier 1852 ayant proclamé la liberté des cultes. Le pourvoi de Porchat fut rejeté par l'arrêt du 9 décembre 1853, n° 576, que j'ai rapporté dans mon commentaire sur l'art. 291.

438. Dans une autre espèce, Barthélemy avait été condamné par la Cour de Paris, pour avoir ouvert son atelier à une réunion électorale. Il se pourvut en cassation et prétendit que le décret du 25 mars 1852 n'était pas applicable à ces sortes de réunions. Son pourvoi fut rejeté « attendu que, si le décret des 28 juillet-2 août 1848, sur les clubs, affranchissait, en effet, de toute surveillance (art. 19) les réunions, ayant pour objet exclusif l'exercice d'un culte quelconque et les réunions électorales préparatoires, cette immunité fut promptement suspendue, d'abord en vertu de la loi des 19-22 juin 1849, qui autorisa, pendant une année, le Gouvernement à interdire les clubs et autres réunions publiques, qui seraient de nature à compromettre la paix publique, puis en vertu de celle du 6 juin 1850, qui, en prorogeant la précédente, déclara expressément ses prescriptions applicables aux réunions électorales; attendu que le décret des 28 juillet-2 août 1848 a été définitivement abrogé par le décret du 25 mars 1852, qui dispose, par son art. 1er, que le décret du 18 juillet 1848 est abrogé, à l'exception de l'art. 13, qui interdit les sociétés secrètes, et qui dispose, par son art. 2, que les art. 291, 292 et 294 du Code pénal et 1, 2 et 3 de la loi du 10 avril 1834 sont applicables aux réunions publiques, de quelque nature qu'elles soient; attendu que l'on objecte, il est vrai, que, le suffrage universel étant la base de notre constitution, le droit de se réunir en temps d'élection n'a pas besoin d'être écrit dans la loi, parce qu'il serait de l'essence même du suffrage universel; mais attendu qu'il n'appartient pas aux tribunaux de subordonner l'application des dispositions les plus expresses de la loi à l'existence d'un prétendu droit primordial et constitutionnel; attendu que, loin de remonter au principe du décret de 1848, le décret de 1852, dont la légalité et la constitutionnalité n'ont pas été contestées, proclame, dans son préambule, l'insuffisance de la législation à réprimer les désordres, nés de la pratique du droit d'association et de réunion, et le « devoir du

Gouvernement de prendre les mesures nécessaires pour qu'il puisse exercer sur toutes les réunions publiques une surveillance, qui constitue la sauvegarde de l'ordre et de la sûreté de l'État ; » que, prenant alors, pour point de départ, la suspension du même décret de 1848, il-l'a mis au néant ; qu'il a rendu leur force obligatoire aux art. 291, 292 et 294 du Code pénal, 1, 2 et 3 de la loi du 10 avril 1834, en ce qui touche les associations et les a déclarés applicables aux réunions publiques, de quelque nature qu'elles soient ; attendu que des dispositions aussi générales et aussi absolues ne comportent aucune exception ; d'où il suit que la Cour impériale de Paris, en refusant de considérer les réunions électorales préparatoires, comme affranchies des prescriptions des lois et décrets invoqués, et en condamnant le demandeur aux peines qu'ils édictent, n'en a fait qu'une juste application. » 4 février 1865, n° 31.

439. Les principes, que je viens d'exposer sur les réunions publiques, ne sont plus absolument vrais. Certaines de ces réunions ont été soustraites au régime du décret de 1852 par la loi des 25 mars–6 juin 1868.

440. Cette loi crée un régime nouveau pour toutes les réunions publiques, qui ne sont ni religieuses ni politiques, et même pour certaines réunions de cette dernière nature.

Je vais l'examiner.

Elle se divise en trois titres ; le premier traite *des réunions publiques non politiques,* le second *des réunions publiques électorales ;* le troisième renferme des *dispositions générales.*

TITRE PREMIER.

441. Art. 1er. « Les réunions publiques peuvent

avoir lieu sans autorisation préalable, sous les conditions prescrites par les articles suivants. Toutefois, les réunions publiques, ayant pour objet de traiter de matières politiques ou religieuses, continuent à être soumises à cette autorisation. »

Il résulte de cette disposition que les réunions publiques, qui auront pour objet de s'occuper de matières politiques ou religieuses, continueront à être sous le régime du décret du 25 mars 1852, et que la loi nouvelle ne dispose qu'en faveur des réunions publiques, qui n'ont ni l'un ni l'autre de ces caractères, sauf ce qui sera dit plus tard sur certaines réunions électorales.

442. On a demandé au Corps législatif si on devait comprendre parmi les matières politiques, les questions d'économie sociale. Le rapporteur de la Commission était soupçonné de l'avoir entendu ainsi. C'eût été alors, il faut en convenir, faire une loi bien restreinte et ne répondant guère aux besoins, en vue desquels elle était proposée. Le Gouvernement, en effet, désirait que les patrons et les ouvriers pûssent se réunir pour s'entendre et se concerter sur les questions, qui les intéressaient personnellement. Mais les questions, qui concernent les salaires, les associations, la production, tiennent, à vrai dire, à l'économie sociale. Si les questions de cette nature étaient considérées comme des matières politiques, les réunions, qui auraient voulu les traiter, n'auraient pu user de la loi nouvelle.

Il a été reconnu entre la Chambre, le rapporteur de la Commission et le Gouvernement que les questions d'économie sociale, dont le rapporteur avait parlé, étaient celles qui, ne se rattachant pas à des intérêts actuels et personnels, auraient pour objet la discussion théorique des principes, qui servent de fondement aux sociétés humaines, par exemple, l'organisation de la famille et de la propriété, et que, quant aux autres, elles ne rentraient pas, au point de vue de la loi, qu'on discutait, dans les matières politiques.

M. le ministre d'État, après avoir fait remarquer que le projet primitif excluait de la faveur de la loi nouvelle les réunions ayant pour but de s'occuper d'objets d'économie sociale, a ajouté que c'était le Gouvernement lui-même, qui avait demandé que ces mots disparussent de l'article, afin que la loi ne reçût pas, dans son application, une interprétation trop limitée et trop restreinte.

Ces différentes propositions me paraissent ressortir de la discussion, qui a eu lieu devant le Corps législatif, dans sa séance du 14 mars 1868 (*Mon.* du 15), et dont je vais rapporter les passages, qu'il me paraît utile de connaître.

M. Glais-Bizoin a ouvert la discussion ; il a dit :

« L'art. 1er autorise les réunions, pendant toute l'année, à condition que l'on n'y traite d'aucune question politique ou religieuse.

« J'admets, jusqu'à un certain point, qu'on puisse reconnaître les limites que l'on ne devra pas franchir sans s'exposer à contrevenir à la loi. Mais le rapport ajoute qu'au nombre des questions politiques, on doit ranger les questions d'économie sociale. Ici je pense qu'il est difficile, pour ne pas dire impossible, de reconnaître sur quel terrain on se trouvera.

« Que la commission et le Gouvernement me permettent de présenter un ou deux exemples, auxquels je serais bien heureux qu'ils voulussent bien répondre.

« Ainsi, quand une réunion sera convoquée, pour s'occuper de bibliothèques communales, pourra-t-on dire que c'est pour une question d'économie sociale ?

« Quand une réunion sera convoquée pour délibérer sur des chemins ruraux, pourra-t-on dire que c'est pour une question d'économie sociale ? »

M. Jules Favre a ajouté :

« Il nous est absolument impossible d'admettre ce système, qui paraît être celui de l'honorable rapporteur, de voter un texte qui, par lui-même, contient une qualification, laquelle, j'en conviens, sera soumise à l'application nécessairement arbitraire des tribunaux, et de placer, à côté de ce texte, un commentaire, qui l'affaiblirait et le détruirait.

« L'honorable M. Glais-Bizoin vient de citer des exemples, qui font parfaitement comprendre que le mot *économie sociale* peut s'appliquer à toutes les manifestations de la vie sociale. De telle sorte que si, comme le pense votre honorable rapporteur, les réunions ne peuvent pas se permettre de s'occuper de questions sociales, il faut dire, avec l'honorable M. Jules Simon, qu'elles ne pourront se permettre de s'occuper d'aucun objet.

« Si telle est votre pensée, il ne faut pas se borner à l'exprimer dans la délibération; il faut avoir, je ne dirai pas le courage, mais l'honnêteté d'insérer ce commentaire dans la loi. Il ne faut pas que le juge puisse hésiter. Je prie donc M. le ministre d'État de vouloir bien s'expliquer sur cette question. »

M. le ministre d'État a répondu :

« M. Jules Favre insiste et dit. Qu'entendez-vous par cette expression matières politiques ?

« Cette question mérite certaines explications de détail, que je vous demande la permission de préciser. L'expression « matières politiques », qui est dans l'art. 1er du projet de loi, est écrite depuis 1819 dans notre législation sur la presse; elle a reçu de la jurisprudence, au point de vue du cautionnement et du timbre des journaux et des feuilles périodiques, l'interprétation la plus exacte et la plus complète. C'est une expression qui, aujourd'hui, porte sa définition avec elle-même. Elle a toute sa signification dans notre histoire, elle est aujourd'hui consacrée ; elle remonte au berceau de la législation française. Il faut donc l'accepter avec son sens clair, précis, défini par le temps, défini par l'interprétation, la jurisprudence et la doctrine.

« Il y a dans notre législation nouvelle sur la presse, pour la première fois, je crois, dans la loi de 1850, et plus tard dans le décret de 1852, une autre expression, celle d'économie sociale : elle est née des émotions profondes, qu'avait causées la discussion ardente des problèmes sociaux, en 1848 et en 1849. Ces problèmes, vous les connaissez tous; leur histoire est présente à vos souvenirs. A cette époque on a prononcé le mot d'économie sociale, pour rencontrer les thèses du socialisme, les atteintes à la propriété, les atteintes à la constitution de la famille.

« Cette expression touchait aussi, en même temps, à une série de questions économiques ; il ne s'agissait, lorsque le législateur l'a employée pour la première fois, que d'imposer aux journaux certaines conditions tutélaires ; il ne s'agissait pas de créer une prohibition ; les journaux, qui voulaient parler d'économie sociale, étaient assujettis au cautionnement, au timbre, à des garanties, qui leur permettaient une discussion complète des théories sur la matière.

« Eh bien ! nous n'avons pas repris cette expression. Nous ne l'avons pas reproduite dans le projet de loi, qui vous est soumis.

« Quelle est la portée de cette omission ?

« L'honorable M. Ollivier a eu le soin d'indiquer que, dans la première rédaction du projet de loi sur le droit de réunion, les mots « d'économie sociale » avaient figuré.

« Il a raison, mais les mots « économie sociale » ont disparu du projet, à la suite des observations, qui ont été présentées par ces ministres qui abordaient la loi avec tant de mauvais vouloir, avec tant de déplaisir.

« Ces mots, nous les avions discutés avec le plus grand soin, dans le sein du Conseil d'État, devant le Souverain lui-même. Pour quelles raisons ne les avons-nous pas adoptés ?

« Je vais le dire sincèrement : il nous ont paru trop compréhensifs.

« Ils nous ont paru pouvoir être interprétés, en ce sens que toutes les questions économiques, intéressant le salaire, intéressant la production, intéressant le travail de l'ouvrier, le travail manuel, la production par le patron, pourraient être considérées comme éliminées, de droit, de la discussion en réunion publique.

« Or, notre pensée était de maintenir, sous forme de droit, ce que nous avions déjà nettement accueilli, sous la forme d'autorisation. Nous voulions laisser toute liberté à ces discussions paisibles, qui ne sont pas des discussions politiques publiques.

« Savez-vous pourquoi ? C'est que, quand les patrons se réunissent pour discuter les conditions de rémunération du travail, chacun apporte là, à côté de l'ardeur de ses convictions, la responsabilité de son opinion même ; car si l'ouvrier exagère sa prétention, s'il veut, par le développement intempestif ou exagéré du salaire, compromettre la position du patron, ce n'est pas le patron seul qu'il atteint, c'est lui-même, qu'il compromet, ce seront les sources mêmes de son travail qu'il tarit, par des exigences déraisonnables et mal fondées.

« Alors donc que, dans ces réunions, on discute des intérêts aussi directement personnels, la raison tempère les ardeurs et modère les passions.

« Quand, au contraire, on discute des intérêts politiques purs et généraux, la responsabilité disparaît volontiers, pour laisser la place aux entraînements. La responsabilité, quelle est-elle ici, en effet ? N'est-elle pas la faculté de la critique et des discussions indéfinies.

« Voilà pourquoi — sans vouloir donner de plus grands développement à cette digression — nous n'avons pas introduit dans le projet de loi l'expression : « économie sociale. »

« Est-ce à dire que le mot « politique » ne comprend pas certaines doctrines, qui sont, pour ainsi dire, communes à la politique et à l'éco-

nomie sociale ? Je ne le nie pas, je crois que c'est discuter une grande
question politique que de discuter l'organisation de la famille dans ses
éléments intimes ; je crois que c'est aborder une grande question politique que de mettre en échec le principe même de la propriété ; oui,
nous sommes d'accord avec le rapport sous ce point de vue : il y a
des questions politiques qui ne doivent pas être traitées dans les réunions publiques. Mais toutes les questions industrielles, mais toutes
les questions commerciales, toutes les questions de salaires, toutes les
questions, en un mot, moins les questions politiques, que j'ai définies,
pourront y être discutées. »

Cette réponse ne satisfait pas M. Jules Favre : il insiste sur les observations, qu'il a déjà présentées ; il
prend de nouveau la parole et dit :

« La réponse de M. le ministre d'État est loin de me satisfaire ; au
lieu d'être un éclaircissement, elle me paraît une confusion de plus.

« M. le ministre, en effet, se réserve le droit de déclarer quand la
matière sera politique ou quand elle ne le sera pas. Il me semble que
votre honorable rapporteur avait été beaucoup plus net, et quelles
qu'aient été les observations de M. le ministre d'État, le rapport n'en
continue pas moins à subsister. Il sera certainement invoqué devant
les tribunaux.

« Écoutez, en effet, ce que je trouve à la page 7 :

« L'attention de votre commission s'est portée sur ces expressions
« matières *politiques*. Elle s'est demandé si elles comprenaient les
« questions sociales, telles que celles de la famille, de la propriété, de
« l'organisation du travail. »

« Ainsi tout à l'heure M. le ministre parlait de la famille et de la
propriété, qui sont certainement des matières sociales, et, à vrai dire,
tout est social ; mais il réserve l'organisation du travail, ce en quoi il
est en dissidence complète avec M. le rapporteur, ce qui valait bien la
peine d'être cité.

« Votre honorable rapporteur ne s'arrête pas à ces mots « organi-
« sation du travail, » il y ajoute d'autres expressions infiniment plus
compréhensives : « organisation du travail et autres, agitées à des épo-
« ques récentes. »

« De sorte qu'il semble, dans la pensée de votre rapporteur, que
les réunions publiques ne pourront s'occuper que de ce qui a été agité
à des époques anciennes ; il faudra remonter les siècles passés pour
trouver un terrain neutre ; toutes les questions, agitées à des époques
récentes, à l'époque présente, seront nécessairement suspectes. »

À ces nouvelles considérations de M. Jules Favre,
M. le ministre d'État réplique :

« Je n'ai point eu la possibilité de conférer à l'instant, avec les membres de la commission ; mais, pour le Gouvernement, les mots « organisation du travail » ne s'appliquent qu'à cette thèse, longtemps professée au Luxembourg et qu'on a appelée le droit au travail. Nous ne l'appliquerons, à aucun degré, à la discussion des rapports entre le patron et l'ouvrier ; nous ne l'appliquerons, à aucun degré, aux questions de bienfaisance, dont a parlé l'honorable M. Jules Favre ; nous ne l'appliquerons pas à la question de l'interdiction de la mendicité ni même à la question des subsistances, à moins que, dans un moment donné, cette question ne puisse devenir dangereuse pour la sécurité publique. Oui, on peut discuter tous ces sujets ; mais je le répète, les questions de subsistances dans les temps de famine sont si voisines de l'agitation et de l'émeute, que l'art. 14 du projet de loi, qui vous est soumis, pourrait trouver naturellement son application. »

Le rapporteur de la commission ajoute :

« La pensée de la commission est absolument conforme à celle que vient d'exprimer M. le ministre d'État. La commission persiste à considérer les questions sociales, les questions qui touchent à l'organisation sociale, entendues comme on les entendait au Luxembourg, comme aussi importantes et aussi dangereuses que les questions politiques. »

Sur ces observations la discussion est close et l'article est voté.

Je crois qu'il n'est plus permis de se demander quelles sont, sur le point que je viens d'examiner, la portée et la signification de la loi du 25 mars 1868.

443. Article 2. « Chaque réunion doit être précédée d'une déclaration, signée par sept personnes, domiciliées dans la commune où elle doit avoir lieu, et jouissant de leurs droits civils et politiques. Cette déclaration indique les noms, qualités et domiciles des déclarants, le local, le jour et l'heure de la séance, ainsi que l'objet spécial et déterminé de la réunion. Elle est remise à Paris, au préfet de police ; dans les départements, au préfet ou au sous-préfet. Il en est donné immédiatement un récépissé qui doit être représenté à toute réquisition des agents de l'autorité. La réunion ne peut avoir lieu que trois jours francs après la délivrance du récépissé. »

Cet article indique les conditions, sous lesquelles les réunions publiques, qui n'ont pour objet ni les matières religieuses, ni les matières politiques, pourront, désormais, avoir lieu, sans autorisation préalable.

Elles devront être précédées d'une déclaration.

La déclaration sera signée par sept personnes domiciliées dans la commune où la réunion doit avoir lieu, et jouissant de leurs droits civils et politiques.

Elle indiquera les noms, qualités et domiciles des déclarants, le local, le jour et l'heure de la séance, ainsi que l'objet spécial et déterminé de la réunion.

Elle est remise à Paris, au préfet de police, et dans les départements, au préfet ou au sous-préfet; il doit en être donné immédiatement un récépissé.

La réunion ne peut avoir lieu que trois jours francs après la délivrance du récépissé.

444. La loi a pensé qu'il ne suffisait pas d'une fantaisie individuelle pour permettre une réunion publique; elle a considéré qu'une réunion ne pouvait être réputée nécessaire que si elle était désirée par un certain nombre de personnes. En portant à sept le nombre des signataires de la déclaration, la loi nouvelle s'est conformée à la législation anglaise, qui exige que toute assemblée publique soit précédée de la déclaration de sept chefs de famille.

445. Les signatures devront-elles être légalisées? C'est une question qu'on s'est faite au Corps législatif. « Nous demandons, a dit M. Jules Favre dans la séance du 16 mars 1868 (*Mon.* du 17) que, lorsque les signatures auront été données par des citoyens connus, elles ne soient pas soumises à la formalité de la légalisation. » M. Paulmier, membre de la commission, a répondu :

« M. Jules Favre m'a demandé si les signatures devraient être légalisées. Il me semble que l'article du projet de loi y répond. La demande est remise, à Paris, au préfet de police, dans les départements, au préfet ou au sous-préfet ; or, puisque le sous-préfet a le pouvoir de légaliser la signature, il est bien incontestable que, lorsque le préfet reçoit la demande et lorsqu'il en donne le récépissé, cela vaut la légalisation de la signature. »

M. Lambrecht est revenu sur la question ; il a dit :

« Je voudrais insister sur deux observations, qui ont été faites, et qui sont telles que nous ne pouvons voter l'article sans qu'il nous ait été donné des éclaircissements.

« La première est relative à la légalisation des signatures. On n'y a pas répondu. Comment les choses vont-elles se passer ? Sept citoyens d'une commune signent une demande de réunion. Cette demande doit être remise entre les mains de M. le sous-préfet. Elle sera présentée par qui ? Par un des signataires, je suppose. Eh bien ! si le sous-préfet élève des doutes, ce qui est possible, ce qui peut se présenter très-loyalement, sur une des six signatures autres que celle du membre présent, qu'est-ce qu'on pourra faire ? Est-ce qu'il faudra faire légaliser les six autres signatures par le maire ? Permettez ; il faut savoir dans quel état doit être la demande pour paraître devant le sous-préfet. Les signatures doivent-elles être légalisées par le maire, oui ou non ? Si elles doivent être légalisées, un maire n'est pas obligé de le faire. Il n'y a pas de moyen d'obliger un maire à légaliser une signature.

« Si les signatures ne doivent pas être légalisées, faudra-t-il, comme semblait l'indiquer l'honorable M. Paulmier, que les sept signataires se présentent devant le sous-préfet ? Voilà ce à quoi il faut répondre. »

M. Paulmier a répliqué :

« Il me semble que je serai d'accord avec mes honorables contradicteurs en disant que la légalisation des signatures est une question de bonne foi.

« D'abord, la légalisation n'est pas inscrite dans la loi. Si le sous-préfet connaît les signatures, les accepte, rien de mieux ; il donne son récépissé, et il ne s'élève aucune difficulté. Mais si on se présente devant un sous-préfet avec des signatures, qu'il ne connaît en aucune façon, dont il n'a pas pu vérifier l'identité ni la vérité, il faudra, dans ce cas, que les signataires se présentent en personne devant le fonctionnaire.

« Quand les signataires voudront se dispenser d'aller au chef-lieu d'arrondissement, ils pourront parfaitement faire attester l'identité de leurs signatures par le maire de la commune.

« Et alors ils n'auront pas besoin de se déplacer.

« Ou on veut des réunions qui offrent une certaine responsabilité, de certaines garanties, ou on veut des réunions anonymes et sans responsabilité ; car, si on présente des signataires, dont le sous-préfet ne connaît même pas l'existence dans son arrondissement, il faut bien que la vérité, que la sincérité de la signature soit attestée par quelqu'un ; or, si le maire ne peut pas l'attester, s'il n'est pas renseigné sur la sincérité de la signature, il faudra bien que le signataire lui-même se présente.

« Il est incontestable que, lorsque sept personnes provoquent une réunion, il faut que ce soient sept personnes sérieuses et sur l'identité desquelles il ne puisse y avoir de doute. »

M. le garde des sceaux a ajouté :

« La déclaration est faite par sept personnes. Il faut bien qu'on s'assure que les sept personnes existent, qu'elles ont réellement leur domicile dans la commune ; et c'est ici que vient la question de légalisation.

« Sera-t-il nécessaire que les signatures, apposées au bas de la déclaration, soient légalisées ?

« La question n'est pas neuve ; nous la connaissons tous. Tout acte, si insignifiant qu'il soit, du moment qu'il doit être produit devant une autorité quelconque, est nécessairement légalisé; et ce n'est pas une chose bien difficile, quoi que vous en disiez, d'obtenir une légalisation du maire ou de son adjoint. Les signataires ne sont pas obligés d'aller tous les sept à la sous-préfecture ; cela n'est nullement nécessaire. Je vais dire mieux, je crois qu'il n'est même pas nécessaire qu'un d'entre eux fasse cette démarche. Toute personne peut être chargée de porter la déclaration écrite à la sous-préfecture et de prendre un récépissé, et, c'est, dans ce cas surtout, vous le comprendrez, que la légalisation a de l'importance, puisqu'il peut très-bien se faire que le sous-préfet ne connaisse aucune des signatures. »

Il résulte, ce me semble, de ces débats, d'une part que la légalisation des signatures, mises au pied de la déclaration, n'est pas obligatoire, et que le sous-préfet est autorisé à ne pas l'exiger, dans le cas où les signatures lui sont connues ; et, d'autre part, que la déclaration pourra être déposée par une tierce personne, surtout si les signatures ont été légalisées.

446. Dans la même séance, on s'est également expliqué sur la valeur des mots « spécial et déterminé », employés par la loi pour la qualification de l'objet de la réunion.

M. Marie a dit :

« Il y a, dans l'art. 2, deux mots, dont je voudrais avoir au juste l'explication. Je n'aime pas, dans les lois, les pléonasmes ; je ne les aime pas surtout, dans les lois qui peuvent, donner lieu à des condamnations pénales. Je demande donc qu'on explique cette phrase : « on devra aussi indiquer l'objet *spécial* et *déterminé*. »

« Dans la loi d'août 1848, on disait : *on déterminera l'objet*. Tout était là, ce me semble.

« Quelle différence fait-on entre ces deux expressions l'objet *déterminé* et *spécial?* Voilà ce que je demande. Ont-elles le même sens? ont-elles un sens qui, dans l'appréciation pénale, doive avoir quelque importance? Si elles ont le même sens, effaçons la redondance ; si elles ont un sens différent, qu'on explique la différence, qu'on l'explique clairement afin qu'il n'y ait place à aucun arbitraire. »

M. Paulmier a répondu :

« L'honorable M. Marie a demandé quel est le sens de ces mots : « objet spécial et déterminé de la réunion. »

« Cela me paraît rentrer dans une des questions, qui ont été soulevées dans la dernière séance. Je me bornerai donc à rappeler à l'honorable membre que déjà on a expliqué que les réunions ne devaient avoir pour objet ni questions politiques, ni questions religieuses, ni questions d'organisation sociale ; qu'elles devaient avoir, en dehors de ces matières, un objet spécial et déterminé.

« L'honorable M. Glais-Bizoin est allé jusqu'à demander si on pourrait se réunir pour délibérer sur l'utilité d'un chemin local. Assurément. Il ne serait donc pas difficile, si l'hypothèse se présentait d'une demande de réunion sur un tel objet, de spécialiser et de déterminer l'objet de cette réunion.

« Toutes les fois qu'il y a réunion, il y a un objet certain sur lequel on veut délibérer ; on ne s'assemble pas pour le plaisir de se réunir, pour le plaisir de parler de toute espèce de choses ; en général, quand on se réunit, c'est qu'on a un objet sérieux pour se réunir. Il ne saurait donc être difficile de consigner dans une demande l'objet pour lequel on veut se réunir. Eh bien, cet objet ne doit pas être vague et indéterminé ; et même, malgré l'indication d'un objet spécial et déterminé, il y a aura trop souvent à craindre que les orateurs, qui prendront part à la discussion, ne s'écartent fortement de cet objet spécial et déterminé, indiqué dans la demande. »

M. le garde des sceaux a ajouté :

« Un mot encore sur une dernière objection. L'honorable M. Marie a fait remarquer qu'il y avait, dans un paragraphe de l'article, deux adjectifs, qui pouvaient, jusqu'à un certain point, signifier la même chose : « objet spécial et déterminé. » Vous ne devriez pas vous en plaindre, permettez-moi de vous le dire ; car vous nous demandez des explications, depuis le commencement de la séance, sur le même article ; vous voulez absolument qu'on mette les points sur les i ; eh bien ! la commission a peut-être mis deux points sur un i ; voilà tout. »

447. En terminant mes observations sur cet article, je ferai remarquer que ce n'est qu'après trois jours francs, à partir de la délivrance du récépissé, que la réunion peut avoir lieu. Ce qui veut dire qu'on devra laisser passer trois jours entiers entre celui de la délivrance du récépissé et celui de la réunion. Ainsi, par exemple, si le récépissé est du premier janvier, la réunion ne pourra avoir lieu que le 5, trois jours francs, c'est-à-dire, le 2, le 3 et le 4 devant demeurer entre ces deux faits.

448. Article 3. « Une réunion ne peut être tenue que dans un local clos et couvert. Elle ne peut se prolonger au delà de l'heure, fixée par l'autorité compétente pour la fermeture des lieux publics. »

Cet article définit les lieux où les réunions peuvent être tenues, et l'heure au delà de laquelle elles ne devront pas se prolonger.

Il a été, ce me semble, entendu au Corps législatif (séance des 16 mars 1868 ; *Mon.* du 17) qu'il était donné satisfaction à la loi, dès que le local était couvert d'une façon quelconque, voire même d'une toile.

En effet à la question, qui était adressée sur ce point à la commission, M. Josseau, l'un de ses membres, a répondu :

« Vous nous demandez de déterminer quel pourra être le mode de couverture? Cela est inutile. Nous ne déterminons rien à cet égard. Qu'en résulte-t-il? c'est qu'il suffira que le lieu soit clos et couvert, d'une manière quelconque, pour que la réunion puisse régulièrement s'y loger. Quand le lieu sera couvert, peu importe la nature de la couverture. Un local couvert d'une simple toile sera un lieu couvert dans le sens de la loi. »

449. Article 4. « Chaque réunion doit avoir un bureau composé d'un président et de deux assesseurs au moins, qui sont chargés de maintenir l'ordre dans l'assemblée et d'empêcher toute infraction aux lois. Les membres du bureau ne doivent tolérer la discussion d'aucune question étrangère à l'objet de la réunion. »

Cet article n'a été l'objet d'aucune discussion devant le Corps législatif. Il ne peut donner lieu, ce me semble, à aucune difficulté.

Article 5. « Un fonctionnaire de l'ordre judiciaire ou administratif, délégué par l'administration, peut assister à la séance. Il doit être revêtu de ses insignes et prend une place à son choix. »

Article 6. « Le fonctionnaire qui assiste à la réunion a le droit d'en prononcer la dissolution : 1° si le bureau, bien qu'averti, laisse mettre en discussion des questions étrangères à l'objet de la réunion ; 2° si la réunion devient tumultueuse. Les personnes réunies sont tenues de se séparer à la première réquisition. Le délégué dresse procès-verbal des faits et le transmet à l'autorité compétente. »

Le premier de ces articles autorise un fonctionnaire et non un agent, de l'ordre judiciaire ou administratif, délégué par l'administration, à assister à la séance ; le second détermine, quels sont ses droits ; ni l'un ni l'autre n'a été l'objet de débats sérieux devant le Corps législatif.

450. Article 7. « Il n'est pas dérogé par les art. 5 et 6 aux droits qui appartiennent aux maires en vertu des lois existantes. »

Cet article a paru obscur à plusieurs membres du Corps législatif.

M. Maurice Richard a dit :

« La première condition d'une discussion est que le texte, que l'on discute, soit clair. Eh bien, pour ma part, je ne comprends pas ce que contient l'art. 7.

« Qu'est-ce que c'est que les droits, qui appartiennent aux maires, en vertu des lois existantes ? Quels seront leurs pouvoirs ? Que pourront-ils faire ? »

Le rapporteur de la commission s'est empressé de répondre :

« L'honorable préopinant nous a prié de dissiper l'obscurité, qu'il croit rencontrer dans l'art. 7 du projet de loi ; cet article est dû à l'initiative de la commission, et par conséquent, il est naturel, comme on vient de le dire, qu'elle s'explique à ce sujet.

« Le rapport avait indiqué, d'une manière très-nette, quelle était la pensée de la commission. Nous n'avons qu'à relire cette partie de notre rapport :

« Nous avons proposé d'ajouter, après les art. 5 et 6, une disposi-
« tion nouvelle, portant que « il n'est point dérogé par les art. 5 et 6
« aux droits, qui appartiennent aux maires, en vertu des lois exis-
« tantes. » A côté du droit spécial, que le projet attribue au fonction-
« naire délégué pour assister à la séance, de prononcer, dans certains
« cas prévus, la dissolution de la réunion, nous avons entendu main-
« tenir, dans leur entier, les droits, que les maires tiennent de la lé-
« gislation existante, de veiller au maintien du bon ordre dans les
« réunions publiques, et d'ordonner les meures et précautions néces-
« saires pour atteindre ce but. Le droit du maire n'affaiblit point
« l'exercice du droit de réunion, il est une protection contre ses abus.
« Ce droit du maire et celui du fonctionnaire délégué diffèrent, mais
« ne sont point incompatibles. »

« Voilà deux droits, reconnus par la commission, parallèles et puisant leur source dans des lois différentes ; d'un côté le droit spécial du fonctionnaire d'assister, d'après l'art. 5 du projet, aux réunions publiques, et le droit accordé au même fonctionnaire, d'après l'art. 6, de dissoudre, dans certains cas déterminés, les réunions.

« Et puis, à côté de ce droit spécial, dérivant pour ce fonctionnaire de la loi nouvelle, viennent se placer les droits généraux des maires, les droits de police municipale. Ces droits, je devrais dire, ces devoirs, sont inscrits dans les législations de 1790 et 1791, qui leur prescrivent de veiller au maintien du bon ordre dans tous les endroits où il se fait de grands rassemblements d'hommes.

« Voilà les droits des maires : nous n'avons pas voulu y toucher, parce que nous les considérons comme essentiels, nous les avons réservés. »

Ces explications n'ont pas paru satisfaisantes à M. Ernest Picard :

« Je demanderai au rapporteur, a-t-il dit, de nous expliquer comment il concilie, dans l'art. 7, les droits, qu'il veut accorder aux maires, avec ceux du fonctionnaire délégué. Dans le rapport, je trouve cette phrase : « Le droit du maire et celui du fonctionnaire délégué diffè- « rent, mais ils ne sont pas incompatibles. » La phrase est, certainement, très-claire par elle-même, mais on m'accordera qu'elle n'est pas très-explicite. Je comprends très-bien l'accord de ces deux droits, lorsque l'accord de volonté existera ; mais je suppose que le sous-préfet ait accordé l'autorisation de se réunir..., si le maire est d'un avis différent, qui des deux l'emportera ? Est-ce qu'il pourra interdire la réunion, qui devra avoir lieu en vertu de l'exécution de la loi ? Tout à l'heure, à la tribune, l'honorable rapporteur nous disait, dans un mouvement oratoire : les maires n'empêchent pas l'exécution de la loi, ils l'assurent ! Ceci est du sentiment.

« S'il s'agit uniquement de dire que les maires sont là pour veiller à l'exécution de la loi, l'article est absolument inutile. Si, au contraire, il s'agit de conférer, de reconnaître, de constituer aux maires un droit rival de celui de l'agent administratif, alors il faut s'expliquer. Remarquez que les maires, qui ennent une très-grande place dans l'organisation actuelle, sont souvent candidats, et nous en avons des exemples sous les yeux.

« Eh bien, un candidat est un homme ; il peut être enclin aux faiblesses et aux passions humaines et voir d'un œil qui ne sera pas toujours impartial, la réunion que va tenir son compétiteur, ou les questions indiscrètes qui pourront y être posées. Il peut au moins ne pas considérer la question de la réunion publique du même œil que le préfet. Eh bien, s'il a un sentiment différent, s'il veut le faire prévaloir, qui de lui ou du préfet l'emportera ?

« Voilà le conflit, établi par l'article de la commission, sans que ce conflit puisse recevoir une solution. Car, on dit bien que les maires auront un droit égal à celui de l'agent administratif ; mais on ne dit pas qui réglera la préséance ; on ne dit pas lequel des deux l'emportera, en cas de désaccord. C'est là la question, et c'est sur cette question que l'honorable rapporteur ne s'est pas expliqué...

« Si vous maintenez l'article, vous confondez les attributions, vous créez un conflit, auquel vous ne donnez pas de solution. Que si, dans cet article, vous ne voulez parler que des droits généraux du maire je vous demanderai : qui songe à y porter atteinte et à les diminuer ?

« Je persiste donc à soutenir que vous ne pouvez maintenir, dans la loi une disposition qui fait naître un conflit quant au droit de dissolution des réunions. »

M. Chassaigne-Goyon, commissaire du Gouvernement, a répondu :

« Nous croyons avoir organisé le droit de réunion loyalement., sérieusement et simplement en même temps. En ce qui touche la police intérieure des réunions, nous avons créé une responsabilité, c'est celle du président et du bureau. Nous avons, à côté de cette responsabilité, établi un droit de surveillance, celui du délégué de l'autorité.

« A ce délégué de l'administration supérieure appartiendra la police intérieure de l'assemblée et le droit de la dissoudre soit immédiatement en cas de tumulte, soit après avertissement, si l'on s'y occupe de questions que, dans un intérêt d'ordre public ou d'intérêt social, vous écartez des réunions publiques. Tel est le droit du délégué de l'autorité; droit spécial, qui émane d'elle et qui s'exerce dans les limites déterminées par la loi actuelle.

« Mais nous n'avons pas eu, nous n'avons pas pu avoir la pensée, en créant cette délégation, d'enlever à l'autorité publique ses attributions légales, qui lui sont assurées par la législation générale, et, parmi ces attributions, la plus incontestée, la plus incontestable est celle de maintenir l'ordre partout où se font des rassemblements. Ce droit n'aurait pas été écrit dans le projet, qu'il n'en conserverait pas moins toute sa force.

« Le confirmer, ce n'est pas l'affaiblir, c'est le rendre plus incontestable.

« Nous ne comprenons donc pas comment pourrait s'élever le conflit, dont parlait tout à l'heure l'honorable M. Picard. Je veux le rassurer en rappelant un souvenir. La loi de 1848, que je demande pardon à l'assemblée de citer encore, décidait, dans son art. 1er, que la déclaration, préalable à toute réunion, devait être faite soit au maire, soit au préfet, et de là pouvait naître aussi la possibilité d'un conflit. La question fut posée, dans le sein de l'Assemblée constituante, au ministre de l'intérieur, qui était alors l'honorable M. Senard, dont l'opposition ne suspecte pas sans doute le libéralisme, et voici quelle fut sa réponse :

« Il est vrai qu'il faut faire une déclaration au maire, une déclara-
« tion au préfet, et qu'ainsi la délégation peut émaner de l'un ou de
« l'autre ; mais il n'est possible ni de supposer, ni d'écrire, dans un dé-
« cret, la possibilité d'une lutte, que l'ordre hiérarchique rend évidem-
« ment impossible.

« Ce qui est la pensée du décret, pensée clairement et manifeste-
« ment exprimée, c'est que la délégation appartient à l'autorité, et,
« quand la déclaration s'est faite à deux degrés de l'autorité, il n'est
« pas besoin de déterminer quel est celui de ces deux degrés, duquel
« devra émaner la délégation. »

« M. Senard avait raison, il n'y avait pas de conflits entre les pré-

fets et les maires sous le gouvernement de la République ; il n'y en
aura pas davantage sous le gouvernement de l'Empereur. Le délégué
fera son devoir, le maire fera le sien, et nous aurons assuré, autant
que peuvent le faire des législateurs sérieux, les droits des citoyens et
ceux de l'autorité. Nous aurons aussi donné à la sécurité publique
toutes les garanties qu'elle doit attendre de la loi. »

A ces observations, M. le ministre de l'intérieur a
ajouté :

« Les observations de l'honorable M. Chassaigne-Goyon ont posé
nettement la question ; il suffira de les rappeler en les précisant.

« Qu'a voulu la commission, en rédigeant l'art. 7 ? Il suffit de le lire,
il est ainsi conçu : « Il n'est pas dérogé par les art. 5 et 6 aux droits,
« qui appartiennent aux maires en vertu des lois antérieures.. »

« Il n'est pas dérogé, » donc l'art. 7 n'ajoute rien aux attributions
antérieures, aux attributions générales, et de droit commun, des fonctionnaires municipaux.

« L'art. 7, si vous me permettez cette expression, est un *memento*;
l'art. 7 est un renvoi ; l'art. 7 se borne à rappeler que les maires ont
un droit de surveillance générale, qu'ils sont investis des attributions
de police, réglées par les lois de 1790 et de 1791.

« Je vais plus loin, et j'ajoute que, si la commission n'avait pas inséré dans le projet l'art. 7, elle n'aurait rien ajouté et rien retranché
aux attributions, qu'elle rappelle et dont elle veut le maintien.

« Au point de vue purement logique, c'est un article peut-être
surabondant ; maintenant, au point de vue des faits, au point de vue
pratique, il a sa raison d'être ; il est utile pour ceux qui ne sont pas
faits à cet art toujours difficile du jurisconsulte. Un doute pouvait
s'élever ; eh bien, le doute est tranché par cet art. 7 ; l'explication
qu'il donne, surabondante pour le jurisconsulte, reste utile au point
de vue pratique.

« L'art. 6, qui précède l'art. 7, indique d'une façon très-claire les
droits spéciaux, créés par la loi nouvelle, droits qui consistent à avertir l'orateur, s'il s'écarte de la question ; à dissoudre, au besoin, la
réunion, si elle devient tumultueuse.

« Ces droits spéciaux n'appartiennent qu'au fonctionnaire spécial
délégué près de la réunion. Si donc le maire vient à la réunion, ce ne
sera pas pour dissoudre l'assemblée, comme le ferait le fonctionnaire
spécial. Le maire n'a, aux termes de l'art. 7, que le droit général, que
lui confèrent les lois antérieures, les lois de 1790 et les lois de 1791.
Ce droit général, il l'a eu sous tous les régimes, c'est le droit de surveiller toutes les réunions publiques, formées sur le territoire de la
commune. S'il se commet des crimes, s'il se commet des délits, des
contraventions générales, des délits de droit commun, le maire peut

et doit, à raison de sa qualité de maire, dresser procès-verbal ; si la réunion devient tumultueuse, si elle menace la tranquillité publique, il n'a pas besoin du projet de loi, pour exercer son droit sans se préoccuper du fonctionnaire spécial et des droits spéciaux, donnés à ce fonctionnaire délégué ; il arrive comme maire, il peut et doit, comme maire, requérir la force publique, faire cesser le tumulte, en mettant fin à la réunion et en fermant les portes.

« Je crois que j'ai établi, d'une façon bien simple et d'une façon bien nette, la ligne de démarcation, qui sépare le droit spécial du fonctionnaire délégué et le droit général, que conserve le maire et que l'art. 7 se borne à rappeler. »

Ces explications ont donné à l'art. 7 la clarté qui pouvait lui manquer, et il est facile de comprendre comment les dispositions spéciales de la loi de 1868 se concilieront avec les dispositions générales, qui ont confié aux maires la surveillance des lieux publics.

TITRE DEUXIÈME.

451. Article 8. « Des réunions électorales peuvent être tenues, à partir de la promulgation du décret de convocation d'un collège pour l'élection d'un député au Corps législatif, jusqu'au cinquième jour avant celui fixé pour l'ouverture du scrutin. Ne peuvent assister à cette réunion que les électeurs de la circonscription électorale et les candidats, qui ont rempli les formalités, prescrites par l'art. 1er du sénatus-consulte du 17 février 1858.

« Ils doivent, pour y être admis, faire connaître leurs nom, qualité et domicile. La réunion ne peut avoir lieu qu'un jour franc après la délivrance du récépissé, qui doit suivre immédiatement la déclaration. Toutes les autres prescriptions des art. 2, 3, 4, 5 et 6 sont applicables aux réunions électorales. »

Cet article, comme on le remarque sans aucun doute, ne concerne que les réunions électorales, tenues à partir

dé la promulgation du décret de convocation d'un collége pour l'élection d'un député au Corps législatif, jusqu'au cinquième jour avant celui qui est fixé pour l'ouverture du scrutin. Quant aux associations électorales
et aux réunions de même nature, autres que celles que
définit cet article, elles restent sous l'empire de la législation précédente, c'est-à-dire du Code pénal, de la loi
du 10 avril 1834 et du décret du 25 mars 1852. Ainsi
la loi nouvelle n'est pas applicable aux réunions électorales, relatives à la nomination des membres des conseils généraux de département, des membres des conseils
d'arrondissement, des membres des conseils municipaux. M. de Tillancourt et deux de ses collègues, dans
la séance du 17 mars 1868 (*Mon.* du 18) avaient proposé un amendement, ayant pour objet d'étendre les
dispositions de l'art. 8 aux élections des membres des
conseils de département et des conseils d'arrondissement. Cet amendement a été rejeté, et il a été entendu
que cet article ne concernait que les réunions électorales, relatives à la nomination des membres du Corps
législatif.

452. Les électeurs de la circonscription électorale
et les candidats, qui auront rempli les formalités prescrites par l'art. 1er du sénatus-consulte du 17 février
1858, sont les seules personnes qui puissent assister à
la réunion.

Mais quels sont les candidats, auxquels cet article
permet d'entrer dans la réunion électorale ? L'autorisation se borne-t-elle aux candidats, qui se présentent
dans la circonscription électorale où la réunion a lieu?
S'étend-elle, au contraire, à tous ceux qui, par le dépôt
de leur serment au secrétariat de la préfecture du département, dans lequel la réunion a lieu, sont aptes à

être élus dans toutes les circonscriptions de ce département ?

Ce fut M. Paul Bethmont, qui engagea le débat sur cette question. Il rappela qu'à l'occasion de la première élection de M. Pelletan, la commission du Corps législatif, chargée d'en rendre compte, émit l'avis « que, dès que les formalités, prescrites par le sénatus-consulte, ont été remplies en temps utile, celui qui les a accomplies est apte à être éligible dans toute l'étendue du département. »

M. Paulmier, membre de la commission, proposa de résoudre la question par une distinction :

« En ce qui concerne les candidats, dit-il, en fait et généralement, lorsqu'ils déposent leur serment, ils indiquent dans quelle circonscription électorale ils veulent se présenter... S'ils ont indiqué la circonscription électorale, dans laquelle ils doivent se présenter, ils ne peuvent assister qu'aux réunions électorales de cette circonscription. Si, au contraire, ils ne l'ont pas indiquée, ils ont le droit d'être admis dans toutes les réunions électorales du département. »

M. Pelletan ne se contenta pas de cette réponse :

« Je demande, dit-il, à bien préciser la question, parce qu'évidemment, l'obscurité, qui pesait sur l'art. 8, n'a pas été dissipée par les explications, que vient de nous donner un membre de la commission.

« Que le candidat indique ou n'indique pas, dans son serment, une circonscription déterminée, sa candidature existe pour toutes les circonscriptions du département. C'est ce qui a été décidé à propos de mon élection.

« Ainsi, il n'y avait pas un seul membre de l'opposition de gauche, qui n'eût pas indiqué, dans son serment, parce qu'on nous l'imposait à la préfecture, une circonscription électorale déterminée. Eh bien, la Chambre, par la voix de son rapporteur et par son vote, a déclaré que cette indication d'une circonscription déterminée n'était pas nécessaire, et que, lors même qu'on aurait indiqué, dans son serment, une circonscription déterminée, on était candidat pour tout le département.

« C'est ainsi qu'on a compté dans ma circonscription les voix de M. Jules Favre, qui n'avait pas déposé le serment pour cette circonscription, et c'est à l'aide de ce nouveau compte de voix qu'on a annulé ma première élection.

« Par conséquent, comme il ne saurait y avoir deux jurisprudences, toutes les fois qu'on aura déposé son serment n'importe où, soit à la préfecture, soit au chef-lieu d'arrondissement, on sera également candidat dans tout le département. Nous demandons au Gouvernement de nous faire connaître comment il entend appliquer la loi dans la pratique. »

M. le garde des sceaux a répliqué :

« Le Gouvernement répond quand il croit avoir à ajouter quelque chose à une réponse précédemment faite. Dans le cas actuel, l'honorable M. Paulmier a répondu ; nous n'avons rien à ajouter à ce qu'il a dit, parce que nous approuvons ses paroles. »

Après ces observations l'art. 8 a été voté.

Mais la question est devenue, sous l'art. 9, l'objet d'un amendement de MM. de Janzé et Maurice Richard, ainsi conçu :

« La disposition 4e de l'art. 9 ne sera pas applicable au candidat qui aura prêté serment au chef-lieu du département, alors même qu'il aurait déclaré vouloir se présenter dans une circonscription autre que celle dans laquelle se tient la réunion électorale. »

L'amendement a été accepté par la commission du Corps législatif.

Néanmoins, dans la séance du 25 mars 1868 (*Mon.* du 26), M. de Janzé a demandé à expliquer les motifs qui avaient amené la proposition de l'amendement. Il a dit :

« Je crois devoir donner quelques courtes explications à la Chambre pour qu'il lui soit possible de comprendre quels sont les motifs qui nous avaient déterminés, mon ami l'honorable M. Richard et moi, à présenter cet amendement ; ces explications sont absolument nécessaires, car nous semblons, d'après le rapport de l'honorable M. Peyrusse, avoir tenté d'enfoncer une porte ouverte.

« Que dit le rapport, en effet ? Il déclare qu'en présence de la clarté du texte, l'interprétation, que nous demandons d'insérer dans la loi serait sans utilité réelle, et qu'en résumé, notre amendement est sans objet et sans utilité.

« Cela peut être vrai en ce moment, parce que la commission adopte aujourd'hui notre interprétation du sénatus-consulte de 1858 ; mais cela n'était pas exact, quand nous avons déposé notre amendement.

« En effet, à la séance du 17 de ce mois, la question ayant été

posée de savoir si les candidats, qui auraient déposé au chef-lieu d'un
département le serment prescrit par le sénatus-consulte, pourraient se
présenter dans toutes les circonscriptions électorales de ce département, M. Paulmier, au nom de la commission, avait répondu : Que, si
ce candidat avait indiqué la circonscription électorale dans laquelle il
devait se présenter, il ne pouvait assister qu'aux réunions électorales
de cette circonscription. Quelques instants plus tard, M. le garde
des sceaux, interpellé par l'honorable M. Eugène Pelletan en ces
termes :

« Nous demandons au Gouvernement de nous faire connaître com-
« ment il entend appliquer la loi dans la pratique, » M. le garde des
sceaux avait répondu : « Le Gouvernement répond quand il croit avoir
« à ajouter quelque chose à une réponse précédemment faite. Dans
« le cas actuel, l'honorable M. Paulmier a répondu, nous n'avons
« rien à ajouter à ce qu'il a dit, parce que nous approuvons ses
« paroles. »

« Il y avait là une hérésie constitutionnelle, contre laquelle nous
devions protester ; c'est ce que nous avons fait en adressant notre
amendement à la commission qui, aujourd'hui, nous donne absolument raison, en répudiant cette hérésie. Il est évident, en effet, que
tout candidat étant éligible dans toutes les circonscriptions, ainsi que
cela a été décidé par la jurisprudence de la Chambre, aussi bien en
1861, lors de l'élection de M. Greffié de Bellecombe, qu'en 1863, lors
de l'élection de M. Eugène Pelletan, il est impossible d'empêcher un
candidat éligible de se présenter devant tous ses électeurs, de se présenter dans toutes les circonscriptions du département aux réunions
électorales, puisque, dans toutes ces circonscriptions, il se trouve devant ses électeurs.

« Aujourd'hui la commission nous donne pleine raison ; elle dit :
« Dans le cas actuel, et en présence de la clarté du texte, cette inter-
« prétation serait sans utilité réelle. Il résulte d'ailleurs de nos pré-
« cédents parlementaires, — élections de MM. Greffié de Bellecombe
« et Pelletan, rapports de MM. Josseau et Geoffroy de Villeneuve, —
« que tout candidat, qui a rempli, dans le délai légal, au secrétariat de
« la préfecture du département, la formalité du dépôt du serment
« prescrite par le sénatus-consulte du 17 février 1858, est éligible dans
« toutes les circonscriptions du département. Dès lors le candidat,
« après l'accomplissement des formalités prescrites par le sénatus-
« consulte, pourra assister à toutes les réunions électorales, qui auront
« lieu dans les diverses circonscriptions du département. Tel est le
« texte et l'esprit du § 4 de l'art. 8, que vous avez déjà adopté. L'a-
« mendement est donc sans objet et sans utilité, nous vous proposons
« de le rejeter. »

C'est donc ainsi, en définitive, que la question a été

appréciée par le Corps législatif et qu'elle doit être résolue dans la pratique.

453. Je ferai remarquer que, par exception au dernier paragraphe de l'art. 2, la réunion peut avoir lieu un jour franc après la délivrance du récépissé. Quant aux autres prescriptions de l'art. 2 et des art. 3, 4, 5 et 6, elles sont applicables, sans exception et sans modification, aux réunions, dont je m'occupe.

TITRE TROISIÈME.

454. Article 9. « Toute infraction aux prescriptions des art. 2, 3 et 4, et des paragraphes 1, 2 et 4 de l'art. 8 constitue une contravention, punie d'une amende de cent francs à trois mille francs et d'un emprisonnement de six jours à six mois. Sont passibles de ces peines : 1° ceux qui ont fait une déclaration ne remplissant pas les conditions prescrites par l'art. 2, si cette déclaration a été suivie d'une réunion ; 2° ceux qui ont prêté ou loué le local pour une réunion, si la déclaration n'a pas été faite, ou si le local n'est pas conforme aux prescriptions de l'art. 3 ; 3° les membres du bureau, ou, si aucun bureau n'a été formé, les organisateurs de la réunion, en cas d'infraction aux art. 2, 3, 4 et 8, paragraphes 1 et 4 ; 4° ceux qui se sont introduits dans une réunion électorale en contravention au deuxième paragraphe de l'art. 8 ; sans préjudice des poursuites qui peuvent être exercées pour tous crimes ou délits commis dans ces réunions publiques et de l'application des dispositions pénales, relatives aux associations ou réunions non autorisées. »

M. Paul Bethmont a attaqué l'article dans la plupart de ses dispositions ; il a prétendu qu'il engageait inconsidérément certaines responsabilités.

Ces critiques ont fourni à MM. Baroche, Peyrusse et Paulmier l'occasion de faire remarquer qu'il ne faut pas confondre les signataires de la déclaration et les organisateurs de la réunion, et que, dans le cas où ces signataires ne sont pas en même temps organisateurs, il ne peut y avoir lieu de leur appliquer les peines, encourues par ces derniers.

M. Josseau s'est chargé de répondre plus particulièrement aux reproches de M. Bethmont. Je reproduirai son discours, qui est un très-heureux commentaire de l'art. 9. Il a répondu :

‹ Quels sont-ils ces reproches ? Le premier est celui-ci.

‹ Vous exagérez, a-t-il dit, la responsabilité, que vous imposez aux déclarants. En effet, s'ils ont déclaré le local, dans lequel devait se tenir la réunion, s'ils ont déclaré l'heure, à laquelle devait avoir lieu la réunion, et s'il arrive cependant que, par un fait qui leur est étranger, la réunion ne se tienne pas dans ce local et à l'heure indiquée, vous les rendez responsables ! C'est là une injustice.

‹ Je réponds que l'honorable M. Bethmont commet ici une erreur manifeste dans l'interprétation, qu'il donne à notre article.

‹ Non, les déclarants ne sont pas responsables dans ce cas. Ils ne le sont que de la régularité et de la sincérité de leur déclaration. Qu'exige d'eux la loi ? Qu'indépendamment des autres formalités prescrites par l'art. 2, ils mettent, dans leur déclaration, l'indication du local, du jour et de l'heure de la réunion. Cela fait, leur responsabilité sera parfaitement à couvert ; elle ne serait engagée que si leur déclation ne contenait pas ces indications.

‹ Vous comprenez facilement, en effet, que l'indication du local dans lequel doit se tenir la réunion et celle du jour où elle aura lieu, sont absolument nécessaires, pour que l'autorité puisse prendre à l'avance les mesures, que commande la nécessité d'assurer le maintien de l'ordre dans la réunion.

‹ Mais si la réunion, sans la participation des déclarants, a lieu dans un autre local, à une autre heure que celle indiquée, ils n'encourent absolument aucune responsabilité ; le texte de la loi et le rapport ne laissent, sur ce point, subsister aucune équivoque.

‹ Mais, ajoute l'honorable M. Bethmont, si la déclaration ne contient pas les indications prescrites par la loi, ce ne sont pas les déclarants, qui devraient être atteints, c'est le préfet, c'est le sous-préfet qui n'auraient pas dû recevoir une déclaration irrégulière.

‹ En vérité, je ne saurais trop m'étonner de voir cette objection

venir de ce côté de la Chambre, où siégent les membres de l'opposition. Comment! le préfet, le sous-préfet pourront refuser de donner
récépissé d'une déclaration irrégulière? mais qui ne voit que leur
donner ce pouvoir, c'est, jusqu'à un certain point, substituer le pouvoir préventif au pouvoir répressif? Or, qu'est-ce que le système
préventif? c'est le pouvoir pour l'administration d'empêcher ou d'entraver une réunion; c'est l'absence de la liberté. Qu'est-ce que le
système répressif? c'est la liberté reconnue, sauf la répression des
abus déterminés par la loi; c'est le droit de réunion consacré, avec la
seule formalité de la déclaration, mise à la place de l'autorisation préalable. C'est, en nous plaçant dans ce dernier ordre d'idées, que nous
admettons, nous, qu'il est interdit au préfet ou au sous-préfet de
refuser une déclaration même irrégulière. Ni l'un ni l'autre ne doivent être juges de sa régularité. Elle demeure aux risques et périls des
déclarants.

« Voyez, en effet, où nous irions si nous donnions au pouvoir administratif le droit d'appréciation, en pareille circonstance. En cas de
refus, par le préfet ou par le sous-préfet, de recevoir une déclaration qui,
à leurs yeux, ne contiendrait pas toutes les énonciations prescrites
par la loi, qu'en résulterait-il? Des retards jusqu'à ce que la difficulté
ait été levée; et par qui le serait-elle? Il en résulterait des entraves
à l'exercice du droit de réunion, et par suite peut-être, dans certains
cas urgents, comme en matière électorale, la suppression du droit. Cela
n'est pas possible. Donner un tel pouvoir à un magistrat de l'ordre administratif, ce ne serait pas être libéral : ce n'est pas ainsi que la
commission a entendu régler le droit de réunion. La déclaration même
irrégulière devra donc être reçue aux risques et périls des déclarants.
Si elle n'est pas sincère, si elle n'est pas conforme aux prescriptions de
la loi, ceux qui l'auront faite devront subir les conséquences de la
responsabilité, qu'ils auront librement assumée. C'est là la liberté avec
les répressions nécessaires qu'elle comporte. Le système proposé par
l'honorable M. Bethmont, c'est le système préventif, c'est un retour
au régime de l'autorisation préalable, que le projet de loi a précisément
pour but de supprimer.

« L'honorable M. Bethmont a soulevé contre l'article un autre grief.
Le prêt, la location du local, a-t-il dit, peut, d'après le projet de loi,
donner lieu à une sanction pénale, qui est injuste, parce que c'est le
propriétaire du local, qui en serait responsable, alors qu'il n'en sera
véritablement pas l'auteur.

« Comment, un individu prête, loue son local pour servir à une
réunion publique, qui n'a point été précédée de la déclaration préalable,
ou bien il lui fournit un local non clos ni couvert, car ce sont les
deux seuls cas de contravention prévus par le nouvel art. 9, et cet
individu ne serait point responsable? Ce n'est pas possible et la loi
manquerait son but, si, à cet égard, elle ne contenait pas une sanction.

« Au surplus, il ne s'agit pas ici d'une disposition nouvelle. Elle est empruntée à la législation antérieure en matière d'associations. En effet, l'art. 3 de la loi de 1834 est ainsi conçu : « Sont considérés « comme complices et punis comme tels, ceux qui auront loué sciem-« ment leurs appartements ou leur maison pour une ou plusieurs réu-« nions d'associations non autorisées. »

« J'ajoute que le nouvel art. 9 contient une amélioration, un adou-cissement au projet primitif ; car il spécifie clairement et restreint à deux cas la responsabilité. Qui pourrait sérieusement soutenir que, dans ces deux cas, la sanction n'est pas juste et légitime ?

« Enfin, l'honorable M. Bethmont a critiqué le § 3 de l'art. 9, en ce qui concerne les organisateurs de la réunion. Vous créez, a-t-il dit, de nouveaux coupables, ce sont les organisateurs de la réunion !

« Il y a là évidemment, de la part de l'honorable M. Bethmont, un malentendu sur le sens des applications du § 3 de l'art. 9.

« En effet, quelle est l'hypothèse prévue par ce paragraphe ? La voici : Une réunion se prépare, un bureau est constitué ; ses membres seuls sont responsables des infractions commises. Au contraire, un bureau n'est pas formé, nul n'est investi de la qualité de président ou d'assesseur. Mais il se trouve là des personnes, qui sont ou qui ne sont pas les déclarants, peu importe, car ce n'est pas à raison de la qualité de déclarants qu'elles encourent la responsabilité, — il se trouve là, dis-je, des personnes, qui se mettent en avant et organisent la réu-nion. Qui doit assumer la responsabilité des infractions commises, si ce ne sont ces personnes ? Eh quoi ? des citoyens se mettent à l'œuvre, ils organisent des réunions en contravention des art. 2, 4 et 8, et ils ne seraient pas punis ? Ils ne font pas nommer de bureau, et ils échappe-raient à toute responsabilité ? Mais en l'absence du bureau, qui donc l'encourrait dans le système de M. Bethmont ?.... Personne ! Ainsi des contraventions seraient commises sous les yeux de l'autorité, et nul ne pourrait être traduit devant la justice ! Est-ce possible ? Une semblable proposition ne supporte pas l'examen.

« Voilà, je crois, en termes très-nets et très-simples, la justification du nouvel art. 9 du projet de loi. »

455. Article 10. « Tout membre du bureau ou de l'assemblée, qui n'obéit pas à la réquisition, faite à la réunion par le représentant de l'autorité, d'avoir à se disperser, est puni d'une amende de trois cents francs à six mille francs et d'un emprisonnement de quinze jours à un an, sans préjudice des peines, portées par le Code pénal pour résistance, désobéissance et autres manquements envers l'autorité publique. »

M. Marie a critiqué cette disposition :

« Je comprends très-bien, a-t-il dit, que l'article, dont nous nous occupons dans ce moment, est un corollaire de l'art. 6, et même la sanction de cet article ; mais je crois aussi qu'en votant l'art. 10, vous auriez une double sanction. En effet, comment cet article est-il conçu?

« Tout membre du bureau ou de l'assemblée, qui n'obéit pas à la « réquisition, faite à la réunion par le représentant de l'autorité, d'avoir « à se disperser, est puni d'une amende de 300 fr. à 6,000 fr., et « d'un emprisonnement de quinze jours à un an, sans préjudice des « peines portées par le Code pénal, pour résistance, désobéissance et « autres manquements envers l'autorité publique »..... La peine pour la désobéissance, elle est déjà dans le Code pénal, et vous rappelez les dispositions du Code pénal dans votre art. 10 ; pourquoi donc, encore une fois, une peine spéciale pour le même fait de désobéissance ? Évidemment il y a là une redondance dans la peine et dès lors une double sanction. Lorsque vous dites : « Tout membre du bureau ou de l'as- « semblée qui n'obéit pas à la réquisition faite à la réunion, par le « représentant de l'autorité, d'avoir à se disperser, est puni d'une « amende de 300 fr. à 6,000 fr. et d'un emprisonnement de quinze « jours à un an. » Tout est dit ; mais lorsque vous ajoutez : « sans « préjudice des peines, portées par le Code pénal pour résistance, déso- « béissance et autres manquements envers l'autorité, » vous ajoutez une pénalité à une pénalité. C'est déplorable ; restez dans le droit commun, gardez les dispositions du Code pénal, qui prononce une peine pour la désobéissance, et, comme il n'y a pas deux désobéissances, comme il n'y en a qu'une, n'appliquez à ce fait unique qu'une seule sanction, la raison le veut. »

« Vous n'avez pas la prétention apparemment de dire qu'il y aura une première peine pour la désobéissance spéciale au fonctionnaire, au sein de la réunion, et une peine pour la désobéissance au fonctionnaire, considéré sous un caractère général et en dehors de la réunion; ce n'est pas là votre intention.

« Eh bien, si ce n'est pas là votre intention, il faut en rester à la première disposition et il ne faut pas ajouter : « sans préjudice des « peines portées déjà par le Code pénal. »

M. Lenormant, commissaire du Gouvernement, a répondu :...

« L'honorable M. Marie vous dit : Les dispositions du Code pénal suffisent et il n'est pas utile d'y ajouter une prescription particulière, et cela précisément parce que la loi renverra pour la désobéissance, aux articles du Code pénal.

« Je ne pourrais, à cet égard, que répéter ce que j'ai dit tout à l'heure.

Le fait de rébellion, de désobéissance constitue un délit dans le Code pénal, mais à la charge d'être entouré de circonstances caractéristiques, qui le constituent à l'état de délit de droit commun ; au contraire le citoyen qui, dans une réunion, se borne à refuser l'obéissance à la prescription légale de la dissolution, qui refuse de quitter le lieu de la réunion, qui reste à sa place, qui ne veut pas sortir du lieu de la réunion, lorsqu'elle est dissoute, celui-là commet, par ce fait là seul, indépendamment de toutes les circonstances caractéristiques d'un délit ordinaire, une infraction passible des peines spéciales, dont je parlais tout à l'heure, peines dont il ne faut pas s'effrayer, en ce sens que la répression pourra être sérieuse, si la désobéissance présente de la gravité et qu'elle ne le sera pas, en vertu de l'art. 463, si le refus d'obéir n'a pas de gravité.

« Je précise la portée des observations, que je viens de présenter, en disant que les faits de résistance, de désobéissance et autres manquements envers l'autorité publique, sont prévus par les art. 209 et suivants du Code pénal, mais qu'ils se caractérisent par des circonstances spéciales qui ne se rencontrent pas dans le simple refus, dont il est ici question. »

M. Marie a cru devoir insister :

« Je reconnais parfaitement, a-t-il ajouté, avec M. le commissaire du Gouvernement, qu'il peut y avoir des délits généraux et des délits spéciaux ; je conçois en conséquence que, pour les délits généraux, on s'en réfère à la loi générale, c'est-à-dire au Code pénal, et que pour un fait spécial on puisse introduire une pénalité spéciale.

« Ainsi j'admets à merveille que, lorsque, dans votre loi sur les réunions, vous avez introduit un fonctionnaire, vous voulez que ce fonctionnaire soit obéi, quand il commande dans la limite de ses pouvoirs, cela est juste ; s'il n'est pas obéi, je conçois encore qu'il y ait pour ce fait une contravention spéciale et qu'à cette contravention spéciale, vous appliquiez une pénalité spéciale. Mais quand vous avez ainsi appliqué la pénalité spéciale au délit spécial, arrêtez-vous là, et n'appliquez pas en même temps et au même fait, par un cumul exorbitant, la pénalité générale, qui s'applique aux faits généraux ; en un mot, qu'il n'y ait pas concours de peines là où il n'y a qu'un seul délit, un délit spécial.

« Voilà la simple observation que j'avais à présenter. »

M. le garde des sceaux a complété, en ces termes, les observations de M. le commissaire du Gouvernement :

« L'honorable M. Marie ne remarque pas que les prescriptions du droit commun, auxquelles renvoie l'art. 10 du projet, prévoient des faits tout différents de cette résistance passive, de cette force d'inertie qu'opposent à l'ordre formel du fonctionnaire les membres de la réunion devenue illégale.

« Quelle est, en effet, la situation à laquelle peut s'appliquer l'article en discussion ? Je la rappelle brièvement.

« Le fonctionnaire a déclaré l'assemblée dissoute ; tout le monde doit se retirer. Mais il y a un ou plusieurs membres qui n'obéissent pas à l'injonction ; sans recourir à la violence ni à l'outrage, ils restent à leur place et refusent de se séparer. La réunion n'est pas dissoute, la prescription légale est méconnue, la loi est violée ; voilà le délit spécial.....

« On vous a déjà dit, que, pour ce délit nouveau, spécialement prévu par le projet et résultant du seul refus d'obéir aux injonctions du fonctionnaire chargé d'assister à la réunion, il n'y avait dans le Code pénal aucune disposition qui pût être applicable.

« Il fallait donc ou laisser, dépourvue de tout effet, une prescription, que vous avez trouvée juste et utile, ou bien lui trouver une sanction. Eh bien, cette sanction, que commandait le bon sens, se trouve précisément dans l'article soumis à votre examen.

« Maintenant, nous n'avons pas voulu reprendre, dans une loi spéciale, toute la nomenclature du Code pénal relativement à la rébellion. L'honorable commissaire du Gouvernement faisait observer tout à l'heure que les art. 209 et suivants prévoient, dans des termes précis, l'échelle ascendante des faits, qui peuvent accompagner, en l'aggravant, la résistance ou le refus d'obéissance. Vous lirai-je ces articles ? pour certains cas, on arrive à la peine de vingt ans de travaux forcés, s'il y a résistance de plus de vingt personnes et avec armes. Ce ne sont pas là des hypothèses imaginaires ; le cas s'est présenté en matière de réunion publique ; je n'ai pas besoin d'insister, les souvenirs des membres de l'Assemblée compléteront ma pensée.

« La rébellion, l'outrage et les violences contre les dépositaires de l'autorité publique sont donc punis par le Code pénal, et les articles qui s'y appliquent sont toujours en vigueur. A quoi bon en renouveler les dispositions dans le projet ?

« Mais, par suite du régime nouveau qu'entraîne l'extension du droit de réunion, de nouvelles garanties de bon ordre et de paix publique ont dû être réservées. Des prescriptions spéciales établissent ces garanties, les violer c'est commettre un délit, c'est porter atteinte à la liberté même qu'on a voulu fonder. Ce délit, nous avons dû le prévoir, nous avons dû, par une disposition spéciale, indiquer dans la loi la peine qui lui sera appliquée.

« Maintenant si le malheur veut que d'autres délits ou même des crimes, viennent s'enter sur cette première contravention, alors le Code pénal deviendra applicable et il continuera d'être appliqué. Voilà tout ce que nous disons. »

Ces sages réflexions démontrent que la pénalité de l'article, que j'examine, était utile. En effet, le délit d'inertie, qu'elle réprime, ne trouvait pas sa sanction dans le Code pénal. Il fallait donc ou qu'il demeurât impuni ou qu'il fût l'objet de la loi spéciale.

On ne doit pas partager les craintes, que semblait avoir l'honorable M. Marie.

Non, l'article n'*ajoute pas une pénalité à une pénalité.* L'art 365 du Code d'instruction criminelle ne le permettrait pas. Ce que la loi veut dire, c'est que, dans le cas où le même individu se rendra coupable du délit spécial et du délit commun, il subira la peine de ce dernier fait, si elle est plus grave que celle de l'autre; mais il n'y aura jamais cumul des deux peines, la plus forte sera seule appliquée.

456. Article 11. « Quiconque se présente dans une réunion, avec des armes apparentes ou cachées, est puni d'un emprisonnement d'un mois à un an et d'une amende de trois cents francs à dix mille francs. »

Article 12. « L'art. 463 du Code pénal est applicable aux délits et aux contraventions prévus par la présente loi. »

Ces articles, dont l'interprétation ne présente aucune difficulté, ont été adoptés, sans discussion, par le Corps législatif.

457. Article 13. « Le préfet de police à Paris, les préfets dans les départements, peuvent ajourner toute réunion, qui leur paraît de nature à troubler l'ordre ou à compromettre la sécurité publique. L'interdiction de la réunion ne peut être prononcée que par décision du ministre de l'intérieur. »

Cet article a donné lieu à une interpellation fort sérieuse.

M. Garnier-Pagès a dit :

« Il est bien entendu, que les réunions électorales ne peuvent être comprises dans cette disposition, car si l'on suspendait pendant quinze jours le droit des électeurs de se réunir, vous comprenez qu'il n'y aurait plus de réunion électorale possible. »

M. le ministre de l'intérieur a répondu, au contraire :

« Dans la pensée du Gouvernement, l'art. 13 s'applique à toutes les réunions publiques, prévues par la présente loi.

« J'ajoute que le préfet a le devoir d'en référer immédiatement au ministre de l'intérieur.

« Quand il ajourne une réunion, il y a un délai moral, le délai moral strictement nécessaire, pour qu'il puisse avertir le ministre, et c'est le ministre de l'intérieur, qui assume seul la responsabilité de l'interdiction. »

La réponse de M. le ministre de l'intérieur, que le Corps législatif n'a pas contredite, et surtout la généralité des expressions employées par l'art. 13, démontrent, ce me semble, jusqu'à l'évidence, que cette disposition concerne les réunions électorales comme les autres.

458. A l'occasion du même article, M. Millon a demandé la parole :

« Je désire, a-t-il dit, poser une bien simple et bien courte question à M. le rapporteur de la commission et à MM. les commissaires du Gouvernement.

« La voici :

« L'art. 13, que nous discutons en ce moment, est ainsi conçu :

« Le préfet de police à Paris, les préfets dans les départements,
« peuvent ajourner toute réunion, qui leur paraît de nature à troubler
« l'ordre ou à compromettre la sécurité publique. »

« La commission et le Gouvernement entendent-ils, par cet article, donner au préfet de police, à Paris, et à MM. les préfets, dans les départements, le droit d'ajourner même les réunions privées ?

« Je pose cette question, et voici pourquoi : c'est que, si on donnait au préfet de police, à Paris, et aux préfets, dans les départements, le droit d'ajourner les réunions privées, quant à moi, je repousserais l'article. Si, au contraire, on entendait seulement leur conférer le droit d'ajourner les réunions publiques, je me bornerais à demander le renvoi à la commission pour que le mot « publiques » fût inséré dans l'article. »

M. le ministre d'État a répondu :

« Il est très-facile de calmer les scrupules éprouvés par l'honorable M. Millon. Et, d'abord, le titre du projet de loi est une première réponse : il ne s'agit, dans ce projet, à la discussion duquel vous vous livrez en ce moment, que des réunions publiques.

« Il faut même constater que, à une seule exception près, dans toute la législation sur le droit de réunion, jamais les réunions privées n'ont été interdites, ni même soumises à l'autorisation préalable.

Je dis à une seule exception près, parce que, dans le décret du 28 juillet 1848, les réunions privées politiques étaient soumises à l'autorisation municipale préalable.

« Cela est parfaitement vrai.

« Je n'ai pas le texte du décret sous les yeux, mais j'affirme l'exactitude de ce que je vous dis : c'est la seule exception que, pour mon compte, j'ai rencontrée dans la législation de mon pays, en ce qui concerne les réunions privées.

« Cette disposition législative a été textuellement abrogée par le décret du mois de mars 1852, et elle ne figure plus dans notre législation.

« L'art. 13 ne s'applique donc exclusivement qu'aux réunions publiques ; il ne peut, à aucun degré, toucher à la vie privée, aux réunions privées, qui sont affranchies de toute intervention de l'autorité publique supérieure. »

459. Article 14. « Sont abrogés les lois et décrets antérieurs, en ce qu'ils ont de contraire à la présente loi. »

Cet article a été adopté sans discussion par le Corps législatif.

460. LES RÉUNIONS PRIVÉES OU PARTICULIÈRES, comme M. le ministre d'État l'a déclaré en répondant à l'interpellation de M. Millon, sur l'art. 13, ne sont soumises à aucune intervention de l'autorité publique. Mais, je n'ai pas à faire remarquer que si, sous la couleur d'une réunion de ce genre, on organisait une société secrète ou une réunion publique, on encourrait les légitimes sévérités de la loi.

TITRE DEUXIÈME.

CRIMES ET DÉLITS CONTRE LES PARTICULIERS.

461. Objet de ce titre.—Ses divisions.

461. Ce titre s'occupe des crimes et des délits, commis contre les particuliers.

Il se divise en deux chapitres, dont l'un concerne les crimes et les délits contre les personnes, et l'autre les crimes et les délits contre les propriétés.

Le premier de ces chapitres se divise en sept sections. La première est relative aux meurtres et autres crimes capitaux, menaces d'attentats contre les personnes ; la seconde, aux blessures et coups volontaires, à la fabrication, au débit et au port des armes prohibées, à la castration, à l'avortement, à l'action d'administrer volontairement des substances nuisibles à la santé ; la troisième, aux homicides, coups et blessures involontaires, aux crimes et délits excusables, aux homicides, blessures et coups, qui ne sont ni crimes ni délits ; la quatrième, aux attentats aux mœurs ; la cinquième, aux arrestations illégales et séquestrations de personnes ; la sixième, aux crimes et délits, tendant à empêcher ou détruire la preuve de l'état civil d'un enfant, ou à compromettre son existence, aux enlèvements de mineurs, aux infractions aux lois sur les inhumations ; la septième, aux faux témoignages, aux dénonciations calomnieuses, aux révélations de secrets.

SECTION 1re.

Meurtres et autres crimes capitaux, menaces d'attentats contre les personnes.

462. Article complétant la section.

462. Les dispositions de cette section se complètent par l'art. 313, placé, on ne sait pourquoi, au milieu de la deuxième section.

§ 1er. — *Meurtre, assassinat, parricide, infanticide, empoisonnement.*

ARTICLE 295.

L'homicide commis volontairement est qualifié meurtre.

463. L'homicide volontaire est un meurtre.—Pénalité.

464. Circonstances élémentaires de ce crime.

465. Élément intentionnel.—Blessures, suivies de mort, faites sans intention de la donner.—Ancienne jurisprudence de la Cour de cassation. — Nouvelle disposition de l'art. 309.

466. Élément matériel.

467. Modes de preuves de ces deux éléments. — Arme meurtrière.—Arrêt.

468. L'homicide volontaire peut avoir, pour cause, aussi bien un fait négatif qu'un fait positif.

469. Distinction entre l'intention de tuer et la préméditation. —Arrêt.

470. L'intention de tuer, étant un élément essentiel du crime, doit être affirmée par le jury.—Dans quels termes.—Arrêts.

471. Il y a meurtre, même dans le cas où l'homicide est exécuté sur une personne autre que celle que le meurtrier se proposait de tuer.—Arrêts.

463. On attente à la vie d'une personne, en lui donnant la mort ou en exerçant sur elle des violences de nature à la lui donner. Si les coups, si les blessures ont été suivis de mort, le fait est consommé ; dans le cas contraire, il n'a que les caractères d'une tentative.

L'homicide est un crime, quand il est volontaire. Alors la loi le qualifie meurtre, et le punit de la peine des travaux forcés à perpétuité. (Art. 304, dernier alinéa.)

464. Le meurtre, comme tous les autres crimes, se constitue donc d'un élément physique ou matériel, et d'un élément intellectuel ou moral. L'homicide ou les violences, qui peuvent le causer, forment l'élément matériel ; et l'intention de donner la mort, l'élément intellectuel.

Ces éléments présentent cette particularité qu'ils se complètent et se caractérisent l'un par l'autre.

Le premier ne résultera de l'homicide ou des violences, qui peuvent le causer, que si ces faits ont eu pour mobile l'intention de donner la mort. De même, le second ne résultera de la volonté de tuer que dans le cas

où les violences, qui ont traduit ou révélé cette volonté, auront causé un homicide, ou étaient de nature à
l'occasionner.

Quelques exemples confirmeront ces observations, et
les rendront plus faciles à saisir.

465. Des coups ont été volontairement portés ; des
blessures ont été volontairement faites ; la mort en a
été ou pouvait en être la conséquence. Ces faits présen-
teront-ils le caractère d'un meurtre ou d'une tentative
de meurtre ? Oui, si les coups ont été portés, si les
blessures ont été faites, avec intention de donner la
mort. Non, si les violences n'ont pas été accompagnées
de cette intention, quoiqu'elles aient été volontaires.

Pendant longtemps, la Cour de cassation a jugé que,
même dans cette hypothèse, il y avait meurtre. Il suffisait, suivant elle, pour la constitution de ce crime, que
les coups eussent été portés, que les blessures eussent
été faites volontairement. Elle considérait qu'il était
dans l'esprit de la loi que celui, qui exerçait volontairement des violences de nature à donner la mort, fût responsable de toutes les suites de ses actes.

Seraphini, provoqué par un enfant, s'était porté sur
celui-ci à des violences tellement graves qu'elles avaient
été suivies de mort. La Cour spéciale extraordinaire de
Rome avait reconnu que les voies de fait avaient été
volontaires et qu'elles avaient causé la mort de l'enfant ;
mais, comme elle n'avait pas trouvé que Seraphini eût
eu l'intention de tuer, elle ne l'avait condamné qu'à la
peine de l'art. 319 du Code, applicable à l'homicide
involontaire. Sur le pourvoi du ministère public, cette
décision fut annulée « attendu que, de la déclaration,
émise par la Cour spéciale extraordinaire, il résulte implicitement, mais nécessairement : 1° que les coups,
dont Salvator Seraphini avait frappé Giacomo Palmini,

enfant de treize ans, avaient été donnés volontairement ; 2º que ces mêmes coups avaient occasionné la mort dudit Palmini ; que, sur cette déclaration, Seraphini devait être reconnu coupable d'un meurtre volontaire ; qu'il n'est pas nécessaire, en effet, pour constituer ce crime, que l'auteur des coups, qui ont donné la mort, ait eu le dessein de tuer ; qu'il suffit que les coups aient été portés volontairement ; que, dans l'intention de la loi, celui, qui volontairement exerce des violences de nature à ce qu'elles puissent ôter la vie, se rend coupable de toutes les suites qu'elles peuvent avoir ; d'où il suit que, lorsque ces violences donnent la mort, elles constituent le meurtre ; qu'après la déclaration, ainsi rendue par la Cour spéciale extraordinaire, cette Cour avait seulement à examiner si la provocation, qui avait été alléguée pour moyen de défense, en faveur de l'accusé, avait existé, et si elle avait eu lieu, conformément à l'art. 321 du Code pénal, par des coups et des violences graves envers les personnes ; que cette circonstance seule pouvait modifier l'effet de la déclaration, émise sur le fait principal, et autoriser la modération de la peine, d'après les dispositions de l'article 326 ; que, néanmoins, la Cour spéciale, après avoir ainsi déclaré et caractérisé les coups, qui avaient occasionné la mort de l'enfant Palmini, n'en a reconnu l'auteur coupable que d'un meurtre involontaire, et ne l'a condamné que d'après les dispositions de l'art. 319 du Code pénal ; que cette qualification, donnée aux faits déclarés, a été une fausse application de l'art. 319, d'après lequel l'homicide ne peut être réputé involontaire que lorsqu'il a été commis par maladresse, imprudence, inattention ou inobservation des règlements; et qu'enfin la condamnation, prononcée d'après cette même qualification fausse donnée aux faits, a été aussi une application erronée dudit art. 319, et tout à la fais une violation des art. 295 et 304 dudit Code pénal. » 14 février 1812, n° 31.— *Conf.*, 2 juillet 1819, n° 75; 6 mars 1823, n° 31; 26 janvier 1827, n° 18; 18 septembre 1828, n° 266; 16 juillet 1829, n° 156; 12 mars 1831, n° 50.

Cette jurisprudence, pour atteindre un fait, que la loi n'avait pas spécialement prévu, faisait, ce me semble, une application exagérée de l'art. 294. En effet, cet article ne considère comme meurtrier que l'individu qui a commis volontairement l'homicide; il ne lui assimile pas celui qui, par des coups et blessures volontaires, n'a causé qu'involontairement la mort de la victime.

La loi du 28 avril 1832 a mis fin à cette jurisprudence, en réparant l'omission qui l'avait motivée. Depuis cette loi, aux termes du dernier paragraphe de l'art. 309, les coups portés, et les blessures faites volontairement, mais sans intention de donner la mort, qui l'ont pourtant occasionnée, sont punis de la peine des travaux forcés à temps. Par conséquent, les coups et les blessures de cette espèce ne peuvent plus être considérés comme constitutifs de meurtre.

466. Supposons maintenant qu'un individu ait eu la volonté de donner la mort, mais qu'il n'ait recouru qu'à des moyens matériellement insuffisants pour la donner. Il pourra, suivant les cas, être coupable de coups et blessures volontaires, voire même des faits réprimés par les paragraphes 1 et 3 de l'art. 309. Mais, assurément, il ne sera pas meurtrier.

On trouve bien dans le fait, qui lui est imputable, l'élément intentionnel du meurtre, la volonté de tuer; mais on n'y rencontre pas l'élément matériel ou physique, c'est-à-dire l'homicide ou la violence qui peut le produire.

467. L'information devra tendre à prouver la co-existence de ces deux éléments du crime.

La preuve du premier est faite, s'il y a eu homicide. Mais si la mort n'a pas suivi la voie de fait, c'est dans l'étude du coup, qui a été porté, ou de la blessure qui a été faite, que l'on découvrira si l'inculpé a commis un acte, qui puisse être considéré comme l'élément matériel d'une tentative d'homicide.

La preuve de l'élément intentionnel résultera des circonstances, au milieu desquelles les violences ont eu lieu, du but, que l'inculpé se proposait d'atteindre, et des moyens d'exécution, auxquels il a recouru. Elle pourra souvent s'induire de la nature des armes, qu'il a employées. Cependant il ne suffirait pas, pour la constater, de déclarer que les blessures ont été faites avec une arme meurtrière. Il faut, en outre, pouvoir affirmer qu'elles ont eu, pour mobile, l'intention de donner la mort.

François Vinciguerra avait été renvoyé, devant la chambre des mises en accusation de la Cour de Bastia, comme prévenu de tentative de meurtre. Cette chambre, ne trouvant dans les faits que le délit de l'art. 311 du Code, attribua la connaissance de l'affaire au tribunal correctionnel. Mais ce tribunal, et, après lui, la Cour d'appel, considérant, au contraire, que Vinciguerra s'était rendu coupable d'une tentative de meurtre, parce qu'il avait fait usage d'une arme meurtrière, se déclarèrent incompétents. La Cour de cassation, saisie par la voie du règlement de juges, annula ces dernières décisions. « Attendu que, par arrêt de la chambre d'accusation de la Cour royale de la Corse, du 3 mars 1820, François Vinciguerra a été renvoyé au tribunal de police correctionnelle de Corte, comme prévenu d'avoir porté à Guidicelli un coup de stylet qui lui a fait une blessure, dont il n'est résulté qu'une maladie ou incapacité de travail personnel de quinze jours; que le 24, le tribunal correctionnel de Corte, à qui l'affaire avait été renvoyée par la chambre d'accusation, a rendu un jugement par lequel il s'est déclaré incompétent « attendu qu'il s'agissait de blessures faites avec une arme meurtrière, ce qui constituait une tentative de meurtre »; que, sur l'appel relevé de ce jugement par Vinciguerra, la Cour royale de la Corse, chambre de police correctionnelle, l'a confirmé par arrêt du 16 septembre, en adoptant les motifs des premiers juges ; que, de ces deux arrêts contraires, naît un conflit négatif, qui interrompt le cours de la justice et rend nécessaire un règlement de juges ; attendu qu'aucune disposition de la loi n'a attaché le caractère d'une tentative de meurtre à des blessures, par cela seul qu'elles ont été faites avec une arme meurtrière ; qu'il résulte de la combinaison des art. 2 et 295 du Code pénal, que, pour qu'il y ait tentative de meurtre, il est nécessaire qu'il y ait dessein de tuer ; que le dessein de tuer n'est déclaré ni explicitement, ni d'une manière implicite, par le jugement du tribunal correctionnel de Corte, qui n'a fait résulter la tentative de meurtre, dont il a considéré Vinciguerra comme prévenu, que du seul fait de l'emploi d'une arme meurtrière ; qu'il a été déclaré par la chambre d'accusation, et qu'il n'a pas été contesté par la chambre de police correctionnelle, que la blessure, faite à Giudicelli par Vinciguerra, n'avait occasionné au premier qu'une maladie ou incapacité de travail personnel pendant quinze jours ; que cette blessure ne constitue donc que le délit, mentionné en l'art. 311 du Code pénal, et non le crime, prévu par l'art. 309 du même Code. » 14 décembre 1820, n° 155.

468. Le plus habituellement, l'homicide aura pour

cause un fait positif, un coup ou une blessure. Mais il peut être aussi le résultat d'un fait négatif. Il est hors de doute que, priver de nourriture une personne qu'on séquestre, et la faire mourir de faim, c'est commettre un homicide.

469. La volonté de tuer ne doit pas être confondue avec la préméditation. La volonté de tuer, c'est l'intention de donner la mort au moment de l'action; la préméditation, c'est le dessein, formé avant l'action, d'attenter à la personne d'un individu. Il peut y avoir volonté de tuer, sans préméditation, comme il peut y avoir préméditation sans volonté de tuer, puisque la préméditation peut n'avoir pour objet que des coups et des blessures.

Il n'y a donc pas contradiction dans la déclaration du jury, qui nie la préméditation, et qui affirme l'intention de donner la mort.

La femme Laforge était accusée d'avoir volontairement porté des coups et fait des blessures à sa fille, avec les circonstances : 1° que ces actes de violence avaient été prémédités; 2° qu'il en était résulté d'abord une maladie de plus de vingt jours; 3° qu'ils avaient été ensuite la cause de la mort de la fille Laforge; 4° que les coups avaient été portés, et les blessures faites, avec intention de donner la mort. Le jury répondit négativement à la question de préméditation, et affirmativement à toutes les autres. En conséquence, la femme Laforge fut condamnée aux travaux forcés à perpétuité. Elle se pourvut en cassation, et soutint, entre autres moyens, que la réponse du jury était contradictoire, puisqu'après avoir nié la préméditation, il avait affirmé l'intention de donner la mort. Le pourvoi de la femme Laforge fut rejeté « sur le deuxième moyen, fondé sur une prétendue contradiction dans les réponses du jury, en ce qu'après avoir déclaré qu'il n'y avait pas préméditation, il a dit qu'il y avait eu intention de donner la mort ; attendu que le jury, interrogé si Marie Lhuillier, femme Laforge, était coupable d'avoir porté des coups et fait des blessures à sa fille, âgée de six ans, décédée le 22 mars, avec les circonstances que ces actes de violence 1° avaient été accompagnés de préméditation ; 2° qu'il en était d'abord résulté une maladie de plus de vingt jours ; 3° qu'ils avaient ensuite été la cause de la mort de Catherine Laforge, avait dû encore, comme cela a été fait, être interrogé sur la question de savoir si ces coups et blessures avaient été portés ou faits avec l'intention de donner la mort ; attendu que, sous le double rapport et des caractères du crime et de la peine à prononcer, il y a une très-grande différence entre le meurtre ou l'homicide volontaire, c'est-à-dire l'homicide commis avec la volonté ou l'intention de donner la mort au moment de l'action, et la préméditation, c'est-à-dire le dessein formé avant l'action, d'attenter à la personne d'un individu, ce qui constitue l'assassinat ; qu'il suit de là que le jury, en déclarant qu'il n'y avait pas préméditation, mais qu'il y avait eu intention de donner la mort, n'a point rendu une réponse contradictoire et inconciliable, mais qu'il s'est conformé dans ses réponses aux demandes, qui lui étaient faites, ainsi qu'au prescrit de la loi. 6 juillet 1832. Dalloz, 1833, 1, 22.

De même, il n'y a pas contradiction dans la déclaration, qui résout affirmativement la question de la préméditation, et négativement celle de l'intention de tuer.

Michel Rietsch était accusé d'avoir commis, avec préméditation, une tentative d'homicide volontaire sur la personne de sa fille. Le jury fut interrogé dans les termes suivants : Michel Riestch est-il coupable d'avoir donné un coup de couteau à Caroline Rietsch, sa fille? est-il coupable d'avoir donné ce coup volontairement? est-il coupable de l'avoir donné avec préméditation? est-il coupable de l'avoir donné dans l'intention de tuer? Le jury répondit affirmativement sur les trois premières questions et négativement sur la dernière. En conséquence, Rietsch, « attendu qu'il n'était pas constaté que le coup de couteau eût occasionné une maladie ou incapacité de travail de l'espèce, mentionnée en l'art. 309 du Code, » fut condamné, par application de l'art. 311, à cinq ans d'emprisonnement et cinq cents francs d'amende. Le ministère public se pourvut contre cette décision; il soutint qu'il y avait contradiction entre la déclaration du jury, qui affirmait la préméditation, et celle qui niait l'intention de donner la mort. Le pourvoi fut rejeté « attendu qu'encore bien que la déclaration du jury contienne une décision, qui peut paraître extraordinaire, ses réponses ne constituent pas cependant une contradiction absolue. » 14 février 1817, nᵒ 11. — *Conf.*, 22 novembre 1810, nᵒ 142; 18 janvier 1816, nᵒ 1.

470. L'intention de donner la mort étant l'un des éléments substantiels du meurtre, il est clair qu'elle doit être affirmée par la déclaration du jury. Il ne suffirait pas, comme la Cour de cassation le jugeait avant les révisions de la loi du 28 avril 1832, qu'il eût été reconnu que les blessures ont été faites volontairement, et qu'elles ont été suivies de mort. Il faut qu'il ressorte directement des réponses du jury que l'accusé a eu l'intention d'homicider.

Assurément, il vaut mieux que cette déclaration soit faite dans les termes mêmes du Code. Cependant la Cour de cassation ne repousse pas l'emploi des équipollents.

Ainsi, il pourra résulter de l'ensemble des énonciations, comprises dans la question, que l'accusé a agi avec intention de tuer, comme la Cour de cassation l'a jugé, en rejetant le pourvoi du nommé Marlot, « attendu que le demandeur a été déclaré coupable d'avoir tenté de donner la mort à sa fille, laquelle tentative, manifestée par un commencement d'exécution, n'a été suspendue ou n'a manqué son effet que par des circonstances indépendantes de la volonté de son auteur ; que si l'homicide ou la tentative d'homicide ne sont punissables de la peine du meurtre qu'autant qu'il est constaté qu'il y a eu, de la part de leur auteur, volonté de donner la mort, il résulte de l'ensemble des énonciations, qui sont contenues dans la question, résolue affirmativement par le jury, que cette volonté a été reconnue exister chez le demandeur ; attendu, d'ailleurs, que les diverses parties de la déclaration du jury s'expliquent les unes par les autres, et qu'en décidant, sur la question de préméditation, que le demandeur avait, avant l'action, formé le dessein d'attenter à la vie de sa fille, le jury a confirmé, en tant que de besoin, ce qui résultait déjà de sa réponse à la question sur le fait principal. » 5 septembre 1844.

L'intention de tuer résultera également, suivant la Cour de cassation, des termes mêmes de la question sur la tentative du crime.

Le nommé Louet avait été déclaré coupable d'avoir tenté de donner la mort à sa femme, laquelle tentative, manifestée par un commencement d'exécution, n'avait été suspendue, ou n'avait manqué son effet, que par des circonstances indépendantes de la volonté de son auteur. Sur cette réponse du jury, Louet avait été condamné aux travaux forcés à perpétuité. Il se pourvut en cassation ; on soutint, pour lui, que la réponse du jury ne justifiait pas cette condamnation, puisqu'elle n'indiquait pas qu'il eût agi avec intention de tuer. Le pourvoi fut rejeté « attendu que la question soumise au jury était ainsi conçue : L'accusé Louet est-il coupable d'avoir, dans la matinée du 1er janvier 1861, tenté de donner la mort à Jeanne-Anastasie Colignon, sa femme, laquelle tentative, manifestée par un commencement d'exécution, n'a été suspendue ou n'a manqué son effet que par des circonstances indépendantes de la volonté de son auteur? attendu que cette question a été résolue affirmativement par le jury; attendu, d'une part, que si la volonté est un élément nécessaire et constitutif du crime, prévu par l'art. 295 du Code pénal, cette volonté peut être exprimée, dans la question posée au jury, et, par conséquent, dans la réponse corrélative du jury, par des termes équivalents au mot *volontaire*, et qui y suppléent; attendu, en deuxième lieu, qu'il s'agit, dans l'espèce, non d'un meurtre consommé, mais seulement d'une tentative de meurtre ; attendu que toute tentative du crime, manifestée par un commencement d'exécution, qui n'a été suspendue ou n'a manqué son effet que par des circonstances indépendantes de la volonté de son auteur, emporte implicitement et nécessairement la volonté de commettre ce crime ; d'où il suit qu'en considérant, comme légalement caractérisée, et portant en elle-même l'expression de la volonté de l'accusé, la tentative, dont le demandeur a été déclaré coupable, et en appliquant à celui-ci les peines, portées par les art. 2, 295 et 304 du Code pénal, l'arrêt attaqué, loin de violer les dispositions desdits articles, en a fait, au contraire, une juste et saine application. » 14 mars 1861, no 55.—*Conf.*, 21 novembre 1850, Dall., 1850, 5, 115.

471. Tout homicide, commis volontairement, prend le caractère de meurtre, aux termes de l'art. 295. On doit, ce me semble, conclure, de la généralité de ces termes, qu'il y a meurtre, alors même que l'homicide volontaire est exécuté sur une personne autre que celle que le meurtrier se proposait de tuer. En effet, la culpabilité provient, non pas de ce qu'on a volontairement homicidé une personne déterminée, mais de ce qu'on a donné la mort avec intention de tuer.

Pierre Chauveau avait été déclaré coupable d'avoir tiré volontairement sur la personne d'Anne Arnaud, épouse de Jean Couroy, un coup de fusil, qui avait causé sa mort, sans intention de tuer ladite Anne Arnaud, mais dans l'intention de tuer Jean Couroy, son mari, en croyant tirer sur lui. La Cour d'assises appliqua à Chauveau les art. 295 et 304 du Code, modifiés par l'art. 463, à raison des circonstances atténuantes admises en sa faveur. Le condamné se pourvut en cassation. Il soutint qu'on lui avait fait une fausse application des articles précités, en ce que, d'une part, il n'était pas coupable d'avoir tué la femme Couroy, avec intention de la tuer, et en ce que, d'autre part, il faut, pour qu'il y ait meurtre, que l'intention de tuer s'applique à la personne homicidée et non à une autre. Son pourvoi fut rejeté « attendu, en fait, que Pierre Chauveau était accusé : 1° d'avoir, dans la nuit du 22 au 23 mai dernier, commis un homicide volontaire sur la personne d'Anne Arnaud, épouse de Jean Couroy, avec préméditation ; 2° d'avoir, dans la même nuit, commis contre Jean Couroy une tentative d'homicide volontaire, manifestée par un commencement d'exécution, et qui n'a manqué son effet que par des circonstances indépendantes de la volonté de son auteur, avec préméditation ; qu'outre ces deux questions, soumises au jury, il lui en a été posé une troisième, comme résultant des débats, sur la réquisition du ministère public, après avoir entendu les conclusions du défenseur de l'accusé, en suite d'un arrêt de la Cour d'assises, conçu en ces termes : Ledit Pierre Chauveau est-il coupable d'avoir, dans la nuit du 22 au 23 mai dernier, tiré volontairement sur la personne d'Anne Arnaud, épouse de Jean Couroy, un coup de fusil, qui a causé sa mort, sans intention de tuer ladite Anne Arnaud, mais dans l'intention de tuer Jean Couroy, son mari, et en croyant tirer sur lui, avec la circonstance de la préméditation ? Attendu que ledit Pierre Chauveau a été déclaré non coupable sur les deux premières questions, mais seulement coupable sur la troisième, née des débats, toutefois, sans préméditation, et avec des circonstances atténuantes ; attendu qu'il suit de là que le demandeur a été déclaré coupable d'avoir tiré volontairement un coup de fusil avec intention de tuer ; que peu importe, qu'au lieu de donner la mort à celui qu'il voulait pour victime, il ait atteint la femme, au lieu du mari, il n'en reste pas moins constant qu'il a donné la mort avec intention de tuer ; attendu que ce fait constitue le crime de meurtre, et qu'ainsi la Cour d'assises de la Haute-Vienne a fait, au fait, déclaré constant par le jury, une saine application des art. 295 et 364 du Code pénal, modifiés par l'art. 463 du même Code. » 31 janvier 1835, n° 44. — *Conf.*, 8 septembre 1826, n° 172 ; 8 décembre 1853, n° 575.

472. Il semble résulter, de la généralité des termes de l'art. 295, que cette disposition prévoit et réprime toute espèce d'homicide volontaire. Cependant, des jurisconsultes éminents, en tête desquels il faut placer Merlin, enseignent qu'elle n'est pas applicable aux homicides, commis en duel.

Pour Merlin et pour ceux qui ont suivi son opinion « les philosophes ont beau déclamer contre le duel ; l'humanité, la religion et la morale ont beau le condamner, l'opinion générale en a fait, dans certains cas, un point d'honneur ; et le seul mot d'honneur fait taire tous les scrupules, et impose silence à toutes les objections. Placez un homme d'honneur entre l'infamie, qui s'attachera à son nom, s'il recule devant la proposition d'un duel, et l'échafaud où, s'il l'accepte, sa tête tombera sous le fer de la justice, et jugez vous-mêmes quel parti il prendra naturellement, à moins qu'il ne soit doué d'une de ces grandes âmes, qui savent toujours faire fléchir, devant la raison, les préjugés les plus profondément enracinés, c'est-à-dire, à moins qu'il ne soit dans un cas d'exception malheureusement fort rare. Aussi qu'ont produit les sanglants édits de Louis XIV contre le duel? Ils ne l'ont pas réprimé, ils n'ont peut-être fait qu'en rendre l'usage plus fréquent. Ce sont ces considérations, qui ont déterminé l'Assemblée constituante, lorsqu'elle s'est occupée de la refonte des lois pénales, à ne pas comprendre le duel dans la liste des faits, qualifiés crimes ou délits ; et j'ai prouvé, dit Merlin, dans le *Répertoire de jurisprudence*, au mot *Duel*, que son silence sur cette matière équipollait à une prohibition expresse de punir les duellistes, qui avaient loyalement observé, dans le combat, quelle qu'en fût l'issue, les règles qu'ils s'étaient réciproquement imposées par leur convention préalable. Le Code pénal de 1810 ne s'explique pas plus, à cet égard, que ne le faisait celui de 1791 ; on doit donc aujourd'hui appliquer, au silence de l'un, la même intention que l'on avait précédemment induite du silence de l'autre. » (*Questions de droit*, v° *Duel*, § 1.) Aux appréciations de Monseignat, rapporteur de la commission de législation du Corps législatif, que je reproduirai tout à l'heure, Merlin et les partisans de sa doctrine ont répondu : « Tout ce qu'on peut conclure du passage du rapport de Monseignat, c'est que la commission, dont il était l'organe, pensait comme lui. Mais de ce qu'ils

ont cru trouver, dans la loi, des dispositions qu'elle ne
renferme pas, il ne s'ensuit nullement qu'ils aient, par
leur opinion officiellement manifestée, rempli les lacunes, que la loi offre réellement. Il y a eu, après la
présentation du projet du Code pénal au Corps législatif, plusieurs conférences entre le comité de législation du Conseil d'Etat et la commission de législation
du Corps législatif, et je puis assurer, pour avoir assisté à toutes, qu'il n'a été question du duel dans aucune. Ce que la commission de législation a dit sur le
duel, elle l'a donc dit d'elle-même, et ce qu'elle en a
dit est précisément le contraire de ce qui avait été arrêté verbalement entre les membres du comité de législation du Conseil d'Etat; car ils avaient bien, comme
elle, pensé au duel; mais, en y pensant, ils avaient cru
devoir imiter, à cet égard, le silence de l'Assemblée
constituante. Au surplus, il est évident que le duel ne
peut être rangé, ni dans la catégorie des homicides
commis involontairement et par imprudence, ni dans
celle des meurtres, même provoqués par des violences
graves, ni dans celle des assassinats, et qu'il porte un
caractère tout particulier, en ce qu'il est toujours précédé d'une convention, qui en règle le lieu, l'époque et
le mode. » (Merlin, *ibid*.)

A ces arguments, on en a ajouté un autre, tiré du
décret du 29 messidor an II, lequel aurait disposé que
les lois ne renfermaient aucune disposition, qui fût applicable aux duels.

Dans le principe, la Cour de cassation a suivi cette
opinion.

La chambre des mises en accusation de la Cour de
Toulouse avait renvoyé, devant les assises, Mathieu Bru-
tus Caselle, comme prévenu d'un homicide volontaire,
commis en duel, sur la personne de Ferret. Sur le

pourvoi de Caselle, cet arrêt fut annulé « vu les articles 229 et 299 du Code d'instruction criminelle ; vu
les art. 295, 296, 297, 319 et 321 du Code pénal ; vu
le décret du 29 messidor an II : attendu que, par l'arrêt de la chambre d'accusation de la Cour royale de
Toulouse, dont la cassation est demandée, le sieur Caselle a été renvoyé devant la Cour d'assises du département de la Haute-Garonne, pour y être jugé sur l'accusation d'un homicide volontaire, prévu et puni par
l'art. 304 du Code pénal ; que, d'après les faits déclarés
dans cet arrêt, cette accusation a été prononcée contre
lui sur ce qu'il avait tué le sieur Ferret, dans un duel,
dans lequel celui-ci, qui avait porté les premiers
coups, fut atteint à la poitrine d'un coup, qui le
priva à l'instant de la vie ; mais que les art. 295
et 304 du Code pénal, ni aucun autre article de ce Code
sur l'homicide, le meurtre et l'assassinat, ne peuvent
être appliqués à celui qui, dans les chances réciproques
d'un duel, a donné la mort à son adversaire, sans déloyauté, sans perfidie ; que ce fait ne saurait rentrer
dans l'art. 319, qui a prévu le cas d'un homicide, commis involontairement par négligence ou maladresse ;
qu'il ne rentre pas, non plus, dans les art. 321 et 326,
qui supposent un meurtre, commis sans liberté d'esprit
et dans le premier ressentiment d'une provocation par
des coups ou par des violences graves ; qu'il ne pourrait
pas être poursuivi, d'après l'art. 295, et le second paragraphe de l'art. 304, parce que le meurtre, qui est
l'objet de ces articles, est celui qui a été commis sans
avoir été provoqué, comme dans l'espèce précédente,
par des coups ou par des violences, mais sans dessein
antérieurement formé, et dans l'emportement subit
d'une passion violente, ou l'inspiration d'un sentiment
pervers, qui a fait exécuter un crime, que la réflexion

n'avait pas médité, et dont l'idée n'avait pas été conçue;
qu'il ne pourrait être enfin assimilé au meurtre, commis avec préméditation, que le Code qualifie assassinat,
et qu'il punit de mort ; que l'assassinat, en effet, suppose une agression préméditée, non concertée auparavant
avec celui sur qui elle a été exercée, accompagnée
du dessein de donner la mort, et dans laquelle, s'il y a
eu résistance, la défense n'est née que de l'attaque ; que
dans le duel, au contraire, il y a toujours convention antérieure, intention commune, réciprocité et simultanéité
d'attaque et de défense ; que le même rapprochement
des dispositions du Code pénal sur les blessures, conduirait à la même décision, à l'égard des blessures, faites
dans un duel ; que, du reste, si, lorsqu'il n'y a pas de
doute dans une loi, on devait recourir à des autorités,
prises hors de son texte, on rappellerait le décret du 29
messidor an II, de la deuxième partie duquel il résulte
que l'Assemblée, qui exerçait à cette époque le pouvoir
législatif, reconnut que le duel, et conséquemment les
faits, qui en sont le résultat ordinaire, n'avaient pas
été prévus et punis par le Code de 1791, alors en vigueur, ce qui s'applique nécessairement au Code pénal
actuel, qui n'a fait que renouveler sur l'homicide, le
meurtre, l'assassinat et les blessures, les dispositions
de ce Code de 1791, ou du moins ne les a pas étendues ;
que c'est au pouvoir législatif à juger s'il convient de
compléter notre législation par une loi répressive, que
la religion, la morale, l'intérêt de la société et celui des
familles paraissent réclamer, et à régler par quelles
mesures doivent être prévenus ou punis des faits, qui
ont un caractère spécial par leur nature, leur principe
et leur fin ; que lorsqu'un homme a été tué, ou lorsqu'il a reçu des blessures, la loi veut qu'il soit fait des
recherches et des poursuites ; mais que, lorsque, par

la défense du prévenu et par les notions de l'instruction, il est établi que la mort a été donnée, ou que les
blessures ont été faites, sans déloyauté, dans les chances
d'un duel, dont les parties étaient convenues, quelque
blâmable qu'ait été cette convention, quelque odieuse
qu'ait été son exécution, l'action de la justice doit s'arrêter, parce qu'elle n'a droit de poursuivre que les
crimes et les délits, et que les seuls faits, qui soient
crimes ou délits, sont ceux que la loi a qualifiés tels ; et
attendu que la Cour royale de Toulouse n'a point reconnu que l'instruction fournît quelque preuve ni même
quelque indice que ledit Caselle eût donné la mort au
sieur Ferret par un fait autre que celui résultant des
chances de leur duel ; que, dans ces circonstances, la
mise en accusation et le renvoi à la Cour d'assises du
sieur Caselle ont été une fausse application des art. 295
et 304 du Code pénal, et par suite une violation des articles 229 et 299 du Code d'instruction criminelle. »
8 avril 1819, n° 42.

C'est encore la même doctrine que la Cour de cassation applique dans ses arrêts des 21 mai 1819, n° 61 ;
19 septembre 1822, n° 128 ; 4 décembre 1824, n° 179,
ch. réun. ; 11 mai 1827, n° 114 ; 29 juin 1827, n° 161 ;
8 août 1828, n° 235, ch. réun.

Cependant, dès cette époque, cette Cour reconnaissait que l'homicide, commis en duel, présentait les caractères d'un quasi-délit, et qu'il pouvait être la cause
de réparations civiles.

La Cour d'assises du département des Ardennes avait
condamné Jean-Baptiste Le Lorrain et Marguerite Capitaine, veuve Le Lorrain, sa mère, comme civilement
responsables, à des dommages-intérêts envers la veuve
Garel et son fils, parce que, dans un duel, Le Lorrain
avait donné la mort à Garel père. Le pourvoi, que Le

Lorrain et sa mère formèrent contre cette décision, fut rejeté « attendu que Le Lorrain fils a été mis en accusation et traduit à la Cour d'assises pour homicide volontaire ; que la Cour d'assises était compétente pour statuer sur l'action civile, puisque cette action était la suite d'une accusation sur un fait, réputé crime par la loi ; qu'il ne résultait pas de la déclaration du jury que le fait d'homicide n'était pas constant ; que, dès lors, la Cour d'assises pouvait et devait en apprécier les conséquences, sous le rapport des réparations civiles demandées, lors même qu'elle ne jugeait pas qu'il fût susceptible d'une disposition pénale ; que si, du silence de la loi pénale, on doit induire que le duel, tout contraire qu'il est à la religion, à la morale et à la paix publique, n'est passible d'aucune peine, on ne saurait en conclure que l'homicide, commis à son occasion, cesse d'être dommageable, parce qu'il demeure impuni, et que celui, qui cause à une épouse et à des enfants le plus grand des dommages, en les privant d'un époux et d'un père, cesse d'être responsable civilement d'un fait, qui n'est pas seulement arrivé par sa négligence ou par son imprudence, mais par sa volonté préméditée ; que les effets d'une convention, par laquelle des citoyens, outrageant à la fois l'ordre public et les bonnes mœurs, disposeraient de leur vie, ne peuvent être invoqués en justice, pour faire perdre à un homicide volontaire jusqu'au caractère de quasi-délit ; que, lors même que le prétendu consentement du duelliste aux chances défavorables du duel pourrait lui être opposé, s'il venait demander des dommages-intérêts pour les blessures, qu'il aurait reçues, ce consentement ne saurait priver sa femme ou ses enfants des droits, que la nature et la loi leur assurent, et qu'ils réclament directement et en leur propre nom, pour le préjudice personnel, qu'ils éprouvent; et qu'en adjugeant, dans l'espèce, les dommages et intérêts réclamés, la Cour d'assises du département des Ardennes a fait une juste application des art. 1382 et 1383 du Code civil, et n'a violé aucune loi. » 29 juin 1827, n° 161.

La même question se présenta, en 1836, devant la chambre des requêtes. Le pourvoi était formé contre un arrêt de la Cour de Bordeaux, qui avait condamné le comte de Lamarthonie à des dommages-intérêts, pour avoir, dans un duel, donné la mort à Jules Baudet. Après avoir réprouvé le duel en termes éloquents, et conclu au rejet du pourvoi, M. le procureur général Dupin termine en disant : « Je désire que la question se produise devant la Cour; qu'elle s'y produise nettement; je la traiterai non plus à l'improviste, comme aujourd'hui, mais d'une manière plus complète et plus étendue; j'appellerai sur elle tout votre examen; nous détruirons ainsi le préjugé fatal, qui a pu s'attacher à une jurisprudence trop peu réfléchie. »

L'année suivante il fut donné, à ce grand magistrat, de tenir la promesse qu'il avait faite.

La chambre des mises en accusation de la Cour d'Orléans avait déclaré qu'il n'y avait lieu à suivre contre Charles-Henri-Joseph Pesson, prévenu d'homicide volontaire sur la personne de Narcisse Baron, par le motif que la mort avait été donnée dans un duel.

Le ministère public se pourvut contre cet arrêt, et M. Dupin vint soutenir le pourvoi devant la chambre criminelle. Il répondit à tous les arguments de l'opinion qu'il combattait, et, selon moi, il y répondit victorieusement.

Il recherche d'abord s'il est permis d'affirmer que le Code pénal des 25 septembre-6 octobre 1791 ne réprimait pas le duel.

Suivant lui, « sur le point qui nous occupe, il y avait deux partis à prendre : ou de faire, de la législation exceptionnelle, la règle générale, si on croyait cette législation bonne, ou bien de laisser les anciens privilèges dans le droit commun. Mais, de toutes manières, il ne pouvait plus être question de législation exceptionnelle et privilégiée.

« Déjà, le 27 avril 1791, le savant Lanjuinais avait proposé quelques articles généraux sur les duels, mais ils ne furent pas soumis à la délibération de l'assemblée. Le résultat d'une conférence entre les comités fut qu'une loi spéciale sur le duel serait inutile et dangereuse ; que l'état de la société était changé ; que ce délit en lui-même, et séparé de ses suites, n'aurait plus les mêmes caractères qu'autrefois ; qu'en un mot, le droit commun, tel qu'on allait l'établir par un Code général et uniforme, suffirait pour protéger la personne et la vie des citoyens.

« C'est en cet état qu'intervint le Code pénal des 25 septembre-6 octobre 1791.

« Dans ses dispositions sur l'homicide, il pose d'abord, en exception, les seuls cas où l'homicide soit excusable.

« Titre II, section Iʳᵉ, art. 1ᵉʳ. En cas d'homicide *commis involontairement*, s'il est prouvé que c'est par un accident, qui ne soit l'effet d'aucune sorte de négligence ni d'imprudence de la part de celui qui l'a commis, il n'existe point de crime, et il n'y a lieu de prononcer aucune peine, ni même aucune condamnation civile. Art. 2. En cas d'homicide, commis involontairement, mais par l'effet de l'imprudence ou de la négligence de celui qui l'a commis, il n'existe point de crime, et l'accusé sera acquitté ; mais, en ce cas, il sera statué par les juges sur les dommages et intérêts, et même sur les peines correctionnelles suivant les circonstances. Art. 3.

Dans le cas d'*homicide légal*, il n'existe pas de crime, et il n'y a lieu à prononcer aucune peine ni aucune condamnation civile. Art. 4. L'homicide est commis légalement, lorsqu'il est ordonné par la loi et commandé par une autorité légitime. Art. 5. En cas d'homicide légitime, il n'existe point de crime, et il n'y a lieu à prononcer aucune peine ni même aucune condamnation civile. Art. 6. L'homicide est commis légitimement, lorsqu'il est indispensablement commandé par la nécessité actuelle de la légitime défense de soi-même et d'autrui.

« Après ces exceptions établies, voici la règle générale :

« Art. 7. Hors les cas, déterminés par les précédents articles, tout homicide, commis volontairement *envers quelques personnes, avec quelques armes*, instruments, et par *quelque moyen* que ce soit, sera qualifié et puni ainsi qu'il suit, selon le caractère et les circonstances du crime.

« Ainsi la loi, pour plus d'énergie, pour plus de généralité, procède au rebours de ce qui a lieu ordinairement. Elle commence par préciser formellement les cas exceptionnels où l'homicide sera excusable ; puis, dans les termes les plus absolus, elle déclare que, *hors les cas déterminés*, il sera puni comme crime. Eh bien ! aucune de ces exceptions ne peut s'appliquer au cas de duel. Ce n'est pas celle du 1er et du 2e article, où il s'agit d'homicide involontaire ; car le duel est exclusif du défaut de volonté ; on se bat parce qu'on l'a voulu, après avoir provoqué ou consenti, sur rendez-vous pris et donné. Ce n'est pas davantage celle des art. 3 et 4, c'est-à-dire de l'homicide légal, de l'homicide *ordonné par la loi ;* enfin ce n'est pas non plus celle de l'homicide légitime ; car, d'après les termes de la loi, pour être considéré comme tel, il faut qu'il ait été *indispensable-*

IV.   34

ment commandé par la *nécessité actuelle* de la légitime défense. Or, la défense suppose une réaction immédiate et indispensable; mais le duel comporte l'agression autant que la défense; on ne se défend plus du moment qu'on cesse d'attaquer; d'ailleurs où est la nécessité actuelle, le besoin de défense commandé indispensablement, dans une position qu'on s'est faite volontairement, dans un péril auquel on n'est exposé qu'après se l'être créé soi-même et à l'avance? L'objection était même prévue et résolue par un ancien jurisconsulte : *Lex non præsumit eum in discrimine vitæ fuisse, qui suapte culpâ se vitæ periculo exposuit,* dit Voët, dans son traité *De duellis.* Ainsi, l'homicide, par suite de duel, ne se trouve dans aucune des exceptions précisées par le Code pénal; donc il est compris dans la règle générale; il tombe sous son application, et l'on ne peut s'y soustraire par deux motifs de droit, également puissants : 1° parce qu'il y a des *exceptions,* qu'on ne doit pas étendre; 2° parce qu'il y a une *règle,* qu'il ne faut pas restreindre plus que la loi ne l'a voulu, et ne s'en est expliquée elle-même.....

« Un décret du 17 septembre 1792, ajoute M. Dupin, vient prêter un nouvel appui à la thèse, que je soutiens. Ce décret porte que tous procès et jugements contre des citoyens, depuis le 14 juillet 1789, sous prétexte de provocation au duel, sont abolis. Or, si les duels étaient, comme on le prétend, abolis depuis 1791, par cela seul qu'ils n'étaient pas réprimés nominativement par le Code, une amnistie était superflue. Car on ne peut poursuivre que ce qui est crime, et puni comme tel au jour où le jugement doit avoir lieu. Cependant, ici l'amnistie était nécessaire, et pourquoi? par deux motifs : le premier, parce qu'on la faisait remonter jusqu'au 14 juillet 1789, époque où la législation exceptionnelle était encore censée en vigueur ; le second, parce que, depuis la loi de 1791, si l'on n'avait pas pu poursuivre, en vertu des anciens édits, on aurait pu poursuivre en vertu du droit commun, si le duel avait entraîné quelques suites. »

Puis il examine l'argument tiré du décret du 29 messidor an II, et démontre qu'on en a singulièrement abusé.

« On a beaucoup argumenté, dit-il, d'un décret de la Convention du 29 messidor an II, par lequel cette assemblée, suivant les arrêts où se trouve cette objection, a reconnu et déclaré que la législation de 1791 n'atteignait pas les duels. C'est là un argument, qui est devenu trivial dans la question, qui s'est transmis d'arrêt en arrêt, un de ces motifs, qu'on pourrait appeler *tralatitia*. Mais remarquons d'abord l'erreur complète où sont tombés les arrêts, qui ont fait cette objection, et qui l'ont présentée si légèrement qu'il est évident qu'en citant le décret du 29 messidor de l'an II, on n'en avait pas le texte sous les yeux. En effet, ce décret ne s'applique pas au Code pénal de 1791, comme le dit l'arrêt attaqué, mais au Code pénal militaire du 12 mai 1793.

« En voici le texte : « La Convention nationale, après avoir entendu le rapport de son comité de législation sur le jugement de référé du tribunal criminel du département de Seine-et-Oise, présentant la question si les dispositions de l'art. 11 de la 4e section du Code pénal militaire doivent s'appliquer à la provocation, en duel, par le militaire inférieur envers son supérieur, hors le cas de service, considérant que l'application de la loi doit être restreinte au cas, qu'elle a prévu, et que l'article cité ne contient ni sens ni expression, qui s'applique à la provocation au duel, décrète qu'il n'y a pas lieu à délibérer, renvoie à la commission du recensement et de la rédaction complète des lois, pour examiner et proposer les moyens d'empêcher les duels, et la peine à infliger à ceux qui s'en rendraient coupables, *ou qui les provoqueraient*. Le présent décret ne *sera point imprimé*, il en sera adressé une copie manuscrite au tribunal criminel du département de Seine-et-Oise.

« La question se présentait à la Convention comme une question de discipline militaire.; il s'agissait de maintenir la subordination; on voulait empêcher la provocation de l'inférieur au supérieur, et il est évident que le texte de l'art. 11 de la section 4 de la loi du 12 mai 1793, qui parlait seulement de *menaces par paroles et par gestes*, ne s'y prêtait pas. On fit donc bien de passer à l'ordre du jour..... »

« Il résulte de cette discussion que le considérant, qui s'est glissé d'une manière traditionnelle dans l'arrêt attaqué, est tout à fait erroné et porte entièrement à faux. »

Continuant l'examen de la législation, M. Dupin fait observer que le Code du 3 brumaire an IV n'a apporté aucun changement aux dispositions du Code pénal de 1791, et que, sous l'un comme sous l'autre, les blessures et l'homicide étaient punissables, quelle que fût la cause, non légalement exceptée, qui y eût donné lieu. Il rappelle qu'en l'an IX, un doute s'éleva à l'occasion des duels, et qu'il fut résolu, dans les termes suivants, par un avis du ministre de la justice : « Dans l'état actuel de la législation, le duel, qui n'a été suivi d'aucune blessure, contusion ou meurtre, ne peut donner lieu à des poursuites judiciaires; mais il est hors de doute que les blessures, contusions ou meurtres effectués, étant par eux-mêmes des atteintes, portées à la sûreté ou à la vie du citoyen, qui en a été victime, ces voies de fait rentrent dans la classe de toutes celles de la même nature qu'ont prévues les lois pénales,.et que doivent poursuivre les tribunaux, d'après la nature des circonstances et la gravité du fait matériel. »

Enfin, M. Dupin passe à l'étude du Code pénal, qui nous régit. « Le Code pénal de 1810, remarque-t-il, a pris les choses dans l'état où elles se trouvaient ; il a voulu maintenir le droit commun ; c'est ce qui résulte des règles, qu'il pose, et dans lesquelles l'intention du législateur se trouve bien nettement reproduite. L'article 295 qualifie meurtre tout homicide commis volontairement ; l'art. 309 punit tout individu, qui aura fait des blessures, et l'art. 311, celui qui aura porté des coups ; enfin l'art. 319 punit l'homicide, même causé involontairement, s'il y a eu maladresse, inattention, négligence ou inobservation des règlements. Ainsi, même dans les cas les moins 'graves, lorsqu'il y a un citoyen frappé, blessé, lorsqu'on voit une atteinte portée, même involontairement, à cette maxime : Tu ne tueras pas, tu ne blesseras pas, le législateur sévit ; et l'on voudrait que le législateur eût permis le duel ! Le principe souffre, il est vrai, quelques exceptions qui se trouvent écrites dans les art. 319, 321, 327 et 328 du Code pénal. Mais ces exceptions elles-mêmes ne font que confirmer la règle, surtout en présence de la sanction, qui lui est donnée par l'art. 65, qui dispose que nul crime ou délit ne peut être excusé que dans les cas et dans les circonstances, où la loi déclare le fait excusable. Or, la loi ne range pas le duel dans la catégorie des causes, qui peuvent excuser soit le meurtre, soit les simples blessures. Et qu'on ne cherche pas une objection, dans cette circonstance que le Code de 1810 ne reproduit pas ces mots du Code pénal de 1791 : « les meurtres et les blessures sont également punissables envers quelques personnes, avec quelques armes et par quelques moyens qu'ils aient été commis. » Ces mots n'ont disparu que parce que, à cette époque, on était loin des priviléges, abolis en 1791.

L'abolition des priviléges, de la distinction entre les individus et les armes avait produit son effet; elle était
acquise à la législation. Voilà pourquoi le nouveau
Code pénal ne s'en est plus occupé..... »

« Au reste, continue le grand magistrat, l'intention
du législateur ressort d'une manière bien claire de
l'exposé des motifs, présenté au nom de la commission de législation par Monseignat, à la séance du
Corps législatif du 17 février 1810. « Vous vous de-
manderez peut-être, disait-il, pourquoi les auteurs du
projet de loi n'ont pas désigné particulièrement un
attentat aux personnes, trop malheureusement connu
sous le nom de *duel*; c'est qu'il se trouve compris dans
les dispositions générales du projet de loi, qui vous sont
soumises. Nos rois, en créant des juges d'exception
pour ce crime, l'avaient presque ennobli; ils avaient
consacré les atteintes au point d'honneur, en voulant les
graduer ou les prévenir; en outrant la sévérité des
peines, ils avaient manqué le but qu'ils voulaient atteindre. Le projet n'a pas dû particulariser une espèce,
qui est comprise dans un genre, dont il donne les caractères. Si la mort est le résultat de la défense à une ir-
ruption inopinée, à une provocation soudaine à main armée, elle peut, suivant les circonstances et la vivacité
de l'agression, être classée parmi les crimes légitimes
ou excusables. Si le duel a suivi immédiatement des
menaces, des jactances, des injures; si les combattants
ont pu être entraînés par l'emportement de la passion,
s'ils ont agi dans l'ébullition de la colère, ils seront
classés parmi les meurtriers. Mais si les coupables ont
médité, projeté, arrêté à l'avance cet étrange combat,
si la raison a pu se faire entendre, et s'ils ont méconnu
sa voix, et, au mépris de l'autorité, cherché dans une
arme homicide la punition, qu'ils ne devaient attendre

que du glaive de la loi, ils seront des assassins. En vain voudrait-on invoquer une convention entre les duellistes, et la réciprocité des chances, qu'ils ont voulu courir dans une action qui, le plus souvent, n'offre de la volonté que les apparences. Et comment d'ailleurs chercher un usage légitime de la liberté dans l'horrible alternative de se faire égorger ou de donner la mort? Sans doute, une fausse opinion couvre et protége les coupables; elle les égare et les excite par une méprise d'idées sur la bravoure, l'honneur et la vengeance; et cette fausse opinion parvient peut-être à leur persuader qu'il est ignoble d'attendre, de la marche grave et lente de la justice, la réparation d'un outrage, et qu'on ne doit porter aux tribunaux que les contestations, qui prennent leur source dans des intérêts pécuniaires. La loi ne saurait transiger avec un aussi absurde préjugé, et cependant l'extirpation de ce préjugé a, depuis longtemps, échappé à la puissance du législateur. Espérons que le moment est arrivé de faire disparaître de nos mœurs cette rouille de la barbarie de nos ancêtres, de sauver nos lois et nos usages d'une contradiction aussi choquante, et de ne plus placer les individus entre la honte et l'échafaud. » (Locré, t. 30, p. 517.)

« On a objecté, reprend M. Dupin, que ces paroles de Monseignat n'expriment que l'opinion de la commission du Corps législatif, et que la discussion du Conseil d'État n'avait rien produit de semblable sur le duel. A cette objection, je répondrai, d'abord, par le mot de Treilhard, conseiller d'État, lui, qui eut l'influence la plus directe sur la rédaction du Code de 1810. On lui demandait pourquoi le projet n'avait pas nominativement parlé du duel; nous n'avons pas voulu, dit-il, avec cette brusque énergie, qui le caractérisait, et que plusieurs d'entre vous peut-être lui ont connue; nous n'avons pas voulu lui faire l'honneur de le nommer.

« Quant au discours de Monseignat, il faut bien distinguer entre un discours de cette nature, arrivé au Corps législatif, avec la loi, dont il exposait les motifs, et un discours, qui aurait été simplement improvisé au milieu d'une discussion plus ou moins controversée, et dans laquelle il est quelquefois difficile de démêler le véritable motif, qui entraîne le vote de l'assemblée. Le discours de Monseignat avait un autre caractère. L'orateur ne parlait pas, en son nom seul ; son rapport était fait au nom de la commission de législation, qui n'était pas bornée aux fonctions de nos commissions actuelles, mais qui avait un autre caractère, une mission constitutionnelle, et non pas seulement réglementaire ; en un mot, le rapport était *la vive voix du Corps législatif*, à une époque où toute discussion orale était interdite à ses membres. En effet, il résulte, du sénatus-consulte du 19 août 1807, que la commission de législation du Corps législatif était un corps *constitutionnel*, institué en *remplacement du Tribunat*, et investi des attributions de cette branche du pouvoir législatif (art. 1er), dont l'objet était de concourir, avec le Conseil d'État, *à la formation de la loi et à l'exposé du sens* et des *motifs* de ses dispositions, délibérant séparément, se réunissant, en conférence, sous la présidence de l'archichancelier de l'empire (art. 4), en cas de discordance d'opinion avec la section du Conseil d'État, qui avait rédigé le projet de loi ; faisant ses rapports en présence des *orateurs* de ce conseil ; avant eux, s'ils n'étaient pas du même avis, et après eux, dans le cas contraire (art. 5) ; qu'ainsi ces rapports, *non contredits* par ces orateurs, complètent l'exposé fait par eux et sont une preuve certaine de l'esprit, qui a présidé à la rédaction et à l'adoption des lois. Une seconde considération achève de montrer, suivant nous, jusqu'à l'évidence, que ce rapport n'est pas une simple opinion; qu'il doit être considéré comme les *véritables motifs* de la partie du Code pénal à laquelle il s'applique : c'est la date du rapport et celle du décret du Corps législatif, qui a donné force de loi au chap. 1ᵉʳ, titre II, livre III du Code. Le 17 février 1810, Monseignat présente au Corps législatif son rapport sur le chap. 1ᵉʳ, titre II, livre III du Code pénal, qui fut, dans la même séance (*Moniteur* des 26 et 27 février 1810) et par un *vote, qui suivit immédiatement le rapport* de Monseignat, converti en loi par le Corps législatif. De plus, cette partie du Code pénal a été promulguée, le 27 février 1810, c'est-à-dire au bout des dix jours, prescrits par l'art. 37 de la Constitution de l'an VIII, et, dans cet intervalle, elle n'avait subi aucune espèce de modification. De sorte que le vote du Corps législatif, et le décret de promulgation, qui l'a suivi, sont légalement censés avoir confirmé les motifs du rapport, qui se rattachaient au projet présenté. Il faut donc reconnaître que l'étendue des dispositions pénales du Code, concernant *les blessures, le meurtre et l'assassinat*, est fixée par les motifs, qui viennent, pour ainsi dire, surabondamment élucider des textes, qui n'offraient déjà aucune équivoque. Ainsi, pas de lacune dans le Code pénal de 1810. »

En terminant, M. Dupin réfute les objections fondées sur la convention des parties et la simultanéité de l'attaque et de la défense. « La convention des parties en pareille matière ! Est-ce donc que tout indistinctement peut tomber en convention ! Oublie-t-on les limites que la loi a, dans tous les temps, apportées à la liberté des conventions ! Oublie-t-on qu'elle défend celles qui ont pour objet des causes illicites, et qu'elle répute telle toute convention, contraire aux bonnes mœurs ou à l'ordre public? Or, ces mêmes arrêts, qui refusent la répression aux duels, avouent (et ces termes sont ceux d'un de vos arrêts) que le duel est un fait, qui blesse profondément la religion et la morale, et qui porte une atteinte grave à l'ordre public. Comment donc légitimer les duels par la prétendue convention d'essayer à se tuer réciproquement? Les joueurs aussi jouent par convention; cela empêche-t-il les tribunaux d'annuler les dettes de jeu? Oui, pour l'argent, il faut empêcher la ruine des familles! Mais si l'on joue la paix de sa famille, si l'on joue sa vie, époux, fils ou père, la convention sera licite, elle absoudra les contractants!...

« La simultanéité d'attaque et de défense! Mais cette simultanéité fait précisément qu'il n'y a pas défense, dans le sens de la loi! Il n'y a pas défense nécessaire, puisqu'il y a en même temps agression, qu'on cherche bien plus à donner la mort qu'à s'en garantir, et que, si l'on cesse un instant de chercher à tuer son adversaire, il est très-vrai qu'on ne se défend plus! La défense n'est pas nécessaire, surtout en ce sens que c'est de son plein gré, et par suite d'un rendez-vous préalablement donné, qu'on se crée le péril, dont on veut ensuite se garantir! Que dire d'ailleurs de ces duels alternatifs où, après le premier coup de pistolet parti, celui qui a essuyé le feu tire à son tour de sang-froid, et avec le sentiment que son adversaire seul est désormais en danger de succomber? »

Après deux heures de délibéré, l'arrêt de la Cour d'Orléans fut annulé « attendu que, si la législation spéciale sur les duels a été abolie par les lois de l'Assemblée constituante, on ne saurait induire de cette abolition une exception tacite, en faveur du meurtre commis et des blessures faites et coups portés, par suite du duel; que, sous le Code des délits et des peines de 1791, les meurtres, blessures et coups étaient restés sous l'empire du droit commun; que le décret d'ordre du jour du 29 messidor an II ne se réfère qu'au Code militaire et n'est relatif qu'à de simples provocations de la part de militaires d'un grade inférieur envers leurs supérieurs; que le Code de l'an IV a été rédigé dans le même esprit que celui de 1791, et ne contient aucune disposition nouvelle sur cette matière; attendu que les dispositions des art. 295 et 296 du Code pénal sont absolues et ne comportent aucune exception; que les prévenus de crimes, prévus par ces articles, doivent être, dans tous les cas, poursuivis; que si, dans les cas prévus par les art. 327, 328 et 329 du même Code, les chambres du conseil et les chambres d'accusation peuvent déclarer que l'homicide, les blessures et les coups ne constituent ni crime ni délit, parce qu'ils étaient autorisés par la nécessité actuelle de la légitime défense de soi-même ou d'autrui, on ne saurait admettre que l'homicide commis, les blessures faites et les coups portés dans un combat singulier, résultat funeste d'un concert préalable entre deux individus, aient été autorisés par la nécessité actuelle de la légitime défense de soi-même, puisque, en ce cas, le danger a été entièrement volontaire et la défense sans nécessité, ce danger pouvant être évité sans combat; attendu que, si aucune disposition législative n'incrimine le duel proprement dit, et les circonstances, qui préparent ou accompagnent cet acte homicide, aucune disposition de loi ne range ces circonstances au nombre de celles qui rendent excusables le meurtre, les blessures et les coups; que c'est une maxime inviolable de notre droit public que nul ne peut se faire justice à soi-même; que la justice est la dette de la société tout entière, et que toute justice émane du roi (art. 48 de la Charte constitutionnelle), au nom de qui cette dette est payée ; que c'est une autre maxime, non moins sacrée, de notre droit public, que toute convention, contraire aux bonnes mœurs et à l'ordre public, est nulle de plein droit (Code civil, art. 6 et 1133) ; que ce qui est nul ne saurait produire d'effet, ni, à plus forte raison, paralyser le cours de la justice, suspendre l'action de la vindicte publique, et suppléer au silence de la loi, pour excuser une action, qualifiée crime par elle, et condamnée par la morale, et le droit naturel ; attendu qu'une convention, par laquelle deux hommes prétendent transformer, de leur autorité privée, un crime qualifié, en action indifférente ou licite, se remettre d'avance les peines, portées par la loi contre ce crime, s'attribuer le droit de disposer mutuellement de leur vie, et usurper ainsi doublement les droits de la société, rentre évidemment dans la classe des conventions, contraires aux bonnes mœurs ou à l'ordre public ; que, si, néanmoins, malgré le silence de la loi, et le vice radical d'une telle convention, on pouvait l'assimiler à un fait d'excuse légale, elle ne saurait être appréciée qu'en Cour d'assises, puisque les faits d'excuse, admis comme tels par la loi, ne doivent point être pris en considération par la chambre du conseil, et les chambres d'accusation, et ne peuvent être déclarés que par le jury ; qu'il suit de là que, toutes les fois qu'un meurtre a été commis, que des blessures ont été faites, que des coups graves ont été portés, il n'y a pas lieu, par les juges appelés à prononcer sur la prévention ou sur l'accusation, au cas où ce meurtre, ces blessures ou ces coups ont eu lieu dans un combat singulier, dont les conditions ont été convenues, entre l'auteur du fait et sa victime, de s'arrêter à cette convention ; qu'ils ne peuvent, sans excéder leur compétence, et sans usurper les pouvoirs des jurés, surtout sous l'empire de la loi du 28 avril 1832, statuer

sur cette circonstance, puisque, lors même qu'elle pourrait constituer une circonstance atténuante, ce serait
aux jurés qu'il appartiendrait de le déclarer; que si, aux
termes de la loi constitutionnelle de l'État (art. 56 de la
Charte), aucun changement ne peut être effectué à l'institution des jurés que par une loi, les tribunaux ne
sauraient, sans porter atteinte à cette disposition et à
cette institution, restreindre, et moins en semblable
matière qu'en toute autre, la compétence et la juridiction
des jurés; attendu qu'il résulte de l'arrêt attaqué que, le
29 janvier dernier, Pesson a, dans un combat singulier,
donné la mort à Baron ; que, néanmoins, la chambre
des mises en accusation de la Cour royale d'Orléans a
déclaré n'y avoir lieu à suivre contre ledit Pesson, par
le motif que ce fait ne rentre dans l'application d'aucune
loi pénale en vigueur et ne constitue ni crime ni délit;
qu'en jugeant ainsi, ladite Cour a expressément violé
les art. 295, 296, 297 et 302 du Code pénal, et faussement appliqué l'art. 328 dudit Code. » 22 juin 1837,
n° 184; — *Conf.*, 15 décembre 1837, n° 430, ch. réun.;
22 décembre 1837, n° 438; 6 juillet 1838, n° 192;
4 janvier 1839, n° 2; 2 février 1839, n° 35, ch. réun.;
21 février 1839, n° 56; 6 juin 1839, n° 176; 2 août
1839, n° 254; 11 décembre 1839, n° 375, ch. réun.;
10 septembre 1840, n° 257; 12 novembre 1840, n° 321;
4 janvier 1845, n° 5 ; 25 mars 1845, n° 109, ch. réun.;
14 août 1845, n° 258; 18 novembre 1847, n° 280;
8 décembre 1848, n° 310; 14 juin 1849, n° 135; 6 juillet 1849, n° 149; 21 juillet 1849, n° 172, ch. réun.;
22 mars 1850, n° 112; 12 avril 1850, n° 127; 19 avril
1850, n° 130; 6 juin 1850, n° 184; 11 juillet 1850,
n° 216; 20 décembre 1850, n° 427; 11 avril 1851,
n° 142; 18 février 1854, n° 43, ch. réun.

Ces arrêts, selon moi, consacrent la vérité. Ils donnent à l'art. 295 son exacte signification, en refusant de le limiter, par une exception, que son texte ne comporte pas, et que contredisent les déclarations de Monseignat.

La mort, donnée en duel, est donc un meurtre, ou, plutôt, un assassinat, puisqu'elle est donnée avec préméditation (C. pén., art. 296, 297, 302).

473. Ce principe admis, il faut en suivre les conséquences.

La tentative du crime, étant considérée comme le crime même (C. pén., art. 2), les combattants, qui auront eu l'intention de se donner la mort, ne seront pas moins coupables pour ne s'être fait qu'une blessure, ou ne s'être pas atteints. Dans ce cas même, comme les deux combattants survivront, ils devront être, tous deux, l'objet de poursuites criminelles.

Dans une première espèce, la chambre du conseil du tribunal de Perpignan avait renvoyé, devant la chambre des mises en accusation de la Cour de Montpellier, Adolphe Bolnix, Pierre-Philippe Gineste, Étienne Sales, Joseph Dugachis, Laurent Alzais, Jacques Bimet, Jean Barrière et Pierre Crouzières, comme prévenus, les deux premiers, d'une tentative d'homicide volontaire, avec préméditation, et les six autres, de complicité de ce crime ; il résultait des énonciations de l'ordonnance qu'il s'agissait « d'un meurtre que Bolnix et Gineste allaient commettre l'un sur l'autre.... ; d'une tentative de meurtre, dont Bolnix et Gineste s'étaient réciproquement rendus coupables, l'un envers l'autre. » La Cour de Montpellier, sans contredire l'existence des faits, avait déclaré, en droit, qu'ils n'étaient qualifiés ni crimes ni délits par aucune loi pénale en vigueur. Sur le pourvoi du ministère public, l'arrêt fut annulé. 8 décembre 1848, n° 310.

Dans une seconde espèce, la chambre des mises en

accusation de la Cour de Poitiers avait constaté, en fait, qu'un combat à l'épée avait eu lieu entre Veyrent, brigadier au 1er régiment de chasseurs, et Blet, facteur au chemin de fer, que Veyrent et Blet avaient tenté, mutuellement, de se donner la mort, et que Blet avait blessé son adversaire. Néanmoins, l'arrêt avait déclaré qu'il n'y avait lieu à suivre, à raison de ce que ces faits n'étaient pas réprimés par la loi pénale. Sur le pourvoi du ministère public, l'arrêt fut annulé « attendu que tous les faits, constatés par l'arrêt attaqué, à la charge, soit de Blet, soit de Veyrent, comme ayant été perpétrés, soit dans le duel, soit à la suite du duel, présentent, les uns et les autres, les caractères de tentatives d'homicide volontaire, commises avec préméditation, manifestées par un commencement d'exécution, qui n'auraient manqué leur effet que par des circonstances indépendantes de la volonté de leurs auteurs. » 18 février 1854, n° 43. — *Conf.*, 20 décembre 1850, n° 427.

474. Une autre conséquence, à déduire du même principe, c'est que, les complices d'un crime étant punis de la même peine que les auteurs de ce crime, il y a lieu de poursuivre les individus, qui se sont rendus complices de l'homicide, commis ou tenté dans un duel; par exemple, ceux qui, comme les témoins, ont, avec connaissance, aidé et assisté l'auteur ou les auteurs de l'action, dans les faits, qui l'ont préparée, facilitée ou consommée. « L'homicide et les blessures, commis en duel, peuvent être imputés, non-seulement aux combattants, comme auteurs principaux, mais aussi aux témoins du duel, comme complices, s'il existe de la part de ceux-ci des actes, qui présentent les caractères de la complicité légale, tels qu'ils sont définis par l'art. 60 du Code pénal. » 22 décembre 1837, n° 438 ; 6 juillet 1838, n° 192 ; 2 février 1839, n° 35, ch. réun. ; 6 juin 1839,

nº 176 ; 2 août 1839, nº 254 ; 11 décembre 1839,
nº 375 ; 10 septembre 1840, nº 257 ; 12 novembre 1840,
nº 321 ; 14 août 1845, nº 258 ; 8 décembre 1848,
nº 310 ; 21 juillet 1849, nº 172, ch. réun.; 22 mars
1850, nº 112 ; 10 avril 1850, nº 127 ; 19 avril 1850,
nº 130 ; 6 juin 1850, nº 184 ; 11 juillet 1850, nº 216 ;
11 avril 1851, nº 142.

475. Dans le cas où les combattants n'auront pas eu
l'intention de se donner la mort, ils ne pourront pas,
assurément, être poursuivis pour homicide, mais chacun
d'eux sera responsable des blessures, qu'il aura faites.

Si la blessure, faite sans intention de donner la mort,
l'a pourtant occasionnée, le fait constituera le crime.
prévu et réprimé par les art. 309 et 310 du Code. 4 janvier 1845, nº 5 ; 25 mars 1849, nº 109, ch. réun.

Si la blessure a été suivie de mutilation, amputation
ou privation de l'usage d'un membre, cécité, perte
d'un œil, ou autres infirmités permanentes, le fait sera
réprimé par le paragraphe 3 de l'art. 309 et le paragraphe 2 de l'art. 310.

Si la blessure a causé une maladie ou une incapacité
de travail personnel pendant plus de vingt jours, le fait
sera puni par le paragraphe 1ᵉʳ de l'art. 309 et le paragraphe 3 de l'art. 310.

Si la blessure ne présente aucun de ces caractères aggravants, le fait sera réprimé par le dernier paragraphe
de l'art. 311. 5 avril 1838, nº 93 ; 21 février 1839,
nº 56 ; 11 décembre 1839, nº 375, ch. réun.; 10 septembre 1840, nº 257 ; 12 novembre 1840, nº 321 ;
6 juillet 1849, nº 149.

Les poursuites devront s'étendre à ceux qui se seront
rendus complices de ces différentes blessures, par
exemple, aux témoins, comme il a été jugé par les arrêts, que je viens de citer au nº 474.

476. Si les combattants n'ont pas eu l'intention de se donner la mort, et si le duel n'a pas été suivi de blessures, aucun de ceux, qui y ont pris part, ne peuvent être, selon moi, poursuivis. Je ne vois alors, dans le duel, qu'une tentative de blessure indéterminée, de l'une de ces blessures, que l'art. 311 classe parmi les délits. Aucune disposition spéciale de la loi ne considère cette tentative comme délit; donc, aux termes de l'art. 3 du Code, il n'est pas permis de lui donner ce caractère.

477. L'art. 295 me parait également applicable aux meurtres, exécutés sur la demande de ceux qui en deviennent l'objet. J'ai donné à cette question intéressante tous les développements, qu'elle mérite, dans ma deuxième Étude, n° 46; je persiste dans mes appréciations.

478. Pour terminer ce que j'avais à dire sur l'article 295, je n'ai plus qu'à m'expliquer sur la manière, dont le meurtre doit être qualifié dans la question soumise au jury.

Je conseillerai de ne pas employer le mot meurtre. C'est un terme complexe, dont la Cour de cassation a réprouvé l'usage, dans son arrêt du 20 juin 1823, n° 71. N'est-ce pas, en outre, un terme juridique, qui soumettrait incompétemment au jury une question de droit?

J'engagerai également à ne pas diviser la question, quoique la Cour de cassation n'ait pas blâmé ce procédé dans l'espèce suivante.

Les questions avaient été ainsi formulées : La femme Zeller est-elle coupable d'avoir volontairement porté des coups et fait des blessures à la femme Charles? Ces coups et ces blessures volontaires ont-ils causé la mort à la femme Charles? Ces coups portés et ces blessures faites volontairement à la femme Charles, l'ont-ils été dans l'intention de lui donner la mort? Sur le pourvoi de la femme Zeller, la Cour jugea « que les trois questions, posées dans les termes ci-dessus, renferment substantiellement tous les éléments de la question principale du crime d'homicide volontaire, puisqu'elles présentent d'abord une question de coups et blessures volontaires, secondement, la question de savoir si ces coups et blessures volontaires ont donné la mort, troisièmement, enfin, la question de savoir si ces coups et blessures, ayant donné la mort, ont été portés par l'accusée avec l'intention de donner la mort; » et elle en tira la conséquence « qu'en divisant ainsi, en trois questions, la question principale d'homicide volontaire, portée dans l'arrêt de mise en accusation, le président de la Cour d'assises a reproduit toute la substance de ladite question, et n'a commis aucune violation des articles 337 et 338 du Code d'instruction criminelle. » 24 juillet 1841, n° 219.

Quoi qu'il en soit, il me paraît plus simple et plus régulier de ne présenter au jury qu'une question, et de la poser dans ces termes :

Le nommé...., est-il coupable d'avoir (la date), commis un homicide volontaire sur la personne du nommé....?

ARTICLE 296.

Tout meurtre, commis avec préméditation ou de guet-apens, est qualifié assassinat.

ARTICLE 297.

La préméditation consiste dans le dessein formé, avant l'action, d'attenter à la personne d'un indi-

vidu déterminé, ou même de celui qui sera trouvé
ou rencontré, quand même ce dessein serait dépendant de quelque circonstance ou de quelque condition.

ARTICLE 298.

Le guet-apens consiste à attendre, plus ou moins
de temps, dans un ou divers lieux, un individu, soit
pour lui donner la mort, soit pour exercer sur lui
des actes de violence.

479. Définition de l'assassinat.—Sa pénalité.
480. L'assassinat n'est pas un crime spécial; c'est un meurtre
    aggravé.—Arrêts.
481. Suite.—Les circonstances aggravantes doivent être sou-
    mises au jury dans des questions particulières. —
    Arrêts.
482. Suite. — La préméditation et le guet-apens peuvent-ils
    être compris dans la même question?—Jurisprudence.
    —Variations.
483. Les mots préméditation et guet-apens ne sont pas sacra-
    mentels.—Arrêts.
484. Définition de la préméditation.
485. Définition du guet-apens.—Son caractère.
486. Qualifications.

479. Le meurtre s'aggrave par la préméditation et
le guet-apens; il devient assassinat, et est puni de la
peine de mort par l'art. 302.

480. Il ne faut pas voir, dans l'assassinat, un crime
spécial, *sui generis*; l'assassinat n'est que le meurtre,
aggravé par des circonstances, qui en augmentent la
criminalité.

Traduit devant la Cour d'assises du département de
la Manche, comme accusé de tentative d'assassinat, Jean-

Baptiste Lanon avait été déclaré coupable de tentative de meurtre, à la majorité absolue du jury ; mais, sur la question de préméditation, sa culpabilité n'avait été déclarée qu'à la majorité de sept voix contre cinq. La Cour d'assises, ne voyant dans la préméditation qu'une circonstance aggravante du fait principal, qui était la tentative de meurtre, s'abstint de délibérer sur cette circonstance, et condamna immédiatement l'accusé à la peine capitale, comme coupable de tentative d'assassinat. Lanon se pourvut contre cet arrêt, pour violation de l'art. 351 du Code d'instruction criminelle, en ce que la Cour d'assises n'avait pas délibéré sur la préméditation, qui avait entraîné, contre lui, la peine de mort, quoique cette question n'eût été résolue par le jury qu'à la simple majorité. Il s'efforça d'établir que la préméditation n'est pas une simple circonstance aggravante du meurtre, mais qu'elle est l'élément principal et constitutif d'un autre crime, du crime d'assassinat. La Cour rejeta son pourvoi « attendu qu'aux termes de l'art. 351 du Code d'instruction criminelle, les juges ne doivent délibérer, entre eux, que lorsque les jurés ont déclaré l'accusé coupable du fait principal, qui lui est imputé, à la majorité simple seulement ; qu'il suit de cette disposition que la déclaration du jury est définitive, lors même qu'elle n'est rendue qu'à la majorité simple, quand elle se réfère aux circonstances accessoires du fait principal, quoique ces circonstances soient aggravantes et entraînent une aggravation de peine ; attendu que, si aux termes de l'art. 296 du Code pénal, tout meurtre, commis avec préméditation, est qualifié assassinat, on ne saurait en conclure que le fait principal, dans une accusation d'assassinat, ne soit le meurtre ; que l'aggravation de peine, qu'entraîne l'existence des circonstances aggravantes du fait principal, ne saurait en changer la nature ; que, si le meurtre n'entraîne la peine capitale que lorsqu'il est accompagné de circonstances aggravantes, il en est de même du vol : que, néanmoins, l'art. 381 du Code pénal ne fait pas rentrer ces circonstances aggravantes dans le fait principal ; qu'il les en sépare, au contraire, très-distinctement ; que la préméditation est évidemment, aux termes de l'article 296 précité, une circonstance aggravante du meurtre ; que, dès lors, elle peut être légalement établie par une déclaration du jury, rendue à la majorité simple, et sans que la Cour d'assises soit tenue de délibérer. » 27 janvier 1826, n° 22. — *Conf.*, 3 mars 1826, n° 38 ; 8 juillet 1837, n° 202 ; 19 octobre 1837, n° 317 ; 4 janvier 1839, n° 5.

481. Cette observation doit être surtout prise en considération pour la rédaction des questions, que l'on présente au jury.

Il en résulte, en effet, que la préméditation et le guet-apens, étant des circonstances aggravantes du fait principal, doivent en être détachées et devenir l'objet d'une interrogation spéciale. Autrement, la question serait incomplète, irrégulière, et, par suite, annulable en cas de pourvoi, comme la Cour de cassation l'a plusieurs fois jugé. 8 juillet 1837, n° 202 ; 4 janvier 1839, n° 5.

482. Lorsque ces deux circonstances se présentent dans la même affaire, peuvent-elles être réunies dans la même question, ou doivent-elles être, chacune, le sujet d'une interrogation distincte ?

La Cour de cassation a varié sur cette question.

Dans le principe, elle a pensé que ces deux circonstances aggravantes pouvaient être réunies dans la même interrogation.

Innocent-Mathieu Pietri avait été déclaré coupable : 1° d'avoir volontairement donné la mort à Antoinette-

Marie Martinelli, et 2° d'avoir commis ce meurtre avec
préméditation et guet-apens. Condamné sur cette déclaration, modifiée par l'art. 463 du Code, à la peine
des travaux forcés à perpétuité, il se pourvut en cassation et soutint que la seconde réponse du jury violait,
par sa complexité, les art. 344 et 345 du Code d'instruction criminelle, et l'art. 1er de la loi du 13 mai 1836.
Son pourvoi fut rejeté « attendu que, s'il résulte des
dispositions de l'art. 1er de la loi du 13 mai 1836 que le
jury doit voter, par bulletins écrits et par scrutins distincts et successifs, sur le fait principal d'abord, et, s'il
y a lieu, *sur chacune des circonstances aggravantes*, l'observation de cette règle, *relativement aux circonstances
aggravantes*, n'est pas indispensable, à peine de nullité,
lorsque, par leur nature, ces circonstances se confondent, pour ainsi dire, l'une avec l'autre, comme lorsqu'il
s'agit de la circonstance de la *préméditation* et de *celle
du guet-apens*, qui ont entre elles une telle similitude
qn'on peut les considérer comme identiques, puisque
chacune d'elles constitue un dessein réfléchi, qui a précédé l'exécution du crime, et entraîne contre l'accusé
les mêmes conséquences pénales; attendu que, dans
l'espèce, le président de la Cour d'assises a posé au jury
les questions, dans les termes suivants : « 1° L'accusé
Pietri (Innocent-Mathieu) est-il coupable d'avoir, le 26
janvier 1838, donné volontairement la mort à Antoi-
nette-Marie Martinelli, à l'aide d'instruments tranchants et pointus? » « 2° Ce meurtre a-t-il été commis
avec préméditation et guet-apens? »; attendu que le
jury a répondu à la première question principale :
« Oui, à la majorité, » et qu'il a pareillement répondu
à la seconde question par une seule réponse: « Oui, à
la majorité; » attendu que le fait d'avoir posé au jury,
dans une *seule et même question*, les circonstances aggra-

vantes de la *préméditation* et du *guet-apens*, et le fait que le jury a répondu, *par une seule et même réponse affirmative* à cette question, ne constitue pas de violation des art. 344 et 345 du Code d'instruction criminelle, ni la violation de l'art. 1er de la loi du 13 mai 1836. » 22 novembre 1838, nº 364. — *Conf.*, 19 juillet 1839, nº 237.

Plus tard, la même Cour a décidé que le jury devait être interrogé, par des questions distinctes, sur l'une et sur l'autre de ces circonstances.

Jules Courtot avait été déclaré coupable, sur une première question, d'avoir commis une tentative d'homicide volontaire, et, sur une seconde, d'avoir commis cette tentative avec préméditation et guet-apens. La déclaration du jury et l'arrêt de condamnation, qui en a été la suite, furent annulés « vu les art. 344 et 347 du Code d'instruction criminelle, et les art. 1, 2 et 3 de la loi du 13 mai 1836 ; vu aussi les art. 296, 297 et 298 du Code pénal ; attendu, en droit, qu'il résulte de ces derniers articles que la préméditation et le guet-apens sont deux circonstances aggravantes du crime de meurtre ; qu'elles sont distinctes l'une et l'autre, et que leurs caractères sont déterminés par deux articles du Code pénal ; que, si le guet-apens suppose nécessairement la préméditation, il n'en est pas de même de la préméditation, qui peut exister, quoiqu'il n'y ait pas guet-apens ; attendu qu'aux termes des art. 344 et 347 du Code d'instruction criminelle, combinés avec les dispositions de la loi du 13 mai 1836, le jury doit voter par scrutins *distincts* et successifs, sur le fait principal, d'abord, puis sur *chacune des circonstances aggravantes*, et qu'il doit exprimer son vote par le mot *oui*, ou par le mot *non ;* que, dès lors, les questions doivent être posées de manière que les réponses puissent y être faites, d'une manière complète, par le mot *oui* ou par le mot *non*, ce qui n'aurait pas lieu si une question embrassait deux faits ou deux circonstances, car le juré consulté, convaincu de l'existence de l'un des faits, ou de l'une des circonstances, mais non convaincu de l'existence de l'autre fait, ou de l'autre circonstance, devrait l'exprimer dans son vote et ne pourrait formuler sa réponse par *oui* ou par *non*, comme le prescrit l'art. 2 de la loi du 13 mai 1836 ; et attendu, en fait, que le nommé Jules Courtot était accusé d'avoir commis une tentative de meurtre avec les circonstances aggravantes de la *préméditation* et du *guet-apens* ; que ces deux circonstances n'étaient pas présentées dans l'accusation sous une forme alternative, mais comme existant simultanément ; d'où il suit que le président de la Cour d'assises était tenu de poser deux questions, l'une sur la préméditation, l'autre sur le guet-apens, afin de mettre le jury à portée de répondre à chacune de ces questions par *oui* ou par *non*, et de voter, par des scrutins *distincts* et successifs, comme l'exige l'art. 1ᵉʳ de la loi du 13 mai 1836, et pour que le chef du jury pût, après le dépouillement de chaque scrutin, en consigner le résultat, en marge ou à la suite de la question résolue, suivant la prescription de l'art. 3 de la même loi ; attendu que le président de la Cour d'assises, en réunissant, dans une seule question, les deux circonstances aggravantes, ci-dessus relatées, a formellement violé les dispositions des art. 1, 2 et 3 de la loi du 13 mai 1836 et des art. 344 et 347 du Code d'instruction criminelle. » 3 juillet 1845, nº 217. — *Conf.*, 8 octobre 1852, nº 343.

Les conséquences, tirées par ces derniers arrêts des art. 344 et 347 du Code d'instruction criminelle et des art. 1, 2 et 3 de la loi du 13 mai 1836, me paraissent excessives. Je ne peux pas voir une question complexe dans celle qui consulte le jury sur la préméditation et le guet-apens. Est-ce que le guet-apens est autre chose qu'une espèce de préméditation? Est-ce que l'espèce n'est pas comprise dans le genre? Est-ce que, par suite, interroger le jury sur le point de savoir si un crime a été commis avec préméditation et guet-apens, ce n'est pas se borner à lui demander si ce crime a été commis avec préméditation? Je persiste donc à croire que l'on peut, comme je l'ai fait sous les art. 231 à 233, réunir, dans une seule et même question, la préméditation et le guet-apens. Cependant, si on ne veut pas affronter les chances d'une discussion nouvelle devant la Cour de cassation, on devra les diviser.

483. Les mots préméditation et guet-apens ne sont pas sacramentels, par conséquent « en se servant, au lieu de ces mots, dans la position des questions, soumises au jury, de la définition, que la loi en donne, on ne contrevient pas aux dispositions de la loi. » 28 mars 1829, n° 69. « Ce mode, préférable à celui par lequel on demande simplement au jury si le crime a été commis avec préméditation, a l'avantage de le mettre à même de répondre en plus parfaite connaissance de cause; il est entièrement conforme à l'esprit des articles 297 et 298, comme au texte de ces articles. » 14 septembre 1843, n° 240.

484. La préméditation est définie par l'art. 297 le dessein formé, avant l'action, d'attenter à la personne d'un individu déterminé, ou même de celui qui sera trouvé ou rencontré, quand même ce dessein serait dépendant de quelque circonstance ou de quelque condition.

Ainsi, pour qu'un homicide volontaire soit commis avec préméditation, il faut qu'il y ait, non-seulement intention de donner la mort, au moment de l'action, mais encore dessein de tuer, formé avant l'action. Faut-il que ce dessein ait été longuement mûri? Non. Il suffit qu'entre la conception du crime et son exécution, le meurtrier ait eu le temps de s'en rendre compte. S'il conçoit le crime et l'exécute aussitôt qu'il le conçoit, il n'est que meurtrier. Si, après l'avoir conçu, il l'envisage, il le discute, en quelque sorte avec lui-même, et ne l'exécute qu'après ces réflexions, quelque courtes qu'elles soient, il est assassin.

485. Suivant l'art. 298, le guet-apens consiste à attendre plus ou moins de temps, dans un ou divers lieux, un individu, soit pour lui donner la mort, soit pour exercer sur lui des actes de violence.

Ne résulte-t-il pas de cette définition, comme je viens de le dire n° 482, que le guet-apens n'est qu'un mode de préméditation? Attendre quelqu'un en un lieu pendant plus ou moins de temps pour lui donner la mort, n'est-ce pas former, avant l'action, le dessein d'attenter à sa vie?

Cela est si vrai que la Cour de cassation a toujours considéré, comme contradictoires, les réponses du jury affirmant le guet-apens, et niant en même temps la préméditation. Elle n'a jamais hésité à annuler les arrêts de condamnation, fondés sur de pareilles réponses « attendu que la déclaration du jury porte qu'il y a eu guet-apens, et, tout à la fois, qu'il n'y a pas eu préméditation ; que le guet-apens ne peut exister, néanmoins, sans préméditation, et qu'il la suppose essentiellement ; que, conséquemment, cette déclaration contient évidemment une contradiction, qui en détruit les parties substantielles, et lui ôte tout sens et tout résultat ; que, dans cet état de choses, la Cour d'assises aurait dû annuler la déclaration du jury, conformément à l'art. 352 dudit Code, qui lui en donnait implicitement, mais essentiellement, le pouvoir ; qu'en appliquant la loi pénale d'après une déclaration contradictoire, et, conséquemment, nulle, la Cour d'assises a donné lieu à l'annulation, prescrite par l'art. 410 du Code d'instruction criminelle. » 4 juin 1812, n° 135. — *Conf.*, 15 septembre 1842, n° 240 ; 1er septembre 1843, n° 232 ; 16 août 1844, n° 292 ; 4 mars 1847, n° 50 ; 15 septembre 1853, n° 460.

Au contraire, comme le guet-apens n'est qu'une espèce, qu'un mode de préméditation, il est clair que, même en l'absence de guet-apens, il peut y avoir préméditation, puisque cette circonstance peut résulter de tout autre fait. 3 juillet 1845, n° 217 ; 8 octobre 1852, n° 343.

Il faut n'user qu'avec une grande discrétion de l'article 298. Quand la préméditation ne se sera révélée que par le guet-apens, on pourra, sans aucun doute, interroger le jury dans les termes de cet article. Mais, si elle résulte de cette circonstance et d'autres encore, il sera sage, pour éviter des contradictions, dans les réponses du jury, de ne lui soumettre que la question générale de la préméditation.

486. Ces différentes questions pourront être ainsi formulées :

Ledit homicide volontaire a-t-il eu lieu avec préméditation ?

Ledit homicide volontaire a-t-il eu lieu avec guet-apens ?

Si on le préférait, on pourrait reproduire, dans les questions, les termes mêmes des art. 297 et 298.

ARTICLE 299.

Est qualifié parricide le meurtre des pères ou mères légitimes, naturels ou adoptifs, ou de tout autre ascendant légitime.

487. Définition du parricide.
488. Meurtre des pères et mères légitimes par un enfant, passé dans une autre famille par l'adoption.
489. Meurtre des pères et mères naturels.—Est-il nécessaire que la reconnaissance ait eu lieu dans les formes légales?
490. Meurtre des pères et mères incestueux ou adultérins.
491. Meurtre des pères et mères adoptifs.
492. Meurtre des ascendants légitimes.
493. Meurtre des alliés.—Arrêts.
494. Les tribunaux criminels sont compétents pour statuer sur les questions d'état incidentes.—Arrêts.
495. Le parricide est un crime spécial. — Conséquences. — Arrêts.
496. Les circonstances de préméditation et de guet-apens n'aggravent pas, au point de vue pénal, le parricide. Arrêts.
497. Pénalité.
498. Le parricide n'est pas excusable.
499. Les causes justificatives des art. 327 et 328 lui sont applicables.
500. Le jury peut accorder au parricide la faveur des circonstances atténuantes.
501. Qualification.

487. Le parricide est le meurtre, c'est-à-dire l'homicide volontaire, des pères ou mères, légitimes, naturels ou adoptifs, ou de tout autre ascendant légitime.

488. Le meurtre des pères et mères légitimes ne cesse pas d'être un parricide, dans le cas où l'enfant est passé, par l'adoption, dans une autre famille. En effet l'art. 348 du Code Napoléon a pris soin de déclarer que « l'adopté reste dans sa famille naturelle. »

489. Le meurtre des père et mère naturels ne prend-il le caractère de parricide que s'il est commis par un enfant légalement reconnu ?

Cette question présente, à mon sens, la plus sérieuse difficulté.

D'après la jurisprudence de la Cour de cassation, en matière civile, on ne doit considérer comme régulière et légale, que la reconnaissance, faite dans un acte authentique, lorsqu'elle n'a pas eu lieu dans l'acte de naissance. (C. Nap., art. 334.)

Par arrêt du 4 avril 1848, Dalloz, 1849, 2, 38, la Cour de Limoges avait jugé que l'enfant naturel peut, comme l'enfant légitime, prouver sa filiation par la possession d'état. Sur le pourvoi, formé contre cet arrêt, la chambre civile de la Cour de cassation a décidé, au contraire, « qu'en droit, d'après les art. 319, 320 et 321, livre I, titre VII, chapitre II, Code civil, intitulé : *Des preuves de la filiation des enfants légitimes*, la filiation des enfants légitimes s'établit par les actes de naissance, inscrits sur les registres de l'état civil, et, à défaut de ce titre, par la possession constante de l'état d'enfant légitime ; et que la possession d'état résulte d'une réunion de faits, qui indiquent le rapport de filiation et de parenté entre un individu et la famille, à laquelle il prétend appartenir ; qu'il suit de là, et du silence du Code sur ce point dans le chap. III, portant pour titre : *Des enfants naturels*, et section II de ce chapitre : *De la reconnaissance des enfants naturels*, que l'enfant naturel ne peut être admis à invoquer la possession d'état, et qu'il ne peut réclamer les droits, que les art. 756 et 757 lui accordent sur les biens de ses père et mère décédés, que quand il a été reconnu, soit suivant l'article 334, par un acte authentique, lorsque la reconnaissance n'a pas été faite dans l'acte de naissance, soit à la suite d'une recherche de la paternité ou de la maternité, dans les cas spécialement prévus et sous les conditions expressément déterminées par les art. 340 et 341 du Code Napoléon. » 17 février 1851, Dalloz, 1851, 1, 113.

Dans une autre espèce, la Cour d'Orléans avait reconnu, par arrêt du 10 mai 1860, Dalloz, 1860, 2, 144, « qu'en admettant comme constants les faits, invoqués par le demandeur, cette possession d'état ne saurait remplacer la reconnaissance, voulue par l'art. 334 du Code Napoléon, laquelle doit être faite par acte authentique, lorsqu'elle n'a pas été faite dans l'acte même de naissance ; que, si le législateur a, dans le chapitre II, relatif aux preuves de la filiation des enfants légitimes, dit, art. 320, qu'à défaut d'acte de naissance la possession constante de l'état d'enfant légitime suffit, cette disposition, spéciale à la filiation légitime, n'est pas reproduite, à la section II du Code Napoléon, qui comprend les règles pour la reconnaissance des enfants naturels ; que l'on doit induire de ce silence que le législateur n'a pas voulu accorder la même faveur à la filiation naturelle qu'à la filiation légitime ; que la loi de brumaire an II, elle-même, ne permettait qu'aux enfants naturels, dont les père et mère étaient décédés lors de sa promulgation, de prouver leur filiation par la possession d'état ; pour l'avenir et jusqu'à la promulgation du Code Napoléon, elle prescrivait la reconnaissance par acte authentique ; que si, contrairement à cette disposition transitoire, la possession d'état avait dû, sous l'empire du Code Napoléon, remplacer au besoin l'acte authentique, le législateur l'aurait formellement exprimé, puisque c'eût été une dérogation à la loi en vigueur de l'an II à l'an XI. » Le pourvoi, formé contre cette décision, fut rejeté, sur mes conclusions, par arrêt de la chambre des requêtes du 16 décembre 1861, Dalloz, 1862, 1, 29 « attendu que, suivant l'art. 334 du Code Napoléon, la reconnaissance d'un enfant naturel ne peut se faire que par un acte authentique, lorsqu'elle ne l'a pas été dans son acte de naissance ; que les termes de cet article sont limitatifs ; que, si l'art. 320 du même Code porte qu'à défaut de titre, c'est-à-dire d'acte de naissance, la possession d'état suffit, cette disposition, prévue dans le chapitre II du titre VII, liv. I, Code Napoléon, intitulé : *Des preuves de la filiation des enfants légitimes*, n'a pas été reproduite dans le chapitre suivant relatif aux enfants naturels, et ne peut, par conséquent, être applicable à ces derniers ; que, si le législateur eût voulu la rendre commune aux uns comme aux autres, il n'eût pas manqué d'en faire la mention expresse ; que son silence à cet égard n'est pas d'ailleurs une omission involontaire ; qu'il résulte, au contraire, du texte et de l'esprit de la loi, que la possession d'état, de nature à établir la filiation à défaut d'acte de naissance, n'a été admise qu'en faveur du mariage, fondement de la famille, au profit des enfants qui en sont issus, puisque l'art. 320 en contient l'expression formelle. » —*Conf.*, 12 février 1868, Dalloz, 1868, 1, 60.

Si l'art. 299 n'est applicable qu'aux enfants naturels, légalement et régulièrement reconnus, il faudra donc laisser dans la classe des meurtres ordinaires celui qui sera commis par un enfant naturel, dont la filiation ne sera établie que par une longue possession d'état. La loi ne tiendrait alors aucun compte de ce que le meurtrier aurait toujours porté le nom de sa victime, de ce qu'il aurait été traité par elle comme son enfant, de ce qu'il

aurait été constamment reconnu pour tel dans la famille et même dans la société. Ces faits, éclatants et in-
contestés, seraient insuffisants pour donner au meurtre
le caractère du parricide.

Assurément j'estime, comme l'enseigne la Cour de
cassation, dans son arrêt du 16 décembre 1861, que
l'art. 334 du Code Napoléon est limitatif, que l'art. 320
du même Code n'est pas applicable aux enfants naturels, et que, par suite, la possession d'état n'a été admise qu'en faveur du mariage au profit des enfants légitimes. Mais, je me demande si ces règles du droit civil peuvent être importées dans les matières criminelles,
pour restreindre l'application de l'art. 299 du Code pénal. En effet, cette disposition qualifie parricide le
meurtre des père et mère naturels, quels qu'ils soient;
elle ne distingue pas entre ceux qui ont reconnu et ceux
qui n'ont pas reconnu leur enfant; elle ne subordonne
pas sa rigueur, fondée sur une violation profonde de la
loi naturelle, à l'accomplissement d'une formalité de la
loi positive, elle ordonne au juge criminel de punir tout
enfant, qui attente à la vie de ses père et mère naturels,
elle ne lui dit pas, comme la loi civile le dit au juge civil, de ne donner la qualité d'enfant naturel qu'à celui
qui aura été reconnu d'une façon déterminée. La loi civile a pu, a dû peut-être se montrer difficile sur la reconnaissance des enfants naturels, puisqu'il s'agissait,
pour elle, de leur accorder des faveurs, qu'il lui était
permis de leur refuser. Elle a pu faire un choix parmi
eux, pour accueillir les uns et repousser les autres. La loi
criminelle n'a pas à faire ces distinctions, quand elle
proclame parricides les enfants naturels, qui attentent à
la vie de leurs père et mère. Elle ne peut admettre que
les uns soient plus coupables que les autres. Reconnus ou non, ils violent au même degré la loi na-

turelle et doivent subir la même peine; reconnus ou non, en donnant la mort à l'homme qui les a engendrés, à la femme qui les a conçus, ils tuent leurs père et mère naturels; ils doivent être, dans un cas comme dans l'autre, responsables de leur horrible forfait, quelle que soit la preuve de leur filiation.

Partageant mes impressions, des criminalistes éminents se sont demandé si, dans certains cas, « le fait ne devrait pas faire fléchir le droit ; » ils ont émis l'avis que « l'enfant, qui aura été inscrit sur les registres de l'état civil sous le nom de la femme, dont il aura toujours porté le nom, et avec laquelle il aura demeuré avec le titre de fils, pourrait, suivant les circonstances, être considéré comme parricide. » Plus hardi qu'eux, je me demande si la même règle ne doit pas être suivie, lorsqu'il résulte de faits publics, constants, avoués par le meurtrier lui-même, que la victime était le père naturel de celui-ci. Dans cette hypothèse, la paternité n'est pas à rechercher, elle est prouvée. Cette preuve ne suffit-elle pas à l'art. 299, qui qualifie de parricide le meurtre des père et mère naturels, et ne restreint pas sa qualification au cas où la paternité est établie suivant les formes de la loi civile?

490. Le meurtre des père et mère naturels, adultérins ou incestueux, constitue-t-il un parricide? Sans doute, l'art. 335 du Code Napoléon dispose que « la reconnaissance ne peut pas avoir lieu au profit des enfants, nés d'un commerce incestueux ou adultérin. » Mais il n'en résulte pas que cette sorte de filiation ne puisse pas être légalement connue. La preuve en est, dans l'art. 762 du même Code qui, en refusant aux enfants adultérins ou incestueux les droits, que l'enfant naturel ordinaire a, dans la succession de ses père et mère, leur accorde des aliments. Il peut, en effet, se rencontrer des

cas où, malgré les prohibitions de la loi, cette démonstration sera incontestablement faite. Je n'hésite pas à
croire que, si un enfant incestueux ou adultérin, dont
la filiation serait ainsi constatée, homicidait volontairement son père ou sa mère naturels, il se rendrait coupable de parricide. Pour être adultérin ou incestueux,
cet enfant n'en serait pas moins naturel, et l'art. 299
qualifie parricide le meurtre des père et mère naturels,
sans aucune exception. Ordinairement on cite, à l'appui
de cette opinion, l'arrêt de la Cour de cassation du 7
janvier 1813. Mais on donne à cet arrêt une valeur
qu'il n'a pas. Je l'ai vérifié, et j'ai reconnu qu'il est complétement étranger à la question, que j'examine. En voici
l'espèce : Par arrêt du 11 novembre 1812 de la Cour spéciale extraordinaire de Parme, Maloberti avait été condamné à la peine des parricides, pour avoir commis un
meurtre sur la personne d'Antoine Maloberti, dont il
était le fils naturel, légitimé par rescrit du ci-devant duc
de Parme. Dans le mémoire, qu'il présenta à l'appui de
son pourvoi, il prétendit qu'il était adultérin, et que,
par suite, il n'était pas parricide. Cette circonstance
n'étant pas indiquée dans l'arrêt de condamnation, la
Cour de cassation n'en tint aucun compte, et rejeta le
pourvoi « attendu que le meurtre, dont il s'agit, a été
légalement qualifié parricide. » Pour ne pas trouver un
appui dans cet arrêt, l'opinion, que j'adopte, n'en doit
pas moins être suivie ; car elle ne contrarie aucun des
préceptes de la loi civile, et, de plus, elle est évidemment conforme à l'esprit comme à la lettre de l'art. 299
du Code pénal.

491. Cette disposition est aussi sévère pour le meurtre
des pères et mères adoptifs, que pour celui des pères et
mères légitimes.

492. L'art. 299 considère aussi, comme parricide,

le meurtre des ascendants légitimes, mais il n'étend pas cette qualification à l'homicide des ascendants des pères et mères, naturels ou adoptifs.

493. Parmi les alliés, il n'en est aucun, dont le meurtre soit assimilé au parricide, ni celui de l'époux ou de l'épouse, ni celui du beau-père ou de la belle-mère.

Quoique ces différentes règles soient indiscutables, puisqu'elles ont pour fondement un texte de loi formel et précis, cependant la Cour de cassation a eu, à plusieurs reprises, l'occasion d'en maintenir l'application. En annulant l'arrêt, qui avait condamné le nommé Pagès, pour meurtre de sa femme, à être conduit au lieu du supplice, revêtu d'une étoffe noire et la tête voilée, elle a rappelé « que le meurtre, commis par le mari sur sa propre femme, n'est pas le parricide. » 7 germinal an VII. En cassant, sur le pourvoi de Louis Lalyre, l'arrêt, qui l'avait condamné à la peine des parricides, elle a eu l'occasion de déclarer « que le Code pénal ne comprend, sous la qualification de parricide, que le meurtre des pères et mères légitimes, naturels ou adoptifs, ou de tout autre ascendant légitime; qu'il a entendu, conséquemment, refuser cette qualification au meurtre des beaux-pères et belles-mères, des ascendants du père naturel; que non-seulement la définition du parricide ne comprend pas le meurtre de ces personnes, mais que le même Code a, sur le meurtre de quelques-unes d'entre elles, des dispositions particulières; » 15 décembre 1814, n° 43. — *Conf.*, 26 mars 1812, Dall. *Jur. gén.*, t. 14, p. 593; 16 juillet 1835, n° 292.

Mais il est clair que, si le conjoint, le gendre ou la belle-fille se sont rendus complices, et, à plus forte raison, coauteurs du parricide, ils en encourront la peine, aux termes de l'art. 59 du même Code, comme d'ailleurs tout

étranger à la famille l'encourrait. 3 décembre 1812,
n° 256 ; 20 avril 1827, n° 92 ; 23 mars 1843, n° 66 ;
9 juin 1848, n° 178 ; 11 septembre 1851, n° 382 bis,
pag. 637 ; 24 mars 1853, n° 110 ; 30 septembre 1853,
n° 490, cités pour la plupart dans ma deuxième Étude,
n°s 16 et 21.

494. S'il arrivait que l'accusé niât la filiation légitime, naturelle ou adoptive, que l'accusation lui attribue,
quel parti devrait-on prendre ? Le juge criminel aurait-
il compétence pour résoudre la difficulté ? ou devrait-il
surseoir et la renvoyer aux tribunaux civils ?

Cette question a été examinée par Merlin à l'audience
de la chambre criminelle du 27 novembre 1812. « En
thèse générale, a-t-il dit, c'est aux tribunaux civils
qu'appartient le droit exclusif de prononcer sur l'état
des citoyens ; et c'est bien une question d'état que celle
de savoir si telle personne est ou n'est pas l'enfant
adoptif de telle personne. Mais cette règle n'est pas
sans exception, et, pour la renfermer dans de justes limites, il faut distinguer entre les questions d'état principales et les questions d'état incidentes. Sans doute, les
tribunaux civils sont seuls compétents pour connaître
des questions d'état principales. Mais, quelle loi, quelle
raison pouvait les empêcher de connaître des questions
d'état incidentes ? De loi, nous n'en connaissons point.
A la vérité, l'art. 326 du Code civil porte *que les tribunaux civils sont seuls compétents pour statuer sur les réclamations d'état*; et sa disposition paraît trop générale
pour ne pas embrasser les réclamations d'état incidentes, comme les réclamations d'état principales. Mais,
cet article étant placé sous la rubrique *des preuves de la
filiation des enfants légitimes*, on ne peut évidemment l'appliquer qu'à l'action, par laquelle un enfant, qui se prétend issu d'un mariage, demande qu'on le reconnaisse

pour tel. On sait d'ailleurs que cet article n'a eu pour objet que de réformer la jurisprudence qui, précédemment, autorisait la réclamation d'état d'enfant naturel et légitime par la voie criminelle, et c'est ce que fait clairement entendre l'article suivant, lorsqu'il dit : « *l'action criminelle contre un délit de suppression d'état ne pourra commencer qu'après le jugement définitif sur la question d'état*. Quant aux raisons, il ne s'en présente aucune pour interdire aux juges criminels la connaissance des questions d'état incidentes. Il est, au contraire, de principe que tout juge, qui est compétent pour statuer sur un procès, dont il est saisi, l'est, par là même, pour statuer sur les questions, qui s'élèvent incidemment dans ce procès, quoique, d'ailleurs, ces questions soient hors de sa compétence, lorsqu'elles sont proposées principalement; et il ne faut pas croire que les questions d'état soient exceptées de ce principe; elles y sont même soumises expressément par deux textes célèbres du droit romain (loi 3, *C. de judiciis*, et de loi 1, *C. de ordine cognitionum*). Si, comme le décident ces deux textes, un juge civil, qui, par la nature de ses attributions, est incompétent pour connaître d'une question d'état, devient néanmoins compétent pour y statuer, lorsqu'elle se présente incidemment à une affaire de sa juridiction, pourquoi n'en serait-il pas de même du juge criminel, qui est incompétent pour connaître d'une question d'état? ne pourrait-il pas également la décider, lorsqu'elle se présente incidemment à un procès de sa compétence? Mais, sans trop généraliser nos idées sur cette matière, renfermons-nous dans notre espèce. De quoi s'agit-il ici? d'une accusation de parricide ; et le crime de parricide, de quoi se compose-t-il? de deux éléments, d'un meurtre et de la circonstance que le meurtrier est le fils de la personne homicidée. Or, il est certain qu'en matière

de crimes et de délits, la compétence des juges criminels n'est circonscrite par aucune borne, n'est modifiée
par aucune réserve, n'est limitée par aucune exception ;
que, dès qu'un crime ou délit est articulé, les juges criminels doivent le rechercher, le poursuivre, le juger
dans tous les éléments, qui le constituent ou en forment
la substance. Les juges criminels sont donc compétents
pour juger, non-seulement que l'accusé du crime de
parricide a tué la personne, qui passe pour son père,
mais encore qu'il est réellement le fils de cette personne.
Et il n'importe que, pour juger que l'accusé est réellement le fils de cette personne, il faille aborder une
question de droit ; il n'importe que, dans notre espèce,
la question de savoir si Michel Rojetto est fils adoptif
de Benoît Feretti dépende d'un point de droit, et non
d'un point de fait. Les juges criminels ne sont pas
moins compétents pour juger les questions de droit, qui
influent sur le plus ou le moins de gravité d'un crime
ou d'un délit, qu'ils ne le sont pour juger les questions
de fait, qui ont le même objet. Pour qu'ils ne le fussent
pas, il faudrait qu'une loi expresse leur eût ôté le pouvoir de juger ces questions, et, encore une fois, cette
loi n'existe pas. » *Rép. de jur.*, v° *Parricide*, n° 3.
La Cour suivit l'opinion de son procureur général, elle
jugea que « les tribunaux, chargés d'instruire et de prononcer sur les crimes et délits, ont essentiellement caractère pour prononcer sur toutes les matières accessoires et incidentes, qui s'y rattachent, et qui ne sont pas
exceptées par la loi de leur juridiction ; qu'ils sont même
compétents pour prononcer sur les questions de droit,
qui naissent de l'instruction et de la défense des parties, lorsque ces questions doivent modifier ou aggraver
le caractère du fait de la poursuite, et la peine, dont il
peut être susceptible, quoiqu'ils fussent par leur insti-

tution, incompétents pour prononcer sur ces mêmes questions de droit, considérées indépendamment du fait criminel et d'une manière principale ; que, dès lors, la Cour spéciale extraordinaire a été compétente pour statuer sur la qualité de fils adoptif, attribuée à Michel Feretti Rojetto, dans l'acte d'accusation, et qui constituait un des éléments ou une circonstance aggravante de l'homicide, porté contre lui dans cet acte. » 27 novembre 1812. — *Conf.*, 15 janvier 1818, J. P., à sa date ; 19 septembre 1839, n° 301.

Cette doctrine est, à mon sens, irrécusable ; c'est bien aux juges criminels qu'il appartient de résoudre les questions d'état incidentes. Par conséquent, si dans le cours de l'information, le prévenu nie la filiation, qui donne au meurtre, qu'il a commis, le caractère de parricide, c'est au juge d'instruction, c'est à la chambre des mises en accusation à résoudre la difficulté. Si, à l'audience, l'accusé reproduit ses dénégations, le jury aura compétence pour les apprécier, comme il est, du reste, le juge de toutes les circonstances, constitutives ou aggravantes de l'incrimination. L'arrêt du 19 septembre 1839, que je viens de citer, le reconnaît formellement ; il déclare que « la question de savoir si la victime était la mère de l'accusée a pu être compétemment agitée devant la Cour d'assises et soumise au jury. »

495. Le parricide n'est pas un meurtre, accompagné d'une circonstance aggravante, c'est un crime spécial et d'une nature déterminée.

Par suite, le lien, qui unit le meurtrier à la victime, est un élément du crime même ; on se tromperait étrangement si on ne lui donnait que le caractère d'une circonstance aggravante.

C'est pourquoi la Cour de cassation a constamment jugé, sous l'empire de la loi du 9 septembre 1835, que la question principale, soumise au jury, devait comprendre et le fait d'homicide et la qualité du meurtrier. L'accusé était alors véritablement intéressé à ce que les faits constitutifs du crime ne fussent pas divisés en questions principales et en questions secondaires. J'en ai dit les raisons précédemment, au nᵒ 180.

Mais cette règle a pu n'être plus observée, lorsque les réponses du jury sont devenues uniformes, sur les unes et sur les autres de ces questions.

Comme tel est le système de la législation actuelle, il s'ensuit que le jury peut être, aujourd'hui, interrogé par questions distinctes, sur le fait de l'homicide et sur la qualité du meurtrier.

Ces différentes propositions se justifient par la jurisprudence de la Cour de cassation.

Jean-Baptiste Baurain, déclaré coupable, par une seule et même question, d'avoir donné volontairement la mort à son père légitime, fut condamné à la peine du parricide. Il se pourvut en cassation et soutint que l'arrêt de la Cour d'assises devait être annulé, par le motif que la réponse du jury, qui lui servait de fondement, était irrégulière et nulle, comme complexe. La Cour rejeta le pourvoi « attendu que, si l'art. 1ᵉʳ de la loi du 13 mai 1836 veut qu'il soit posé une question spéciale sur chacune des circonstances aggravantes du fait principal, c'est quand ces circonstances, indépendantes par elles-mêmes de ce fait principal, viennent, dans le cas particulier, s'y rattacher pour en augmenter la culpabilité ; mais que, quand des circonstances sont présentées par la loi, comme éléments constitutifs du crime spécial, qu'elle définit, alors elles se confondent dans l'existence de ce crime, qu'elles caractérisent, et qu'on ne saurait les en détacher, sans changer la nature du fait, qui forme l'objet de l'accusation ; que, d'après les art. 299, 13

et 302 du Code pénal, le parricide doit être considéré
comme un crime spécial, distinct de l'homicide volontaire et des circonstances qui peuvent l'aggraver ; que,
dans ce cas, la qualité de la victime ne forme pas une
circonstance aggravante du meurtre, mais bien un élément constitutif d'un crime différent, spécialement défini par la loi ; qu'ainsi il n'y avait pas lieu, dans l'espèce,
à faire de la qualité du meurtrier l'objet d'une question
particulière, et qu'en ne posant qu'une question unique
sur l'existence du parricide, le président s'est conformé
au véritable sens de la loi. » 16 juillet 1842, n° 184.
— *Conf.*, 5 avril 1838, n° 92.

La Cour n'aurait pas dû se borner, dans ces arrêts, à
reconnaître que le président des assises avait pu ne
poser qu'une question au jury ; elle aurait dû déclarer
que la loi du 9 septembre 1835, combinée avec l'art. 352
du Code d'instruction criminelle de cette même époque,
lui en imposait l'obligation ; sans quoi, l'intérêt de la
défense aurait pu être compromis, comme je l'ai indiqué
ci-dessus, n° 180.

Il ne faudrait pas croire que la Cour de cassation a
transigé avec cette règle, dans l'arrêt du 22 septembre
1842, n° 245. En effet, dans cette affaire, le fait de
l'homicide volontaire et la qualité du meurtrier n'avaient
pas été divisés en question principale et en question
secondaire ; ils avaient été, tous deux, comme l'arrêt le
constate, l'objet de questions principales, si bien que,
sur l'une comme sur l'autre, le jury était tenu de faire
connaître le chiffre de la majorité ; ce qui désintéresse-
rait complétement la loi du 9 septembre 1835 et la disposition corrélative du Code d'instruction criminelle.
Si le pourvoi du condamné a été rejeté, c'est parce que
« le président des assises, en séparant les deux éléments
de criminalité du fait, savoir l'homicide volontaire et la

qualité de la victime, et en les soumettant successivement au jury, COMME QUESTIONS PRINCIPALES, n'a ni violé les articles cités, ni porté aucun préjudice à la défense. »

La Cour de cassation a, de plus en plus, affirmé sa jurisprudence, dès qu'elle en a rencontré l'occasion.

Claude Thouvenin avait été déclaré coupable, sur la question principale, d'avoir commis un homicide volontaire, et sur les questions secondaires, d'avoir commis cet homicide : 1° sur la personne de son père légitime ; 2° avec préméditation ; il avait été condamné, sur cette déclaration, à la peine des parricides. Sur son pourvoi, l'arrêt fut annulé « vu les art. 299 du Code pénal, 341, 347 et 352 du Code d'instruction criminelle ; attendu, en droit, que le parricide est un crime spécial, dont l'art. 299 du Code pénal a déterminé les éléments constitutifs ; attendu qu'au nombre de ces éléments est le rapport de filiation, qui unit l'auteur du crime à la personne homicidée ; attendu qu'il résulte, des dispositions combinées des art. 341 et 347 du Code d'instruction criminelle, que le jury ne peut exprimer le nombre des voix, auxquelles il a rendu sa décision affirmative, que dans le cas où l'accusé est déclaré coupable du fait principal à la simple majorité ; attendu, en fait, qu'il est constaté, par le procès-verbal d'audience, que le jury a reçu l'avertissement, prescrit par ces articles ; attendu qu'il a été interrogé sur chacun des deux chefs d'accusation, résultant de l'arrêt de renvoi, par des questions séparées, dont la première se rapporte à un fait de meurtre ou à une tentative caractérisée de ce crime, et les deux autres à des circonstances présentées comme aggravantes, à savoir, la préméditation, d'une part ; d'autre part, la qualité de père ou de mère légitimes du meurtrier, attribuée à la victime du meurtre consommé ou de la tentative de meurtre ; attendu qu'en qualifiant d'aggravante la circonstance de filiation, par lui détachée du fait principal, au lieu de lui maintenir, aux termes de l'art. 299 précité, son caractère constitutif, le président de la Cour d'assises a pu induire les jurés en erreur sur l'accomplissement du devoir, qui leur était imposé par le dernier paragraphe de l'art. 341 du Code d'instruction criminelle, et, par suite, priver l'accusé du bénéfice de la seconde disposition de l'art. 352 du même Code ; qu'en effet, le jury a dû croire, d'après l'avertissement, qui lui avait été donné, qu'il lui était interdit de mentionner, en marge de la question relative à la circonstance de filiation, que sa décision, affirmative sur ce point, avait été par lui prise à la simple majorité ; attendu, dès lors, que l'arrêt attaqué a violé les art. 299 du Code pénal, 341, 347 et 352 du Code d'instruction criminelle et consacré un excès de pouvoir. » 19 avril 1844, nº 143. — Conf., 2 juillet 1847, nº 143.

La Cour de cassation n'a modifié cette jurisprudence que depuis que la législation a enjoint au jury de répondre d'une manière uniforme aux questions principales et aux questions secondaires. La défense cessant d'être intéressée à ce que tous les éléments constitutifs du parricide fussent compris dans la question principale, il a été permis de les réunir ou de les diviser. Ils peuvent être réunis dans une même question, sans qu'il y ait vice de complexité, parce que leur réunion ne présente que les caractères d'un fait unique et spécial ; ils peuvent être divisés, puisque les questions principales et les questions secondaires sont résolues par la même majorité.

Ces deux propositions trouvent leur confirmation dans les arrêts de la Cour de cassation, que je vais citer.

Marie-Rosalie Jarre, veuve de Baptiste-François Olive, avait été déclarée coupable d'avoir, conjointe-

ment avec Marie-Anne-Joséphine Olive, volontairement
donné la mort à Baptiste-François Olive, père légitime
de ladite Marie-Anne-Joséphine Olive. Sur cette déclaration, la veuve Olive avait été condamnée à la peine du
parricide. Elle se pourvut en cassation, et soutint que
l'arrêt de la Cour d'assises devait être annulé, puisqu'il
avait, pour fondement, une déclaration du jury, irrégulière et nulle, à cause du vice de complexité, dont elle
était affectée: le pourvoi fut rejeté « attendu que, si l'article 1er de la loi du 13 mai 1836 veut qu'il soit posé
une question spéciale sur chacune des circonstances
aggravantes du fait principal, c'est lorsque ces circonstances, indépendantes, par elles-mêmes, de ce fait,
viennent accidentellement s'y rattacher, pour en aggraver la criminalité; mais que, lorsque ces circonstances
sont considérées par la loi comme constitutives du crime
spécial, qu'elle définit, elles forment, dans ce cas, les
éléments mêmes de ce crime, et ne peuvent en être détachées; que, d'après les art. 299, 13 et 302 du Code
pénal, le parricide doit être considéré comme un crime
spécial, distinct de l'homicide volontaire et des circonstances, qui peuvent l'aggraver; que, dans ce cas,
qualité de la victime ne forme pas une circonstance
aggravante du meurtre, mais bien un élément constitutif
du crime de parricide; que la question, posée au jury
dans l'espèce, ne contient que les éléments constitutifs
du crime de parricide; qu'en effet, ces éléments étaient
l'homicide volontaire, la qualité de la victime, et le fait
que l'accusé avait agi conjointement avec la fille de la
victime; que ces trois faits étaient nécessaires pour que
le crime existât, et que, par conséquent, la Cour d'assises, en les réunissant dans la même question, loin de
violer les prescriptions de la loi, en a fait une exacte
application. » 11 septembre 1851, n° 382 *bis*, p. 637.

Sous l'empire du décret du 18 octobre 1848, qui dispose que « la déclaration du jury contre l'accusé se formera sur le fait principal, sur les circonstances aggravantes, sur les questions d'excuse ou de discernement à la majorité de plus de sept voix et que la déclaration du jury énoncera cette majorité de plus de sept voix, sans pouvoir énoncer autrement le nombre de voix, » la femme Lucta avait été déclarée coupable, sur une première question, d'avoir donné volontairement la mort au sieur Lucta, et, sur une seconde, d'avoir commis cet homicide volontaire sur la personne de son père légitime. Elle se pourvut contre l'arrêt, qui l'avait condamnée à la peine des parricides, et prétendit que cette division de la question renfermait une violation flagrante de la loi. Son pourvoi fut rejeté « sur le premier moyen tiré de la violation prétendue des art. 1, 2 et 3 de la la loi du 13 mai 1836, 295, 299 et 302 du Code pénal, en ce que le jury a été interrogé par une question distincte et séparée, relativement au point de savoir si la victime du meurtre, dont ladite femme Lucta se trouve déclarée coupable, était son père légitime ; attendu qu'avant le décret du 18 octobre 1848, cette division aurait réellement présenté le vice, dont la demanderesse se plaint, puisqu'elle eût été susceptible, d'une part, d'induire le jury en erreur sur le droit, que lui attribuaient alors l'art. 1er de la loi du 13 mai 1836 et le dernier alinéa de l'art. 341 du Code d'instruction criminelle, d'exprimer dans sa déclaration le nombre de voix, qui l'avait formée, quand il ne reconnaissait l'existence du fait principal de l'accusation qu'à la simple majorité, et, d'autre part, de priver les accusés du bénéfice de la seconde disposition de l'art. 352 du même Code, mais que ce double inconvénient ne saurait résulter aujourd'hui de ladite division ; que le décret précité veut, en effet, que la déclaration du jury se forme à la majorité de plus de sept voix, tant sur le fait principal et les circonstances aggravantes que sur les questions d'excuse ou de discernement ; qu'il suit de là, dès lors, que la circonstance de filiation, bien qu'elle soit d'ailleurs essentiellement constitutive du crime de parricide, aux termes des art. 299, 13 et 302 du Code pénal, peut d'autant mieux, sans violer ces articles, être détachée du fait de l'homicide volontaire, que cette manière de procéder n'emporte aucun préjudice contre l'accusé. » 24 mars 1853, nº 110.

La division de la question peut également avoir lieu, depuis la loi du 9 juin 1853, puisque, sous cette loi, comme sous le décret du 18 octobre 1848, la décision du jury se forme à la même majorité, c'est-à-dire, à la majorité de sept voix, tant sur la question principale que sur les circonstances aggravantes, ainsi que je l'ai indiqué plus haut, sous le nº 180.

En résumé, sous la loi du 9 septembre 1835, tous les éléments constitutifs du parricide peuvent et doivent même être réunis dans une seule question, ou tout au moins divisés en questions principales. Au contraire, sous le décret du 18 octobre 1848 et sous la loi du 9 juin 1853, ces différents éléments peuvent être indifféremment ou réunis dans la même question ou divisés en questions principales et en questions secondaires.

496. Le parricide ne s'aggrave pas, au point du vue pénal, par la préméditation ou le guet-apens. Par conséquent, dans le cas même, où ces circonstances résulteraient de l'information, il convient de ne pas les soumettre au jury, puisque les réponses demeureraient, quelles qu'elles fussent, sans influence légale sur l'application de la peine. Cependant, si le président en avait fait l'objet d'une question, cette irrégularité n'entraînerait pas la nullité de la condamnation. 2 mars 1850, n° 78 ; 28 mars 1861, n° 64.

497. Le parricide est puni de mort (art. 302). En outre, le condamné est conduit au lieu du supplice, en chemise, nu-pieds et la tête couverte d'un voile noir (art. 13). C'est aujourd'hui la seule aggravation de peine, que subisse ce meurtre abominable.

498. L'art. 323 le déclare inexcusable.

499. Comme tout autre homicide, il serait pleinement justifié, s'il était ordonné par la loi et prescrit par l'autorité légitime, et commandé par la nécessité actuelle de la légitime défense de soi-même ou d'autrui. Les art. 327 et 328 sont conçus en termes généraux et ne renferment aucune exception, qui permette de les déclarer inapplicables à cet attentat.

500. L'art. 463 laisse au jury le droit d'accorder, même à ce crime, le bénéfice des circonstances atténuantes. C'est un point certain. Dans la discussion de la loi du 28 avril 1832, on avait demandé, par amendement, que la faveur de cet article ne s'étendît pas au parricide. L'amendement a été rejeté.

501. Je propose de formuler dans les termes suivants, la question soumise au jury :

Le nommé.... est-il coupable d'avoir (la date) commis un homicide volontaire sur la personne de...., son père *ou* sa mère légitimes, son père *ou* sa mère naturels, son père *ou* sa mère adoptifs, son ascendant légitime ?

Je ne diviserais la question que dans le cas où il pourrait y avoir quelque doute sur la filiation de l'accusé.

ARTICLE 300.

Est qualifié infanticide le meurtre d'un enfant nouveau-né.

502. L'art. 300 qualifie infanticide le meurtre, c'est-à-dire, l'homicide volontaire d'un enfant nouveau-né. L'art. 302 le punit de mort.

Ce qui a déterminé à infliger à ce crime une peine plus élevée que celle des meurtres ordinaires, ce n'est ni la faiblesse de la victime, ni le lien, qui l'unit au meurtrier; car, comme nous le verrons un peu plus loin, le meurtre de l'enfant cesse d'être un infanticide, pour devenir un meurtre ordinaire, bien longtemps avant que l'enfant soit en état d'opposer la moindre défense à son agresseur, et, d'un autre côté, il conserve son caractère spécial, quoiqu'il ait été commis par un autre que le père ou la mère.

Cette disposition de la loi est due à d'autres considérations. On a remarqué que l'enfant, dans les premiers temps de sa venue au monde, n'a pas de place dans la société, qu'il y vit ignoré, et qu'il est facile de l'en retrancher, sans que sa suppression puisse être découverte. On a cru qu'il était sage d'arrêter, par la menace d'une peine terrible, ceux qui auraient la tentation d'abuser de cette situation, pour attenter à la vie de l'enfant. La société, qui ne le connaît pas encore, ne peut pas étendre jusqu'à lui sa vigilance et sa protection. C'est à la loi pénale qu'il appartient de le défendre et d'éloigner de lui les dangers, qui peuvent le menacer.

503. La première condition de l'infanticide, c'est que l'enfant soit né vivant. Autrement, le crime n'existerait pas. En effet, si l'enfant est mort avant de quitter le sein de la mère, les violences n'ont eu lieu que sur un cadavre. Celui, qui les a exercées, a pu avoir la volonté de donner la mort. Mais, comme la mort ne pouvait pas être et n'a pas été la suite de ses violences, il n'est pas meurtrier.

Quand il était soutenu par l'accusé, sous le Code du 3 brumaire an IV, que l'enfant était mort-né, cette prétention devait, à peine de nullité de la condamnation, faire l'objet d'une question particulière, et être résolue par le jury. 22 janvier 1808, n° 11 ; 30 juin 1808, n° 137. Aujourd'hui, ce moyen de défense serait compris dans la question principale, que le jury résoudrait négativement ou affirmativement, suivant qu'il l'admettrait ou le repousserait.

504. Est-il également nécessaire, pour que le crime existe, que l'enfant soit né viable ? A certains médecins légistes « il semble hors de doute, en comparant les peines, prononcées par l'art. 317 du Code pénal contre tout individu coupable d'avortement et celles infligées par l'art. 302, pour le crime d'infanticide, que la loi n'a pu entendre, par le mot *nouveau-né*, que l'enfant, jouissant de la vie et de l'aptitude à vivre. En effet, lorsque, par des manœuvres criminelles, avec un instrument meurtrier et au risque de précipiter au tombeau la mère et l'enfant, un individu va frapper, dans le sein maternel, un fœtus, plein de force et de santé, un être, que la nature préparait à la vie, auquel soixante-dix probabilités sur cent promettaient un avenir, et pour lequel les lois civiles réservaient un rang dans la société et des droits de famille, l'art. 317 n'inflige au coupable que la peine de la réclusion. L'art. 302, au contraire, punirait de la peine de mort le meurtre d'un avorton, d'un fœtus imparfait, trop informe pour conserver une vie momentanée, d'un être, que la nature a voué au tombeau par le fait même de sa naissance prématurée, d'un être, dont la loi civile ne veut pas même connaître l'existence. » *Manuel compl. de méd. légale.*

Cette opinion est partagée par quelques criminalistes, qui, rappelant que l'art. 725 du Code Napoléon déclare incapable de succéder l'enfant, qui n'est pas né viable, en concluent que le meurtre d'un être pareil ne peut pas constituer un crime.

Pour moi, je ne suis pas de cet avis. Avec d'autres médecins légistes et d'autres criminalistes, je repousse les rapports que l'on veut établir entre la loi civile et la loi criminelle. La première a pu avoir d'excellentes raisons pour ne pas tenir compte, dans le règlement des intérêts de famille, de l'enfant, qui doit succomber prochainement ; d'ailleurs, en prenant cette disposition, elle n'est pas sortie de son domaine. Quant à la seconde, au contraire, elle ne peut pas admettre une pareille distinction. Préoccupée d'intérêts plus sacrés, elle doit accorder une égale protection à tous les êtres humains, qui jouissent même temporairement de la vie. Elle ne peut pas, sans méconnaître la loi naturelle, permettre à l'homme de mesurer une existence, dont Dieu est le souverain dispensateur. Elle serait immorale et irréligieuse, si elle était ce que la suppose l'opinion, que je combats. Mais elle ne l'est pas ; l'art. 300 en fait foi ; il punit indistinctement le meurtre de tout enfant nouveau-né.

505. On s'est demandé si le meurtre de l'enfant

naissant, commis pendant le travail de l'accouchement, constitue un infanticide. Je n'en fais aucun doute, car cet acte présente au premier chef les caractères de ce crime.

506. La seconde condition de l'infanticide, c'est que l'enfant, victime du meurtre, soit nouveau-né.

La loi a employé cette expression, sans la définir; il faut suppléer à son silence.

Certains médecins considèrent l'enfant comme nouveau-né, jusqu'à la chute du cordon ombilical, c'est-à-dire environ pendant les huit premiers jours de sa naissance.

Certains autres prétendent que, vingt-quatre heures après l'accouchement, l'enfant ne peut plus être réputé nouveau-né.

Quant aux jurisconsultes, les uns estiment que l'enfant n'a plus cette qualité, lorsqu'il a été inscrit sur les registres de l'état civil; les autres sont d'avis qu'il la conserve pendant un temps plus ou moins long.

Pour moi, je crois que la règle ne peut pas être posée d'une manière uniforme, et que la loi a eu raison de la laisser parmi les questions de fait, abandonnées à l'appréciation du juge. Le délai variera, à mon sens, selon que l'enfant aura pris, plus ou moins vite, place dans la famille et dans la société. S'il est légitime, s'il est né dans la maison de ses père et mère, entouré de tous les siens, s'il a été inscrit sur les registres de l'état civil, s'il a été présenté au baptême, il cessera, assurément, d'être nouveau-né, dès que sa naissance aura acquis ce degré de notoriété. La loi veillera désormais sur lui, comme elle veille sur les autres membres du corps social. Il n'est donc plus nécessaire qu'il jouisse de la garantie spéciale, accordée par la loi pénale à ceux qui manquent encore de toute autre défense. Si, au contraire, l'enfant est naturel, un objet de honte pour celle qui lui a donné le jour, si sa naissance est demeurée secrète, s'il n'a été présenté, ni à l'officier d'état civil, ni à l'église, il devra être, pendant bien des jours, réputé nouveau-né. Il n'aura pas pris place dans la société; il y vivra tout à fait ignoré, tout comme s'il n'existait pas; il serait bien facile de l'en retrancher. Il faut donc qu'il continue à trouver, dans la protection de la loi pénale, les garanties de sécurité et de conservation, qui lui manquent. Si, dans ces conditions, il est attenté à ses jours, c'est un infanticide, qui est commis.

En expliquant, comme je le fais, le terme *nouveau-né*, je ne fais que rappeler et suivre les considérations qui, comme je l'ai dit précédemment, ont déterminé le législateur à punir de mort l'infanticide.

La Cour de cassation, je dois le reconnaître, paraît dans les arrêts, que je vais rappeler, s'être moins préoccupée de la théorie, que je viens d'exposer, que du délai, écoulé entre le jour de la naissance et celui de la mort de l'enfant.

Dans une première espèce, Marie Patain avait été déclarée coupable d'avoir homicidé volontairement un enfant, dont elle était nouvellement accouchée. Sur cette déclaration du jury, la Cour d'assises, en lui appliquant l'art. 304 du Code, ne l'avait condamnée qu'aux travaux forcés à perpétuité. Sur le pourvoi du ministère public, l'arrêt fut annulé « vu les art. 295, 300, 302 et 304 du Code pénal, considérant qu'il résulte, de la combinaison de ces différents articles du Code pénal, que, si la loi a puni le meurtre en général de la peine des travaux forcés à perpétuité, elle a en même temps fait une exception à l'égard du meurtre, commis sur un enfant nouveau-né, qu'elle a spécialement qualifié d'infanticide, et qu'elle a puni de la peine capitale ; considérant, dans l'espèce, que Marie Patain a été déclarée coupable d'avoir, dans les premiers jours de juillet 1814, homicidé volontairement un enfant mâle, dont elle était nouvellement accouchée, en jetant cet enfant dans le puits de la métairie de Jarrès ; que ce fait constitue le crime d'infanticide, défini par l'art. 300 du Code pénal, et est puni de la peine de mort par l'article 302 du même Code ; que la Cour d'assises du département du Loiret a donc ouvertement violé ce dernier article et fait une fausse application de l'art. 304 du Code pénal, en ne condamnant Marie Patain qu'à la peine des travaux forcés à perpétuité. » 17 novembre 1814, n° 39.

Dans une seconde espèce, Marie Demange, reconnue coupable, avec circonstances atténuantes, d'avoir, le 22 juillet 1835, homicidé volontairement un enfant, dont elle était accouchée le 21 juin précédent, avait été condamnée à la peine de l'infanticide, modifiée par l'article 463. Sur le pourvoi de cette femme, l'arrêt fut annulé « attendu que la loi, en qualifiant d'infanticide et en punissant d'une peine plus forte le meurtre d'un enfant nouveau-né, n'a eu en vue que l'homicide volontaire, commis sur un enfant, au moment où il vient de naître, ou dans un temps très-rapproché de celui de sa naissance ; que ces dispositions ne peuvent être étendues au meurtre d'un enfant, qui a déjà atteint trente et un jours, et dont, par conséquent, la naissance, si elle n'a été légalement constatée, n'a pu, du moins, le plus souvent, rester entièrement inconnue ; que cette extension répugne et à la lettre de l'art. 300 du Code pénal, et à l'esprit de la législation sur l'infanticide, qui n'a voulu protéger, par un châtiment plus sévère, la vie de l'enfant, que lorsqu'elle n'est pas entourée des garanties communes, et que le crime peut effacer jusqu'aux traces de sa naissance ; attendu, en fait, que la demanderesse a été reconnue coupable, avec des circonstances atténuantes, d'avoir, le 22 juillet dernier, homicidé volontairement un enfant, dont elle était accouchée le 21 juin précédent ; qu'au lieu de lui appliquer, sous la modification de l'art. 463 du Code pénal, la peine du meurtre, la Cour d'assises a prononcé contre elle, sous la même modification, la peine de l'infanticide ; en quoi elle a faussement appliqué les art. 300 et 302 du Code pénal, et violé, en ne l'appliquant pas, l'art. 304 du même Code. » 24 décembre 1835, n° 468.

Dans une troisième espèce, Madeleine Frazat, déclarée coupable d'avoir volontairement donné la mort à l'enfant, dont elle était accouchée huit jours auparavant, avait été condamnée, comme Marie Demange, à la peine de l'infanticide, modifiée par l'art. 463. Sur le pourvoi de cette fille, l'arrêt fut annulé « attendu que la loi, en qualifiant infanticide, et en punissant le meurtre d'un nouveau-né d'une peine plus forte que le meurtre de toute autre personne, n'a eu en vue que l'homicide volontaire, commis sur un enfant, qui vient de naître, ou dans le temps, qui suit immédiatement le moment de sa naissance ; attendu que cette protection spéciale de la loi n'a pour motif, à l'égard de l'enfant, ni le degré de parenté de l'auteur du meurtre, puisque toute personne, autre que le père et la mère, peut être déclarée coupable d'infanticide, ni la considération de la faiblesse de l'âge, puisque, longtemps encore après sa naissance, l'enfant est dans l'impuissance de se défendre ; que l'aggravation de peine, dont la loi a frappé ce crime, a été déterminée uniquement par la situation particulière de l'enfant, qui, au moment où il entre dans la vie, ne participe point encore aux garanties communes, et par la facilité, qu'a le coupable, d'effacer jusqu'aux traces de sa naissance; que ce serait donc étendre, au delà de ses termes, comme de son esprit, la disposition de l'art. 300, que de l'appliquer aux enfants, dont la naissance est devenue notoire, lorsque l'accouchement n'a pas été clandestin, et a eu lieu, comme dans l'espèce, au domicile de personnes connues, qui leur ont donné leurs soins, et ont contribué à leur nourriture, pendant un espace de huit jours, laps de temps, constaté par la déclaration du jury. » 14 avril 1837, n° 114.

Enfin, dans une dernière espèce, le nommé Olivier avait été condamné à la peine de mort, comme coupable de meurtre, sur la personne de son enfant nouveau-né. Dans le rapport, qu'il fit sur le pourvoi de ce condamné, M. le conseiller Isambert remarqua que l'enfant, victime du meurtre, était né le 1er janvier, et que la mort ne lui avait été donnée que le 3 du même mois, après que sa naissance avait été inscrite sur les actes de l'état civil. Je fis observer à la Cour que ces faits avaient été appréciés par le jury, qui avait déclaré le nommé Olivier, coupable d'avoir donné la mort à son enfant nouveau-né ; j'estimai qu'ils avaient été appréciés souverainement, et, sans débattre autrement la difficulté, soulevée par le rapporteur, je me bornai à conclure au rejet du pourvoi. Après un délibéré de quelques instants, la Cour adopta mon avis « attendu que la question, posée au jury, était conforme à l'arrêt de renvoi, contre lequel le demandeur ne s'était pas pourvu ; attendu que la réponse affirmative du jury, sur la question de savoir si Louis Olivier était coupable d'avoir volontairement donné la mort à son enfant nouveau-né, rendait irréfragable la décision relative à la culpabilité du demandeur; attendu que cette question et la réponse du jury renferment tous les éléments du crime d'infanticide, prévu par l'art. 300 du Code pénal, et que, dès lors, la Cour d'assises a fait à Louis Olivier une légale application de l'art. 302 du même Code. » 13 mars 1856, n° 106.

Malgré l'autorité des arrêts des 24 décembre 1835 et 14 avril 1837, je persiste à croire que le fait, qu'il importe d'étudier pour savoir si un enfant était encore nouveau-né, au moment du crime, dont il a été l'objet, c'est moins le temps, qui s'est écoulé entre sa naissance et son décès, que la notoriété, qui s'est faite, ou le secret, qui s'est conservé, sur sa naissance.

507. La troisième condition de l'infanticide, c'est que la mort ait été donnée volontairement. Si la volonté manque, le fait ne pourra plus constituer que le délit d'homicide involontaire, commis par maladresse, imprudence, inattention ou négligence, et réprimé par l'art. 319 du Code.

508. Puisque j'en trouve l'occasion, je dirai que l'accusé, déclaré par le jury non coupable du crime d'infanticide, peut, sans qu'il y ait violation de l'article 360 du Code d'instruction criminelle, être poursuivi en police correctionnelle pour homicide involontaire. C'est une question, qui ne se débat plus, tant elle a été résolue de fois par la Cour de cassation. 30 janvier 1840, n° 38 ; 5 février 1841, n° 36, ch. réun.; 25 novembre 1841, n° 332 ; 7 mai 1842, n° 110 ; 6 mars 1845, n° 77 ; 2 mai 1845, n° 155 ; 5 juillet 1845, n° 223 ; 27 novembre 1850, n° 437 ; 9 juin 1854, n° 187 ; 3 août 1855, n° 276 ; 18 avril 1857, n° 161.

509. Les art. 300 et 302 sont applicables à toute personne, reconnue coupable d'avoir volontairement donné la mort à un enfant nouveau-né, à la mère, au père de l'enfant, comme à tout autre individu.

C'est une vérité incontestable ; elle ressort du texte

même de ces dispositions et des remaniements, dont elles ont été l'objet.

Le projet, présenté au Conseil d'État, dans sa séance du 8 novembre 1808 (Locré, t. 30, p. 339) ne donnait (art. 269) la qualification d'infanticide qu'à l'homicide, causé par la mère ou ses complices sur la personne de son enfant nouveau-né, et ne punissait ce crime que de la déportation (art. 271). Les autres infanticides restaient compris parmi les meurtres ordinaires et étaient punis, comme eux, de la peine de mort. Dans la discussion (*ib.* p. 383), Cambacérès fit remarquer « que le meurtre d'un enfant nouveau-né, d'un être sans défense, est un crime encore plus horrible que l'homicide, et qu'il ne doit pas être puni moins sévèrement. La pudeur, ajouta l'archichancelier, ne doit point servir d'excuse pour une aussi grande atrocité. D'ailleurs, la crainte du déshonneur n'est pas toujours le motif, qui porte à ce crime ; l'intérêt le fait aussi commettre. » Berlier répondit « qu'il semble qu'il y a de fortes considérations pour ne pas infliger la peine suprême à une fille devenue mère, et qui, le plus souvent, ne s'est portée à l'action atroce de détruire son enfant, que pour cacher son déshonneur. » Le Conseil estima que la mère, coupable d'infanticide, était non moins coupable que toute autre personne, et, en conséquence, il arrêta que l'infanticide, commis par elle, encourrait, comme les autres, la peine de mort. Après des débats assez confus sur le point de savoir s'il convenait de retrancher du Code ou d'y maintenir les dispositions spéciales à l'infanticide, le Conseil décida, sur la proposition de Cambacérès, que l'art. 269, devenu l'art. 300, serait rédigé dans les termes suivants : Est qualifié infanticide, le meurtre d'un enfant nouveau-né.

En assimilant le meurtre de l'enfant, commis par la

mère, à celui qui serait commis par toute autre personne, en appliquant à la mère la même peine qu'aux autres, le Conseil d'Etat a clairement indiqué que toutes les dispositions, relatives à l'infanticide, comprises dans le Code pénal, étaient indistinctement applicables à tous ceux, qui se rendraient coupables de ce crime.

Cette vérité ressort encore, d'une façon non moins claire, de la loi du 25 juin 1824, modificative de diverses dispositions du Code pénal. Les Cours d'assises sont autorisées, par les art. 4 et 5 de cette loi, à réduire, en cas de circonstances atténuantes, la peine, prononcée par l'art. 302 du Code pénal contre la mère, coupable d'infanticide, à celle des travaux forcés à perpétuité; mais il leur est enjoint de n'appliquer cette réduction de peine à aucun autre individu que la mère.

Cette situation exceptionnelle, faite à la mère par la loi de 1825, a été rendue commune à toutes les personnes, coupables d'infanticide, par la loi du 28 avril 1832. Le jury peut leur accorder, comme à la mère, le bénéfice des circonstances atténuantes.

On remarque, sans doute, que la loi n'a jamais été tentée d'user d'indulgence envers le père et les étrangers; chaque fois qu'elle a voulu se montrer miséricordieuse, c'est sur la mère exclusivement qu'elle a concentré sa pitié.

On serait donc en opposition flagrante avec la loi, si on soutenait que les art. 300 et 302 ne sont pas applicables au coupable, qui ne tient à l'enfant ni par les liens de la maternité ni par ceux de la paternité.

Louis Cotenet, déclaré coupable d'homicide volontaire sur la personne d'un enfant nouveau-né, avait été condamné à la peine de mort. Il se pourvut en cassation. « Louis Cotenet, dit-on, à l'appui de ce recours, n'était pas le père de l'enfant nouveau-né, et le jury n'a

déclaré, ni qu'il ait commis ce crime avec préméditation, ni qu'il l'ait commis, soit avant, soit après, soit
concurremment avec un autre crime. Dès lors, comment
a-t-on pu lui appliquer la peine de mort? Il est vrai
que l'art. 300 du Code pénal qualifie infanticide, *le
meurtre d'un enfant nouveau-né*, sans distinguer expressément par qui ce meurtre est commis. Mais la distinction, qui n'est pas écrite textuellement dans cet article,
résulte suffisamment de la place, que cet article même
occupe dans le Code. Il vient immédiatement à la suite
de l'article, qui détermine le caractère du parricide, et
le punit de mort, quoiqu'il ait été commis sans préméditation, parce que l'horreur, attachée à ce crime, suffit,
indépendamment de toute autre circonstance, pour
qu'il mérite le dernier supplice. Or, il est aisé de sentir
que le même motif s'applique à l'infanticide, et que ce
n'est que par cette raison que peut être justifiée la rigueur, avec laquelle il le punit. Donner plus de latitude
à l'art. 300, ce serait faire dire à la loi que ce n'est pas
un plus grand crime pour un père, que pour un étranger, de donner la mort à son propre enfant nouveau-né ;
ce serait, par conséquent, accuser le législateur d'avoir
oublié, dans la graduation des peines, l'une des premières règles, que lui traçait la nature. » Ces observations contredisaient trop directement la lettre de la loi
et les travaux préparatoires, dont elle avait été l'objet,
pour qu'elles fussent accueillies par la Cour de cassation. Le pourvoi de Cotenet fut rejeté « attendu que
l'art. 300 du Code pénal, ayant défini l'infanticide *le
meurtre d'un enfant nouveau-né*, sans exiger le concours
d'aucune circonstance, il suffit que le meurtre, dont l'accusé s'est rendu coupable, ait été commis sur un enfant
nouveau-né, pour qu'il y ait lieu à l'application de la
peine, portée contre l'infanticide, sans qu'il soit néces-

saire que l'auteur du crime ait été le père ou la mère de l'enfant ; attendu qu'il a été déclaré, par le jury, que Cotenet s'est rendu coupable d'avoir volontairement occasionné la mort d'un enfant nouveau-né, et, par conséquent, coupable d'infanticide ; d'où il suit qu'en le condamnant à la peine, portée par l'art. 302 de la-dite loi contre l'infanticide, la Cour d'assises s'est con-formée à la loi. » 8 février 1816.

510. L'infanticide est, comme le parricide, un crime d'une nature spéciale et déterminée. Ce n'est pas un meurtre, accompagné d'une circonstance aggravante, analogue à celle de la préméditation ou du guet-apens.

Il en résulte que la question, qui interroge, en même temps, le jury sur la volonté de donner la mort et sur la qualité de l'enfant nouveau-né, n'est pas nulle comme entachée de complexité.

La Cour de cassation l'a reconnu dans l'espèce sui-vante.

Anne-Françoise Lebrun, déclarée coupable d'avoir volontairement donné la mort à l'enfant nouveau-né, dont elle était accouchée, avait été condamnée à la peine de l'infanticide, mitigée par l'admission de circonstan-ces atténuantes. Elle se pourvut en cassation, et préten-dit que l'art. 1ᵉʳ de la loi du 13 mai 1836 avait été violé, en ce que, contre la volonté de cet article, il avait été demandé au jury, par une seule et même question, si elle était coupable d'avoir volontairement donné la mort à son enfant nouveau-né, tandis que la qualité de l'enfant était une circonstance aggravante, qui aurait dû être posée distinctement du fait principal. Son pourvoi fut rejeté « attendu que, d'après l'art. 300 du Code pé-nal, l'infanticide est un crime *sui generis*, spécial et distinct de l'homicide volontaire ; attendu que, dans l'infanticide, la qualité d'enfant nouveau-né n'est pas

une circonstance aggravante, mais bien une circonstance constitutive de ce genre de crime ; attendu que
c'est, dès lors, avec raison, que le président de la Cour
d'assises du Loiret n'a pas fait, de cette circonstance,
l'objet d'une question distincte et séparée, et, qu'en
agissant ainsi, ce magistrat s'est conformé à l'esprit de
l'art. 300 du Code pénal et n'a nullement violé l'art. 1er
de la loi du 13 mai 1836. » 21 août 1840, n° 237.

Il résulte du même principe que, sous la loi du 9 septembre 1835, la question principale devait, à peine de
nullité, comprendre la qualité de l'enfant nouveau-né.
J'en ai dit les motifs, précédemment, sous le n° 495.

511. La question, présentée au jury, peut et doit
être, selon moi, rédigée dans les termes suivants :

Le nommé.... est-il coupable d'avoir (la date), donné
volontairement la mort à un enfant nouveau-né ?

En employant cette formule, et en ne la remplaçant
pas, comme on l'avait fait dans les espèces, jugées par
la Cour de cassation, les 24 décembre 1835, n° 468 et
14 avril 1837, n° 114, par l'indication des jours de la
naissance et de la mort de l'enfant, on sera mieux, ce
me semble, dans la pensée de la loi, qui abandonne
exclusivement au juge du fait le soin de reconnaître si
l'enfant, qui a reçu la mort, avait encore, ou n'avait
plus, d'après les circonstances, qui ont accompagné ou
suivi sa naissance, la qualité de nouveau-né.

ARTICLE 301.

Est qualifié empoisonnement tout attentat à la
vie d'une personne, par l'effet de substances, qui
peuvent donner la mort, plus ou moins promptement, de quelque manière que ces substances aient

été employées ou administrées et quelles qu'en aient été les suites.

512. Cet article qualifie empoisonnement tout attentat à la vie d'une personne, par l'effet de substances, qui peuvent donner la mort, plus ou moins promptement, de quelque manière que ces substancs aient été employées, et quelles qu'en aient été les suites. L'article 302 le punit de la peine de mort.

Malgré les caractères, qui lui sont propres, l'empoisonnement n'est-il, comme l'enseignent certains auteurs, qu'un assassinat *dans toute l'acception du mot*, et si la loi ne l'a pas compris dans la même incrimination que ce dernier, et en a fait l'objet d'une disposition particulière, n'est-ce, comme le disent les mêmes auteurs, que par la nécessité d'en préciser les éléments, à raison de la spécialité de sa nature et du mode de son exécution ?

Ni l'une ni l'autre de ces propositions ne me paraît vraie.

Je nie d'abord que l'empoisonnement soit un assassinat, dans toute l'acception du mot ; je trouve, au con-

traire, entre ces deux crimes, une différence essentielle.
Dans l'un, la préméditation est constitutive du fait légal ;
dans l'autre, elle n'a aucune espèce de valeur juridique.
Sans doute, on la rencontre dans la plupart des empoisonnements, mais elle n'en est pas une condition indispensable. L'incrimination ne change pas, pour n'avoir
pas été préméditée, pour n'être que le résultat d'une
volonté instantanée et irréfléchie. J'en conclus, comme
l'arrêt du 26 vendémiaire an XIV, n° 219, « que, quand
il s'agit d'un empoisonnement, la question de préméditation ne doit pas être posée, puisque la loi n'a fait la
distinction, relative à la préméditation, qu'à l'égard des
homicides simples, et qu'elle fait une exception, pour
l'homicide commis volontairement par poison, qu'elle a
qualifié crime d'empoisonnement et puni de mort. »
La préméditation étant sans influence légale dans la
constitution de ce crime, j'estime, contrairement à ce
que cet arrêt a dû peut-être juger, à cause de la spécialité du fait, que, si la question a été indûment posée, il
n'importe pas que le jury, après avoir répondu affirmativement à la question d'empoisonnement, y réponde
négativement, puisque la loi n'a pas fait de la préméditation une circonstance constitutive, voire même aggravante de l'incrimination.

Le Code n'a donc pas assimilé l'empoisonnement au
meurtre ordinaire ; il a considéré que l'homicide par le
poison, à cause de la facilité de le préparer, de le consommer et d'en cacher la trace, devait constituer,
comme le parricide et l'infanticide, un crime spécial.
C'est, moins pour en indiquer les éléments, que pour
lui imprimer ce caractère, qu'il lui a consacré une disposition particulière.

L'empoisonnement est donc un crime *sui generis*, qui
existe, aussitôt qu'il remplit les conditions de l'art. 301.

513. Il faut, d'abord, qu'il y ait, comme dans le meurtre, le parricide et l'infanticide, la volonté de donner la mort à autrui. Par conséquent, si le poison n'a été administré que par inattention, maladresse, erreur, le fait pourra présenter les caractères de l'homicide par imprudence ; mais il ne sera pas qualifié empoisonnement.

514. Il faut, en second lieu, que la volonté criminelle se manifeste, comme dans toute autre incrimination, par des actes extérieurs.

Si le poison a été administré, par conséquent, s'il y a eu attentat à la vie d'autrui, quelles qu'en soient les suites, le crime est exécuté, consommé ; il ne peut pas être réduit aux proportions d'une tentative. La Cour de cassation l'a reconnu dans l'espèce suivante.

Joseph-Antoine Paoli, condamné à la peine de mort, par arrêt de la Cour criminelle de la Corse, pour avoir attenté à la vie de sa femme, au moyen de substances vénéneuses, se pourvut en cassation, et soutint que cet arrêt violait l'art. 2 du Code pénal et faisait une fausse application des art. 301 et 302 du même Code. « L'attentat à la vie d'une personne par l'effet de substances, qui peuvent donner la mort, disait-il dans sa requête, est soumis aux règles ordinaires sur les tentatives de crime ; c'est ce qu'on ne peut révoquer en doute, après avoir lu les motifs du Conseil d'État et les rapports, faits au nom de la Commission de législation, sur l'article 301 du Code pénal, relatif à l'empoisonnement. Or, ajoutait-il, j'ai été renvoyé, par arrêt de la chambre d'accusation, devant la Cour criminelle, comme suffisamment prévenu d'avoir, au moyen de substances vénéneuses, sciemment administrées dans un gâteau, attenté à la vie de ma femme, qui a été malade pendant près d'un mois, par l'effet desdites substances. A la rigueur, il est permis de conclure de cet arrêt qu'il y aurait eu réunion des trois circonstances, nécessaires pour constituer la tentative criminelle ; car la maladie de ma femme serait une preuve de la manifestation de l'acte extérieur du commencement d'exécution et des circonstances fortuites, susceptibles d'être attribuées, ou à l'efficacité des remèdes ou aux avantages d'une forte constitution. Mais, par l'arrêt, qui me condamne, le fait d'une maladie, postérieure au prétendu empoisonnement, a été écarté, en sorte qu'il n'est plus resté au procès qu'un attentat à la vie, manifestement dépouillé des trois caractères, sans lesquels la tentative, en la supposant existante, quoique non déterminée, rentrerait plutôt dans le domaine de la religion que dans celui de la justice criminelle. » La Cour ne s'est pas arrêtée devant ces considérations ; elle a rejeté le pourvoi « attendu qu'il ne peut y avoir lieu à qualifier de simple tentative d'empoisonnement que dans le cas où les matières vénéneuses n'auraient point été, d'après une circonstance quelconque, prises par la personne, à laquelle elles étaient destinées ; que, dans l'espèce, le demandeur a été déclaré coupable d'attentat à la vie de sa femme, en lui administrant des matières vénéneuses propres à lui donner la mort ; que, par conséquent, la Cour de justice criminelle de la Corse, en prononçant la peine capitale, a fait une juste application de l'article 301 du Code pénal. » 16 janvier 1823.

515. Le crime est donc irrévocablement commis, dès que la substance a été administrée. Il en résulte que l'empoisonneur lui-même ne l'effacerait pas, en donnant à sa victime l'antidote, qui lui conserve la vie. Le repentir ne peut plus être qu'une circonstance atténuante. Monseignat est, il est vrai, d'un avis contraire dans son rapport au Corps législatif (Locré, t. 30,

p. 501). « L'Assemblée constituante, dit-il, avait proclamé, dans son Code, la rémission de toute peine pour
l'empoisonneur, qui arrêterait ou préviendrait volontairement les effets du poison. Les rédacteurs du nouveau
projet n'ont pas méconnu l'utilité de cette disposition.
Quoiqu'ils ne l'aient pas énoncée dans le titre, qui nous
occupe, elle se trouve dans un article préliminaire, qui
a déjà obtenu votre sanction. Ainsi qu'on vous l'a dit,
on avait, dans le Code de 1791, oublié ou négligé de
définir la tentative des crimes ; cette lacune de la législation ne fut remplie que par la loi du 22 prairial an IV.
Vous en avez de nouveau consacré le dispositif dans
l'art. 2 du présent Code, et vous n'avez mis au rang
des crimes que les tentatives, manifestées par des actes
extérieurs, et suivies d'un commencement d'exécution,
lorsqu'elles n'ont été suspendues ou n'ont manqué leur
effet que par des circonstances fortuites, indépendantes
de la volonté de l'auteur de ces tentatives. Il était donc
inutile de rappeler, dans l'espèce de l'empoisonnement,
un principe qui, par sa généralité, s'adapte à tous les
crimes ; et toutes les fois que l'empoisonneur aura volontairement et librement prévenu l'effet du poison, la
société se félicitera de ne voir ni condamné, ni victime. » Cette opinion de Monseignat ne résiste pas à
l'examen. Il a confondu la consommation du crime avec
la tentative. En interprétant, comme il l'a fait, le Code
pénal des 25 septembre–6 octobre 1791, il a commis
une erreur matérielle. Ce Code, après avoir, dans l'article 15 de la 1re section du titre II de sa 2e partie, disposé que « l'homicide par poison, quoique non consommé, sera puni de la peine, portée en l'art. 12,
lorsque l'empoisonnement aura été effectué, ou lorsque
le poison aura été présenté ou mêlé avec des aliments
ou breuvages, spécialement destinés, soit à l'usage de

la personne, contre laquelle ledit attentat aura été dirigé, soit à l'usage de toute une famille, société ou habitants d'une même maison, soit à l'usage du public, » ajoute, dans l'article suivant, que « si toutefois, avant l'empoisonnement effectué, ou avant que l'empoisonnement des aliments et breuvages ait été découvert, l'empoisonneur arrêtait l'exécution du crime, soit en supprimant lesdits aliments ou breuvages, soit en empêchant qu'on en fasse usage, l'accusé sera acquitté. » Le rapprochement de ces deux articles démontre clairement que, dans le second, il n'est question que d'une tentative. En effet, du moment que le poison est administré, l'homicide peut bien, comme le dit l'article 15, que je viens de transcrire, ne pas être consommé, mais l'empoisonnement est effectué et, par suite, le crime est définitivement constitué. Il est trop tard pour que le repentir du coupable modifie les caractères de l'incrimination.

516. Si le poison n'a pas été administré, il y aura, suivant les faits, qui auront servi de manifestation à l'intention criminelle, une tentative d'empoisonnement punissable, ou seulement un acte profondément immoral, que la justice humaine n'atteint pas.

Dans le cas où la tentative se sera manifestée par un commencement d'exécution ; si elle n'a été suspendue ou n'a manqué son effet que par des circonstances indépendantes de la volonté de son auteur ; elle est assimilée au crime même d'empoisonnement.

Au contraire, dans le cas où elle manquera de l'un de ces caractères, elle échappera, quelque odieuse qu'elle soit, à l'action de la loi pénale.

Je ne m'arrêterai pas à justifier ces deux propositions. Je leur ai donné, dans ma première Étude, sous l'article 2, tous les développements, qu'elles m'ont paru comporter.

517. La troisième condition de l'empoisonnement, c'est que l'attentat ait été consommé ou tenté par l'effet de substances vénéneuses, pouvant donner la mort, plus ou moins promptement, de quelque manière que ces substances aient été employées et quelles qu'en aient été les suites.

Il faut, pour que cette troisième condition soit réalisée, que la substance vénéneuse ait, par elle-même, la puissance de donner la mort.

De ce principe découlent plusieurs conséquences importantes.

La première, c'est que, si la substance est inoffensive, quelle que soit l'intention de celui qui l'administre, il n'y a ni empoisonnement, ni tentative d'empoisonnement, comme j'ai cherché à le démontrer dans ma première Étude, n° 8.

La seconde, c'est que, si la substance n'est que nuisible à la santé, il n'y a, de même, ni empoisonnement ni tentative d'empoisonnement, et que le fait ne présente que les caractères de l'incrimination, définie par l'art. 317 du Code.

La troisième, c'est que, si la substance, pouvant donner la mort, n'est pas vénéneuse, il peut y avoir meurtre ou tentative de meurtre, mais que le fait ne peut pas constituer un empoisonnement ou une tentative d'empoisonnement, ce crime ne pouvant résulter que de l'ingestion du poison, comme je l'ai indiqué, dans mon premier volume, *loc. cit.* Je persiste dans cette appréciation, quoiqu'elle soit, jusqu'à un certain point, contredite par la Cour de cassation dans l'arrêt, que je vais rapporter.

Le nommé Gaudon avait été renvoyé devant la Cour d'assises, comme accusé d'avoir attenté à la vie de sa mère, par l'effet d'une substance, qui lui avait donné la mort. Il se pourvut contre cet arrêt, et prétendit que le fait, tel qu'il était articulé, ne constituait ni un empoisonnement, ni aucun autre crime, et que, par conséquent, c'était à tort qu'il avait été mis en accusation. Son pourvoi fut rejeté, et je n'hésite pas à croire qu'il devait l'être. Il résultait, en effet, ce me semble, de l'arrêt attaqué que Gaudon avait volontairement attenté à la vie de sa mère, et que, par conséquent, il était parricide. Mais, ce que je me permets de critiquer, dans l'arrêt, ce sont les motifs, sur lesquels il repose. Après avoir visé l'art. 301, il juge « que Gaudon est accusé d'avoir attenté à la vie de sa mère, par l'effet d'une substance, qui lui a donné la mort; que la loi répute empoisonnement tout attentat à la vie d'une personne, non pas seulement par l'effet de substances vénéneuses, proprement dites, mais par l'effet de substances, qui peuvent donner la mort; que l'arrêt attaqué déclarant, en fait, que la substance, dont on s'est servi pour attenter à la vie de la dame Gaudon, lui a donné la mort, cette énonciation ne laisse point de doute sur la qualité mortifère de cette substance; qu'ainsi, le fait, pour lequel Gaudon est renvoyé devant la Cour d'assises, réunit tous les caractères du crime, prévu et spécifié par l'art. 301 du Code pénal. » 18 juin 1835. Ce qui explique, de plus en plus, cet arrêt, c'est que l'ordonnance de prise de corps, que j'ai retrouvée au greffe de la Cour de cassation, avait qualifié empoisonnement le fait, imputé à Gaudon.

La quatrième conséquence à déduire du principe, que la substance doit avoir la vertu de donner la mort, c'est que, si l'empoisonneur mêle le poison à un agent, qui le neutralise, il n'y a, dans le fait, ni empoisonnement, ni tentative d'empoisonnement. Au premier coup d'œil, cette déduction paraît bien hardie, pour ne rien dire de plus. Cependant, je la crois vraie. Car, la substance cessant d'être vénéneuse, au moment où elle est administrée, l'élément physique de l'incrimination fait défaut et, par suite, le crime manque de l'un de ses éléments essentiels.

La Cour de cassation l'a admis dans les deux espèces, que je vais rappeler.

Dans la première, Antoine Canesi, accusé d'une tentative d'empoisonnement, par mélange d'acide sulfurique dans du vin, fut renvoyé des poursuites par la Cour spéciale de Parme « attendu que ce mélange avait cessé d'être une substance propre à donner la mort. » Le pourvoi, que le ministère public forma contre cette décision, fut rejeté « attendu que la déclaration de la Cour spéciale, sur le fait de l'accusation et des circonstances, n'est sujet à aucun recours, et que l'arrêt, qui a absous Canesi, n'a pas manifestement violé l'art. 2 du Code pénal, ni aucun autre. » 20 novembre 1842, inédit.

Dans la seconde espèce, Vernazzi avait été renvoyé absous du crime d'empoisonnement, sur la personne de sa femme, qui lui était imputé « attendu qu'il est constant que la dose d'oxyde rouge de mercure par l'acide nitrique, mêlé à 20 pour 100 de minium, versé dans le café, ayant perdu, par ce mélange, de son activité et force, n'était plus une substance, qui aurait pu donner la mort, et que, par suite, Vernazzi n'est plus convaincu d'attentat à la vie de sa femme, dans le sens de l'art. 301 du Code pénal. » Le pourvoi, formé contre cet arrêt, par le ministère public, fut rejeté « attendu qu'il résulte de la déclaration de la Cour spéciale, sur les faits, qui ont fourni l'objet de l'accusation, que les substances, que l'accusé s'était procurées pour commettre l'empoisonnement, étaient, par l'effet de leur mélange avec d'autres substances, incapables de donner la mort ; d'où il suit qu'en prononçant l'acquittement de l'accusé, la Cour n'a formellement contrevenu ni à l'art. 301, ni à l'art. 2 du Code pénal. » 20 novembre 1812, inédit.

518. Est-il nécessaire, pour qu'il y ait crime d'empoisonnement, que la substance vénéneuse, de nature à donner la mort, ait été administrée en quantité suffisante pour la produire ? Cette question est résolue négativement par Monseignat, dans son rapport au Corps législatif (Locré, t. 30, p. 501). Après avoir exposé que l'empoisonnement est plus redoutable dans ses effets, que l'assassinat, il ajoute : « il est plus dangereux, dans ses moyens, par la multiplicité des combinaisons meurtrières, que l'homme a inventées ou qu'il a dérobées à la nature, par la facilité de préparer, de consommer l'attentat et de cacher la trace de son auteur. Aussi, l'empoisonneur est toujours présumé avoir voulu donner la mort, alors même que le défaut de quantité ou de qualité des substances délétères, la force du tempérament, les secours de l'art, ou d'autres circonstances étrangères au coupable, ont sauvé l'objet de son crime. »

La question a été présentée à la Cour de cassation.

Françoise Gadini avait été mise en accusation pour avoir attenté à la vie de sa belle-mère, plus qu'octogénaire, en lui administrant une bouillie, dans laquelle elle avait mis une certaine quantité de poudre de cantharides. La Cour spéciale de Gênes la déclara coupable de ce fait, et, en conséquence, la condamna à la peine de mort. Françoise Gadini se pourvut en cassation. Pour elle, on fit observer que l'arrêt attaqué n'indiquait pas la quantité de poudre de cantharides, entrée dans la mixtion, formant le corps du délit. On ajouta qu'il résultait de l'information que l'ac-

cusée n'avait mêlé à la bouillie que quatre grains de
cette poudre, et on produisit un certificat, signé par
Chaussier, Dupuytren, Vauquelin, constatant qu'une
seule dose de quatre grains de cantharides, donnée,
dans de la bouillie, à une femme de quatre-vingt-neuf
ans, ne saurait lui causer la mort. Néanmoins le pourvoi fut rejeté « attendu que, par l'arrêt de la Cour spéciale extraordinaire de Gênes, il est déclaré que Françoise Santo, femme Gadini, est convaincue d'avoir, avec
préméditation, tenté d'empoisonner sa belle-mère, en
lui administrant une bouillie, mêlée d'une substance,
capable de donner la mort ; laquelle tentative, suivie
d'un commencement d'exécution, manifestée extérieu-
rement, n'a manqué son effet que par des circonstances
indépendantes de sa volonté ; que cette déclaration est
irréfragable, et qu'en appliquant à ces faits la peine,
statuée par le Code pénal, la Cour spéciale de Gênes
s'est exactement conformée aux dispositions de la loi. »
26 novembre 1812, inédit.

Assurément, cet arrêt ne résout pas la question. Cependant, comme il s'agissait de la décision d'une Cour
spéciale, dont la Cour de cassation pouvait contrôler les
éléments, il est permis de croire qu'il y aurait eu annulation de l'arrêt attaqué, si cette dernière Cour n'a-
vait pas admis que la circonstance, qui lui était signa-
lée, était indifférente à la constitution du crime.

Je partage tout à fait cette manière de voir. Je trouve
même, dans cette hypothèse, aux faits incriminés tous
les caractères de l'empoisonnement, défini par l'art. 301.
D'une part, le prévenu a eu la volonté de donner la
mort, d'autre part, il a administré des substances vénéneuses, pouvant la donner. Il a tout fait pour que son
projet reçût son exécution ; il en est responsable, quelles
qu'en aient été les suites.

519. Le jury peut être interrogé, dans les termes suivants, sur le crime d'empoisonnement.

Le nommé.... est-il coupable d'avoir (la date), volontairement attenté à la vie de *telle personne*, par l'effet de substances vénéneuses, pouvant donner la mort?

On pourrait, je crois, retrancher de la question le mot *volontairement*; car, attenter à la vie d'autrui, c'est incontestablement chercher à lui donner la mort, avec la volonté bien arrêtée de le tuer.

On en pourrait retrancher aussi le mot *vénéneuses*, puisque ce mot n'est pas compris dans la définition de l'empoisonnement, donnée par l'art. 301. La Cour de cassation a jugé dans son arrêt du 15 janvier 1846, Dall., 1846, 4, 112, n° 18, que la question, qui permet au jury de déclarer l'accusé coupable d'avoir volontairement attenté à la vie d'autrui, *par l'effet d'une substance, qui lui a donné la mort*, présente tous les éléments du crime d'empoisonnement, propres à justifier l'application de l'art. 301.

La même Cour reconnaît que les termes de cet article ne sont pas sacramentels.

Elle a jugé que le jury avait pu être ainsi interrogé : Le nommé.... est-il coupable d'avoir volontairement donné la mort *à tel*, en mêlant à ses aliments des substances, qui pouvaient le faire mourir plus ou moins promptement? 17 septembre 1846, Dall., 1846, 4,112, n° 19.

Si l'attentat se constituait d'empoisonnements successifs, la même interrogation pourrait les comprendre tous, comme la Cour de cassation l'a reconnu, en rejetant le pourvoi de la femme Lafarge « attendu qu'il s'agissait d'un seul et même empoisonnement, commis dans les mois de décembre et de janvier sur la même personne; que ce crime, bien que résultant d'actes répétés, ne formait qu'un seul chef d'accusation. » 12 décembre 1840, n° 350.

ARTICLE 302.

Tout coupable d'assassinat, de parricide, d'infanticide et d'empoisonnement, sera puni de mort, sans préjudice de la disposition particulière contenue en l'art. 13 relativement au parricide.

ARTICLE 303.

Seront punis comme coupables d'assassinat, tous malfaiteurs, quelle que soit leur dénomination, qui, pour l'exécution de leurs crimes, emploient des tortures ou commettent des actes de barbarie.

520. Objet de cet article.
521. Il est applicable au malfaiteur individuel.
522. Tortures.—La loi ne les définit pas.—Conséquences.
523. Qualification.

520. « Le Code assimile aux assassins, et punit comme tels, les malfaiteurs, quelle que soit leur dénomination, qui, pour l'exécution de leurs crimes, emploient des tortures ou commettent des actes de barbarie ; les individus, à qui les moyens les plus horribles ne coûtent rien, pourvu qu'ils arrivent à leurs fins, et qui portent la terreur et la désolation partout où ils existent, ne peuvent être retenus que par la crainte du dernier supplice. » Fauré, rapp. au Corps législatif, Locré, t. 30, p. 471. « Cette disposition, ajoutait Monseignat (ib., p. 505), rappellera à quelques habitants de nos provinces, les bandes, horriblement connues sous le nom de Chauffeurs et Garotteurs. »

521. Monseignat avait, assurément, raison. Cette disposition avait principalement pour but de réprimer, sinon de prévenir, les actes atroces, commis par ces bandes si redoutables. Cependant, par la généralité de ses termes, elle s'applique aussi au malfaiteur individuel, qui, pour exécuter son crime, emploie des tortures ou commet des actes de barbarie. La Cour de cassation l'a reconnu ; elle a jugé « que l'art. 303 n'exige pas, comme l'une des conditions du crime, qu'il prévoit et punit, que le coupable des tortures ou actes de barbarie fasse partie d'une association de malfaiteurs. » 15 mai 1840, n° 133.

522. La loi n'ayant pas défini les tortures et les actes de barbarie qu'elle entend réprimer, en laisse l'appréciation aux jurés. Par suite, il n'est pas nécessaire de les spécifier dans la question, qui leur est soumise.

523. Le jury sera interrogé sur ce crime, de la manière suivante.

On lui soumettra d'abord la question relative au crime, pour l'exécution duquel il a été recouru aux tortures et aux actes de barbarie ; par exemple, on lui demandera :

Le nommé.... est-il coupable d'avoir (la date) soustrait frauduleusement certains objets mobiliers au préjudice de *tel* ?

Ladite soustraction a-t-elle eu lieu :

1° La nuit ;

2° A plusieurs ;

3° A l'aide d'effraction intérieure dans une maison, etc., etc. ?

Puis on ajoutera la question, relative au crime, réprimé par l'art. 303.

Le nommé.... est-il coupable d'avoir, pour l'exécution du crime susénoncé, employé des tortures ou commis des actes de barbarie?

<h2 style="text-align:center">ARTICLE 304.[1].</h2>

Le meurtre emportera la peine de mort, lorsqu'il aura précédé, accompagné ou suivi un autre crime. Le meurtre emportera également la peine de mort, lorsqu'il aura eu pour objet, soit de préparer, faciliter ou exécuter un délit, soit de favoriser la fuite ou d'assurer l'impunité des auteurs ou complices de ce délit. En tout autre cas, le coupable de meurtre sera puni des travaux forcés à perpétuité.

---

[1] *Ancien article* 304. Le meurtre emportera la peine de mort, lorsqu'il aura précédé, accompagné ou suivi un autre crime ou délit. En tout autre cas, le coupable de meurtre sera puni des travaux forcés à perpétuité.

524. Le meurtre n'encourt ordinairement que la peine des travaux forcés à perpétuité.

525. Cependant il est puni de mort dans certaines circonstances.

526. Sous le Code pénal de 1810, il entraînait cette peine, lorsqu'il avait précédé, accompagné ou suivi soit un crime soit un délit.

La loi du 28 avril 1832 a introduit, dans l'ancien article du Code, une distinction aussi conforme à la raison qu'aux principes de la justice distributive.

Le meurtre continue à être puni de mort, quand il a précédé, accompagné ou suivi un autre crime. Mais, dans le cas où il s'agit d'un délit, il n'y a lieu à l'aggravation de peine que s'il existe, entre les deux faits, une corrélation plus intime, en d'autres termes, que si le meurtre a eu pour objet soit de préparer, faciliter ou exécuter le délit, soit de favoriser la fuite ou d'assurer l'impunité des auteurs ou complices du délit.

Ces dispositions forment une exception fort remarquable à la règle, posée dans l'art. 365 du Code d'instruction criminelle. D'après cette règle, en cas de conviction de plusieurs crimes ou délits, la peine la plus forte est seule prononcée ; par suite, habituellement, lorsque l'accusé est reconnu coupable de plusieurs crimes ou plusieurs délits, on ne lui applique que la peine, attachée au fait puni le plus rigoureusement. Au contraire, dans les deux hypothèses, réglées par les deux premiers paragraphes de l'art. 304, la loi veut qu'il en soit autrement. Au lieu d'absorber dans le meurtre, qui emporte la peine des travaux forcés à perpétuité, l'autre incrimination, entraînant une peine moins sévère, elle tient compte de ce second fait pour aggraver la peine du premier et substituer la peine de mort à celle des travaux forcés à perpétuité, qu'il encourt ordinairement.

Etudions chacune de ces deux hypothèses :

527. Dans la première, il n'est pas nécessaire qu'il y ait un lien, un rapport de causalité entre le meurtre et le crime, qu'il précède, accompagne ou suit, comme la Cour de cassation l'a jugé, en rejetant le pourvoi du nommé Roger, « attendu que l'art. 304 du Code pénal, en statuant que le meurtre emportera la peine de mort, lorsqu'il aura précédé, accompagné ou suivi un autre crime, n'exige point qu'il y ait connexité entre ces crimes ou que l'un ait été la cause immédiate de l'autre ; qu'il suffit, d'après les termes mêmes de cet article, qu'il y ait simultanéité ; que, dans l'espèce, cette simultanéité est suffisamment constatée par la déclaration du jury. » 2 décembre 1843.

Mais il faut, du moins, que les deux faits aient été commis *in eodem tractu temporis*, et qu'ils soient, pour

ainsi dire, simultanés ou concomitants. 20 avril 1854,
n⁰ 112.

Ce principe n'est pas nouveau. Il était admis par le
Code des 25 septembre-6 octobre 1791, et, par conséquent, les arrêts, rendus par la Cour de cassation sous
ce Code, conservent encore aujourd'hui toute leur autorité.

Jean Rey était accusé d'avoir enlevé une montre et
d'autres objets au nommé Ballot, après lui avoir donné
la mort. Mais, au lieu de poser, immédiatement après
l'interrogation, relative à l'homicide, la question de savoir si l'homicide avait été suivi du vol, le tribunal criminel du département de Saône-et-Loire avait divisé
les questions en deux séries, parfaitement distinctes,
sans rattacher les faits par les circonstances de temps
et de lieu. Malgré cette division, Rey avait été condamné à mort. Sur le pourvoi du ministère public, la
décision fut annulée « attendu qu'aux termes de l'acte
d'accusation, Jean Rey est prévenu d'avoir enlevé une
montre, une tasse d'argent et trente-trois à trente-
quatre sous à Ballot, après la mort de ce dernier et
avant de couvrir son cadavre de pierres ; que, conséquemment, la question sur la moralité du fait, celle de
savoir si l'homicide a été suivi du vol des mêmes effets,
aurait dû être posée, incontinent après celle de l'homicide, fait principal, qui formait l'objet de l'accusation,
et après celle de la conviction ou non-conviction de
l'accusé, et dans la même série ; qu'en scindant la question de l'homicide et celle du vol, qui avait suivi ce premier délit, en deux séries distinctes, et présentant celle
du vol sous l'interrogation vague, *s'il a été enlevé des effets* appartenant audit Ballot, sans préciser la date de
l'enlèvement, et sans demander si l'homicide a été suivi
dudit enlèvement, les deux questions ont été présen-

tées, comme isolées et indépendantes, en fait, l'une de l'autre, comme si l'homicide et le vol avaient été commis à des époques séparées ; que, conséquemment, la question sur la moralité du fait, et le plus ou le moins de gravité du délit, n'a pas été soumise à la décision du jury de jugement, selon le vœu de l'art. 374 du Code des délits et des peines, dont l'observation est prescrite à peine de nullité, et qu'il y a contravention formelle à cet article. » 9 vendémiaire an VII, nº 27. — *Conf.*, 29 frimaire an X, nº 75.

Dans une espèce plus récente, Michel Vastines avait été condamné à la peine de mort, par application de l'art. 304, comme coupable des crimes réunis de meurtre et de tentative de vol. Il se pourvut en cassation, et soutint qu'il ne résultait pas de la déclaration du jury que les deux faits eussent été simultanés. L'arrêt fut annulé « attendu qu'aux termes de l'art. 304 du Code pénal, le meurtrier est puni de la peine capitale, lorsque le meurtre a précédé, accompagné ou suivi un autre crime ou délit ; que, pour qu'il soit fait application au coupable de meurtre de cette disposition du Code, il faut donc qu'il soit constant que ce crime ait précédé, accompagné ou suivi un autre crime ou délit ; et qu'il n'y a, devant les Cours d'assises, de faits constants que ceux qui sont le résultat nécessaire de la déclaration d'un jury légal ; que le jury a gardé un silence absolu sur la question, qui avait pour objet de savoir si ce crime avait été commis en même temps que la tentative de vol ; qu'à quelque cause que l'on attribue le silence du jury sur cet objet, il en résulte toujours que le rapport, entre le meurtre et la tentative de vol, reste absolument inconnu ; qu'on ignore s'ils ont été commis ensemble, ou s'ils ont été séparés par de longs intervalles ; si ce sont deux faits isolés, étrangers l'un à

l'autre, ou si, au contraire, ils ont, entre eux, cette
liaison, qui en augmente la gravité, au point de soumettre
leur auteur à la plus grande des peines ; qu'il suit de
ces observations que la réponse du jury est incomplète
et insuffisante. » 18 avril 1816, n° 20.—*Conf.*, 10 octobre 1816, n° 72 ; 20 mars 1835, n° 106 ; 22 décembre
1836, n° 396.

Il ne suffirait même pas, pour donner satisfaction
à la loi, qu'il fût déclaré que le meurtre et l'autre crime
ont été commis le même jour et dans le même lieu.

Les questions avaient été posées sur les faits, imputés à Jean Guittard, en ces termes : Est-il coupable
d'avoir, le 26 janvier 1813, commis une tentative de
meurtre sur la personne des habitants de la métairie de
Cantaloup? Est-il coupable d'avoir, le 26 janvier 1813,
commis une tentative de vol, dans la métairie de Cantaloup? Sur la réponse affirmative du jury à ces deux
questions, Guittard fut condamné à mort. Sur son pourvoi, l'arrêt fut annulé « attendu que, dans le cas de la
première disposition de l'art. 304, la peine capitale est
prononcée contre le crime de meurtre à raison du concours des circonstances, que ledit article détermine, et
qui donnent au meurtre un caractère plus grave ; que
l'application de la loi pénale doit être faite par les Cours
d'assises sur les faits, déclarés par le jury ; que le concours, avec le meurtre, d'un autre crime ou d'un autre
délit, doit donc être déclaré par le jury, pour qu'il
puisse y avoir lieu à l'application dudit article 304, première disposition ; que, s'il résulte de la déclaration du
jury, dans l'espèce, qu'une tentative de crime de vol a
été commise par le demandeur, le jour et dans le lieu
où il s'est rendu coupable d'une tentative de meurtre, il
ne s'ensuit pas nécessairement que ces deux crimes
aient concouru l'un avec l'autre ; que cette déclaration

ne pouvait donc pas servir légalement de base à la condamnation à la peine de mort; que, dans cet état, cette condamnation a été une fausse application de la loi pénale. » 9 juillet 1818, n° 87. — *Conf.*, 20 mars 1835, n° 106.

Mais la pensée de la loi est très-convenablement rendue, lorsqu'il est demandé au jury si l'un des deux crimes a été suivi immédiatement de l'autre. Sur une question ainsi formulée, Grimaldi avait été condamné à la peine capitale. Le pourvoi, qu'il forma, fut rejeté « attendu que la question de savoir si la perpétration du second crime a suivi immédiatement la perpétration du premier a été légalement posée au jury, et que les expressions *a suivi immédiatement*, employées dans la rédaction de cette question, présentent à l'esprit, avec une grande exactitude, le sens et l'idée de deux actions rapides, consécutives et distinctes, quoique commises dans un même lieu et dans un trait de temps fort court; que, par conséquent, la question, dont il s'agit, est conforme au § 1ᵉʳ de l'art. 304 du Code pénal, relative à cette circonstance aggravante du meurtre; d'où il suit que la position de cette question n'a pas constitué une violation de l'art. 357 du Code d'instruction criminelle. » 15 avril 1847, Dalloz, 1847, 4, 145.

528. Le meurtre est puni de mort, quelle que soit la nature de l'autre crime, par exemple, lors même que cet autre crime est lui-même un meurtre.

Pierre Virion avait été condamné à la peine de mort, pour avoir commis un meurtre, suivi immédiatement d'un autre meurtre. Il se pourvut en cassation et soutint que l'art. 304 répugnait à l'application, qui en avait été faite. Son pourvoi fut rejeté « sur l'unique moyen, tiré de la fausse application du premier paragraphe de l'art. 304 du Code pénal, en ce que ce paragraphe ne s'applique pas au cas où le meurtre a été précédé, accompagné ou suivi d'un autre meurtre, et que, par ces mots, *un autre crime*, l'art. 304 a entendu désigner un crime d'une autre nature que le meurtre; attendu que le premier alinéa de l'art. 304 du Code pénal est ainsi conçu: « Le meurtre emportera la peine de mort, lorsqu'il aura précédé, accompagné ou suivi un autre crime »; que cette disposition est générale et absolue; que les mots *un autre crime* s'appliquent à tout crime distinct et séparé, quelle que soit sa nature, puisque le premier alinéa dudit article ne contient aucune distinction à cet égard; que, par conséquent, le meurtre, suivi d'un autre meurtre, rentre dans les termes généraux et dans les prévisions de l'article précité, et qu'en en faisant application au crime de meurtre, suivi d'un autre crime de meurtre, dont le demandeur a été déclaré coupable par le jury, l'arrêt attaqué n'a ni méconnu ni violé l'article 304 du Code pénal. » 31 décembre 1840, n° 370. — *Conf.*, 7 octobre 1843, n° 261.

529. La peine de mort devrait être appliquée au meurtre, même dans le cas où l'autre fait serait un crime politique.

Eugène Millelot avait été condamné à la peine de mort, par application de l'art. 304, pour avoir commis un meurtre, accompagné d'attentat, dont le but était de changer le Gouvernement. Il se pourvut en cassation et prétendit que la peine de mort ne pouvait pas être prononcée contre lui, puisque cette peine avait été supprimée en matière politique. Son pourvoi fut rejeté, « attendu que Millelot a été condamné à la peine de mort, par application du premier paragraphe de l'art. 304 du Code pénal, comme coupable d'un crime d'homicide volontaire, aggravé d'un crime d'attentat, que le premier de ces crimes aurait accompagné; attendu que la disposition de l'article précité est générale et absolue; qu'elle ne distingue pas entre les crimes politiques et les crimes communs, pour refuser aux premiers et attribuer uniquement aux seconds le caractère légal de circonstance aggravante; que la connexité d'un crime commun avec l'insurrection, c'est-à-dire avec des faits constitutifs de crimes qualifiés, ne peut faire échapper le premier de ces crimes à la peine, que la loi commune prononce; attendu que l'art. 5 de la Constitution de 1848, qui a aboli la peine de mort en matière politique, ne peut, conformément à ces principes, profiter qu'aux crimes exclusivement politiques et non à un crime de meurtre, crime commun, aggravé, selon le texte même de l'art. 304 de la loi commune. » 10 avril 1852, nᵒ 120.

530. La tentative de crime étant considérée comme le crime même, il en résulte que l'art. 304 est applicable soit qu'il n'y ait qu'une tentative de meurtre, accompagnée d'un autre crime, soit que le meurtre n'ait été suivi que de la tentative d'un autre crime, soit même que les deux faits ne présentent que les caractères d'une tentative.

Dans une première espèce, Pierre Cercos avait été condamné à la peine de mort, pour avoir commis une tentative de meurtre et simultanément un autre crime. Le pourvoi, qu'il forma contre cette condamnation fut rejeté « attendu que le demandeur Cercos a été, notamment, reconnu coupable, d'après la déclaration du jury, 1ᵒ sur les 9ᵉ, 10ᵉ, 11ᵉ, 12ᵉ, 13ᵉ, 14ᵉ, 15ᵉ et 16ᵉ questions de la deuxième série, d'avoir, avec connaissance, aidé ou assisté, dans les faits qui l'avaient préparée, facilitée et consommée, les auteurs d'une attaque avec violence et voies de fait, ou d'une résistance, ayant les mêmes caractères, envers le sergent Bacqué et les sol-

dats Pujol, Galabert, Pailhanque et Calmels, agents de
la force publique, agissant pour l'exécution des lois et
des ordres de l'autorité publique ; attaque et résistance,
constituant un crime de rébellion, comme ayant été
commises par une réunion de trois à vingt personnes,
dont plus de deux portaient des armes ostensibles ; 2° et
sur les 13ᵉ, 14ᵉ et 17ᵉ questions de la troisième série,
d'avoir, avec connaissance, aidé et assisté, dans les
faits, qui l'ont préparée, facilitée ou consommée, l'auteur
ou les auteurs d'une tentative d'homicide volontaire,
présentant les caractères, déterminés par l'art. 2 du Code
pénal, ladite tentative, commise, à l'aide de coups d'armes à feu, sur la personne du sergent Bacqué et des
quatre militaires, qui l'accompagnaient, agents de la
force publique, agissant pour l'exécution des lois, tandis qu'ils exerçaient ces fonctions ou à l'occasion de
l'exercice desdites fonctions ; tentative qui, d'après la
réponse du jury sur la 18ᵉ question de la même série,
aurait précédé, accompagné ou suivi la rébellion, antérieurement spécifiée ; attendu que l'art. 216 du Code
pénal a eu uniquement pour objet d'établir que le crime,
commis individuellement par l'un des fauteurs de la
rébellion, dans le cours et à l'occasion de cet acte criminel, doit être puni, à l'égard de celui qui s'en serait
rendu coupable, de la peine, prononcée par la loi pour
la répression de ce crime particulier, lorsque cette peine
est supérieure à celle encourue à raison de la rébellion
elle-même, sans que d'ailleurs ces deux peines puissent
être cumulées, ce qui est conforme aux dispositions de
l'art. 365 du Code d'instruction criminelle ; et que l'art. 304
du Code pénal, spécial pour le crime d'homicide volontaire, disposant d'une manière générale pour tous les
cas où il y a simultanéité et concours de meurtre avec
un autre crime, a, dès lors, et quant aux cas, auxquels il

s'applique, dérogé aux dispositions, soit de l'art. 365 du Code d'instruction criminelle, soit de l'art. 216 du Code pénal, et qu'ainsi son application a été légalement faite ; attendu que les faits, reconnus constants par le jury, et mis par lui à la charge du demandeur en cassation, sont qualifiés crimes par les art. 209, 210 et 233 du Code pénal ; que l'homicide volontaire doit recevoir la même qualification, aux termes de l'art. 304, et que, suivant l'art. 2 du même Code pénal, la tentative de crime lorsqu'elle présente, comme dans l'espèce, toutes les conditions, exigées par ledit article, doit être considérée comme le crime même ; qu'ainsi la peine, prononcée par l'arrêt attaqué, a été légalement appliquée. » 10 octobre 1845, nº 331.

Dans une autre espèce, Ectulmans avait été condamné à mort, pour avoir commis un homicide volontaire, accompagné de la tentative d'un autre homicide volontaire. Son pourvoi fut rejeté « attendu que la perpétration volontaire d'un homicide, accompagnée de la tentative d'un autre homicide, dans la même rixe, constitue le crime, prévu par la première partie de l'art. 304 du Code pénal. » 1ᵉʳ avril 1813.

531. Pour que la condamnation repose sur une base légale, il est indispensable que le jury s'explique, par questions distinctes et séparées, sur le meurtre, sur les circonstances constitutives de l'autre crime et sur la concomitance des deux faits, comme la Cour de cassation l'a jugé dans les arrêts que je vais rapporter.

Dans une première espèce, Barka-bel-Hadj-ben-Yahia avait été condamné à la peine de mort, « comme coupable d'homicide volontaire, précédé d'un autre crime, » par jugement du premier conseil de guerre permanent d'Oran, confirmé par le conseil de révision de la même division militaire. Sur l'ordre du ministre de la justice, la décision fut dénoncée à la Cour de cassation et l'annulation en fut requise, pour violation de la loi pénale dans la position de la question. Le jugement fut annulé « attendu que l'aggravation de peine, prononcée par le premier paragraphe de l'art. 304 du Code pénal, ne peut être appliquée au crime de meurtre, qu'autant que ce crime a été précédé, accompagné ou suivi d'un fait, expressément qualifié crime par la loi; qu'il ne suffit donc pas, pour autoriser cette aggravation, qu'il soit déclaré que le meurtre a été précédé d'un autre crime; qu'il est nécessaire que le juge précise et constate la nature et les éléments constitutifs de ce second crime; et attendu que, par jugement du premier conseil de guerre permanent de la division d'Oran, du 18 octobre 1850, le nommé Barka-bel-Hadj-ben-Yahia a été déclaré coupable d'un homicide volontaire, précédé d'un autre crime; que le jugement, sans énoncer ni la nature ni les éléments de ce dernier crime, a prononcé la peine de mort, par application de l'art. 304, § 1ᵉʳ, du Code pénal; que cette application constitue une violation de cet article. » 27 mars 1851, n⁰ 120.

Dans une seconde espèce, le président des assises, après avoir demandé au jury, par deux questions séparées, 1⁰ si Valotaire était coupable d'avoir, le 27 janvier 1852, en la commune de Boullé-Ménard, commis le crime de viol sur la personne d'Antoinette Tauzin; 2⁰ si Antoinette Tauzin était alors âgée de moins de quinze ans, avait posé cette autre question : Valotaire est-il coupable d'avoir, le 27 janvier 1852, sur la commune de Boullé-Ménard, volontairement commis un homicide sur la personne d'Antoinette Tauzin, ledit homicide volontaire, ayant précédé, accompagné ou suivi le crime de viol? Sur la réponse affirmative du jury à ces trois questions, l'accusé avait été condamné à la peine de mort. Valotaire se pourvut contre cette décision et il en obtint l'annulation « attendu qu'en agissant ainsi le président des assises a confondu, dans une seule et même question, le fait principal, celui de l'homicide volontaire de la fille Tauzin, qui, seul et isolément de toute autre circonstance, n'entraînait contre son auteur, aux termes de l'art. 295 du Code pénal, que la peine des travaux forcés à perpétuité, et la circonstance qui, aux termes de l'art. 304 du même Code, rendait ce meurtre, dans ce cas particulier, passible de la peine de mort ; attendu que, dès lors, il y a eu, dans l'espèce, violation des articles 344, 345, 347 du Code d'instruction criminelle, 1, 2 et 3 de la loi du 13 mai 1836, et fausse application de l'art. 304 du Code pénal. » 3 juin 1852, n° 180. — *Conf.*, 16 août 1850, n° 257.

532. Je ferai remarquer que la simultanéité des deux crimes, présentant les caractères d'une circonstance aggravante du meurtre, il s'ensuit, par application de l'art. 338 du Code d'instruction criminelle, qu'elle peut être posée au jury, si elle résulte des débats, quoiqu'elle n'ait pas été mentionnée dans l'acte d'accusation.

La Cour de cassation l'a reconnu en rejetant le pourvoi de Grimaldi « sur le moyen tiré de l'art. 337 du Code d'instruction criminelle, en ce que la Cour d'assises ne se trouvait pas légalement saisie de la connaissance du crime, prévu par le § 1er de l'art. 304 du Code pénal, et que, par conséquent, la question de simultanéité des deux crimes n'aurait pas dû être posée au jury, attendu qu'il y a présomption légale que la question, dont il s'agit, a été posée par le président de la Cour d'assises, comme résultant des débats, suivant le droit, que lui conférait, à cet égard, l'art. 338 du Code d'instruction criminelle » 15 avril 1847.

533. Les questions devraient être, ce me semble, posées dans les termes suivants :

Le nommé ..... est-il coupable d'avoir (la date) commis un homicide volontaire sur la personne de .....?

Le nommé ..... est-il coupable d'avoir (la date), *par exemple*, soustrait frauduleusement divers objets mobiliers au préjudice de tel .....?

Ladite soustraction frauduleuse a-t-elle eu lieu :

1° La nuit ;

2° A plusieurs;

3° A l'aide d'effraction extérieure dans une maison, etc.?

Le meurtre susénoncé a-t-il précédé *ou* suivi immédiatement ladite soustraction frauduleuse?

534. Lorsque le meurtre ne peut se rattacher qu'à un délit, il ne suffit pas que les deux incriminations soient simultanées; il faut qu'il existe entre elles une relation plus directe, c'est-à-dire un rapport de cause et d'effet; il faut, comme l'indique le deuxième paragraphe de l'art. 304, que le meurtre ait pour objet soit de préparer, faciliter ou exécuter un délit, soit de favoriser la fuite ou d'assurer l'impunité des auteurs ou des complices de ce délit.

Cette règle est tellement claire et précise qu'il est incroyable qu'elle ait été méconnue. Cependant elle l'a été dans l'espèce suivante :

Il résultait de la déclaration du jury, 1° que François Cadiou était coupable d'avoir commis un vol au préjudice de Corentin Le Calvez ; 2° qu'il était coupable d'avoir commis un homicide volontaire sur la personne dudit le Calvez ; 3° que ce meurtre avait été commis à la même heure et le même jour que le vol susmentionné ; 4° que cet homicide volontaire n'avait pas eu pour objet de préparer, faciliter ou exécuter le vol susdit, ni d'en assurer l'impunité. Enfin, le jury avait accordé à Cadiou

le bénéfice des circonstances atténuantes. Néanmoins,
sur cette déclaration, l'accusé fut condamné aux travaux
forcés à perpétuité par la Cour d'assises des Côtes-du-
Nord. Sur son pourvoi, l'arrêt fut annulé « attendu que,
le jury n'ayant ainsi constaté le concours du meurtre,
imputable au demandeur en cassation, qu'avec un simple
vol, et ayant, d'ailleurs, expressément déclaré que ce
meurtre n'avait pas eu pour objet de préparer, faciliter
ou exécuter ce délit connexe du vol par lui commis, le
même jour et à la même heure, il résultait de là qu'il
n'existait, aux termes de l'art. 304 du Code pénal, aucune circonstance, qui ait pu être considérée comme
légalement aggravante du fait principal d'homicide volontaire, que la loi punit des travaux forcés à perpétuité;
attendu que, la même déclaration du jury ayant admis
l'existence de circonstances atténuantes en faveur de
François Cadiou, la peine des travaux forcés à perpétuité, par lui encourue, se trouvait modifiée par les dispositions de l'art. 463 du Code pénal, et réduite à celle
des travaux forcés à temps ou de la réclusion ; qu'il suit
de là qu'en prononçant contre le demandeur en cassation la peine des travaux forcés à perpétuité, l'arrêt attaqué a, tout à la fois, faussement appliqué l'art. 304 du
Code pénal, et expressément violé les dispositions de
l'art. 463 du même Code. » 25 août 1842, n° 217.

535. Le deuxième paragraphe de l'art. 304 est applicable, quelle que soit la nature du délit, que le meurtre
a eu pour objet de préparer, de faciliter, d'exécuter ou
de soustraire aux recherches de l'autorité publique. Il
s'étend à toutes les infractions, qualifiées délit par l'article 1er du Code pénal, et notamment aux délits de chasse,
comme la Cour de cassation l'a jugé, en rejetant le pourvoi
du nommé Ponthieux « sur le troisième moyen, tiré d'une
prétendue fausse application de l'art. 304 du Code pénal,

en ce que les faits de chasse, dont le meurtre et la tentative du meurtre, repris aux troisième et sixième questions,
avaient pour objet d'assurer l'impunité, constituent, non
pas des délits, mais de simples contraventions ; attendu
que l'art. 1er du Code pénal qualifie délit toute infraction que les lois punissent des peines correctionnelles,
et que l'art. 179 du Code d'instruction criminelle attribue aux tribunaux de police correctionnelle la connaissance des faits, dont la peine excède cinq jours d'emprisonnement et quinze francs d'amende ; attendu que les
deux faits de chasse, dont l'accusé a été déclaré coupable,
sont prévus par les art. 11 et 12 de la loi du 3 mai 1844
et punis, le premier d'une amende de 50 à 200 fr., et
même, suivant les cas, d'un emprisonnement de six jours
à deux mois ; attendu que ces faits sont qualifiés délits
par la loi du 3 mai 1844 elle-même, et qu'ils devaient,
dès lors, emporter l'aggravation de la peine du meurtre,
aux termes du § 2 de l'art. 304 précité. » 4 septembre
1856, n° 307. — *Conf.*, 21 mars 1822, Sir. 1822, 1, 253 ;
12 janvier 1860, n° 9.

Ces arrêts sont, à mon sens, parfaitement juridiques ;
ils sont aussi conformes à l'esprit qu'à la lettre de la
loi.

536. Quant à celui que je vais rappeler, il est peut-
être permis de ne pas en adopter le principe.

Jean Perochain, et Marie Douit sa femme, étaient
prévenus d'avoir volontairement donné la mort au sieur
Douit et à Marie Anne Douit, sa fille, leur père et beau-
père, leur sœur et belle-sœur, et d'avoir commis ce
meurtre pour exécuter une soustraction au préjudice du
sieur Douit. La Cour de Poitiers les mit en accusation à
raison des deux meurtres, mais se refusa à retenir la
circonstance aggravante, résultant du prétendu vol, sous
le prétexte que la soustraction, imputée aux accusés, ne

présentait pas les caractères de ce délit et ne pouvait, aux termes de l'art. 380 du Code pénal, donner lieu qu'à des réparations civiles, à raison du lien de parenté et d'alliance, qui unissait les prétendus voleurs à la personne volée. Sur le pourvoi du ministère public, l'arrêt fut annulé « attendu que les exceptions, portées en l'art. 380 du Code pénal, qui s'opposent à l'exercice de l'action publique, ne sont applicables qu'au cas où le vol forme l'objet principal de la prévention, et non à celui où il n'en est qu'un accessoire, comme dans le cas prévu par l'art. 304 du Code pénal, parce qu'alors le vol, que le meurtre a précédé, accompagné ou suivi, n'est pas seulement un crime, connexe avec le crime de meurtre, mais bien une circonstance aggravante de ce crime, puisqu'il donne lieu à une aggravation de peine ; d'où il suit que l'art. 304 du Code pénal renferme des dispositions générales, qui ne sont pas susceptibles d'être modifiées par les exceptions, portées en l'art. 380 du Code pénal, lesquelles doivent être appliquées limitativement au fait du vol, isolé de tout autre crime qui, par lui-même, donne nécessairement lieu à l'exercice de l'action publique ; que les art. 718 et 724 du Code civil, qui disposent que les successions s'ouvrent par la mort naturelle et par la mort civile, et attribuent aux héritiers la saisine de plein droit des droits et actions du défunt, ne sauraient apporter aucune restriction aux dispositions générales et absolues de l'art. 304 du Code pénal ; que, par conséquent, en jugeant le contraire et en se fondant sur l'art. 380 du Code pénal pour ne pas comprendre dans l'accusation, portée contre Perochain et sa femme, le vol commis après deux meurtres, qui ont eu pour objet l'exécution de ce vol, et en se fondant aussi sur ce que ledit vol se trouvait à l'abri de l'action publique en vertu de l'art. 380 du Code pénal, à cause de la qualité, appartenant aux accusés, de gendre et de fille du sieur Douit, au préjudice duquel les crimes de meurtre et de vol auraient été commis, l'arrêt attaqué a fait une fausse application de l'art. 380 du Code pénal et formellement violé l'art. 304 du même Code. » 21 décembre 1837, n° 435.

Le deuxième paragraphe de l'art. 304 ne punissant le meurtre de mort que dans le cas où il a pour objet de concourir à un délit ou d'en assurer l'impunité, l'arrêt, que je viens de rapporter, n'en exagère-t-il pas la lettre et l'esprit?

537. Il importe de remarquer que, pour l'application de cette disposition, il n'est pas nécessaire que le délit, objet du meurtre, ait été exécuté; il suffit, comme l'exprime formellement l'art. 304, que le meurtre ait eu pour objet de le faciliter et même de le préparer. Lorsqu'il résulte de l'information que l'inculpé a commis un meurtre, ne fût-ce que pour préparer un délit, le fait imputable est donc le meurtre, puni de mort par le deuxième paragraphe de cet article.

Quatre réfugiés espagnols avaient arrêté une malle-poste, dans le but de commettre un vol; ils avaient blessé le postillon et le courrier; puis, craignant sans doute d'être découverts, ils s'étaient enfuis, sans commettre aucun autre acte, pouvant être considéré comme le commencement d'exécution d'un vol. Ils furent déclarés coupables d'une tentative de meurtre, ayant pour objet de préparer, de faciliter ou d'exécuter un vol, et condamnés à la peine de mort. Ils se pourvurent en cassation pour fausse application de l'art. 304; on soutint, dans leur intérêt, «qu'il ne résulte pas des expressions, employées par cet article, que le but de commettre un délit, un vol, par exemple, suffise à lui seul pour rendre la peine de mort applicable au meurtre, qui a été commis, sans être suivi d'un délit; que la disposition suppose, au contraire, un délit commis, ou, au moins, tenté. » Le pourvoi fut rejeté « attendu que le jury a déclaré chacun des demandeurs coupable d'une tentative caractérisée de meurtre, ayant pour objet de préparer, faciliter ou d'exécuter un vol; que cette déclaration entraînait contre eux l'application du deuxième paragraphe de l'art. 304 du Code pénal; que l'arrêt dénoncé s'est, dès lors, conformé à cette disposition, en leur infligeant la peine qu'elle prononce. » 14 avril 1842.

538. Le délit, que le meurtre a pour objet de préparer, faciliter, exécuter ou de cacher constitue une circonstance aggravante de ce crime.

A ce titre, il est hors de doute qu'il peut être relevé d'office dans l'arrêt de la chambre d'accusation, quand il n'a pas été indiqué dans l'ordonnance de mise en prévention.

Joseph-Auguste Renvoizé avait été renvoyé devant la chambre des mises en accusation de la Cour d'Orléans, comme prévenu d'assassinat. Cette Cour, ayant trouvé, dans l'information, des indices suffisants pour croire que ce crime avait été commis afin de faciliter un vol d'argent et d'effets mobiliers, ajouta cette circonstance aggravante à l'accusation. Le pourvoi, que Renvoizé forma contre cet arrêt, fut rejeté « attendu que, d'après l'art. 231 du Code d'instruction criminelle, la chambre d'accusation doit annuler l'ordonnance de prise de corps, dans laquelle le délit a été mal qualifié; qu'un délit est mal qualifié, lorsque les premiers juges ont omis de comprendre, dans la prévention, une ou plusieurs circonstances aggravantes, qui résultent de l'instruction; que la chambre d'accusation a, dans ce cas, l'obligation et le droit de réparer cette omission; que ce droit ne saurait dépendre des conclusions du ministère public, qui ne peuvent jamais lier les juges sur l'appréciation des faits, dont ils sont saisis; attendu que, d'après l'art. 304 du Code pénal, le meurtre, qui, par lui-même, emporte la peine des travaux forcés à perpétuité, doit être puni de la peine de mort, lorsqu'il a eu pour objet de préparer, faciliter ou exécuter un délit; que, dans ce cas, ce délit devient une véritable circonstance aggravante du meurtre, et attendu, dans l'espèce, que la Cour royale d'Orléans, saisie d'une prévention de meurtre avec préméditation, existant contre le demandeur, ayant trouvé, dans les pièces, des indices suffisants que ce meurtre avait été commis pour faciliter un vol d'argent et d'effets mobiliers, effectué par le demandeur, a pu compléter la prévention, en y ajoutant cette circonstance aggravante du meurtre; qu'elle n'a fait en cela qu'user du droit, que lui donnait l'art. 231, ci-dessus cité, sans que son arrêt puisse être vicié par le silence, que le procureur général aurait gardé, dans ses conclusions, sur la circonstance du vol. » 21 mai 1835, nº 197.

Au même titre, le délit peut être soumis au jury, comme résultant des débats, lorsqu'il n'est pas mentionné dans l'acte d'accusation.

Jean Lacoste comparaissait devant les assises, comme accusé de meurtre. Les débats terminés, le ministère public requit la position d'une question nouvelle, sur un vol que le meurtre aurait eu pour objet de faciliter. La Cour d'assises rejeta ses réquisitions, et l'accusé ne fut condamné qu'aux travaux forcés à perpétuité. La Cour de cassation annula l'arrêt « vu l'art. 304 du Code pénal, vu l'art. 338 du Code d'instruction criminelle, attendu qu'aux termes de l'art. 227 du Code d'instruction criminelle, « les crimes et délits sont connexes, soit lorsqu'ils sont commis....., soit lorsque les coupables ont commis les uns, pour se procurer les moyens de commettre les autres, pour en faciliter, pour en consommer l'exécution, ou pour en assurer l'impunité; » que des crimes peuvent être de telle nature que leur connexité et leur réunion n'en augmentent pas la peine; et que, d'après l'art. 365, § 2 du Code d'instruction criminelle, en cas que ces crimes soient dénoncés en même temps, et que la conviction en soit acquise, c'est la peine du crime le plus grave qui est seule prononcée; que, quand l'accusation n'a porté que sur un crime, et que, dans le cours des débats, l'accusé vient à être inculpé sur un autre crime ou délit, ce crime ou délit, qui n'a pas été l'objet de la poursuite du ministère public, est, malgré sa connexité avec le crime dénoncé, un fait nouveau, à raison duquel cet accusé doit, en conformité de l'art. 361 dudit Code d'instruction criminelle, être renvoyé devant le juge d'instruction de l'arrondissement, où siége la Cour d'assises, s'il a été fait par le ministère public, avant la clôture des débats, des réserves à fin de poursuite; mais que, quand le fait nouveau, appris dans le cours des débats, n'est pas un fait simplement connexe avec le crime, objet de l'accusation, et que c'est un crime ou un délit, qui, par sa réunion avec celui-ci, appelle sur le coupable une peine plus sévère que celle qu'il aurait encourue par le plus grave des deux crimes, ce second crime, qui aggrave la peine du premier, est, évidemment et nécessairement, une circonstance aggravante, qui rentre dans la disposition de l'art. 338 du Code d'instruction criminelle, lequel veut que « s'il résulte des débats une ou plusieurs circonstances aggravantes, non mentionnées dans l'acte d'accusation, le président ajoute la question suivante : L'accusé a-t-il commis le crime avec telle ou telle circonstance ? » ; attendu que, dans l'espèce, Lacoste n'avait été traduit à la Cour d'assises que comme accusé du crime de meurtre ; mais que le ministère public avait requis qu'il fût demandé au jury, si, en même temps que l'on exerçait sur La-monnerie les violences, qui ont causé sa mort, il ne lui avait pas été volé une somme de cent francs ; que la Cour d'assises a rejeté cette demande, en disant, non que le fait de vol n'était pas sorti des débats, mais « qu'il n'était pas une circonstance du meurtre ; que c'était un crime connexe, qui ne pouvait être soumis à la décision des jurés qu'autant que Lacoste aurait été mis en accusation sur ce fait » ; que, cependant, l'article 304 du Code pénal dit, § 1er, « Le meurtre emportera la peine de mort, lorsqu'il aura précédé, accompagné ou suivi un autre crime ou délit » ; que le vol, que le meurtre a précédé, accompagné ou suivi, n'est donc pas un crime simplement connexe avec le crime de meurtre ; qu'il en est encore une circonstance aggravante, puisqu'il donne lieu à l'application de la peine capitale, tandis qu'isolé de tout autre crime ou délit, le meurtre n'est puni que des travaux forcés à perpétuité ; que la Cour d'assises, qui, sans déclarer en fait que le vol ne résultait pas des débats, a refusé de poser une question sur ce vol, que le meurtre avait dû précéder, accompagner ou suivre, a méconnu l'obligation, que lui imposait l'art. 338 du Code d'instruction criminelle, de soumettre au jury une question sur un vol, qui était nécessairement une circonstance aggravante, non men-tionnée dans l'acte d'accusation, mais résultant des dé-bats ; qu'elle a contrevenu formellement à cet article, et qu'elle a fait une fausse application de la loi pénale, en prononçant contre l'accusé la peine des travaux for-cés à perpétuité, sans qu'il eût été légalement jugé si le meurtre, par lui commis, n'avait pas précédé, accompagné ou suivi le crime ou délit de vol et ne le mettait pas ainsi dans le cas de l'application du § 1er de l'article 304 du Code pénal. » 14 novembre 1822, n° 165.

Enfin, comme circonstance aggravante, le délit doit faire l'objet d'une question spéciale.

Louis Livret, déclaré coupable : 1° d'avoir volontairement homicidé Reine Mottet, et 2° d'avoir commis ce meurtre avec préméditation et pour s'approprier soit un billet, soit une somme d'argent, fut condamné, à raison des circonstances atténuantes admises en sa faveur, à la peine des travaux forcés à perpétuité. Sur son pourvoi, l'arrêt fut annulé à raison de la complexité de la dernière question. 8 juillet 1837, n° 202.

539. Les jurés doivent être interrogés sur les circonstances constitutives du délit, soit qu'il ait été exécuté, soit qu'il n'ait été que préparé ; sans quoi, ils pourraient qualifier délit un fait, qui n'en aurait pas les caractères, et leur réponse demeurerait sans contrôle, au grand détriment de l'accusé. De plus, ils doivent être interrogés, par une autre question, sur les rapports du meurtre et du délit.

Ces deux propositions sont confirmées par les arrêts de la Cour de cassation, que je vais rappeler ; la dernière par les arrêts des 16 août 1850, n° 257 ; 3 juin 1852, n° 180, cités n° 530 ; la première, par l'arrêt du 21 mars 1850, n° 105. Dans cette espèce, Jean-Baptiste Jonveaux, déclaré coupable d'avoir commis un meurtre pour assurer l'impunité d'un délit de chasse, avait été condamné à la peine de mort. Sur son pourvoi, l'arrêt fut annulé « attendu que l'aggravation de peine, prononcée par le deuxième alinéa de l'art. 304 du Code pénal, ne peut avoir lieu que quand la circonstance de relation, existante entre le meurtre et le délit, se révèle, à l'occasion d'un fait, expressément qualifié délit par la loi ; que le

jury doit donc être spécialement interrogé, aussi bien
sur les circonstances constitutives de ce délit que sur sa
relation avec le meurtre ; qu'autrement le meurtre reste
soumis à la peine des travaux forcés à perpétuité, conformément au troisième alinéa dudit art. 304, et non à
la peine capitale ; attendu que la loi du 3 mai 1844 a
défini les caractères constitutifs de divers délits de
chasse ; attendu, dès lors, que les faits, constitutifs de
l'un de ces délits, devaient être précisés dans la question, soumise à cet égard au jury, et que la réponse affirmative du jury sur le délit de chasse, que l'accusé
venait de commettre, est insuffisante et irrégulière ;
qu'en effet rien n'établit que le jury, qui n'a pas été interrogé, et qui n'a pas répondu sur les faits, qui auraient
constitué le délit de chasse, dont l'existence a été par
lui déclarée, n'ait pas pu se tromper sur la qualification légale de ces faits, et considérer, comme un délit, ce
qui n'en aurait pas eu les caractères, d'après les dispositions de la loi ; que la condamnation de cet accusé à
la peine de mort, par suite de la réponse, dont il s'agit,
manque de base légale, et qu'il a été fait à l'accusé une
fausse application de l'art. 304 du Code pénal. »

Cependant, je ne dois pas laisser ignorer que, dans
le dernier état de sa jurisprudence, la Cour de cassation s'est montrée beaucoup plus facile que dans ses arrêts des 21 mars 1850, 16 août de la même année et
3 juin 1852, que je viens d'indiquer. Elle admet que,
dans le cas, où le meurtre a eu pour objet de préparer,
faciliter ou exécuter un délit de vol, par exemple, il
suffit, pour que la peine soit légalement appliquée, que
la question au jury, sur cette circonstance, ait été posée
en ces termes : le meurtre a-t-il eu pour but de faciliter
la perpétration d'un délit de vol ? En conséquence, elle
a rejeté le pourvoi du nommé Scotto di Perto « attendu,

en fait, que l'arrêt de renvoi accusait Scotto d'une tentative de meurtre, avec la circonstance que cette tentative avait eu pour but de faciliter la perpétration d'un délit de vol, et que les questions ont été posées dans les mêmes termes, et ont été, sur ces deux points, résolues affirmativement par le jury; attendu, en droit, que, s'il eût été plus régulier que l'accusation, et, par suite, les questions posées, eussent compris distinctement, d'abord le vol, comme fait principal connexe, avec tous ses éléments constitutifs, et ensuite, comme circonstance aggravante, sa corrélation avec la tentative de meurtre, ou que, du moins, même en ne faisant du vol qu'une simple circonstance aggravante, l'accusation, et la question posée au jury eussent qualifié le vol, dans les termes de l'art. 379 du Code pénal, et en eussent énuméré toutes les circonstances matérielles, cependant, il ne résulte pas de nullité de la rédaction adoptée ; que, sous un premier rapport, la question, conforme en cela à l'acte d'accusation, n'a fait du vol qu'une simple circonstance aggravante ; ce qui a permis de le comprendre dans une seule et unique interrogation ; que, sous un second rapport, l'affirmation du délit de vol trouve son interprétation légale dans ledit article 379, qui définit le vol, en disant que c'est la soustraction frauduleuse de la chose d'autrui ; que, d'ailleurs, l'énonciation que la tentative de meurtre avait eu pour but de faciliter la perpétration de ce délit, emportait avec elle une indication du temps et du lieu où le délit avait été commis, ce qui ajoutait encore à la précision du fait ; qu'il résulte ainsi, de l'ensemble et du rapprochement des questions, résolues affirmativement, une constatation suffisante de l'existence des éléments constitutifs du délit de vol, et, par suite, de l'existence de la circonstance aggravante, prévue par le deuxième alinéa de l'art. 304

du Code pénal ; qu'ainsi la peine de mort a été justement appliquée aux faits déclarés constants par le jury. » 12 juillet 1855, n° 247.

Je n'admettrais que difficilement la doctrine de cet arrêt ; je considère comme beaucoup plus exacte et correcte celle que la Cour avait consacrée dans ses arrêts précédents.

540. Le jury peut être interrogé, dans les termes suivants, sur l'incrimination, mentionnée dans le deuxième paragraphe de l'art. 304.

Le nommé..... est-il coupable d'avoir (la date) commis un homicide volontaire sur la personne de.....?

Le nommé..... est-il coupable d'avoir (la date), par exemple, soustrait frauduleusement divers objets mobiliers au préjudice de.....?

Le meurtre, ci-dessus énoncé, a-t-il eu pour objet *ou* de préparer *ou* de faciliter *ou* d'exécuter la soustraction frauduleuse, ci-dessus spécifiée, *ou* d'assurer l'impunité de l'auteur de ladite soustraction frauduleuse *ou* de ceux qui, par dons, promesses, menaces, abus d'autorité ou de pouvoir, machinations ou artifices coupables, auront provoqué à ladite soustraction frauduleuse ou donné des instructions pour la commettre, etc. ?

S'il s'agissait d'un autre mode de complicité, on le qualifierait, en se servant des termes mêmes de l'article 60 du Code, comme je viens de le faire pour le genre de complicité que j'ai supposé.

Dans le cas où le délit n'aurait été que préparé ou facilité, les questions devraient recevoir quelques modifications.

La question, relative au meurtre, resterait la même.

Quant aux deux autres, elles n'en formeraient plus qu'une seule, laquelle serait ainsi rédigée :

Ledit homicide volontaire a-t-il eu pour objet de préparer ou de faciliter, *par exemple*, une soustraction frauduleuse d'objets mobiliers au préjudice de.....?

Cette question ne serait pas complexe ; car préparer ou faciliter un délit, ce n'est pas commettre une infraction punissable, tant que les actes préparatoires ne prennent pas les caractères d'une tentative.

§ 2. — *Menaces.*

541. Tous les articles de ce paragraphe ont été revisés par la loi du 13 mai 1863.

542. Menaces d'attentat contre les propriétés.

541. Tous les articles de ce paragraphe ont été revisés par la loi du 13 mai 1863. La peine des art. 305 et 306 a été atténuée ; l'art. 307 a été l'objet d'un changement de rédaction. Quant à l'art. 308, rendu inutile par les additions faites aux articles, qui le précèdent, il a été remplacé par une disposition nouvelle, qui, due à l'initiative de la commission du Corps législatif, complète la législation sur les menaces d'attentat contre les personnes.

542. Les menaces d'attentat contre les propriétés sont régies par d'autres dispositions, notamment par l'art. 436 du Code pénal, et l'art. 18 de la loi du 15 juillet 1845, sur la police des chemins de fer, lequel est ainsi conçu : « Quiconque aura menacé, par écrit anonyme ou signé, de commettre un des crimes, prévus en l'art. 16, sera puni d'un emprisonnement de trois à cinq ans, dans le cas où la menace aurait été faite avec ordre de déposer une somme d'argent dans un lieu indiqué, ou de remplir toute autre condition. Si la menace n'a été accompagnée d'aucun ordre ou condition, la

peine sera d'un emprisonnement de trois mois à deux
ans, et d'une amende de cent à cinq cents francs. Si la
menace avec ordre ou condition a été verbale, le coupable sera puni d'un emprisonnement de quinze jours à
six mois, et d'une amende de vingt-cinq à trois cents
francs. Dans tous les cas, le coupable pourra être mis
par le jugement sous la surveillance de la haute police,
pendant un temps, qui ne pourra être moindre de deux
ans ni excéder cinq ans. »

ARTICLE 305.

Quiconque aura menacé, par écrit anonyme ou
signé, d'assassinat, d'empoisonnement ou de tout
autre attentat contre les personnes, qui serait punissable de la peine de mort, des travaux forcés à perpétuité, ou de la déportation, sera puni de la peine
des travaux forcés à temps, dans le cas où la menace
aurait été faite avec ordre de déposer une somme
d'argent, dans un lieu indiqué, ou de remplir toute
autre condition.

543. Cet article a été modifié par la loi du 13 mai 1863.—Son
texte actuel.
544. Modification de la pénalité.
545. L'incrimination est restée la même.—Conséquences.
546. Suite.—Menaces sous la condition de ne pas faire ou de
s'abstenir.—Arrêt.
547. Suite.— Ordre ou condition de faire une chose juste. —
Arrêt.
548. Définition de l'incrimination.
549. Qualification.

543. L'art. 305 a été modifié par la loi du 13 mai
1863.

Aujourd'hui, il est ainsi conçu : « Quiconque aura
menacé, par écrit anonyme ou signé, d'assassinat,
d'empoisonnement ou de tout autre autre attentat contre
les personnes, qui serait punissable de la peine de mort,
des travaux forcés à perpétuité ou de la déportation,
sera, dans le cas où la menace aurait été faite avec ordre de déposer une somme d'argent, dans un lieu indiqué, ou de remplir toute autre condition, puni d'un emprisonnement de deux ans à cinq ans, et d'une amende
de cent cinquante francs à mille francs. Le coupable
pourra, en outre, être privé des droits, mentionnés en
l'art. 42 du présent Code, pendant cinq ans au moins
et dix ans au plus, à compter du jour où il aura subi sa
peine. Le coupable pourra aussi être mis sous la surveillance de la haute police, pendant cinq ans au moins
et dix ans au plus, à compter du jour où il aura subi sa
peine. »

544. Le Code pénal de 1810 infligeait la peine des
travaux forcés à temps à quiconque avait menacé, par
écrit anonyme ou signé, d'assassinat, d'empoisonnement ou de tout autre attentat contre les personnes,
punissable de la peine de mort, des travaux forcés à
perpétuité ou de la déportation, dans le cas où la menace avait été faite avec ordre de déposer une somme
d'argent dans un lieu indiqué ou de remplir toute autre
condition. Depuis les révisions de la loi du 13 mai
1863, ce fait n'entraîne plus qu'un emprisonnement de
deux à cinq ans, et une amende de cent cinquante à
mille francs, auxquels les tribunaux peuvent ajouter
l'interdiction des droits, mentionnés en l'art. 42 du
Code, et la surveillance de la haute police, pendant cinq
ans au moins et dix ans au plus.

545. Mais si la peine a été modifiée, l'incrimination
est restée la même, et par conséquent, les arrêts, ren-

dus sous le Code de 1810, ont conservé leur autorité.

546. Il faut donc reconnaître qu'aujourd'hui, comme autrefois, l'art. 305 comprend non-seulement les menaces sous la condition de faire, mais aussi les menaces sous la condition de ne pas faire ou de s'abstenir.

La Cour de cassation l'a jugé dans l'espèce suivante :

Jonyon, mécontent d'une visite, faite sur ses propriétés par le maire de la commune, dit publiquement que, si ce fonctionnaire recommençait, il lui en arriverait mal et qu'il pourrait rédiger son acte de décès, avant de sortir de chez lui. Traduit en police correctionnelle, à raison de ces menaces verbales, il y fut condamné à la peine de l'art. 307 du Code pénal. Il se pourvut en cassation, et prétendit que le propos, qui lui était imputé, ne constituait pas la menace avec ordre ou sous condition, réprimée par cette disposition, puisqu'il ne renfermait que l'ordre de ne pas faire ou de s'abstenir. Le pourvoi fut rejeté « attendu que la menace verbale, faite sous condition, prévue et punie par l'article 307 du Code pénal, comprend, dans la généralité de ses termes, la menace sous condition de ne pas faire, de s'abstenir, comme celle de faire ; et que, d'après les faits déclarés constants par le jugement attaqué, la peine a été légalement appliquée. » 1er février 1834.

Cet arrêt a été rendu à l'occasion de l'art. 307 ; mais je n'ai pas à démontrer que les principes en sont également applicables aux menaces, punies par l'art. 305.

547. De même, sous la loi de 1863, comme sous le Code de 1810, la menace, pour avoir été adressée, avec ordre ou sous condition de faire une chose juste, n'en serait pas moins punissable. Il n'est permis à personne de se faire justice, et de recourir à la menace, même pour la défense d'un droit légitime. La Cour de Bastia avait jugé le contraire, en renvoyant Torre père et fils des poursuites correctionnelles, dont ils avaient été l'objet. Sur le pourvoi du ministère public, l'arrêt fut annulé « attendu que l'art. 307 du Code pénal, non plus que l'art. 305, auquel il se rattache, n'exige point, pour que la menace avec ordre et sous condition soit punie, ainsi que l'a jugé la Cour de Bastia dans l'arrêt attaqué, que l'ordre donné soit injuste, et que la condition soit préjudiciable au droit de celui à qui la menace est adressée ; qu'on ne pourrait admettre une telle restriction, sans méconnaître le caractère du délit, dont il s'agit ; qu'en effet, quoique, dans certains cas, il puisse être considéré comme une sorte d'extorsion, il est, cependant, classé, dans le Code pénal, parmi les délits contre les personnes ; qu'il porte atteinte à la liberté et à la sécurité des citoyens ; qu'il ne saurait dépendre du plus ou moins de fondement du droit, dont l'exercice serait troublé par la menace ; qu'il n'est jamais permis de se faire justice à soi-même, et que la menace, qui révèle l'intention de recourir au crime, doit être réprimée, pour le prévenir ; que, sans doute, si l'auteur de la menace n'y a eu recours que pour la défense d'un droit légitime, il peut y avoir là un motif d'atténuation du délit ; que même, suivant les circonstances, les tribunaux peuvent être conduits à ne pas reconnaître, chez l'auteur de la menace, l'intention coupable, condition nécessaire à tous les délits ; mais que ce n'est point, par une appréciation morale des faits, que la Cour de Bastia s'est déterminée, mais bien en introduisant, dans l'article 307 du Code pénal, une distinction, qui n'est pas dans son texte, que son esprit repousse ; attendu, dès lors, qu'en renvoyant les prévenus des poursuites, elle a formellement violé ledit art. 307. » 18 septembre 1851, n° 390.

Cet arrêt prend lui-même soin d'indiquer que les principes, qu'il expose, régissent aussi bien l'art. 305 que l'art. 307 du Code.

548. L'incrimination, prévue et punie par l'art. 305, est la menace, par écrit anonyme ou signé, d'assassinat, d'empoisonnement ou de tout autre attentat contre les personnes, punissable de la peine de mort, des travaux forcés à perpétuité ou de la déportation, faite avec ordre de déposer une somme d'argent dans un lieu indiqué ou de remplir toute condition.

549. Pour la qualifier, les tribunaux n'auront qu'à user des termes mêmes de la loi.

ARTICLE 306.

Si cette menace n'a été accompagnée d'aucun ordre ou condition, la peine sera d'un emprisonnement de deux ans au moins et cinq ans au plus, et d'une amende de cent francs à six cents francs.

550. Cet article a été modifié par la loi du 13 mai 1863.—Son texte actuel.
551. Objet de cet article.—Menaces par écrit, mais sans ordre ni condition.—Pénalité.

550. Cet article a été modifié par la loi du 13 mai 1863.

Aujourd'hui, il est ainsi conçu : « Si cette menace n'a été accompagnée d'aucun ordre ou condition, la peine sera d'un emprisonnement d'une année au moins et trois ans au plus, et d'une amende de cent francs à six cents francs. Dans ce cas, comme dans celui de l'article précédent, la peine de la surveillance pourra être prononcée contre le coupable. »

551. Il s'agit, dans cet article, comme dans l'article 305, de la menace d'assassinat, d'empoisonnement ou de tout autre attentat contre les personnes, punissable de la peine de mort, des travaux forcés à perpétuité, et de la déportation, faite par écrit anonyme ou signé. Mais elle est dépouillée de l'une des circonstances, qui l'aggravent dans l'article précédent; elle n'est accompagnée d'aucun ordre ou condition. La loi lui inflige, en conséquence, une peine moins sévère. Depuis les révisions de 1863, elle est punie d'un emprisonnement d'un à trois ans et d'une amende de cent francs à six cents francs. Le coupable peut, en outre, être renvoyé sous la surveillance de la haute police pendant cinq ans au moins et dix ans au plus.

ARTICLE 307.

Si la menace, faite avec ordre ou sous condition, a été verbale, le coupable sera puni d'un emprisonnement de six mois à deux ans, et d'une amende de vingt-cinq francs à trois cents francs.

552. Cet article a été modifié par la loi du 13 mai 1863.—Son texte actuel.
553. Objet de cet article.—Menace verbale sous condition ou avec ordre.—Arrêt.
554. Pénalité.

552. Cet article a été modifié par la loi du 13 mai 1863.

Il est, aujourd'hui, ainsi conçu : « Si la menace faite avec ordre ou sous condition a été verbale, le coupable sera puni d'un emprisonnement de six mois à deux ans, et d'une amende de vingt-cinq francs à trois cents francs.

Dans ce cas, comme dans celui des précédents articles, la peine de la surveillance pourra être prononcée contre le coupable. »

Cet article n'a été modifié par la loi de 1863, ni dans l'incrimination qu'il définit, ni dans la peine qu'il inflige. Comme je l'ai indiqué déjà, il n'a subi qu'un changement de rédaction, c'est-à-dire qu'il s'est approprié, comme second paragraphe, l'art. 308 du Code, dont la disposition lui était déjà applicable.

553. La menace, punie par l'art. 307, c'est encore la menace d'assassinat, d'empoisonnement ou de tout autre attentat contre les personnes, punissable de la peine de mort, des travaux forcés à perpétuité ou de la déportation. Mais ce n'est plus, comme dans les art. 305 et 306, la menace par écrit; c'est la menace verbale, qui, d'ailleurs, ne prend le caractère pénal que dans les cas où elle est faite avec ordre ou sous condition; sans quoi, elle ne constituerait aucune infraction punissable.

Menacer de mort, s'il avance, l'agent de l'autorité publique, qui se propose de constater un délit, c'est, à mon sens, commettre l'infraction, réprimée par l'article, que j'étudie.

La Cour de Rouen l'a jugé, sur mes conclusions, dans l'affaire suivante :

Le nommé Debreaux chassait sur des terres appartenant à la dame de Caumont et au sieur Olivier, sans leur autorisation et sans permis de port d'armes. Il se dirigeait vers un bois, lorsque le sieur Féron, adjoint de la commune, revêtu de ses insignes, lui défendit, au nom de la loi, d'y pénétrer. Debreaux lui dit alors : « Viens donc, grand plat, je te ferai sauter la boussole; j'ai le coup gauche pour toi et le coup droit pour moi. » Traduit en police correctionnelle pour délit de chasse et pour menace verbale sous condition, la Cour de Rouen

le condamna, en raison de ces deux délits « attendu
qu'il résulte, de l'instruction et de l'audition des témoins, que, le 25 novembre dernier, Debreaux a été
trouvé chassant dans les communes d'Auquemesnil et
de Guilmécourt, sur des terres appartenant à la dame de
Caumont et au sieur Olivier, sans leur permission et
sans avoir de permis de port d'armes de chasse ; attendu
qu'il en résulte encore que, le 17 septembre aussi dernier, lorsque Debreaux, armé d'un fusil de chasse et
suivi de deux chiens, se dirigeait vers un bois pour y
chasser, le sieur Féron, adjoint de la commune d'Étra-
ville, revêtu de ses insignes, lui fit défense, au nom de
la loi, de chasser dans les bois, situés sur cette commune, et que Debreaux lui dit : « Viens donc, grand
plat, je te ferai sauter la boussole ; j'ai le coup gauche
pour toi et le coup droit pour moi ; » attendu que ces paroles renferment évidemment des menaces de mort, si
la personne, à laquelle elles s'adressent, enfreint l'ordre
ou la condition, qui lui sont intimés, de ne pas avancer;
que, si la menace verbale, proférée par Debreaux, l'a été
avec ordre ou sous condition de s'abstenir, de ne pas
faire, elle n'est pas moins punissable, aux termes des
art. 305 et 307, C. pén., que si elle avait contenu l'ordre
ou la condition de faire ; car, d'une part, la loi comprend ces deux sortes de menaces dans la généralité de
ses expressions, et, de l'autre, une distinction entre ces
menaces tromperait l'intention du législateur, qui a dû
vouloir frapper de la même peine toutes les menaces
verbales de mort, accompagnées d'un ordre ou d'une
condition ; car, soit qu'il s'agisse de faire ou de ne pas
faire, elles supposent également une résolution hardie,
fortement arrêtée et pouvant porter le même effroi dans
celui à qui elles sont adressées, en lui faisant craindre
que l'auteur de ces menaces ne soit décidé à les réaliser;

que, dans la cause, l'effet des menaces, proférées par Debreaux, braconnier redoutable, a été tel que le sieur Féron n'a plus mis d'obstacle à ce que le prévenu continuât de chasser, comme bon lui semblait. » 29 février 1844.

Je rappelle que j'ai cité, sous l'art. 305, un arrêt de la Cour de cassation, jugeant que la loi, et notamment l'art. 307 s'appliquait aussi bien à la menace sous la condition de s'abstenir ou de ne pas faire, qu'à la menace sous la condition de faire.

554. La menace verbale avec ordre ou sous condition, de l'espèce mentionnée en l'art. 307, est punie d'un emprisonnement de six mois à deux ans, et d'une amende de vingt-cinq à trois cents francs. Le coupable peut, en outre, être placé sous la surveillance de la haute police.

ARTICLE 308.

Dans les cas prévus par les deux précédents articles, le coupable pourra de plus être mis, par l'arrêt ou le jugement, sous la surveillance de la haute police pour cinq ans au moins et dix ans au plus.

555. Modification de la loi du 13 mai 1863.—Disposition nouvelle.— Menace, verbale ou écrite, de violences, non prévues par l'art. 305.—Pénalité.

555. Cet article a pris place dans les art. 305, 306 et 307. Il a été remplacé, dans la loi du 13 mai 1863, par une disposition nouvelle, laquelle est ainsi conçue : « Quiconque aura menacé, verbalement ou par écrit, de voies de fait ou violences, non prévues par l'art. 305, si la menace a été faite avec ordre ou sous condition, sera puni d'un emprisonnement de six jours à trois

mois, et d'une amende de seize francs à cent francs, ou de l'une de ces deux peines seulement. »

Le Code pénal ne réprimait que les menaces d'attentats, punissables de la peine de mort, des travaux forcés à perpétuité ou de la déportation ; il laissait impunies les menaces des autres attentats contre les personnes. Il suffisait, pour échapper à toute peine, d'entourer la menace d'une forme indéterminée, ou de ne la faire porter que sur un fait, qui n'était puni que d'une peine, inférieure à la peine de mort ou aux peines perpétuelles. « Or, a dit la commission du Corps législatif, dans son rapport sur la loi de 1863, pense-t-on qu'un homme menacé, par exemple, d'être roué de coups ou d'être souffleté publiquement, s'il ne se soumet pas à telle ou telle exigence, ne puisse éprouver un trouble sérieux, et ne convient-il pas, même dans ces cas, de lui offrir la protection de la loi? Si on la lui refuse, il ne la demandera qu'à lui-même, il portera des armes, et de graves accidents pourront quelquefois s'ensuivre. Nous avons cru qu'une disposition nouvelle était nécessaire, et nous l'avons proposée. Elle punit toutes les menaces écrites ou verbales, portant sur d'autres faits que ceux prévus par l'art. 305 ; mais, pour éviter d'incriminer de simples paroles irréfléchies, échappées à un mouvement de vivacité ou de colère, elle exige que la menace ait eu lieu pour exercer une contrainte, c'est-à-dire qu'elle ait été faite avec ordre ou sous condition. »

Désormais, la menace, verbale ou écrite, de violences non prévues par l'art. 305, sera punie si elle a été faite avec ordre ou sous condition, d'un emprisonnement de six jours à trois mois et d'une amende de seize à cent francs, ou de l'une de ces deux peines seulement.

SECTION II.

Blessures et coups volontaires, non qualifiés meurtre, et autres crimes et délits volontaires.

556. Matières comprises dans cette section.
557. Les dispositions, relatives aux coups et blessures, proprement dits, ont été modifiées par la loi du 13 mai 1863.

556. Cette section réunit des dispositions de diverse nature. Elles concernent, les unes, les coups et blessures volontaires (art. 309, 310, 311, 312, 316); les autres, la fabrication, le débit ou le port des armes prohibées (art. 314), l'avortement et l'ingestion de substances nuisibles à la santé (art. 317), la vente et le débit des boissons falsifiées, contenant des mixtions nuisibles à la santé (art. 318).

Assurément, la plupart de ces dispositions sont classées, avec raison, parmi les crimes et les délits contre les particuliers; mais il en est une qui serait, certainement, mieux placée parmi les crimes et les délits contre la chose publique; c'est celle qui prévoit et réprime la fabrication, le débit et le port des armes prohibées.

557. La loi du 13 mai 1863 a très-notablement modifié les articles de cette section, relatifs aux blessures et aux coups volontaires, proprement dits.

ARTICLE 309 [1].

Sera puni de la réclusion, tout individu qui, vo-

---

[1] *Ancien article* 309. Sera puni de la peine de la réclusion, tout

lontairement, aura fait des blessures ou porté des coups, s'il est résulté de ces sortes de violences une maladie ou incapacité de travail personnel pendant plus de vingt jours. Si les coups portés ou les blessures faites volontairement, mais sans intention de donner la mort, l'ont pourtant occasionnée, le coupable sera puni de la peine des travaux forcés à temps.

individu qui aura fait des blessures ou porté des coups, s'il est résulté de ces actes de violence une maladie ou incapacité de travail personnel pendant plus de vingt jours.

558. Cet article ne renfermait qu'une disposition dans le Code pénal de 1810. Il se bornait à punir de la peine de la réclusion celui qui avait, volontairement, porté des coups et fait des blessures, s'il était résulté de ces actes de violence une maladie ou incapacité de travail personnel pendant plus de vingt jours.

Ni cette disposition, ni aucune autre ne prévoyait le cas où les coups ou les blessures volontaires avaient eu la mort pour conséquence, quoiqu'ils eussent eu lieu sans intention de la donner. Cette omission de la loi, comme nous l'avons vu ci-dessus n° 464, avait conduit la Cour de cassation à donner à ce fait les caractères du meurtre, et à permettre de lui infliger la peine des travaux forcés à perpétuité. Pour combler cette lacune et mettre fin à une jurisprudence, qui était généralement désapprouvée, la loi du 28 avril 1832 ajouta un paragraphe à l'art. 309 et disposa que, « si les coups portés ou les blessures faites volontairement, mais sans intention de donner la mort, l'ont pourtant occasionnée, le coupable sera puni de la peine des travaux forcés à temps. »

L'art. 309 a reçu de nouvelles modifications de la loi du 13 mai 1863. A présent, il assimile les autres violences et voies de fait aux coups et blessures. Il divise l'incrimination en quatre degrés. Laissant à l'art. 311 le règlement du premier, il s'occupe des trois autres. Il ne donne plus, comme le Code pénal de 1810 et la loi du 28 avril 1832, le caractère de crime aux coups, blessures et violences, suivis d'une maladie ou incapacité de travail personnel pendant plus de vingt jours ; il ne voit plus, dans ce deuxième degré de l'incrimination, qu'un délit, méritant une peine d'une certaine sévérité. Plus prévoyant et plus judicieux que les lois, qui l'ont précédé, il inculpe, dans une disposition spéciale et formant le troisième degré de l'incrimination, les violences, qui ont eu pour résultat une mutilation, amputation ou privation de l'usage d'un membre, la cécité, la perte d'un œil ou toute autre infirmité permanente, et les punit d'une peine afflictive. Enfin, conservant, comme il était, le paragraphe, relatif aux violences, faites sans intention de donner la mort, mais l'ayant occasionnée, il en fait le quatrième degré de l'incrimination, qu'il continue à punir de la peine des travaux forcés à temps.

559. Aujourd'hui, l'art. 309 est ainsi rédigé : « Tout

individu qui, volontairement, aura fait des blessures,
ou porté des coups, ou commis toute autre violence ou
voie de fait, s'il est résulté de ces sortes de violences
une maladie ou incapacité de travail personnel pendant
plus de vingt jours, sera puni d'un emprisonnement de
deux à cinq ans, et d'une amende de 16 fr. à 2,000 fr.
Il pourra, en outre, être privé des droits, mentionnés en
l'art. 42 du présent Code, pendant cinq ans au moins
et dix ans au plus, à compter du jour où il aura subi sa
peine. Quand les violences, ci-dessus exprimées, auront
été suivies de mutilation, amputation ou privation de
l'usage d'un membre, cécité, perte d'un œil ou autres
infirmités permanentes, le coupable sera puni de la réclusion. Si les coups portés ou les blessures faites volontairement, mais sans intention de donner la mort,
l'ont pourtant occasionnée, le coupable sera puni de la
peine des travaux forcés à temps. »

560. Avant les additions de la loi du 13 mai 1863,
on admettait, généralement, que le Code pénal ne punissait que les violences et les voies de fait, ayant le
caractère de coups ou blessures. Quant aux autres, c'était
ailleurs qu'on devait en chercher la répression.

Cette doctrine avait, pour elle, la lettre de la loi et
l'autorité de la Cour de cassation.

Valentin Hartmann avait été renvoyé devant la Cour
d'assises du département du Mont-Tonnerre, pour y être
jugé sur l'accusation « d'avoir commis des violences et
voies de fait envers Paul Hartmann, son père, et de
l'avoir saisi au corps, et jeté hors de sa maison, avec
une telle force que celui-ci était tombé à terre. » Le
président, au lieu de poser cette question au jury, l'avait
interrogé dans les termes suivants : « L'accusé est-il
coupable d'avoir exercé des violences et des voies de
fait contre son père? » Le jury avait répondu : « Oui,

l'accusé est coupable d'avoir exercé des violences et voies de fait, mais sans coups ni blessures. » Sur cette déclaration, la Cour appliqua à Hartmann l'art. 312 du Code. Le condamné obtint l'annulation de cette décision « vu les art. 309, 311 et 312 du Code pénal ; attendu que ces articles du Code pénal supposent expressément, pour leur application, des actes de violences, qui aient fait des blessures, ou dans lesquels il y ait eu des coups portés ou reçus ; que, si le jury a déclaré Valentin Hartmann coupable d'avoir exercé des violences et des voies de fait envers son père, il a ajouté que, dans ces violences, il n'y avait ni blessures ni coups ; que cette restriction, dans la déclaration du jury, excluait l'application de l'art. 311, et conséquemment, celle de l'art. 312, qui s'y réfère ; que, néanmoins, la Cour d'assises du département du Mont-Tonnerre a condamné ledit Valentin Hartmann à la peine de cinq années de réclusion, d'après ces art. 311 et 312 ; que cette condamnation a été une violation manifeste de la loi pénale. » 15 octobre 1813, n° 220.

Dans une autre espèce, Louis Denis, déclaré coupable de mauvais traitements, envers son père et son beau-frère, avait été condamné aux peines des art. 309 et suivants. Sur son pourvoi, l'arrêt fut annulé « considérant que, d'après leur texte clair et précis, lesdits articles 309, 310 et 311 ne s'appliquent pas indistinctement à toute espèce de mauvais traitements envers les personnes, mais à ceux seulement, qui ont été commis par des coups ou par des blessures, et *sur* des personnes ; que l'art. 312, se référant aux cas, prévus par lesdits trois articles, ne peut donc aussi être appliqué qu'à celui qui aurait fait des blessures ou porté des coups à ses père, mère ou autres ascendants légitimes ; considérant, dans l'espèce, que Louis Denis a seulement été déclaré coupable par le jury, « de mauvais traitements *envers* Benoist Denis, son père, et *envers* Antoine Martin, son beau-frère » ; que cette déclaration de culpabilité ne portait donc pas sur les cas, prévus par les art. 311 et 312 du Code pénal ; que la Cour d'assises du département du Rhône a donc fait audit Louis Denis une fausse application de ces articles. » 10 octobre 1822, n° 141.

Enfin, dans une troisième espèce, Etienne Rougeron, déclaré coupable d'avoir volontairement porté des coups *ou* commis d'autres violences sur la personne de son père, avait été, malgré l'ambiguïté de cette déclaration alternative, condamné à la peine de l'art. 312. Sur son pourvoi, l'arrêt fut annulé « attendu qu'il a été demandé au jury si l'accusé était coupable d'avoir, à plusieurs reprises, volontairement porté des coups ou commis d'autres violences sur la personne de son père ; que la réponse affirmative, qu'il a faite à cette question, ne pouvant être plus particulièrement appliquée à l'un des termes de l'alternative qu'à l'autre, ne pouvait justifier la condamnation prononcée qu'autant que, dans l'une et l'autre hypothèse, les faits resteraient dans les termes de la loi appliquée ; mais que les art. 309 et suivants du Code pénal ne punissent pas toute espèce de violences, mais seulement les coups portés et les blessures faites ; que les faits, compris dans le second terme de la question alternative, faits consistant en violences non qualifiées coups ni blessures, ne sont point prévus par les art. 309 et 312, qui sont seulement applicables aux faits, compris dans la première question ; d'où il suit que la condamnation du demandeur aux peines, portées par lesdits articles, en a été une fausse application. » 19 mars 1841, n° 73.

Par suite, avant les modifications de la loi de 1863, on hésitait à appliquer le Code pénal au cas où, par suite des voies de fait, la victime avait fait une chute, et avait ainsi reçu un coup. La Cour de cassation reconnaissait que les articles, que j'étudie, comprenaient ces sortes de violences, mais certaines cours d'assises le niaient.

Dans une espèce, que j'ai déjà rappelée, la chambre des mises en accusation ayant renvoyé Hartmann devant les assises, sous la prévention d'avoir commis des violences et voies de fait sur la personne de son père, en le saisissant au corps et en le jetant hors de sa maison avec une telle force qu'il était tombé à terre, la Cour de cassation déclara « que, par cette chute qui avait été l'effet de violences exercées, il y avait eu un coup reçu; que ces violences rentraient donc dans l'application de l'art. 311 du Code pénal, et qu'ayant été commises par un fils envers son père, elles étaient, d'après l'art. 312, passibles de la réclusion et avaient, conséquemment, le caractère de crime. » 15 octobre 1813, n° 220.

Dans une autre espèce, Michel Tisserand avait été déclaré coupable d'avoir, volontairement, exercé des violences envers sa mère, en la saisissant au corps et en la jetant avec force à terre. Néanmoins, il avait été absous par la Cour d'assises. Sur le pourvoi du ministère public, l'arrêt fut annulé « attendu que le fait de saisir un individu au corps et de le jeter avec force à terre est un acte de violence, duquel il résulte, pour lui, un coup, qui a ou peut avoir les conséquences les plus fâcheuses; attendu qu'il importe peu que les coups portés l'aient été au moyen d'un corps dur lancé contre un individu, ou au moyen de violences, qui lanceraient ou feraient tomber cet individu contre un corps dur; attendu que, dans l'espèce, Tisserand a été déclaré, par le jury, coupable d'avoir volontairement exercé des violences envers sa mère, en la saisissant au corps, et en la jetant avec force à terre ; et qu'en refusant d'appliquer aux faits, déclarés constants par le jury, les art. 309, 311 et 312 du Code pénal, la Cour d'assises a violé lesdits articles.» 22 août 1834, n° 280.

On se demandait enfin, sous l'empire de la même législation, si jeter volontairement un corps dur, une pierre par exemple, sur une personne, c'était se rendre coupable du délit de coups et blessures volontaires.

Pour moi, je n'en fais aucun doute ; car, jeter volontairement une pierre sur quelqu'un, c'est évidemment lui porter un coup volontaire.

On a considéré, cependant, que le contraire avait été jugé par l'arrêt de la Cour de cassation, que je vais citer. Mais, à mon avis, cette décision ne juge qu'une espèce ; elle ne pose pas un principe absolu.

Un groupe de jeunes gens passait dans une des rues de la ville de Montpellier, en chantant des airs patriotiques. Quand ils furent arrivés devant le domicile de la fille Thérèse Daubriac, celle-ci lança sur eux un fer à repasser. Deux des chanteurs furent atteints. La chambre du conseil renvoya la fille Daubriac devant le tribunal de simple police, sous l'inculpation de la contravention, réprimée par le n° 8 de l'art. 475 du Code pénal. Ce tribunal se déclara incompétent. Le cours de la justice étant interrompu par ces décisions contradictoires, la Cour de cassation en fut saisie par la voie du règlement de juges ; cette cour renvoya l'affaire devant le tribunal de police du canton de Maugnio « attendu que le fait, dont Thérèse Daubriac est prévenue, ne présente d'autre caractère que celui d'une simple contravention de police, prévue et punie par l'art. 475, n° 8, du Code pénal. » 29 septembre 1831, n° 237.

Je suis d'autant plus autorisé à ne voir, dans cette décision, qu'un arrêt d'espèce, que la Cour de cassation a jugé, dans une autre occasion, que le fait d'avoir atteint une personne d'un coup de pierre et de l'avoir ainsi blessée, constituait le délit de coups et blessures, réprimé par les art. 13 et 14 du titre II de la loi des 19-22 juillet 1791. 16 floréal an XIII, Sir. 1804, 2, 137.

Quoi qu'il en soit, avant les révisions de la loi de 1863, les violences et autres voies de fait, qui n'avaient pas le caractère de coups ou de blessures, n'étaient considérées que comme des violences légères, qui ne trouvaient leur répression que dans les art. 19 du titre I de la loi des 19-22 juillet 1791, et 605 n° 8 du Code du 3 brumaire an IV.

C'est ce que la Cour de cassation a reconnu dans l'espèce suivante.

Louis Chalier était inculpé d'avoir, sur une place publique, saisi par derrière une jeune fille, avec violence, de lui avoir ouvert la bouche et de l'avoir remplie de son. Le tribunal de simple police se déclara incompétent, sous le prétexte que ce fait constituait le délit de coups volontaires. Son jugement fut annulé « attendu que les faits, imputés à Louis Chalier, sont d'avoir, sur une place publique, saisi par derrière une jeune personne avec violence, de lui avoir ensuite ouvert la bouche et de l'avoir remplie de son; que ces faits, n'ayant été accompagnés ni de blessures ni de coups, ne peuvent se rattacher à la disposition de l'art. 311 du Code pénal; qu'ils sont également étrangers au jet de corps durs ou d'immondices, dont parle l'art. 475, n° 8 du même Code, et ne rentrent pas conséquemment dans l'application de cet article; mais qu'ils ont le caractère de voies de fait et violences légères, mentionnées en l'art. 19, n° 2, titre Ier de la loi du 22 juillet 1791 sur la police municipale et correctionnelle, et en l'art. 605, n° 8, du Code du 3 brumaire an IV; que, les voies de fait et violences légères n'étant l'objet d'aucune disposition du Code pénal de 1810, ni d'aucune autre loi postérieure à celles du 22 juillet 1791 et du 3 brumaire an IV, les dispositions, qui s'y rapportent dans lesdites lois, et qui étaient en vigueur à l'époque de la promulgation du Code pénal, sont formellement maintenues par l'art. 484 de ce Code et que les cours et les tribunaux sont tenus de continuer de les observer et de les faire exécuter; que la peine, prononcée par les lois de 1791 et de l'an IV contre les auteurs de voies de fait et violences légères, étant une peine de simple police, le tribunal de police d'Uzès n'a pu refuser de connaître de l'action du ministère public contre Chalier, et renvoyer ce prévenu à la police correctionnelle, sans méconnaître ses attributions et violer les règles de compétence. » 14 avril 1821, n° 61. — *Conf.*, 30 mars 1832, n° 115.

Désormais, les violences exercées sur la personne, seront, quelles qu'elles soient, réprimées par les dispositions du Code pénal, relatives aux coups et blessures. C'est pour faire cesser toute espèce d'incertitude à cet égard, que la loi de 1863 a introduit, par une mention spéciale, dans les art. 309 et 311, *toutes autres violences ou voies de fait*. « C'est, dit le rapporteur de la commission, afin d'atteindre plus sûrement celles de ces violences qui, sans être précisément des coups, ont cependant un caractère de gravité punissable. Ainsi le fait d'avoir saisi un individu au corps, de l'avoir jeté à terre, de l'avoir poussé contre un corps dur, de lui avoir arraché les cheveux, de lui avoir craché au visage, pourront désormais, sans contestation, tomber sous l'application de ces articles. »

Cette addition n'est faite, dans l'article que j'étudie, qu'aux deux premiers paragraphes. Est-ce que, pour l'application du troisième, il faudra, comme par le passé,

que les violences aient nécessairement pris le caractère
de coups et blessures? Je ne le crois pas. Il résulte du
rapport de la commission, que je viens de rappeler, qu'on
a entendu faire l'addition à l'ensemble même de l'article 309. J'ajoute qu'il serait tout à fait irrationnel qu'une
violence d'un certain genre entraînât la réclusion, si elle
était suivie de mutilation, et qu'elle ne fût punie que d'une
peine correctionnelle, si elle avait occasionné la mort.

561. Les coups, blessures et autres violences ne
sont punissables, aux termes des dispositions, que j'é-
tudie, qu'autant que c'est volontairement que les coups
ont été portés, que les blessures ont été faites, que les
violences ont été commises.

Comme c'est une condition substantielle de l'incrimination, il faut qu'elle soit affirmée par le juge, c'est-
à-dire, suivant les cas, par le jury ou le tribunal correctionnel. La peine ne sera donc légalement appliquée
que si cette circonstance ressort ou de la déclaration du
jury ou du jugement. 24 janvier 1822, n° 13 ; 27 février
1824, n° 36 ; 10 mars 1826, n° 47 ; 22 août 1828,
n° 243 ; 19 septembre 1828, n° 269 ; 12 janvier 1832,
n° 13 ; 2 juillet 1835, n° 262 ; 18 juillet 1840, n° 206;
23 décembre 1841, n° 366 ; 26 décembre 1844, n° 413;
22 juin 1850, n° 202.

562. Mais le terme de la loi n'est pas sacramentel ;
la volonté du prévenu peut être constatée par des équipollents.

Victoire Dimpré avait été déclarée coupable d'avoir,
dans le courant de l'année, porté à différentes reprises
des coups à Pierre Dimpré, son père. Néanmoins, la
Cour d'assises l'avait renvoyée des poursuites, sous le
prétexte qu'il ne résultait pas des réponses du jury que
les coups aient été portés volontairement. Un pourvoi
fut formé, dans l'intérêt de la loi, contre cette décision,

qui fut annulée « attendu que ces mots « avoir porté des coups à différentes reprises » contiennent la fréquence et la réitération d'actions d'une même nature, nécessairement déterminées par la volonté et l'intention de leur auteur ; d'où il suit que les faits, déclarés par le jury contre l'accusée Dimpré, constituent le crime prévu par l'art. 312 du Code pénal, et qu'ainsi la peine, portée par cet article, aurait dû lui être appliquée ; que, néanmoins, et sous le prétexte que la déclaration du jury ne portait pas littéralement, et d'une manière assez explicite, que l'accusée eût agi volontairement, la Cour d'assises de la Somme a, par arrêt du 8 janvier 1827, prononcé l'absolution de la même accusée et ordonné sa mise en liberté ; que ladite Cour a ainsi violé l'art. 312 du Code pénal. » 28 décembre 1827, n° 321. — *Conf.*, 19 septembre 1828, n° 269 ; 20 février 1841, n° 49.

Dans une autre espèce, la fille Alzire, déclarée coupable d'avoir porté des coups, sans y avoir été provoquée, avait été condamnée aux peines des articles 309 et suivants du Code. Elle se pourvut, et soutint qu'il ne ressortait pas de cette déclaration que les coups eussent été portés volontairement. Son pourvoi a été rejeté « attendu que, la demanderesse ayant été déclarée coupable d'avoir porté des coups, sans y avoir été provoquée, il résulte suffisamment de cette déclaration, prise dans son ensemble, qu'elle a porté ces coups volontairement. » 5 août 1847, n° 173.

Dans une autre espèce, il était constaté qu'Adolphe Dujon avait frappé Louis Poignard. Néanmoins, le tribunal de simple police s'était déclaré compétent et avait retenu la cause, sous le prétexte que le fait ne présentait que le caractère d'une violence légère. Sur le pourvoi du ministère public, la décision fut annulée « attendu qu'il résulte du procès-verbal, qui a provoqué l'action

exercée par le ministère public contre Adolphe Dujon,
notamment que celui-ci a frappé Louis Poignard dans
l'église de Décize, le 30 mars dernier ; que ce fait, avoué
par lui à l'audience, constitue, suivant la disposition
combinée des art. 309 et 311 du Code pénal, un délit,
dont la connaissance et la répression appartiennent exclusivement à la juridiction correctionnelle ; que le tribunal de simple police susnommé devait, par conséquent, se déclarer incompétent, et renvoyer les parties
devant le procureur de la République, conformément à
l'art. 160 du Code d'instruction criminelle ; qu'il a
donc, en statuant sur la prévention, et en relaxant le
prévenu, commis une autre violation non moins expresse des règles de la compétence, et de la disposition
combinée desdits art. 309 et 311 du Code pénal. »
1ᵉʳ août 1850, n° 242.

Au contraire, il a été jugé que la volonté de porter
les coups et de faire les blessures n'était pas suffisamment établie par les constatations, que je vais rappeler.

Louis Denis avait été déclaré coupable de mauvais
traitements *envers* Benoit Denis, son père, et *envers* Antoine Martin, son beau-frère. Sur son pourvoi, la Cour
de cassation pensa que cette déclaration du jury n'éta-
blissait pas suffisamment que ces violences eussent été
volontaires. » 10 octobre 1822, n° 141, cité sous le
n° 560.

Dans une autre espèce, Louis Pascal Fabre avait été
condamné pour avoir porté plusieurs coups sur une
personne déterminée, et lui avoir causé une incapacité
de travail pendant plus de vingt jours. Sur son pourvoi
l'arrêt fut annulé « attendu que la volonté est une circonstance élémentaire et constitutive du crime, prévu
par cet article ; que la circonstance de pluralité, dans
les coups portés, peut d'autant moins être considérée

comme suppléant à l'expression de la *volonté*, dans la déclaration du jury, que la loi ne s'en est pas contentée, et a voulu, de plus, que le jury fût consulté sur la volonté, qui a dirigé l'accusé. » 23 décembre 1841, n° 366.

Il faut conclure, de ces différents arrêts et de leurs appréciations, que le mieux est de constater et de déclarer, en employant l'expression même de la loi, que les coups ont été portés, que les blessures ont été faites, que les violences ont été commises volontairement.

563. L'incrimination est constituée dès qu'un coup volontaire a été porté ; il n'est pas nécessaire que la violence ait été répétée.

Lucas Brishoual, déclaré coupable d'avoir porté un coup à son père, avait été condamné à la peine de l'article 312. Il se pourvut en cassation, et soutint que cet article n'était applicable que si plusieurs coups avaient été portés. Le pourvoi fut rejeté « attendu que l'expression générale de coups, qui se trouve dans les art. 309 et 311 du Code pénal, ne limite pas le crime ou le délit au cas seulement où plusieurs coups auraient été portés, puisqu'un seul coup, porté avec violence, peut avoir un caractère plus grave et causer un plus grand dommage que plusieurs coups moins violents. » 5 mars 1831, n° 42.

564. Mais il faut que le coup ait été reçu, à moins qu'il ne s'agisse de la tentative du crime, réprimé par l'article 312.

Jean-Mathieu Valery, se croyant outragé par Valzi, allongea le bras vers celui-ci avec une extrême violence. Le bras de Valery vint jusqu'à la tête de Valzi, mais aucun coup ne fut porté. Cependant la Cour de Bastia trouva, dans ces faits, le délit de coups volontaires et condamna Valery à la peine de l'art. 311. Sur le pourvoi de celui-ci, l'arrêt fut annulé « attendu qu'il est établi, en fait, dans les motifs du jugement du tribunal de police correctionnelle de Bastia, motifs adoptés par l'arrêt attaqué, qui l'a confirmé, « que Valery, se croyant outragé par le capitaine Valzi, qui, hiérarchiquement, lui devait plus de respect, allongea le bras vers celui-ci, en lui donnant en même temps l'ordre de sortir aussitôt du bureau ; que le bras de Valery porta jusqu'à la tête de Valzi, sans, cependant, qu'il soit résulté de cet acte de violence la moindre contusion..... ; que cette voie de fait, commise par Valery, l'a été avec une telle violence à devoir être regardée comme un coup porté » ; attendu qu'il est encore reconnu, en fait, dans les motifs « qu'il n'y a pas eu de soufflet donné ; que d'ailleurs le prévenu a déclaré hautement à l'audience qu'il estimait trop le capitaine Valzi pour se permettre une pareille insulte envers lui, et que jamais il n'avait eu l'intention de l'offenser ; » attendu que des faits, ainsi établis, il ne résulte point, d'une manière nette et formelle, qu'il y ait eu, de la part de Valery, un coup, volontairement porté à Valzi, condition essentielle pour constituer la criminalité, spécifiée par les art. 309 et 311 du Code pénal ; que, néanmoins, le dispositif du jugement, confirmé par l'arrêt attaqué, déclare le prévenu coupable d'avoir volontairement porté un coup avec la main au capitaine Valzi ; que non-seulement une telle déclaration ne présente point, en droit, la conséquence légale des faits, constatés par les motifs, mais qu'elle est même contraire à la déduction naturelle et logique de ces faits ; d'où il suit qu'en se fondant sur cette déclaration pour appliquer au demandeur les peines, portées par les articles précités, la Cour royale de Bastia a expressément violé ces articles. » 20 novembre 1847, n° 282.

565. Les coups et blessures volontaires n'en sont

pas moins punissables, pour avoir été reçus par un autre que celui auquel ils étaient destinés.

Jean Gabarron avait porté à Bourdy, dit Bourdos, un coup de couteau, dont il voulait frapper Baigts. Déclaré coupable de ce fait, il fut condamné comme s'il avait atteint celui qu'il voulait blesser. Le pourvoi, qu'il forma contre cette décision, fut rejeté « sur le premier moyen, tiré de la fausse application de la loi pénale, en ce que le fait, pour lequel le demandeur a été condamné, consistait en un coup de couteau porté au nommé Bourdy, dit Bourdos, auquel ce coup n'était pas destiné, et, dès lors, ne pouvait constituer qu'un homicide, commis par imprudence, ou une tentative, non suivie d'effet, de coups volontaires sur la personne de Baigts ; attendu, en droit, que la culpabilité, prévue et punie par l'art. 309 du Code pénal, consiste essentiellement dans la volonté de porter le coup, qui a causé la mort ou une incapacité de travail plus ou moins prolongée ; qu'elle est donc différente de l'homicide involontaire et étrangère à l'individu, qui a été frappé ; qu'il n'y a point eu, dans l'espèce, simple tentative, mais coup réellement porté ; que l'art. 309 du Code pénal est applicable à celui qui a volontairement fait la blessure, dont le résultat a été fatal ; d'où il suit que l'arrêt attaqué en a fait une juste interprétation. » 7 avril 1853, n° 127. — Voir ci-dessus, n° 470.

566. Les blessures, faites en duel, sont punissables, suivant leurs suites, par l'un ou l'autre des articles, que j'examine, comme je l'ai indiqué précédemment, n° 474.

567. Les blessures, faites sur la provocation ou du consentement du blessé, n'échappent pas à l'action de la loi pénale.

Jean Mongenot était prévenu d'avoir blessé volontairement un conscrit, en lui coupant, de son consentement, une partie du pouce droit. La Cour de Besançon le renvoya des poursuites, sous prétexte que ce fait n'était prévu par aucune loi. Sur le pourvoi du ministère public, l'arrêt fut annulé, « considérant que, d'après les art. 327, 328 et 329 du Code pénal, les blessures, faites volontairement, ne sont réputées n'être ni crime ni délit que lorsqu'elles ont été commandées, soit par l'autorité légitime, d'après l'ordre de la loi, soit par la nécessité actuelle de la légitime défense de soi-même ou d'autrui; que, hors ces cas et ceux où la loi les autorise à raison d'une utilité par elle reconnue, les blessures volontaires sont crime ou délit, suivant les circonstances déterminées par les art. 309 et suivants du même Code pénal, et doivent conséquemment donner lieu à des poursuites contre celui qui est prévenu d'en être l'auteur ou le complice; considérant qu'il a été reconnu, par l'arrêt dénoncé, que Jean Mongenot est suffisamment prévenu d'avoir volontairement mutilé Jean-Baptiste Julien, conscrit de 1814, en lui coupant une phalange du pouce droit; que cette mutilation, dont l'objet était un attentat à des lois d'ordre public, eût-elle été faite du consentement dudit Julien, n'en serait pas moins un acte contraire aux lois et à la nature, et conséquemment un véritable acte de violence, non compris d'ailleurs dans dans les exceptions des art. 327, 328 et 329 du Code pénal; qu'ainsi, ledit Mongenot devait, à raison du fait, qui lui était imputé, être renvoyé, soit à la police correctionnelle, soit à la Cour d'assises, d'après les circonstances plus ou moins graves, prévues par les art. 309 et suivants dudit Code pénal; d'où il suit, par une conséquence ultérieure, qu'en déclarant qu'il n'y a pas lieu à poursuite contre ledit prévenu, la Cour impériale de Besançon a violé les lois pénales et les règles de compétence, établies par les art. 230 et 231 du Code d'instruction criminelle. » 13 août 1813, n° 178. — *Conf.*, 2 juillet 1835, n° 265. — Voir ci-dessus, n° 476.

Aujourd'hui, les mutilations, opérées sur les jeunes gens, appelés à faire partie du contingent militaire, sont prévues par l'art. 41 de la loi du 21 mars 1832, dont la pénalité spéciale n'est applicable que dans les cas où le fait n'est pas puni d'une peine plus grave par le Code pénal.

568. Les coups, blessures ou violences volontaires peuvent ou ne produire aucun résultat fâcheux, ou donner lieu à une maladie ou incapacité de travail personnel pendant plus de vingt jours, ou être suivis de mutilation, amputation, privation de l'usage d'un membre, cécité, perte d'un œil ou de toute autre infirmité permanente, ou occasionner la mort. Voilà bien les quatre degrés de l'incrimination, que j'ai indiqués précédemment.

569. Le premier est régi par l'art. 311; les trois autres sont l'objet de l'art. 309.

570. La première des incriminations, prévues par cet article, est le coup, la blessure ou violence, suivis d'une maladie ou incapacité de travail personnel pendant plus de vingt jours.

Ce fait, qui était autrefois puni de la réclusion, n'encourt plus aujourd'hui qu'un emprisonnement de deux à cinq ans, et une amende de 16 fr. à 2,000 fr., auxquels les tribunaux peuvent ajouter la privation des droits, mentionnés en l'art. 42 du Code, pendant cinq ans au moins et dix ans au plus, et la mise en surveillance depuis deux ans jusqu'à dix ans (art. 315).

571. La maladie, c'est l'altération de la santé; une douleur ne la constituerait pas.

572. Le travail personnel est, à mon sens, le travail

qu'un homme peut faire de ses mains, de ses membres, en un mot, le travail corporel. C'est ainsi que le Code pénal des 25 septembre-6 octobre 1791 entendait le travail, dont il considérait l'interruption, comme une circonstance aggravante, dans l'art. 21 de son titre II. C'est ainsi qu'il paraît avoir été compris par les rédacteurs du Code pénal de 1810. « La gravité du crime, dit Monseignat, en son rapport (Locré, t. 30, p. 507), dans le sujet, qui nous occupe, doit d'abord se déterminer par les effets ou par l'intensité des blessures ou le résultat des violences, et cette intensité ne peut se mesurer que par le nombre de jours que la personne maltraitée a été malade ou empêchée de vaquer à un travail *corporel.* » C'est également ce sens que la Cour de cassation a donné à l'art. 309, en rejetant le pourvoi de Jacques Roubignac « attendu que la déclaration du jury constate que les coups et blessures, dont il s'agit, ont occasionné une maladie ou incapacité de travail de plus de vingt jours; attendu que si le mot *personnel* n'est pas reproduit par ladite déclaration à côté du mot *travail,* il n'en est pas moins évident, par le sens nécessaire et grammatical des mots, que le travail, dont il s'agit, ne pouvait être que le travail personnel de la personne blessée; attendu que l'art. 309 ne distingue pas les divers genres de travaux, qu'un individu peut avoir à exécuter, de manière à exclure l'application dudit article dans le cas où les coups et blessures n'auraient occasionné que l'incapacité de se livrer à certaines occupations, et qu'au contraire le sens dudit article est que la peine, qu'il prononce, soit applicable, lorsque l'incapacité de travail pendant plus de vingt jours est constatée par le jury, puisque ce travail ne peut s'entendre que du travail personnel de l'individu blessé. » 2 juillet 1835, nº 265.

Il est vrai que, précédemment, cette même cour avait autrement interprété l'art. 309, dans l'affaire suivante.

Bruzeau avait volontairement porté des coups et fait des blessures à Chesnault, garçon jardinier. Ce dernier garda le lit pendant quelque temps. . Après douze jours, son état s'améliora ; mais sa convalescence marcha lentement. Au bout de vingt jours, les médecins constatèrent qu'il n'était pas encore en état de reprendre ses travaux habituels, mais qu'il pouvait, sans danger, surveiller les autres ouvriers. La chambre d'accusation renvoya Bruzeau en police correctionnelle, par le motif qu'il n'était pas suffisamment établi que les coups et blessures eussent occasionné à Chesnault une incapacité de travail pendant plus de vingt jours. A l'audience, le ministère public requiert le tribunal correctionnel de se déclarer incompétent. Ces conclusions sont rejetées, et, statuant au fond, le tribunal condamne l'inculpé à un mois d'emprisonnement. La Cour d'Orléans, saisie par l'appel du ministère public, infirme ce jugement et déclare l'incompétence de la juridiction correctionnelle « considérant qu'il résulte, des certificats et déclarations orales des médecins, que, si, au 24 octobre, le nommé Chesnault était en convalescence, et s'il pouvait se livrer à la surveillance des ouvriers de son père, il n'en résulte pas que ledit Chesnault était alors en état de reprendre son travail personnel comme jardinier ; que l'incapacité de travail, dont parle la loi, est relative à la personne blessée ; que, dans l'espèce, il s'agit d'un jardinier, dont le travail personnel consiste bien plus à bêcher, arracher des arbres et autres travaux de cette nature, qu'à surveiller des ouvriers ; qu'ainsi le tribunal, en se déclarant compétent, sous prétexte que Chesnault pouvait se livrer à la surveillance des ouvriers de son père, a méconnu l'esprit de l'art. 309, Cod. pén. » La Cour de cassation fut saisie de l'affaire par la voie du règlement de juges. En la renvoyant devant la chambre d'accusation de la Cour de Bourges, elle déclara « qu'il y a incapacité de travail personnel, toutes les fois que l'individu malade ne peut pas, sans commettre une imprudence, se livrer à son travail habituel; que le travail habituel d'un garçon jardinier, comme dans l'espèce, est un travail de ses mains, dans les jardins; que la simple surveillance d'ouvriers, sans participation personnelle à leurs travaux, ne caractérise pas le travail personnel d'un homme de cet état, puisque cette surveillance purement passive peut être exercée par tout individu, qui peut, sans danger, s'exposer au contact de l'air extérieur. » 21 mars 1834, Sir., 1834, 1, 381.

Cette théorie n'est pas vraie, selon moi. D'abord, elle est en contradiction avec les précédents législatifs et les travaux préparatoires du Code pénal. Ensuite elle est repoussée directement par l'art. 309, qui ne se préoccupe pas du travail habituel et particulier du blessé, mais qui parle, d'une façon abstraite et absolue, de travail personnel. Enfin elle est désapprouvée par la raison ; car elle abandonne la criminalité du fait à un événement par trop variable, à une incapacité, qui durera plus ou moins longtemps, selon que le blessé aura besoin de plus ou moins de force pour reprendre son travail habituel.

Sans doute, Bruzeau avait commis un crime. Mais c'était pour avoir rendu Chesnault incapable de se livrer, non pas à son travail habituel, mais à un travail personnel.

En résumé, l'incapacité de travail personnel est, à mon sens, l'impuissance de se livrer à un travail véritablement corporel.

573. La maladie ou l'incapacité de travail ne devient

une circonstance aggravante du fait principal que dans le cas où elle a duré pendant plus de vingt jours.

Daudois avait été déclaré coupable de blessures, qui avaient rendu le blessé incapable de travail personnel pendant vingt jours, et, à la suite de cette déclaration, il avait été condamné à la réclusion. Sur son pourvoi, l'arrêt fut annulé « attendu que l'art. 309 du Code pénal n'est applicable que dans les cas où l'incapacité de travail, résultant de coups ou blessures, a duré plus de vingt jours ; que les jurés ont déclaré, dans l'espèce, que l'individu maltraité a été rendu incapable de travail pendant vingt jours, et non pendant plus de vingt jours; d'où il résulte qu'il y a eu violation de cet article dans l'arrêt qui, sur cette déclaration du jury, a prononcé les peines ordonnées par ledit art. 309. » 9 juillet 1812, n° 163.

L'existence de cette circonstance devait résulter clairement de la déclaration du jury. La même règle est, désormais, applicable aux décisions des tribunaux correctionnels.

Par suite, il ne suffirait pas de déclarer qu'il a fallu plus de vingt jours pour faire disparaître les marques des violences. « Ces marques pourront subsister pendant un temps beaucoup plus long que la maladie ou l'incapacité de travail ; il s'ensuit que la durée, pendant laquelle ces marques ont persisté, ne peut point servir de mesure pour la durée de la maladie ou de l'incapacité de travail. » 17 décembre 1819, n° 137.

De même il ne suffisait pas, sous le Code de 1810, de déclarer que, par suite du coup qu'il avait reçu, le blessé ne pouvait plus se servir de l'un de ses bras. Car « de ce que le blessé ne peut plus faire usage de son bras, il ne résulte pas, comme conséquence nécessaire, qu'il a été, pendant plus de vingt jours, incapable

de tout travail personnel. » 14 septembre 1820, n° 154.
Depuis les révisions de la loi du 13 mai 1863, ce fait
rentre dans la seconde incrimination, prévue par l'article 309, et est puni de la réclusion.

Mais il suffirait de reconnaître que le blessé a été incapable de travail pendant plus de vingt jours « si le mot
personnel n'est pas reproduit par la déclaration à côté du
mot *travail*, il n'en est pas moins évident, par le sens
nécessaire et grammatical du mot, que le travail, dont il
s'agit, ne peut être que le travail personnel du blessé. »
2 juillet 1835, n° 265.

574. Une question fort sérieuse a été examinée à
l'occasion de la circonstance aggravante, dont je rends
compte.

Le blessé est atteint d'une fracture, qui, d'après les
hommes de l'art, entraînera nécessairement une maladie
ou une incapacité de travail personnel pendant plus de
vingt jours. Mais, avant l'expiration de ce délai, il meurt
d'une maladie accidentelle. Le prévenu pourra-t-il,
néanmoins, être poursuivi pour coups et blessures volontaires, suivis d'une maladie ou d'une incapacité de
travail de plus de vingt jours ?

D'un côté, on peut dire que le coup a été porté volontairement, et qu'il a été porté de façon à causer une
maladie ou une incapacité de travail de cette espèce.
On peut ajouter que, s'il n'a pas produit ce résultat,
c'est par un événement accidentel, qui ne peut pas diminuer la culpabilité du prévenu.

D'un autre, on peut répondre que la loi ne considère
la maladie et l'incapacité de travail, comme une circonstance aggravante, qu'à la condition qu'elles dure-
ront, réellement et effectivement, plus de vingt jours, et
que, par suite, cette condition ne s'accomplissant pas,
lorsque le blessé succombe, pendant ce délai, à une

maladie accidentelle, la circonstance aggravante n'existe pas.

J'aurais hésité à prendre parti pour l'une ou pour l'autre de ces opinions, si la dernière n'avait pas été admise par la Cour de cassation.

Jean Brassier avait volontairement porté des coups et fait des blessures au sieur Beau. Il résultait, des constatations des hommes de l'art, que ces coups et blessures devaient entraîner une incapacité de travail personnel de plus de vingt jours. La chambre du conseil du tribunal de la Seine décerna une ordonnance de prise de corps contre Brassier, comme suffisamment prévenu d'avoir volontairement porté des coups et fait des blessures au sieur Beau, desquels coups et blessures il devait résulter une incapacité de travail personnel de plus de vingt jours. La chambre d'accusation annula cette ordonnance, et renvoya Brassier devant la juridiction correctionnelle, comme prévenu du délit, réprimé par l'art. 311 du Code, par le motif que l'art. 309 exige que la maladie ou l'incapacité de travail ait duré plus de vingt jours, et que, en fait, cette circonstance ne se rencontrait pas, la mort de Beau étant survenue, par une cause accidentelle, avant l'expiration des vingt jours. Le pourvoi, que le ministère public forma contre cet arrêt, fut rejeté « attendu, en droit, qu'il résulte, de la combinaison des art. 295, 302, 2, 309 et 311 du Code pénal, que les coups portés et les blessures faites volontairement sont qualifiés différemment et punis de peines distinctes, selon qu'ils constituent un meurtre, une tentative de meurtre, avec ou sans préméditation, qu'ils ont occasionné la mort, sans intention de la donner, ou qu'il est résulté ou n'en est pas résulté une incapacité de travail de plus de vingt jours; attendu que la loi distingue tout d'abord, selon

que l'intention criminelle a été ou n'a pas été homicide;
que, quand cette intention résulte des faits constatés, il y
a lieu à l'application des art. 295, 302 et 2 du Code
pénal, selon que le crime a été ou n'a pas été consommé,
ou qu'il a été commis avec ou sans préméditation; attendu que, quand l'intention de donner la mort ne peut
être imputée au coupable, la pénalité se base principalement sur les conséquences matérielles que les coups et
blessures volontaires ont eues pour la victime ; attendu
que, pour qu'il y ait lieu à l'application de l'art. 309 du
Code pénal, il faut que les coups ou blessures volontaires aient entraîné la mort de la victime ou une incapacité de travail personnel de plus de vingt jours; attendu que ce sont là des résultats effectifs, auxquels,
dans l'esprit comme dans les termes de la loi, on ne
saurait substituer, sans arbitraire, des avis d'hommes
de l'art, ou des calculs scientifiques plus ou moins certains; attendu que, dès l'instant où, par un fait étranger à l'action, la condition, nécessaire pour qualifier le
crime, ne s'est point accomplie, on ne saurait, se basant
sur la moralité de cette action, argumenter des suites
normales, qu'elle devait avoir, dans l'état de la science,
pour en faire ressortir, à la charge du coupable, une
condition, qui ne s'est pas réalisée; attendu, dans l'espèce, qu'il résultait, des constatations de la décision attaquée, que le sieur Beau, bien qu'atteint d'une fracture
qui, d'après l'opinion des hommes de l'art, devait nécessairement entraîner une incapacité de travail personnel de plus de vingt jours, est décédé le dix-septième
jour, par suite d'un accès de choléra, déterminé par un
écart de régime; attendu qu'au moment du décès, la
révolution de vingt jours d'incapacité de travail personnel ne s'était pas accomplie, et que le fait, imputé à
Brassier, ne rentrait ni dans les crimes, prévus par les

art. 295, 302 et 2 du Code pénal, ni dans les cas, prévus par le deuxième paragraphe de l'art. 309 du Code pénal ; attendu, dès lors, que l'arrêt attaqué, en annulant l'ordonnance de prise de corps, décernée contre Brassier, et en ordonnant son renvoi devant la juridiction correctionnelle, comme prévenu de coups et blessures volontaires n'ayant pas entraîné une incapacité de travail de plus de vingt jours, a fait une juste et légale application des art. 309 et 311 du Code pénal. » 18 mars 1854, n° 79.

575. La deuxième incrimination, prévue par l'article 309, ce sont les coups, blessures et violences volontaires, suivies de mutilation, amputation, privation de l'usage d'un membre, cécité, perte d'un œil ou de toute autre infirmité permanente. La peine est celle de la réclusion.

576. Cette incrimination ne tient pas compte de la durée plus ou moins longue de la maladie ou de l'incapacité de travail. C'est, pour elle, une circonstance tout à fait indifférente.

577. La mutilation, l'amputation, la privation de l'usage d'un membre, la cécité, la perte d'un œil, et toute autre infirmité permanente, sont des circonstances aggravantes des coups, blessures et autres violences volontaires ; elles doivent, par conséquent, être soumises à l'appréciation du jury, dans une question spéciale et distincte de l'interrogation principale, comme on le faisait, avant les révisions de la loi du 13 mai 1863, pour la maladie et l'incapacité de travail personnel de plus de vingt jours. 16 janvier 1841, n° 12.

578. La troisième incrimination, prévue par l'article 309, a lieu lorsque les coups portés et les blessures ou autres violences faites volontairement, mais sans intention de donner la mort, l'ont pourtant occasionnée.

Ce fait est puni de la peine des travaux forcés à temps.

579. Le crime existera, lors même que les coups et blessures n'auront fait que hâter la mort.

Joseph Meysson était accusé d'avoir volontairement porté deux coups de poing à Barthélemy Roques, sans intention de lui donner la mort, et qui l'avaient pourtant occasionnée. La Cour d'Alger se borna à prononcer, contre Meysson, un mois de prison et vingt-cinq francs d'amende. Cette cour reconnut, dans les premiers motifs de son arrêt, que les deux conps de poing avaient été portés à Roques, et que le contre-coup de cette violence s'était fait sentir à la rate, qui avait été lésée, et avait été suivi d'un épanchement sanguin dans la cavité de l'abdomen, qui avait eu pour effet de déterminer la mort du susnommé. Mais elle constata, dans une autre partie de son arrêt, que Roques était atteint, depuis longtemps, d'une maladie chronique et fort grave au foie et à la rate, et elle conclut de cette circonstance « qu'il y aurait de la rigueur et de l'injustice à mettre, sur le compte de l'auteur d'une violence aussi légère, la mort d'un homme, parvenu au dernier terme d'une maladie pareille à celle, dont était affecté le sieur Roques. » En conséquence, elle déclara que le fait, imputé à l'accusé, rentrait dans la classe des coups et blessures volontaires, prévus par l'art. 311 du Code pénal. Cet arrêt fut dénoncé à la Cour de cassation, dans l'intérêt de la loi. M. le procureur général Dupin soumit à la Cour les observations suivantes : « L'arrêt, ainsi motivé, renferme une violation de la loi, qui résulte d'une fausse interprétation donnée à l'art. 309 du Code pénal. Cet article, dont le sens est clairement déterminé par son texte, n'exige pas que les coups et blessures aient été la cause *unique* de la mort, mais seulement qu'elle l'ait occasionnée ; il n'exclut donc pas du résultat mortel, comme le pense la Cour royale d'Alger, toute autre cause concomitante. L'auteur des blessures est responsable de leurs conséquences, et, quel qu'ait été l'état de santé de la victime, il suffit qu'elle ait succombé, par suite de la violence qui lui a été faite, pour que sa mort devienne un élément nécessaire de la culpabilité ; car bien que, dans ce cas, les violences ne soient pas la seule cause de la mort, et que la constitution physique du malade l'ait en partie déterminée, cependant elles en ont été l'occasion ; elles l'ont hâtée ; et leur conséquence doit peser sur leur auteur. S'il en était autrement, l'application de l'art. 309 donnerait lieu, dans la plupart des cas, à des difficultés presque insolubles, puisqu'il faudrait tenir compte de tous les accidents apparents ou cachés, qui, de près ou de loin, auraient pu concourir avec la violence, pour déterminer la mort. L'arrêt de la Cour d'Alger échapperait à la censure, si cette Cour se fût bornée à déclarer, comme elle l'a fait dans un de ses derniers considérants, que la mort ne devait pas être mise sur le compte de l'auteur de la violence ; mais, ayant d'abord reconnu, en fait, que les coups de poing portés avaient eu pour effet de produire un épanchement sanguin, cause immédiate de la mort, elle ne pouvait se dispenser d'appliquer l'art. 309 du Code pénal. En faisant application de l'art. 311, la Cour royale d'Alger a donc commis une violation de la loi. » L'arrêt fut annulé « attendu qu'il résulte, des faits de la cause, que Meysson a porté des coups à Roques, et que ces coups, quoique portés sans intention de donner la mort, l'ont pourtant occasionnée ; que ces faits rentrent littéralement dans les prévisions de l'art. 309 du Code pénal ; que, dès qu'il est reconnu que les coups portés volontairement ont occasionné la mort, il y a lieu à l'application des peines, édictées par cet article, sans que cette application puisse, en aucun cas, être éludée ou modifiée par la considération de l'état, dans lequel pouvait se trouver la victime de ces violences ; attendu, dès lors, qu'en se fondant sur l'état maladif où se trouvait Roques, quand il a reçu les coups portés par Meysson, pour appliquer à celui-ci les peines, portées en l'art. 311, relatif aux coups ou blessures, qui n'auront occasionné aucune maladie ou incapacité de travail pendant plus de vingt jours, au lieu de faire application des dispositions de l'art. 309, qui prévoit spécialement les coups portés et les blessures faites sans intention de donner la mort, qui l'ont pourtant occasionnée, l'arrêt attaqué a faussement appliqué l'art. 311 et violé l'art. 309. » 12 juillet 1844, n° 264. — *Conf.*, 7 octobre 1826, n° 198.

580. La loi n'a pas fixé, dans l'art. 309, le délai dans lequel la mort doit suivre les coups et les blessures. Faut-il en conclure que cet article sera applicable, quel que soit ce délai, si, d'ailleurs, il résulte de l'information que la mort a été occasionnée par ces violences?

La question est controversée.

Des criminalistes fort distingués proposent d'interpréter l'art. 309 par l'art. 231, c'est-à-dire de ne tenir compte de la mort, dans le premier de ces articles, comme dans le second, que si elle a eu lieu dans les quarante jours des coups et blessures. A l'art. 231, ces auteurs auraient pu ajouter l'art. 316, qui ne fait également de la mort une circonstance aggravante que si elle est arrivée dans les quarante jours de la castration.

Quelque sérieux que cet argument paraisse, je ne peux pas m'y rendre. En effet, si le législateur avait voulu, dans l'art. 309, ne donner à la mort le caractère de circonstance aggravante qu'à la condition qu'elle aurait lieu dans un certain délai, il l'aurait indiqué, comme il l'a fait dans les art. 231 et 316. Je ne crois pas qu'il soit permis de restreindre l'application de l'art. 309, à l'aide de deux dispositions, qui n'ont avec lui qu'une relation éloignée.

Je suis d'autant plus autorisé à soutenir cette opinion, que la Cour de cassation l'a consacrée, en rejetant le pourvoi, formé par Frédéric Lenormand contre un arrêt de la Cour d'assises du département de la Seine-Inférieure « attendu que le second (aujourd'hui le dernier) paragraphe de l'art. 309 du Code pénal, qui prévoit et punit les coups portés et les blessures faites volontairement, mais sans intention de donner la mort, et qui l'ont pourtant occasionnée, n'a pas subordonné l'application de ces dispositions au cas où la mort aurait lieu dans un délai déterminé; qu'elle a abandonné à la conscience du jury la question de savoir si les coups et blessures ont été la cause de la mort; attendu que, dans l'espèce, le jury a déclaré que la mort de Lenormand avait été la suite des coups et blessures, qu'il avait reçus et dont le demandeur a été reconnu coupable; qu'aux termes de l'art. 350 du Code d'instruction criminelle, cette déclaration est irréfragable et n'est susceptible d'aucun recours; que, dès lors, en déclarant que les faits, ainsi établis, constituaient le crime, prévu par les art. 309 et 312 du Code pénal, et en condamnant le demandeur aux peines qu'ils prononcent, la Cour d'assises de la Seine-Inférieure, loin de violer la loi, en a fait, au contraire, une juste et saine application. » 9 juin 1853, n° 207.

581. La mort, qui est la suite des coups et blessures volontaires, est évidemment une circonstance aggravante de ces violences. En conséquence, elle doit faire l'objet d'une interrogation spéciale et distincte de la question principale. 19 avril 1839, n° 132; 10 octobre 1839, n° 324; 9 janvier 1840, n° 9; 2 janvier 1841,

n° 2 ; 30 décembre 1841, n° 374 ; 6 janvier 1842, n° 3 ;
9 juin 1842, n° 138 ; 4 août 1843, n° 195 ; 25 août
1843, n° 218 ; 18 janvier 1844, n° 16 ; 25 septembre
1845, n° 300 ; 3 septembre 1846, n° 232 ; 7 janvier
1847, n° 4 ; 9 novembre 1848, n° 270 ; 30 novembre
1848, n° 295 ; 3 octobre 1850, n° 340 ; 10 juin 1852,
n° 185.

582. Les juges correctionnels devront qualifier ainsi
l'incrimination, placée, dans leur compétence, par la
loi du 13 mai 1863. Ils déclareront le nommé .....
coupable d'avoir (la date) volontairement porté des
coups *ou* fait des blessures à ..... *ou* volontairement
commis *telle* autre violence ou voies de fait sur la personne de ..... Ils ajouteront qu'il est résulté desdits
coups, blessures, violences ou voies de fait une maladie
ou une incapacité de travail personnel pendant plus de
vingt jours.

Le jury pourra être interrogé, sur les autres incriminations, dans les termes suivants :

Le nommé ..... est-il coupable d'avoir (la date) volontairement porté des coups ou fait des blessures au
nommé ..... ou d'avoir (la date) volontairement commis *telle autre* violence ou voie de fait sur la personne
du nommé ..... ?

Lesdits coups, *ou* blessures, *ou* violences, *ou* voies de
fait ont-ils été suivis de mutilation *ou* d'amputation *ou*
de privation de l'usage d'un membre, *ou* de cécité, *ou*
de perte d'un œil *ou* de telle autre infirmité permanente ?

Ou, s'il s'agit du dernier fait prévu par l'art. 309,

Lesdits coups, *ou* blessures, *ou* violences, *ou* voies de
fait, ayant eu lieu, sans intention de donner la mort,
l'ont-ils pourtant occasionnée ?

ARTICLE 310 [1].

Lorsqu'il y aura eu préméditation ou guet-apens, la peine sera, si la mort s'en est suivie, celle des travaux forcés à perpétuité, et si la mort ne s'en est pas suivie, celle des travaux forcés à temps.

583. Objet de cet article.—La loi du 13 mai 1863 a dû le modifier.
584. Son texte actuel.
585. Pénalité.
586. Définition de la préméditation et du guet-apens. — Leur qualification.—Renvoi.

583. Cet article a pour objet de porter des peines plus sévères contre chacune des incriminations de l'article précédent, à raison des circonstances de préméditation ou de guet-apens, qui les accompagnent.

Comme, parmi ces incriminations, l'une a été modifiée, dans sa pénalité, par la loi du 13 mai 1863 et qu'une autre a été créée par cette loi, il a fallu, pour maintenir la relation, qui doit exister entre les deux articles, faire également certaines modifications à l'article 310.

584. Cet article est, aujourd'hui, ainsi rédigé : « Lorsqu'il y aura eu préméditation ou guet-apens, la peine sera, si la mort s'en est suivie, celle des travaux forcés à perpétuité ; si les violences ont été suivies de mutilation, amputation ou privation de l'usage d'un membre, cécité, perte d'un œil ou autres infirmités permanentes, la peine sera celle des travaux forcés à temps ; dans le

---

[1] *Ancien article* 310. Si le crime, mentionné au précédent article, a été commis avec préméditation ou guet-apens, la peine sera celle des travaux forcés à temps.

cas prévu par le premier paragraphe de l'art. 309, la peine sera celle de la réclusion. »

585. Il résulte de cette disposition que, dans le cas où les violences ont eu lieu avec préméditation ou guet-apens, la peine est, s'il y a eu mort, celle des travaux forcés à perpétuité ; s'il y a eu mutilation, amputation, privation de l'usage d'un membre, cécité, perte d'un œil ou autre infirmité permanente, celle des travaux forcés à temps ; enfin, s'il y a eu maladie ou incapacité de travail personnel pendant plus de vingt jours, celle de la réclusion.

586. Dans mon commentaire sur les art. 296, 297 et 298, j'ai donné la définition de la préméditation et du guet-apens, n°s 483, 484 ; j'ai indiqué que, comme circonstances aggravantes, on doit les présenter au jury, dans une interrogation spéciale et distincte de la question principale, n° 480 ; j'ai recherché si ces deux circonstances pouvaient être comprises dans une seule et même question, n° 481 ; enfin j'ai fait observer que la Cour de cassation trouvait bon qu'on les qualifiât par l'emploi des termes de la définition, n° 482.

Tout ce que j'ai dit de la préméditation et du guet-apens, à l'occasion du meurtre, s'applique à la matière des coups et blessures volontaires.

ARTICLE 311 [1].

Lorsque les blessures et les coups n'auront occa-

---

[1] *Ancien article* 311. Lorsque les blessures ou les coups n'auront occasionné aucune maladie ni incapacité de travail personnel de l'espèce mentionnée en l'art. 309, le coupable sera puni d'un emprisonnement d'un mois à deux ans, et d'une amende de seize francs à deux cents francs. S'il y a eu préméditation ou guet-apens, l'emprisonne-

sionné aucune maladie ou incapacité de travail personnel de l'espèce, mentionnée en l'art. 309, le coupable sera puni d'un emprisonnement de six jours
à deux ans, et d'une amende de seize francs à deux
cents francs, ou de l'une de ces deux peines seulement.

587. Cet article a été modifié par la loi du 13 mai 1863.—Son
    texte actuel.
588. Objet de la modification.
589-590. Nature des coups, blessures ou violences.—Volonté
    qui doit les accompagner.
591. L'art. 311, à moins de dispositions contraires, est appli-
    cable à quiconque exerce volontairement des violences
    sur autrui.
592. Suite.—Aux maris qui portent des coups à leurs femmes.
    Arrêts.
593. Suite.—La réconciliation des époux ne fait pas obstacle
    aux poursuites du ministère public.—Arrêt.
594. Suite. — L'article est applicable aux pères et mères. —
    Arrêt.
595. Aux geôliers et gardiens.—Arrêt.
596. Pénalité.

587. Cet article a été modifié par la loi du 13 mai
1863.

Aujourd'hui, il est ainsi rédigé : « Lorsque les blessures ou les coups, ou autres violences ou voies de fait
n'auront occasionné aucune maladie ou incapacité de
travail personnel de l'espèce, mentionnée en l'art. 309,
le coupable sera puni d'un emprisonnement de six jours
à deux ans, et d'une amende de 16 fr. à 200 fr., ou de
l'une de ces deux peines seulement. S'il y a eu prémé-

_____

ment sera de deux ans à cinq ans, et l'amende de cinquante francs à
cinq cents francs.

ditation ou guet-apens, l'emprisonnement sera de deux ans à cinq ans et l'amende de 50 fr. à 500 fr.

588. La modification, introduite dans l'ancien article 311 par la loi de 1863, ne consiste que dans l'addition des termes *ou autres violences ou voies de fait* aux mots *coups et blessures*. Quant aux autres parties de l'article, elles n'ont subi aucun changement, et, par conséquent, elles continueront à être interprétées et appliquées, comme elles l'étaient précédemment.

589-590. J'ai expliqué, sous l'art. 309, nᵒˢ 560 à 567, tout ce qui tient à la nature des coups et blessures et autres violences ou voies de fait, et à la volonté, qui doit les accompagner. J'aurai peu de chose à ajouter, pour compléter l'examen de l'art. 311.

591. Je n'aurai guère à faire qu'une remarque, c'est que cet article, étant conçu en termes généraux, s'étend, à moins qu'il n'en soit autrement ordonné par une disposition expresse, à quiconque se porte volontairement à un acte de violence sur autrui.

592. Ainsi il est applicable au mari, qui se permet de porter des coups à sa femme.

François Boisbœuf avait été cité devant le tribunal correctionnel, comme prévenu d'avoir maltraité sa femme; il l'avait saisie à la gorge et lui avait appliqué, au bas-ventre, un si rude coup qu'elle croyait sa vie compromise. Le tribunal se déclara incompétent « considérant que le Code civil a prévu le cas de sévices et maltraitement d'un époux envers l'autre; qu'il a ouvert à l'époux maltraité la voie de la séparation de corps; que la femme Boisbœuf n'a pas pris le seul recours, autorisé par la loi; que les querelles, entre les époux, ont toujours été considérées comme tellement délicates que les tribunaux se sont jusqu'à présent abstenus d'en connaître, lorsqu'elles n'étaient pas poussées jusqu'au crime ; qu'il résulte de diverses dispositions légales que la femme ne peut être entendue, comme témoin, lorsqu'il s'agit de son mari, et réciproquement ; qu'ainsi la femme ne peut être entendue dans sa plainte contre son mari, puisque ce serait recevoir indirectement et admettre une déclaration, que la loi prohibe directement. » Le tribunal de Saintes, adoptant ces motifs et ajoutant que les voies de fait, attribuées à Boisbœuf, étaient sans gravité, confirma la décision des premiers juges. Sur l'ordre du ministre de la justice, ce jugement fut dénoncé à la Cour de cassation. A l'appui du pourvoi, M. le procureur général Mourre présenta les observations suivantes : « Les motifs des premiers juges sont insoutenables, en point de droit. Il faut seulement reconnaître qu'en cette matière, le ministère public doit agir avec beaucoup de prudence et de circonspection. Le tribunal de Saintes a ajouté un motif subsidiaire, d'après lequel c'est par le mérite même du fond qu'il aurait établi le principe d'incompétence. Mais, à cet égard, une seule chose était à examiner ; y avait-il eu des coups, portés par le mari à son épouse? L'affirmative n'était pas douteuse. Que les coups aient été plus ou moins violents, qu'ils aient eu des suites, plus ou moins fâcheuses, c'est un point qui devait augmenter ou diminuer la peine ; mais toujours était-il certain qu'il y avait un délit, et conséquemment toujours était-il incontestable que le ministère public avait action pour le poursuivre. » La Cour, adoptant les motifs du réquisitoire, annula, dans l'intérêt de la loi, le jugement du tribunal de Saintes. 9 avril 1825, nº 70. — *Conf.*, 2 février 1827, nº 23 ; 7 mai 1851, nº 169.

593. La réconciliation des époux ne ferait pas obstacle à l'action du ministère public, comme la Cour de cassation l'a jugé, en rejetant le pourvoi, formé par Augustin Bellaud contre l'arrêt qui l'avait condamné pour coups sur la personne de sa femme, « attendu que les art. 272, 273 et 274 du Code civil ne s'appliquent qu'aux sévices et voies de fait, qui peuvent servir de base aux demandes en séparation de corps, et qui peuvent être effacés par la réconciliation des époux; mais que ces articles ne peuvent mettre obstacle à l'action publique, fondée sur des délits, prévus par l'art. 311 du Code pénal, ni atténuer les peines, édictées par cet article; que, par conséquent, la peine, appliquée par l'arrêt attaqué, l'a été légalement. »

594. L'art. 311 est également applicable aux pères et mères qui, exagérant les droits de la correction, se livrent à des voies de fait excessives sur la personne de leurs enfants.

La femme Lomet, ayant été condamnée pour avoir volontairement porté des coups à son enfant, se pourvut en cassation. L'un des moyens de ce recours était tiré de ce que les pères et mères ne pouvaient pas être poursuivis pour les corrections qu'ils jugeraient à propos d'infliger à leur enfants. Ce moyen fut rejeté « considérant que, si la nature et les lois civiles donnent aux pères sur leurs enfants une autorité de correction, elles ne leur confèrent pas le droit d'exercer sur eux des violences, ou mauvais traitements, qui mettent leur vie ou leur santé en péril; que ce droit ne saurait être admis surtout contre les enfants qui, dans la faiblesse du premier âge, ne peuvent jamais être coupables de fautes graves; que la qualité de mère de la condamnée ne peut donc, dans l'état des faits déclarés contre elle, l'affranchir des dispositions du Code pénal. » 17 décembre 1819, n° 137.

595. Cet article est, à plus forte raison, applicable

aux geôliers et gardiens, qui portent des coups aux détenus confiés à leur surveillance.

La Cour de cassation l'a reconnu dans l'espèce suivante. Si elle a rejeté le pourvoi du ministère public, c'est qu'il pouvait résulter, des constatations de l'arrêt attaqué, que le gardien avait agi sans intention coupable.

Le nommé Coyot, surveillant de l'atelier de discipline de la Basse-Terre, à la Guadeloupe, avait porté volontairement quelques coups de corde à une des femmes de cet atelier. Poursuivi à raison de ce fait, il fut absous par la Cour de la Guadeloupe, « considérant que Coyot, surveillant de l'atelier de discipline de la Basse-Terre, en frappant une des femmes, attachées à cet atelier, qui refusait obstinément de travailler et qui l'insultait, de trois légers coups d'un bout de corde, qu'il est autorisé à porter pour se faire respecter dans l'exercice de ses fonctions et pour obtenir des condamnés, confiés à sa surveillance, le travail que l'administration exige d'eux, moyennant salaire, n'a pas commis le délit prévu par l'art. 311 du Code pénal. » Le ministère public se pourvut contre cette décision; son pourvoi fut rejeté « attendu qu'il résulte de cette appréciation souveraine des faits par la Cour que Coyot a pu se croire autorisé à agir ainsi qu'il l'a fait; d'où résulterait, en sa faveur, un défaut d'intention coupable, qui justifierait l'acquittement du prévenu. » 7 juin 1861, n° 117.

596. Le fait, défini par l'art. 311, est puni, dans les cas ordinaires, d'un emprisonnement de six jours à deux ans et d'une amende de 16 fr. à 200 fr. ou de l'une de ces deux peines; et, en cas de préméditation ou de guet-apens, d'un emprisonnement de deux à cinq ans et d'une amende de 50 fr. à 500 fr. Les coupables peuvent, en outre, être renvoyés sous la surveillance de la haute police depuis deux ans jusqu'à dix ans. (art. 315.)

ARTICLE 312.

Dans les cas, prévus par les art. 309, 310 et 311, si le coupable a commis le crime envers ses père ou mère légitimes, naturels ou adoptifs, ou autres ascendants légitimes, il sera puni ainsi qu'il suit : si l'article, auquel le cas se référera, prononce l'emprisonnement et l'amende, le coupable subira la peine de la réclusion; si l'article prononce la peine de la réclusion, il subira celle des travaux forcés à temps; si l'article prononce la peine des travaux forcés à temps, il subira celle des travaux forcés à perpétuité.

597. Cet article a été modifié par la loi du 13 mai 1863.—Son texte actuel.

598. Objet de cet article.—Sa pénalité.

599. Cet article punit les violences ou voies de fait aussi bien que les coups et blessures.

600. La tentative du crime est considérée comme le crime même.—Arrêt.

601. Questions relatives à la qualité de la victime, aux enfants incestueux ou adultérins, aux alliés, et à la compétence des tribunaux criminels sur les difficultés relatives à la filiation.—Renvoi.

602. La qualité de la victime est une circonstance aggravante. —Conséquences.—Arrêts.

603. Qualification.

597. Les modifications, que la loi du 13 mai 1863 a apportées à cet article, ont eu pour objet de le mettre en concordance avec le nouvel art. 309.

Aujourd'hui, il est ainsi conçu : « L'individu, qui aura volontairement fait des blessures ou porté des coups à ses père ou mère légitimes, naturels ou adoptifs, ou autres ascendants légitimes, sera puni ainsi qu'il suit : de la réclusion, si les blessures ou les coups n'ont occasionné aucune maladie ou incapacité de travail personnel de l'espèce, mentionnée en l'art. 309 ; du maximum de la réclusion, s'il y a eu incapacité de travail pendant plus de vingt jours, ou préméditation ou guet-apens ; des travaux forcés à temps, lorsque l'article, auquel le cas se référera, prononcera la peine de la réclusion ; des travaux forcés à perpétuité, si l'article prononce la peine des travaux forcés à temps. »

598. Cet article prévoit et punit les coups portés et les blessures faites volontairement aux pères et mères légitimes, naturels ou adoptifs, ou autres ascendants légitimes.

Dans l'ancien article, si la violence était de la nature de celle qui entraînait l'emprisonnement, la peine était la réclusion ; si elle était de la nature de celle qui entraînait la réclusion, la peine était des travaux forcés à temps ; si elle était de la nature de celle qui entraînait les travaux forcés à temps, la peine était les travaux forcés à perpétuité.

La loi de 1863, ayant, comme nous l'avons vu, établi quatre degrés dans l'incrimination, a dû organiser quatre aggravations de peine, correspondant chacune à chacun de ces degrés.

Si la violence n'est punie que de l'emprisonnement de l'art. 311, la peine est la réclusion ; si elle est punie de l'emprisonnement de l'art. 309, la peine est le maximum de la réclusion ; si elle est punie de la réclusion, la peine est celle des travaux forcés à temps ; si elle est punie des travaux forcés à temps, la peine est celle des travaux forcés à perpétuité.

599. Avant les révisions de la loi de 1863, la Cour

de cassation décidait que l'art. 312 était inapplicable aux violences ou voies de fait, *dans lesquelles il n'y avait ni blessures ni coups*; 15 octobre 1813, n° 220; aux *mauvais traitements*, qui n'étaient pas autrement caractérisés; 10 octobre 1822, n° 141; aux violences, *qui ne présentaient pas le caractère de coups ou blessures*; 19 mars 1841, n° 73.

Un criminaliste fort éminent fait « remarquer que l'art. 312 ne parle que de l'individu, qui aura volontairement fait des blessures ou porté des coups à ses ascendants, et qu'il laisse de côté les autres violences ou voies de fait, que la loi de 1863 a incriminées dans les art. 309 et 311. » Il considère que « le législateur a peut-être pensé que ces violences et voies de fait, lors même qu'elles sont exercées sur la personne des ascendants, trouvent une répression suffisante dans le maximum facultatif des peines, édictées par ces deux articles. »

Pour moi, je ne suis pas de cet avis, et j'estime que les violences et voies de fait, qui, avant la loi de 1863, ne rentraient pas dans l'art. 312, en sont aujourd'hui justiciables.

Sans doute, cet article n'a pas reçu l'addition des mots *ou autres violences ou voies de fait*, comme les art. 309 et 311. Mais cette omission a-t-elle été réfléchie? a-t-elle eu, surtout, pour but de soustraire certaines violences, exercées envers les ascendants, à la répression de l'article 312? Je ne peux pas le croire. Le législateur avait, dans le premier article de la section, dans l'art. 309, assimilé aux coups et blessures les autres violences ou voies de fait sur la personne; il avait répété cette assimilation dans l'article, qui est, en quelque sorte, la disposition fondamentale de la matière, dans l'art. 311; il a pu croire qu'il avait suffisamment manifesté sa pensée et qu'il était inutile de reproduire, encore une fois, l'expression de sa volonté dans l'art. 312. En tout cas, rien n'indique ni dans les travaux préparatoires de la loi de 1863, ni dans les rapports et la discussion, dont elle a été l'objet, qu'on se soit proposé de ne punir, d'une façon spéciale et particulièrement rigoureuse, les violences ou voies de fait, exercées sur les ascendants, que dans le cas où elles prendraient le caractère de coups et blessures. En voilà assez, ce semble, pour admettre que, désormais, l'art. 312 étendra sa répression non-seulement sur les coups et blessures, proprement dits, mais aussi sur les autres violences ou voies de fait. Aujourd'hui, la règle générale de la matière n'est-elle pas, en effet, que les violences sont assimilées aux coups et blessures et encourent la même répression? Ne faut-il pas en conclure, à défaut d'exception à cet égard, que l'assimilation ne cessera pas pour les violences, exercées sur les ascendants, et qu'elles entraîneront contre leurs auteurs les mêmes peines que les coups et blessures.

Je n'hésite pas à croire que la Cour de cassation n'appliquera plus, à l'avenir, la doctrine de ses arrêts des 15 octobre 1813, 10 octobre 1822 et 19 mars 1841, que j'ai rappelés plus haut.

600. Dans l'hypothèse définie par l'art. 312, la tentative de coups et blessures peut devenir l'objet de poursuites criminelles. En effet, dans ce cas, il s'agit de la tentative d'un crime ; et, comme nous le savons depuis longtemps (C. pén., art. 2), les tentatives de cette nature sont considérées comme les crimes mêmes.

La Cour de cassation a fait l'application de cette doctrine, dans l'espèce suivante :

Barthélemy Signoret avait été renvoyé aux assises comme coupable d'avoir volontairement porté des coups et fait des blessures à ses père et mère légitimes. Le président posa, comme résultant des débats, la question de tentative du même crime. Le jury acquitta Signoret sur les questions relatives au crime même, et le déclara coupable de la tentative. Il se pourvut en cassation et soutint que ce dernier fait n'avait pas été soumis régulièrement au jury. Son pourvoi fut rejeté « attendu, sur le moyen résultant de la position de la question de tentative de coups et violences, que les articles de loi sur la position des questions ne sont point prescrits à peine de nullité, et qu'en conséquence ils ne sont qu'indicatifs de la manière dont ces questions doivent être posées; que c'est, d'après le résumé de l'acte d'accusation, que doivent être posées les questions à résoudre par le jury; mais que les faits, contenus dans ce résumé, peuvent être modifiés dans le débat, et qu'il doit être soumis au jury des questions, d'après ces modifications ; que, dans l'espèce, le demandeur était accusé d'avoir porté des coups à ses père et mère, et exercé des violences contre eux; que la tentative de ce crime n'est qu'une modification du crime même ; et que, la question de cette tentative ayant été proposée au jury, la présomption légale est que cette tentative est résultée du débat ; qu'elle a donc été régulièrement posée : attendu, d'ailleurs, la régularité de la procédure et la juste application de la loi pénale sur les faits déclarés constants. » 3 février 1821, n° 26.

601. Dans mon commentaire sur l'art. 299, j'ai examiné les questions qui peuvent naître, au sujet de la qualité de père ou mère légitimes ou naturels, nᵒˢ 487 et 488, et à l'occasion des enfants incestueux ou adultérins, n° 489 ; j'ai fait remarquer que la loi n'étendait sa protection spéciale à aucun allié, n° 492 ; enfin, j'ai indiqué que, si l'accusé soulevait quelque difficulté sur sa filiation, les tribunaux criminels étaient compétents pour en connaître incidemment, n° 593. Tout ce que

j'ai dit là est également applicable à la matière qui m'occupe.

602. La qualité de la victime est, évidemment, une circonstance aggravante, dans les différentes hypothèses énoncées en l'art. 312; elle devra donc faire l'objet d'une question spéciale. 5 septembre 1844, n° 311; 27 juin 1845, n° 212; 25 septembre 1845, n° 300; 5 mars 1846, n° 66; 17 février 1849, n° 37; 7 août 1851, n° 326.

603. Elle sera présentée dans les termes suivants : Ledit *ou* ladite..... est-il *ou* est-elle le père ou la mère, légitime, naturel *ou* naturelle, adoptif *ou* adoptive, ou l'ascendant *ou* l'ascendante légitime dudit.....?

ARTICLE 313.

Les crimes et les délits, prévus dans la présente section et dans la section précédente (295 à 318), s'ils sont commis en réunion séditieuse, avec rébellion ou pillage, sont imputables aux chefs, auteurs, instigateurs ou provocateurs de ces réunions, rébellions ou pillages, qui seront punis comme coupables de ces crimes ou de ces délits, et condamnés aux mêmes peines que ceux qui les auront personnellement commis.

604. Solidarité des chefs de rébellion à l'égard des violences, commises par ces réunions.

604. Cet article étend la responsabilité des crimes et délits, prévus dans cette section et dans la précédente, s'ils sont commis en réunion séditieuse, avec rébellion ou pillage, aux chefs, auteurs, instigateurs ou provocateurs de ces réunions, rébellions ou pillage; il les en rend solidaires, et, par conséquent, les déclare coupables de ces crimes ou de ces délits, et leur applique les mêmes peines qu'à ceux qui les ont personnellement commis.

ARTICLE 314.

Tout individu, qui aura fabriqué ou débité, des stylets, tromblons, ou quelque espèce que ce soit d'armes, prohibées par la loi ou par des règlements d'administration publique, sera puni d'un emprisonnement de six jours à six mois. Celui qui sera porteur desdites armes sera puni d'une amende de seize francs à deux cents francs. Dans l'un et l'autre cas, les armes seront confisquées ; le tout sans préjudice de plus forte peine, s'il y échet, en cas de complicité de crime.

605. Cet article a été modifié par la loi du 24 mai 1834. — Texte actuel.—Pénalité.
606. Actes interdits. — Fabrication, débit, distribution, port, exposition dans les magasins.—Arrêt.
607. La possession n'est pas interdite.
608. Armes apparentes ou secrètes.
609. Armes apparentes.—Renvoi.
610. Armes cachées.—Celles qui sont prohibées.
611. Stylets, tromblons, poignards, couteaux en forme de poignards, baïonnettes, pistolets de poche, épées en bâtons, bâtons ferrés, cannes-fusils et autres armes offensives et secrètes.—Arrêts.
612. Surveillance de la haute police.—Sa durée.

605. Cet article a reçu quelques modifications de la loi du 24 mai 1834. Il ne prévoyait que la fabrication, le délit et le port d'armes prohibées ; il ne punissait les deux premiers faits que d'un emprisonnement de six

jours à six mois, et le troisième que d'une amende de seize francs à deux cents francs.

En 1834, le législateur estima qu'il était à propos d'ajouter aux faits, prévus par le Code pénal, celui de distribution, et que la pénalité de ces infractions devait être notablement aggravée. La loi du 24 mai de cette année, sur les détenteurs d'armes et de munitions de guerre, disposa, dans son art. Ier que « tout individu, qui aura fabriqué, débité ou distribué des armes, prohibées par la loi ou par des règlements d'administration publique, sera puni d'un emprisonnement d'un mois à un an, et d'une amende de seize francs à cinq cents francs. Celui qui sera porteur desdites armes sera puni d'un emprisonnement de six jours à six mois, et d'une amende de seize francs à deux cents francs. »

La loi nouvelle modifia, sans l'abroger, l'art. 314 du Code pénal. Comme elle ne touche ni à la partie de cet article, qui ordonne la confiscation des armes, ni à celle, qui réserve, s'il y échet, l'application de plus fortes peines, ces deux dispositions sont maintenues, et doivent continuer à recevoir leur application.

606. Il est donc interdit, aujourd'hui, non-seulement de fabriquer, débiter ou porter certaines armes, mais encore de les distribuer.

En défendant le débit et la distribution, la loi prohibe nécessairement aussi l'exposition dans les boutiques et les magasins.

Jacques Bidgrain et plusieurs autres armuriers avaient été poursuivis pour avoir exposé, dans leurs magasins, des pistolets de poche. La Cour de Rouen les avait renvoyés des poursuites, sous le prétexte, d'une part, que l'exposition dans les boutiques ne suffisait pas pour constituer le débit de l'arme, et, d'autre part, que les pistolets étaient destinés à l'exportation. Sur le pourvoi du ministère public, l'arrêt fut annulé « attendu que les pistolets de poche sont déclarés, armes prohibées, par la déclaration du 23 mars 1728 et l'ordonnance du 25 février 1837; attendu que l'art. Iᵉʳ de la loi du 24 mai 1834 punit la fabrication, le débit ou la distribution des armes, prohibées par la loi ou par les règlements d'administration publique, d'un emprisonnement d'un mois à un an, et d'une amende de seize francs à cinq cents francs; attendu que l'exposition, dans leurs magasins ou boutiques, de la part des fabricants ou débitants d'armes, d'objets de leur commerce, constitue le débit, prévu par ledit art. Iᵉʳ de la loi du 24 mai 1834; attendu qu'il est constaté, par des procès-verbaux réguliers, et non méconnus par l'arrêt attaqué, que des pistolets de poche ont été saisis exposés dans les boutiques des défendeurs, lesquels sont armuriers ou débitants d'armes; attendu que l'excuse, alléguée par lesdits défendeurs, que les armes prohibées et ainsi exposées étaient destinées à l'exportation, n'est admise par aucune loi; attendu, dès lors, que l'arrêt attaqué, en se fondant, pour relaxer les inculpés, d'une part, sur ce que l'exposition des pistolets, objet de la poursuite, dans leurs boutiques, ne suffisait pas pour constituer le débit de ces armes, et, d'autre part, sur ce que ces armes pouvaient être destinées à l'exportation, a violé ledit art. Iᵉʳ de la loi du 24 mai 1834. » 12 mars 1852, n° 87.

D'après le décret du 26 août — 11 septembre 1865, que je citerai plus loin, les pistolets de poche ont cessé d'être considérés comme une arme prohibée, quand ils sont fabriqués pour l'exportation; mais il n'en reste pas moins interdit de les exposer dans les magasins, comme toute autre arme prohibée, s'ils n'ont pas cette destination.

607. La loi, en prohibant le port des armes de cette

nature, n'en défend pas en même temps la possession. On peut donc en conserver chez soi, sans être en contravention, et, par conséquent, sans avoir à redouter ni recherches ni poursuites.

608. Les armes se divisent en armes apparentes ou secrètes, en armes défensives ou offensives.

609. Je n'ai pas à m'occuper des premières; car les art. 314 du Code pénal, et 1er de la loi du 24 mai 1834 leur sont inapplicables.

610. Je n'ai qu'à rechercher, parmi les secondes, quelles sont celles qui, dans l'état actuel de la législation, doivent être considérées comme prohibées par la loi et les règlements d'administration publique.

611. Ce sont :

1° Les stylets et les tromblons, d'après l'art. 314 du Code pénal;

2° Les fusils et pistolets à vent, suivant le décret du 2 nivôse an XIV, qui dispose : Art. 1er. Les fusils et pistolets à vent sont déclarés compris dans les armes offensives, dangereuses, cachées et secrètes, dont la fabrication, l'usage et le port sont interdits par les lois. Art. 2. Toute personne qui, à dater de la publication du présent décret, sera trouvée porteur desdites armes, sera poursuivie et traduite devant les tribunaux de police correctionnelle, pour y être jugée et condamnée conformément à la déclaration du 23 mars 1728;

3° Les poignards, couteaux en forme de poignards, soit de poche, soit de fusil, baïonnettes, pistolets de poche, épées en bâtons, bâtons à ferrements, autres que ceux qui sont ferrés par le bout, et autres armes offensives, cachées et secrètes, aux termes de la déclaration du roi du 23 mars 1728, laquelle est ainsi conçue : « Ordonnons qu'à l'avenir toute fabrique, commerce, vente, débit, achat, port et usage des poignards, couteaux en-forme de poignards soit de poche soit de fusil, baïonnettes , pistolets de poche, épées en bâtons, bâtons à ferrements, autres que ceux qui sont ferrés par le bout, et autres armes offensives, cachées et secrètes, soient et demeurent, pour toujours, généralement abolis et défendus..... N'entendons néanmoins pas comprendre, en ces présentes défenses, les baïonnettes à ressort, qui se mettent au bout des armes à feu pour l'usage de la guerre, à condition que les ouvriers, qui les fabriqueront, seront tenus d'en faire déclaration... et sans qu'ils puissent les vendre ni débiter qu'aux officiers de nos troupes, qui leur en délivreront certificat. » Cette déclaration a été réimprimée, à la suite et sur l'injonction du décret du 12 mars 1806, portant : Art. 1er. La déclaration du 23 mars 1728, concernant le port d'armes, sera imprimée à la suite du présent décret, et exécutée conformément à notre décret impérial du 2 nivôse dernier.

La déclaration de 1728 a donné lieu à d'assez nombreuses difficultés.

On en a d'abord contesté l'applicabilité. Mais la Cour de cassation a démontré, dans l'espèce suivante, que cette prétention n'avait rien de sérieux.

Michel Balmont et Etienne Blanc, poursuivis l'un pour port, l'autre pour débit de pistolets de poche, furent absous par le motif que la déclaration de 1728 avait perdu son autorité. Sur le pourvoi du ministère public, la décision fut annulée « attendu qu'aux termes de l'art. 314 du Code pénal, la fabrique, le débit, le port d'armes, prohibées par la loi ou par des règlements d'administration publique, sont classés au nombre des délits, et les délinquants déclarés passibles des peines portées audit article; et que, d'après l'art. 484, les cours et les tribunaux doivent observer les lois et règlements particuliers, dans toutes les matières, qui n'ont pas été réglées par le Code pénal; attendu que le port d'armes est au nombre des matières, qui sont régies par des lois et règlements particuliers, et qu'il y est formellement compris, dans le discours, prononcé par l'orateur du Gouvernement en présentant au Corps législatif le livre IV du Code pénal, et les motifs dudit art. 484; attendu que la déclaration du roi du 23 mars 1728, remise en vigueur par les décrets des 23 décembre 1805 (2 nivôse an XIV) et 12 mai 1806, est une loi et un règlement d'administration publique, et que, dès lors, elle doit être observée par les cours et tribunaux, dans celles de ses dispositions, qui n'ont pas été modifiées par des lois postérieures, quant à la nature et à la quotité des peines et amendes; attendu que le décret du 4 mai 1812, qui ne s'applique qu'au fait de chasse, sans permis de port d'armes, et dès lors d'armes apparentes, et non prohibées en général, telles que fusils de chasse, est sans application à l'espèce; qu'il en est de même de l'avis du Conseil d'État du 17 mai 1815, relatif à la faculté de porter des armes en voyage pour sa défense personnelle, armes apparentes, telles que pistolets d'arçon et de ceinture, dont le port est même permis, par l'art. 5 du titre XXX de l'ordonnance des eaux et forêts de 1669, aux passants par les grands chemins des forêts et bois du roi; qu'il faut distinguer entre les armes apparentes et les armes cachées, secrètes, offensives par la présomption légale, et dont le port illicite favoriserait les attentats des malfaiteurs, au grand détriment de la chose publique, de la sûreté des propriétés et des personnes des citoyens paisibles; et attendu, néanmoins, que la chambre des appels de police correctionnelle de la Cour royale de Lyon a confirmé, par l'arrêt attaqué, et sur l'appel interjeté par le procureur du roi, le jugement correctionnel du tribunal de première instance de

Villefranche du 22 mai 1824, par lequel les nommés Michel Balmont et Etienne Blanc fils, poursuivis par le ministère public, le premier comme porteur de pistolets de poche, chargés à balle et amorcés, saisis, pendant la nuit, dans les poches de son gilet, par les préposés des douanes, sur la route de Tarare à Pont-Chavras, et le second, comme ayant fourni lesdites armes audit Balmont, avaient été renvoyés de la plainte du ministère public, non par les motifs que les faits, dont les nommés Balmont et Blanc étaient prévenus, n'étaient pas vrais, ou, d'après toute autre circonstance de fait, qui aurait anéanti le délit, soit à l'égard de l'un des prévenus, soit à l'égard de tous deux, mais par les motifs du jugement de première instance, que la Cour royale a adoptés par son arrêt, que dès lors elle s'est appropriés, et par d'autres moyens de droit également énoncés, desquels il résulterait, d'après lesdits jugements et arrêts, que le port de pistolets de poche n'est pas prohibé par la loi ou par des règlements d'administration publique ; d'où il suit que la Cour royale de Lyon a violé, par l'arrêt attaqué, les art. 314, 484 du Code pénal, les décrets du 2 nivôse an XIV, 12 mars 1806, et la déclaration du roi du 23 mars 1728. » 6 août 1824, n° 101.

Fréquemment, on a soutenu que les armes, dont la fabrication, le débit, la distribution ou le port étaient poursuivis, ne rentraient pas dans les termes de la Déclaration.

Dans une première espèce, Duguet-Mivet avait fabriqué des lames, destinées à être emmanchées. La chambre d'accusation l'avait renvoyé en police correctionnelle, parce que ces lames présentaient le caractère de couteaux en forme de poignards. Mais il fut absous par la juridiction correctionnelle, par le motif que, en fait, les lames n'avaient qu'un tranchant, et que, en droit, on ne peut reconnaître le caractère de poignards qu'aux lames, qui en ont deux. Sur le pourvoi du ministère public, la décision fut annulée « attendu qu'il est constant et reconnu au procès qu'un certain nombre de lames, destinées à être emmanchées, avaient été saisies chez Duguet-Mivet ; attendu que, par arrêt de la chambre d'accusation de la Cour royale de Poitiers, Duguet-Mivet avait été renvoyé en police correctionnelle, parce que les lames, dont il s'agit, présentaient le caractère de couteaux en forme de poignard ; attendu qu'en effet, le règlement de 1728 défend la fabrication et la vente, non-seulement des poignards, mais aussi des couteaux en forme de poignard ; que l'arrêt attaqué ne se borne pas à décider, en fait, que les lames, dont il s'agit, n'ont pas la forme de couteaux-poignards ; qu'il déclare, en principe, que l'on ne peut reconnaître le caractère de poignard qu'aux lames seules, qui auraient deux tranchants, et semble préjuger, ainsi, que la prohibition ne porte que sur ce qui est un véritable poignard ; attendu que ce n'est pas seulement la fabrication et la vente des poignards, proprement dits, qui est prohibée par les dispositions ci-dessus rappelées ; que ces dispositions comprennent aussi les couteaux en forme de poignard ; que l'arrêt attaqué devait examiner, dès lors, si les lames, dont il s'agit, présentaient le caractère de couteaux en forme de poignard ; qu'en ne le faisant pas, et en renvoyant Duguet-Mivet de la poursuite, quant à ces lames, l'arrêt attaqué établit une restriction, qui ne se trouve pas dans le règlement de 1728, et a faussement appliqué ce règlement. » 15 octobre 1841, n° 303. — *Conf.*, 5 juillet 1851, n° 271.

Dans une autre espèce, Claude Bourgaud, convaincu d'avoir fabriqué une arme essentiellement secrète et cachée, c'est-à-dire des cannes, renfermant et dissimulant un fusil et un pistolet, fut renvoyé des poursuites, par la raison que cette arme n'était pas désignée dans la déclaration de 1728. En fait, cela est parfaitement exact. Mais comme ce règlement ajoute aux armes, qu'il indique spécialement, les autres armes offensives, cachées et secrètes, il est clair qu'il était applicable aux armes faites par Claude Bourgaud. En conséquence, la Cour de cassation n'hésita pas, sur le pourvoi du ministère public, à annuler le jugement, qui avait renvoyé le prévenu des poursuites « attendu que la déclaration de 1728 ne prohibe pas seulement les armes, qui y sont spécialement désignées, mais aussi, d'une manière générale et absolue, toutes armes offensives, secrètes et cachées ; qu'il est déclaré, en fait, par le jugement, dont était appel, que les cannes saisies, et reconnues par Bourgaud, comme provenant de sa fabrication, contiennent une arme offensive, tellement cachée et dissimulée qu'il est impossible, à la simple inspection, de la découvrir ; mais que, démontées et rajustées, elles offrent, à la fois, un fusil et un pistolet ; que cette déclaration de fait est conforme à la description, contenue dans le procès-verbal de saisie, dressé par le commissaire de police ; que, d'après ces faits, l'art. 1ᵉʳ de la loi du 24 mai 1834 était applicable à Bourgaud ; que le jugement du tribunal supérieur ne contient aucune déclaration, en fait, contraire à celle, qui est émanée des premiers juges, et aux énonciations du procès-verbal ; que, cependant, il décide que l'arme, dont il s'agit, ne peut être rangée dans la catégorie des armes offensives, secrètes et cachées, qui sont prohibées par les règlements ; qu'en jugeant ainsi, et en renvoyant, par suite, le prévenu de l'action du ministère public, le jugement attaqué a formellement violé la déclaration du roi du 23 mars 1728, et l'art. 1ᵉʳ de la loi du 24 mai 1834. » 19 juin 1835, nᵒ 244.

Les pistolets de poche ont donné lieu à de bien autres embarras.

Ils sont spécialement désignés dans le règlement de 1728 ; par conséquent, il est hors de doute que ce règlement les prohibe. La Cour de cassation avait eu l'occasion de le déclarer dans l'affaire Balmont et Blanc, que j'ai rappelée plus haut. Mais, à l'occasion des poursuites, dirigées contre les nommés Prévost et Mérieux, la Cour de Poitiers découvre le décret du 14 décembre 1810, contenant règlement sur les armes à feu, fabriquées en France et destinées pour le commerce. Dans son arrêt du 5 septembre 1836, elle en tire la conséquence que le règlement de 1728 est abrogé, en ce qui concerne les pistolets de poche, et, par suite, elle décide que ces armes ont cessé d'être prohibées. Le procureur général de la Cour de Poitiers s'étant pourvu contre cet arrêt, son recours fut rejeté « sur le moyen, tiré de la violation prétendue des déclarations du roi des 18 décembre 1660 et 23 mars 1728, et du décret du 12 mars 1806, en ce que l'arrêt attaqué a considéré lesdites déclarations et décret comme inconciliables avec le décret du 14 décembre 1810 et les a déclarés implicitement abrogés par ce décret ; attendu que la déclaration du roi du 23 mars 1728, dont le décret du 12 mars 1806 a ordonné l'exécution, contenait la prohibition absolue non-seulement du port des pistolets de poche, mais encore celle de la fabrication, de la vente, et de la mise en vente desdits pistolets de poche ; d'où il suit qu'elle avait dérogé aux dispositions des déclarations antérieures, contraires aux prohibitions par elles établies ; attendu que le décret du 14 décembre 1810, contenant règlement pour les armes à feu, fabriquées en France et destinées pour le commerce, a déterminé, par son art. 9, les épreuves, auxquelles doivent être soumises les armes à feu, au nombre desquelles il comprend nommément les pistolets de poche; que, par son art. 6, il ordonne que les canons de ces armes, qui auront supporté l'épreuve, et qui seront jugés bons par l'éprouveur, seront marqués du poinçon d'acceptation, et qu'enfin l'art. 8 dispose, d'une manière générale, que les fabricants et marchands ne pourront vendre aucun canon, non éprouvé ni marqué du poinçon d'acceptation; attendu qu'il résulte, de l'ensemble des dispositions du décret précité, qu'il a virtuellement dérogé à la déclaration du roi du 23 mars 1728, en ce qu'elle prohibait, d'une manière absolue et à toujours, la fabrication, la vente et le port des pistolets de poche; et qu'aucun règlement d'administration publique n'a depuis, en vertu de l'art. 314 du Code pénal, replacé ces pistolets dans la classe des armes prohibées; d'où il suit qu'en renvoyant les sieurs Prévost et Mérieux des fins de la poursuite, dirigée contre eux pour délit de mise en vente de pistolets de poche, l'arrêt attaqué a fait une juste application du décret du 14 décembre 1810. » 3 novembre 1836, n° 361.

Cependant l'ordre public était intéressé à ce que les pistolets de poche ne cessassent pas d'être des armes prohibées. En conséquence, le Gouvernement, par l'ordonnance du 23 février 1837, déclara de nouveau que « les pistolets de poche sont prohibés. » Mais, comme je l'ai indiqué précédemment, la prohibition n'atteint plus les pistolets de poche et révolvers, fabriqués pour l'exportation (Décret des 26 août—11 septembre 1865).

612. A la peine de l'emprisonnement et de l'amende, prononcée par l'art. 314, les juges pouvaient ajouter, d'après l'art. 315, le renvoi sous la surveillance de la haute police depuis deux ans jusqu'à dix ans. Cette dernière disposition n'a-t-elle pas été modifiée par la loi du 24 mai 1834? Cette modification, il ne faut pas la chercher dans l'art. 4 de cette loi, qui, malgré l'ambiguïté de ses termes, ne se réfère qu'aux deux articles, qui le précèdent. Elle se trouve dans l'art. 11. Elle n'enlève pas au juge la faculté d'ordonner la surveillance ; elle se borne à limiter autrement le pouvoir, qu'elle lui donne. Le juge peut réduire la durée de la surveillance, autant qu'il le croit convenable ; il n'est arrêté par aucun minimum ; d'un autre côté, il ne peut plus prononcer cette peine pendant un temps, qui excéderait le maximum de la durée de l'emprisonnement, fixée par la loi ; c'est-à-dire, la prolonger au delà d'un an, contre celui qui a fabriqué, débité ou distribué l'arme prohibée, et de six mois, contre celui qui l'a portée, ces deux termes étant ceux de l'emprisonnement, infligé à l'un et l'autre de ces délinquants par l'art. 1er de la loi du 24 mai 1834.

ARTICLE 315.

Outre les peines correctionnelles, mentionnées dans les articles précédents, les tribunaux pourront prononcer le renvoi sous la surveillance de la haute police, depuis deux ans jusqu'à dix ans.

613. Modification apportée à cet article par la loi du 24 mai 1834.

613. Comme je viens de l'exposer, cet article a été modifié, en ce qui concerne l'art. 314, par l'art. 11 de la loi du 24 mai 1834.

ARTICLE 316.

Toute personne, coupable du crime de castration,

subira la peine des travaux forcés à perpétuité. Si la mort en est résultée, avant l'expiration des quarante jours, qui auront suivi le crime, le coupable subira la peine de mort.

614. Définition du crime de castration.
615. Pénalité.
616. Qualification.

614. Le crime de castration s'accomplit par l'amputation d'un organe quelconque, nécessaire à la génération, comme la Cour de cassation l'a jugé dans l'espèce suivante. Marie Rebec, déclarée par le jury coupable d'avoir commis le crime de castration sur la personne de Joseph Guignon, en lui coupant, à l'aide d'un rasoir, le membre viril jusqu'à l'os pubis, fut condamnée aux travaux forcés à perpétuité. Elle se pourvut en cassation ; on soutint, pour elle « que l'amputation du membre viril ne peut pas être considérée comme la castration, prévue par l'art. 316 du Code pénal ; que le mot castration signifie amputation des testicules ; qu'il n'y a donc pas eu castration ; qu'on pourrait, tout au plus, considérer l'amputation comme une blessure, prévue par l'art. 309 du Code. » Ce moyen n'eut aucun succès ; le pourvoi fut rejeté « attendu qu'il a été fait une juste application de la loi pénale au crime, dont Marie Rebec a été délarée coupable. » 1ᵉʳ septembre 1814 ; inédit.

615. La castration est punie des travaux forcés à perpétuité ; et, si la mort s'en est suivie dans les quarante jours, de la peine de mort.

616. La question peut être posée au jury dans les termes suivants :

Le nommé.... est-il coupable d'avoir (la date) volontairement opéré la castration du nommé....?

La mort en est-elle résultée avant l'expiration des quarante jours, qui l'ont suivie ?

ARTICLE 317 [1].

Quiconque, par aliments, breuvages, médicaments, violences, ou par tout autre moyen, aura procuré l'avortement d'une femme enceinte, soit qu'elle y ait consenti ou non, sera puni de la réclusion. La même peine sera prononcée contre la femme, qui se sera procuré l'avortement à elle-même, ou qui aura consenti à faire usage des moyens, à elle indiqués ou administrés à cet effet, si l'avortement s'en est suivi. Les médecins, chirurgiens et autres officiers de santé, ainsi que les pharmaciens, qui auront indiqué ou administré ces moyens, seront condamnés à la peine des travaux forcés à temps, dans le cas où l'avortement aurait eu lieu. Celui qui aura occasionné à autrui une maladie ou incapacité de travail personnel, en lui administrant volontairement, de quelque manière que ce soit, des substances qui, sans être de nature à donner la mort, sont nuisibles à la santé, sera puni d'un emprisonnement d'un mois à cinq ans, et d'une

---

[1] *Ancien article* 317. Quiconque, par aliments, breuvages, médicaments, violences, ou par tout autre moyen, aura procuré l'avortement d'une femme enceinte, soit qu'elle y ait consenti ou non, sera puni de la réclusion. La même peine sera prononcée contre la femme, qui se sera procuré l'avortement à elle-même, ou qui aura consenti à faire usage des moyens à elle indiqués ou administrés à cet effet, si l'avortement s'en est suivi. Les médecins, chirurgiens et autres officiers de santé, ainsi que les pharmaciens, qui auront indiqué ou administré ces moyens, seront condamnés à la peine des travaux forcés à temps, dans le cas où l'avortement aurait eu lieu.

amende de seize francs à cinq cents francs; il
pourra de plus être renvoyé sous la surveillance de
la haute police pendant deux ans au moins et dix
ans au plus. Si la maladie ou incapacité de travail
personnel a duré plus de vingt jours, la peine sera
celle de la réclusion. Si le coupable a commis, soit
le délit, soit le crime, spécifiés aux deux paragraphes ci-dessus, envers un de ses ascendants, tels
qu'ils sont désignés en l'art. 312, il sera puni, au
premier cas, de la réclusion, et au second cas, des
travaux forcés à temps.

617. Le Code pénal de 1810 ne mentionnait, dans
l'art. 317, que le crime d'avortement.

C'est la loi du 28 avril 1832, qui y a introduit les dispositions, relatives à l'ingestion des matières nuisibles à la santé.

Je vais examiner successivement chacune de ces infractions, qui n'ont, entre elles, aucune espèce de rapport, et qui devraient, assurément, faire, dans un code bien distribué, l'objet de deux articles distincts.

618. L'avortement a lieu, lorsque, par l'emploi d'un procédé quelconque, c'est-à-dire par aliments, breuvages, médicaments, violences ou par tout autre moyen, un fœtus est expulsé ou extrait du sein de la mère, avant le terme de la naissance.

Il faut, en outre, pour que le fait prenne le caractère de crime, que l'expulsion ou l'extraction ait été procurée avec l'intention de la produire.

Je sais bien que la Cour de cassation s'est montrée moins exigeante dans l'arrêt, que je vais citer, et qu'elle a admis que l'art. 317 était applicable, même au cas où l'avortement n'était que le résultat involontaire de coups, volontairement portés.

Dans une querelle, Félice Marroni avait porté à la femme Bianchi un soufflet, qui l'avait jetée à terre, et un coup de pied, qu'elle avait reçu sur le ventre. Cette femme, qui était enceinte de trois mois environ, avorta quelques jours après. Félice Marroni fut poursuivi pour avoir, par ces violences, procuré l'avortement de la femme Bianchi. La Cour spéciale extraordinaire de Rome, après les avoir constatées dans son arrêt, comme je viens de le faire, condamna Félice Marroni à la peine de l'art. 317. Le pourvoi, que celui-ci forma contre l'arrêt, fut rejeté « attendu que la Cour spéciale extraordinaire a fait aux faits, déclarés constants par elle, une juste application de la loi pénale. » 8 octobre 1812, inédit.

La doctrine de cet arrêt ne doit pas, ce me semble, être suivie. Elle condamne le prévenu pour un crime, qu'il n'a pas eu intention de commettre, comme celle des arrêts, que j'ai rapportés sous le n° 465, le rendait responsable de la mort, qu'il n'avait pas eu la volonté de donner. Ainsi que je l'ai démontré, au même endroit, cette théorie a été réprouvée, pour ce dernier cas, par la loi du 28 avril 1832 ; elle doit l'être également pour le cas d'avortement. Si les coups portés, si les blessures faites volontairement ont eu ce fâcheux résultat, elles ne subiront, néanmoins, une aggravation de peine qu'autant qu'elles auront été suivies de l'un ou de l'autre des faits aggravants, mentionnés dans l'art. 309. Autrement, je le répète, quoique ces violences aient procuré l'avortement, elles n'encourront que la peine de l'art. 311.

619. L'art. 317 prévoit et règle trois cas d'avortement, celui où l'avortement est procuré par une personne, qui n'est ni la femme enceinte, ni un homme de l'art, celui où c'est la femme, qui se le procure à elle-même, celui où les moyens ont été indiqués ou administrés par un médecin, chirurgien, officier de santé ou un pharmacien.

La peine est, dans les deux premières hypothèses, la réclusion ; dans la troisième, celle des travaux forcés à temps.

Les complices étant, aux termes de l'art. 59 du Code, punis de la même peine que les auteurs principaux, il en résulte que le complice de l'homme de l'art doit être, comme celui-ci, puni de la peine des travaux forcés à temps.

Pierre Cherfallot, déclaré complice d'un avortement, commis par une sage-femme, avait été condamné à cette peine. Il se pourvut contre l'arrêt, et soutint qu'elle ne lui était pas applicable, parce qu'il n'avait pas personnellement la qualité de médecin, chirurgien ou officier de santé. Son pourvoi fut rejeté « attendu qu'aux termes de l'art. 59 du Code pénal, les complices d'un crime sont punis de la même peine que l'auteur même de ce crime ; que, dans l'espèce, l'auteur principal étant, à raison de sa qualité, passible de la peine des travaux forcés à temps, aux termes de l'art. 317 du Code pénal, la même peine a dû être appliquée au demandeur, déclaré complice de cet auteur principal. » 16 juin 1855, nº 214.

620. La plus grave question de la matière est celle de savoir si la tentative du crime d'avortement doit être considérée comme l'avortement lui-même.

La plupart des criminalistes, je ne dois pas le dissimuler, enseignent que l'art. 317 fait, dans ses trois parties, exception au principe général, déposé dans l'art. 2 du Code, et qu'il laisse impunies toutes les tentatives d'avortement.

Ils invoquent, en premier lieu, à l'appui de leur opinion, les travaux préparatoires du Code. Ils rappellent, d'abord, la discussion, dont cet article a été l'objet, dans la séance du Conseil d'État du 26 août 1809. En voici le résumé (Locré, t. 30, p. 426) : « Corvetto demande qu'on généralise la disposition, qui exempte de peine la femme, lorsque les moyens, qu'elle a employés, n'ont pas produit l'avortement. Berlier dit que ces expressions, *quiconque aura produit l'avortement*, ne laissent pas de doute que leur application se borne aux avortements consommés ; ce qui rend l'amendement inutile. Regnaud de Saint-Jean d'Angely dit qu'alors l'article n'est pas suffisant : un chirurgien, qui ne réussirait pas, demeurerait impuni, et néanmoins on ne peut pas prétendre qu'il soit innocent. Merlin répond que ce médecin serait atteint par la disposition, qui punit la tentative de crime.

Treilhard partage cette opinion. Berlier dit que les observations de Merlin l'engagent à revenir sur son premier avis, et à adopter l'amendement de Corvetto ; il ajoute : au fond, Regnaud a seul exprimé le désir que la simple tentative fût punie comme l'avortement même ; mais si le législateur doit désirer que les mœurs s'épurent, il doit craindre aussi de donner ouverture à des procédures indiscrètes, et qui amèneraient souvent, pour tout résultat, beaucoup de scandale. Comment, en effet, pénétrer dans une matière aussi mystérieuse ? et comment croire qu'on voudra s'y engager quand le crime n'aura pas été suivi de son effet ? C'est bien assez qu'on poursuive les auteurs d'un avortement consommé, et la nature des choses prescrit de s'en tenir là. » C'est, disent les partisans de l'opinion que j'expose, sur ces paroles de Berlier que la discussion s'est arrêtée et que l'article a été adopté. Ils ajoutent que, le 29 décembre suivant, la commission de législation du Corps législatif acceptant, sans aucun doute, l'interprétation donnée par Berlier à l'art. 317, proposa de placer, à la fin de chacun des paragraphes de cet article, ce qui suit : « si l'avortement n'a pas eu lieu, la peine sera réduite à un emprisonnement de six mois au moins et de deux ans au plus » (Locré, *ibid.*, p. 463). Ils font remarquer que l'amendement a été rejeté, parce que, selon toutes les vraisemblances, le Conseil persista à penser que la tentative d'avortement devait rester impunie. Enfin ils prétendent que l'avis, qu'ils soutiennent, ressort clairement de ce passage du rapport de Monseignat au Corps législatif : « Il est un attentat des plus graves et pour lequel les rédacteurs de la loi n'ont pas cru devoir punir la seule tentative de le commettre ; c'est l'avortement volontaire. Ce crime porte souvent sur des craintes, et, quand il n'est pas consommé, outre que la société n'éprouve aucun tort, c'est

qu'il est fort difficile de constater légalement une intention presque toujours incertaine, une tentative trop souvent équivoque, surtout dans la supposition de l'impuissance de sa cause, et de la nullité de ses résultats.
Tout doute cesse si l'avortement a eu lieu ; dès lors, le
fait conduit à la culpabilité de ses auteurs : de quelque
manière qu'ils l'aient favorisé, ils sont punis, ainsi que
la mère qui aura employé, ou permis qu'on employât
des moyens, pour arriver à ce but. » (Locré, *ibid.*,
p. 503.)

Ensuite, ils passent à l'examen de l'art. 317. Suivant
eux, il est manifeste que les deuxième et troisième paragraphes de cet article ne répriment pas la tentative
d'avortement, puisque la femme n'est punissable que *si
l'avortement s'en est suivi*, et que les médecins, chirurgiens, officiers de santé, ainsi que les pharmaciens,
n'encourent la peine des travaux forcés que *dans le cas
où l'avortement a eu lieu*. Pour eux, le premier paragraphe de l'article n'est guère moins explicite. Car il ne
prononce la réclusion que contre celui *qui a procuré
l'avortement d'une femme enceinte*. D'ailleurs, si l'on conservait quelque doute sur la valeur de cette disposition,
il faudrait l'expliquer par les deux autres, et, pour
celle-ci, l'hésitation n'est pas, assurément, permise.

Certains auteurs trouvent cette opinion beaucoup trop
absolue.

Ils admettent que la femme, qui cherche à se procurer
à elle-même l'avortement, n'est pas responsable de ses
tentatives. Selon eux, la loi a pu n'être pas sans pitié
pour une malheureuse qui, la plupart du temps, ne songe
qu'à se soustraire au déshonneur.

Ils admettent, également, que si le crime n'a pas été
consommé, que s'il n'a été que tenté, les médecins,
chirurgiens, officiers de santé échappent à l'aggravation

de peine, prononcée par le troisième paragraphe de l'article 317, mais ils prétendent que, dans ce cas, la loi n'a pas poussé plus loin l'indulgence, à l'égard des hommes de l'art, et que ceux-ci restent responsables de la tentative du crime, qu'ils ont commise, dans les limites de la première disposition de l'article.

En outre, ils soutiennent que, d'après cette même disposition, toute tentative d'avortement, hormis celle qui est imputable à la femme enceinte, est punissable, conformément au principe général de l'art. 2 du Code.

Réfutant l'opinion, qu'ils n'adoptent pas, ils font remarquer qu'en suivant attentivement la discussion du Conseil d'État, et en se rendant un compte exact des paroles de Monseignat, on reconnaît que ces documents n'ont pas le sens absolu que cette opinion leur donne. Ils ajoutent qu'il n'y a aucune conclusion juridique à tirer de ce que le premier paragraphe de l'art. 317 reste muet sur la tentative et ne mentionne que l'avortement. Car ce procédé est celui que le Code a suivi pour tous les crimes qu'il a définis. Ainsi les articles, qui régissent le meurtre, l'assassinat, le parricide, l'infanticide, l'empoisonnement, le viol, l'incendie, etc., ne prévoient également que le crime même, qu'ils ont pour objet de réprimer; ils ne font pas mention de la tentative. Cependant, on n'a jamais songé à soutenir qu'ils la laissaient impunie. C'est que le Code n'avait pas, en effet, à l'incriminer, à l'occasion de chacun de ces crimes, puisque, aux termes de l'art. 2, toute tentative de crime est considérée comme le crime même. Pourquoi donc en serait-il autrement à l'égard de l'avortement?

Cette opinion, que je partage, a pour elle l'autorité considérable de la Cour de cassation.

Pierre Martoury, déclaré coupable d'avoir tenté de procurer l'avortement de la femme Sevin, par des violences exercées sur elle, fut condamné à la peine de la réclusion. Il se pourvut en cassation, et prétendit, entre autres moyens, qu'on lui avait fait une fausse application de l'art. 317, parce que cet article ne punissait que l'avortement consommé. Par un arrêt doctrinal, et rendu à l'unanimité, disent les notes de M. le président Barris, son pourvoi fut rejeté, sur ce point, « attendu, sur le premier moyen par lui présenté, et qui consiste dans la violation de l'art. 317 du Code pénal, et la fausse application de l'art. 2 de ce code, en ce que la disposition de ce dernier article ne serait point applicable à l'avortement non consommé ; que, d'après la disposition de cet art. 2 du Code pénal, toute tentative de crime est considérée comme le crime même, lorsqu'elle a été accompagnée des circonstances, que cet article détermine ; que cette disposition, conçue en termes généraux, ne peut être restreinte que dans le cas et pour les crimes, à l'égard desquels la loi a exclu son application, soit en termes formels, soit par des dispositions inconciliables avec cette application ; qu'il n'y a point, dans le Code pénal, de disposition, qui porte expressément que la tentative du crime d'avortement ne sera point considérée et punie comme si le crime avait été consommé ; que, relativement aux dispositions de ce code, qui pourraient affranchir la tentative de ce crime de l'application du susdit art. 2, parce qu'elles seraient inconciliables avec cette application, l'art. 317, qui a prévu et puni le crime d'avortement, doit être entendu et exécuté dans le sens, qui résulte clairement de son texte ; que cet article se compose de trois dispositions distinctes et indépendantes les unes des autres ; que la première punit, de la réclusion, quiconque aura procuré, par quelque moyen que ce soit, l'avortement d'une femme enceinte, qu'elle y ait consenti ou non ;

que, dans cette disposition, *aucune expression n'exclut* implicitement l'application du susdit art. 2 du Code pénal sur la tentative ; que la deuxième est relative à la femme, qui se procure à elle-même l'avortement, ou qui consent à faire usage des moyens, à elle indiqués ou administrés à cet effet ; qu'à son égard, pour qu'il y ait lieu à la peine de la réclusion, il faut que l'avortement ait été effectué ; que cette condition taxative modifie évidemment la loi générale, en faveur de la femme enceinte, qui tente de commettre sur elle-même le crime d'avortement, et lui rend inapplicable l'art. 2 du Code pénal ; que le législateur a eu des motifs graves pour traiter, avec indulgence, les personnes du sexe enceintes, lorsque le crime n'a pas été consommé ; que la troisième disposition a, pour objet, les pharmaciens et les officiers de santé qui font usage de leur art, pour procurer des avortements ; que, si les moyens, par eux indiqués ou employés, ont été sans effet, la loi n'aggrave pas, pour eux, la peine ; ils restent dans la classe commune de ceux qui tentent de procurer les avortements, et, comme eux, ils ne sont punis que de la réclusion, d'après la première disposition de l'art. 317, combiné avec l'art. 2 du Code pénal ; que, si, au contraire, par l'effet des moyens, par eux indiqués ou administrés, l'avortement a été opéré, le législateur déploie contre eux une plus grande sévérité, et lès punit de la peine plus rigoureuse des travaux forcés à temps ; qu'en jugeant donc que la peine de la réclusion devait être prononcée contre un individu, reconnu coupable d'une tentative d'avortement sur une femme enceinte, la Cour d'assises du département de Seine-et-Marne a fait une juste application de la première disposition de l'art. 317 et de l'art. 2 du Code pénal. » 16 octobre 1817, n° 96 ; 17 mars 1827, n° 60 ; 15 avril 1830, n° 103 ; 29 jan-

vier 1852, nº 43 ; 20 janvier 1853, nº 22 ; 27 novembre
et 4 décembre 1856, non publiés dans le Bulletin ;
24 juin 1858, nº 177 ; 7 octobre 1858, nº 258 ; 26 juillet 1860, nº 175 ; 1ᵉʳ décembre 1860, nº 269 ; 3 mars
1864, nº 54.

En résumé :

1º La règle générale est que la tentative d'avortement est considérée comme le crime même.

2º La seule exception, faite à cette règle, est en faveur de la femme, qui tente de se procurer à elle-même
l'avortement.

Il faut, à ce propos, remarquer que, si elle a des complices, l'indulgence s'étend jusqu'à eux. En effet, aucune
peine n'est applicable aux complices d'un fait, dont
l'auteur principal reste impuni, à moins qu'il n'en soit
autrement ordonné par une disposition expresse de la
loi, comme celle, par exemple, qui se rencontre dans
l'art. 380 du Code. L'art. 317 ne renfermant pas une
disposition de cette nature, il en résulte que la complicité d'une tentative d'avortement n'est pas punissable, dans le cas où c'est la femme enceinte qui l'a
commise sur elle-même.

C'est ce que la Cour de cassation a reconnu dans
l'espèce suivante. Le nommé Rolland avait été renvoyé
devant les assises, comme coupable d'une tentative d'a-
vortement sur la personne de la fille Morin. Le président crut devoir poser, en outre, comme résultant des
débats, une question subsidiaire de complicité de tentative d'avortement ; mais il omit d'énoncer, dans la
question, que la tentative avait été commise par une personne autre que la femme enceinte. Le jury répondit
négativement à la première question, et affirmativement
à la deuxième. Rolland fut condamné à la peine de l'article 317, modifiée par l'art. 463. Il se pourvut en cas-

sation et soutint que cette peine lui avait été illégalement appliquée, puisque le jury n'avait pas reconnu que
la tentative fût le fait d'une personne autre que la fille
Morin. L'arrêt fut annulé « attendu que la dérogation
à l'art. 2 du Code pénal se trouve formellement écrite
dans le deuxième alinéa de l'art. 317, qui ne prononce
de peine contre la femme enceinte, quand elle a cherché
à se faire avorter, qu'autant que l'avortement s'en est
suivi; ce qui exclut, pour ce cas spécial, la criminalité
de la simple tentative ; attendu, d'autre part, que l'article 59 du Code pénal punit le complice de la même
peine que l'auteur principal; qu'il ne peut donc y avoir
de complicité punissable que quand le fait principal est
lui-même qualifié crime ou délit, et puni par la loi ; d'où
il suit que la complicité d'une tentative d'avortement ne
peut exister, dans le cas où c'est la femme enceinte, qui
a commis cette tentative, et, par voie de conséquence,
qu'il ne suffit pas, dans une accusation de cette nature,
de demander au jury si l'accusé s'est rendu complice
d'une tentative d'avortement, ce qui laisse incertain le
point de savoir s'il s'agit d'une tentative punissable ;
qu'il faut, en outre, lui demander si la tentative a été
commise par une personne autre que la femme enceinte
elle-même ; et attendu, en fait, que Félix Rolland était
accusé de tentative d'avortement sur la personne de
Mathilde Morin, alors enceinte ; que, à la suite d'une
question principale, conçue dans ce sens, le président
des assises a posé, comme résultant des débats, une
question subsidiaire de complicité de tentative d'avortement, mais sans énoncer si la tentative aurait été commise par une personne autre que la fille enceinte ; que
le jury a répondu négativement à la première question
et affirmativement à la seconde, et que la Cour d'assises a prononcé la peine de l'art. 317, modifiée par

l'application de l'art. 463 du Code pénal ; en quoi elle a faussement appliqué ledit art. 317 à un fait, dont les caractères criminels n'étaient pas juridiquement établis. » 3 mars 1864, n° 54.

3° Enfin, en cas de tentative, les médecins, les chirurgiens, officiers de santé, ainsi que les pharmaciens, n'encourent plus, sans aucun doute, l'aggravation de peine, portée au troisième paragraphe de l'art. 317, mais ils restent dans la classe commune de ceux qui tentent de procurer les avortements, et comme eux, ils sont punis de la réclusion.

La Cour de cassation l'a déclaré doctrinalement dans son arrêt du 16 octobre 1817 ; elle a fait l'application de cette doctrine dans l'espèce suivante.

Jean Soldat, officier de santé, condamné pour tentative d'avortement à la peine de la réclusion, se pourvut contre l'arrêt de la Cour d'assises, et prétendit qu'aucune peine ne lui était applicable, à raison du fait, dont il avait été déclaré coupable. Son pourvoi fut rejeté « attendu que l'art. 2 du Code pénal, conçu en termes généraux, s'étend à tous les crimes, qui n'en sont pas affranchis par la loi, soit en termes formels, soit en dispositions inconciliables ; attendu que, dans le premier paragraphe de l'art. 317 du même Code, qui punit celui qui aura procuré l'avortement d'une femme enceinte, aucune expression n'exclut l'application de l'art. 2 ; que ce n'est que pour la femme qui se procure à elle-même l'avortement, qu'il faut, selon le paragraphe deuxième, que l'avortement ait eu lieu, et que, si le troisième paragraphe punit les médecins et les autres personnes, qu'il indique, d'une peine plus forte, dans le cas où l'avortement aurait eu lieu, il les laisse, dans le cas contraire, dans la classe commune de ceux qui tentent de commettre ce crime, et les punit, comme eux, de la peine, portée dans le paragraphe premier ; qu'il n'y a donc rien d'inconciliable dans les dispositions de l'art. 2 et de l'art. 317 du Code pénal ; d'où il suit qu'en prononçant la peine de la réclusion contre le demandeur, déclaré coupable de tentative d'avortement sur la personne d'une femme enceinte, l'arrêt attaqué a fait une juste application de ces articles. » 15 avril 1830, n° 103. — *Conf.*, 7 octobre 1858, n° 258.

621. J'ai lu, quelque part, que le troisième paragraphe de l'art. 317 ne doit pas être appliqué aux sages-femmes, puisque cette disposition ne mentionne que les médecins, chirurgiens, officiers de santé et pharmaciens. Je suis loin de partager ce scrupule. En effet, les sages-femmes n'obtiennent leur diplôme qu'après avoir été examinées sur la théorie et la pratique des accouchements, sur les accidents, qui peuvent les précéder, les accompagner et les suivre. Par conséquent, lorsqu'elles font usage de leurs connaissances professionnelles, pour procurer des avortements, elles ne sont pas moins coupables que les médecins, chirurgiens et officiers de santé.

La Cour de cassation l'a reconnu dans l'espèce suivante.

La femme Verdun, déclarée coupable d'avortement, avait été condamnée, à raison de sa qualité de sage-femme, à la peine du troisième paragraphe de l'art. 317. Elle se pourvut en cassation, et l'on soutint pour elle que sa qualité n'autorisait pas cette aggravation de peine. Son pourvoi fut rejeté « attendu que le troisième paragraphe de l'art. 317 du Code pénal comprend, dans dans la généralité de sa disposition, même les sages-femmes, bien qu'elles n'y soient pas nominativement dénommées, puisqu'elles obtiennent leur diplôme, selon l'art. 32 de la loi des 10 mars 1803 et 19 ventôse an XI, qu'après avoir été examinées par les jurys, sur la théorie et la pratique des accouchements, sur les accidents qui peuvent les précéder, les accompagner et les suivre, et sur les moyens d'y remédier ; qu'elles se rendent, en effet, aussi coupables que les médecins, les chirurgiens, les officiers de santé et les pharmaciens, lorsque, comme eux, elles font usage, pour détruire, d'un art, qu'elles ne doivent employer qu'à conserver ; qu'elles encourent donc, dans le même cas, la même peine. » 26 janvier 1839, n° 28. — *Conf.*, 23 mai 1844, n° 179 ; 16 juin 1855, n° 214.

Par les mêmes raisons, je considère que l'aggravation de peine serait aussi applicable à l'herboriste, qui, comme le pharmacien, peut trouver aisément, dans ses connaissances spéciales, les moyens de faciliter des avortements.

622. En procurant ou en tentant de procurer l'avortement, on peut donner involontairement la mort à la femme sur laquelle on opère. Dans ce cas, on est coupable de deux crimes, du crime d'avortement et du crime de violences volontaires, faites sans intention de donner la mort, mais l'ayant occasionnée. Ces deux crimes peuvent être poursuivis simultanément ou successivement, comme la Cour de cassation l'a reconnu dans ses arrêts des 3 septembre 1840, n° 246 ; 27 juin 1856, n° 227 ; 2 juillet 1863, n° 185.

623. Le jury doit être interrogé sur tous les faits de l'incrimination, sur ceux qui la constituent et sur ceux qui l'aggravent.

Ainsi, la grossesse de la femme, sur laquelle l'avortement est commis, étant une condition constitutive du crime, il importe qu'elle soit énoncée implicitement ou explicitement dans la question. Si cette circonstance peut ne pas être expressément mentionnée, lorsqu'il s'agit du crime consommé, puisqu'il ne peut pas y avoir un avortement, sans grossesse antérieure, il en est autrement dans le cas où il ne s'agit que d'une tentative.

La Cour de cassation l'a jugé dans l'espèce suivante.

Jacques Olivier, déclaré coupable d'avoir, par breuvages, médicaments ou tout autre moyen, tenté de procurer l'avortement de Catherine Duret, avait été condamné à dix ans de réclusion. Sur son pourvoi, l'arrêt fut annulé « attendu que, d'après l'esprit et les termes de l'art. 317, la grossesse de la femme, sur laquelle le crime est commis, est une condition constitutive de ce crime ; attendu que, si une pareille condition peut ne pas être expressément énoncée, lorsqu'il s'agit d'un crime consommé, parce qu'il n'y a pas d'avortement possible sans grossesse antérieure, il en est autrement, lorsqu'il s'agit d'une simple tentative de ce crime ; qu'il peut se faire, en effet, que des pratiques coupables, semblables à celles que prévoit l'art. 317, soient opérées sur une femme, ayant l'apparence d'une femme enceinte, alors qu'en réalité il n'existe pas de grossesse, et que, par suite, il n'y a pas d'avortement possible ; que là, où il se rencontre une impossibilité matérielle à la perpétration du crime même, se rencontre une impossibilité de même nature pour l'existence, en fait, et la qualification, en droit, de la tentative ; qu'il suit de là qu'en matière de tentative d'avortement la qualification manque d'un élément essentiel, si le fait de la grossesse n'y est pas formellement énoncé, et attendu, en fait, que la question soumise au jury est conçue en ces termes : « Jacques-Christophe Olivier est-il coupable d'avoir…, par breuvages, médicaments ou par tout autre moyen, tenté de procurer l'avortement de Catherine Duret, laquelle tentative…, » ; qu'une pareille question ne constate, ni explicitement ni implicitement, que Catherine Duret fût enceinte. » 6 janvier 1859, n° 2.

De même, la qualité de médecin, chirurgien, officier de santé, sage-femme, pharmacien, herboriste, aggravant le fait principal, doit être soumise au jury : sans quoi, l'arrêt qui en tiendrait compte ne reposerait pas sur une base légale, comme la Cour de cassation l'a jugé, en annulant l'arrêt de la Cour d'assises du Puy-de-Dôme « attendu que, d'après l'art. 317 du Code pénal, le crime d'avortement n'emporte la peine des travaux forcés à temps qu'autant qu'il est commis par un médecin, chirurgien ou officier de santé, ou par un pharmacien ; attendu que Ribe est qualifié, dans l'arrêt de renvoi et dans le résumé de l'acte d'accusation, d'officier de santé ; que c'était là une circonstance aggravante de son crime, sur laquelle le jury devait être interrogé ; que, cependant, le président, en posant les questions au jury, a omis de lui demander si Ribe était officier de santé ; en quoi il a formellement violé l'article 317, ci-dessus cité ; attendu que, par suite de cette omission, la déclaration du jury est muette sur cette circonstance, et que, néanmoins, la Cour d'assises a condamné, tant ledit Ribe que la nommée Marguerite-Grégoire, femme Rodde, déclarée sa complice, à la peine des travaux forcés à temps ; en quoi elle a faussement appliqué l'art. 317 du Code pénal. » 10 décembre 1835, n° 450. — *Conf.*, 13 janvier 1854, n° 8.

624. La Cour de cassation s'est expliquée sur la régularité de certaines questions.

Dans une première espèce, Félix Alibran déclaré « coupable d'avoir administré à la fille M..., qui était enceinte, des moyens propres à lui procurer l'avortement, lequel a été, en effet, le résultat de l'emploi des-

dits moyens », avait été condamné à la peine du troisième paragraphe de l'art. 317, mitigée, à raison de
l'admission des circonstances atténuantes. Il se pourvut
contre l'arrêt ; il prétendit que la question, sur laquelle
la peine avait été appliquée, était irrégulière, en ce que
le jury n'avait pas été consulté sur le point de savoir si
l'accusé avait, sciemment ou volontairement, administré
les moyens, qui avaient procuré l'avortement. Son pourvoi fut rejeté « attendu que le crime, prévu par les alinéas 1 et 3 dudit art. 317, n'est point la complicité,
prévue par l'art. 60 du Code pénal, et qu'ainsi le jury
ne devait pas être interrogé sur la question de savoir
si, conformément au deuxième alinéa de cet article, l'accusé avait procuré ces moyens, *sachant qu'ils devaient
servir à l'avortement,* ou si, conformément au troisième
alinéa du même article, il avait, *avec connaissance,* aidé
ou assisté l'auteur de l'avortement ; attendu qu'il s'a-
gissait d'un crime spécial, qui implique, par les expressions, employées dans les trois premiers alinéas de l'article 317, la volonté d'agir dans un sens criminel ; que
tel est, en effet, le sens légal du mot *avortement,* et que
l'addition du mot *volontairement,* dans le quatrième alinéa
du même article, se réfère à un crime différent de l'a-
vortement, introduit dans la législation pénale, lors de
la révision faite en 1832, et nullement au vote des trois
premiers paragraphes, qui ont été adoptés sans modification du texte ancien ; attendu que la question intentionnelle était soumise au jury par l'emploi des mots :
l'accusé Félix Alibran est-il coupable ; attendu, dès lors,
que la réponse affirmative du jury sur cette question de
criminalité renferme toutes les conditions, exigées par
les alinéas 1 et 3 de l'art. 317. » 9 février 1850, n° 52.

Dans une autre espèce, la veuve Lagnon, déclarée
coupable d'avoir, par violences ou par tout autre moyen,

provoqué l'avortement de Marie Darremont, avait été condamnée aux peines de l'art. 317. Sur son pourvoi, l'arrêt fut annulé « attendu que la question se borne à demander si l'accusée est coupable d'avoir, par violences ou par tout autre moyen, *provoqué* l'avortement de Marie Darremont; que cette énonciation ne renferme pas les éléments constitutifs du crime; que, d'une part, en effet, l'expression de *provocation* n'exprime pas que l'avortement provoqué ait été effectué, et que, d'un autre côté, si ce mot se réfère à une tentative, il n'est point énoncé que cette tentative n'a manqué son effet que par des circonstances indépendantes de la volonté de son auteur; qu'ainsi, l'arrêt attaqué a fait l'application de la peine, portée par l'art. 317 du Code pénal, à un fait qui n'avait pas les caractères du crime, puni par cette disposition; qu'il en a donc commis une violation expresse. » 16 juin 1853, nᵒ 212.

Dans une troisième espèce, la question relative à la circonstance aggravante avait été ainsi rédigée : l'accusé est-il médecin ? La Cour a déclaré cette question suffisante. 5 mars 1857, nᵒ 92.

625. Comme circonstance aggravante du fait principal, la qualité de médecin, chirurgien, officier de santé, sage-femme, pharmacien, herboriste, doit être présentée au jury, dans une question spéciale et distincte. 26 janvier 1839, nᵒ 28 ; 16 juin 1853, nᵒ 212 ; 9 février 1850, nᵒ 52.

626. Le jury peut être, ce me semble, interrogé, dans les termes suivants, sur les différents faits prévus par l'art. 317 :

Le nommé .... est-il coupable d'avoir (la date), par aliments, breuvages, médicaments, violences ou par tout autre moyen, procuré l'avortement de la nommée ...., laquelle était enceinte ?

La nommée .... est-elle coupable de s'être (la date),

étant enceinte, procuré à elle-même un avortement, lequel a eu lieu?

La nommée .... est-elle coupable d'avoir (la date),
étant enceinte, consenti à faire usage des moyens, à elle
indiqués ou administrés pour se procurer un avortement, ledit avortement s'en étant suivi?

Le nommé .... est-il coupable d'avoir (la date),
indiqué ou administré des moyens propres à procurer
l'avortement de la nommée ...., laquelle était enceinte, ledit avortement ayant eu lieu?

Au moment dudit avortement, le susnommé ....,
était-il médecin, chirurgien, officier de santé, sage-
femme, pharmacien, herboriste?

627. L'incrimination nouvelle, introduite par la loi
du 28 avril 1832, dans l'art. 317, consiste à occasionner à autrui une maladie ou une incapacité de travail
personnel, en lui administrant volontairement, de
quelque manière que ce soit, des substances qui, sans
être de nature à donner la mort, sont nuisibles à la
santé.

Si la maladie ou l'incapacité de travail ne dure que
quelques jours, la peine est un emprisonnement d'un
mois à cinq ans et une amende de seize francs à cinquante francs. Le coupable peut, en outre, être renvoyé
sous la surveillance de la haute police, pendant deux ans
au moins et dix ans au plus.

Dans le cas où la maladie ou l'incapacité de travail
dure plus de vingt jours, la peine est celle de la réclusion.

Si le législateur de 1863 avait songé à cette disposition, lorsque, dans le premier paragraphe de l'art. 309,
il remplaçait la réclusion par l'emprisonnement, il l'aurait vraisemblablement modifiée de la même manière,
car les deux faits sont de la même nature et ont la même

gravité. Mais, puisque le changement n'a pas eu lieu, la peine continuera à être la réclusion.

Si le coupable a commis, soit le délit, soit le crime envers un de ses ascendants, désignés en l'art. 312, il sera puni, au premier cas, de la réclusion, et au second des travaux forcés à temps.

628. La question peut être posée au jury en ces termes :

Le nommé .... est-il coupable d'avoir (la date) occasionné à .... une maladie ou incapacité de travail personnel, en lui administrant volontairement des substances, qui, sans être de nature à donner la mort, sont nuisibles à la santé?

Ladite maladie ou incapacité de travail personnel a-t-elle duré plus de vingt jours?

Le susnommé ...... était-il le père, la mère, etc., etc. dudit ....?

ARTICLE 318.

Quiconque aura vendu ou débité des boissons falsifiées, contenant des mixtions nuisibles à la santé, sera puni d'un emprisonnement de six jours à deux ans et d'une amende de seize francs à cinq cents francs. Seront saisies et confisquées les boissons falsifiées, trouvées appartenir au vendeur ou débitant.

629. L'art. 318 réprimait la vente ou le débit des boissons falsifiées, contenant des mixtions nuisibles à la santé ; et le n° 6 de l'art. 475, la vente et le débit des boissons falsifiées, qui ne contenaient pas des mixtions de cette nature. Mais ni l'une ni l'autre de ces dispositions ne punissait le fait même de la falsification.

630. En 1851, on considéra que l'un des moyens d'améliorer le sort des classes laborieuses était de montrer plus de sollicitude et de sévérité contre la falsification des substances ou denrées, alimentaires ou médicamenteuses, et contre la vente et le débit des substances ou denrées falsifiées. On fit, pour atteindre ce but, la loi des 27 mars–1er avril 1851.

631. Etait-elle générale? Ne faisait-elle aucune distinction entre les denrées ou substances alimentaires, solides ou liquides? La Cour de cassation ne le crut pas ; elle décida que cette loi ne s'appliquait qu'aux aliments solides, et que le débit des boissons falsifiées continuait à trouver sa répression dans le Code pénal. 18 août 1853, n° 408 ; 1er novembre 1853, n° 536 ; 18 février 1854, n° 46 ; 11 mai 1855, n° 161 ; 11 juillet 1855, n° 253 ; 24 novembre 1855, n° 372.

632. On pensa, et sans aucun doute, avec raison, qu'il était à propos que la loi des 27 mars–1er avril 1851 devînt commune aux denrées alimentaires liquides ; et, en conséquence, la loi du 5–9 mai 1855 abrogea l'art. 318 et le n° 6 de l'art. 475 du Code pénal, et déclara que les dispositions de la loi de 1851 étaient applicables aux boissons.

633. C'est donc aujourd'hui, dans cette dernière loi, que se trouvent les règles relatives à la falsification des boissons et à la vente des boissons falsifiées. J'en réserve l'explication à l'art. 423, auquel elle se rattache directement.

TABLE

ALPHABÉTIQUE ET ANALYTIQUE

DES

MATIERES CONTENUES DANS CE VOLUME.

IV.   46

confession, p. 314; catéchisme, p. 315; inhumation, p. 316; temple ou autre lieu, destiné ou servant actuellement à l'exercice du culte, p. 317; viatique, procession, *ib.*; outrages envers les objets ou les ministres du culte, p. 318; modifications par la loi du 25 mars 1822 et le décret des 11-12 août 1848, *ib.*; plainte du ministre du culte, outragé, p. 319; simulation de miracles, p. 322; coups à un ministre du culte, p. 323; modifications de la loi du 25 mars 1822, p. 324.

Culte israélite : Ministres, poursuites criminelles, autorisation du Conseil d'Etat, p. 25.

Décès : Inscription sur les registres de l'état civil; inhumation préalable par les ministres du culte, p. 28.

Déclaration du roi : 23 mars 1728, p. 688 et suiv.

Décoration. *Voy.* Usurpation de titres.

Décret : 29 septembre-14 octobre 1791, relatif à l'organisation de la garde nationale, p. 204; 1-8 juin 1792, sur l'élection et le serment des commissaires de police, p. 135; 20-21 juillet 1792, sur la presse, p. 381; 17 décembre 1792, abolitif de tout procès ou jugement pour provocation en duel, p. 530; 29-31 mars 1793, sur la presse, p. 382; 29 messidor an II, sur la provocation en duel, adressée par un militaire, inférieur en grade, à son supérieur, p. 522 et suiv.; 23 prairial an XII, sur les sépultures, p. 62; 22 messidor an XII, sur la Légion d'honneur, p. 292; 8 vendémiaire an XIV, organisation de la garde nationale sédentaire, p. 277; 2 nivôse an XIV, sur les fusils et pistolets à vent, p. 689 et suiv.; 12 mars 1806, sur les armes prohibées, p. 690 et suiv.; 9 août 1806, sur les formalités à observer pour la mise en jugement des agents du Gouvernement, p. 19; 5 juillet 1808, sur la mendicité, p. 356; 8 janvier 1810, sur les évasions de détenus dans les hôpitaux civils et militaires, p. 219; 5 février 1810, sur la presse, p. 384; 19 juillet 1810, sur la postulation, p. 277; 4 décembre 1810, sur les armes à feu, p. 695 et suiv.; 23 janvier 1811, rejetant comme contraire aux lois de l'empire et à la discipline ecclésiastique un bref du pape adressé au vicaire capitulaire et au chapitre de l'église métropolitaine de Florence, p. 41; 18 juin 1811, sur les frais de justice criminelle, p. 162, 308; 26 août 1811, sur les Français naturalisés en pays étrangers, p. 298; 4 mai 1812, sur le permis de port d'armes de chasse, p. 691; 7 avril 1813, sur les frais de justice criminelle, p. 162; 1er mars 1848, dispensant du serment les fonctionnaires publics, p. 135; 6-8 mars 1848, sur la presse, p. 385; 11-12 août 1848, sur la presse, p. 318; 18 octobre 1848, modificatif de certaines dispositions du Code d'inst. crim., p. 573; 8-12 décembre 1851, sur la surveillance de la haute police et des sociétés secrètes, p. 471; 27 décembre 1851, sur les lignes télégraphiques, p. 267; 31 décembre 1851-3 janvier 1852, sur la compétence des tribunaux correctionnels, p. 385; 22 janvier 1852, sur la Médaille militaire, p. 289; 2 février 1852, sur les élections, p. 275; 17 février 1852, sur la presse, p. 30, 152; 17-23 février

citoyens revêtus d'une décoration qu'ils n'ont pas le droit de porter, p. 277, 278; 12 mai 1793, Code pénal militaire, p. 531 et suiv.; 12 brumaire an II, sur les enfants naturels, p. 558; 6 fructidor an II, sur les noms et prénoms, p. 309; 3 pluviôse an II, sur l'organisation de la justice militaire, p. 123; 5 vendémiaire an IV, sur les assemblées primaires, p. 382; 7 vendémiaire an IV, sur la police extérieure des cultes, p. 452 et suiv.; 10 vendémiaire an IV, sur les assemblées primaires, p. 382; 27 germinal an IV, sur la presse, p. 383; 22 prairial an IV, sur la tentative, p. 594; 21 brumaire an V, sur les délits et les peines pour les troupes de la république, p. 121 et suiv.; 19 fructidor an V, sur la presse, p. 383; 28 germinal an VI, sur l'organisation de la gendarmerie, p. 72, 187, 203, 212; 9 fructidor an VI, sur la presse, p. 383; 22 pluviôse an VII, sur les ventes d'objets mobiliers, p. 277; 28 pluviôse an VIII, sur la division du territoire français et l'administration, p. 131; 27 ventôse an IX, sur les commissaires priseurs, p. 278; 28 ventôse an IX, sur l'établissement des bourses de commerce, p. 277; 18 germinal an X organique du Concordat, p. 3 et suiv., p. 41, 286, 336, 453 et suiv.; 28 floréal an X, sur les justices de paix, p. 141; 29 floréal an X, création d'une légion d'honneur, p. 289 et suiv; 19 ventôse an XI, sur l'exercice de la médecine, p. 713; 25 ventôse an XI, sur le notariat, p. 56, 261, 278; 11 germinal an XI, sur les prénoms et changements de noms, p. 309; 14 floréal an XI, sur le curage des canaux et rivières non navigables, p. 59; 19 pluviôse an XIII, attribuant aux cours de justice criminelle spéciales la connaissance du crime de rébellion envers toute force armée, p. 55, 67 et suiv.; 16 septembre 1807, relative au desséchement des marais, p. 59; 20 avril 1810, sur l'organisation judiciaire, p. 188; 21 octobre 1814, sur le régime de l'imprimerie et de la librairie, p. 385 et suiv.; 18 novembre 1814, sur la célébration des fêtes et dimanches, p. 312; 25 mars 1817, sur les finances, p. 308; 17 mai 1819, sur la répression des crimes et délits commis par la voie de la presse, p. 29, 99, 104, 120, 134, 147 et suiv., 176, 318, 385, 414; 26 mai 1819, sur la poursuite des crimes et délits commis par la voie de la presse, p. 150, 320, 385; 9 juin 1819, sur le cautionnement et le timbre des journaux et écrits périodiques, p. 385; 25 mars 1822, sur la répression et la poursuite des crimes et délits commis par la voie de la presse, p. 29, 120, 125 et suiv., 147 et suiv., 176, 180, 318, 385; 25 juin 1824, modificative du Code pénal, p. 586 et suiv.; 20 avril 1825, sur le sacrilége, p. 265 et suiv.; 18 juillet 1828, sur la publication des journaux, p. 385; 8 octobre 1830, sur l'application du jury aux délits de la presse, p. 151, 320, 385; 11 octobre 1830, abolitive de la loi sur le sacrilége, p. 265, 313; 29 novembre 1830, sur la presse, p. 385; 10 décembre 1830, sur les crieurs et afficheurs, p. 405; 8 avril 1831, sur la presse, p. 385; 22 mars 1831, sur la garde nationale, p. 161; 10 avril 1831, contre les attroupements, p. 88 ; 21 mars 1832, sur le recrutement de l'armée, p. 659 ; 28 avril 1832, modificative du Code pénal, p. 38, 285, 320, 342, 376, 511, 540, 586, 605, 644, 701, 718 ; 22 juin 1833, sur les conseils généraux de département, p. 127 ; 16 février 1834, sur les crieurs, vendeurs et distributeurs d'écrits, p. 406 et suiv.; 10 avril 1834, sur les associations; p. 431 et suiv.; 24 mai 1834, sur les détenteurs d'armes et de munitions de guerre, p. 687 et suiv.; 9 septembre 1835, modificative des dispositions du Code d'instruction criminelle, p. 225, 567 et suiv., 589 ; 9 septembre 1835, sur la presse, p. 385 ; 13 mai 1836, sur le mode de vote du jury, p. 224 et suiv., 550 et suiv., 568 et suiv., 588; 18 juillet 1837, sur l'organisation municipale, p. 142 ; 3 mai 1844, sur la chasse, p. 619, 627 ; 15 juillet 1845, sur la police des chemins de fer, p. 102, 630 ; 7 juin 1848, sur les attroupements, p. 88 ; 28 juillet-2 août 1848, sur les clubs, p. 434 ; 9-12 août 1848, sur la presse, p. 385 ; 11 août 1848, sur la répression des crimes et délits commis par la voie de la presse, p. 25 ; 11-12 août 1848, sur la presse, p. 385; 21-23 avril 1849, sur la presse, p. 385 ; 19-22 juin 1849, sur les clubs, p. 436 ; 27-29 juillet 1849, sur la presse, p. 30, 385 et suiv., 407 et suiv.; 3 décembre 1849, sur le séjour des étrangers en France, p. 349 ; 6-12 juin 1850, prorogeant la loi des 19-22 juin 1849, p. 436 ; 16-23 juillet 1850, sur la presse, p. 385, 419 ; 27 mars-1er avril 1851, sur la fraude dans la vente de certaines marchandises, p. 720 ; 21-24 juin 1851, prorogeant la loi des 6-12 juin 1850, p. 436 ; 28 mars, 2 avril 1852, sur la presse, p. 385 ; 9 juin 1853, modificative des dispositions du Code d'instruction criminelle, p. 227; 574; 5-9 mai 1854, sur la falsification des boissons, p. 720; 30 mai 1854, sur l'exécution de la peine des travaux forcés, p. 218; 28 mai 1858, modifiant l'art. 259 du Code pénal, p. 285 et suiv.; 2-9 juillet 1861, sur la presse, p. 385 ; 13 mai 1863, modificative du Code pénal, p. 104 et suiv., p. 146, 154, 180, 196, 220, 247, 370, 630 et suiv., 644 et suiv.; 20 mai 1863, sur la presse, p. 385 ; 25 mai 1864, sur les coalitions, p. 458 et suiv.; 24-29 juillet 1867, sur les conseils municipaux, p. 57 ; 25 mars-6 juin 1868, sur les réunions publiques, p. 436 ; 11 mai 1868, sur la presse, p. 385.

Maladie. *Voy.* Blessures; rébellion; substances nuisibles à la santé.

Malfaiteurs. *Voy.* Association de malfaiteurs.

Mandements. *Voy.* Critiques, censures et provocations dirigées contre l'autorité publique dans un discours pastoral.

Mariage : Célébration du mariage religieux, sans justification du mariage civil, ecclésiastique, poursuite, autorisation du Conseil d'Etat, p. 20 ; pénalité et circonstances constitutives du délit, p. 26 et suiv.

Médailles. *Voy.* Écrits, images, etc. ; usurpation de titres, etc.

Médecin, chirurgien, officier de santé. *Voy.* Avortement.

Membre du Corps législatif : Magistrat , outrage , p. 133.

Menaces : Art. 305 : modification de la loi du 13 mai 1863, p. 631 ; pénalité, p. 632 ; condition de faire ou de ne pas faire, p. 633 ; art. 306 : modification de la loi du 13 mai 1863, p. 635 ; objet de l'article, p. 636 ; art. 307 : modification de la loi du 13 mai 1863, *ibid.* ; objet de l'article, p. 637 ; art. 308 : modification de la loi du 13 mai 1863, p. 639 ; nature des menaces, p. 640 ; menaces d'attentat contre les propriétés, les chemins de fer, p. 630.

Mendicité : Extirpation de la mendicité, création des dépôts de mendicté, p. 356 ; mendicité dans les lieux pour lesquels il existe un établissement, p. 356 ; nature de cet établissement, p. 359 ; conduite au dépôt de mendicité, p. 363 ; mendicité dans les lieux où il n'y a pas d'établissement, p. 365 ; mendicité avec menaces, simulation de plaie, en réunion, p. 366 ; mendicité avec armes et instruments propres à commettre des délits, p. 367 ; pénalité, *ibid.* ; mendiant porteur d'une valeur supérieure à 100 fr., p. 369 ; mendicité avec violences, p. 370 ; pénalité, *ibid.* ; violences, circonstances aggravantes, conséquences, p. 373 ; qualification, p. 375 ; mendiant porteur de faux certificats, faux passe-port ou fausse feuille de route, pénalité, p. 376 ; surveillance de la haute police, application de l'art. 463, p. 377.

Meurtre : Définition, p. 508 ; comme les autres crimes, se constitue d'un élément physique et d'un élément moral ; leur définition et leur nature, *ibid.* ; coups portés volontairement, sans intention de donner la mort, mais l'ayant occasionnée, p. 509 ; modifications de la loi du 28 avril 1832, p. 511 ; preuve de la coexistence des deux éléments du crime ; comment elle se fera, caractères de l'arme, p. 512 ; faire mourir quelqu'un de faim, c'est commettre un meurtre, p. 514 ; distinction entre la volonté de tuer et la préméditation, p. 514 ; l'intention de donner la mort doit être affirmée par le jury, p. 516 ; équipollent, *ibid.* ; meurtre commis sur une personne autre que celle que l'on se proposait de tuer, p. 519 ; meurtre commis en duel, p. 520 ; tentative de ce meurtre, p. 542 ; complices, témoins de ce meurtre, p. 543 ; blessures faites en duel, sans intention de donner la mort, p. 544 ; duel sans intention de donner la mort et sans blessures, p. 545 ; meurtre exécuté sur la volonté de celui qui en est l'objet, *ibid.* ; qualification, *ibid.* ; meurtre précédé, accompagné ou suivi d'un crime, p. 605 et suiv. ; simultanéité des deux faits, p. 607 et suiv. ; nature du second crime, p. 610 et suiv. ; devoir du jury, p. 614 ; question résultant des débats, p. 616 ; qualification, p. 617 ; meurtre se rattachant à un délit, p. 617 ; rapport de cause et d'effet, *ibid.* ; nature du délit, p. 618 ; préparation d'un délit, p. 621 ; délit, circonstance aggravante du meurtre, conséquences, p. 622 ; le jury doit

Outrages envers les officiers ministériels et les agents dépositaires de la force publique, et les citoyens chargés d'un ministère de service public : Modifications des art. 224 et 225 par la loi du 16 mai 1863, p. 154 ; pénalité, p. 155 ; caractère des outrages, *ibid.* ; exemples, p. 158 ; les art. 224 et 225 ne protégeaient, dans le principe, que les officiers ministériels et les agents dépositaires de la force publique, p. 160 ; les agents de police ou sergents de ville étaient-ils compris parmi les agents dépositaires de la force publique ? p. 160 et suiv.; *quid* des gardes champêtres et forestiers ? p. 163 ; *quid* des employés des administrations publiques? p. 164 ; depuis la loi du 13 mai 1863, ils protégent tout citoyen chargé d'un ministère de service public, p. 165; officiers ministériels, avoués, huissiers, commissaires-priseurs, porteurs de contraintes, et garnisaires des contributions directes, notaires, p. 165; agents de la force publique, *ibid.* ; certains jouissent de plusieurs garanties, *ibid.* ; citoyens chargés d'un ministère de service public, définition, exemples, p. 166 ; défaut de serment, p. 167 ; absence des insignes officiels, *ibid.* ; les outrages doivent être reçus dans l'exercice, ou à l'occasion de l'exercice de la fonction, *ibid.*; définition d'outrages reçus dans la fonction, exemples, *ibid.* ; définition d'outrages, reçus à raison de la fonction, p. 172 ; illégalité ou irrégularité de l'acte exécuté, *ibid* ; la provocation par injures ne justifie ni n'excuse l'outrage, p. 174 ; pénalité, *ibid.* ; aggravation de la peine si l'outrage est dirigé contre un commandant de la force publique, p. 175; ce qu'il faut entendre par un commandant de la force publique, *ibid.*; certaines injures ou diffamations, punies par les lois des 17 mai 1819 et 25 mars 1822, p. 176 ; l'offenseur peut être condamné à faire amende honorable, p. 178.

Outrage : Fonctionnaire public, inhumation, ecclésiastique, autorisation de poursuite, p. 16.

Ouvriers ou journaliers des ateliers publics et manufactures. *Voy.* Rébellion.

Parricide : Définition, p. 556 ; meurtre des père et mère légitimes par un enfant passé dans une autre famille par l'adoption, *ib.*; meurtre des père et mère naturels par un enfant, non reconnu légalement, p. 557; meurtre des père et mère, incestueux ou adultérins, p. 561 ; meurtre des père et mère adoptifs, p. 562 ; meurtre des ascendants légitimes, p. 563; meurtre des alliés, de l'époux, du beau-père, de la belle-mère, p. 563 ; complicité de ces alliés, *ib.*; le juge criminel a compétence pour statuer incidemment sur les difficultés relatives à la filiation, p. 564; caractère du parricide, aggravation de peine, qualification, p. 567 ; préméditation et guet-apens, p. 574; pénalité, p. 575 ; inexcusabilité, *ib.*; cause justificative, *ib.*; circonstances atténuantes, *ib.*; formule, *ib.*

signe officiel de la fonction, p. 86 ; défaut de serment du préposé, p. 87 ; la rébellion ne s'excuse pas par la provocation ; elle ne se justifie pas par la nécessité de la défense de soi-même ou d'autrui, p. 87 ; diverses espèces de rébellion, p. 88 ; rébellion avec bande ou attroupement, *ib.* ; rébellion de plus de vingt personnes, armées ou non armées, p. 88 ; rébellion armée, sa définition, *ib.* et p. 95 et suiv. ; qualification, p. 89 ; rébellion de trois personnes ou plus, armées ou non armées, p. 90 ; complicité d'un militaire avec des individus n'appartenant pas à l'armée, p. 91 ; qualification, p. 93 ; rébellion par une ou deux personnes, armées ou non armées, p. 93 ; avec effusion de sang, p. 94 ; rébellion avec bande ou attroupement, excuse, p. 94 ; concours de la rébellion avec des crimes plus graves, p. 99 ; abrogation de l'art. 217, p. 99 ; autres modes de complicité, p. 100 ; amende facultative, *ib.* ; réunion d'ouvriers ou journaliers, d'individus admis dans les hospices et de prisonniers, *ib.* ; violences contre les agents des chemins de fer, p. 102 ; exécution de la peine appliquée pour rébellion à des prisonniers, p. 102 ; chefs et provocateurs de la rébellion, surveillance de la haute police, p. 103.

Recèlement de criminels : Pénalité, personnes auxquelles elle est applicable, p. 242 ; distinction du fait réprimé par l'art. 248 avec celui que réprime l'art. 61 ; connaissance personnelle par le recéleur du crime commis par le recélé, *ib.*

Recrutement militaire. *Voy.* Service dû légalement.

Religions réformées : Ministres, poursuites criminelles, autorisation du Conseil d'État, p. 25.

Résistance. *Voy.* Associations illicites ; rébellion.

Réunions publiques et privées. *Voy.* Associations.

Sage-femme. *Voy.* Avortement.

Sénatus-consulte : 28 floréal an XII, organique de l'empire, p. 384 ; 19 août 1807, sur l'organisation du Corps législatif, p. 536 ; 17 février 1858, sur le serment des candidats à la députation, p. 492.

Séquestres. *Voy.* Rébellion.

Sergents de ville : Leur qualité, p. 160 et suiv.

Service dû légalement : Réquisition adressée par l'autorité civile à un commandant de la force publique, p. 202 ; commandant responsable de la désobéissance, *ib.* ; nécessité d'une réquisition légale, p. 203 ; autorités qui ont qualité pour requérir la force publique, *ib.* ; formes de la réquisition, *ib.* ; formes particulières, dans les cas d'urgence, *ib.* ; l'autorité militaire ne peut pas discuter la réquisition, et refuser d'y obéir, sous prétextes d'ordres émanés d'un supérieur militaire, p. 204 ; pénalité et dommages-intérêts, p. 206 ; recrutement militaire, p. 207 ; excuses des témoins et jurés, reconnues fausses, p. 207 ; cumul de la peine avec celle du défaut de comparution, p. 208.

FIN DE LA TABLE.